いっきに学び直す日本史

古代・中世・近世 【教養編】

著　安藤達朗
［元駿台予備学校講師］

企画／編集／解説　佐藤 優
［作家］

監修　山岸良二
［東邦大学付属東邦中高等学校教諭］

東洋経済新報社

『いっきに学び直す日本史 古代・中世・近世 教養編』
本書を強く推薦する 佐藤優

ビジネスパーソンが「古代・中世・近世」を学び直す３つの必要性

　私は大学受験で世界史を選択したため，外交官になってから日本史を学び直す必要に迫られた経験がある。その経緯，ならびにそのとき最も役に立った基本書が本書の元となった安藤達朗『大学への日本史』（研文書院）だということは，本書の姉妹編『近代・現代 実用編』の巻頭でじっくり述べる。

　ここではビジネスパーソンが見落としがちな，本書『古代・中世・近世 教養編』であつかう「古代・中世・近世の日本史」について，それを学ぶ意義と必要性を強調したい。理由は大きく分けて３つある。

　ひとつは，ビジネスや社交の場において「古代・中世・近世」の知識は大きな武器にも落とし穴にもなるからだ。巻末のスペシャル対談でも話題になったが，茶道の「表千家・裏千家」や「刀と剣」の違い，あるいは「相撲の起源」について話題になったとき，まったく知らないようでは，「その程度の人間」だと見透かされ，ビジネスシーンではまともに相手にされないだろう。

　２つめの理由は，近現代の知識はビジネスに直結する必要不可欠なものだが，それは「最低限の常識」ゆえに，そこではライバルと差がつきにくいからだ。教養の差，知的基盤の差が出るのは「古代・中世・近世」の知識なのである。

　３つめは，「古代・中世・近世」で起きたさまざまな出来事が，現代でも形を変えて反復しているからだ。歴史的出来事はそれ自体は１回しかないが，似た関係性の出来事は何度も繰り返される。だから歴史を「関係の類比（アナロジー）」で見る目を養うことが重要だ。本書はその「アナロジー思考」を鍛える最良の教科書である。真理は具体的なので，以下，実例をもって解説したい。

「日本の独自性」を正確に知るには，古代の知識が必要

　現下の国際社会では日本と韓国，北朝鮮の間で緊張関係が続いているが，本

書を読むと，古代の大和国家は朝鮮半島と緊密な関係があったことがわかる。

> **渡来人** 4世紀後半以来，日本が朝鮮に進出するようになって，多くの中国人や朝鮮人が日本に渡来した。このように，日本に渡来し，日本の国籍を得た外国人を**渡来人**（とらいじん）という。
> 　4世紀には，高句麗の進出によって楽浪・帯方両郡が滅亡し，半島における漢民族の勢力が失われ，その遺民たちは百済に亡命した。また，百済は中国南朝と通交して，多くの中国系の技術者を抱えていた。このような中国人の技術者や朝鮮人の技術者が，国王によって日本に贈られてきたり，戦闘による捕虜として日本に連れてこられたりしたのだった。大陸から自分の意志で日本に逃れてきた者もあり，とくに，新羅が強大化し，7世紀になって百済・高句麗が滅ぼされると，その遺民が多数渡来してきた。当時の渡来人には，**百済**からの者がもっとも多いが，新羅・高句麗の者もあり，中国人も含まれた。 (p.55)

　古代における日本と朝鮮半島の交流を学ぶことを通して，日本と韓国，北朝鮮との関係をギクシャクさせている近代的なナショナリズムを脱構築することが可能になる。そのときに大切になるのが「どこまでがアジア圏共通の文化や価値観で，どこからが特殊なのか」という日本の独自性を正確に認識することだ。

　世界史的視座から見れば，日本は中華帝国の辺境である。しかも，帝国から微妙な距離にある。朝鮮や琉球のように中国からの距離が近いと，中華文明の影響をかなりストレートに受ける。これに対して，フィリピンくらい離れていると中華文明の影響をまったく受けない。

　日本は，中国と適度の距離を維持しているので，中華文明の影響を受けつつも，かなり独自性の強い文化が残り，その土壌の中で中華文明を土着化させることに成功し，独自の日本文明を生み出すことができた。

　日本の独自性は21世紀においても重要な要素だ。われわれの特徴を知るためにも，日本の「古代・中世・近世」についての知識が必要になるのである。

南北朝時代，日本国家は本格的な分裂の危機に瀕した

　2002年5月，鈴木宗男事件に連座して東京地方検察庁特別捜査部に逮捕さ

れ，東京拘置所の独房に512日間閉じ込められたとき，私は獄中で『太平記』を通読した。日本国家が本格的な分裂の危機に瀕したのが南北朝時代であり，南北朝時代における危機とそれを克服した叡智を学びたいと思ったからだ。

本書が優れているのは，南北朝時代を，明治期の歴史認識問題と結びつけて論じているところにある。

> **内乱の背景** 1336（延元1）年に足利尊氏が後醍醐天皇を吉野に追い，持明院統の天皇を擁立したときから，1392（明徳3）年の足利義満のときに南北朝が合一するまでの時期は，後醍醐天皇の系統を引く大覚寺統の**南朝**（吉野朝）と京都の持明院統の**北朝**とが併立していたために，**南北朝時代**と呼ぶ。(中略)
>
> この時代について，かつては南朝が正統か北朝が正統かということだけが論争されていた。これを**南北朝正閏論**という。そして，1911（明治44）年に桂太郎内閣が南朝を正統として吉野朝と呼び，北朝を認めないことにして国定教科書を改訂したために，以後，戦後まで，南北朝の語は学界の禁句となり，この時代を自由に研究することができなかった。
>
> **南北朝正閏論** すでに当時の北畠親房による『**神皇正統記**』は南朝を正統としているが，その後は北朝正統論が有力で，歴代天皇の順序も北朝によって数えるのが正式だった。しかし，江戸時代に入って，水戸藩の編集した『大日本史』が三種の神器の所在によって南朝を正統とし，幕末の尊王攘夷運動に水戸学が大きな影響を与えたことから，明治政府では南朝正統論の傾向が強く，学界では両朝を対等にあつかうのが常識となった。国定教科書『尋常小学日本歴史』は南北朝を対等にあつかっていたが，1911年にこれが帝国議会で問題となり，教科書責任編集者喜田貞吉を休職とし，教科書を南朝正統に改訂することになった。 (p.200)

南北朝時代が複雑なのは，東アジアにおいても元帝国から明帝国への権力の移行があり，国際秩序が大きく変化したからである。

南北朝時代に学ぶべきことのひとつは，「昨日の味方が今日は敵」になり，「今日の敵が明日の味方」になるということだ。現在の国際情勢や日本の国内政局でもそれは同じだ。過去の歴史に関する知識があれば，現在進行中の出来事を過去と類比的（アナロジカル）に解釈し，先読みできるのである。

本書を強く推薦する　佐藤優

簡潔にして要領を得た説明

　日本の将来を予測するうえで重要な要素になるのが沖縄だ。
　現在，沖縄で進行しつつある事態は，国際基準で見た場合には民族問題である。日本の中央政府による積年の沖縄に対する構造的な差別政策が，こうした深刻な事態を引き起こしている。もっとも，差別が構造化されている場合，差別者は「自らが差別をしている」という認識を抱いていないのが通例だ。それだから「構造的差別」というのが沖縄情勢を分析する際のキーワードになる。
　中央政府が辺野古新基地（沖縄県名護市）の建設を強行すると，流血が起き，その結果，沖縄の日本からの分離独立運動が本格化する。それをいかに阻止するかが内政の最重要課題のひとつだが，そのためには沖縄が日本とどう異なるかを大雑把につかんでおく歴史の知識が不可欠になる。

琉球貿易　そのころ**琉球**（沖縄）は仲介貿易に従事し，日本にも明や南洋諸国の産物を転売していた。それまで小国家が分立していた沖縄では，15世紀初めに尚巴志が出て**首里**に統一政権をつくった。尚氏は，1414（応永21）年に室町幕府に遣使して，9世紀以来とだえていた本土との公式交渉を復活した。1469（文明1）年，尚円王が政権をにぎって**第二尚氏**となり，3代の**尚真王**（在位1477～1526）のときに，奄美大島から宮古島にいたる諸島を支配し，**琉球王国**が確立した。

解説　1441（嘉吉1）年，足利義教は島津氏に琉球を与えたといわれるが，このころ，沖縄を支配していたのは琉球王国で，琉球は独立王国として明の文物を取り入れ，仲介貿易にあたっていた。なお，第二尚氏は，1871（明治4）年の廃藩置県まで，沖縄を支配した（引用者註＊正確に言うと，廃藩置県の翌1872年に琉球国王・尚泰は，日本政府によって琉球藩王に命じられ，琉球藩が設置された。1879年に琉球藩が廃止され，尚泰は強制的に東京に移住させられ，沖縄県が設置された。この過程を「琉球処分」という）。

　琉球王国は，明と朝貢貿易を営むだけでなく，日本・朝鮮とも貿易を行い，さらにシャム・スマトラ・アンナンなどの南海諸国にも進出した。その貿易は典型的な**仲介貿易**で，絹織物・陶磁器などの明の産物や香料など

> の南海の産物を日本に，刀剣・扇・硫黄などの日本の産物を明に，南洋の産物を明や日本に，それぞれ転売するものだった。この貿易の利益によって首里は繁栄したが，16世紀になると，中国商人が南海貿易に乗り出し，さらにポルトガルが東洋に進出してきたため，琉球の南海貿易は急速にさびれ，1540年代になると，琉球はもっぱら中国との朝貢貿易に依存するようになった。
> (p.259〜260)

　前近代的な冊封体制下で中国と日本に両属していたが独自の文化とアイデンティティを持つ琉球王国は，江戸時代末期には，琉米修好条約（1854年），琉仏修好条約（1855年），琉蘭修好条約（1859年）の3つの国際条約により，当時の帝国主義列強によって独立国家と認識されていた。にもかかわらず，軍事力を背景に日本に併合（琉球処分）されたという歴史の記憶が21世紀になって吹き出しているのである。琉球王国が日本の他の地域とはまったく異なる過去の歴史を持つことを，引用した記述は簡潔に伝えている。

　たしかに「古代・中世・近世」の知識は運転技術，ワープロや表計算の技法のようにすぐに直接，役立つ知識ではない。しかし，だからこそ長持ちするし，複合的な問題を解決する際に役立つ。

　ただし，ビジネスパーソンの目的は歴史の専門家になることではなく，ビジネスや社交において必要十分な教養を身につけることだ。それには，本書1冊の内容を知っていれば十分である。本書を熟読し，「教養」という生きていくうえで一生役に立つ知識を，ぜひ身につけてほしい。

　『教養編』については，『実用編』にも増して山岸良二先生（東邦大学付属東邦中高等学校教諭）にお世話になりました。山岸先生は，教育者であるとともに，考古学者，古代史を専門とする歴史学者でもあります。専門家の観点から，本書のオリジナルでの記述が現時点において実証的観点から不適切になっている箇所については改訂していただきました。どうもありがとうございます。

　編集の労をとっていただいた東洋経済新報社の名編集者である中里有吾氏，フリーランス編集者の鈴木充氏にも深甚なる感謝の気持ちを表明します。

2016年2月28日　曙橋（東京都新宿区）にて

佐藤 優

『いっきに学び直す日本史　古代・中世・近世 教養編』
目　次

本書を強く推薦する　佐藤優　　1
本書の構成・本書の利用法　　12
『大学への日本史』はしがき　　13
凡例　　16

日本史の展開Ⅰ　　17

原始・古代　　18

第1章　日本文化の起源
❶ 原始の社会　　20
　(1) 旧石器時代の社会　　20
　(2) 新石器時代の社会　　23
　(3) 縄文文化　　26
❷ 農耕社会の成立　　29
　(1) 弥生文化　　29
　(2) 農耕生活と社会　　33

第2章　古代国家の形成と発展
❶ 統一国家の成立　　38
　(1) 原始小国家の発展　　38
　(2) 大和国家の形成　　42
　(3) 大和国家の展開　　47
　(4) 大陸文化の摂取　　55
❷ 律令国家の成立と展開　　59
　(1) 飛鳥時代の政治と文化　　59
　(2) 律令国家の成立　　64
　(3) 律令体制の完成　　71
❸ 律令国家の展開と動揺　　81
　(1) 律令国家の繁栄　　81
　(2) 律令国家の動揺　　86
　(3) 天平文化　　92

第3章　貴族政治の展開

- ❶ 律令国家の変貌 98
  - （1）律令国家の再建と変質　98
  - （2）藤原氏の台頭　103
  - （3）平安前期の文化　107
- ❷ 荘園の発達と武士の台頭 111
  - （1）荘園の発生と展開　111
  - （2）地方政治の混乱　116
  - （3）武士の成長　119
- ❸ 貴族政治の繁栄と国風文化 122
  - （1）摂関政治　122
  - （2）源氏の台頭　125
  - （3）藤原文化　127

中　　世　　　　　　　　　　　　　　　134

第4章　武家社会の形成

- ❶ 貴族政治の没落 136
  - （1）院庁政権　136
  - （2）平氏政権　141
  - （3）平安末期の文化　147
- ❷ 武家政権の成立 150
  - （1）鎌倉幕府の成立　150
  - （2）鎌倉幕府の構造　154
  - （3）執権政治　160
- ❸ 鎌倉時代の経済と社会 167
  - （1）農村社会の変動　167
  - （2）産業と商業の発達　170
  - （3）鎌倉幕府の動揺　173
- ❹ 鎌倉時代の文化 180
  - （1）鎌倉仏教　180
  - （2）学問と文学の展開　186
  - （3）鎌倉美術　189
  - コラム　九郎判官義経　193

第5章　大名領国の成立

- ❶ 南北朝の内乱 194
  - （1）建武新政　194
  - （2）南北朝内乱の進展　200
  - （3）内乱期の文化　205

❷ 守護大名の成長 209
(1) 室町幕府の政治　209
(2) 守護領国の形成　215
(3) 北山文化　221
❸ 室町幕府の衰退 222
(1) 郷村制の成長　222
(2) 産業と貨幣経済の発達　226
(3) 応仁の乱　230
(4) 東山文化　234
　コラム　同姓異人　240

近　世（前期） 241

第6章　大名領国の展開と織豊政権

❶ 戦国時代の社会と経済 243
(1) 戦国大名の台頭　243
(2) 戦国大名の領国支配　249
(3) 地方文化の発達　255
❷ ヨーロッパとの接触 258
(1) ヨーロッパのアジア進出　258
(2) キリスト教の伝来　263
(3) 南蛮貿易と南蛮文化　266
❸ 織豊政権 270
(1) 織田信長の全国統一　270
(2) 豊臣政権　276
(3) 桃山文化　287
　コラム　ヨーロッパ人の見た日本　291

第7章　幕藩体制の成立

❶ 幕藩体制 292
(1) 江戸幕府の成立　292
(2) 幕藩体制の構造　297
(3) 幕藩体制の支配と民衆　304
❷ 鎖国 310
(1) 対外関係の推移　310
(2) 鎖国の完成　314
(3) 幕府政治の展開　319
❸ 商品経済の発展 324
(1) 流通体制の整備　324

(2) 産業の発達　329
　　　(3) 商業と都市の発展　334
　❹ 町人文化の成立 341
　　　(1) 江戸初期の文化　341
　　　(2) 学問の発達　346
　　　(3) 元禄文化　351
　　コラム　似て非なるもの　356

付録①　史料演習（古代〜近世前期）　359

後漢書東夷伝　360	魏志倭人伝　361
好太王碑文　362	倭王武の上表文　363
憲法十七条　364	遣隋使の派遣　365
改新の詔　366	養老令　368
墾田永年私財法　370	盧舎那仏造立の詔　371
尾張国郡司百姓等解　372	寄進地系荘園の成立　373
藤原氏の繁栄　374	守護・地頭の設置　375
承久の乱　376	貞永式目　377
永仁の徳政令　378	親鸞の思想　378
建武新政　379	守護の領国形成　380
勘合貿易の開始　382	土一揆・国一揆　382
戦国家法　384	太閤検地　385
刀狩令　386	バテレン（宣教師）追放令　386
禁中並公家諸法度　388	武家諸法度　389
寛永の鎖国令　390	江戸幕府の財政窮乏　391

付録②　日本史の基礎知識　393

　　干支と時刻・方位／旧国名と現県名／年号一覧／主要名数一覧／
　　主要政治家99人／間違いやすい事項

スペシャル対談　『いっきに学び直す日本史
　　　　　　　　古代・中世・近世 教養編』の読みどころ
　　　　　　　　佐藤優×山岸良二　　　　　　　　　　　　408

索引　420

『いっきに学び直す日本史　近代・現代 実用編』
目　次

本書を強く推薦する　佐藤優
本書の構成・本書の利用法
凡例

日本史の展開Ⅱ

近　世（後期）

第8章　幕藩体制の動揺
❶　幕藩体制の矛盾
（1）享保の改革　（2）商品流通の展開と領主経済　（3）農民層の分解
❷　社会情勢の変化
（1）田沼時代の政治と社会　（2）新しい思想と学問　（3）寛政の改革
❸　幕藩体制の危機
（1）化政期の政治と社会　（2）町人文化の爛熟　（3）天保の改革
コラム　青年の革命

近代・現代

第9章　近代国家の成立
❶　武家政権の滅亡
（1）鎖国体制の動揺　（2）開国　（3）江戸幕府の滅亡
❷　統一国家の形成
（1）明治維新　（2）集権体制の完成　（3）自由民権運動の展開　（4）立憲政治の確立　（5）明治前期の文化
❸　資本主義の確立
（1）日清戦争　（2）産業革命の進展　（3）日露戦争　（4）独占資本の成長　（5）明治後期の文化
コラム　淳風美俗

第10章　国際情勢の推移と日本
❶　デモクラシーの進展
（1）第一次世界大戦と日本　（2）普選運動の高揚　（3）協調外交と第二次護憲運動　（4）大正期の文化
❷　太平洋戦争への道

(1) 金融資本の確立　(2) 政党政治の終焉　(3) 軍部の台頭
❸ 第二次世界大戦と日本
(1) 日中戦争　(2) 太平洋戦争

第11章　現代の世界と日本
❶ 占領下の日本
(1) 戦後の諸改革　(2) 労働運動の高揚　(3) 独占資本の再生
❷ 国際情勢の変化と日本
(1) サンフランシスコ体制　(2) 平和共存と新安保条約　(3) 経済の高度成長と国際環境の変化　(4) 新しい世界像の模索を

付録①　史料演習（近世後期〜近代）

付録②　日本史ガイダンス
❶ 歴史とは何か
❷ 歴史学の方法
❸ 世界史と日本史
❹ 時代区分
❺ 日本史の学習法

スペシャル対談　『いっきに学び直す日本史
　　　　　　　　近代・現代 実用編』の読みどころ
　　　　　　　　佐藤優×山岸良二

索引

本書の構成

1. 本書は，1973年に初版が発行された安藤達朗著『大学への日本史』（研文書院）をもとに，その後の研究成果などを加味して校訂と校正をほどこし，構成し直して復刊したものである。
2. 復刊には，1995年4月に発行された87版を底本として使用した。
3. 復刊にあたり，原本の全4編（日本史ガイダンス・日本史の展開・部門別の整理・史料演習）の構成を大幅に変更し，2巻に分割した。原本の第2編「日本史の展開」は新たに全11章に分類し直して本編とし（教養編・7章，実用編・4章），第1編「日本史ガイダンス」は実用編に，第3編「部門別の整理」は本編と重複する大部分の内容を割愛して教養編に，第4編「史料演習」は時代ごとにそれぞれの巻末に，付録として収載した。
4. 「史料演習」については，原本のテイストを尊重して，現在の学説からは古くなっている内容も一部，残してある。
5. 本書には，今日から見ると差別的とされる語も含まれるが，歴史事項を説明するための使用で差別的な意図はなく，原本のままとした。

本書の利用法

1. 記述にあたっては，章・節などのはじめに，できるだけ全体の流れを理解したり，問題点をよく理解できるような項・目をおいた。これは，読者を木を見て森を見ないような弊に陥らせないためである。
2. 「史料演習」は，主要な史料をいずれも設問形式をとって掲載した。本編中にも，当該史料が掲載されている場合にはページ数を記載しているので，たんにまとめて学習するだけでなく，その都度史料にもあたってほしい。
3. 本編と付録では，それぞれ冒頭に構成と利用法をあげた。詳しくはそれを見てほしい。
4. 写真は，掲載しなかった。写真はその対象となる時代の状態をほうふつとさせたり，学習に余裕をもたせたりするという効果があるが，紙幅を多く必要とし，その紙幅に見合うほどの効果は期待できないからである。そのかわりに，図表を適宜挿入し，知識の整理や理解のための便をはかった。

『大学への日本史』はしがき

　『大学への日本史』執筆の話が研文書院との間にもちあがってから，すでに5年以上の時日が経過している。ほっとしたというのが，脱稿した現在のいつわりのない心境である。

　もともと，このような大部のものを1人で書き下ろすというのが無理だったのである。しかし，無理を承知で，わたしはあえてすべてを1人でしたかった。歴史はつぎはぎ細工を楽しむモザイク遊びではないのだから，たんに叙述・構成に統一性をもたせるためだけにでも1人で執筆したほうがいいに決まっているのだが，わたしには，当初からいくつかのプランがあったのである。そのプランを実現するには，たとえどのように気心の知れた人と共同で仕事を進めても，決して万全なものにはなるまいと思われた。そのために，全編を1人で書き下ろすという，無茶ともいえる仕事に取り組んだのである。

　そのプランとは，できるだけ詳しい記述を行う一方で，歴史の流れや動きの大筋を見失わせずに統一的に理解させるにはどうすればよいかという，相反する2つの条件をともに満足させるためのいくつかの方策であった。歴史の動きをよく示しているような図表や，整理・ポイント・注意などの項目を豊富に挿入したり，全体として，叙述を大きな動きからしだいに個々の事実へと言及していったり，叙述に際して，前後の動きに言及したり，学習への興味を倍加させるためにも，参考・補足などの項目を随所に設けたり，それに何よりも，全体の構成を類書と大きく異なったものにしたり，というようなことがそれであった。

　日本史はますます高度な専門的知識が求められるようになっている反面で，論述式問題が採用され，歴史の流れや動きをとらえているかどうかを調べようという，最近の入試問題の傾向から考えても，このようなプランを実現することは時宜に適したものであると考えた。すでに類書も数多く刊行されている現在，屋上屋を架す結果にならないためにも，この仕事を手がけるのだったら，せめて思い通りのものをつくりあげてみたかったのである。

　普通の参考書に相当するのが第2編（編集部注：復刊時に本編の第1章～第11

章に再構成)だが，第2編を読んでもらえば，あるいは，たんに目次を類書と読み比べてみるだけでも，本書が歴史の流れをとらえさせるために細心の注意が払われていることをわかってもらえるだろう。戦後の部分などは，今後の学習参考書の基礎にされるだろうし，第1編（編集部注：『近代・現代　実用編』の「日本史ガイダンス」）や第3編（編集部注：本書の「付録②日本史の基礎知識」，ただし大幅に割愛）になると，その全体が学習参考書に新境地を開いたものといえるだろう。第3編に関しては，これに近い試みがなされたものもないではないが，これだけ体系的・統一的に整理されたものは見当たらないし，第1編に関しては，今後ともこれ以上のものが書かれることはないだろう。

あえてすべてを1人で書き上げようという決意をしたとき，わたしには別の意図もあった。それは，この機をとらえて，わたし自身が日本史を全体としてじっくりと考え直してみたいと思ったことだった。

本書は学習参考書として書かれている。だから，そのための制約はあった。第一に，自分の考えでなく，新しい学界の業績を取り入れ，それを咀嚼して，通説にそって記述せねばならない。第二に，入試に出題されるような事実は，すべて網羅しなければならない。その上に立って日本史を統一的に叙述することは，実際には不可能である。その不可能なことを可能ならしめる——そのことに，学術論文では味わえないような楽しさがあった。

わたし自身が日本史を全体としてとらえ直すというもくろみが十分に果たせたかどうか，書いている過程で，わたし自身が無数の事実の中にのめりこんでしまわなかったかどうか，わたしも反省しているところである。その評価を下すには，脱稿したばかりの今ではなく，もう少しの時間をかける必要があるだろう。しかし，日本史の学習参考書としては，決定版ともいえる最高のものをつくりあげたという自負だけは，胸の奥からしだいに大きくなって，ふつふつとこみあげてくるのを感じることができる。

『大学への日本史』という書名で，今から10年ほど前，藤木邦彦先生をはじめとし，羽下徳彦・鳥海靖・大口勇次郎・中尾正巳・井上勲の諸学兄，それにわたしとが共同で執筆にあたり，すでに成稿をみていたものがあった。それは諸般の事情で刊行の機を逸してしまったのだが，本書は旧原稿とはまったく装いも異にし，本書執筆にあたっては，ごく一部を除くと，旧原稿にはほとんど眼を通さなかった。藤木先生やこれら諸学兄には，あらかじめ了承も得ず，このような新しい内容のものにつくりかえたことについて，伏してお詫びすると

『大学への日本史』はしがき

ともに，御海容をお願いする次第である。
　なお，本書の校正には，金本正之学兄の御援助をいただき，著者なら見落としてしまいがちな問題点についても，指摘していただいた。本書が思いもかけぬ誤ちを犯すことから免れているとすれば，それは金本学兄の尽力のたまものである。
　執筆期間も紙幅も予定をはるかに超え，さまざまな勝手な注文を出したにもかかわらず，研文書院の飯塚潤社長は，たえずあたたかい寛容と激励とで接してくださったし，研文書院編集部の石田忠弘氏は，ややもすればたるみがちなわたしをたえず鞭励してくださり，困難な編集の業にもたずさわってくださった。この御二方の御心遣いがなかったら，予想よりはるかに困難だった本書の執筆は，決して完成することがなかっただろう。印刷に際しては，こまごまとした注文を気のすむまでつけたにもかかわらず，こころよく応じてくださった祥文堂の方々の尽力と技術のおかげで，思い通りの体裁に整えることができた。私事に属するが，執筆に際して，妻征子にも多くの迷惑をかけたが，よく甘受してくれた。
　普通の原稿用紙にすれば3000枚にもおよぶ本書が，ともかく刊行される運びになったのは，このような多くの方々の尽力と協力とによるところが大きい。あらためて，ここで深甚の感謝の意を表する。
　最後に，今はまだ幼いけれども，やがては本書を利用できるようになるまで成長するであろう長男敏行に，その心身ともに健全な成長を祈って，本書を贈りたいと思う。

　　1973年9月1日

　　　　　　　　　　　　　　　　　　　　　　　　　　　安藤達朗

凡　例

1. 重要事項は**太字体（ゴシック体）**で表わした。**太字体**で表わしたものは，たんに事項にとどまらず，その事項のもつ歴史的意義にも及んだものがある。
2. 常用漢字には必ずしもこだわらなかった。しかし，固有名詞を除いては，できる限り常用漢字に限定するよう心がけた。
3. 1872（明治5）年以前は，すべて旧暦の日本年代を機械的に西暦年代に改めた。例えば，日露和親条約の調印は太陽暦では1855年2月7日になるが，旧暦では安政1年12月21日となるため，安政1年はすべて1854年として，1854（安政1）年12月21日と表記するようなものである。
4. 日本年号が変わった年は，すべて新しい年号のほうをとって表記した。例えば，大正から昭和に改元されたのは1926年12月25日であるから，第1次若槻礼次郎内閣の成立は，1926（大正15）年12月としなければならないが，たんに1926（昭和1）年12月とした。なお，新年号の元年はすべて1年とした。
5. 『　』の印は単行本の形式をとった著作物に対してのみ用いた。論文・雑誌は「　」で表記した。
6. 外国人名の発音は，原音に近いものをカタカナで表わすことを原則としたが，慣用されているものは，これに従った。例えば，ヘボン（Hepburn，新教の宣教師）は，ヘップバーンと表記すべきだろうが，慣例に従ってヘボンとしたようにである。
7. 固有名詞を並列するときには，〈・〉の印を用いた。例えば，生糸・茶・蚕卵紙などである。また，とくに西洋人の場合，名と姓の間を〈＝〉でつないで区別した。レオン＝ロッシュのようにである。したがって，ウィリアム＝アダムス・ヤン＝ヨーステンとある場合は，ウィリアム＝アダムスとヤン＝ヨーステンの意味である。また，ヨーロッパの言葉で2語以上よりなるものも〈＝〉で結んだ。ニュー＝ディールのようにである。
8. 人名には，必要に応じてカッコして生没年を記した。何の注記もないときは生没年を表わし，在位・在職などの期間が必要なときは，注記して年代を記した。例えば，後白河法皇（1127～92，在位1155～58，院政1158～92）とあれば，1127～92は生没年を示す。また，この例からもわかるように，年代が2世紀以上にわたらない場合は，2回目からは末尾の2桁を記すにとどめた。また，生年または没年が不明なものは，それを〈?〉で表わした。
9. 外国国名に関しては，場合により次の略号を用いた。
ポルトガル＝葡，スペイン（イスパニア）＝西，オランダ＝蘭，イギリス＝英，ロシア＝露，ソビエト＝ソ，アメリカ＝米，ドイツ＝独，オーストリア＝墺，イタリア＝伊，フランス＝仏，メキシコ＝墨，朝鮮＝朝，中国＝中，ギリシア＝希
10. 朝鮮・中国に関しては，それぞれの王朝名で記した。ただし，朝鮮に関しては，戦後は大韓民国を韓国，朝鮮民主主義人民共和国を北朝鮮と表記した。また，中国に関しては，〈中国〉で中国大陸の国家・国民・文化などを表わしたこともあるが，辛亥革命以後は中華民国を，1949年以降は中華人民共和国を表わした。中華民国を国民政府と表わしたときもある。

日本史の展開 I

本編の構成と利用法

1. 本編を学習するにあたっては，全体的な歴史の流れを把握することに留意するとともに，同時代的な連関にも注意を払ってほしい。
2. 本編は**原始・古代**，**中世**，**近世（前期）**，**近世（後期）**，**近代・現代**の各時代に分かれ，それぞれが章・節・項・目に細分されている。本書では「日本史の展開 I」とし，原始・古代から近世（前期）までをあつかう。
3. 各時代のはじめにその時代に関する**総合年表**を置いた。まず大きな流れを把握してから学習を進めてほしいからである。年代に関する史実は小活字で示した。また，**学習の手引き**を置き，どういう点に注意して学習を進めていけばよいかを示した。
4. 叙述は，まずはじめにできるだけ一般的なことを述べ，しだいに具体的なことを述べるという形式をとった。そのほうが歴史を理解して学習するのに好都合だと思われるからである。
5. 必要に応じて図表を挿入した。図表は教養編・実用編での通し番号になっている。図表は日本史の理解に役立つもののほか，事実の整理を目指したものが多いから，学習に大いに利用してほしい。また，本文で史実の羅列に終わるのを避けるために図表化したものもあるから，それを付属的なものとみなさないでほしい。
6. 本文の叙述を一貫させるため，事項の細かい説明や程度の高い解説，具体的な事実などは **解説** とし，行頭に罫線を入れて細字で記述した。**参考**・**補足** という見出しをつけたものは，諸君がみずから歴史を考えるに際しての手引きとなるものである。また，**ポイント**・**盲点** の見出しをつけたものは，その章・節・項・目を理解するにあたっての中心的な問題点を示したものである。
7. 本文中に，随所に **整理** という欄も設けたが，それは諸君の学習の便宜をはかり，学習の効果をあげさせるためのものであるから，図表とともに，知識の整理に十二分に活用してほしい。
8. 史料は巻末の**史料演習**にまとめて掲載してあるが，各章の学習が終わるごとにあたってみることをおすすめする。

原始・古代

〈総合年表〉

	政治・外交	社会・経済	文化・思想
縄文・弥生時代	約100万年前から **旧石器文化** 約1万3000年前から **縄文文化** 前500頃から **弥生文化** **階級分化，クニ発生**	○打製石器，岩宿遺跡 ○土器の製作と使用 ○稲作，金属器使用 　三内丸山遺跡・唐古遺跡・登呂遺跡・吉野ヶ里遺跡・古照遺跡	○貝塚・土偶・屈葬・抜歯 ○祖先神・自然神信仰
古墳時代	57　倭奴国王，後漢に遣使 239　邪馬台国卑弥呼，魏に遣使 　　**大和朝廷の全国統一** 4世紀後半　倭，朝鮮半島に進出 5世紀　倭の五王，南朝に遣使 　　　　　―倭王武上表文 562　朝鮮半島への影響力後退 593　厩戸王（**聖徳太子**）**摂政となる**	 ○「魏志倭人伝」 ○好太王碑文 ○**氏姓制度** ○蘇我氏の専権	 ○シャーマニズム ○**古墳文化**―前方後円墳 ○大陸文化の流入―渡来人，漢字使用 538　仏教公伝
飛鳥時代	600　最初の遣隋使 604　**憲法十七条** 　　618　隋滅亡，唐建国 **645　大化改新**―蘇我氏滅亡 663　白村江の戦い 667　近江大津京遷都 **672　壬申の乱** 689　飛鳥浄御原令 694　藤原京遷都 701　大宝律令	 ○中央集権体制―律令体制 ○**公地公民制**―班田収授法 670　庚午年籍 ○天皇の神格化 708　和同開珎の鋳造	○**飛鳥文化**―六朝文化の影響 　法隆寺建立，『三経義疏』 ○**白鳳文化**―初唐文化の影響 　薬師寺建立
奈良時代	**710　平城京遷都** 718　養老律令 729　長屋王の変 ⎫ 740　藤原広嗣の乱 ⎬ 奈良時代 757　橘奈良麻呂の変 ⎪ の政争 770　道鏡失脚 ⎭ 784　長岡京遷都 **794　平安京遷都**―桓武天皇	 723　三世一身法 743　墾田永年私財法， 　　　盧舎那仏造立の詔 **初期荘園の発生**	712　『古事記』 720　『日本書紀』 ○天平文化―盛唐文化の影響 ○鎮護国家の仏教―東大寺 　南都六宗 ○正倉院・唐招提寺 ○『万葉集』『懐風藻』
平安時代	810　薬子の変，蔵人所設置 842　承和の変，**藤原氏他氏排斥** 858　藤原良房，事実上の**摂政となる** 866　応天門の変 884　藤原基経，**関白**となる 894　遣唐使の廃止 　　　―菅原道真の建議	○蝦夷征討―坂上田村麻呂 ○令外官―蔵人・検非違使 ○班田制衰退 　荘園に不輸不入の特権	○天台宗（最澄）・ 　真言宗（空海） ○**弘仁貞観文化**―密教美術 ○密教，神仏習合

	政治・外交	社会・経済	文化・思想
平安時代	901　菅原道真左遷 935〜941 　　承平・天慶の乱 969　安和の変―摂関常置となる 　　**藤原氏の摂関政治** 　　　外戚・政所 1016　藤原道長摂政 1019　刀伊の入寇　**藤原氏全盛** 1028　平忠常の乱（〜31） 1051　前九年合戦（〜62） 1068　後三条天皇の親政 1083　後三年合戦（〜87） 　　白河上皇，**院政**を始める	902　最初の荘園整理令 ○**寄進地系荘園** ○地方政治の乱れ ○武士発生 988　尾張国郡司百姓等解 ○武士の主従関係 1069　延久の荘園整理令，記録所設置 1095　北面の武士設置 ○僧兵強訴	905　『古今集』―最初の勅撰和歌集 ○**藤原文化**―国風文化 ○かなの使用，寝殿造 985　『往生要集』（源信） ○『枕草子』『源氏物語』 　　―国文学さかん ○本地垂迹説 1052　末法初年と称す 1053　平等院鳳凰堂完成 ○末法思想・浄土信仰

《原始・古代（第1章〜第3章）の学習の手引き》

1. 旧石器時代・新石器時代・金属器（青銅器・鉄器）時代の違いをはっきりさせ，縄文文化・弥生文化を対比的に考えよう。
2. 稲作開始の歴史上にもたらした意味を多角的に考えよう。
3. 氏姓制度・律令制度・摂関政治・院政など，それぞれの政治体制の構造を考えて，その違いを明らかにし，なぜそれぞれが次の時代のものに変わっていかざるをえなかったかを，総合的に理解しておこう。
4. 律令体制が整備されていく過程，およびその解体していく過程を多角的にとらえておこう。班田収授法・官制などがとくに重要である。
5. 班田制が解体して荘園制が展開していく過程が古代史の中心となる。荘園制の基本的な構造と成立過程をよく理解しておこう。とくに名体制に注意。また摂関政治や院政との関係をよく把握しておかなければならない。
6. それぞれの時代における農民の地位を考えよう。とくに貢租の内容・種類を中心として部曲・班田農民・名主・下人などを整理しておこう。
7. 武士の発生，武士団の成長は，古代を中世との関係で考えるに際してのひとつのカギになる。古代の中からどうして武士が発生したか，またどのような過程を経て成長したかを理解しておこう。
8. 飛鳥・白鳳・天平・弘仁貞観・国風の各文化は，混同しやすい事象が多々あるから，縦横に整理して理解しておかなければならない。例えば，彫刻なら彫刻だけを取り上げてその発達・変化の過程をさぐり，それによって横との連関も立てられるようになる。
9. 仏教の伝来から飛鳥・奈良時代を経て平安時代に至る発達の過程を整理しておこう。

第1章 日本文化の起源

1 原始の社会

(1) 旧石器時代の社会

人類の出現 　今から450万年ほど前，地質学的には新生代・第四紀・洪積世のはじめごろに，人類は，類人猿と共通の先祖から分かれて出てきたと思われる。東アフリカのアウストラロピテクス（Australopithecus）のような**猿人**である。すでに二足で歩行し，自由になった手で簡単な道具を用い，小規模な狩猟・漁労を行っていた。ついで，50万年ほど前の第1間氷期には，ジャワで発見されたジャワ原人（直立猿人，Pithecanthropus Erectus）や，中国北京郊外の周口店で発見された北京原人（Sinanthropus Pekinensis）が，第2間氷期には，南ドイツで発見されたハイデルベルク人（Homo Heidelbergensis）があらわれた。かれらは石製のハンド＝アックスやスクレーパーをつくり，狩猟を生業とし，北京原人は火を使用した。北京原人の知脳は現在の3歳児程度とされるから，言語も使われるようになったであろう。第3間氷期には，ヨーロッパ・北アフリカのネアンデルタール人（Homo Neanderthalensis）が出現した。かれらは**旧人**といわれ，30万年ほど前にあらわれたのだが，機能に応じた形態の石器がつくられ，宗教の芽ばえもうかがえる。これらの人類は現在の人類と異なり，いずれもやがて絶滅したもので，**原生人類**（古生人類）と呼ばれている。8万年ほど前にあらわれたクロマニョン人（Cro-Magnon

No.1　地質・生物対照年代表

地質の区分			年代	生物の区分	
始生代			26億年以上前	無生物時代	
原生代			8.5億年前	下等動物発生	
古生代			5億年前	無脊椎動物時代	
				魚類時代	
			2億年前	両棲類時代	
中生代				爬虫類時代	
新生代	第三紀		6000万年前	哺乳類時代	
	第四紀	洪積世（氷河時代）	100万年前	霊長類時代	原人類出現
			30万年前		旧人類出現
			8万年前		新人類出現
		沖積世	1万年前		文明の誕生
			現在		

近年の地球物理学の研究の進展により，地質の区分に関する用語は変化している。

man）は**新人**といわれ，現生人類（Homo Sapience）で，現在のわたしたちとほとんど変わったところはないといえる。クロマニョン人はヨーロッパ各地で発見され，集団的に狩猟を営んで動物の肉は貯蔵されるようになり，丘の上に村落もつくられるようになった。洞窟に壁画を残しており，アルタミラ洞窟の壁画は有名である。

洪積世の社会

100万年に及ぶ洪積世の時期に，人類がはじめて地球上にあらわれ，現在の人間と同じものに変わっていったのだが，この時期の文化の発達は極めて緩慢で，道具は主として**打製石器**が用いられていた。それで，この時代を**旧石器時代**と呼んでいる。

人類を動物から区別する特徴として，①**道具**の製作と使用，②**火**の利用，③**言語**の発明の3つがあげられるが，人類に一番近いサルとの比較で考えると，人類はまず二足で歩行する。そのために樹上生活ができなくなって地上で生活するが，自由になった手で道具を用い，道具を用いて採集のほかに狩猟（漁労を含む）を営むことになる。出産や乳児の状態を考えても，人類は動物に対して不利な条件に置かれるから，家族が構成され，男女の間に分業が成立し，男性は狩猟に，女性は採集に従事することになる。生物的に不利な条件を克服するために，道具とともに火が利用され，さらに，知識を伝達し，学び教え，ものごとを一般化（シンボル化）することが必要となり，言語が用いられるようになる。

解説 二足歩行するようになって，頭脳も著しく発達をとげるようになった。

家族は寡夫多妻的な共有婚か一夫多妻的なものであったと思われるが，近親婚のタブーにより固定化されたと思われる。社会は**群社会**（ホルド）と呼ばれる20〜30名の血族団体であった。住居ははじめ洞窟が選ばれたが，洪積世末期には丘の上に村落もつくられはじめ，宗教や美術もすでにあらわれたと思われる。

No.2 原始の時代区分

時代区分	人　　類	文　　化	日　　本
前期旧石器時代	古生人類（猿人・原人）	採集・狩猟，打製石器	⎰日本列島形成
中期旧石器時代	古生人類（旧人）	採集，火の利用，言語	⎱無土器文化
後期旧石器時代	現生人類（新人）	採集，村落形成	
新石器時代	現生人類	牧畜・農耕，磨製石器	縄文文化（土器使用）
金属器（青銅器）	現生人類	都市文明，国家	
金属器（鉄器）	現生人類	国家発展（古代帝国）	弥生文化（農耕，金属器）

第1章　日本文化の起源

洪積世の日本

日本列島はアジア大陸の北東から南西に弧状に連なっているが、洪積世においては大陸と陸続きであったと考えられ、ナウマンゾウなどの骨や牙の化石が各地で発見されている。このことは、こうした野獣が陸地伝いに日本に渡来したことを示し、現生人類が洪積世に日本に渡来し、居住した可能性を示唆するものである。

今から1万～2万年前の洪積世末期になると、陸地の隆起や陥没が繰り返され、日本は大陸から完全に分離されて、現在のような日本列島が形成された。また、このころには火山活動が激しく、噴出した火山灰によって**ローム層**といわれる赤土の地層が堆積した。これは関東地方でとくに顕著なので、関東ローム層といわれる。

日本においては、洪積世には人類は生存しなかったと信じられ、そのため、旧石器時代は存在せず、縄文文化が日本における最初の文化だと考えられていた。しかし、1946（昭和21）年に群馬県の岩宿で関東ローム層から剝片石器が発見されるに至り、続いて全国各地から土器をともなわない打製石器が相次いで発見されるようになり、日本における旧石器時代の文化の存在は疑いのないものとなった。これを、土器をともなわないので**無土器文化・先土器文化**と呼んだり、縄文文化に先立つので**前縄文文化**と呼んだりする。

解説 かつては、1931年に発見された明石原人らがこの時期の人骨と推定されたが、現在ではこれらの人骨はすべて新しい時期のものと確定している。近年では、浜北人が約1万8000年前、港川人が約1万8000年前、山下町洞窟人が約3万2000年前と認定されている。

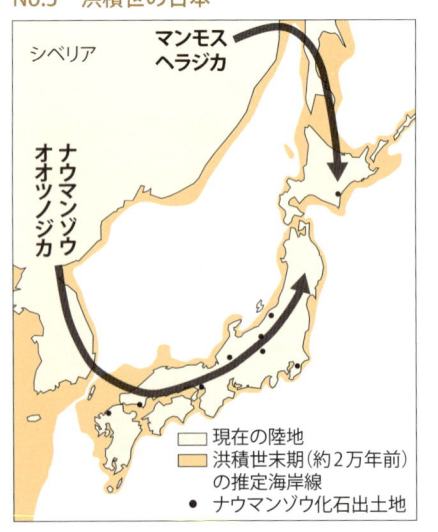

No.3　洪積世の日本

整理 **先土器文化の遺跡と遺物**
遺跡…岩宿遺跡（群馬県新田郡笠懸町岩宿［現、みどり市］、1949年）
茂呂遺跡（東京都板橋区、1951年）
上ノ平遺跡（長野県諏訪市、1953年）
石器…ハンド＝アックス（握槌）、

ブレイド（石刃），ポイント（尖頭器），細石器。土器はなく，打製石器

　群馬県不二山遺跡などは前期旧石器時代に相当すると考えられており，日本文化の歴史は極めて古い時代までさかのぼることになったが，日本の旧石器時代人がどのような生活をしていたかについては，まだほとんどわからないといえる。遺跡の多くは，河川にのぞんだ段丘の上や見晴らしのよい丘陵の上，また湖の周辺であり，ユーラシア大陸の旧石器時代人と同じような生活を営んだと思われる。

(2) 新石器時代の社会

沖積世の社会　新人たちの活躍した洪積世の第4氷河期は1万年前に終わりを告げ，気候は温暖化していった。この時期を後氷期といい，すでに**沖積世**に入り，気候も現在と大差ないものに変わっていった。気候の温暖化は，新人たちの重要な獲物であった大型の草食動物を絶滅させ，人類は飢餓を逃れるために，小動物をとらえるための弓矢・わな，魚類をとるための網・やな・漁槍，木の実や根茎を食物とするための磨製の石臼・杵を発明し，森林生活のために磨製石器をつくるようになった。

　こうして，**磨製石器**が主な道具として使用されるようになった。この時代を**新石器時代**と呼ぶ。新石器時代には，食物の保存や煮炊きのために**土器**が使用されるようになったことも特徴的である。一方で，飢餓克服の戦いは，作物の栽培と家畜の飼育を生み出すことになった。ここに，100万年に及ぶ採集・狩猟時代から食料生産時代に進んでいったのである。**農耕・牧畜経済**の成立により，人類は自然に制約されるのではなく，逆に，自然を利用することを知るようになった。

　牧畜は男性の従事していた狩猟から，農耕は女性の従事していた採集から発達していったものだが，生産経済に入るとともに，食物を求めて移動する生活から，定住する生活に変わっていった。こうして，旧石器時代の血縁的集団を中心とする社会にかわって，**定住的村落**が形成されることになった。

> **補足　中石器時代**　旧石器時代から新石器時代への過渡期として，氷河が後退する後氷期を中石器時代とすることもある。石器は打製石器が主だが磨製石器も使われる。土器の使用が開始され，人類は低地に進出して貝塚を残す。農耕・牧畜ははじまっていない。日本でも，先土器文化から縄文文化の過渡期として問題となる。

第1章　日本文化の起源　23

新石器期の日本

一般に，新石器時代は，後氷期に入って生活環境が変化し，人類がそれまでに培った文化を応用して新しい生活環境に即応するときに生じてくるもので，①磨製石器が使われること，②土器がつくられること，③農耕・牧畜が行われるようになること，④巨石墳墓（ドルメン）がつくられること，⑤織物がつくられること，という特徴をもつ。日本では，**縄文文化**が新石器時代に比定されているが，③〜⑤については妥当せず，農耕が本格化したのは弥生時代，巨大墳墓（古墳）がつくられたり，織物が行われたりしたのは古墳時代になってからである。

縄文文化の上限は，最近の放射性炭素による年代測定法によって測定した結果によると，今から約1万3000年前にさかのぼると考えられ，沖積世のはじまった時期にほぼ一致する。さらに，磨製石器や土器がつくられていることにより，新石器時代とみなしてよい。農耕・牧畜は本格化しなかったが，縄文時代中期以降には集落の規模が大きくなり，定住性が増してくることから，また，中期の代表的な土器である勝坂式土器の分布が現在の畑作中心地と一致していることから，原始的農業（山芋の栽培など）が行われていたと推測することもできないわけでもない。ともかく，③〜⑤が行われなかったことが，日本の新石器時代の特徴といえるであろう。

> **補足　放射性炭素による年代測定法**　放射性炭素（C_{14}・Radio Carbon）は二酸化炭素としてつねに空気中に存在し，動植物はこれを体内に吸収する。生きている間は吸収と分解が平衡するが，死ぬと分解だけが進行する。このことを利用して，リビー（W.F. Libby）によって戦後発明された年代測定法である。この測定法でいくと，国内最古の土器は1万6000年前ということになる。世界的に土器の発生は9000年前と考えられているから，①放射性炭素による年代の測定が間違っているか，②土器は大陸から伝えられたのでなくて日本で発生したのか，③世界の土器発生ももっと古いのか，のいずれかとなる。①については，放射性炭素による年代測定の技術は近年大いに進んでいるとはいえ，わずかな数値の誤差で結果が大きくずれてくる可能性も指摘されている。③についても，最近ではロシア北東部や中国など東アジア地域で1万数千年前の土器も見つかっている。世界最古の土器の謎も，まだ解明されそうもない。

日本民族の起源

『古事記』『日本書紀』などの神話では，神武天皇の東征・ヤマトタケルノミコト（日本武尊）の熊襲・蝦夷征伐など，

No.4　旧石器時代と新石器時代の比較

	旧石器時代	新石器時代
生　産	採集・狩猟・漁労	農耕・牧畜
住　居	洞窟利用	竪穴住居
道　具	打製石器・骨角器・木器・毛皮の衣服	磨製石器・土器・骨角器・木器・織物
食　物	獣類（旧象・馬・鹿）・魚類・木の実	獣類（羊・山羊・豚）・魚類・穀物
遺　跡	洞窟芸術	共同墓地・巨石墳墓（ドルメン）

「天孫民族」が先住民族を平定して大和朝廷が成立したとされている。そのために，縄文時代人は先住民族だと考えられて，アイヌ説・コロポックル説・原日本人説などが唱えられたが，現在では，**縄文時代人がわたしたち日本人の直接の祖先**で，縄文時代人とわたしたち日本人との形態の違いは，長い間の生活環境の変化によって生じてきたと考えられるようになった。

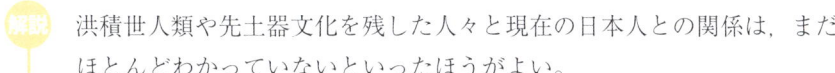洪積世人類や先土器文化を残した人々と現在の日本人との関係は，まだほとんどわかっていないといったほうがよい。

日本人の祖先がどこから渡来したかを知るためには，人類学のほかに，言語学・考古学・宗教学・神話学・民族学など多くの分野から研究が進められなければならず，とくに言語の研究は，この問題の解決に極めて重要である。

日本語は，文法上からは，朝鮮・満州・蒙古・トルコなどのアルタイ語族に属し，音韻のうえからは，さらにハンガリー・フィンランドなどのウラル語と似ており，**ウラル＝アルタイ語**の系統に属するといわれる。しかし，単語の対応は多いとはいえない。

語法のうえからは，日本人はアイヌ人・中国人・南洋の人々とは近接関係がないのだが，風習・神話には農耕儀礼・妻問婚などの南方系の要素が強く認められる。これらのことから，日本人は複合民族で，北方や南方から日本列島に渡来し，その後も混血を重ねながら，しだいに共通の言語・風習をもつ日本民族が形成されていったと考えられるのである。

日本人の起源論　縄文人と現在の日本人との関係については多くの説がある。
アイヌ説……19世紀初めからあったが，明治以後，小金井良精は人骨研究から，縄文時代人は現在の日本人と異なる先住民族で，アイヌ人と同じものだとした。
コロポックル説……アイヌ説に反対して坪井正五郎が唱えたもので，縄文人は，アイヌの伝説に見られる小人で，アイヌによって北方に追われたコロ

ポックルだとした。
原日本人説……縄文人は先住民族だとする説に対して、日本の原住民族と考える説で、縄文人は原日本人（Proto Japanese）と称された。原日本人は現在の日本人ともアイヌとも異なる想像上の人種で、大陸や南方系との混血によって日本民族が、北方系との混血によってアイヌが生じたとされる。大正になってからの清野謙次の説。
日本人説……昭和になって長谷部言人が唱えた説。外国人が日本に渡来し混血したことは認めるが、縄文時代以後、混血民族と呼ぶほど大量の異人種の混入はなく、縄文人が現在の日本人の祖先だとする。

(3) 縄文文化

縄文時代　沖積世になり、新石器時代の日本の文化を**縄文文化**と呼ぶ。日本では先土器文化に次いで古い文化である。

　縄文時代は、土器の発生とあわせて始まったとされ、弥生時代が紀元前500～紀元前400年に始まるまでの約1万年にわたり、その遺跡も北は北海道から南は沖縄まで、全国各地に多数存在している。出土する土器には、多く縄目の文様がつけられていることから、その土器を**縄文式土器**と呼ぶ。土器の形式などによって編年が進められ、近年の研究では、草創期・早期・前期・中期・後期・晩期の6期に区分され、各期がさらに数期に区分されている。

　縄文文化については先にも触れた〔→p.24〕が、はじめて土器を製作して使用したこと、農耕・牧畜は行われず、まだ採集・狩猟・漁労の生活を送っていたこと、さらに、実生活において呪術が強く支配したことなどがあげられる。

解説　縄文時代の遺跡としては、1877（明治10）年に海洋生物研究の目的で来日し、のちに請われて東京大学で教鞭をとるモースが発見した大森貝塚が最初に発見されたものである。

住居と集落　縄文時代には、採集・狩猟・漁労が生業とされたから、森林や河海からあまり遠くない小高い丘の上に住居が営まれた。住居は早期のころまでは自然の洞窟が利用されていたが、前期・中期以後は**竪穴住居**が一般的になり、後期・晩期には平地に石を敷き並べて建てる敷石（平地式）住居もあらわれた。住居の中には、煮炊きのための炉が設けられるのが普通だった。住居のまわりには、縄文時代人が食べた貝の殻や鳥・獣・魚類の骨、木の実などを捨てた跡である**貝塚**が発見される。

No.5　縄文文化年表

年　代	区分	遺　　跡	土　　器	生産要具	文　　化
前11000	草創期	花見山（神奈川） なすな原（東京）	方形平底・円形丸底 厚い器壁が多い 隆起線文・爪形文	打製石器 有舌尖頭器 細石器	山奥の岩陰 洞窟住宅に住む
前8000 〜前7000 前4000	早期	夏島（神奈川） 稲荷台（東京） 花輪台（茨城）	尖底の深鉢 繊維を入れる	石鏃・石匙 弓矢・銛・釣針 剥片石器	小竪穴式住居 炉なし 土偶出現
前3000	前期	関山（埼玉） 諸磯（神奈川）	諸磯式、平底 縄文に変化 壺・浅鉢	鹿角製道具発達 棒状石斧（土掘り） 磨製石器	長方形の竪穴住居 炉あり 貝輪・抜歯
前2500	中期	勝坂（神奈川） 加曽利E（千葉）	厚手式 隆起文様	打製石斧・土掘具	大規模な集落 芋栽培 食料保存
前1000	後期	堀之内（千葉） 加曽利B（千葉）	薄手式 磨消縄文 器形分化	骨角製漁労用具が 発達、磨製石斧の 分化・普及	大貝塚 土偶さかん 積石墳墓
前300 〜前200	晩期	亀ヶ岡（青森） 吉胡（愛知）	亀ヶ岡式 精巧な土器 弥生式（西日本）	西日本に打製石斧 （耕具） 環状石器	儀礼用具（石剣・ 石刀・石棒） 低地に集落

　竪穴住居は、1辺4〜5mの地面を円形か隅丸方形に40〜50cmほど掘り下げ、4〜8本の掘立柱を立て、棟木をわたして、屋根をかややぬ泥などで地面までふきおろしたもので、内部に炉が、周囲には排水溝が設けられた。その規模から、ひとつの住居には5〜10名が住めると考えられ、おそらく夫婦と子供よりなる単婚小家族が2〜3つ集まって世帯共同体を構成していたものであろう。

　竪穴住居跡は、かつては2〜30軒くらいずつまとまって発見されるものが多かったが、青森県三内丸山遺跡の発見で、今日では100軒以上の大集落で数百年以上継続された例も確認されている。

道具の製作

【土器】この時代の土器は、約1万年以上ものあいだ継続して製作された。縄を押しあてたような文様があるので縄文式土器と呼ばれるが、縄文以外にも、貝殻文・押型文・撚糸条痕文・隆起線文などがある。土器の製作法は、巻上法といって、細長い粘土のひもをらせん状に積み上げ、丸い棒を表面にあてて文様をつくり、形を整えるものから、やがて、輪積法といって、粘土の輪を積み上げ、ひもで形を整えるようになった。縄文はこのような製作法の結果つくられたものである。それを500〜800℃の低い温度の火で焼いたので、質がもろく、黒褐色の厚手の素焼き土器であった。土器は食物の調理・貯蔵に用いられたのだが、深鉢が中心であった。早期には尖底の

No.6　先土器・縄文文化遺跡分布

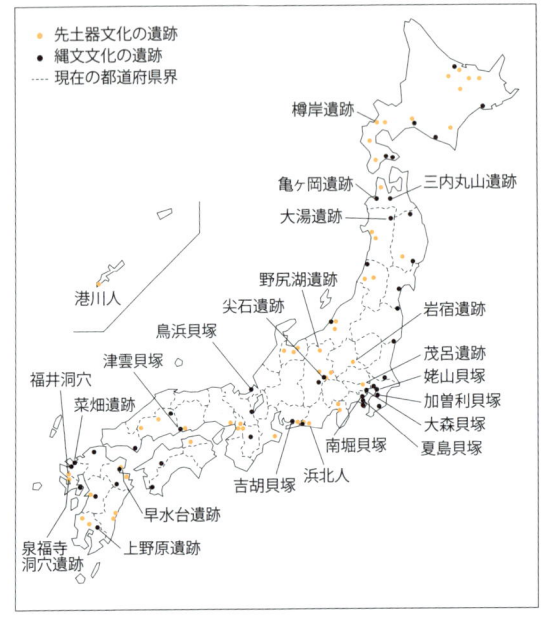

深鉢がつくられたが、前期には平底深鉢がつくられるようになり、後期になると器形が複雑化し、機能による分化も進んだ。後期・晩期には注口土器・高杯土器などもつくられるようになった。分布はほぼ全国にわたるが、とくに関東・奥羽など東日本に多く、晩期の**亀ヶ岡式土器**は、すかしぼりの香炉形土器、雲形文を浮きぼりにした鉢・皿・高杯・急須など、縄文文化発達のひとつの極致を示すものといえる。それに対し、西日本では、文様も簡単なものへと変わっていった。

【石器・骨角器】石器ははじめ打製が多かったが、のちに磨製も用いられるようになった。狩猟のための石槍・石鏃、獣の皮をはぐ石匙、漁労のおもりとしての石錘、木の実などを砕く石皿・石臼、土掘りに用いられた石斧など、多くの種類のものがつくられた。ほかに、石棒・独鈷石・石刀など、呪術のためにつくられたと思われるものもある。骨角器もさかんにつくられ、シカ・イノシシ・クジラなどの骨・牙・角などで釣針・銛・針など、主として漁労の道具がつくられた。また、骨角で耳飾り・腕輪など装身具もつくられた。ほかに、木工もさかんで、丸木舟、石器の柄、鉢・皿のような日用品、弓・矢・棒のような狩猟用具がつくられた。草木の繊維によるひもやむしろ、布などもつくられた。

生活と文化

縄文時代人は、血族だと信じ合っている人々が小高い丘の上に竪穴住居をつくって居住し、女性は主にクルミ・クリなどの果実やハマグリ・カキ・シジミ・タニシなどの貝類を採集し、男性は集団で石鏃・石槍などを用いてシカ・イノシシなどの獣類を狩猟し、骨角製の銛・釣針でマグロ・カツオ・サメなどの魚類をとらえ、果実は石皿・石臼で粉にし、鳥獣は石匙で調理して食用とした。食べた残りの貝殻や動物の骨などは捨てられ

て，貝塚となっている。

　人々は集団で行動したが，階級は発生せず，祭礼や狩猟の指導者はいたであろう。まだ人知の開けない段階だから，人々は自然を合理的に説明することはできず，自然物には霊魂が存在すると考えて，それを畏怖し，崇拝した。これを**アニミズム**（精霊信仰）と呼んでいる。そして，霊魂の働きを抑え，霊魂に働きかけるために**呪術**が行われた。死者を埋葬するときに四肢を折り曲げる**屈葬**や，石を抱かせて埋葬した抱石葬は，死霊が復活するのを恐れたためだといわれている。**土偶**という土製人形がつくられたが，それも魔除けや繁栄を祈るお守りのようなものだっただろう。土偶には女性を表わすものが多く，それは妊娠・出産という女性の働きが生産と繁栄をもたらすものと考えられたからであろう。また，**抜歯**という風習もあったが，それは南方の未開社会の風習と類似しており，成年に達すると門歯や犬歯を抜くもので，成人式のようなものであり，抜歯を受けてはじめて生活共同体の一員として活躍することが許されたのだろう。

> **解説** 土製品には，土偶のほかに土面・土版があり，抜歯にはほかに，歯に切り込みをつけてとがらせることも行われた。

　このように，集落内では共同生活が営まれ，獲物も全員に配られたのだろうが，集落間で現物による交易も行われたらしい。それは，長野県和田峠・東京都神津島・静岡県天城山・北海道白滝など特定の場所から産する黒曜石でつくられた石鏃が広範囲に出土したり，新潟県姫川でとれる硬玉が各地で発見されることから想像される。

2　農耕社会の成立

(1) 弥生文化

金属器時代　農耕・牧畜が行われるようになると，それまでの採集・漁労という自然に頼っていた生活に比べ，生産力が極度に増大し，富の蓄積が可能となって貧富の差が発生し，**階級**も生じるようになった。紀元前3000年ごろには**オリエント**といわれるエジプトやメソポタミアで銅・錫の合金である**青銅器**が用いられるようになり，紀元前2000年ごろにはもっと融点の高い**鉄器**が使われるようになった。それら金属器は利器として使用され，戦

争や征服が激化し，それとともに**文字**が使用され，遠隔の地への伝達や交流も可能となり，**国家**が成立してくる。こうして，エジプト・メソポタミア・インド・中国などで世界最古の文明が発生することになった。

> **参考　階級**　階級は身分とは別個の概念で，特定の社会的生産の体制の中で，生産手段に対する関係から考えられる。唯物史観(ゆいぶつ)によると，生産経済に入って奴隷が発生して以来，資本主義社会に至るまで階級社会であり，それぞれの社会には搾取する階級と搾取される階級とがあり，その間の歴史はすべて階級闘争の歴史であるという。

中国では紀元前3000年ごろに青銅器文化がはじまり，紀元前600年ごろの春秋・戦国の時代になって鉄器が用いられるようになった。紀元前221年に秦が中国を統一し，紀元前202年には漢がこれに代わるが，この紀元前3世紀ころに，日本には農耕が伝えられ，同時に金属器も伝えられた。これが**弥生文化**である。

このように，世界的には新石器時代のものである農耕は，金石併用時代・金属器時代である弥生時代になって日本に伝えられたのだが，その金属器も，青銅器と鉄器がほぼ相前後して伝えられることになり，日本では正式の青銅器時代を経過せず，実用の利器には鉄器が使用され，青銅器は儀礼的・宝器的なものとなってしまった。紀元1世紀になると部族国家が形成され，4世紀には大和朝廷による統一も行われるが，文字の使用は5世紀以後のこととなる。

弥生時代　弥生時代は，紀元前6〜5世紀ごろに北九州からはじまった農耕金属文化で，紀元3〜4世紀ころまでをいう。その名称は，縄文時代と同様に弥生式土器と名づけられたこの時代に特徴的な土器によってつけられたもので，その時代の文化を弥生文化という。**弥生式土器**の製作，**水稲耕作の開始**，**金属器**の使用がその文化の特色だが，大陸系の磨製石器も大量に使用され，織物技術なども習得された。

そのころ，前漢武帝（在位前141〜前87）が紀元前108年に北部朝鮮を征服して楽浪(らくろう)・臨屯(りんとん)・玄菟(げんと)・真番(しんぱん)の四郡を置き，中国先進文化は朝鮮でも発達を見せていたが，日本の弥生文化は大陸，とりわけこのような状態にあった朝鮮から伝わったものと考えられる。

> 　**文化の受容**　弥生文化が大陸や朝鮮半島の文化の系譜を引くものであることは否定できない。弥生文化が稲作という高度な技術をともなうので，大陸から人々が集団で渡来してきたという説と，縄文文化が内在的に発展したもの

と見る説などがあるが，大陸にもっとも近い北部九州では，とくに朝鮮半島南部を通じて大陸との接触があり，その過程で，生産性も高い大陸の農耕金属文化が受け入れられていったと考えるのが妥当であろう。

異質の文化が受容されるには，一般に3つの条件がある。第一に，それが先進的なものであるならば，それを受容しうる能力がなければならない。例えば，江戸幕末に欧米近代文明を受容できたのは，日本人の中にすでに合理的思考法の素地もあり，技術に対する理解もかなり進んでいたからである。第二に，それを受容することが必要とされなければならない。例えば，元寇の際に日本軍は元軍の「てつはう」に悩まされながらも，それを取り入れる関心を示さず，戦国時代には鉄砲が伝わると数年後に国産されるようになったのは，鎌倉時代には集団戦が一般化していなかったからである。第三に，受容するに際して，受容する側の主体的条件によって選択がなされ，変更が加えられる。例えば，仏教が受容されるとき，その教義よりは呪術的な側面に関心が向けられ，一方では鎮護国家の仏教となり，一方では土俗信仰と密着していったことはそれを示す。

水稲耕作がはじまったことは，日本社会の発展のうえで画期的なことであった。その文化は，まず水稲耕作によって大きく性格づけられているし，富の蓄積，貧富の差，階級の発生を見，多くの原始小国家（クニ）が成立し，金属器の使用ともあいまって，やがて古代国家の成立を見ることになった。

弥生文化は，北九州にはじまり，約1世紀ほどの間に畿内から東方に及んで，関東・東北へと広がっていった。その文化を土器の編年により前・中・後の3期に区分する。

弥生式土器の編年

前期……遠賀川式土器を使用。北九州から中部・関東・東北にも伝播した。代表遺跡は板付（福岡）・立屋敷（福岡）・唐古（奈良）・砂沢（青森）。

中期……北九州では須玖式，中国・畿内で櫛目文。代表遺跡は須玖（福岡）・垂柳（青森）。

後期……櫛目文土器が九州・東日本に波及。高床式倉庫があらわれる。国内で青銅器製造。代表遺跡は登呂（静岡）・弥生町（東京）。なお，弥生式土器の名称は，1884（明治17）年に東京本郷弥生町（現在の東京大学付近）ではじめて発掘されたのにちなんだもの。

道具の製作　【弥生式土器】縄文式土器と比較すると，弥生時代には製作技術が格段に進歩した。器形を整えるためにロクロが使用されて

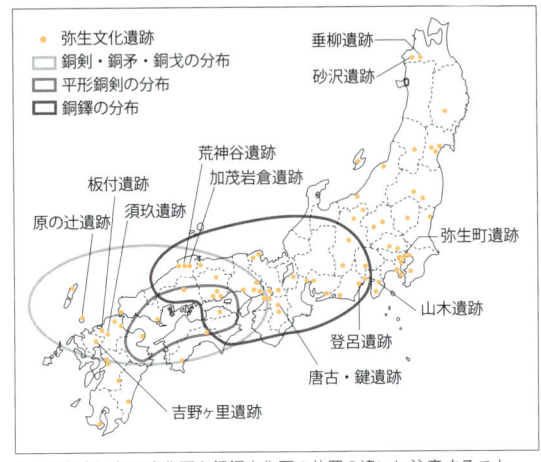

No.7 弥生文化遺跡分布

とくに銅剣・銅矛文化圏と銅鐸文化圏の位置の違いに注意すること。

同形のものが大量に生産されるようになり，1200℃くらいの高温で焼いた。文様はないか，あってもごく簡単な条線文となり，土器の質は堅く，色も赤褐色となった。形式は口縁部のくびれた壺形のものと甕形のものが多く，前者は貯蔵用に用いられて，装飾もされており，後者は煮沸用のもので，装飾はほどこされていない。ほかに，鉢・高杯などは食物を盛るために用いられた。前期の遠賀川式土器，中期の須玖式土器が標準的なもので，後期には櫛目文土器が広く用いられ，古墳時代の土師器へ移行していく。

【金属器】金属器が用いられだしたことはこの時代の大きな特色だが，青銅器と鉄器がほぼ同時にもたらされたため，青銅器は祭祀品・奢侈品に，鉄器は武器・農具・漁労具・工具などに用いられた。

青銅器ははじめ大陸から実用の製品がもたらされ，中期の北九州墳墓の副葬品として発見されるが，やがて日本で鋳造されるようになると，**銅剣・銅矛・銅戈**や**銅鐸**のような祭祀品，腕輪（釧）・指輪などがつくられた。

> 解説　銅剣・銅矛・銅戈は，大陸から渡来したときには細形銅剣・狭鋒銅矛のような実用的な武器だったが，鎔笵（鋳型）により日本でつくられるようになると，平形銅剣・広鋒銅矛となり，形も大きく，刃もつかないものとなった。古墳に副葬されず，数本まとめて出土することから，宗教的儀式に用いられたり，所有者の政治的シンボルとされたと思われる。銅鐸は，祖型は中国の扁鐘のような楽器だといわれるが，日本独特のもので，多くは集落から離れた奥地の丘陵の斜面などから単独で発見され，表面に農耕関係の絵などが描かれているので，祭祀品だと見られている。

銅剣・銅矛は北九州を中心に西日本に多く発見され，銅鐸は近畿を中心に中国・四国や中部地方の一部に限られる。この状況から，かつては二大文化圏と

いう考え方があったが，1984～85年に島根県荒神谷遺跡で358本の銅剣と，6口の銅鐸，16本の銅矛がすぐ近くの場所から発見されたため，こうした考えは現在では大きく変更されている。

解説 青銅器に比べて鉄器の遺物が少ないのは，鉄器が利用されなかったからではない。第一に鉄は青銅に比べて腐食しやすいからだが，さらに，多量に用いられるために破損品などは再生加工されたのだと思われる。後期には広く使用され，石器を駆逐していった。

【石器・木器】金属器とともに石器も用いられたので，弥生時代は**金石併用時代**と呼ばれるが，後期には鉄器が一般化していった。石器は磨製石器が多くなって，鋭利なものとなり，この時代特有の石器として**石包丁**が多く使われ，石鋤・紡錘車などがつくられた。

解説 そのころ稲は穂先だけをつみとる穂首刈りが行われたが，石包丁はそのために用いられた。

紡錘車は織物がつくられたことを示すものである。

金属器の使用によって，**木器**の製作が容易になった。鉢・椀・皿などの容器，弓などの武器，舟などがあるが，とくに農耕具である鍬・鋤・まぐわ・杵・臼・田下駄・田舟などは注目すべきである。

【その他】装飾品として，玉製品（碧玉・硬玉など），ガラス製品などもつくられた。

(2) 農耕生活と社会

農耕の開始 水稲耕作は，金属器の使用とともに弥生文化の大きな特色をなすものであるが，華南から南部朝鮮を経て北部九州に伝えられ，北部九州から短期間に日本中に広まっていったものと考えられる。

昭和初期に，宮城県**枡形囲**貝塚出土の弥生式土器に稲の籾痕が発見されて以来，弥生文化が農耕をともなうことが確認された。奈良県**唐古**遺跡からは多くの木製農具が発見され，静岡県**登呂**遺跡で1947（昭和22）年から発掘調査が進められると，弥生時代の集落・水田の全容が明らかになり，多数の木製農具も発見された。また，銅鐸に描かれた籾つきや穀物倉の絵なども，弥生時代の農耕生活の様子を示すものである。

稲作には水を欠かすことができない。灌漑技術は未発達だから，人々はそれまで住んでいた小高い丘から沖積平野の湿潤地に居を移した。こうして，沖積

No.8　農耕と弥生文化

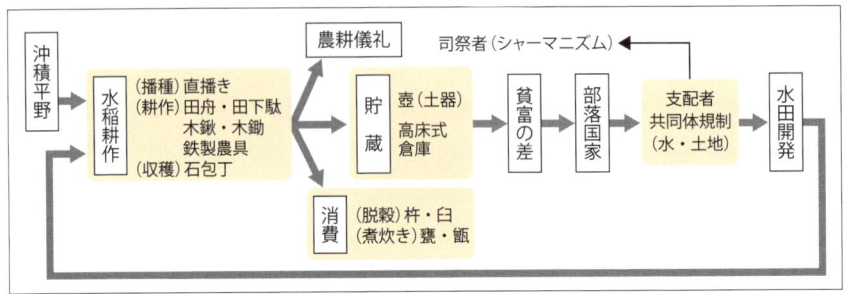

```
                              農耕儀礼
                                 ↑          司祭者(シャーマニズム)←┐
┌─────┐   ┌─────────────────┐   │   ┌─────┐   ┌─────┐   ┌─────┐   ┌─────────┐   ┌─────┐
│沖積 │   │     (播種)直播き  │   │   │貯 │壺(土器)│貧富│部落│   │支配者   │   │水田 │
│平野 │→ │水稲 (耕作)田舟・田下駄│→ │   │蔵 │高床式 │の差│国家│→ │共同体規制│→ │開発 │
│     │   │耕作  木鍬・木鋤     │   │   │   │倉庫  │    │    │   │(水・土地)│   │     │
│     │   │      鉄製農具       │   │   └─────┘   └────┘   └─────────┘   │     │
│     │   │     (収穫)石包丁    │   ↓                                           │     │
└─────┘   └─────────────────┘   消費 (脱穀)杵・臼                               └─────┘
    ↑                                  (煮炊き)甕・甑                               │
    └───────────────────────────────────────────────────────────────────────────────┘
```

弥生文化は，本図を参照し，農耕を軸として理解しなければならない。

平野とその縁辺に，多くの集落がつくられることになる。

登呂遺跡では水田は畦畔によって区切られ，用水路が設けられているが，最初は，自然の湿潤地がそのまま水田に利用されたのだろう。人々は，水田を木製やのちには鉄製の鍬・まぐわ・鋤で耕し，じかに種籾をまく。つまり，今のように苗代栽培でなく**直播き**だった。種まき後も，田舟や田下駄を使って，水田の雑草取りなどをしたのだろう。稲が実ると，今のように根刈りでなく，穂首をひとつずつ**石包丁**で刈っていった。それは手間がかかる仕事ではあったが，同時に品種の選別にも役立ったであろう。この時代の人々は，まだ竪穴住居や平地式住居に住んでいたが，貯蔵庫としての**高床式倉庫**もつくられ，土器に入れられた収穫物が収められた。脱穀には木製の杵・臼が用いられ，米は土器で煮てかゆとしたり，甑で蒸したりして食べた。

解説　高床式倉庫は，香川県出土の銅鐸や弥生式土器の絵画などで知ることができる。

社会の分化　農耕生活の開始は，ただちに狩猟・採集の廃絶を意味するものではなく，自然の湿潤地のみを利用する前期の生産性の低い稲作では，狩猟・採集も並行して行われる必要があった。しかし，狩猟・採集に比べると農耕の生産性ははるかに高く，高い生産力はそれに応じて人口を増加させる。集落の規模は大きくなり，稲の品種も改良され，用水灌漑の技術も身につけると，稲作は低湿地以外でも行われるようになり，山間の河川流域や海岸平野などにも，人々は移り住んでいった。

農産物は貯蔵が可能であった。貯蔵用の土器や高床式倉庫などは，生産物が貯蔵されたことを示す。貯蔵が行われることによって，富の蓄積が始まり，その富の蓄積の多少から，貧富の差が発生する。貧富の差はしだいに固定されて

いったであろう。弥生時代の墳墓は，地域によってそれぞれ大きな特色をもっている。北九州の甕棺墓，近畿の木棺墓，関東の土坑墓などはその代表である。全国的に広まった墓制には，1964年に東京都宇津木向原遺跡ではじめて発見された方形周溝墓があり，現在では東北から九州まで広い範囲で見つかっている。弥生中期には，共同墓地の一隅にではあるが，舶載品を主とする豊富な副葬品をもつ，手厚く埋葬された墓が発見され，集落の支配者というべきものの成立を示している。その支配者は，まだ共同体の族長というべきかもしれない。農業経営においても経験に富み，富をもち，呪術にも秀でていたであろう。つまり，他の多くの人々よりも政治的・経済的・宗教的に優位に立ち，その権威となっていった。

　水田が自然の湿潤地を越えて開発されていくとき，水利施設の建設など，多くの労働力が結集されねばならない。そうして生み出された水田は，当然集団の強い規制を受けることになる。ここに，家族集団も共同体全体と離れて存在しえなくなり，共同体の首長は，生産に結びついた集団規制の指導権をにぎり，共同体に関する諸機能の権限を集中していくことになる。また，開発が進んで集落や水田が広がっていくと，利用できる水と土地とは限られているのだから，治水工事の進展は，例えば同一水源を利用する他集団にも関係を及ぼすことになる。このようにして，集団の間で接触と利害の対立が発生する。その調整の過程で集団の間に上下関係がつけられ，上位の集団の指導者は，いっそう多くの権限を集中し，しだいに支配者としての性格を身につけていく。こうして，原始小国家が形成される。

宗教と習俗　農耕生活をはじめた弥生時代の人々は，精神生活の面でも農耕に密着した，従来になかった信仰をもつようになった。農民にとって，天候はその年の豊凶を左右するためにもっとも大きな関心事となり，太陽・雨・風・河川などに精霊を認めるアニミズムはいっそう深まり，それらを神としてまつり，それを崇め，怒りを和らげて豊作を祈るようになり，**自然神**への信仰が起こってきた。新春や種まき，収穫のときなどに，集落の族長を中心として人々が総出で豊饒を祈願したり感謝したりする祭礼が行われたが，今も各地の神社などに残る祈年祭や新嘗祭は，そのような弥生時代の農耕儀礼に発するものと考えられる。

補足　**自然神と職能神**　例えばギリシア神話において，神々は美の神・運命の神・

農耕社会の成立

第1章　日本文化の起源

No.9　原始・古代文化比較対照表

	旧石器文化	縄文文化	弥生文化	古墳文化
時代区分	旧石器時代	新石器時代	金石併用期・鉄器	鉄器時代
経　済	狩猟・採集	狩猟・採集	水稲耕作	水稲耕作
利　器	打製石器	打製石器・磨製石器 縄文式土器	磨製石器・金属器 弥生式土器	鉄器 須恵器・土師器
主要道具	握槌・細石器	石斧・石鏃・石匙	石包丁・紡錘車 木鍬・杵・臼	金属製品 木製品
生　活	洞窟内 平地	竪穴住居 貝塚	竪穴住居 高床式倉庫	鉄製農具 氏姓制度・部民
社　会	小家族共同体	原始共同体	階級の分化 原始小国家	大和朝廷の統一
文　化		屈葬 土偶・抜歯	伸展葬・甕棺墓 銅剣・銅矛・銅鐸	前方後円墳 埴輪・大陸文化

> 戦争の神・英知の神というように，それぞれの属性をもっている。それに対して，日本の神々にはそのような属性をもつものはわずかしか数えられず，しかもそのすべてが人界に降臨してその属性を身につける。つまり，日本の神々は地域や部族の神であって，社会の職能的分化を示すものではない。このことは，地域集団や部族の個人に対する規制が強かったことを示すものだといえる。また，神観念がなかなか分化せず，神観念を通して合理的思考を培っていくのにふさわしいものでなかったことを示すものといえる。神人が未分離であることによって，人々は，自然神つまり自然に抱きかかえられ，それと対立するものとして自己を意識することをしなくなるのである。

　この時代の集落は地域集団となっていったが，それは前代の氏族が変質したもので，依然として同族的なつながりが深かった。また，農耕のための集団作業のためにも，集落のまとまりが求められ，祖先神が集落の守護神として崇められ，信仰されるようになった。人々は神の意志を聞き，それに従って農事などの行動を決定していたから，神の意志を聞き，人々に伝えるものとしての司祭者の地位が強まっていった。つまり，巫女が神託を聞くという**シャーマニズム**が広く行われたが，族長が司祭者を兼ね，その地位は世襲されて，族長はたんに政治的・経済的な権力者・権威者であるだけでなく，宗教的な権威も身につけ，支配者としての地位を高めていった。

解説　このような農耕儀礼にもとづく祭祀が広く行われたことは，銅鐸・銅剣・銅矛が各地で発見され，しかも，銅鐸が丘陵の斜面から単独で発見されることからも推測される。

信仰の内容が変化するにともない，葬制にも変化があらわれた。縄文時代の屈葬にかわって，弥生時代には**伸展葬**が多くなってくるが，それは前代の死者を忌む気持ちから脱して，死後の世界に関心が向けられ，死者をいたみ，副葬者の存在ともあいまち，死後も生前と同じように生活させようという考えが発達したことを示す。墳墓は甕棺が広く行われている。ほかに箱式石棺墓や支石墓も見られた。

> 解説　これらの葬法は朝鮮で広く行われ，とくに支石墓は朝鮮半島南部の碁盤状支石墓と同系統のものと考えられている。このことからも，弥生文化と大陸文化，とくに朝鮮半島南部の文化との関係が深かったことを考えることができる。

第2章 古代国家の形成と発展

1 統一国家の成立

(1) 原始小国家の発展

古代国家　世界の歴史を見ると、一般的に農耕・牧畜という生産経済に入って原始小国家（部落国家）が成立し、金属器時代に入るとともに原始小国家の統合が急速に進み、古代国家が形成されることになる。その時代は、無階級の原始社会から階級社会が成立してくる過程でもあるが、英雄的な性格をもつ族長のもとに、多くの原始小国家が征服され、被征服民は**奴隷**として農耕や手工業生産に従事し、征服国家の住民は市民権をもち、奴隷主として支配階級を構成する。こうして、奴隷所有者と奴隷という関係を基本的な生産関係とする古代奴隷制社会が形成されると考えられる。

奴隷制は、生産者がみずから消費する以上のものを生産することが可能になった段階において、権力者が人間を生産手段として利用し、その剰余労働を搾取することにおいて成立するとされる。奴隷とは、完全に生産手段としてあつかわれ、独立家計を営むことも許されず、売買の対象とされるもののことである。奴隷制がもっとも典型的に展開されたのは、古典古代のギリシア・ローマにおいてであった。

日本においては、農耕と金属器の使用が同時にはじまったために、生産経済の開始から古代国家の成立までの過程が、わずか数世紀で達成されることになる。そのために、農耕の生産力はそれほど高くなく、また、手工業など他の生産も発達していないままに古代国家が形成されることになり、奴隷制は典型的に展開することがなかった。奴隷制が典型的に展開するには、戦争・略奪により奴隷が恒常的に確保されなければならないが、日本は島国であり、しかも海洋民族でもなかったために、奴隷の補給には困難と限界があったと考えられる。また、日本の水稲耕作という形態は、収穫までに豊富な労働力の投入が必要とされる極めて集約的農業であったために、もし軍事的に相手国を征服して農民奴隷としても、そのような奴隷による農業経営は極めて不安定な生産性の低い

原始小国家 前漢武帝が朝鮮に設置した四郡 [→p.30] のうち，真番・臨屯は廃され，玄菟郡も規模を縮小して，朝鮮半島には楽浪郡だけが残っていたが，その楽浪郡を通じて日本のことが中国に知られ，1世紀ごろに編纂された『漢書地理志』には，「楽浪海中に倭人有り，分れて百余国となり，歳時をもって来たり献見すと云ふ」と記されている。これによって，当時の日本には多くの原始小国家があり，その国家から楽浪郡の中国人のところへ朝貢していたことが知られる。

8年に前漢は倒れ，25年に後漢が復興するが，『後漢書東夷伝』には，倭は百余国に分かれていたが，後漢のときにはそのうち30国ほどが使節を送り，57年には倭奴国が使節を派遣し，光武帝（在位25〜57）が印綬（ひものついた印）を与え，107年には倭国王師升（帥升ともいう）らが生口（奴隷）160人を献じたという [→史料①, p.360]。

解説 『後漢書』は後述の『魏志』より遅く，5世紀になって編纂されたもので，その記述は『魏志』によるところが多いといわれているが，独自の記事もあり，やはりこの時代についての数少ない文献史料として注目しなければならない。

ずっと下って1784（天明4）年，筑前国志賀島で，「漢委奴国王」という金印が発見されたが，それが57年に倭奴国が光武帝から贈られた印だと考えられている。倭奴国は大和時代の儺県，今の博多付近の国のひとつだと考えられ，銅印でなくて金印を授けられたのは，奴国が国としてかなり成長していることを示すものだといえる。

107年に遣使した倭国王は倭の面土国の誤伝で，福岡県糸島にあった伊都国のことだともいわれ，また肥前松浦（長崎県）の面国ともいわれるが，生口を160人も献上したことから考えて，帥升がかなり大きな勢力をもっていたことが知られ，帥升がいくつもの小国を統率していた連合国の国王だったとも推測される。

このように，乏しい文献史料からも，1〜2世紀の日本では，北九州を中心に多くの小国家が分立し，その統合が進みつつあったと考えられるが，そのことは，前述（[→p.23]「新石器時代の社会」）の考古学的な考察ともほぼ一致する。

半島の形勢 朝鮮に対する漢の支配は，朝鮮の諸部族をめざめさせ，紀元前1世紀ころから部族国家を形成していたが，紀元2世紀後半に

第2章　古代国家の形成と発展

No.10　3世紀の東アジア

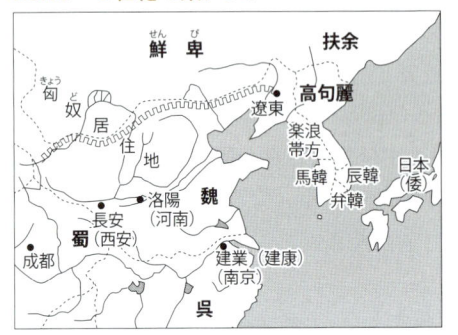

なると後漢が急速に衰え，楽浪郡の地位も低下した。そのため半島中・南部の部族国家はますます発達し，地域ごとに連合体をつくり，馬韓・弁韓・辰韓の三韓が成立した。満州東部に起こった高句麗も，1世紀後半に国家を形成し，しだいに南下の傾向を示してきた。

2世紀末，後漢の衰微に乗じ，遼東の太守であった公孫氏燕王が自立して，南満州から北朝鮮に入って楽浪郡を占領し，3世紀初めに，楽浪郡の南に帯方郡を置いた。

220年，後漢は滅亡して，中国は魏・呉・蜀の三国時代に入ったが，238年に魏が楽浪・帯方両郡を手中に納めた。しばらく半島は魏の支配に服した。やがて魏は倒れ，280年，晋が中国を統一したが，4世紀以後いわゆる五胡十六国の時代となり，中国の勢力は半島には及ばないようになった。

邪馬台国　この三国時代の中国の歴史を書いた『三国志』のうちの『魏志』倭人伝には，2〜3世紀の日本についての記事がある [→史料②, p.361]。邪馬台国とその女王卑弥呼についてのものである。

2世紀になると，後漢が衰えて，倭の楽浪郡への朝貢も途絶えがちになったらしいが，『魏志』によると，2世紀後半には倭に内乱が続いたという。これは弥生時代後期にあたり，石器の使用が非常に減少する時期で，ちょうど鉄器がさかんに使われるようになったころのことである。鉄器の使用が階級分化を進ませ，内乱を激化させて，原始小国家を統一する連合政権を生み出していった。卑弥呼がそれを達成し，29の小国を支配するようになった。

邪馬台国の位置については多説あるが，大きくは畿内説と北九州説とがあって，いまだ確定していない。ともかく，卑弥呼は伊都国に監督官（一大率）を駐在させ，各国に地方官を派遣していたようであるが，「鬼道に事へ，能く衆を惑はす」と記述されているように，呪術的・宗教的な支配者としての色彩が強く，呪術をよくするシャーマン（巫女）だったと考えられる。また，239年に卑弥呼は難升米を帯方郡を経て魏に派遣して朝貢し，魏から「親魏倭王」の称号と金印紫綬を受け，錦・絹・金・銅鏡などを与えられた。

卑弥呼は倭諸国から共立されて王になったが，夫がなく，弟が政治を助け，

No.11　中国史書と日本

書　名	撰　者	記　事	備　考
漢書地理志	班固（後漢，32～92）	紀元前後の小国家群立	
後漢書東夷伝	范曄（宋，398～445）	57，107の奴国・倭国の遣使	漢委奴国王印
魏志倭人伝	陳寿（晋，233～297）	3世紀前の邪馬台国，卑弥呼	女王，連合国家
晋書倭人伝	房玄齢（唐，578～648）	413の倭の遣使	
宋書倭国伝	沈約（梁，441～513）	421～478の倭五王の遣使	倭王武上表文
南斉書倭国伝	蕭子顕（梁，487～537）	479の倭王武の遣使	
梁書倭伝	姚思廉（唐，?～637）	502の倭王武の遣使	
隋書倭国伝	魏徴（唐，580～643）	600～614の遣隋使	厩戸王（聖徳太子）が派遣

古代日本史に関する中国史書は，史料としても注意しておく必要がある。
そのころの日本の状況と結びつけてよく理解しておかねばならない。

大勢の婢を従えて宮殿の奥深く住み，その言葉を伝える男子1人を除いて，ほとんど人に会わなかったという。狗奴国との戦争中に死に，径百余歩の墳墓がつくられ，奴婢百余人が殉葬された。卑弥呼の死後，男王を立てたがおさまらず，卑弥呼の宗女壱与を立てて女王とし，戦乱がしずまった。

　当時の倭では，人々はいれずみをし，簡単な**貫頭衣**を着て，おりにふれて占いを行っていた。農耕・養蚕などを行い，市があって交易が行われた。大人と下戸という身分の別があり，下戸は大人に会うと，うずくまっておそれつつしんだ。

　『魏志』の伝える邪馬台国は，3世紀になって階級の分化が明確になり，巫女的な女王の下で神権政治が行われたこと，王権が世襲されたこと，部族国家が統合され，邪馬台国連合ともいうべき地域的統一国家が形成されたことをよく示している。

> **邪馬台国論争**　邪馬台国の位置を畿内とするか，北九州とするかという問題は，地名比定の問題であるだけでなく，大和朝廷の成立の時期にも大きく関係し，邪馬台国論争は古くからの古代史の論争の大きなひとつのテーマであった。北九州説をとれば，筑後山門（福岡県），肥後菊池郡山門（熊本県）などがその位置とされ，畿内説では，卑弥呼はヤマトトトヒモモソヒメノミコト（倭迹迹日百襲姫命）・ヤマトヒメノミコト（倭姫命）などに比定される。問題は，『魏志』の邪馬台国までの里程をどのように読むかということで，『魏志』の通りにいくと邪馬台国は九州南方の海中に没するため，北九州の南方にあるとするのを東方と読めば畿内説となり，里程を短縮して読むと九州説となる。

第2章　古代国家の形成と発展　　41

(2) 大和国家の形成

大和国家　前述の邪馬台国の様子からも，日本に国家統一の気運が盛り上がっていたことを見ることができるが，邪馬台国以後，5世紀の倭五王の遣使に至るまで，日本のことは中国の史書に記載されておらず，その統一の過程についての信ずべき文献史料はない。しかし，3世紀末には**大和国家**が成立し，遅くとも4世紀中ごろまでには，畿内をはじめとして中部地方から西日本にいたる国土を統一したと思われる。

> 解説　邪馬台国と大和国家との関連はわからない。邪馬台国が大和にあったと考えれば，大和国家の力が3世紀前半に北九州に及んでいたことになるが，邪馬台国が北九州にあったとすれば，3世紀にはまだ大和国家の力は北九州には及んでいないことになる。後述するように神話では皇室の祖先は九州より大和へ東征したとされるが，それを裏づけることはできない。

もともと大和を中心とする近畿地方は，瀬戸内海を通じて大陸の文化を摂取することも容易であり，弥生時代の銅鐸も多く出土する地域で，弥生文化のひとつの中心地となっていたが，中国地方から近畿地方にかけて良質の砂鉄を産したので，鉄器の生産が進み，豊富な農具や武器を使用して，生産力を高め軍事力を強めて，他の地方に対して優位に立つようになった。そのため，大和地方には強大な豪族が数多く発生し，それが現在の皇室の祖先をいただいて，それを首長とする**連合政権**を形成したものであろう。

大和国家による統一は，各地の原始小国家を征服し，帰服させることによって達成された。『宋書』に収められている**倭王武の上表文**［→史料④，p.363］には，その祖先がみずから先頭に立って東は毛人（蝦夷），西は衆夷（熊襲），さらに海北（朝鮮）を平定したと述べている。それには誇張もあるし，4世紀末から5世紀前半のことを述べたものと考えられるが，大和国家の勢力が拡大していくありさまを推測することはできる。

> 解説　『日本書紀』『古事記』には，崇神天皇が北陸・東海・山陰（丹波）・山陽（吉備）の四道に将軍を派遣してこれを平定したとされ，また景行天皇の皇子ヤマトタケルノミコト（日本武尊）が熊襲・蝦夷を討ったとしている。これをそのまま事実と見ることはできないが，大和国家が何代にもわたって行った国土統一の事業を，悲劇的な英雄としてヤマトタケ

ルノミコトを象徴化し，その伝説としてまとめていったものとはいえるであろう。

5世紀になると，大和国家の首長（倭王）は大王と呼ばれ，その地位は明確に世襲されるようになった。大和国家は，原始小国家を服属させても，多くの場合はその首長を滅ぼしてしまうことはなく，県主としてそのまま地方の行政を任せたり，中央の政治に参与させたりしたと思われる。

朝鮮進出 4世紀の中ごろまでには国土のほぼ西半分を統一した大和国家は，その余勢をかって，朝鮮半島へ進出していった。

このころ，半島では中国の勢力が及ばなくなると，高句麗の勢力が強まり，南下を続けて313年には楽浪郡を併合し，中国王朝にかわって北部朝鮮を支配することになった。半島の中部・南部においても，三韓諸国の統一の気運が盛り上がり，4世紀に入って，馬韓の諸国は百済によって統一され，百済は帯方郡も併合した。ついで，辰韓の諸国も新羅によって統一され，ここに，半島には高句麗・百済・新羅の3国が鼎立することになった。

そのなかで，弁韓だけが小国家の分立のままであったが，すでに『魏志』に，朝鮮南部に産出する鉄をめぐって韓人と倭人が争ってこれを取ったと記されており，その地にはかなり早くから倭人が進出し，とくに加耶諸国には倭人の勢力圏が形成されていたと考えられる。4世紀中ごろを過ぎると，日本は百済と交渉をもち，369年にはその要請に応じて朝鮮に出兵し，新羅を攻めるとともに百済を従属させ，弁韓の地とも関係をもった。『日本書紀』では，加耶の地域を任那と呼んで支配したとする。垂仁天皇のときのことという。

参考 七支刀銘文 石上神宮（奈良県）に伝えられた鉄刀で，百済王の世子が倭王のために作刀させたものと記されている。これにより369年に日本と百済との間に交渉のあったことが知られる。
『日本書紀』には葛城襲津彦が朝鮮に派遣されたとしている。

日本の朝鮮進出はその後も続き，391（辛卯）年から404（甲辰）年にかけては，倭軍が北進して百済・新羅を破り，高句麗と戦って一時は帯方の境まで進出した。そのことは高句麗の好太王（広開土王，在位391〜412）の功績を記した**好太王碑文**〔→史料③, p.362〕によって知ることができる。

解説 好太王碑は1870（明治3）年に発見され，鴨緑江北岸通溝（国内城の所在地）に建っている。
また，記紀には，仲哀天皇の死後，その皇后である神功皇后が，神託に従

統一国家の成立

第2章 古代国家の形成と発展

No.12　4世紀末の朝鮮

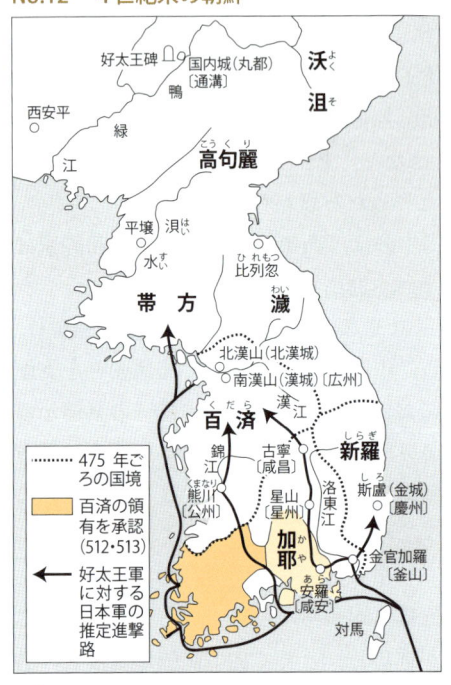

地図中の地名・注記：
- 好太王碑　国内城(丸都)〔通溝〕
- 沃沮
- 西安平
- 鴨緑江
- 高句麗
- 浿水
- 平壌
- 帯方
- 比列忽
- 濊
- 北漢山(北漢城)
- 南漢山(漢城)〔広州〕
- 漢江
- 百済
- 錦江
- 古寧(咸昌)
- 新羅
- 熊川(公州)
- 星山・星州
- 洛東江
- 斯盧(金城)〔慶州〕
- 加耶
- 安羅(咸安)
- 金官加羅〔釜山〕
- 対馬

凡例：
‥‥‥　475年ごろの国境
□　百済の領有を承認(512・513)
←　好太王軍に対する日本軍の推定進撃路

って朝鮮に出兵し，新羅を帰服させ，百済を直轄地としたと伝えている。

このような倭の進出は，大和国家による国土統一の進展，国力の充実を示すものだが，その結果として，朝鮮半島南部の鉄資源の導入，鉄製農工具や農業土木の技術の受け入れ，技術を持った韓人獲得［→p.55］が行われ，さらに，大和国家の国力充実に役立った。そのことは，5世紀初めに在位したと思われる応神天皇や仁徳天皇の壮大な陵墓からも推測できる。

解説　この過程については大きな疑問も投げかけられており，好太王碑文の再調査が待たれている。

倭の五王

好太王との交戦も結果的には日本の敗退に終わった。このころ，百済は日本と結んで半島に勢力を張ろうとし，新羅は高句麗の後援を受けて日本と対抗しようとしたが，5世紀になると，高句麗・新羅の力が強まってきて，日本の半島経営は思わしく進まなくなった。そのためもあって，日本は当時の中国王朝と通交し，そのうしろだてによって半島勢力の維持・拡大をはかろうとした。『宋書』などに見える**倭の五王**の遣使がそれである。

5世紀の中国は南北朝の時代となり，先方では五胡十六国時代を経て，北魏が439年に華北を統一したが，江南では東晋が滅び，420年ごろから宋・斉・梁・陳という王朝が相次いで建国された。倭の五王が遣使したのはこの南朝に対してである。

倭の五王とは，**讃・珍**（弥）**・済・興・武**のことで，それぞれ天皇の諡号や系譜から，仁徳（または履中）・反正・允恭・安康・雄略の諸天皇に比定されている。

解説　讃を応神にあて，珍を仁徳とする説もある。

倭の五王の遣使は，413年から502年にかけて十数回行われ，その記事は，『宋書』をはじめ『南斉書』『梁書』などに収められているが，とくに**雄略天皇**と考えられる武は，478年に宋の順帝に**倭王武の上表文**〔→史料④, p.363〕といわれる上表文をたてまつり，「使持節都督倭・新羅・任那・加羅・秦韓・慕韓六国諸軍事安東大将軍倭王」の称号を与えられた。武は百済を加え

No.13　天皇と倭五王

```
応神 ─ 仁徳 ┬ 履中
       (讃) ├ 反正
           │  (珍)
           └ 允恭 ┬ 安康
              (済) │  (興)
                  └ 雄略
                     (武)

       ┬ 讃
       ├ 珍
       └ 済 ┬ 興
            └ 武
```

ようとして削られたのだが，倭王がこのような称号をしつこく求めたことは，半島への進出，とりわけ，高句麗と対抗するために，中国王朝の権威を必要としたことを，まざまざと物語っている。

神話と伝承

　古代人はみずからの世界観を神話として表象する。古代人にとって，神話は，自然に発生する事象を説明する科学であり，自分たちの成り立ちを伝える歴史であり，生きる喜びや悲しみを表わす文学である。ある意味では，神話は古代人の生活のすべてを示すものだったともいえる。

　古代の日本人も神話をもっていた。それは，高天原神話・出雲神話・筑紫神話の3つに分けられるが，わたしたちに残されたのは，8世紀に編纂された『**古事記**』『**日本書紀**』としてであり，すでにそのころは天皇権も強く，天皇の神格化もはじまっているから，神話は天皇を中心にまとめなおされた。**記紀**には，天皇の支配を正当化しようという政治的意図が，強くにじみ出ることになった。

　神話によると，男神イザナギノミコトと女神イザナミノミコトが結婚して日本の国土を生み，イザナミノミコトの死後，イザナギノミコトは太陽神で女神である天照大神を生み，高天原を治めさせた。天照大神は地上の国々を自分の子孫に治めさせようと考え，孫のニニギノミコトに命じ，日向の高千穂峰に天降らせた。3代ののち，カムヤマトイワレヒコノミコトは東征の軍を起こし，紀元前660年に大和の橿原宮ではじめての天皇の位についた。これが第1代の神武天皇であるという。

解説　このことから，日本人の政治思想に大きな2つの特色があったことがわかる。ひとつは，みずからが生んだものに対して支配権が生じ，それは代々受け継がれていくものだということ，もうひとつは，みずから直接

第2章　古代国家の形成と発展　　45

No.14　古代における大陸との交渉

年	中国	朝鮮	対外関係	国内情勢
紀元前 1	前漢	(漢) 楽浪郡	小国家分立 楽浪郡に遣使　『漢書』	弥生中期, 舶載青銅器の副葬 原始小国家の分立
100	8 新 25 後漢	楽浪郡 (公孫氏) 帯方郡	57 奴国王遣使 （「漢委奴国王」印）　『後漢書』 107 倭国王遣使	原始小国家の分立と連合 弥生後期, 鉄製利器の使用 原始小国家の統合進む
200	220 三国 （呉・魏・蜀） 265	高句麗 原始小国家	倭国大乱 239 邪馬台国卑弥呼『魏志』 ～　の遣使 266 同壱与の遣使　『晋書』	邪馬台国による連合政権
300	西晋 317 五胡十六国　東晋 420	313 高句麗 百済　新羅　加耶 馬韓　辰韓　弁韓	369 朝鮮出兵　「七支刀銘」 391 朝鮮出兵　「好太王碑」 ～ 404	古墳前期, 近畿中心 大和国家の成立 古墳中期, 巨大な前方後円墳 王権世襲化, 鉄器・技術の流入
400 500	宋 439　479 北　斉 魏　502 梁 534　557 陳	南北朝	413 倭の五王遣使　『宋書』 478 武上表文　　『南斉書』 479 ～　武遣使　　　『梁書』 502 512 百済の加耶領有を承認 527 筑紫国造磐井の乱 562 加耶地域での勢力失う	古墳後期 氏姓制度の確立 大伴―物部―蘇我の争い
600	589 隋 618 唐	562 668　660	600 ～　遣隋使　　　『隋書』 614 663 白村江の戦	厩戸王（聖徳太子）の新政 　　　　　　（593～620） 大化改新（645）

参考として国内情勢も付記したが, 古代の対外関係は外国の王朝の変遷が複雑だから, 中国や朝鮮の動向と結びつけて理解しておいてほしい。図No.12とも対照して, 混同しないように。

　　　支配するのでなく, 誰かに支配を委任して治めさせるという形をとることである。この特色は, 日本史のほぼ全時代を通して見られ, 太平洋戦争のときにはとくに典型的にあらわれた。
　神武天皇を第1代の天皇と考えることはできない。大和朝廷の成立を300年と仮定すると, 紀元前660年との間に1000年近い違いが生じるのである。神武天皇はハツクニシラススメラミコトといわれているが, 第10代の天皇とされる **崇神天皇**（すじん）も同じくハツクニシラススメラミコトといわれ, 神祇をまつったり, 四道将軍を派遣したり [→p.42], 税制を整えたりしたとされる。崇神天皇

46　原始・古代

は3世紀末ごろの天皇と考えられ、それらの事績や、文献学的な大和朝廷成立の年代とも一致することから、実在の天皇は崇神天皇からではないかと考えられている。

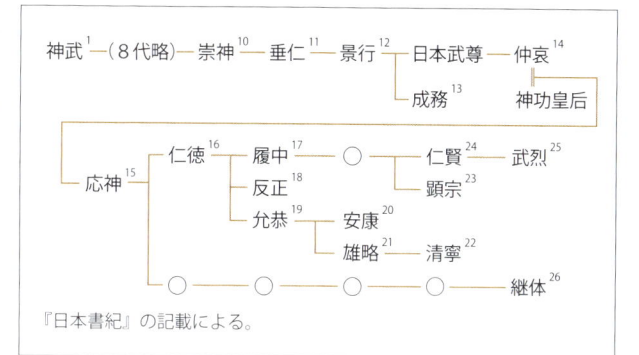

No.15　皇室系譜①

神武[1]─（8代略）─崇神[10]─垂仁[11]─景行[12]─日本武尊─仲哀[14]
　　　　　　　　　　　　　　　　　└成務[13]　神功皇后

応神[15]─仁徳[16]─履中[17]─○───仁賢[24]─武烈[25]
　　　　　　　　├反正[18]　　　　└顕宗[23]
　　　　　　　　└允恭[19]─安康[20]
　　　　　　　　　　　　　└雄略[21]─清寧[22]
　　　○───○───○───○───継体[26]

『日本書紀』の記載による。

解説　神武天皇の即位の年代は、推古天皇のころに中国の**讖緯思想**にもとづいて算出されたと考えられている。それによると、干支が辛酉の年には大変革があり、また、1260年（1蔀=21元=21×60）ごとにとくに重要な事件があるとする。推古天皇9（601）年がちょうど辛酉の年で、それより1蔀前の紀元前660年に大変革があったと考え、その年を神武天皇即位の年としたのである。

これらの神話から、当時の習俗や思想を知ることができる。何よりも農耕生活との関連が密接であるが、祭（マツリ）と政（マツリゴト）が同じだと考えられたこと、神と人間とが分離せず、系譜によってつながっていると考えられたことなどである。当時の人々は神が忌み嫌うと思われるものを忌み嫌い、禊や祓によって汚穢を取り除こうとした。天津罪・国津罪という観念があって、国津罪では神が嫌う特殊な病気や禁忌（タブー）を破ることが罪とされ、天津罪では農耕施設の破壊が罪とされている。

(3) 大和国家の展開

古墳文化　3世紀末ころから7世紀後半ころまで、弥生時代の共同墓と違って、封土を高く盛りあげた**高塚式古墳**が各地でつくられるようになった。その時代を古墳時代といい、古墳に示される文化を古墳文化という。

古墳は、その外形の形式によって、円墳・方墳・前方後円墳・上円下方墳などに分類されるが、とくに**前方後円墳**は日本独特のもので、大和地方で発生し、大和朝廷の支配が広がるにつれ、西は日向地方から東は関東地方にまで広がっていった。

第2章　古代国家の形成と発展

No.16　古墳の形式

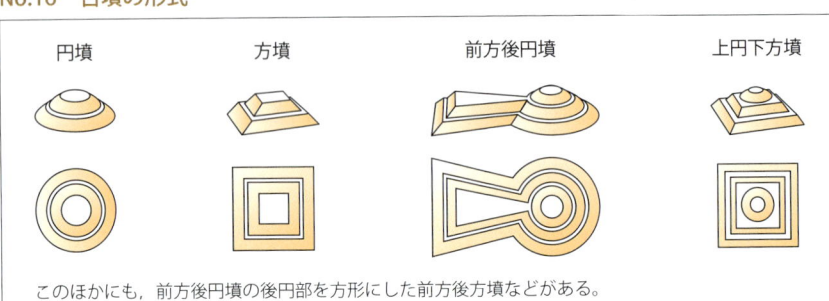

円墳　　　方墳　　　前方後円墳　　　上円下方墳

このほかにも，前方後円墳の後円部を方形にした前方後方墳などがある。

> **参考　出現期古墳**　かつて古墳は，4世紀代に畿内地方に突然，前方後円墳が出現したと考えられていた。しかし，奈良盆地南部の桜井市にある纏向遺跡群の3世紀代の前方後円墳の発掘調査が進むにつれ，これら一群の古墳群（規模は全長80〜120mクラス）などを「出現期」「発生期」古墳と呼んで，前代の弥生墳丘墓から漸次発達した段階で出現してきたものと考えられるようになった。同遺跡群にあるホケノ山古墳は主体埋葬部が何重もの木槨墓で，主体部からは精巧な鏡など弥生墳丘墓には見られない豪華な副葬品も出土している。

このように，古墳は3世紀末ないしは4世紀初めから畿内を中心に発達してくるもので，ちょうどそのころ成立した大和国家と密接な関係があるものと考えられている。古墳は皇族や豪族の墳墓であり，その築造に多くの労働力が必要とされることから，古墳が地方に波及していくことは，地方にそのような権力をもった首長が確立し，その首長の地位は畿内の大和国家と結ぶことによって確立したことを示すものとされる。

> **参考　同笵鏡と伝世鏡**　鏡には，中国や朝鮮から伝来した舶載鏡と，日本でそれに似せてつくった**仿製鏡**とがある。仿製鏡のうち，とくに鋳型を同じくするものを，同笵鏡という。魏から輸入された三角縁神獣鏡の同笵鏡は，大塚山古墳（京都）を中心に分布しており，そのことは，大和国家が各地の豪族に同笵鏡を賜与したことを意味するのだといわれている。また，この時期の畿内の古墳には漢代の鏡が副葬されていたが，それは，それまで族長権のシンボルとして伝えられていたものが，大和国家によって権力と権威を保証されるようになったので，シンボルの伝世を必要としなくなり，副葬されることになったのだという。

4世紀（前期）の古墳は，山頂や丘陵を利用してつくられ，表面を葺石でお

おい，上部や周囲には**円筒埴輪**を並べ，遺体のまわりには**形象埴輪**が並べられた。埋葬には，長大な竹を割ったような形の木をくりぬいた棺に遺体を収めて竪穴式石室でおおったり，粘土槨を用いたりした。副葬品には，銅鏡・玉類・刀剣のような呪術的性格の強いものが多かった。

> **解説** 大型古墳の周囲に置かれる埴輪類は，かつては傾斜のきつい古墳斜面の土砂崩れを防ぐためなどの説が唱えられていた。しかし近年では，大阪府今城塚古墳（6世紀後半，全長350mの前方後円墳）の出土状況から，「古墳に葬られた大王の埋葬儀式を復元」「次の大王が行う王位継承儀礼式を復元」「多くの民に新大王の祭祀権威を誇示」するために，さまざまな家形埴輪・人物埴輪・動物埴輪・器財形埴輪を意図的に配置したと考えられている。おもしろいことに，畿内とは権力中枢の異なる地方では，群馬県保渡田八幡塚古墳（5世紀後半，全長96mの前方後円墳）のように円筒埴輪で囲った中に家形・動物・人物埴輪類が多く置かれていることから，「地域の王が普段行う祭祀儀礼や日常生活風習を再現」した姿と見る説もある。人物・動物・器財・家などさまざまな形状の形象埴輪は，当時の風俗・生活などを知る貴重な史料である。

5世紀（中期）になると，好太王碑に見られる朝鮮出兵が示すように，大和国家の西日本支配が強化され，朝鮮から鉄器や技術を導入して，農業生産力は飛躍的に高まり，大和国家の地歩も固まった。この時期には，古墳の築造も最盛期を迎え，平野に堀をめぐらし，その土を盛り上げて壮大な前方後円墳がつくられる。**伝応神天皇陵**や**伝仁徳天皇陵**がそれである。遺体は竪穴式石室の中の長持形石棺に収められ，副葬品には，武具や武器が大量に見られ，呪術によりかからないでも首長の支配権が確立したことを物語っている。斧・鍬・鎌のような鉄製農工具も多く，鉄器の石製模造品も副葬されている。葺石や埴輪などはますますさかんとなった。

> **解説** 伝仁徳天皇陵は大阪府堺市にあり，墳丘長486mで，世界最大の規模である。盛土の量は，1人1日1m^3として，1000人で1400日かかるという。伝応神天皇陵（大阪府羽曳野市）は墳丘長425mだが，土量は伝仁徳陵を上回る。このことから，この時代の天皇がいかに強大な権力を集中していたかを知ることができよう。

6世紀（後期）になると，**横穴式石室**がつくられるようになり，規模も縮小して，墳丘は石室をわずかにおおう程度のものになっていった。横穴式石室は

第2章　古代国家の形成と発展

No.17　古墳文化の展開

区　分	形　式	内　部	副葬品	特　色	遺　跡
前　期 (3末〜4世紀)	円墳 前方後円墳	竪穴式石室 割竹形木棺	銅鏡・玉・刀剣	丘陵・山頂を利用 葺石・埴輪	大塚山古墳（京都） 黄金塚古墳（大阪）
中　期 (5世紀)	前方後円墳	竪穴式石室 長持形石棺	鉄製武器・武具 石製模造品	平地に築造 形象埴輪	伝応神天皇陵（大阪） 伝仁徳天皇陵（大阪）
後　期 (6〜7世紀)	円墳（群集墳） 特殊古墳	横穴式石室 家形石棺	馬具・実用品 須恵器・土師器	家族墓 埴輪すたれる	江田船山古墳（熊本） 石舞台古墳（奈良）

遺体を収める玄室とそれに至る羨道とからなり，それには大陸技術の導入があったと見られる。葺石や埴輪はすたれて，副葬品にも実用的な須恵器や馬具が一般化してくる。このことは，死の国である黄泉国への関心が強まり，死者が死後の世界で生活を送る道具を副葬したことを示し，古墳がかつての祭祀の場や権力を誇示するものでなく，死後の生活の場と考えられるようになったためだといわれている。

> **解説**　古墳時代の土器には**土師器**と**須恵器**があった。土師器は弥生式土器の系統を引くもので，壺・甕・高杯などがあり，埴輪と同じく土師部が製作にあたった。須恵器はかつては祝部式土器ともいわれ，大陸伝来の窯法で焼かれたねずみ色の陶質土器で，盤・高杯・坩などがあり，その製造には渡来人が従事したと思われ，陶部がつくった。

後期古墳の特徴として，**群集墳**があげられる。円墳を中心とする小さな古墳が群をなし，西都原古墳群（宮崎県）や吉見百穴（埼玉県）のように，今まで古墳がなかった地域にも多くの古墳がつくられた。それらは，それまでの古墳のような個人墓でなく，個人とその家族がともに葬られる家族墓だった。このことは，共同体的規制の強かったそれまでの部族が変質し，その階層分化が激しくなって，有力な家族の独立的性格が強まって小豪族が輩出し，その戸主をはじめとする家族が古墳に葬られたことを示すものといえる。

> **参考**　**騎馬民族説**　古墳は前期と後期では形態が異なり，後期には大陸の影響が強く見られること，馬具の副葬が多く見られることから，シベリアの騎馬民族が朝鮮を経由して日本に渡来し，征服王朝をつくったのだという説が出された。しかし，どのような馬が使われたか，馬がどの程度利用されたか明らかでなく，その他の傍証にも欠けるとして，反対する説も強い。

7世紀になると，仏教の影響があって火葬が行われるようになり，また，大化2（646）年に薄葬令が発せられて，古墳はしだいにすたれていった。

> **装飾古墳**　線刻壁画をもつ装飾古墳としては，従来も北九州などにその存在が知られていたが，1972（昭和47）年，奈良県明日香村の**高松塚古墳**からすばらしい彩色壁画が発見された。古墳としては末期の7世紀後半（白鳳期）のものと想定されているが，渡来人の手によって描かれたものと思われ，大陸文化の影響を色濃く受けていた。

氏姓制度

　大和国家の政府は**大和朝廷**であった。大和朝廷は，**大王**（天皇）の氏である皇室を中心にして，大和地方の有力な豪族の連合政権として形成されたのであった。国土統一に際して，地方の小国家（クニ）やその連合を服属させ，その首長である豪族に貢納や賦役を課し，その支配する土地・人民の一部を割いて直轄地として**部**（ベ・トモ・トモノオ）を編成したが，他方で，土地・人民の私有を認め，豪族を大和朝廷の支配組織に組み入れて，特定の政治的地位や職掌を世襲させた。そのような大和国家の政治組織を**氏姓制度**という。

　5世紀になると，伝応神・仁徳両天皇陵の築造や好太王碑文に見える朝鮮出兵が示すように，大和朝廷の権力は強大化し，各豪族の朝廷に対する従属の度合いは強まっていった。豪族たちは朝廷によって世襲的な政治的地位を与えられ，それによって，その土地・人民に対する支配を確立した。朝廷における世襲的地位を示すのが**姓**であり，その支配の構成単位をなすものが**氏**であった。

　氏は，原始社会の氏族のような自然発生的な社会組織でなく，大和朝廷の国家支配のためにつくられた政治組織であった。氏は多くの独立的な家族共同体からなり，その有力な家族の長が**氏上**として族長的地位に立ち，朝廷に仕え，氏神の祭祀を行って，氏を統率した。氏の成員は**氏人**と呼ばれ，主として氏上と血縁関係がある者によって構成されたが，血縁関係のない者も含まれていた。氏上は朝廷における地位に応じて姓を与えられたが，ある範囲の氏人もその姓を称することができた。氏には，**部曲**とか**奴**などという隷属民が含まれた。部曲は氏に属し，氏上の

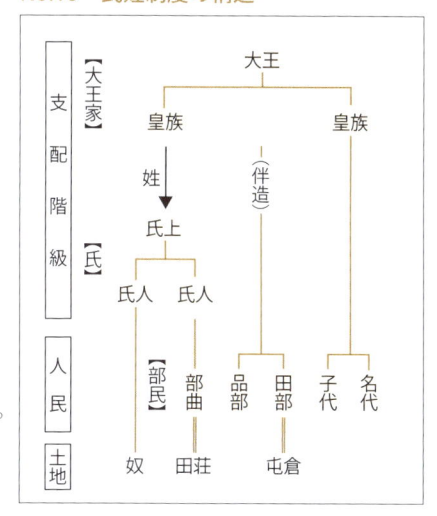

No.18　氏姓制度の構造

支配階級	【大王家】	大王―皇族・皇族
	【氏】	姓 → 氏上 ―（伴造）― 氏人・氏人
人民	【部民】	部曲・部部・品部・田部・子代・名代
土地		奴・田荘・屯倉

第2章　古代国家の形成と発展

管理の下で農業や手工業に従事し,氏上に貢納したが,独立家計を営むことが許された。奴は氏を構成する氏人に属するもので,売買の対象となる奴隷であった。

姓は,はじめ氏人が氏上に対して呼んだ尊称であったり,その氏の職掌を表わしたりするものであったが,天皇が与えたり取り上げたりして,氏の間の尊卑を示すものとなり,各豪族の政治的地位や職掌を示すものとして,氏によって世襲されることになった。姓には臣・連・公(君)・別・直・造・首・史・県主・村主など数十種あった。

解説 9世紀初めに編纂された『新撰姓氏録』では,各氏族の出自を考え,皇別・神別・諸蕃の3つに大別している。皇別は歴代の天皇を祖先とする氏で,臣・公・別など,神別は天神地祇の神々から出ている氏で,連姓が多く,諸蕃は渡来人から出た氏で,史・村主などの姓が与えられた。

朝廷に仕える豪族には,前代からの豪族で,大王との姻戚関係によって勢力をもった者や,大王の直領民である部(品部・伴部)を管掌する伴造を管轄する地位につく,大王と直結した関係をもって勢力をもった者があった。このような豪族は臣・連の姓を与えられ,蘇我氏が財政,大伴氏・物部氏が軍事,中臣氏・忌部氏が祭祀というように,それぞれが政務を分掌して世襲したが,5世紀末ころから,その最有力者が,大臣・大連として,朝廷の政治の中心に立つことになった。大臣には蘇我氏,大連には大伴氏・物部氏がある。

中級以下の豪族は伴造に任じられた。伴造は田部や品部を管理する者で,田部・品部に朝廷のために農産物や手工業製品を貢納させ,賦役の負担に応じさせた。

地方の豪族は,大和朝廷に従ったのちも,土地(田荘)・人民(部曲)を私有し,なかば独立的な性格をもっていたが,国・県・邑という地方組織がつくられて,国造・県主・稲置に任じられ,しだいに地方官としての性格を強めていった。国造がとくに重要だった。

6世紀になると,新羅が強大化し,半島,とくに百済から戦乱を逃れて多くの渡来人が渡来したが,朝廷は渡来人たちを品部に編入した。国内においては,各地に群集墳が爆発的に普及したことからわかるように,地方に多数の小豪族が生まれたが,朝廷はこれも新たな部に編入した。このように,6世紀初めになって氏姓制度が再編成され,多くの豪族に統一的に姓が与えられるようになった。このことは,世襲的職掌で朝廷に仕えていた大伴・物部両氏のような旧

豪族の地位を揺るがし、中央における豪族の対立や地方における国造の反乱を招いたが、一方で、そのような新しい部を支配できる地位にあった蘇我氏を急速に成長させることにもなった。また、この氏姓制度の再編成は、氏姓についての混乱を生み、姓によってその政治的・社会的地位が決まるものであったために、姓をいつわる者を生み出し、それを正すために、盟神探湯という一種の神盟裁判が行われた。

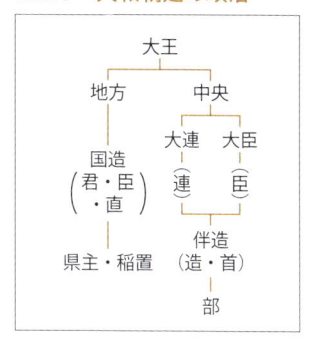

No.19 大和朝廷の政治

```
            大王
        ┌────┴────┐
       地方       中央
        │      ┌───┴───┐
       国造    大連    大臣
      (君・臣  (連)   (臣)
       ・直)    │
        │     伴造
        │    (造・首)
     県主・稲置    │
                  部
```

> **参考** **盟神探湯** 『日本書紀』によれば、すでに允恭天皇（5世紀中ごろ）のとき、氏姓をいつわる者が多く、盟神探湯を行ったという。盟神探湯は、容疑者の手を甕の熱湯の中に入れさせ、手がただれれば不正であったと判定するもの。いかにも非科学的な裁判のようだが、発汗作用その他が心理状態によって影響を受けるから、まったく根拠がないとはいえないともいう。

部民制 皇室をはじめ、中央・地方の豪族は、それぞれ多くの土地・人民を私有していた。朝廷の私有地は屯倉、豪族の私有地は田荘といわれ、私有民は一般に部民と呼ばれた。

屯倉には、天皇の本拠である大和地方を中心とするもともとの直領地のほか、5世紀の河内平野を中心とした開拓事業の結果設置されたものや、地方から領地を献上させたりしたものがあった。

部は「百八十部」と呼ばれるようにさまざまなものがあったが、まず朝廷が新しく獲得した私有民や渡来人を部に組織して、貢納・賦役を負担させ、やがて諸豪族もそれにならって私有民を部に組織することになったものであろう。部民には、朝廷に属する田部・品部のほか、豪族に属する部曲があった。部曲については前述したように、貢納・賦役の義務を負ったが、独立家計を営むことが許され、奴隷であった奴とは異なっていた。

品部は伴造のもとで特定の職掌をもち、労働や生産物を提供した。田部は屯倉に属した屯田の耕作にあたり、事実上国造の監督下に置かれた。ほかに、皇室の私有民である名代・子代があった。

> **解説** 品部には、手工業生産にあたる者がもっとも多く、玉造部・陶部・土師部・鍛冶部・弓削部・錦織部などがあったが、ほかに、軍事にあたる舎人部・靫負部など、祭祀の中臣部・卜部・忌部など、文筆の文部・史

第2章 古代国家の形成と発展

部などさまざまであった。

名代・子代は、『日本書紀』では天皇や皇族に子のないとき、その名を後世にのこすために置かれたと書いてあるが、実際は皇室の私有民だったと考えられている。

6世紀になると、多くの部が新しく編成されたが、それによって、中央の経済力を高め、豪族の支配権を国家に吸収して、地方に対する支配を強化することができた。

> **ポイント** 氏姓制度と部民制を理解するには、まず氏の構造をよくとらえ、皇室も氏のひとつと考えて、氏の複式構造として類推的に制度の仕組みを把握していくとよい。

信仰と習俗

4〜6世紀（古墳時代）においても、一般には、原始社会以来のアニミズム（精霊信仰）やナチュリズム（自然崇拝）が行われていたが、氏姓制度により氏が政治の構成単位となったために、氏上の祖先神が氏人たちによって、**氏神**として信仰されるようになった。氏人ははじめ土地の神（産土神）をまつっていたのだが、氏が制度的に強化されるに従い、それが氏上の祖先神と考えられるようになったのである。皇室の祖先神は太陽神である天照大神で、**伊勢神宮**の内宮にまつられているが、諸豪族の朝廷に対する従属度が増すにつれて、皇室の神々と氏神との系譜づけが行われていった。この時代においても、氏神の祭祀は氏上の重要な仕事で、祭（マツリ）＝政治（マツリゴト）という状態には変化がなかった。

この時代の習俗については、古墳の形象埴輪や副葬品から知ることができる。男子は、頭髪を美豆良（頭髪を頭頂で2つに分け、左右にたらしたもの）に結い、筒袖の上衣とズボンのような袴をつけ、足首のところを紐で結んでいた。女子は、衣の下に裳をつけ、頭髪は垂髪または髷に結った。勾玉・管玉をつづった首飾り・腕飾りをしており、上衣の衽は左衽であった。衣料は麻が多く、上層では絹も用いられた。

住居は竪穴住居もまだ行われていたが、平地住居や高床式住居もしだいに多くなり、屋根の形は、切妻造・寄棟造（四住造）・入母屋造などが用いられた。今日の神社建築は当時の住居様式を伝えるもので、**神明造・大社造**などがあり、いずれも**天地根元造**から発達したものである。

> **解説** 天地根元造は屋根のみの家で、縄文時代や弥生時代の竪穴住居はこれで

54　原始・古代

No.20　神社建築

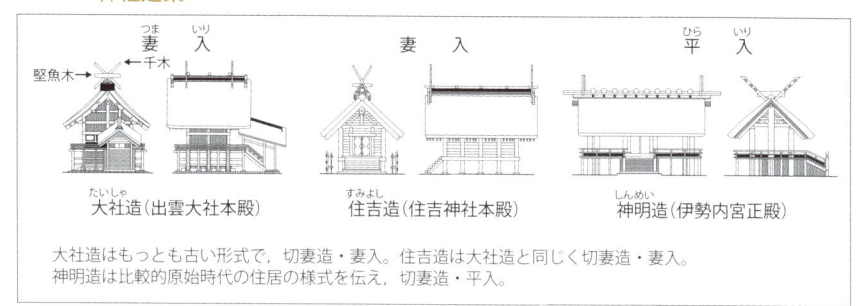

妻入　　　　　　　　妻入　　　　　　　平入

堅魚木　←千木

大社造（出雲大社本殿）　住吉造（住吉神社本殿）　神明造（伊勢内宮正殿）

大社造はもっとも古い形式で，切妻造・妻入。住吉造は大社造と同じく切妻造・妻入。
神明造は比較的原始時代の住居の様式を伝え，切妻造・平入。

あった。
　大社造に出雲大社本殿，神明造に伊勢神宮内宮・外宮の正殿がある。

(4) 大陸文化の摂取

渡来人　4世紀後半以来，日本が朝鮮に進出するようになって，多くの中国人や朝鮮人が日本に渡来した。このように，日本に渡来し，日本の国籍を得た外国人を**渡来人**という。

　4世紀には，高句麗の進出によって楽浪・帯方両郡が滅亡し，半島における漢民族の勢力が失われ，その遺民たちは百済に亡命した。また，百済は中国南朝と通交して，多くの中国系の技術者を抱えていた。このような中国人の技術者や朝鮮人の技術者が，国王によって日本に贈られてきたり，戦闘による捕虜として日本に連れてこられたりしたのだった。大陸から自分の意志で日本に逃れてきた者もあり，とくに，新羅が強大化し，7世紀になって百済・高句麗が滅ぼされると，その遺民が多数渡来してきた。当時の渡来人には，**百済**からの者がもっとも多いが，新羅・高句麗の者もあり，中国人も含まれた。

　渡来人は，大部分が**技術者**であったが，なかには学者もあった。その伝えた技術は多種多様で，陶器・織物・鍛冶・木工・酒造などのほか，土木技術や農業技術もあり，大和朝廷や豪族は喜んでこれを迎え入れ，朝廷は渡来人を部に編成した。渡来人は当時の社会・産業・文化の発達に大きな影響を与えた。後述する文字の習得や仏教の受容という面はもとより，氏姓制度には百済の制の影響が見られるし，横穴式石室をはじめ，古墳の築造も，大陸系の土木技術の導入によるものだった。蘇我氏が大きな勢力をもつようになったのは，渡来人をその支配下に置いたからだった。

第2章　古代国家の形成と発展　　55

整理 **渡来人**
渡来人の部……史部・文部・鞍作部・服部・鍛冶部・陶部・錦織部・工部・酒部など。
有名な渡来人……阿知使主（東漢氏の祖先。後漢の出で，帯方の地に移住し，応神天皇のとき17県の人民を率いて渡来したという），王仁（西文氏の祖先。阿直岐のすすめにより来朝，論語・千字文を伝えたという），弓月君（秦氏の祖先。秦始皇帝の子孫で，応神天皇のとき127県の人民を率いて渡来したという）。推古天皇のときには，百済の観勒，高句麗の曇徴などが渡来した［→p.62］。

漢字の伝来 　古墳時代に入り，日本は完全に鉄器時代に入ったのだが，文字の使用もほぼそのころから始まった。ただし，日本人がみずからの文字をつくったのではなく，渡来人によってもたらされた**漢字**を習得したものだった。

　『日本書紀』によると，応神天皇のとき百済から来朝した**阿直岐**のすすめによって**王仁**が来朝し，『論語』10巻と『千字文』1巻を伝えたという。この伝承をそのまま史実と見るわけにはいかないが，朝廷の文筆の仕事は，**史**の姓をもらった渡来人がもっぱらこれを担当した。**東漢氏・西文氏**の子孫は，**東西史部**としてこの仕事を世襲していた。しかし，日本人もしだいに漢字に習熟し，5世紀には漢字の使用が普及していった。熊本県**江田船山古墳**出土の大刀銘と，和歌山県**隅田八幡宮**所蔵の人物画像鏡銘が，それを示している。そこでは，日本語を漢字で表わそうという試みがなされている。

　いずれにせよ，文字を使用することによって，日本は急速に未開の段階から文明の段階へと進んでいったのだった。

参考 **稲荷山古墳鉄剣銘**　1978（昭和53）年，埼玉県行田市の稲荷山古墳出土の鉄剣から115文字の銘文が発見された。その「辛亥年七月」「獲加多支鹵大王」の文字が注目され，「辛亥年」は471年，「獲加多支鹵大王」は「わかたけるのおおきみ」と読んで，倭の五王の1人である武，記紀にワカタケルの名で記録されている雄略天皇のことを指すと考えられる。熊本県玉名郡菊水町（現，和水町）の江田船山古墳出土の大刀銘には「治天下獲□□□鹵大王世」とあり，「獲□□□鹵大王」ははじめ反正天皇（倭王珍？）にあたると考えられていたが，これによって，同じく雄略天皇のことであると考えられるようになった。こうして，雄略天皇は，倭王武として南朝の宋に上表する一方，東は関東，西は九

州にまで何らかの支配権を行使していたことが推定されるようになった。

儒教と仏教

宗教は、一般に原始宗教の段階から民族を単位に信仰される民族宗教の段階に進み、やがて普遍的な原理と倫理とをもった世界宗教が、特定の教祖によってつくりだされ、それは民族の範囲を超えて広がっていくものとされる。だから、どのような民族もその民族宗教から世界宗教へと展開していくのでなく、すでにつくりあげられている世界宗教を受け入れることによって世界宗教の段階へ入っていく民族のほうが多い。

解説 そのような世界宗教として、仏教・キリスト教・イスラム教などがあげられる。ユダヤ教は民族宗教であるが、その内部からキリスト教が展開したあとも、ユダヤ人はユダヤ教を守り続けているし、インド人のヒンズー教もそのようなものであった。神道は日本人の太古の土俗信仰から発したもので、民族宗教といえるかもしれないが、宗教としての体系を整えたのはかなり後になってからで、しかも、統一的な体系があるともいえない。

仏教は、紀元前5世紀ころ、インドの釈迦（ガウタマ＝シッダールタ）によってはじめられたもので、そのような世界宗教のひとつであった。釈迦はこの世の中の業を断ち切り、法（真理、ダルマ）を認識して輪廻の苦しみから解脱し、涅槃の境に入ったのだった。解脱した釈迦は、すべての人を救うために、どのようにすれば悟りの境地に達せられるかを説いた。それが仏教である。

儒教は、釈迦とほぼ同じころ、中国の孔子によってはじめられた。釈迦がもっぱら人間の内面から人間の救いを考えたのに対して、孔子は政治道徳として実践倫理によって人間を救おうとした。人間の内面の救いが問題とされていたのがインドの伝統であったし、政治の倫理によって人間を救おうとするのが中国の伝統であったといえる。儒教は宗教というものではなかったが、仁という概念を根本とし、政治家にまず自己の身を修めることを求めたのだった。

解説 このように紀元前6〜紀元前5世紀には、釈迦・孔子のような偉大な思想家が輩出した。同じころのギリシアの哲学者ソクラテスと、やや遅れたキリストを加え、ドイツの哲学者ヤスパースは、この時代を「枢軸時代」と呼んでいる。ヤスパースもいうように、現代にいたる人間精神生活の大きな型はこの時代にできたものといえる。

日本に儒教が伝わってきたのは6世紀初めであった。そのころ、**百済**は新羅や高句麗におされ、中国南朝の梁などと結んでおり、中国文化は百済に流れこ

第2章　古代国家の形成と発展

No.21　仏教の伝来

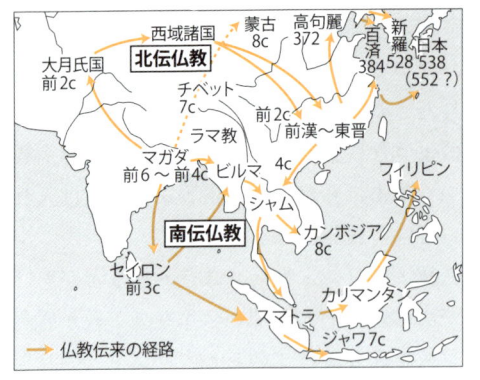

んでいたが，同時に，百済は日本とも結んだため，日本には百済を経由して中国文化が伝わってきた。応神天皇のときに王仁が論語を伝えたといわれていることは前述したが，513年の継体天皇のときに百済は**五経博士**段楊爾を日本に送り，516年にも五経博士漢高安茂を日本に送ったという。

やや遅れて，仏教も百済から伝わった。初期の仏教は，信者に戒律を厳しく守ることを求めるもので上座部仏教といわれたが，紀元前1世紀ころ，仏陀の慈悲により衆生を救うと考える大乗仏教が起こった。上座部仏教はセイロン・ジャワなどに伝わって南伝仏教といわれ，大乗仏教はチベット・中国などに伝わって北伝仏教といわれる。日本に伝わってきたのは**北伝仏教**であった。『扶桑略記』には522年の継体天皇のときに梁の人**司馬達等**が私宅に仏像を安置したと伝えているが，538年の欽明天皇のときに百済の**聖明王**が仏像・経典を贈ってきたのが，仏教公伝のはじめとされている。

> **解説**　仏教公伝の年次は，『日本書紀』では552年とされているが，それには矛盾があって，『元興寺縁起』や『上宮聖徳法王帝説』の伝える538（欽明天皇7・戊午）年が正しいとされている。

『日本書紀』では，仏教受容をめぐって**蘇我氏**と**物部氏**との間に対立があったとしている。渡来人には仏教信者が多かったと考えられるので，渡来人と関係の深かった蘇我氏が渡来人の歓心を得るためにも仏教を認めようとし，古い型の豪族であった物部氏と対立したことは考えられることである。ともかく，こうして伝わった儒教や仏教は日本人の精神生活に大きな影響を与えることになった。とりわけ，仏教は早くから大きな影響を及ぼした。しかし，一般には昔からの土俗信仰がさかんで，太占などの呪術がさかんに行われていたから，ごく一部を除いて，仏教もそのような呪術的なものと結びついて広がった。

> **解説**　百済からは，このほかに医博士・易博士・暦博士・僧・楽人・造仏工・造寺工などが献上された。

❷ 律令国家の成立と展開

(1) 飛鳥時代の政治と文化

大和朝廷の動揺

6世紀初め、武烈天皇がなくなると、皇位継承者がみあたらず、大伴金村のはからいで越前から男大迹王が迎えられて皇位についた。これが**継体天皇**である。そのころ、朝鮮半島では新羅・高句麗の勢いが伸び、百済は圧迫されて、南の加耶の地に勢力を植えつけようとし、日本の半島での立場は苦境に陥ったが、半面では渡来人の流入を生んだ。国内では、階級分化が進展し、各地に小豪族が台頭してきたが、朝廷はそれらを部に編入し、屯倉を新設して、氏姓制度を再編しつつあった。そのようななかで、朝廷内部の豪族の対立が激化していった。

継体天皇のころ、半島への対応は主として**大伴金村**があたっていたが、失地回復を加耶に求めた百済に対し、512年に金村がその領有を了解したので、加耶は動揺し、日本の半島での立場は悪くなって、金村への非難が起こった。527年、日本は近江毛野を加耶に派遣して新羅を討たせようとしたが、北九州の筑紫国造**磐井**が新羅と結んで乱を起こしたために進まず、2年後にようやく渡海したがうまくいかなかった。磐井の乱は、528年に物部麁鹿火によって鎮定されたが、以後、日本は半島での力を失って、欽明天皇の562年には加耶地域から日本の影響力が衰退することになる。欽明天皇は加耶地域の回復の詔をのこしたが、ついに実現しないままに終わり、ここに、4世紀後半以来の日本の半島での影響力は急速に弱まっていった。

大伴氏は、**平群氏**を滅ぼして全盛をきわめたが、継体天皇の死後、安閑・宣化天皇を支持するグループと**欽明天皇**を支持するグループに王権が分立し、安閑・宣化天皇を支えた大伴金村は、朝鮮政策の失敗のために失脚して勢力を弱め、かわって欽明天皇を支えた蘇我氏と、物部氏が対立することになった。**物部氏**は古来の豪族で、軍事を世襲していたが、舎人部・靫負部などが設けられて、その政治的比重は低下しつつあった。**蘇我氏**は斎蔵・内蔵・大蔵の三蔵を管理し、朝廷の屯倉を管理するなど、朝廷の財政をにぎり、渡来人とも結んで大和朝廷の再編成に積極的に取り組んでいた。仏教の受容をめぐって物部尾輿と蘇我稲目は激しく争ったが、587年に用明天皇がなくなると、皇位継承をめぐって両氏の争いは爆発し、**物部守屋**は蘇我馬子に攻められ、物部氏は滅び

No.22　豪族の対立

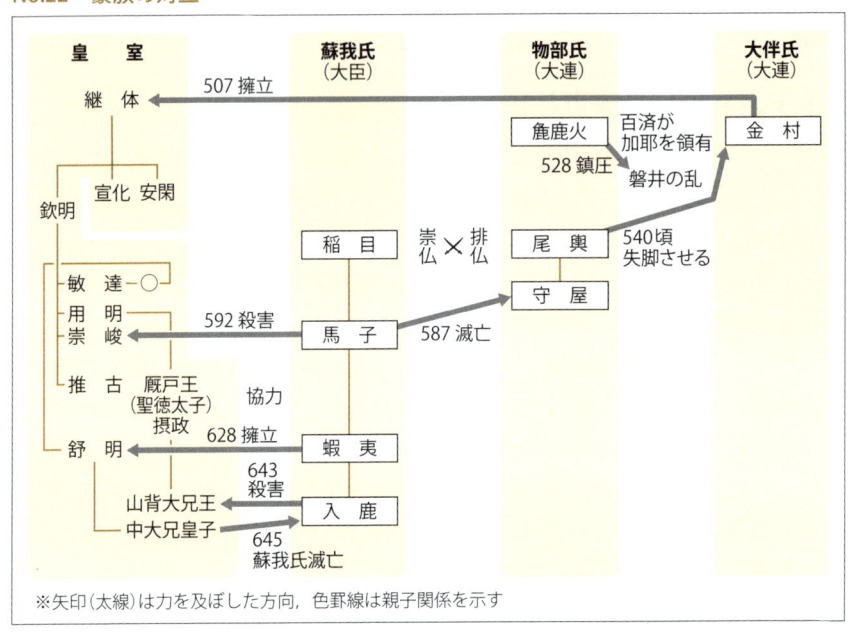

皇室	蘇我氏(大臣)	物部氏(大連)	大伴氏(大連)
継体 ←507 擁立─────────────────────── 金村
宣化　安閑		麁鹿火	百済から加耶を領有
欽明		528 鎮圧	磐井の乱
	稲目	尾輿 ←540頃失脚させる
敏達─○	崇仏×排仏	
用明		
崇峻 ←592 殺害── 馬子 ─587 滅亡→ 守屋
推古
厩戸王(聖徳太子)摂政　協力
舒明 ←628 擁立── 蝦夷
643殺害
山背大兄王 ← 入鹿
中大兄皇子　645 蘇我氏滅亡

※矢印(太線)は力を及ぼした方向，色罫線は親子関係を示す

て蘇我氏が専権を振るうことになった。

（ポイント）大伴─物部─蘇我という豪族の抗争の過程は，皇室とも結びつけ，大化改新とも関連させて理解しておくこと。

推古朝の政治

592年，蘇我馬子は渡来人を使って崇峻天皇を殺害するに至った。このようななかで，最初の女帝**推古天皇**（在位592〜628）が即位し，翌593年には天皇の甥の**厩戸王**（聖徳太子，574〜622）が**摂政**となり，蘇我氏とともに政治にあたり，政局の打開にあたることになった。

かれらの使命は，まず何よりも，崇峻天皇が殺されて以来の政治の動揺をおさえることだったが，それはとりもなおさず，6世紀初め以来展開されていた地方に台頭しつつある勢力を掌握し，**天皇を中心とする統一的な国家組織をつくる**という仕事を推進していくことであった。それを行うに際して，厩戸王と蘇我馬子は協力して新来の先進文化であった儒教や仏教をできる限り利用し，中央の官制を整えたり，官吏の心構えを正したりするという方法をとった。土地や人民を直接的に掌握し，官僚機構を根本的に改革するという作業は，大化改新を待たねばならなかったのである。そのための治績としてとくに注目すべきものは，603年の**冠位十二階**の制定と604年の**憲法十七条**の制定であった。

No.23　皇室系譜②

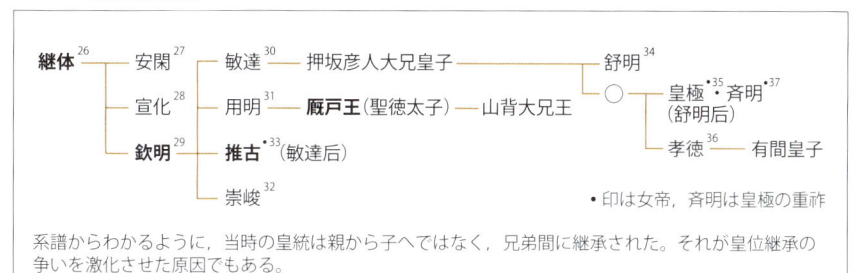

```
継体²⁶ ─┬─ 安閑²⁷ ─── 敏達³⁰ ─── 押坂彦人大兄皇子 ─────────────┬─ 舒明³⁴
        ├─ 宣化²⁸ ─┬─ 用明³¹ ─── 厩戸王(聖徳太子) ─── 山背大兄王   │   ○ ──┬─ 皇極•³⁵・斉明•³⁷
        └─ 欽明²⁹ ─┤                                              │        │   (舒明后)
                   ├─ 推古•³³(敏達后)                              └─ 孝徳³⁶ ─── 有間皇子
                   └─ 崇峻³²
```

　　　　　　　　　　　　　　　　　　　　　　　　　　•印は女帝，斉明は皇極の重祚

系譜からわかるように，当時の皇統は親から子へではなく，兄弟間に継承された。それが皇位継承の争いを激化させた原因でもある。

冠位十二階……603年。姓により官職が世襲的に家柄で決まっていたのに対し，12の冠位を定め，個人の勲功と才能によって1代を限り与えることにした。家柄にでなく，個人に与えたということ，1代限りで世襲されず，昇進もあったことがポイント。門閥政治の弊を改め，人材登用をはかるのが目的。しかし，新たな官制を創出したのではない。冠位は，儒教の徳目から徳・仁・礼・信・義・智の6つをとって色によって区別し，さらにそれぞれを大・小の2つに分けて12とした。

憲法十七条……604年。現在の憲法とは異なり，官吏の心構えを述べたもの。厳密には法ではないが，日本最古の成文法というべきもの。儒教思想を根本とし，仏教・法家などの思想も取り入れている。天皇中心の国家であることを強調し，豪族間の争いを止めるようにと述べてある［→史料⑤，p.364］。

『天皇記』『国記』『臣連伴造国造百八十部幷公民等本記』……620年。天皇と豪族との関係を明らかにして，天皇の絶対性を強調することが目的だったと考えられる。大化改新（645年）の際，蘇我蝦夷が私邸に火を放ったときに焼失したと考えられ，現存しない。8世紀の修史事業の先駆。

遣隋使派遣……607年，608年，小野妹子を派遣。対等な国書をもたせた。614年，犬上御田鍬を派遣（後述）。隋書には，600年にも派遣したとある。

仏教奨励………四天王寺・法隆寺を建立。『三経義疏』を著す（後述）。

遣隋使

厩戸王（聖徳太子）に与えられたもうひとつの使命は，欽明天皇以来の悲願であった加耶地域の回復であった。597年，新羅に使を派遣し，600年には境部臣を派遣して5城を抜かせ，602年，603年にも出兵を試みた。しかし加耶の回復は結局実現しそうもなかったので，隋に使節を派遣し，大陸文化を摂取して，国力の充実をはかろうとした。

そのころ中国では，北周から出た隋の文帝が，589年に南朝の陳を滅ぼして中国統一を完成し，百済・新羅と結び，文帝に次いで即位した煬帝は，612年

第2章　古代国家の形成と発展　61

より高句麗大遠征を行った。**遣隋使**の派遣は，5世紀末の倭王武の遣使以来とだえていた中国王朝との国交を再開するものであった。『隋書倭国伝』によれば，600年に最初の遣隋使が派遣されている。これは日本の記録には伝わっておらず，『日本書紀』では607年に**小野妹子**を隋に派遣し，隋と対等の立場で貫かれた国書を持参したという [→史料⑥, p.365]。煬帝はよろこばなかったが，答礼使として文林郎裴世清を日本に派遣し，608年に日本は再び小野妹子を隋に派遣した。そのとき多くの留学生や留学僧が随行した。**高向玄理・南淵請安・僧旻**などがそれで，かれらは約30年間中国に滞在し，中国の文物や制度を身につけて帰朝，大化改新やその後の律令国家の建設に大きな役割を果すことになった。また，614年には**犬上御田鍬**が遣隋使として派遣された。

飛鳥文化　推古天皇の時代を中心に，大化改新（645年）ころまでを**飛鳥時代**と呼び，その時代の文化を**飛鳥文化**と呼ぶが，それは594年の仏教興隆の詔や憲法十七条の「篤く三宝を敬え」という言葉にも示されるように，厩戸王（聖徳太子）の保護・奨励のもとに栄えた**仏教文化**であった。隋は仏教によって国を治めるという政策をとっており，遣隋使の派遣は，その仏教文化の摂取を大きな目的とするものだった。しかし，この時代の大陸文化の摂取は朝鮮半島，とくに百済を経由して流入してきたものが多く，そのため，飛鳥文化は，隋より前の**南北朝（六朝）文化の影響**が大きい。

> 解説　推古天皇のときにも，百済は日本と国交を密にし，学者・技術者を送ってきたが，高句麗も隋からの脅威にさらされて，日本と国交を結び，学者・技術者を送ってきた。このような半島との国交によって，南北朝の文化が日本に輸入された。602年には百済から僧**観勒**が渡来して，天文・暦法などを伝え，高句麗から595年に僧慧慈が渡来して厩戸王に仏教を教え，610年に僧**曇徴**が来て，彩色・紙墨を伝えた。

厩戸王は，難波（大阪府）の**四天王寺**や大和（奈良県）斑鳩の**法隆寺**をはじめ7つの寺を建て，諸豪族も，蘇我馬子が飛鳥寺（**法興寺**）を建立したのをはじめ，秦河勝も京都太秦に広隆寺を建て，624年には寺院の数は46を数えた。なかでも法隆寺は重要で，五重塔・金堂や回廊の一部は，当時の建築様式をよく伝え，現存する世界最古の木造建築物である。

> 参考　**法隆寺**　法隆寺は607年に創建されたが，『日本書紀』に天智天皇のとき670年に全焼したと記されている。この記事から，現在の法隆寺は再建されたという説と，建築の様式から創建当初のものであるとの説があった。1939（昭

和14）年に四天王寺式の伽藍配置をもつ若草伽藍跡が発見され，現在の伽藍は当初の飛鳥様式に従って再建されたという説が有力になった。ところが，現在の五重塔の心柱を「年輪年代測定」にかけた結果，594年に伐採されたものだと公表され，再建説は否定されたかに見えた。しかし，同じ方法で屋根材を測定した結果，624～663年という結論が出て，再び再建説に落ち着くこととなった。なお現在の金堂は1949（昭和24）年に焼失し，その後再建されたものである。

法隆寺の建築には，柱の中央よりやや下の部分にふくらみがもたせてあり，ギリシアの**エンタシス**様式が認められる。

一般には，それまでの農耕儀礼にもとづく呪術と同じような立場から，新奇なものに対する好奇心から仏教に近づいていったのだが，なかには，仏教の教理に対する深い理解を示すものもあらわれた。厩戸王の『**三経義疏**』がそれである。『三経義疏』は法華経・勝鬘経・維摩経の3経典の註釈書で，中国の註釈を取捨選択し，独自の解釈も加えている。

寺院が建立されるにともない，造仏もさかんになった。この時代の仏像は，古拙の中に不思議な笑みをたたえている。六朝の様式を引くが，北魏系のものと南梁系のものに分けられる。前者には，法隆寺金堂の**釈迦三尊像**や同夢殿の**救世観音像**のように左右相称で，古拙のうちに力強い感じのものがあり，後者は，中宮寺の**半跏思惟像**（弥勒菩薩像）や法隆寺の**百済観音像**のように柔和な感じのものがあり，前者より写実性に富む。仏工には司馬達等の孫と伝える**鞍作首止利**（止利仏師）が有名で，法隆寺釈迦三尊像はかれの作である。

このころ，高句麗から来朝した**曇徴**が紙墨・彩色の法を伝えたという。曇徴の描いたものは残っていないが，絵具は密陀僧と呼ばれるもので，それで描いたものは密陀絵といい，法隆寺の**玉虫厨子**の台座に描かれた**捨身飼虎図**がある。中宮寺の**天寿国繡帳**は，当時の刺繡の絵画としてすぐれている。この時代の工芸品に用いられた**忍冬唐草文様**は，中国六朝を経て，遠くササン朝ペルシアやギリシアの流れをくむもので，当時の文化の国際性を知ることができる。

律令国家の成立と展開

整理

飛鳥文化 ここでは，寺院別に整理しておく。

法隆寺……五重塔・金堂・回廊の一部（8世紀初め再建とされる），金堂釈迦三尊像（止利仏師）・百済観音像・夢殿救世観音像，玉虫厨子，玉虫厨子の捨身飼虎図（密陀絵）

中宮寺……半跏思惟像（弥勒菩薩とも如意輪観音ともいう），天寿国繡帳（曼

第2章 古代国家の形成と発展

茶羅)

広隆寺……半跏思惟像（弥勒菩薩ともいう）

(2) 律令国家の成立

唐の帝国　隋は，煬帝による大運河開掘や高句麗遠征の失敗によって民心を失い，各地に反乱が起こって，618年に3代38年で滅亡し，かわって**唐**が建国して中国を統一した。唐は，高祖（李淵）・**太宗**・高宗の3代で，東は朝鮮半島から西は中央アジア，北はシベリアの南辺から南はインドシナ半島に及ぶ広大な地域を支配する世界帝国をつくりあげた。

中国では，南北朝時代から門閥貴族の力が強まり，その大土地所有が進行していたが，唐はそれをおさえるために，北魏以来の均田制を行って農民に土地を給し，あわせて府兵制を行って人民の間から義務として兵をとった。また，科挙を整備して，官吏を試験により採用して貴族勢力をおさえようとした。唐の中央政府は，尚書・門下・中書の3省を置き，尚書省に吏・戸・礼・兵・刑・工の6部を置いて，中書省から出される詔勅を尚書省が施行するものだったが，門下省は詔勅を審議する機関であり，これにより貴族は皇帝に制限を加えることができた。このように，唐の時代においても，貴族勢力をおさえようとしながら，貴族の政治的発言力はきわめて強く，均田制の中から荘園制が発達していった。

広大な世界帝国を形成したために，唐代には，きわめて国際色豊かな貴族文化が開花した。しかし，周辺諸国家には，唐の拡大はそのまま政治的な危機であったから，唐の周辺では，相次いで唐にならった中央集権的な統一国家が形成されることになった。朝鮮半島においても，唐は新羅と結び，660年に百済を，ついで668年には高句麗を滅ぼした。

解説　江戸幕末に，人々が欧米諸国による併合の危険を感じ取ったのとほぼ同じくらい強烈に，当時の人々は唐による併合の危険を感じ取ったであろう。その危険を免れようとして，明治のときに行ったのと同じく，当時の人々は，唐の制度を取り入れ，その文化を身につけようと必死になったのである。

大化改新　622年の厩戸王（聖徳太子）の死後，蘇我氏は再び権勢をふるい，馬子の子蝦夷は，太子の子**山背大兄王**をおさえて舒明天皇（在位629〜41）を擁立した。そのころ，中央の政治は大臣・大連を中心とし，大

夫といわれる廷臣の合議によって行われていた。舒明天皇のときは政局も比較的安定していたが、舒明天皇のあと、蝦夷は舒明天皇の皇后であった女帝皇極天皇（在位642〜45）を立て、蝦夷の子入鹿が政治にあたるようになって、入鹿の専横が目立ってきた。643年に入鹿が声望の高かった山背大兄王を襲って滅ぼしてからは、廷臣の中にも蘇我氏の専横に反発する動きがあらわれてきた。

解説 『日本書紀』によれば、入鹿が八佾の舞をし、父子の墓をつくって大陵・小陵と称し、その家を宮門と呼ぶなど、蘇我氏は自家を皇室に擬したという。

蘇我氏の強大化の過程は、朝廷の財政をにぎり、皇室の直轄地を支配し、あるいは天皇と姻戚関係を結ぶというように、6世紀初めから厩戸王の新政にかけて強まった天皇による権力集中の過程と結びついたものであった。しかし、隋が滅亡し、唐が日増しに強大化するありさまが、帰朝した遣唐使や留学生らによって伝えられ、とくに644年から翌年にかけての唐の**太宗**（李世民、在位626〜49）による大々的な高句麗遠征の報がもたらされると、国内での危機感が強まり、天皇中心の強固な集権国家をつくる必要が痛感されるようになった。

解説 僧旻は632年、高向玄理・南淵請安は640年に帰朝し、唐の情勢を伝えた。

このような情勢のもとで、**中大兄皇子**（のちの天智天皇）と**中臣鎌足**（鎌子）はひそかに蘇我氏打倒の計画を進め、阿倍内麻呂や蘇我倉山田石川麻呂らとはかって、645年に蘇我入鹿を大極殿にて暗殺した。豪族が中大兄皇子に従ったことを知った蝦夷も、自邸に火を放って自殺したので、本家が滅亡した蘇我氏は急速に没落することになった。これを**乙巳の変**という。

蘇我氏が滅ぼされると、ただちに新政府が樹立された。皇極天皇に代わって弟の軽皇子が即位して孝徳天皇（在位645〜54）となり、中大兄皇子は皇太子として政治にあたった。**左右大臣・内臣・国博士**が設けられ、左大臣に阿倍内麻呂、右大臣に蘇我倉山田石川麻呂が任じられ、中臣鎌足が内臣、唐から帰朝した高向玄理・僧旻が国博士として皇太子を助けることになった。皇太子は群臣を集めて朝廷に対する忠誠の誓盟を行い、はじめて年号を定めて**大化**とした。この年から649（大化5）年にかけて次々と改革が行われたが、645年の蘇我氏滅亡から649年の中央官制整備ころまでを、**大化改新**といっている。

645（大化1）年末には大和の飛鳥から難波（大阪府）の長柄豊碕宮へ遷都

第2章 古代国家の形成と発展

したが,翌646(大化2)年正月,**改新の詔**が発布され,改新政治の基本方針が明らかにされた[→史料⑦, p.366]。改新の詔は4カ条からなり,第1条では**公地公民の制**が述べられ,皇室や豪族の私有地である屯倉・田荘,私有民である子代・部曲などを廃して国家に収め,かわりに大夫以上に食封,それ以下には布帛を与えた。第2条では地方行政組織について述べ,畿内を定め,**国司・郡司**を置いた。そのほか,駅馬・伝馬・鈴契などの交通,関塞・防人などの軍事に関する諸制度も定められた。第3条では**班田収授法**について述べられ,**戸籍・計帳**をつくり,里長を置き,人々に収公した土地を口分田として班給し,**租**を取ることにした。第4条では税制について述べられ,租のほかに**庸・調**を取り,仕丁・采女の制を定めた。

解説 改新の詔は『日本書紀』に記載されているが,文体・内容ともに整いすぎていること,のちの令の内容に酷似していることなどによって,『日本書紀』の編者が造作したものではないかという説が有力である。

大化改新の目的は,氏姓制度を廃して中央集権国家をつくることにあったが,その眼目は,この改新の詔に示されるように,土地人民の私有を廃して国家に収める公地公民制をとり,それにもとづいて班田収授法を施行することであった。それとともに,政治の仕組みも根本的に変革され,姓による世襲を廃して新しく官職や位階が設けられることになる。

ポイント 大化改新の基本的性格は,しっかりとおさえておかなければならない。

整理 大化改新の諸改革
645(大化1)年……蘇我氏滅亡。左右大臣・内臣・国博士設置。東国の国司を発遣。鐘匱設置(人々の訴えを聞く制度)。男女の法(通婚による子の帰属を決定)。諸国の武器を収公。戸籍をつくる。
646(大化2)年……改新の詔。入部・屯倉を廃止。薄葬令。品部廃止。
647(大化3)年……冠位制定(七色十三階)。
648(大化4)年……古冠を廃止。
649(大化5)年……冠位改定(十九階とする)。中央官制の整備(八省百官を置く)。

天智天皇の政治

孝徳天皇の死後,中大兄皇子は皇極天皇を再び即位させ**斉明天皇**(在位655~61)とし,みずからは皇太子にとどまって政務を担当した。このころ,阿倍内麻呂・蘇我倉山田石川麻呂・南

淵請安・高向玄理・僧旻はすでに死し、改新当時の中心人物で残っていたのは皇太子と中臣鎌足だけであった。中大兄皇子は専制化し、次々と大造営工事を行ったので、新政府に対する批判が強まった。658年に孝徳天皇の皇子**有間皇子**が謀反の疑いで殺されたのは、そのようなときである。

> **参考** いったん退位した天皇が再び皇位につくのを**重祚**という。重祚の例には、皇極（斉明）天皇のほか、奈良時代の孝謙（称徳）天皇があげられる。いずれも女帝であった。

> **補足** **中大兄皇子による粛清** 政権交代や革命の際には、政治路線をめぐってある程度の粛清がつきものだが、大化改新の場合も例外でなく、中大兄皇子により何人もの人が殺された。
> **古人大兄皇子**……蘇我入鹿の従兄弟にあたる。大化改新の年、645年にその子とともに吉野で殺された。
> **蘇我倉山田石川麻呂**……大化改新の功臣の一人。中大兄皇子の妃の父で、のちの持統天皇の外祖父にあたる。649年、阿倍内麻呂の死の直後、蘇我日向の讒言により自殺に追いこまれた。官職の世襲制否定に反対したためといわれる。
> **有間皇子**……孝徳天皇の長子で、皇位継承の筆頭者だったために中大兄皇子に警戒された。658年、蘇我赤兄が有間皇子に謀反をすすめたことでその夜のうちに捕らえられ、皇子は紀伊に送られる途中で殺された。

期を同じくして、**阿倍比羅夫**による蝦夷征討が行われた。改新後、東北経営の前進基地として、日本海側の越後（新潟県）に**渟足柵**（647年）・**磐舟柵**（648年）が設けられていたが、比羅夫は水軍を率いて秋田・津軽方面の蝦夷を討ち、さらに軍を進めたとも伝えられる。

一方、半島では新羅が強大化し、唐と結んで、660年には百済を滅亡させるという事態が起こった。百済の遺臣が救援を求めてきたので、天皇・皇太子は筑紫に下り、大軍を朝鮮に派遣したが、663年に**白村江**（朝鮮半島の錦江河口）において唐・新羅連合軍のために大敗し、日本軍は撤兵して、日本は朝鮮における権益を完全に失うことになった。

> **解説** それまでは、百済に「任那の調」を課していた。
> なお、半島では、668年には唐・新羅連合軍は高句麗も滅ぼしたが、その後、新羅は唐の勢力をも退け、半島を統一した。

斉明天皇は筑紫で死去したので、中大兄皇子が代わって国政をみた。これを

称制という。この間，壱岐・対馬・筑紫に防人と烽火を置き，大宰府防衛のために水城をつくるなど九州の防備に力を注いだが，665年以後，唐・新羅と相次いで国交が回復し，海外の緊張が薄らぐと，667年に中大兄皇子は都を**近江大津京**に遷し，翌年即位した。これが**天智天皇**（在位668～71）である。

天皇は内政整備に力を入れた。氏上を定め，民部・家部を復活するなど，改新政治の方向に反するものも見られたが，最初の法令集として**近江令**22巻を制定したと伝えられる。670年には全国的に戸籍をつくらせた。**庚午年籍**といわれるものである。戸籍は口分田を班給する際の基礎になるもので，この庚午年籍は永く保存され，戸籍の基準とされた。

解説　近江令の制定は，9世紀に編纂された『弘仁格式序』にはじめて見えるもので，制定を否定する説もある。

天武天皇の政治

天智天皇ははじめ弟の**大海人皇子**を皇太子としたが，やがて子の大友皇子を太政大臣として，皇位継承者を大友皇子とする意志を示したので，大海人皇子は吉野へ退いた。天智天皇が死ぬと，2人の対立は表面化し，672年に大海人皇子は美濃に走って兵を挙げ，近江に大友皇子を攻めて敗死させた。これを乱が起こった年の干支をとって，**壬申の乱**という。

解説　大友皇子が即位したかどうかは明らかでないが，江戸時代の『大日本史』で天皇に列せられ，明治政府が即位説をとって弘文天皇のおくり名をおくった。

壬申の乱の直接の原因は皇位継承の争いであったが，朝廷が近江方と吉野方に分裂し，戦乱が畿内だけでなく周辺地方にも起こったことは，改新政治の進行に対して不満が広くゆきわたっていたことを示すものであった。大海人皇子は美濃・尾張から信濃・甲斐にわたる国司・郡司などの地方豪族や舎人などの下級身分の者の心をとらえたのであって，大海人皇子が壬申の乱で勝ったことは，家柄を誇る保守的な中央豪族の勢力を駆逐したことになり，この乱の結果，改新政治が急速に進展し，天皇の権威が飛躍的に高められることになった。

乱後，大海人皇子は**飛鳥浄御原宮**に入って即位した。これが**天武天皇**（在位673～86）である。天皇は一部復活された部曲を再び廃止するなど，公地公民制を徹底し，また食封を一時廃止して旧豪族の政府に対する依存性を強め，684年には**八色の姓**を制定して，かつての姓の制度を利用しながらも，皇親を中心とする新しい身分秩序を形成していった。こうして，天皇を中心とする国

No.24　皇室系譜③

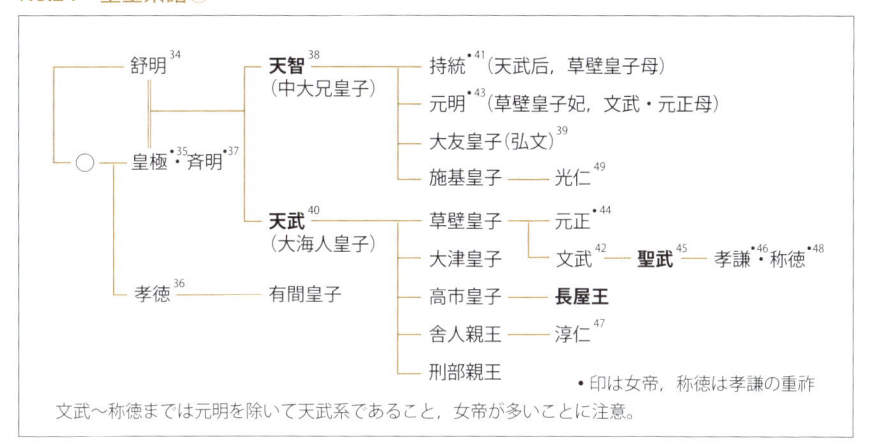

```
                            ┌─ 持統・41（天武后，草壁皇子母）
              ┌─ 舒明34      ├─ 元明・43（草壁皇子妃，文武・元正母）
              │   ┌─天智38 ─┤
              │   │(中大兄皇子) ├─ 大友皇子（弘文）39
 ○ ─ 皇極・35・斉明・37     └─ 施基皇子 ─ 光仁49
              │   │
              │   │             ┌─ 草壁皇子 ┬ 元正・44
              │   └─天武40 ────┤            └ 文武42 ─ 聖武45 ─ 孝謙・46・称徳・48
              │     (大海人皇子)├─ 大津皇子
              │                  ├─ 高市皇子 ─ 長屋王
              │                  ├─ 舎人親王 ─ 淳仁47
              └─ 孝徳36 ─ 有間皇子
                                 └─ 刑部親王
                                              ・印は女帝，称徳は孝謙の重祚
```

文武～称徳までは元明を除いて天武系であること，女帝が多いことに注意。

家体制をつくっていったのだが，さらに681年から**飛鳥浄御原令**の編纂に着手し（令22巻は689年施行），また国史の編纂もはじめて，天皇の権力を歴史的にも理念的にも基礎づけようとした。そのため，天皇はみずからを「**明神**（あきつかみ）」と呼び，『万葉集』には「大君は神にしませば」と詠われたように，天皇の神格化もはじめて見られるようになった。

> **八色の姓**　八色の姓とは，真人（まひと）・朝臣（あそみ）・宿禰（すくね）・忌寸（いみき）・道師（みちのし）・臣（おみ）・連（むらじ）・稲置（いなぎ）の8つの姓で，真人は皇族，朝臣は臣の一部，宿禰は連の一部とし，忌寸は国造の有力者をあてた。旧豪族の上位者である臣・連は下位とされ，皇族と天皇に近い豪族が上位を占めた。

天武天皇は，大臣を置かず，天皇・皇后・皇子らによって，いわゆる**皇親政治**が行われたが，天皇が死ぬと，大津皇子は謀反のかどで捕らえられて自殺させられ，皇后の持統天皇（じとう）（在位690～97）が立った。持統天皇は高市皇子（たけち）を太政大臣とし，694年には唐の都城制にならって大和三山にかこまれた地にはじめての本格的な都城である**藤原京**を造営し，そこに移った。697年に孫の文（もん）武天皇（在位697～707）に皇位を譲ったが，持統天皇ははじめての太上（だいじょう）天皇として政治にあたった。文武天皇は，やがて鎌足の子**藤原不比等**（ふひと）（659～720）らを用い，701年に**大宝律令**を完成させた。

白村江の敗戦（663年）により内政に専念する条件ができたこと，壬申の乱（672年）により旧豪族の勢力が駆逐されたことによって，天武・持統・文武の3代のときには天皇の権力と権威が強大化し，政局が比較的安定して，改新

第2章　古代国家の形成と発展

No.25　天智天皇と天武天皇

天智天皇	天武天皇
626〜671	631?〜686
中大兄皇子	大海人皇子
大化改新（645）	壬申の乱（672）
近江大津宮	飛鳥浄御原宮
新冠位制	八色の姓
近江令	飛鳥浄御原令
庚午年籍	国史編纂
白村江の戦	

天智・天武両天皇の事績を，対照して並べた。天智天皇の場合は，皇太子・称制も含まれる。上から，生没年代・皇子名・政権獲得の契機・都・官人の身分制度・律令制定・その他・対朝関係の順序。

政治が進展し，律令体制はしだいに完成に近づいていった。

白鳳文化　中大兄皇子（天智天皇）は仏教に対して消極的態度をとったが，天武・持統両天皇は，薬師寺の造営をはじめ，鎮護国家を説く仁王経・金光明最勝王経の講説を行うなど，仏教興隆につとめたので，仏教文化が栄えることになった。天武朝を中心に，大化改新（645年）から平城遷都（710年）ごろまでの時代を，天武朝のときと考えられる年号にちなんで白鳳時代と呼び，その文化を白鳳文化と呼んでいる。

　この時代には，唐文化の輸入に熱心で，数回にわたり遣唐使が派遣され[→p.84]，また，百済・高句麗の滅亡にともない，多くの渡来人が渡来したから，インド・イランなど西方の芸術を豊かに取り入れた初唐文化の影響を受け，国際性にとんだ，清新の気にみちたおおらかな文化がつくりだされた。

　白鳳美術の代表的なものが薬師寺で，各層に裳階をつけた3重の東塔は軽快なリズム感にみちている。この時代の仏像は，身体つきもまるみをもち，量感にみちているが，東院堂の聖観音像は，金堂の薬師三尊像とともに，そのような初唐の様式をよく伝えている。ほかに，彫刻では，明るい表情の中にわずかに古式の笑みをただよわせる興福寺（奈良県）の仏頭があり，絵画には，唐を経てインドのグプタ朝芸術が影響したことを示す法隆寺金堂の壁画（1949年焼失）や1972（昭和47）年に発見された高松塚古墳壁画が有名である。

> **参考　薬師寺**　680年，天武天皇が皇后（持統天皇）の病気平癒のために発願し，十数年を費やして，文武天皇のとき完成した。藤原京につくられたが，718（養老2）年ころ，今の平城京の地に移された。東塔と金堂薬師三尊像については，白鳳説と天平説とがあるが，ここでは白鳳説に従った。東塔・金堂薬師三尊像・東院堂聖観音像のほかに天平期の絵画として吉祥天画像がよく知られている。

　この時代には天皇の権威が高まり，天武天皇のときに国史編纂が開始されたが，それは奈良時代に『古事記』『日本書紀』として完成する。大津皇子らに

No.26　伽藍配置の変遷

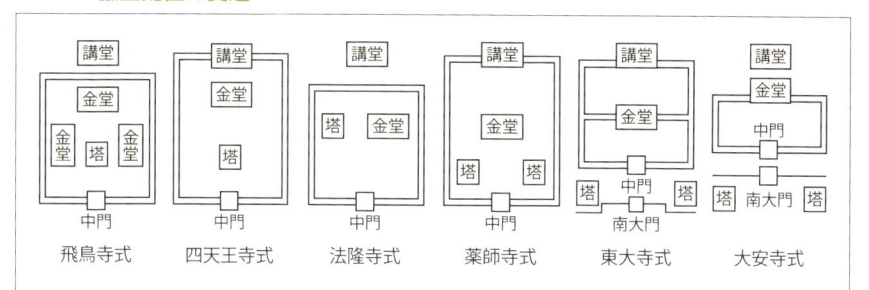

講堂	講堂	講堂	講堂	講堂	講堂
金堂（金堂・塔・金堂）	金堂・塔	塔・金堂	金堂（塔・塔）	金堂（塔・塔）	金堂・中門
中門	中門	中門	中門	中門・南大門	塔・南大門・塔
飛鳥寺式	四天王寺式	法隆寺式	薬師寺式	東大寺式	大安寺式

薬師寺式までは南大門を省略した。塔は仏舎利（釈迦の骨）を納めるところで，寺院の中心的建築物であったが，しだいに装飾と考えられるようになり，数も複数となり外へ位置するようになった。薬師寺式で複数に，東大寺式で歩廊の外へ，大安寺式では南大門より外へ出てしまった。平安時代に入ると，寺院は山岳に移ったので，伽藍配置もくずれた。

よって漢詩もつくられるようになったが，漢詩の影響を受けて，五七調を基調とする和歌の形式がつくられ，長歌・短歌・旋頭歌などの別が生じた。歌人としては，天智天皇・天武天皇・持統天皇・有間皇子・額田王（ぬかたのおおきみ）・柿本人麻呂（かきのもとのひとまろ）らが名高く，とくに柿本人麻呂は宮廷詩人として活躍し，天皇を神としてたたえる歌をつくった。それらはのちに『万葉集』に収められた。

(3) 律令体制の完成

律令の整備　大化改新は，地方における小豪族の台頭とそれにともなう中央における氏姓制度の動揺という事態に応じるために，また，唐と結ぶ新羅の強大化という外圧に抗するために行われた政治変革であったから，地方に対する支配力を強化し，中央豪族を貴族化することが必要であった。そのためには，**唐の制度**を積極的に取り入れて，天皇を中心とする統一国家をつくらねばならなかった。その基礎となったものが**律令**（りつりょう）である。

解説　そのために，日本の律令は唐の律令の模倣といえるものであったが，日本の現実に適合させるため，多くの改変を行った。①神祇官を太政官から切り離して独立させた，②官制を著しく簡素化した，③律の刑罰を軽くした，④班田収授法は均田法と著しく異なっていた，⑤郡司には地方土豪を任命し，律令官制の中では独特の方式をもっていた，などが大きな違いである。

律は現在の刑法・刑事訴訟法に相当し，刑罰を詳細に決めたもので，令は現在の行政法・民法に相当し，官制・税制・田制・兵制・学制などを規定した。

律令の編纂は、天智天皇のときに**近江令**（671年施行）、天武天皇のときに**飛鳥浄御原令**（689年に持統天皇が施行）が編纂されたが、続いて文武天皇のとき、701（大宝1）年に**大宝律令**が完成し、翌年に施行された。大宝律令は**刑部親王**や**藤原不比等**らが編纂にあたったもので、ここに律令制定事業はほぼ完成したといえる。その後、元正天皇のとき718（養老2）年に藤原不比等らによって、大宝律令に修正が加えられ、**養老律令**（757年、孝謙天皇のとき施行）が制定されたが、その内容は大宝律令と大差がないと考えられている。

> **解説** 近江令は現存しないばかりでなく、その制定についても疑問がもたれている。飛鳥浄御原令は、『日本書紀』の記事によってそのごく一部をうかがい知ることができるだけである。大宝律令は現存しないが、養老律令と大差ないものと考えられ、養老律令は、『令集解』や9世紀に編纂された『令義解』など、養老令の注釈書によって、律の一部分を除いて知ることができる。

律令は、奈良時代を経て平安時代中期の10世紀ころまで行われた。この律令制度にもとづいて政治を行った古代国家を**律令国家**と呼んでいる［→史料⑧、p.368］。

> **解説** 弘仁格序に、「律は懲粛を以て旨と為し、令は勧誡を以て本と為す」とあり、律令政治は儒教的な徳治政治をねらいとしていた。

律令は唐の律令を範としたものだったから、詳細をきわめ形式的なところが多かった。儒教の徳治主義と法家の専制主義が取り入れられ、天皇の絶対性、官吏の優越性が色濃く打ち出されている。律令体制により、かつての豪族による土地・人民の私有は廃され、土地は公地として班田収授法により公民に班給されたが、かわりに公民が租税を負担し、かつての豪族は位階・官職や位田・職田・封戸などを与えられて、貴族として律令官人組織に組み込まれた。こうして、天皇を中心とする中央集権国家ができあがったが、その改革は徹底されず、また、外国の模倣だったので実情にそわない点もあって、やがて、律令体制のなかから、貴族政治や荘園制度、さらに武士の発生を見ることになった。

> **解説** 10世紀以後、律令国家の実質は失われた。しかし、12世紀の武家政権成立以後も、律令は朝廷の内部で生き続け、多目的には明治のはじめまで存続していた。

律令官制

律令制度において、かつての豪族たちは経済的・社会的・政治的にさまざまな特権を与えられて、かつての勢力を失ったわけでは

No.27　律令一覧

	巻　数	制定年代	天　皇	撰定者	備　　考
近江令	令22巻	671年，施行	天智天皇	藤原鎌足ら	律はない。現存せず。
飛鳥浄御原令	令22巻	天武編纂 689年，施行	持統天皇		現存せず。 天武天皇が681年より編纂。
大宝律令	律6巻 令11巻	701年，制定 702年，施行	文武天皇	刑部親王 藤原不比等	現存せず。逸文あり。 律令は一応完成。
養老律令	律10巻 令10巻	718年，制定 757年，施行	元正天皇	藤原不比等	令は現存。律は一部分現存。 大宝律令の修正。

この4つの律令については，本表に記したことを整理して覚えていなければならない。

なかったが，国家から官職・位階・給与を与えられることとなり，独自に土地・人民を私有するのでなく律令官人組織に組み込まれて，貴族化していった。

解説　律令官制には，皇族に一品〜四品，貴族に正一位〜少初位下という，親王4階・諸王14階・諸臣30階の位階があったが，三位以上の子・孫と五位以上の子には，21歳になれば一定の位階をもらえる**蔭位**の制があった。位階は試験＝貢挙によっても与えられたが，大学・国学に入学資格制限があり，与えられる位階も低かった。こうして，上位の位階は特定の貴族に世襲的に継承されることになった。また，**官位相当**の制といって，特定の官職につくには特定の位階をもつことが条件とされたから，上位の官職も特定の貴族が世襲的に独占することになった。

律令には，天皇に関してはほとんど規定がなく，天皇は律令の範囲を超えた実権者であり，莫大な官人機構はその天皇の意志を実行するためのものと考えられた。そのため，官人による行政の機構・方法などについては，きわめて詳細な規定がつくられた。

中央・地方の官庁はいずれも長官・次官・判官・主典の4等級の官吏によって構成された。これを**四等官**という。例えば太政官では，長官は太政大臣，左・右大臣，次官は大納言，判官は少納言と左・右の大・中・少弁，主典は外記と史とされ，八省では卿・輔・丞・録，国司では守・介・掾・目で，いずれも「かみ・すけ・じょう・さかん」と呼ばれた。

【中央官制】一般政務を行う最高官である**太政官**と並んで，神祇・祭祀をつかさどる**神祇官**が置かれた。太政官の下に8省が置かれたので，**二官八省**という語で中央官制を総称する。

太政官の長官は**太政大臣**であるが，則闕の官といって，適任者のないときは置かなかった。太政大臣の下に左大臣・右大臣がいて政務を総轄し，さらに大

No.28　律令官制

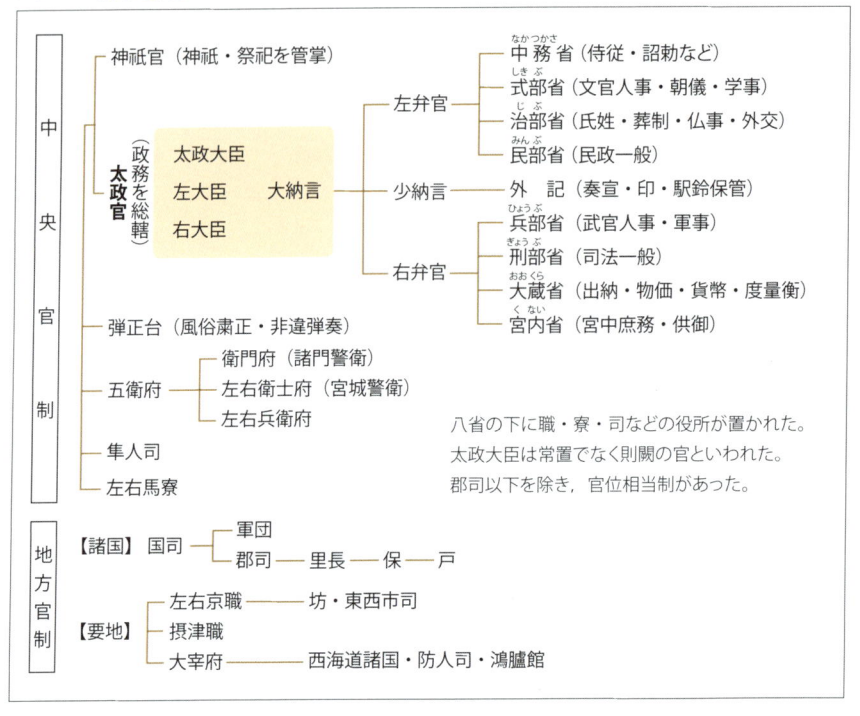

```
中央官制
├─ 神祇官（神祇・祭祀を管掌）
├─ 太政官（政務を総轄）
│   ┌─────────────────────────┐
│   │ 太政大臣                │
│   │ 左大臣    大納言        │
│   │ 右大臣                  │
│   └─────────────────────────┘
│       ├─ 左弁官 ─┬─ 中務省（侍従・詔勅など）
│       │         ├─ 式部省（文官人事・朝儀・学事）
│       │         ├─ 治部省（氏姓・葬制・仏事・外交）
│       │         └─ 民部省（民政一般）
│       ├─ 少納言 ── 外記（奏宣・印・駅鈴保管）
│       └─ 右弁官 ─┬─ 兵部省（武官人事・軍事）
│                 ├─ 刑部省（司法一般）
│                 ├─ 大蔵省（出納・物価・貨幣・度量衡）
│                 └─ 宮内省（宮中庶務・供御）
├─ 弾正台（風俗粛正・非違弾奏）
├─ 五衛府 ─┬─ 衛門府（諸門警衛）
│         ├─ 左右衛士府（宮城警衛）
│         └─ 左右兵衛府
├─ 隼人司
└─ 左右馬寮

地方官制
├─【諸国】国司 ─┬─ 軍団
│              └─ 郡司 ── 里長 ── 保 ── 戸
└─【要地】─┬─ 左右京職 ── 坊・東西市司
           ├─ 摂津職
           └─ 大宰府 ── 西海道諸国・防人司・鴻臚館
```

八省の下に職・寮・司などの役所が置かれた。
太政大臣は常置でなく則闕の官といわれた。
郡司以下を除き，官位相当制があった。

　納言が補佐した。太政官は左弁官・右弁官・少納言の3局に分かれ，左弁官に中務・式部・治部・民部の4省，右弁官には兵部・刑部・大蔵・宮内の4省があって，それぞれ政務を分掌し，その下に，職・寮・司などの諸役所が所属していた。

　このほか，官吏の監察にあたる**弾正台**と，宮城の警衛にあたる五衛府などが置かれた。これらを総称して，二官八省一台五衛府という。

> **参考**
> **太政大臣**　「その人なければ則ち闕けよ」と令に規定されたので則闕の官という。天智天皇のときの大友皇子，持統天皇のときの高市皇子，元正天皇のときの舎人親王のように皇族が任命されるならわしだったが，奈良時代に藤原仲麻呂が人臣ではじめて任命され，道鏡は太政大臣禅師となった。857（天安1）年に藤原良房が任じられてからは，藤原氏が多く任じられるようになった。武士で太政大臣になった者に，平清盛・足利義満・豊臣秀吉・徳川家康がある。明治以後は三条実美が任じられ，1885（明治18）年に内閣制実施とともに太政大臣も廃された。

【地方官制】地方は畿内と七道に大別され、それぞれにいくつかの国が所属した。国はさらにいくつかの郡（評）、郡はさらに50戸を単位としていくつかの里（郷）に分かれ、それぞれ国司・郡司・里長が置かれた。

> **参考** 五畿七道　大和・山城・摂津・河内・和泉の5国を畿内といい、その他の地方を東海・東山・北陸・山陰・山陽・南海・西海の諸道に分けた。これは行政区画というより交通路によって分けた地方区画だが、畿内は軍事的な必要もあって、調の半分、庸の全額を免除される特権が与えられた。

国は全国で60余りあり、国府に国衙（国の役所）を置き、国司は中央から4～6年の任期で派遣されたが、郡司はかつての国造など地方豪族が任命され、終身官でしかも世襲された。里長は農民の中から選ばれた。里の下には5戸で構成される五保の制があり、納税や防犯などの連帯責任を負った。戸は郷戸として戸主を通じて支配された。

> **解説** 戸には郷戸と房戸の別があった。房戸が実際の家族に近く、郷戸は戸主の直系、傍系親族の戸によって構成され、郷里制の単位となったもので、租庸調の徴収・口分田の班給などは、郷戸の戸主を通じて行われた。
> 　郡司は官位相当制が適用されなかったこと、終身官であったことなど、他の律令官人と非常に異なり、ある程度かつての勢力を維持できる仕組みになっていたが、その権限はすべて国司を通してしか行使することができなかったことなどにより、地方は中央と結ばれた。
> 　かくして、中央政府―国司を介して、郡司―里長―戸主というルートで、律令国家は一般農民をも把握し、6世紀以来の部族の階層分化の過程に、一応の決着がつけられることになったのである。

特定の地域に置かれたものに、京の**左・右京職**、難波の**摂津職**、九州の**大宰府**があった。そのうち、大宰府はとくに重要で、筑前に置かれ、**西海道（九州）諸国**を統轄するだけでなく、外交・国防の要地として、外国使節を接待するための**鴻臚館**、対外防備にあたる**防人**を統率する**防人司**が置かれた。

身分制度　人はすべて**良**と**賤**とに大別された。良民は**皇族・貴族**（有位者）・**公民・雑色**に分けられて、貴族以上が支配階級を構成した。賤民は五色の賤と呼ばれる、**陵戸・官戸・家人・公奴婢・私奴婢**に分けられていた。
【貴族】有位者は課役その他の義務の全部または一部を免除されただけでなく、皇族と三位以上の貴族には**食封**（封戸）として一定の戸が与えられ、五位以上の貴族にはその位に応じて**位田・位禄**が与えられ、その位に相当する官職につ

いて**季禄**(きろく)・**職田**(しきでん)・**公廨田**(くがいでん)を受け、さらに功労に応じる**功田**(こうでん)、勅旨による**賜田**(しでん)などが与えられた。皇族と三位以上の貴族は刑罰を減ぜられた。五位以上の子孫には蔭位の制があった。こうして、皇族と五位以上の貴族はさまざまな特権を受け、中央政府の高位高官を占めたが、六位以下の者は、かつての伴造・国造の子孫が多く、下級官吏の職につき、季禄が与えられた。

> 解説　貴族とは、本来五位以上の身分の者をいう。公卿（公家）は三位以上の者である。

【公民】 人口の大部分は官位をもらえない公民で、公民以下が被支配階級を構成した。

公民はかつての部民が豪族の支配を離れたもので、かれらは班田農民とも呼ばれ、口分田を与えられて生産労働の中心をなし、国家に対して租・庸・調・**雑徭**(ぞうよう)・兵役などの負担を負った。

良民の最下層に置かれた雑色は**品部**(しなべ)・**雑戸**(ぞうこ)に分かれ、かつての部民がそのまま残されたもので、いずれも官司に属し、手工業的な技術で労役奉仕をしたり、手工業製品を上納したりした。

【賤民】 賤民は良民との通婚を禁じられ、独立の人格を認められない奴隷に近い存在だったが、人口の1割にみたなかった。陵戸は天皇や皇族の陵墓の守衛で、雑色と同じ境遇だったが、職掌がいやしいというので賤民に入れられた。

官戸・家人は官司や個人に属した准奴隷で、家族生活を営むことが許され、売買されなかった。**公奴婢**(くぬひ)・**私奴婢**(しぬひ)は政府や個人に属した奴隷で、売買された。陵戸・官戸・公奴婢は官司に属し、公奴婢には恩赦によって官戸になり、さらに良民となる規定があった。官戸・公奴婢は口分田を良民と同じに班給されたが、個人に属した家人・私奴婢には、良民の3分の1の口分田が与えられた。

> 解説　良・賤の通婚は禁じられたが、実際にはあとをたたなかった。645（大化1）年の「男女の法」では、良賤の通婚により生じた子は賤とすると

No.29　律令の身分制度

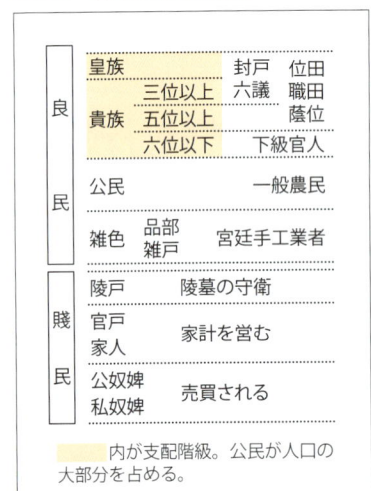

良民	皇族		封戸　位田
	貴族	三位以上	六議　職田
		五位以上	蔭位
		六位以下	下級官人
	公民		一般農民
	雑色	品部 雑戸	宮廷手工業者
賤民	陵戸		陵墓の守衛
	官戸 家人		家計を営む
	公奴婢 私奴婢		売買される

　　内が支配階級。公民が人口の大部分を占める。

定めたが、789（延暦8）年の格で、良賤間の子をすべて良とするとした。しかし、賤民には庸・調・兵役などが課されなかったので、賤のままとどまる者が多かった。

律令国家は大部分の部民を解放し、これを公民として掌握して主な租税負担者として、その収奪の上に天皇と皇族・貴族による支配機構がつくられたのだった。

土地制度 律令制ではかつての屯倉・田荘などの私有地は廃され、土地は**公有**を原則とした。土地は、**田地・園地**（畑）・**宅地・山川藪沢**に分類されたが、律令国家はとくに田地を重視した。

田地のなかでも、**口分田**はさらに重要であった。口分田は、6年ごとにつくられる戸籍により、6歳以上の人民に班給された。男には2段、女には男の3分の2、家人・私奴婢には良民の3分の1の割合で、郷戸ごとにまとめて戸主に班給された。口分田の売買は禁じられ、本人が死ねば次の班年のときに収公した。これを**班田収授法**という。

> **注意** 1段＝360歩だったから、班給される口分田は次表のようになる。家人・奴は良男子の3分の1で、$2×360×\frac{1}{3}=240$（歩）、家女・婢は良民女子の3分の1で、$2×360×\frac{2}{3}×\frac{1}{3}=160$（歩）となる。賤民のうち、官に属した陵戸・官戸・公奴婢には良民と同じだけの口分田が与えられ、私家に属した家人・私奴婢が良民の3分の1であって、賤民のなかの身分の上下には関係しないことにも注意。また、口分田は班年のときにだけ班給されるもので、仮に5歳のときに班田があると、11歳になるまで口分田を班給されないことになる。

	良民男子	良民女子	賤民男子	賤民女子
口分田	2段	1段120歩	240歩	160歩

班田収授法を円滑に実施するために、土地には**条里制**が施行された。条里制は、土地を碁盤の目のように6町（360歩＝648m）の方形に区切り、東西に1里2里、南北に1条2条と数え、区切られた区画をさらに36の方形に区切って、その1区画を坪と呼んだ。坪はさらに10に細分されて、段となる。これが口分田計量の基準となり、その所在地は何条何里何坪と表示された。

班田収授法は唐の均田法を模倣したものであるが、実情に沿うようにかなりの修正が加えられており、均田法には財政政策的性格が強かったのに対して、班田収授法には社会政策的性格が強かったといわれている。律令の租税体系の

No.30　条里制

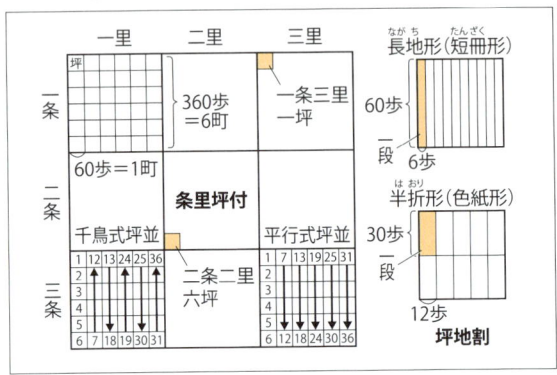

[図：条里制の区画説明　一里・二里・三里、一条・二条・三条、360歩＝6町、60歩＝1町、条里坪付、千鳥式坪並、平行式坪並、二条二里六坪、長地形（短冊形）60歩・6歩・一段、半折形（色紙形）30歩・一段・12歩、坪地割]

　なかでも，口分田からの租は比較的比重が低かった。班田収授法によって，律令国家は公民を直接掌握することができるようになり，公民に生活の基礎を与え，反面で，労役を中心とする人頭税を賦課する体制を整えたのであった。

　田地には，口分田のほかに位階・官職に応じて与えられる**位田・職田**，功労により与えられる**功田・賜田**，社寺に与えられる**神田・寺田**があった。また，口分田を班給して残った田地は**乗田**といい，1年を限って賃租に出され，収穫の5分の1を地子として政府に納めさせた。これらは原則として租を納める**輸租田**であったが，神田・寺田と職田の一部は租が免ぜられた**不輸租田**であり，とくに神田・寺田は私有地に近いもので，律令制の公地公民主義は徹底さを欠き，やがて荘園の発生を見ることになる。

> **ポイント**　田地では，輸租田・不輸租田の別によく注意し，土地制度は，荘園制との関連で理解しなければならない。

　園地・宅地も各戸に班給されたが，売買を許され，私有地に近いものであった。山川藪沢は共同で利用することになっていた。

> **参考　日本の班田収授法と唐の均田法**　班田収授法は均田法を範としながらも，次のようにかなりの差異があった。①均田制では口分田のほかに，子孫に伝えることのできる永業田が与えられたが，班田制では死後口分田はすべて収公された。②均田制では男子にだけ土地が班給されたが，班田制では女子にも班給された。③均田制では18歳に達してはじめて田地を班給され，60歳になると均田の半額を収公することになっていたが，班田制では6歳になると班田され，年齢による差がなかった。

租税制度　国家の財政は，公民の負担する租・庸・調・雑徭などによってまかなわれた。口分田に課された租は正税と呼ばれたが，比較的軽く，調・庸などの現物を納めた人頭税や雑徭・運脚・兵役・仕丁などの労役

原始・古代

No.31　律令体制の構造

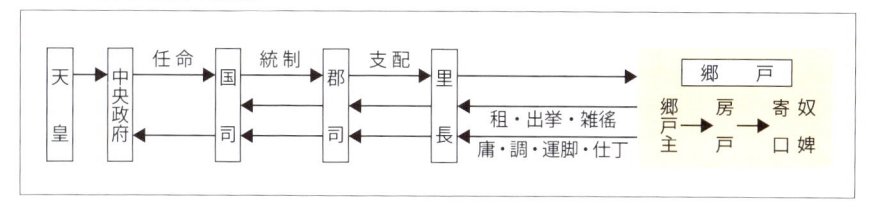

```
天皇 →[任命]→ 中央政府 →[統制]→ 国司 →[支配]→ 郡司 → 里長
                                                        ↓
                                              租・出挙・雑徭
                                              庸・調・運脚・仕丁

郷戸
 郷戸主 → 房戸 　寄口　奴婢
```

負担が重かった。

　租は、口分田をはじめ田地にかけられ、田1段につき稲2束2把（のち1束5把）の割合で、収穫の3％程度であった。租は大部分が国衙に納められ、地方財政にあてられたが、一部は都にも送られた。

　庸・調は成年男子にのみかかる人頭税で、これを課される者を**課口**（かこう）、課されない者を**不課口**といい、皇族・貴族・女子のほか家人・奴婢も不課口だった。庸・調を徴収する台帳として毎年**計帳**（けいちょう）がつくられ、**正丁**（せいてい）（21～60歳の男子）を全額とすると、次丁（老丁、じてい・ろうてい、61～65歳の男子）は調・庸とも正丁の2分の1、中男（ちゅうなん）（少丁、17～20歳の男子）は調が正丁の4分の1の割合で課税された。調・庸は京に運ばれ、中央政府の財政にあてられた。

> 　正丁は21～60歳の公民男子で、身体上の障害のない者である。正丁が律令税制の主な租税負担者であった。
> 　戸籍は班田制のために、計帳は調・庸のためにつくられたことを、しっかりと理解しておく。
> 　家人・奴婢が不課口だったことは、多くの家人・奴婢をかかえる貴族・寺社にきわめて有利な税制だったことを意味する。

　庸は、年に10日京で使役される歳役のかわりに布を納めるもので、実際には労役は行われず、庸布で納められた。調は絹・絁（あしぎぬ）・綿・布や海産物など、その地方の特産物を一定額納めるものであった。庸・調を京に運ぶ**運脚**も公民の負担とされた。

　雑徭は1年で60日以内、国司が公民を雑役に使役するものであった。

　雑税として、**義倉**（ぎそう）・**出挙**（すいこ）があった。義倉は凶年にそなえて毎年粟を納めさせるもの、出挙ははじめ貧民救済のために、春に正税の稲を種籾（もみ）として貸し付けて秋に返納させるものであったが、のちに、国司が利殖をはかるために、強制的に貸し付けて5割の利子をとるようになり、租税と変わらないものになった。

　兵役も農民にとっての大きな負担だった。兵士は正丁から郷戸ごとに3人に

第2章　古代国家の形成と発展

1人の割合で徴発され，各国の軍団に配置された。その中から衛士となって上京し，また，防人となって九州に送られる者もあった。農民は働き手をとられ，旅費・装備が自弁であったうえに，期限は守られず，国司などによって使役されたので，農民を苦しめることになった。

> **参考** **防人** 九州防備のために置かれた兵士で，大宰府に防人司が置かれた。はじめ諸国の兵士を3年交替であたらせたが，730（天平2）年に東国の兵士に限った。防人は難波に集結して，海路大宰府に送られたが，負担が重く，逃亡・忌避する者も多かった。『万葉集』には，出征の情や別離の情を詠んだ防人歌が100余首集録されている。

このほか，50戸に2人の割で，中央官司の雑役に服するための仕丁があった。

> **解説** 古代社会は一般に奴隷制的生産様式をとるといわれるが，日本では賤民の割合が低く，主な生産の担い手でもなかったので，典型的な奴隷制社会と考えることはできない。しかし，主な生産の担い手であった公民には，主として人頭税がかけられ，しかも，労役負担が重かったことから，国家全体が一種の奴隷制の上に立っていたと考えることができる。その意味で，「総体的奴隷制」社会と考える説もあった。当時の収穫は，田1段につき6斗くらいと推測されるから，もともと現物地代（租）を多く徴収することは無理で，このような生産力の発展の低い段階において，しかも日本のように単一民族による統一国家を形成した場合には，律令体制のように公民を中心とし，それから人頭税を徴収するのが必然的な方向であったといえる。

司法制度

律令は儒教の徳治主義を取り入れていたが，それは刑法である律によくあらわれ，律は「懲粛」を目的とされた。

律令では司法と行政の区別がなく，行政官庁で裁判を行った。中央では諸司，地方では郡司が下級裁判を担当し，上級裁判は，中央では刑部省・太政官，地方では国司が担当した。罪科では，八虐がもっとも重い罪とされ，天皇・国家・父母にそむく者などがあげられた。天皇の絶対性と儒教の教化主義がよく示される。刑罰には，一般に科される正刑と有位者・僧尼に科される閏刑とがあったが，正刑は笞・杖・徒・流・死の五刑，20等があった。皇族・貴族には六議などがあり，刑が減免された。

> **解説** **八虐**……謀反（天皇を危うくする罪）・謀大逆（皇居や山陵をこわす罪）・謀叛（国家に反逆する罪）・悪逆（祖父母・父母を害する罪）・

不道（一家3人以上殺したり，傍系尊属を殺そうとしたりする罪）・大不敬（神社をこわす罪）・不孝（祖父母・父母を訴えたり，ののしったりする罪）・不義（主人や国主などを殺す罪）。

五刑……笞（むちで打つ刑で，10〜50の数により5等）・杖（杖でたたく刑で，60〜100の数により5等）・徒（禁固刑で，1〜3年の期間により5等）・流（配所に流す刑で，遠・中・近の3等）・死（死刑で，絞・斬の2等）。なお，死刑は薬子の変（810年）から保元の乱（1156年）の間，政府によっては行われなかった。

六議……議親（天皇・三后の親族）・議故（天皇の厚遇を得た者）・議賢（大徳行のある者）・議能（才能のある者）・議功（国家に功ある者）・議貴（三位以上）。

3 律令国家の展開と動揺

(1) 律令国家の繁栄

平城京　文武天皇は刑部親王，ついで，穂積親王を知太政官事とし，**藤原不比等**（659〜720）を側近として政治を行ったが，8世紀初めの慶雲年間に飢饉・疫病が続発すると，これによって死去した。死後，母の元明天皇（在位707〜15）が即位すると，飢疫のもたらした難局を打開するために遷都を決め，710（和銅3）年，唐の長安の都城制にならってつくられた**平城京**に遷都した。これより7代70余年の間，都はおおむねここにあったので，この時代を**奈良時代**と呼んでいる。

No.32　平城京

解説　平城京は，現在の奈良市の西方にあり，南北約4.7km，東西約4.2kmの大規模な都で，北辺中央

第2章　古代国家の形成と発展　81

に大内裏、その中に皇居や諸官庁があった。中央を南北に走る朱雀大路によって左京・右京に分かれ、各京は東西の大路で9条に、南北の大路で4坊に分かれる条坊制がとられた。その中に、瓦屋根・白壁・朱塗柱の貴族の邸宅や飛鳥から移された諸大寺が立ち並んだ。左・右両京には京職が置かれ、また、東市・西市が設けられて市司が管理した。

　平城京造営は農民に多大の労役負担を課すことになった。課役を免れるために逃亡する農民が続出し、生活の困窮は、農民を乗田の賃租にかりたてることになった。こうして、**三世一身法**（723年）や**墾田永年私財法**（743年）のような律令体制の根幹を揺るがす法令が出されるのだが、このような公民の階層分化に付随して、中央では貴族の抗争が激化し、奈良時代の政治史を血なまぐさくいろどることになった。奈良時代のはじめには天武天皇以来の**皇親政治**が行われていたが、律令による天皇への権力集中は、やがて、天皇をめぐっての**側近政治**を生むことになった。そのようななかで、天皇とつねに近い距離にあり、律令官人機構を最大限に利用した**藤原氏**がしだいに勢力を伸ばしていった。

産業の発達

　大化前代にも、水稲農業では田植えが行われ、収穫には根刈りが行われていたが、この時代にはさらに広く行われるようになり、まだ貴重品あつかいをされたが、鉄製農具の使用が普及し、牛馬耕など畜力の利用も広まった。また、律令政府が大規模な治水・灌漑事業を推進し、**麦・桑・漆**の栽培を奨励するなど、農業の発達に力を注いだので、農業生産力は増大した。

　天然資源の開発も進んだ。天智天皇の668年に越後（新潟県）から石油が献上され、天武天皇のときには対馬で銀が発見された。その後も各地で銅・水銀・硫黄・鉛などが発見され、藤原京の時代にはわが国でつくられた最初の貨幣（銅銭）**富本銭**が鋳造された。また、708年に武蔵国秩父郡（埼玉県）から和銅（熟銅、自然銅）が産出されたので、それを祝って和銅と改元し、**和同開珎**を鋳造した。これ以後958（天徳2）年の乾元大宝まで12回にわたって貨幣がつくられ、これを総称して**皇朝十二銭**といっている。

> **参考　和同開珎と皇朝十二銭**　和同は吉語で、年号の和銅とは異なる。珎を珍の異体文字としてチンと読む説と寶の略字と見てホウと読む説がある。和同開珎には銅銭と銀銭とがあったが、のちにはもっぱら銅銭がつくられた。貨幣の鋳造は鋳銭司で行い、山城・周防・長門などに設けられた。711年の蓄銭叙

位令は貨幣流通促進のために出されたものである。皇朝十二銭とは，和同開珎（708年）・万年通宝（760年）・神功開宝（765年）・隆平永宝（796年）・富寿神宝（818年）・承和昌宝（835年）・長年大宝（848年）・饒益神宝（859年）・貞観永宝（870年）・寛平大宝（890年）・延喜通宝（907年）・乾元大宝（958年）。

中央集権をとる律令体制にとって，交通の整備は重要な仕事だった。平城京と諸国との交通が発達し，官道にはだいたい4里ごとに駅（駅家）が設けられ，馬が常置されて**駅馬・伝馬**の制が整えられ，公用者の旅行や文書の伝達に用いられた。

> 解説　山陽道は大路で駅ごとに駅馬20頭，東海・東山両道は中路で駅馬10頭，北陸・山陰・南海・西海の4道は小路で駅馬5頭を常置することになっていた。

朝廷をはじめ貴族・寺社の工房には，技術者がいて手工業生産に携わっていた。このように産業・交通が発達したので，商品流通も発生した。平城京では，左・右両京に官設の**東西の市**があって，市司が管理して交換にあたらせた。地方でも，大和の海柘榴市・軽市，駿河（静岡県）の阿倍市などの名が伝えられている。これらは主として貴族・寺社や地方の富農などによって利用された。政府は唐の制度にならって貨幣を鋳造したが，一般には米や布が現物貨幣として用いられ，当時の経済は貨幣を必要とする段階にまで達していなかった。

711（和銅4）年，政府は**蓄銭叙位令**を出して銭を蓄えた者にその額に応じて位を授けることにし，その流通を奨励したが，畿内を除くとあまり流通しなかった。

辺境の経営

平城遷都と前後して，辺境の開発も活発に行われた。東北経営は，阿倍比羅夫が日本海沿岸を北上して征討していたが，712（和銅5）年に越後の北に**出羽国**を設け，のちさらに北進して733（天平5）年に秋田城がつくられた。太平洋沿岸の経営も進み，724（神亀1）年に**多賀城**（宮城県）を築き，鎮守府と国府とを置いて蝦夷経営の拠点とし，出羽国に通じる道路

No.33　東北経営

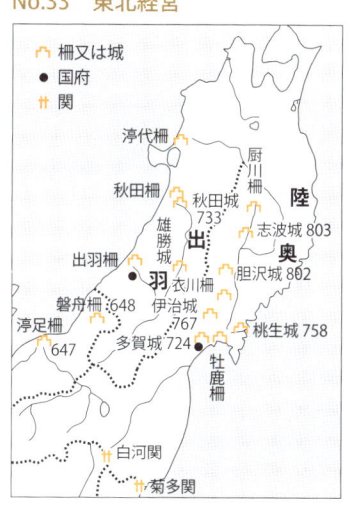

地図：柵又は城、国府、関の記号凡例。淳代柵、秋田柵、雄勝城、出羽柵、磐舟柵648、淳足柵647、衣川柵、伊治城767、多賀城724、志波城803、胆沢城802、桃生城758、牡鹿柵、白河関、菊多関、陸奥、出羽

第2章　古代国家の形成と発展　83

も開かれた。

解説 この時期の東北経営は，柵戸という屯田兵制によって行われた。

盲点 東北経営は意外と頻出なので，平安初期までを整理し，地図も参照して頭に入れておくこと。

　東北経営とともに，西南地方の開発も進められた。西南開発は，遣唐使が南島路をとるようになって必要に迫られ，政府の関心も高まったものである。九州南部には隼人が居住し，政府に朝貢しており，令では隼人司という官司が設けられている。702（大宝2）年以前に薩摩国が，ついで，713（和銅6）年に大隅国が設置された。720（養老4）年には隼人が反乱を起こし，大伴旅人が征隼人持節大将軍として派遣され，翌年平定した。このようにしばしば反乱を起こしたが，こののちは完全に服属し，公民化が進んで，800（延暦19）年に薩摩・大隅両国ではじめて班田制が施行された。隼人の服属とともに，西南諸島も朝貢してくるようになった。天武天皇のときの多禰（種子島）・掖玖（屋久島）・阿麻美（奄美大島），文武天皇のときの度感（徳之島），元明天皇のときの信覚（石垣島）などである。

遣唐使 　672年の壬申の乱の後，一時中絶していた**遣唐使**は，701年の大宝律令制定を契機に復活された。これは内政も整備し，律令も一応完成して，その範とした唐文化に対するあこがれが一段と高まったことを示している。

No.34　古代の大陸交通図

犬上御田鍬が630年にはじめて派遣されて以来，遣唐使は，とくに新羅との関係が緊迫したころ，しきりに派遣されていた。そのころは**北路**がとられていたが，676年に新羅が半島を統一し，わが国が新羅を属国あつかいしたので，両国の関係は不和となり，このころからは**南路**がとられるようになった。

No.35　遣唐使一覧

出発〜帰国	航路	回・大使（*は押使）・事項	随行者
		618　隋滅び，唐建国	
630〜632	北路	①犬上御田鍬	僧旻帰朝
653〜654	北路？	②吉士長丹	道昭・定恵（鎌足の子）
653（遭難）	（南島路）	③高田根麻呂	
654〜655	北路	④高向玄理*	
659〜661	北路	⑤坂合部石布	※大化改新後，新羅の台頭とあいまち，しきりに遣使された。
		663　白村江の戦	
665〜667	北路	⑥守大石	
669〜？	北路	⑦河内鯨	
		672　壬申の乱	※壬申の乱後，内政整備と半島撤退にともない，遣唐使は中絶した。
		676　新羅，半島統一	
702〜704, 707	南路	⑧粟田真人	道慈
717〜718	南路？	⑨多治比県守*	**吉備真備・玄昉**・阿倍仲麻呂
733〜734, 736	南路？	⑩多治比広成	
746（中止）		⑪石上乙麻呂	
752〜753, 754	南路	⑫藤原清河	**鑑真来朝**
		755〜63　安史の乱	
759〜761	渤海路	⑬高元度	
761（中止）		⑭仲石伴	
762（中止）		⑮中臣鷹主	
777〜778	南路	⑯佐伯今毛人	※南路には，つねに遭難の危険がともなった。
779〜781	南路	⑰布勢清直	
804〜805, 806	南路	⑱藤原葛野麻呂	橘逸勢・**最澄・空海**
838〜839, 840	南路	⑲藤原常嗣	小野篁（随行せず）・円仁
894（中止）		⑳菅原道真（遣唐使停止）	
		907　唐滅ぶ	

解説　北路は壱岐・対馬から朝鮮半島西岸を北上し，黄海から山東半島に上陸するもの。南路は九州からただちに東シナ海を横断して，揚子江流域に上陸するもの。強風の影響などで南路をはずれて南西諸島を経由したものは，南島路と呼ばれたこともある。

当時の造船・航海技術からして，南路はきわめて危険であったが，それをおかして遣唐使はしばしば派遣され，唐の進んだ文化が輸入された。遣唐使は多くの留学生を随行したが，なかでも**阿倍仲麻呂・吉備真備・玄昉**らが名高い。唐からも鑑真のような高僧が随行してきた。遣唐使が日本文化の発達に果たした役割はきわめて大きい。

解説　遣唐使は約20回任命され，16回実施された。平安時代に入ってからも，最澄・空海・円仁・円珍のような人々が入唐し，仏教を学んで帰朝した。しかし，9世紀後半になると唐が衰え，学ぶべきものは学んでしまったので，894（寛平6）年に**菅原道真**の建白により遣唐使は廃止された。

新羅との関係は不調であったが，7世紀に満州で建国した高句麗人とツングース族による**渤海**は，唐や新羅に対抗するため，727（神亀4）年に朝貢してきた。渤海使は日本海を横断して越前・能登に上陸したので，敦賀の松原客館などが設けられた。

> **解説**　渤海は926年に契丹に滅ぼされるまで日本と親交をたもち，200年間で34回の使節を派遣してきた。はじめは唐・新羅との対抗上だったが，やがて貿易を主な目的とするようになった。渤海からは毛皮やニンジン・蜂蜜などがもたらされ，日本から絹・綿・糸などを持ち帰った。

(2) 律令国家の動揺

農民の生活　律令制において，一般農民は**公民**として支配された。しかし，公民が直接支配されたのではなく，**郷戸**として郷戸主を通して支配されたのである。郷戸は小家族であるいくつかの房戸によって構成され，さらに寄口や奴婢を含むものであった。公民はかつての族長的な支配から一応は解放されていたが，旧族長たちは律令官制のなかで地方の下級官吏である**郡司**などの位置につき，しかも郡司は他の律令官制と異なって世襲的な終身官であったから，その家父長的な支配が否定されたことにはならず，新たな形で再編成されたことを意味していた。

　中央政府や貴族・寺社の繁栄は，農民たちの重い負担の上に築かれたものであったから，農民たちの生活は苦しかった。農民は口分田で米をつくり，畑（園地）で麦・桑・稗・野菜などをつくって生活したのだが，租の税率は収穫の3％という比較的低いものだったにしろ，当時の上田でも段当たり1石たらずという低い生産力を考えれば，口分田の収穫だけでは必要食糧をみたすことさえできなかったのである。そのような農民に，租・庸・調・雑徭・出挙・兵役などのさまざまな負担がかけられた。

　農民にとってもっとも重い負担は徭役労働であった。庸・調の運脚の帰途，食糧がなくなったり，病気になったりして行き倒れになる者が少なくなかった。国司の徴発する**雑徭**は，農繁期を考慮されず，しかも年60日の期限を無視されるのがしばしばだった。**兵役**は1人が徴発されると1戸が滅びるといわれたほどで，たんに交番し武芸の習練をするだけでなく，国司によって雑役に使用され，衛士・防人に選ばれると1年・3年という交代期限は守られず，生きて故郷に帰れないということもあった。都城の造営や仏寺の建立は農民を労役に

かりたて、租税負担を増すことになって、農民を苦しめた。
　このような苦しみは、『万葉集』に収められた山上憶良の「貧窮問答歌」などによっても知ることができる。この苦しみから逃れるため、私度僧といって、勝手に課役を免除されている僧尼になったり、戸籍・計帳をいつわって庸・調などを免れようとしたり、あるいは口分田を捨てて逃亡・流浪し、浮浪人となって貴族・寺社の勢力下に入ったりした。また、乗田や貴族・寺社の私有地を賃租して生活を補ったりした。こうして、班田農民は分解し、律令体制の基礎を揺るがし、そのことはまた貴族たちに大土地所有への熱意を呼び起こし、それらが積み重なって、律令体制を崩壊させていくことになった。

班田制の動揺

律令の土地制度では公地主義が原則であった。しかし、貴族・寺社には広大な田地が位田・職田・功田・神田・寺田などとして支給された。そのうち、神田・寺田は私有地とさして変わらず、功田には世襲制があり、位田なども官位とともに世襲されることが多く、これらは私有地と変わらないものとなっていった。山川藪沢は共同で利用することになっていたが、これも貴族や寺社が占有し、政府のたびたびの禁令にもかかわらず、奴婢や浮浪人、さらに近辺の班田農民を使役して、すぐれた鉄製農具を使用し、開墾を行った。農民にしても、口分田だけでは生活できなかったために、乗田やこのような私有地を賃租することが必要だったのである。

　産業・経済の発達は人口の増加を生む。奈良時代の人口は約600万人ぐらいだったと思われるが、このような人口の増加から口分田の不足をきたした。一方で、班田農民の分解から荒廃する口分田もあり、農民にとって生活の維持のために乗田の賃租が必要だったこともあって、開墾によって田地を増やすことが求められた。そのため、722（養老6）年に政府は良田百万町歩の開墾計画を立てたが、あまりにも計画が大きすぎて実行が困難であったので、翌723（養老7）年に三世一身法を発し、新たに溝池をつくって開墾した者には3世（曽孫）まで、旧溝池を利用して開墾した者にはその1代を限り、その土地の私有を許すことにした。しかし、いったん開墾された土地も、期限がきて収公されるころになると、手入れをおこたってふたたび荒廃するありさまだったので、743（天平15）年に政府は墾田永年私財法 [→史料⑨, p.370] を発し、墾田の永代私有を認めることにした。

参考　墾田永年私財法　墾田永年私財法は、直接には盧舎那仏造立のために東大寺に経済的基礎を与えることを目的とするものであった。寺院については墾田

第2章　古代国家の形成と発展　87

の最高額も規定されていない。無条件に土地私有を認めたのではなく、いくつかの条件があった。①位階により墾田私有面積に制限があったこと、②開墾に国司の許可が必要だったこと、③許可を得てから3年以内に開墾を終えること、④百姓の業を妨げないことなどである。この法令は一時停止されたが、772（宝亀3）年に復活した。

なお、墾田永年私財法は、墾田永世私財法・墾田永代私財法など、いろいろな呼び方がされることがある。

　三世一身法によって修正された土地公有の原則は、墾田永年私財法によって完全に否定されることになった。しかし、一般の農民は、経済的にも、墾田永年私財法の条件から見ても、開墾を行うことができなかった。貴族・寺社が、その政治的・経済的な力を利用して広大な未開山野を占有し、奴婢や浮浪人を使い、近辺の班田農民を雇い入れて墾田を行い、大土地所有を推進していった。こうして、8世紀後半になると荘園と呼ばれるようになった貴族・寺社の私有地が各地につくられるようになり、班田農民も大土地所有のなかにまきこまれて、律令国家の公地公民を原則とする土地制度はくずれていくのである。

ポイント　三世一身法・墾田永年私財法は重要。荘園制とも関連させて理解すること。

大仏造立

　班田農民の窮乏と分解という過程は、奈良時代にはまだ中央政治に直接形をとってあらわれるには至らなかった。そのような過程は中央貴族の不安をかきたて、中央貴族の激しい権力争いとなってあらわれたのである。律令では、律令を超えた絶対的な権力を天皇に与えていたために、貴族たちは天皇に近い地位を占めることによって権力を身につけようとして、皇嗣問題を中心に政争を繰り返した。

　奈良時代のはじめには藤原不比等が勢力をもっていたが、720（養老4）年に不比等が死ぬと、高市皇子の子で元明上皇とも近かった**長屋王**（684〜729）が政治の中心となった。

　長屋王は農民の徭役負担を軽くするためのいくつかの施策を行い、良田百万町歩の開墾計画や三世一身法制定など、当時進行していた口分田の荒廃化に対応する政策を行ったが、**聖武天皇**（在位724〜49）が即位すると、**光明子**（安宿媛）をその夫人に立てた藤原氏が勢力を張り、729（天平1）年に藤原氏の陰謀により邸を囲まれ自殺した。これを**長屋王の変**という。この事件の直後、藤原氏は光明子を皇后とすることに成功した。こうして、藤原氏は不比等の子

No.36　藤原氏系図①と関連事件

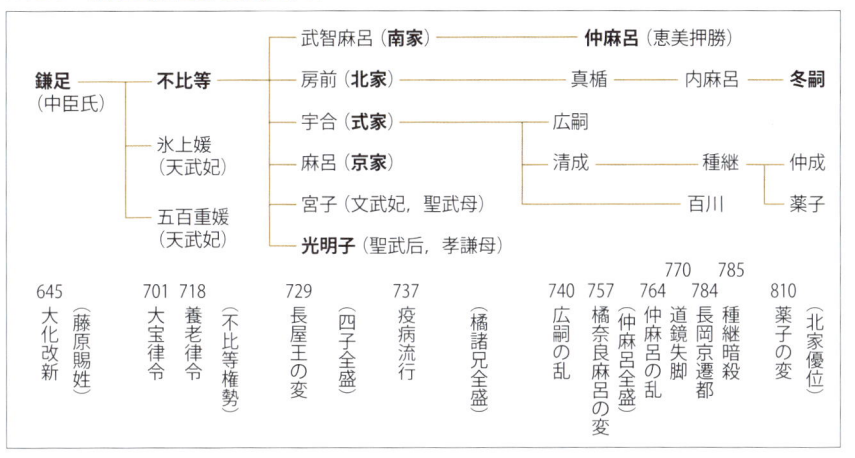

```
鎌足          不比等 ┬ 武智麻呂（南家）── 仲麻呂（恵美押勝）
(中臣氏)           ├ 房前（北家）───── 真楯 ── 内麻呂 ── 冬嗣
           ├ 氷上娘     ├ 宇合（式家）──┬ 広嗣
           │ (天武妃)   │              ├ 清成 ── 種継 ── 仲成
           ├ 五百重娘   ├ 麻呂（京家）   └ 百川           └ 薬子
           │ (天武妃)   ├ 宮子（文武妃、聖武母）
                       └ 光明子（聖武后、孝謙母）
```

645	(藤原賜姓)	701	718	(不比等権勢)	729	(四子全盛)	737	(橘諸兄全盛)	740	757	764	770	784	785	810	(北家優位)
大化改新		大宝律令	養老律令		長屋王の変		疫病流行		広嗣の乱	橘奈良麻呂の変	仲麻呂の乱	道鏡失脚	長岡京遷都	種継暗殺	薬子の変	

　武智麻呂（南家）・房前（北家）・宇合（式家）・麻呂（京家）がそろって政界に進出し、藤原氏の勢力は固まったかに見えた。しかし、735（天平7）年に天然痘が大宰府から全国的に広がり、737（天平9）年には都で大流行をみせて、藤原四子をはじめ多くの貴族が病死し、藤原氏の勢力も一時弱まった。

> **光明立后**　それまで皇后は内親王から選ばれることになっており、臣下から立后したのははじめてだった。それは長屋王の変という非常手段を使って実現したのであり、その背後には、光明子の生んだ皇太子が夭逝したという事情があった。

　藤原氏に代わって橘 諸兄（684〜757）が政権をにぎった。諸兄は唐から帰朝した吉備真備（695〜775）や僧玄昉（？〜746）と結んだ。真備は新帰朝の文人として天皇の信任を得て文武天皇夫人宮子の側近となり、玄昉は宮子の病を治すことによって信任を得た。

> **橘諸兄**（葛城王）　諸兄は光明皇后と異父兄妹だった。その母県犬養三千代は、美努王と結婚して諸兄を生み、藤原不比等と再婚して光明皇后を生んだ。三千代は、元明天皇のとき橘宿禰の姓を与えられた。諸兄が政権に近づいたのは、皇親系であること、天然痘でほとんどの貴族が死亡したこともあったが、この光明皇后との関係を無視できない。

　大宰少弐に左遷されていた宇合の子広嗣は、諸兄が勢力をふるい、地方豪族出身の真備や寺院・僧侶を背景にする玄昉が重用されるのに反発し、政治のありかたを批判し、真備・玄昉を除こうとして、740（天平12）年に大宰府で

第2章　古代国家の形成と発展　89

No.37 畿内要図

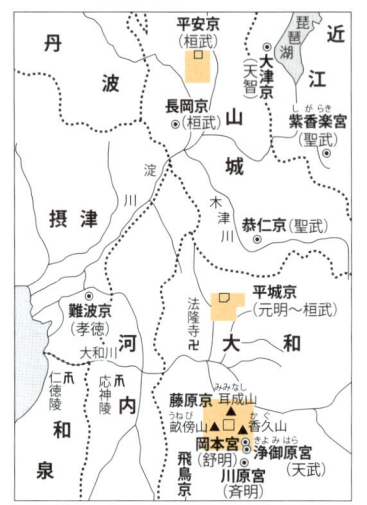

挙兵した。これを**藤原広嗣の乱**という。乱はまもなく平定されたが、政府は激しい衝撃を受け、以後数年にわたって政界は混乱をきわめることになった。

広嗣の乱の740年から、都は恭仁京（山背）・紫香楽宮（近江）・難波京（摂津）と転々と移され、745（天平17）年にやっと平城京へ還都した。その間、737年の疫病流行以来、鎮護国家仏教の教えによって国土の平安をはかろうとする思想が強まり、諸兄の政権において、僧玄昉の唱導で、光明皇后の支持を受けた国分寺と大仏造立の計画が進められていたが、聖武天皇は741（天平13）年、恭仁京で**国分寺創建の詔**を発し、ついで743（天平15）年に墾田永年私財法と前後して、紫香楽宮で**盧舎那仏造立の詔**を発した。

> **参考　国分寺**　国分寺は全国の国府の近くに国ごとにつくらせたもので、僧寺と尼寺があった。七重塔を造営し、**金光明最勝王経**・**妙法蓮華経**が安置された。それにちなんで、僧寺を金光明四天王護国寺、尼寺を法華滅罪寺といった。東大寺は諸国総国分寺だといわれる。

政治的動揺のなかで、聖武天皇はかえって専制君主としてふるまうことができた。それは盧舎那仏造立の詔［→史料⑩, p.371］によく示されている。しかし、国分寺造営やとりわけ盧舎那仏の造立は、多くの農民の徭役によってのみ可能である。農民はその負担にますます苦しみ、貴族たちの反目は強まった。745年には民間に布教して衆望のあった**行基**（668～749）が登用されて大僧正となり、玄昉は失脚した。行基の協力や地方豪族の寄進、陸奥国からの金の献上により、盧舎那仏は多くの困難の末に752（天平勝宝4）年に完成して盛大な開眼供養が行われた。これが**東大寺の大仏**である。

「三宝の奴」と自称した聖武天皇の意志によって建立された盧舎那仏は、律令国家の中央集権支配とその文化の高さをよく示すものではあったが、反面で、国家財政の窮乏を招き、その労役負担によって農民の窮乏化と分解を早め、律令国家の基礎をほりくずした。

> **ポイント**　次頁も含め、奈良時代の政争はよく整理しておくこと。

政治の専制化

盧舎那仏造立をめぐって、南家の**藤原仲麻呂**(706～64) が勢力を伸ばしつつあった。聖武天皇が譲位して女帝孝謙天皇(在位749～58)が即位すると、政治の実権は光明皇太后がにぎり、仲麻呂を紫微中台の長官に任じた。

> **光明皇后** 紫微中台は光明皇后の皇后宮職を発展させたもので、光明皇后は唐の則天武后にならい、この官を新設して国家の大権を一手に掌握した。仲麻呂の政権は、光明皇后と結ぶことによって成立した。なお、光明皇后はあつく仏教を信じ、孤児・貧民の救済施設である悲田院や、医療施設である施薬院を設けるなど、社会事業でも知られている。

750(天平勝宝2)年には吉備真備が左遷された。橘諸兄の権勢も衰え、757(天平宝字1)年に諸兄は失意のうちに死亡した。同年、諸兄の子奈良麻呂は仲麻呂を倒すために挙兵しようとして発覚し、仲麻呂の反対勢力は一掃された。この**橘奈良麻呂の変**によって仲麻呂の権勢は確立し、淳仁天皇(在位758～64)を擁立した。仲麻呂は雑徭の期限を30日に半減するなど農民の徭役負担を軽減するためのいくつかの措置を行い、新羅遠征を準備するなど軍事力の強化につとめ、名を**恵美押勝**と賜り、百官の官名を唐風に改めて、みずからは太師(太政大臣)の地位についた。

760(天平宝字4)年に光明皇太后が死ぬと、押勝は権勢の支柱を失い、孝謙上皇の寵を受けた僧**道鏡**(?～772)が勢力を伸ばしてきた。764(天平宝字8)年、押勝はこれを除こうとして挙兵し、敗れて殺された。これを**恵美押勝の乱(藤原仲麻呂の乱)**という。乱後、淳仁天皇は廃

No.38　奈良時代の政争

天皇	実力者	政変		主要事件	
707*元明	藤原不比等			710	平城京遷都
				718	養老律令制定
715*元正	**長屋王**			720	日本書紀
				723	三世一身法
724 聖武	藤原四子	729	長屋王の変	729	光明子立后
		737	藤原四子病死		
	橘諸兄	740	藤原広嗣の乱	740	恭仁京遷都
	吉備真備			741	国分寺創建の詔
	玄昉				
749*孝謙	藤原仲麻呂			743	墾田永年私財法
	(恵美押勝)				盧舎那仏造立の詔
		757	橘奈良麻呂の変	757	養老律令実施
758 淳仁		764	恵美押勝の乱		
764*称徳	**道鏡**	769	道鏡皇位事件		
770 光仁	藤原百川	770	道鏡失脚		
781 桓武		785	藤原種継暗殺	784	長岡京遷都
				792	健児設置
				794	平安京遷都

*印は女帝、称徳天皇は孝謙上皇の重祚。

され，孝謙上皇が重祚して称徳天皇（在位764〜70）となり，道鏡は太政大臣禅師，ついで法王の地位につき，天皇に准ずる地位を得た。ここに僧侶の政治への介入はその極に達し，仏教をあつく信じていた称徳天皇のもとで西大寺をはじめ寺院の建立が相次いだ。天皇が皇嗣を定めず，皇位継承者がことごとく横死するという状態のなかで，道鏡は宇佐八幡宮（大分県）の神託に仮りて皇位につこうとしたが，和気清麻呂らによって妨げられた。

770（宝亀1）年に称徳天皇が死ぬと，式家の**藤原百川**（732〜79）らは天智天皇系の光仁天皇を即位させ，道鏡は下野薬師寺（栃木県）に流され，天智系の皇統のもとで，律令国家の再建がはかられることになった。

> **参考　道鏡**　道鏡は河内の豪族の出身で俗称は弓削氏。称徳天皇は道鏡を皇位につけたいという気持ちの反面，ためらいもあったであろう。宇佐八幡宮の奏上に対して和気清麻呂が派遣され，皇統は皇族によって継がれるべしとの神託を得て帰った。清麻呂は別部穢麻呂と名を改められて大隅国へ流されたが，道鏡失脚後に召還された。この事件は，貴族たちにとっても，その地位が律令体制に依存したものであるために，皇統の安定が必要な条件であることを示すものであった。

(3) 天平文化

文化の展開　奈良時代の文化は，その中心であった聖武天皇のときの年号にちなんで**天平文化**と呼ばれている。

奈良時代はじめのころ，律令が整備され，律令国家が完成したことを背景に国家意識が高まった。天武天皇のときからの『**古事記**』『**日本書紀**』の編纂がこの時期に完成し，諸国に『**風土記**』の編纂が命じられたことはそれを示すものであった。

しかし，その国家意識の高まりも，律令国家の模範とされた唐文化への強いあこがれのひとつのあらわれであるといえた。この時代にはたびたび**遣唐使**が派遣され，多くの文物や**鑑真**らの学僧らがもたらされ，随行した留学生らは唐文化を身につけて帰朝した。なかでも，**道慈・玄昉・吉備真備**らは文化的のみならず，政治的にも大いに活躍した。天平文化は，**盛唐文化の強い影響**のもとに生まれたのであって，学問・文学や美術・工芸などだけでなく，制度や生活にも影響を与えた。律令が儒教を指導理念としていたこともあり，**儒教**は貴族たちの公的生活を規制したが，唐の国家的な仏教政策はより大きく影響した。

かつての飛鳥文化・白鳳文化と同じように，天平文化も**仏教文化**としての性格を強くもっていた。班田農民の窮乏という状況を背景に，**行基**らは土俗信仰を取り入れながら民間に布教を行っていたが，僧尼令により，寺院・僧尼は国家の統制を受けることになっており，かれらは政府により弾圧された。しかし，相次ぐ疫病・飢饉の発生や貴族の抗争は仏教の呪術的な力への期待を強め，仏教は**聖武天皇・光明皇后・孝謙**（称徳）**天皇**らのあつい保護を受け，鎮護国家のための**国家仏教**となっていった。その道は道慈によって開かれ，玄昉によって国分寺創建という形で具体化され，盧舎那仏造立に際しては行基もその波にまきこまれた。そのうえで，道鏡の出現を見る。

　天平文化が唐文化の移入と模倣の上に成り立ち，仏教の強い影響を受けたものであったとしても，古くからの習慣・習俗は人々の日常生活を規制していた。儒教が倫理となる反面で，『万葉集』が示すように，貴族たちは恋愛を主な主題とする和歌を素朴な感情のありのままに詠んだし，仏教が受け入れられるに際しても，「天神地祇」が否定されたのではなく，それらと同じレベルで，土俗信仰と結びつき，あるいはそれと同じものと考えられた。**神仏習合**はすでにこの時代にその起源をもっている。

　以上に見るように，天平文化においても民衆はおもてにあらわれることはなく，天平文化は国家によって推進され，貴族たちを享受者とする文化であった。

解説　律令に見られる宗教に対する厳しい統制は，普遍原理をもつ世界宗教である仏教が，権力と権威を一体のものとする部族信仰の水準でとらえられたことを示すといえる。「信仰の自由」が国家の権力外の世界として信仰の世界を措定するところに成立するとすれば，日本においては最初からその条件がなかったのである。信仰はまだ内面の問題ではなく，そのゆえに，この時代の僧侶たちは，むしろみずからの手で国家による宗教統制を助長していった。

奈良仏教　奈良仏教の基調は，**鎮護国家の思想にもとづく国家仏教**であった。そのため，鎮護国家を説く金光明最勝王経・仁王経(にんのうきょう)・法華経などが尊重され，その書写・講説・読誦(どくじゅ)が行われた。国家の手によって多くの寺院がつくられ，聖武天皇による**国分寺・東大寺**の建立や称徳天皇の西大寺の建立がよく知られている。平城京には，**南都七大寺**といわれる寺院をはじめ，多くの寺院が甍(いらか)を並べて繁栄していた。

> **参考** **南都七大寺** 東大寺・西大寺に，飛鳥から移された薬師寺・大安寺・元興寺・興福寺，それに法隆寺を加えていう。

奈良時代の宗派には**南都六宗**といわれる三論・成実・法相・倶舎・華厳・律の6派があった。それらは後世の宗派とは異なり，教義研究の学派というべきもので，僧侶たちも兼学するのが普通だった。僧侶としては，民間に布教し，橋をかけ，道をつくったりして衆望のあった**行基**，渡唐して法相宗を究め，国分寺・東大寺建立を唱導した**玄昉**，華厳宗を広め，東大寺の建立・経営に尽力した**良弁**（689〜773），唐から困難を排して入朝して律宗を伝え，はじめて戒壇をつくった**鑑真**（688?〜763）などがあった。

> **参考** **鑑真** 僧尼は受戒を得て一人前になるとされていたが，日本には授戒を与える人がいなかったので，戒師を求めていた。鑑真は入唐した栄叡・普照のすすめで日本への渡航を決意し，何度も試みて失敗し，失明しながらも，754（天平勝宝6）年に渡来し，**律宗**を伝えた。同年，**戒壇**が設けられ，聖武天皇らが受戒した。755（天平勝宝7）年には東大寺戒壇院を造立，758年に大和上の称号を授けられた。759（天平宝字3）年，**唐招提寺**を建立してここに移り，763年に死去した。なお，東大寺戒壇院・下野国薬師寺・筑前国観世音寺を**三戒壇**という。

> **注意** 奈良時代の寺院は，宗派によってつくられたのではない。現在の大学に多くの学部があるように，奈良時代の寺院では多くの宗派が研究を進め，学問にはげんだ。例えば，東大寺は今は華厳宗総本山だが，もとは八宗兼学だった（八宗とは，南都六宗に天台・真言が加わる）。

仏教による社会事業もさかんだった。光明皇后がつくった悲田院・施薬院をはじめ，行基は，旅人の宿泊設備である布施屋や多くの橋・船着場，灌漑のための池や用水などをつくった。法相宗を伝えた道昭も社会事業につとめた。

学問と漢文学

教育施設としては，中央に**大学**，地方に**国学**が置かれた。いずれも官吏養成を目的とするもので，儒教の経典を学ぶ**明経道**が正科とされ，算道・書道・音道があったが，8世紀には律令を研究する**明法道**や漢文学を学ぶ**文章道**が独立し，尊重されるようになった。学生は国家試験を受け，及第すれば官吏になれた。

> **解説** 入学資格は，大学では五位以上の貴族の子弟，史部など学問や書記の仕事に携わる渡来人の子弟，国学の優秀者だった。国学では主として郡司の子弟が入学した。

こうして唐文化へのあこがれは儒教や漢文学への関心を高め，貴族たちの間に漢詩をつくることが流行した。それらは現存最古の漢詩集で，751（天平勝宝3）年につくられた『懐風藻』に収められている。『懐風藻』は淡海三船の撰といわれるが，撰者は明らかでない。120編の詩が収められた。詩人としては，吉備真備・阿倍仲麻呂・淡海三船・石上宅嗣などが有名である。石上宅嗣は私邸に私設図書館というべき芸亭を設けて，人々に閲覧させた。

修史と和歌

奈良時代のはじめは，天武天皇による王権伸張のあとをひき，平城遷都や律令編纂に見られるように，国家もまだ安定をたもち，国家意識が高まっていたので，元明天皇のときには『古事記』が完成して『風土記』撰進が命じられ，元正天皇のときには『日本書紀』が完成した。

『古事記』3巻は，天武天皇のとき稗田阿礼に命じて帝紀・旧辞を誦習させたものを，のち太安万侶らが筆録し，712（和銅5）年に完成したもので，神代から推古天皇までの神話・伝承・歴史を漢字の音訓をたくみに使って日本語で表現した。

『日本書紀』30巻は，舎人親王が中心となり，太安万侶らによって編纂されたもので，神代から持統天皇までをあつかい，中国正史の体裁にならい，純粋な漢文で書かれた編年体のものである。書紀の編纂には，海外に日本の歴史を誇示する関心も働いており，参考文献や帝紀・旧辞の異本を注記しながら，天皇の国土支配の正当性を強調する意図が強く，紀年にも信頼がおけず，史書としてあつかうには厳密な史料批判を要する。

編年体と紀伝体 編年体は事実の継起を時間の経過に従って叙述するもの。紀伝体は本紀・列伝・志・表の4部に分かれ，本紀で帝王の事績，列伝で諸臣の伝記，志で事項別の記事，表で年表・系譜などを記す。司馬遷『史記』は紀伝体で，紀伝体が中国史書の形式。書紀は編年体だが，紀伝体の本紀に似たところがある。紀伝体で書かれた日本の史書には，江戸時代に水戸藩で編まれた『大日本史』がある。

『日本書紀』以後，10世紀初めまで，勅撰の歴史書編纂が5回行われたが，これを総称して六国史と呼んでいる。

『風土記』は，713（和銅6）年に諸国に命じて産物・地味・地名の由来などを録進させたもの。現存するものは播磨（兵庫県）・常陸（茨城県）・出雲（島根県）・肥前（佐賀県）・豊後（大分県）の5つで，五風土記と呼ばれる。

この時代には，漢詩がつくられる反面で，和歌も引き続きさかんであり，8

No.39　六国史

書　名	巻　数	内　　容	完成年代	編　者
日本書紀	30巻	神代～持統	720（養老4）年	舎人親王
続日本紀	40巻	文武～桓武（延暦10）	797（延暦16）年	藤原継縄
日本後紀	40巻	桓武（延暦11）～淳和	841（承和8）年	藤原緒嗣
続日本後紀	20巻	仁明	869（貞観11）年	藤原良房
日本文徳天皇実録	10巻	文徳	879（元慶3）年	藤原基経
日本三代実録	50巻	清和・陽成・光孝	901（延喜1）年	藤原時平

世紀後半に『万葉集』全20巻がつくられた。『万葉集』の編集には**大伴家持**が大きくかかわっていると考えられ，長歌・短歌・旋頭歌など約4500首が収められている。『万葉集』はいわゆる**万葉がな**によって書かれ，漢字の音・訓によって日本語を表現したものである。作者は天皇・皇族・貴族・僧侶から防人歌や東歌のように名もない農民に至るまで，国民の各層に及んでいる。歌風は純朴で，感情が素直に情熱的に詠われているが，天平期のものには，やや技巧的な面も感じ取れる。この期の作者としては，自然詩人**山部赤人**，人生詩人**山上憶良**，老荘的な**大伴旅人**，繊細な歌を詠んだ**大伴家持**などがある。

> **整理　万葉の歌人たち**
> 第1期（壬申の乱まで）……専門歌人はいない，天智天皇・額田王・有間皇子など
> 第2期（平城遷都まで）……柿本人麻呂など，最盛期
> 第3期（天平初年まで）……山部赤人・大伴旅人・山上憶良など
> 第4期（奈良後期）…………大伴家持・大伴坂上郎女など

美術・工芸　奈良時代には国家の保護により仏教が栄え，多くの寺院が建立され，仏像がつくられたので，仏教美術に見るべきものが多い。

【建築】現存する代表的なものは，**唐招提寺金堂・講堂**，**東大寺法華堂**（三月堂）・**転害門**・**正倉院**，**法隆寺夢殿**などである。

> **解説　唐招提寺**……**金堂**は鑑真のつくったもので，単層寄棟造。唐の建築手法をよく伝える。荘重優美。講堂は平城京の朝集殿を移したもので，当時の宮殿建築をうかがわせる。
> **東大寺**……**正倉院**は**校倉造**の倉庫で，保存に適し，聖武天皇の御物を納めた。勅封という特別な処置がとられたため，それらはほとんどそのままの姿で保存されている。

【彫刻】それまでは金銅像が中心だったが，この時代には技法も進歩し，**乾漆**

像や塑像が多くつくられるようになり，造仏の分業化も進んだ。素材があつかいやすいせいもあって，複雑なポーズや微細な表情もよく表現され，写実性はいちだんと増した。後期には大量につくられたために形式化したが，いっそう優美になった。

No.40　天平美術一覧

〔建築〕	東大寺法華堂・転害門・正倉院（校倉造） 唐招提寺金堂・講堂 法隆寺夢殿
〔絵画・工芸〕	薬師寺吉祥天女像 正倉院樹下美人図 正倉院御物
〔彫刻〕	東大寺不空羂索観音像・日光・月光両菩薩像・執金剛神像（法華堂）・四天王像（戒壇院） 唐招提寺鑑真和上像 新薬師寺十二神将像 興福寺八部衆像

【解説】塑像は粘土でつくられた像。乾漆像には，まず粘土像をつくり，その上に布をはって漆を塗り，乾いてから粘土を抜きとる脱乾漆像と，粘土のかわりに木心を用いた木心乾漆像とがある。

代表作としては，東大寺法華堂の**不空羂索観音像**（乾漆像）・**日光・月光両菩薩像**・**執金剛神像**（塑像）や同戒壇院の**四天王像**（塑像），興福寺の**八部衆像**（乾漆像），新薬師寺の十二神将像（塑像）などがあり，唐招提寺の**鑑真和上像**（乾漆像）は肖像彫刻としてすぐれている。

【絵画】正倉院の鳥毛立女屏風の**樹下美人図**，薬師寺の**吉祥天女像**が有名で，いずれも唐風の貴婦人が描かれている。釈迦の本生譚を記した**過去現在因果経絵巻**は，六朝風の絵が描かれ，絵巻物の源流を示す。

【工芸】聖武天皇の遺品を光明皇后が東大寺に施入した**正倉院御物**はあまりにも有名である。楽器・調度・仏具・武器・文書など約1万点に及び，この時代の工芸の粋を示している。その意匠・技術には，中央アジア・インド・サラセン・ローマなどの影響が見られる。

なお，孝謙天皇が恵美押勝の乱後に小塔百万基をつくらせ，その中に納めさせた**百万塔陀羅尼**は木版印刷で，世界最古の印刷物である。

【整理】**東大寺**　東大寺は1180（治承4）年と1567（永禄10）年に2度の兵火にかかり，現在の大仏は17世紀のものだが，各時代の美術作品を多く蔵している。ここでは，年代別に整理しておく。

天平時代……法華堂（三月堂）・転害門・正倉院，法華堂不空羂索観音像・執金剛神像・日光菩薩像・月光菩薩像，戒壇院四天王像，正倉院御物

弘仁貞観時代……法華堂弥勒菩薩像

藤原時代……良弁像

鎌倉時代……南大門・鐘楼，南大門仁王像，重源像

第2章　古代国家の形成と発展

第3章 貴族政治の展開

1 律令国家の変貌

(1) 律令国家の再建と変質

平安京 　称徳天皇の死後，式家の藤原百川（732〜79）は道鏡を失脚させて光仁天皇（在位770〜81）を擁立し，ついで桓武天皇（在位781〜806）が即位した。これによって皇統は天武系から天智系へと変わり，皇嗣をめぐっての争いに終止符を打って，律令国家の再建に乗り出すことになった。桓武天皇は，寺院勢力の強い奈良を去って人心を一新するために，784（延暦3）年に遷都を決定し，山背国長岡京の造営がはじまった。しかし翌年，造営の中心人物であった式家の藤原種継（737〜85）が暗殺されたので中止されるに至った。ついで，和気清麻呂の建議によって山背国葛野郡に新都を造営することになり，794（延暦13）年に遷都して，国名も山城と改められた。これが**平安京**である。

参考　**平安京**　藤原種継が暗殺されると，その直前に死んでいた大伴家持を首謀者とする謀反事件として，大伴氏の一族は殺されてその没落を決定的にし，皇弟早良親王も廃太子されて流され，途中で死んだ。平安京造営には，太秦の地を本拠とする渡来人系豪族秦氏の援助が大きかった。

No.41　平安京

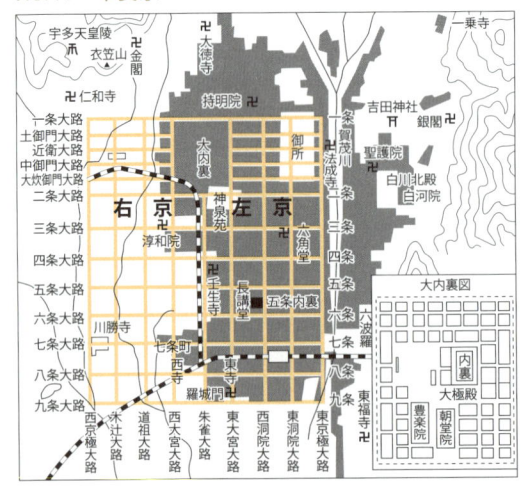

平安京は，平城京と同じく唐の都城制にならったもので，平城京より規模は大きかった。平安京はやがて京都と呼ばれ，

No.42　帝都の変遷

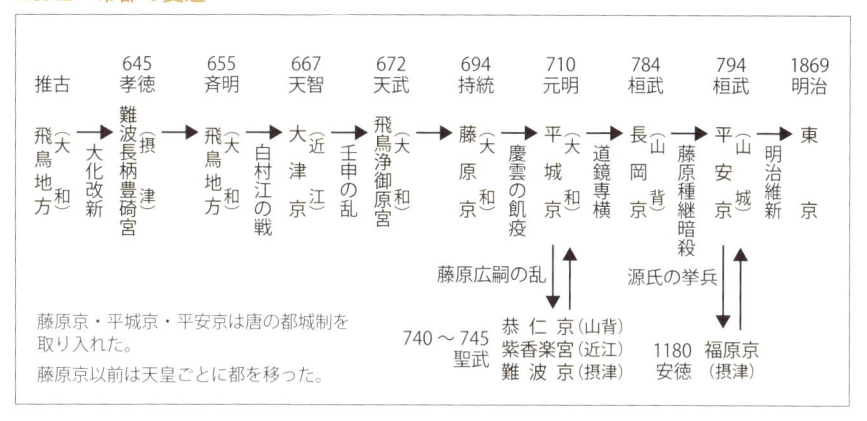

年	天皇	都	出来事
推古		飛鳥(大和)地方	
645	孝徳	難波長柄豊碕宮(摂津)	大化改新
655	斉明	飛鳥(大和)地方	
667	天智	大津(近江)京	白村江の戦
672	天武	飛鳥浄御原宮(大和)	壬申の乱
694	持統	藤原(大和)京	
710	元明	平城(大和)京	慶雲の飢疫／道鏡専横／藤原広嗣の乱
784	桓武	長岡(山背)京	藤原種継暗殺
794	桓武	平安(山城)京	源氏の挙兵
1869	明治	東京	明治維新

740〜745 聖武　恭仁京(山背)／紫香楽宮(近江)／難波京(摂津)
1180　安徳　福原京(摂津)

藤原京・平城京・平安京は唐の都城制を取り入れた。
藤原京以前は天皇ごとに都を移した。

1180（治承4）年に一時的に福原京に移ったほかは、1869（明治2）年の明治維新で東京に遷都されるまでの約1100年にわたって帝都として栄えた。そのうち12世紀末に鎌倉幕府が成立するまでの約400年間は、政治の中心地がこの地にあったので、**平安時代**と呼んでいる。

奈良時代に進行していた班田農民の窮乏化と分解は、平安時代初期にはいっそう深刻化していた。そこで桓武朝では、公出挙の利息を5割から3割に軽減するなど貧民救済の措置をとった。しかしそれは、一方で富裕な農民層を成長させることになった。そのため、奈良時代にも盧舎那仏造立に際して、寄進した富農に位階を授けるなどその財力に頼ったりしていたが、平安時代になると政府はそのような**富農を積極的に掌握**しようとしていった。かれらは主としてかつての族長の系統を引く者で、郡司など地方下級官人になっていた。また、律令政治が刷新されるのに応じて、奈良時代のように天皇と親密な関係をもつ者が権勢を張るというのでなく、律令官人として実務能力をもつ者が尊重された。こうして、側近政治に代わって、**官人政治**が行われるようになった。

桓武天皇の政治

長岡京・平安京の造営は、農民に苛酷な徭役を課すことによって行われたので、桓武天皇は再び雑徭を30日に半減したのをはじめ、徭役に報酬を与えたりしたが、班田農民が分解し、富豪層が貧民を吸収して私営田を経営しているという実情にかんがみ、貴族・寺社が山川藪沢を占有し、農民の生業を妨げることを禁じ、逃亡・浮浪人は現在地で庸・調を徴収することにし、畿内においては班田を6年から12年ごとに行うことにした。また、792（延暦11）年には、兵士を正丁から徴発していたのを

律令国家の変貌

第3章　貴族政治の展開　99

No.43　律令政治の変遷

天　皇	画期的事件	律令制の推移	備　　考
中大兄皇子	645　蘇我氏滅亡	646　改新の詔 648　磐舟柵設置	大化改新（乙巳の変） 公地公民
天智天皇	663　白村江の戦い	667　近江大津宮 668　近江令制定 670　庚午年籍	内政専念
天武天皇	672　壬申の乱	672　飛鳥浄御原宮 684　八色の姓	皇権集中 　天皇神格化
持統天皇		689　飛鳥浄御原令 694　藤原京	皇親政治
文武天皇 元明天皇	710　平城京	701　大宝律令	
元正天皇		718　養老律令 723　三世一身法	班田農民分解 班田制崩壊へ
聖武天皇	740　藤原広嗣の乱	743　墾田永年私財法 757　養老律令施行	天皇専制 　側近政治
称徳天皇	770　道鏡失脚		
桓武天皇	794　平安京	784　長岡京 792　健児の制 801　畿内班田を12年1班	律令再建 富農を掌握 　令外官
平城天皇 嵯峨天皇	810　藤原薬子の変	810　蔵人 816　検非違使 820　弘仁格式	官人改治
宇多天皇 醍醐天皇	969　安和の変	858　人臣摂政の初め	藤原氏台頭 延喜天暦の治 摂関常置

いずれも基礎的なものをあげた。みずから肉づけしてほしい。

廃し，地方豪族である郡司の子弟を採用する健児（こんでい）の制をとり，一種の軍縮政策をとった。

　光仁天皇以来，員外国司を廃したのをはじめ，多くの令外官（りょうげのかん）を廃して財政の引き締めを行い，国司の監督を強化していたが，桓武天皇は勘解由使（かげゆし）を置いて地方の監察を厳しくした。

> **参考　勘解由使**　初期荘園は，貴族・寺社が国司・郡司などと結んで進展した。国司・郡司は租を横領し，国司の交代期になると倉庫に放火して焼失したと称したりした。国司交代にあたり，新任国司は前任者に不正がなかったことを証明する解由状（げゆじょう）を出すことになっていたが，国司の不正が続発し，解由状にも不正が行われるようになったので，その受け渡しが正しく行われているか

100　原始・古代

No.44　皇室系譜④

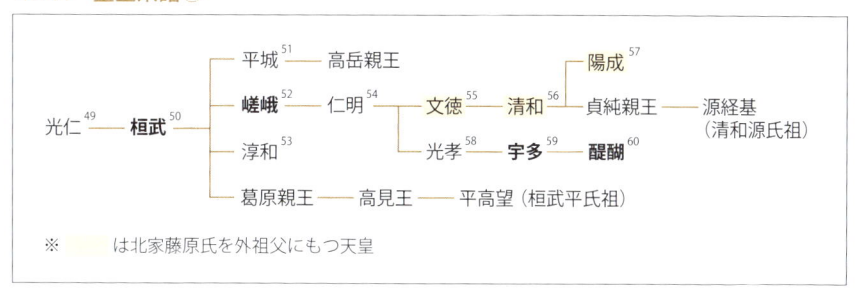

```
光仁⁴⁹ ─ 桓武⁵⁰ ┬ 平城⁵¹ ─ 高岳親王
              │
              ├ 嵯峨⁵² ─ 仁明⁵⁴ ┬ 文徳⁵⁵ ─ 清和⁵⁶ ─ 貞純親王 ─ 源経基
              │                │                              (清和源氏祖)
              │                └ 光孝⁵⁸ ─ 宇多⁵⁹ ─ 醍醐⁶⁰
              │                           陽成⁵⁷
              ├ 淳和⁵³
              └ 葛原親王 ─ 高見王 ─ 平高望 (桓武平氏祖)
```

※　　　は北家藤原氏を外祖父にもつ天皇

どうかを監察するために、勘解由使を設置した。

桓武天皇が直面していた問題には、律令政治の刷新とともに蝦夷平定があった。奈良時代には俘囚といって蝦夷を軍事的に組織し、令制に組み込む政策をとっていたが、780（宝亀11）年に俘囚の長であった蝦夷豪族の伊治呰麻呂が反乱を起こし、多賀城もおとしいれた。この乱に胆沢（岩手県）の反乱が続き、数度の敗戦のあとで、**坂上田村麻呂**（758〜811）が801（延暦20）年に征夷大将軍として派遣され、翌年、**胆沢城**を築いて鎮守府を多賀城からここに移し、さらに北上して、803年には志波城（岩手県）を築いた。

|解説| 坂上田村麻呂による征討は一時中止されたが、811（弘仁2）年の嵯峨天皇のときに**文室綿麻呂**が派遣され、蝦夷の反乱をほぼ終息させ、9世紀後半を最後に、蝦夷征伐が行われないようになった。

律令の修正

桓武天皇に次いで即位した**平城天皇**（在位806〜09）は、八省の下の職・寮・司を半減するなど政務を緊縮し、六道観察使を派遣して地方政治を監督させた。しかし、飢饉・疫病が続発し、観察使は地方の惨状を視察してきて対策を進言し、貴族の間に対立が生じ、天皇は譲位して**嵯峨天皇**（在位809〜23）が即位した。

平城上皇はやがて平安京を離れて平城京に移った。上皇の寵愛を受けていた式家の藤原薬子は、兄仲成とともに上皇の復位を策したが、810（弘仁1）年に仲成は殺され、薬子も敗れて自殺した。これを**藤原薬子の変**という。

|解説| 藤原氏式家は、百川・種継が光仁・桓武両天皇のもとで活躍したが、種継が暗殺されて以後、しだいに北家が藤原氏の中心をなすようになった。薬子の変に際して北家の冬嗣が蔵人頭となり、式家に対して北家が完全に優位に立つようになった。

嵯峨天皇は、薬子の変に際して上皇側に機密がもれるのを防ぐために、810

第3章　貴族政治の展開　101

年に**蔵人所**を新設し，その長官である**蔵人頭**に藤原冬嗣，巨勢野足を任命した。また，816（弘仁7）年には京都の治安維持のために**検非違使庁**が設けられた。このような本令の規定にない官職を**令外官**というが，なかでも蔵人は詔勅に代わる天皇の綸旨を伝達することになって太政官を有名無実にし，検非違使は弾正台・衛府・刑部省・京職などの担当していた司法・警察権を一手ににぎるようになった。

> **参考　令外官**　蔵人・検非違使がとくに重要だが，ほかに中納言（文武）・按察使（元正）・参議（聖武）・内大臣（光仁）・征夷大将軍・勘解由使（桓武）・関白（宇多）などがある。

租庸調の未収が増えるという状況の中で，嵯峨天皇は郡司の監督を強化し，富農層による私出挙を黙認してその貯えを貧民に貸させることにした。大宰府管内には**公営田**が設置された。これは続いて急増する**勅旨田**の先駆的なもので，一般農民に耕作させ，官費で経営を行い，収穫は官有とするものだった。それは政府が，当時激増しつつあった荘園の経営方法を取り入れたことを意味していた。

ほかに嵯峨天皇の治政として注目すべきものに，**弘仁格・弘仁式**がある。**格**は律令を補足・修正したもので，**式**は律令の施行細則であるが，格・式は時代が下がるにつれてその数が増したので，その整理・分類が求められるようになり，820（弘仁11）年に藤原冬嗣らが中心となってつくられ，実施された。両者を合わせて弘仁格式という。

> **参考　三代格式**　格式の編集は弘仁格10巻，弘仁式40巻のあとも続けられた。清和天皇の869年に**貞観格**12巻，871年に**貞観式**20巻が制作実施され，10世紀初めの醍醐天皇のときには，藤原時平らにより**延喜格**10巻，**延喜式**50巻がつくられた。これを三代格式という。三代格は現存しないが，これを事項別に分類・編纂した類聚三代格は現存し，式では弘仁式・貞観式を集成した延喜式が現存する。なお，833（天長10）年には養老令の官撰注釈書である『**令義解**』が完成し，翌年実施された。また，9世紀後半に惟宗直本により『**令集解**』が編纂されている。

(2) 藤原氏の台頭

藤原氏　大化改新において藤原氏の祖**鎌足**が大きな功績をあげて以来、律令政府での藤原氏の地位は、他の諸名族に比べて圧倒的なものとなった。大宝・養老の両律令が**不比等**によって編纂されたこともあって、藤原氏の一族は律令をもっともよく知る立場にあった。そのために藤原氏の一族は律令官僚としてもすぐれた才腕を示し、徐々に他氏を圧倒していくことになった。しかし、律令政府では、太政官に諸氏族を均衡させ、その合議によって政治を行うという原則がとられたことと、律令では天皇の権力が絶対的なものであったので、天皇の寵臣が政権を掌握できるという事情があったために、藤原氏の勢力も一進一退を続けた。

藤原氏が律令官制を最大限に利用しながらも、その地位を確立するためには、権謀術数によって競争相手となる**他氏を排斥**し、あるいは、後宮に娘を入れ天

No.45　藤原氏の発展

中心人物	摘　要	主要事件	関連他氏
鎌足 **不比等**	大化改新に功 律令制定に功	645　大化改新 701　大宝律令制定 718　養老律令制定	
武智麻呂ほか3氏	729　初の人臣立后	729　長屋王の変 737　疫病流行 740　広嗣の乱 757　奈良麻呂の変	長屋王 橘諸兄・玄昉・真備 橘奈良麻呂
仲麻呂（恵美押勝）	760　初の太政大臣（太師）	764　恵美押勝の乱	
百川			道鏡
種継		770　光仁天皇即位 784　長岡京遷都	
冬嗣	810　初の蔵人頭 　　　北家の優位	810　藤原薬子の変	薬子・仲成（式家）
		842　**承和の変**	伴健岑・橘逸勢
良房	858　初の人臣摂政	866　**応天門の変**	伴善男・紀氏
基経	884　初の関白	887　阿衡の紛議	
時平		901　菅原道真左遷	菅原道真
実頼	（延喜・天暦の治） 摂関常置 一族の内訌	969　**安和の変**	源高明
道長	摂関政治全盛	1016　道長摂政	
頼通		1068　後三条天皇即位	

第3章　貴族政治の展開　103

No.46　藤原氏系図②

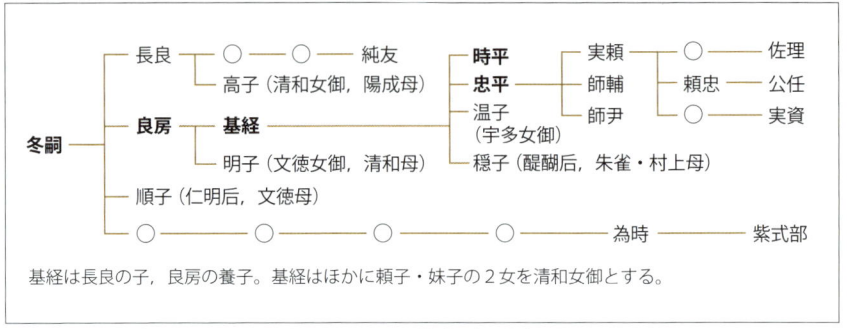

```
冬嗣 ─┬─ 長良 ─┬─ ○ ─ ○ ─ 純友        時平 ─┬─ 実頼 ─┬─ ○ ── 佐理
      │        └─ 高子（清和女御、陽成母）    忠平 ─┼─ 師輔 ─┼─ 頼忠 ── 公任
      │                                        温子     └─ 師尹 └─ ○ ── 実資
      ├─ 良房 ─┬─ 基経 ──────────────┤ （宇多女御）
      │        └─ 明子（文徳女御、清和母）     穏子（醍醐后、朱雀・村上母）
      └─ 順子（仁明后、文徳母）

       ○ ─ ○ ─ ○ ─ ○ ─ 為時 ── 紫式部
```

基経は長良の子、良房の養子。基経はほかに頼子・妹子の2女を清和女御とする。

皇室の系譜と結びつけて理解する。本図を図No.44と結ぶ作業を各自で行うこと。

皇の**外戚**（がいせき）として天皇の絶対権を逆用することが必要であった。**承和の変**（じょうわ）・**応天門の変**・**安和の変**（あんな）などは前者の代表的な例であり、**蔵人頭・摂政・関白**などになることは天皇の権力を手中に納めることを意味した。

しかし、太政大臣の官は世襲されるものでなかったし、天皇との外戚関係の成立は偶然的な事情に左右された。そのため、はじめて摂政・関白の地位についたのち、藤原氏の政権が確立するまでには、約100年の時間の経過が必要で、その間に、天皇親政の**延喜**（えんぎ）・**天暦の治**（てんりゃく）をみることになった。

摂政・関白　810年の薬子の変で式家は没落、北家の**藤原冬嗣**（ふゆつぐ）（775〜826）は嵯峨天皇の信任あつく、**蔵人頭**（くろうどのとう）に任命されて、北家が藤原氏のなかで優位を確立することになった。蔵人は、天皇の側近にあって、機密の記録・文書を保管し、奏上・宣下にあたって諸王臣との間に入り、宣旨や綸旨を出したもので、天皇の近臣という関係を制度の新設によって恒久化したものといえる。

冬嗣の子**藤原良房**（よしふさ）（804〜72）は、842（承和9）年に嵯峨上皇が死ぬと、伴健岑（こわみね）・橘逸勢（はやなり）を謀反をくわだてたという理由で流罪とし、皇太子恒貞親王（つねさだ）を廃して、妹の生んだ道康親王（みちやす）を皇太子に擁立することに成功した。これを**承和の変**という。

やがて道康親王が即位して文徳天皇（もんとく）（在位850〜58）となると、857年に良房は太政大臣となり、翌858（天安2）年には娘明子（あきらけいこ）の生んだ8歳の幼帝清和天皇が即位して、良房は人臣で最初の摂政となり、天皇に代わって政治を見ることになった。

866（貞観8）年、大内裏朝堂院の応天門が炎上した。大納言伴善男（よしお）は左大

臣源信に責を負わせようとしたが、かえって伴善男らは遠流に処せられ、紀豊城らも共謀者として処罰された。これを**応天門の変**という。これによって、かつての名門大伴・紀両氏の没落は決定的になった。

良房の養子**藤原基経**(長良の子、836～91)は、清和天皇に次いで陽成天皇(在位876～84)が10歳で即位すると、その摂政となり、成人するとこれを廃して、884(元慶8)年に58歳の光孝天皇(在位884～87)を擁立し、事実上の関白となった。これが関白のはじめである。関白は天皇をたすけ、すべての奏上を事前に内覧する、天皇成人後の政治を見るものであった。

> **摂政と関白** 摂政は、天皇が幼少や女帝のときに置かれたもので、推古天皇のときの厩戸王(聖徳太子)や孝徳天皇のときの中大兄皇子のように皇族から任じられたが、良房以後はその子孫から任じられるようになり、基経が関白となってからは、天皇幼少のときは摂政、成長後は関白が任じられるようになった。良房は、清和天皇の即位した858年に事実上の摂政となり、応天門の変の866年に正式に摂政の地位についた。基経は、光孝天皇の即位した884年から実質的には関白だったが、宇多天皇の即位した887年に、はじめて関白の語が用いられた。

光孝天皇の次に宇多天皇(在位887～97)が即位しても、基経は関白の地位を保ったが、しだいに藤原氏を外戚としない天皇との対立を深め、基経の死後は宇多天皇による親政が行われた。摂関職が常置されるには、969年の安和の変を待たねばならなかった。

> **阿衡の紛議** 887年に宇多天皇が即位すると、橘広相に詔書を起草させ、「太政大臣(基経のこと)に関白せよ」という詔を基経に与えた。基経は慣例に従っていったん辞退したので、天皇は広相に詔をつくらせ、基経を「阿衡の任」にするとした。基経は、阿衡には実質的な任務がないとして怒って政務を見なかったので、翌年天皇は広相を処罰し、あらためて関白の宣命を出して解決した。この件で、基経はその権勢を示して藤原氏を外戚としない宇多天皇を牽制し、宇多天皇に娘を入れて皇子のあった橘広相を失脚させ、関白の地位を明確にさせた。

延喜・天暦の治 基経が死ぬと宇多天皇は関白を置かず、藤原氏をおさえるために**菅原道真**(845～903)を登用して蔵人頭とした。軍事力が低下し、京の治安も乱れていたので、893(寛平5)年に皇后の護衛のために**滝口の武士**が設置された。翌894(寛平6)年には、道真の建白で遣

第3章 貴族政治の展開　105

唐使が中止されることになった。次の醍醐天皇（在位897〜930）のときは，藤原時平が左大臣，道真は右大臣として政治にあたった。しかし，901（延喜1）年，道真は時平の讒言によって大宰権帥に左遷された。時平は902（延喜2）年，最初の**荘園整理令**を出して，897（寛平9）年以後の勅旨田の廃止，貴族・寺社の山川藪沢の占有の禁止を決めた。また，班田収授を実施しようとしたが行われず，以後，班田収授を二度と行われることがなくなった。

> **参考** **菅原道真** 文章博士。『類聚国史』を編し，『三代実録』の編纂にも加わった。詩文集には『菅家文草』などがある。遣唐使中止を進言したことは有名。女婿の斉世親王を天皇にしようとしていると中傷されて，九州に左遷され，2年後に九州で死んだ。死後宮中に落雷があったり，時平が急死したりしたので，そのたたりとされ，北野にまつられた。北野天満宮は，学問の神としてあがめられた。

この醍醐天皇のときと1代おいた**村上天皇**（在位946〜67）のときは，摂政・関白が置かれず，天皇の親政が行われたので，それぞれの年号をとって**延喜・天暦の治**といい，後世にまで，文物制度が整った聖代とあおがれ，理想の時代とされた。

> **整理** **延喜・天暦の治** 後世に喧伝されたほど，治績があったわけではない。
> **延喜の治**……醍醐天皇の時代，延喜は901〜923年の年号
>   901 『日本三代実録』完成（六国史の最後）
>   905 『古今和歌集』なる（最初の勅撰和歌集）
>   延喜格（907完成）・延喜式（927完成）編集開始
> **天暦の治**……村上天皇の時代，天暦は947〜957年の年号
>   951 和歌所設置
>   958 乾元大宝鋳造（皇朝十二銭の最後）

しかし，実際は914（延喜14）年に提出された三善清行の「**意見封事十二箇条**」によく示されるように，農民は疲弊し，国家財政は窮乏し，政治は混乱していたのである。延喜と天暦の間には**承平・天慶の乱**が起こって，武士がはじめてその姿をあらわした。後述 [→p.116] するように，この10世紀前半を転換期として，律令体制は急速に崩壊していくのである。

(3) 平安前期の文化

文化の展開 平安時代前期の文化は、その中心であった嵯峨天皇と清和天皇のときの年号をとって、**弘仁貞観**文化といわれている。

道鏡の僧侶政治のあとをうけた光仁・桓武両天皇は、僧尼・寺院に対する統制・監督を厳しくした。とくに**桓武天皇**は、政府による寺院造立を行わないことにし、僧尼の資格を厳しくして僧尼の乱造と私度の盛行を取り締まり、僧尼の風紀粛正などを行った。また平安遷都の際には、諸寺は南都に残されたままで、新京に移転されなかった。

最澄と**空海**は、それぞれ南都六宗とは異なって、都市でなく**山林に入って修行**し、学問でなく信仰を求めて入唐し、それぞれ天台宗と真言宗を学び伝えた。

真言宗は**密教**であった。空海は祈雨や攘災の祈禱を行って重く用いられ、南都仏教も密教化していった。天台宗も**円仁・円珍**によって密教が取り入れられ、仏教はすべて密教化していった。一方で、国家の仏教保護政策が打ち切られたことによって、南都の諸寺院は一時さびれたが、やがて貴族と結ぶことになり、**貴族仏教**として栄えていった。

この時代においても、文化の基調は**唐風文化**であり、漢詩文はいっそうもてはやされてさかんにつくられ、『**凌雲集**』をはじめとする**勅撰漢詩集**がつくられた。密教も唐文化の流れをくむものだが、密教の流行とあいまって、**密教美術**が発達を見せた。

しかし、9世紀末に唐が衰えて遣唐使が中止されたことは、唐文化を吸収・消化した**国風文化**を発達させることにもなった。絵画では、中国風の山水に代わって、日本の風景や風俗を画題とする**大和絵**も描かれるようになったし、**かな**が発明されて、日本人はその心情や思想を自由に表現できるようになった。

学問・漢文学 奈良時代、大学では儒学を学ぶ明経道が中心科目だったが、平安時代になると、史学の紀伝道や漢文学の文章道が中心となり、漢詩文の流行につれて、とりわけ**文章道**が尊重され、文章経国の思想も起こった。

解説 平安時代には、学問はしだいに**家学化**されていった。文章道は菅原氏・大江氏、明経道は清原氏・中原氏、明法道は坂上氏・中原氏、算道は三善氏、陰陽道は加茂氏・阿倍氏、医学は和気氏・丹波氏というようにである。一方、嵯峨天皇以来の学問を尊ぶ風は、貴族の間に学問研究をさ

かんにし、**大学別曹**がつくられて、各氏族は大学に学ぶ一族の子弟を収容した。藤原氏の勧学院、和気氏の弘文院、橘氏の学館院、在原氏の奨学院などがそれである。また、空海がつくった**綜芸種智院**は、庶民教育のための私立学校で、注目すべきである。

唐の白居易（白楽天、772〜846）の『白氏文集』はとくに貴族たちに愛読され、貴族たちは競って漢詩文を学び、またみずからつくった。勅撰漢詩集として嵯峨天皇のとき『**凌雲集**』『**文華秀麗集**』が編まれ、淳和天皇のときには『**経国集**』がつくられた。詩人としては、9世紀前半では嵯峨天皇・空海・小野篁、やや遅れて都良香・菅原道真・紀長谷雄らが有名である。空海には、詩集『**性霊集**』や詩論書『**文鏡秘府論**』の著がある。

解説 滋野貞主は、中国の古典の文章を事項別に分類した『秘府略』1000巻を著し、源順は最初の漢和辞書というべき『倭名類聚抄』を著した。

漢詩文とともに唐風の書道もさかんだった。とくに嵯峨天皇・空海・橘逸勢は**三筆**として知られている。空海から最澄への書簡集『**風信帖**』はその筆勢をよく伝えている。

平安仏教

平安時代には、奈良時代のような国家と仏教との密接な結びつきは排され、仏教が国家の手からいちおう離れて、独自に発達する道が開かれるようになった。そのために、平安仏教は俗塵を離れた山間で修行する**山岳仏教**という形をとったのだが、やがて貴族との結びつきを強めた**貴族仏教**の性格をもつようになっていった。それには、平安仏教が真言宗のものであった**密教**を取り入れ、迷信深い貴族たちに病気平癒や除厄などのための加持祈禱をさかんに行ったことが関係していた。

平安仏教の中心は、最澄の開いた天台宗と空海の開いた真言宗であった。この2人はいずれも804（延暦23）年の遣唐使に従って入唐した。**最澄**（伝教大師、767〜822）は天台山に登って法華経を根本経典として摩訶止観を説く天台宗を学び、翌805年に帰朝して**比叡山延暦寺**（滋賀県）を建て、天

No.47 天台宗と真言宗

	天台宗	真言宗
開祖	最澄（伝教大師）	空海（弘法大師）
生没	767〜822	774〜835
在唐	804〜805	804〜806
師	天台山 智顗	青龍寺 恵果
寺院	比叡山延暦寺 園城寺（三井寺）	高野山金剛峰寺 教王護国寺（東寺）
著書	山家学生式 顕戒論	三教指帰 十住心論
密教	台密	東密
弟子	円仁・円珍	
その他	大乗戒壇設置	綜芸種智院 三筆の一人

台宗を開いた。**空海**（弘法大師，774〜835）は唐都長安に入って青龍寺で大日如来を教主とする正統真言の密教を学び，806年に帰朝して**真言宗**を開き，のち京都の**教王護国寺**（東寺）を賜り，紀伊の**高野山金剛峰寺**（和歌山県）を建てた。

> **解説** 最澄は『**山家学生式**』で山にこもって厳しく修行すべきことを説き，人はすべて成仏できるとして旧仏教を批判した。また，**大乗戒壇**設置を願い出て，『**顕戒論**』を著し，その必要性を力説して，教団の独立をはかった。大乗戒壇設置は，死の直後の822（弘仁13）年に勅許された。空海は『**三教指帰**』で儒仏道3教の優劣を論じ，唐から帰朝後，『**十住心論**』を著して，真言密教はすべての仏教を包摂し，その最高のものであると論じた。真言宗は即身成仏を説く現世的なものだった。822年に東大寺に真言院建立を許され，翌年には東寺を賜った。空海は漢詩文・書道でも有名で，綜芸種智院を建てて庶民教育を行い，各種社会事業などその活動は多岐にわたっている。

はじめ真言宗が密教によってさかんになったのに対し，天台宗はふるわなかったので，**円仁**（慈覚大師，794〜864）・**円珍**（智証大師，814〜91）が入唐して密教を学んで帰り，天台宗も栄えるようになった。この天台宗の密教を**台密**，真言宗の密教を**東密**（東寺の密教）という。

> **解説** 円仁は最澄の弟子で，838年に入唐し，847年に帰朝。『**入唐求法巡礼行記**』を著した。天台宗に密教をもたらし，四種三昧を完成した。そのうちの常行三昧が日本浄土教の起源となった。円珍は853年に入唐し，858年に帰朝，藤原良房・基経に接近した。**園城寺**（三井寺）を再興して寺門派の源を開き，円仁系の山門派（延暦寺）との対立が生じるようになった。

国文学 日本では国有の文字をもたなかったので，漢字が伝えられると，その音訓を用いて日本語を表現した。『**万葉集**』『**古事記**』などは，その方法で書かれており，ふつう**万葉がな**といっている。この方法はきわめて不便だったので，もっと簡便な表記法が求められ，平安初期のころ，漢字の一部分だけをとってつくった**片かな**や，漢字の草書体から生まれた**平がな**が使われだした。かなは表音文字で，表意文字である漢字と組み合わせて，日本人は自由にその思想・感情の表現ができるようになった。かなの発明は，国文学発達の基礎になっただけでなく，これ以後の日本文化の発展に寄与したことははか

律令国家の変貌

第3章 貴族政治の展開 109

No.48　かなの成立

平がな				片かな			
以	礼	れ	己	こ	阿	ア	千	チ	牟	ム
呂	曽	そ	衣	え	伊	イ	州	ツ	女	メ
波	川	つ	天	て	宇	ウ	天	テ	毛	モ
仁	祢	ね	安	あ	江	エ	止	ト	也	ヤ
保	奈	な	左	さ	於	オ	奈	ナ	由	ユ
部	良	ら	幾	き	加	カ	二	ニ	与	ヨ
止	武	む	由	ゆ	幾	キ	奴	ヌ	良	ラ
知	宇	う	女	め	久	ク	祢	ネ	利	リ
利	為	ゐ	美	み	介	ケ	乃	ノ	流	ル
奴	乃	の	之	し	己	コ	八	ハ	礼	レ
留	於	お	恵	ゑ	散	サ	比	ヒ	呂	ロ
遠	久	く	比	ひ	之	シ	不	フ	和	ワ
和	也	や	毛	も	須	ス	部	ヘ	井	ヰ
加	末	ま	世	せ	世	セ	保	ホ	恵	ヱ
与	計	け	寸	す	曽	ソ	末	マ	乎	ヲ
太	不	ふ	旡	ん	多	タ	三	ミ	尓	ン

解説 かな（仮名）は，漢字をまな（真名）といったのに対する語である。片かなは，僧侶が経典に読みをつけたり筆記したりするときの符号として，漢字の偏やつくりを用いたことから起こった。平がなは，漢字を草書体にした草がなをさらに簡単にしたものである。まなは男子が用いるもので，かなは女子の用いるものとされたことは，女流文学発生の一因となった。

　和歌では，9世紀後半に**六歌仙**といわれる在原業平・小野小町・僧正遍照・文屋康秀・喜撰法師・大友黒主の6人の歌人があらわれ，9世紀末のころより，左右に分かれて歌をよみ，その優劣を競う**歌合せ**もしばしば行われるようになった。905（延喜5）年に『**古今和歌集**』20巻が完成したが，これは醍醐天皇の勅により**紀貫之**らが編纂したもので，以後たびたび編まれた**勅撰和歌集の最初のもの**である。

解説 和歌の中では，短歌が一般的となり，和歌といえば短歌を意味するようになった。

参考 **古今集**　編者は紀貫之・紀友則・凡河内躬恒・壬生忠岑。『万葉集』以来の和歌1100首を収める。巻頭に紀貫之による**仮名序**があり，歌論として重要。万葉の五七調に代わって七五調となり，優美な歌風だが，理智に走りすぎたきらいがないでもない。

　散文でも，『**竹取物語**』『**伊勢物語**』のような物語文学のはしりとなったもの，紀貫之の『**土佐日記**』のような日記文学の先駆となるもの，薬師寺の僧景戒による『**日本霊異記**』（日本国現報善悪霊異記，3巻）のような最古の説話集

が注目される。

密教美術 弘仁貞観美術といわれるこの時代の美術は，密教の興隆によってその影響を受け，密教美術というべきものであった。

寺院建築では，寺院が山間に建てられたために伽藍配置はくずれて自由になった。**室生寺**（奈良県）の五重塔と金堂が今日に残る初期山岳仏教の建築遺構である。

彫刻では，技法に**一木造・翻波式**が用いられ，量感のある神秘的なものがつくられた。**室生寺の釈迦如来像**，**神護寺**（京都）**の薬師如来像**，**河内観心寺**（大阪府）**の如意輪観音像**がよく知られている。神仏習合の思想によって神像もつくられ，**奈良薬師寺の僧形八幡**や**神功皇后像**などが残っている。

> 解説 一木造は，頭と胴体を1本の木で丸彫りするもので，美しい木目が彫刻に生かされている。翻波式は，衣のひだを幾重にも波うたせて彫るもので，厚みと丸みがよく出せるようになった。

> 要点 天平期の乾漆像・塑像，藤原期の寄木造との違いも考えてみよ。

絵画でも，祈禱の本尊としてまつられ，密教の教理を象徴的に表わした**曼荼羅**がつくられた。神護寺の**両界曼荼羅**，高野山の**赤不動**，園城寺の**黄不動**が知られる。一方，この時代には世俗画も描かれた。遺品はないが，**百済河成・巨勢金岡**がすぐれていたという。

> 解説 世俗画はのちの大和絵の先駆といえる。

2 荘園の発達と武士の台頭

(1) 荘園の発生と展開

荘園制 律令体制は公地公民制を原則としたが，それは徹底さを欠き，神田・寺田をはじめ位田・功田・職田などは，私有地と変わらないものになっていった。とくに，743年に**墾田永年私財法**が施行されてからは，地方の富豪層と結んで，貴族・寺社による墾田がしきりに開発された。このようにして発生した私有地を荘園と呼んでいる。これは，貴族・寺社の田舎にある別荘などを，はじめ荘（庄）と称し，大土地私有が広まると，私有地のまわりに置かれた倉庫や管理事務所などの建物を荘（庄）というようになり，やがて

第3章 貴族政治の展開　111

耕作地を重視するようになって，建物をふくめた私有地全体を**荘園**（庄園）と呼ぶようになっていったものである。

荘園制は8世紀に成立し，16世紀の**太閤検地**によって消滅するまで存続した土地制度であった。その間に荘園制はさまざまな変質をとげているが，荘園は古代末期から中世の全時代にかけての基調となったものであり，その間の政治形態や政治過程なども，荘園を離れて考えることはできない。

日本の荘園は，西欧中世の荘園（manor）に類比されることがあるが，マナーでは農民は農奴として掌握され，経済外的強制にも示される荘園領主による強い封建領主権の支配下にあったのに対して，日本の荘園では，**領主権が弱く，農民もまだ農奴として掌握されていない**ことから，それは貴族による古代的な土地所有だと考えられ，封建的土地所有であるマナーとは区別して考えられている。いわば，律令制的土地所有が封建的土地所有に転換するまでの，長期にわたる過渡的な形態が荘園制度であったということができる。

> ポイント　荘園制は，古代中世の歴史を理解するための基本となるものだから，次ページの図No.49とも対比して，その展開過程をよく理解しておくこと。

初期荘園　8世紀から9世紀にかけて成立した荘園を**初期荘園**という。初期荘園には，**墾田地系荘園**と呼ばれるものが多い。墾田地系荘園には，自墾地系荘園と既墾地系荘園がある。

自墾地系荘園は，743年の墾田永年私財法以来しきりに行われた墾田によって成立した荘園で，貴族や寺社，とりわけ大寺院によって展開された。貴族や寺社は，その政治力と経済力を利用して広大な未開の山林・原野を囲い込み，国司の援助を受け，農民のなかの富豪層と結び，奴婢や浮浪人を使役したり，付近の班田農民を雇ったりして，開墾を行った。経営にあたっても国司の協力によって付近の班田農民が使役され，大寺社などが責任者を派遣して直接経営を行った。

一般の班田農民も，農閑期などを利用して細々と開墾を行っていたが，それらの墾田も富豪のもとに集積され，やがて貴族・寺社の手に集中されていった。

既墾地系荘園は，すでに開墾されている墾田やかつての公地が私有地化して荘園となったものである。神田・寺田は私有地と変わらないものであったし，官職に世襲的な傾向があらわれると，位田・職田・功田なども，いつしか私有地と化していった。農民に班給される口分田も，本人が死ぬまで収公されず，

また代々受け継がれていき、しだいに私有地と変わらなくなり、買得や寄進によって、貴族・寺社の荘園に組み込まれることになった。

これら初期荘園は自墾地系荘園に代表されるのだが、耕地の不足という状態からの要求にこたえるものであったこと、国司の協力によって行われたことからわかるように、むしろ律令国家に支えられたもので、原則として租税を納める**輸租田**であり、必ずしも律令体制を否定するものではなかった。そのために、政府の対策も一貫性を欠き、このような大土地所有の趨勢は、朝廷をも勅旨田・公営田・官田の設定と経営に向かわせた。

No.49　荘園制の展開

世紀	政治形態	荘園制の展開	重要事項
8	律令政治	班田制の動揺／墾田の展開	723 三世一身法／743 墾田永年私財法
9			
10	摂関政治	班田制の崩壊／不輸不入権の成立／寄進地系荘園展開	902 最初の荘園整理令　以後、班田廃絶／○官省符荘／○国免荘
11		○摂関政治の経済的基礎	1069 延久の荘園整理令　記録荘園券契所設置
12	院政／平氏政権	知行国制度／○名体制に依存	1185 守護・地頭設置／○地頭請／○下地中分
13	鎌倉幕府	○関東御領／地頭の荘園侵害	
14	南北朝／室町幕府	農民自立化の進展／守護の荘園侵害	1352 半済施行／○半済・守護請／○土一揆・国一揆／○地下請
15	戦国時代	惣の成長／大名の荘園否定	
16	織豊政権	荘園消滅	1580 太閤検地

荘園制の展開と消長はまとめて理解し、以後の学習の際にも折にふれて復習すること。

解説　初期荘園は律令国家の協力によって開墾・経営されるものであったため、10世紀になって律令制が崩壊すると、急速に荒廃していった。

ポイント　初期荘園と次の寄進地系荘園の違いをよく理解しておくこと。

寄進地系荘園

初期荘園は原則として輸租田であったが、神田・寺田や一部の職田が租税を免除される**不輸租田**だったことから、位田などが不輸租のあつかいを受けるようになり、荘園もさまざまな理由をつけて不輸租とされるようになった。

不輸の特権を得るには、**立券荘号**という手続きが必要であった。こうして成立する不輸の荘園を**官省符荘**という。官省符荘には太政官と民部省の許可

が必要であったが，後になると，国司の免判のみで不輸が認められる**国免荘**もあらわれた。

> **参考** **立券荘号** 荘園所有者が理由を述べて租税の免除を申請し，太政官が許可することに決めると，国衙の役人を現地に派遣し，荘園の使者が立ち会って荘園の所在地・範囲・耕地面積などを調査し，それにもとづいて太政官と民部省が文書を出して不輸租であることを認可した。

荘園は不輸の特権を得て経済的に政府の支配下から離れたが，まだ完全に国司の干渉を排除できなかったので，荘園所有者は国家の官吏である検田使・収納使などの荘園への立ち入りを拒否する権利を要求して認められるようになった。これを**不入**の特権という。

不輸不入の特権を獲得したことによって，荘園は完成に向かったといえるのであるが，やがて，荘園は国家の警察の介入も拒否し，完全に国家の支配から離れていった。このような不輸不入の荘園は，10世紀ころより著しく増加していった。

> **補足** **雑役免系荘園** 律令国家が寺院に与えた給付のなかに雑役免があった。雑役免とは，国衙の特定の地域を定め，その公民から米や雑物，夫役などを寺院に納入させるものである。雑役免は国衙の手を経て支給されるもので，浮免といって，その地域は固定していなかったのだが，やがて定免といって，その田地が固定されるようになり，それらの免田は，国衙の介入を排除して荘園化していった。このような雑役免系荘園は畿内に多く，10世紀以後あらわれてくる。

10世紀になって班田が行われなくなり班田農民も分解すると，従来の公民男子に対する人頭税の賦課に代わって，国司は公領（国衙領）を**名**に編成し，名を単位に徴税を行うようになった。これは，人頭税から土地税へという徴税方式の大きな転換を意味した。名は富豪層など有力農民に経営を委託して請作させたが，このように名の請作にあった者を**田堵**という。田堵の請作契約は1年ごとであったが，実際には長期にわたって更新され，世襲されることが多かったから，田堵の土地に対する権利は強化され，やがて**名主**といわれるようになり，この名主に田畑の管理，経営を請け負わせるようになったため，これ以降，**負名体制**と呼ばれるようになった。また，郡司などの富豪層や有力農民は，未開地を開いて名田とし，近辺の農民も支配下に入れ，在地領主として勢力を振るうようになった。これを**開発領主**とか根本領主という。こうして，

No.50　荘園制の構造

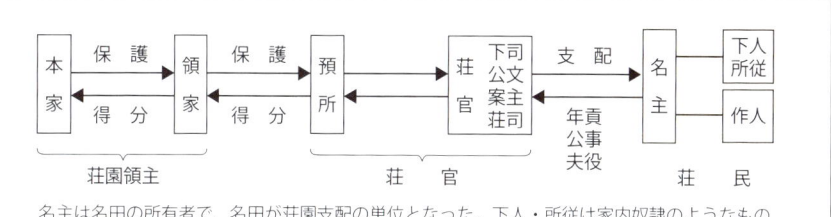

```
┌───┐ 保護 ┌───┐ 保護 ┌───┐    ┌───┐ 支配  ┌───┐
│本 │────→│領 │────→│預 │    │荘 │────→│名 │──┬─┤下人│
│   │     │   │     │   │    │下公案│    │   │  │ │所従│
│家 │     │家 │     │所 │    │司文主│    │主 │  └─┤   │
│   │←────│   │←────│   │    │　荘司│←───│   │  ┌─┤作人│
└───┘ 得分 └───┘ 得分 └───┘    └───┘ 年貢 └───┘  └─┤   │
                                      公事             └───┘
                                      夫役
 └──────荘園領主──────┘  └────荘　官────┘       └─荘　民─┘
```

名主は名田の所有者で，名田が荘園支配の単位となった。下人・所従は家内奴隷のようなもの，作人は作職をもち小作人のようなもの。

公領も荘園も同じような構造になっていった。

　荘園の発達は国司の支配する範囲をせばめたから，国司は国衙領に対していっそう苛酷な収奪を行い，私領に対しても絶えず介入の機をうかがっていた。そのようななかで，名主・田堵や開発領主たちは，国司の圧迫やほかの領主からその土地を守るため，土地を名義上中央の権門である貴族や寺社に寄進して，土地からの収入の一部を納め，その保護を受け，不輸不入の特権を得ようとした。名主や開発領主は，寄進したのちも耕作権・土地管理権・年貢徴収権などの実質的な権利を留保し，その多くは**荘官**となった。寄進された側を**領家**というが，領家だけで十分な保護を得られないときには，その得分の一部を割いて，さらに有力な貴族・寺社に寄進した。この上位の領主を**本家**といった。

　このようにして成立する荘園を**寄進地系荘園**といい，不輸不入が一般化した11世紀より激増し，摂関家などの権門に荘園が集中していくことになった [→史料⑫，p.373]。

荘園の経営

荘園領主は，租税の徴収・荘園の管理・治安維持のために**荘官**を任命した。荘官には時代や場所によっていろいろな名称があるが，領主側から派遣される預所・雑掌などと荘内の有力者が任命される下司・公文・案主などがあった。前者は広い地域を支配したが，後者のほうが在地的な支配権は強かった。荘官は得分（給付）として給田・給名などを与えられたり，荘民から加徴米を徴収したりした。

　荘園は**名田**を単位に編成された。だから，荘民の中心も名田の所有者である**名主**であり，租税も直接には名主に対して賦課された。名主は，名田をその家族や**下人・所従**などと呼ばれる家内奴隷的な隷属民を使役して耕作し，**作人**と呼ばれるほかの農民に請作させることもあった。作人がさらに土地を小作に出すときは，その耕作者を下作人と呼んだ。

第3章　貴族政治の展開　　115

荘民には，租税として**年貢**・**公事**・**夫役**が課せられた。年貢は田畑に対して課されるもので，田からは米，畑からは麦・そば・大豆などが収穫の3〜4割の割合で課された。公事は田畑や山林からとれるものへの雑税で，漆・果実・苧・糸・布などであった。夫役は荘園領主の直轄領である佃や荘官の給田の耕作，兵士役・年貢輸送・土木工事などの労役負担だった。これらは名主に課されたが，実際には下人・所従や作人などに転嫁された。

荘園整理令　荘園制が律令体制のなかから生まれながら，不輸不入の特権を確立して律令国家の対立物となっていくと，国家の財政をほりくずしていくことになったので，902（延喜2）年以来，政府はしばしば**荘園整理令**を発し，新立の荘園や国務に妨げのある荘園を停止しようとした。しかし，荘園の整理は貴族の利害に直接関係し，また実際にその仕事にあたる国司も，任期のはじめはともかくとして，任期が終わるころになると，むしろ荘園領主に迎合して自分の勢力も植えつけようとしたから，それらはいずれも徹底さを欠き，さらに，荘園成立を国家が正式に認めた**券契**をもった荘園は，逆にその特権を保護されることになった。そのため，かえって朝廷・摂関家やそれと関係深い東大寺・興福寺などの寺社に荘園が集中されていくという結果になった。

整理　**主な荘園整理令**　902（延喜2）年と1069（延久1）年のものがとくに重要。
902（延喜2）年……醍醐天皇のとき藤原時平が出した。最初の荘園整理令。今後の勅旨開田の禁止，寄進・売与の荘園は本主に返還させる。「元来相伝の庄家として券契分明にして，国務を妨ぐること無きもの」は除外された。
984（永観2）年……花山天皇のとき。延喜2年以後の荘園を禁ずる。
1040（長久1）年……後朱雀天皇のとき。諸国の奏上で新立荘園を禁ずる。
1045（寛徳2）年……後冷泉天皇のとき。前任国司以後の荘園を禁ずる。
1055（天喜3）年……後冷泉天皇のとき。寛徳2年以後の荘園を禁ずる。
1069（延久1）年……後三条天皇のとき。寛徳2年以後の荘園とそれ以前の券契分明でなく国務に妨げある荘園を禁ずる。記録荘園券契所（記録所）で券契を調査する。

(2) 地方政治の混乱

10世紀　醍醐天皇による延喜の治ではじまり，藤原道長の内覧就任で終わった10世紀は，日本古代社会の大きな転換点をなすものであった。
10世紀になると，**律令体制の基礎である班田制は完全にくずれてしまった**。

班田は902（延喜2）年を最後として，以後行われることなく，律令の給与制に不安をいだいた貴族たちは，加速度的に私有地（荘園）を増やしていった。律令的な農民支配がまったく行われなくなったわけではなかったが，班田農民の分解は，土地を失った多くの農民と，口分田の買得や墾田によって私有地を集積した一部の富豪とを生むことになり，土地を失った農民は，貴族や富豪の私有地に吸収されていった。このような私有地は名を単位に編成されていたが，国衙による租税徴収も，10世紀より名を単位に行われるようになった。

　律令体制のゆるみは，政治の乱れを生むことになった。政治の仕組みは陣定に見られるように著しく矮小化し，官職の公的な性格は薄れて官職は私腹を肥やすためのものとみなされるようになった。とくに**国司**は徴税請負人と化し，利益をむさぼるのに好都合であったために，貴族は競って国司に任じられようとし，**売位・売官**の風が広まった。

　中央では，まがりなりにも律令政治が行われていたが，政治の実権は，天皇から母方の**摂関家藤原氏**の手に移っていった。しかし，そこでも政治の実体は失われ，政治は儀式的な年中行事と化していった。藤原氏の権勢は，膨大な私有地とその閨閥によって成り立ったのであり，農民から収奪された富は，儀式やその享楽のために費消された。

　地方では，国司（受領）が巨利をむさぼるのにうきみをやつしていた。富豪たちは**在庁官人**として地方の下級官職につき，国司に従ってその利益の分け前にあずかったりもしたが，国司による激しい収奪はかれらの生活をおびやかすものでもあったため，ときには一般の農民と結んで，国司の排斥に乗り出すこともあった。

　政治の乱れは，中央でも地方でも群盗を横行させた。政府はそれを取り締まる力をもたなかったから，農民たちはみずから武装して自衛するほかなかった。こうして，国衙領でも荘園でも，富豪を中心に武士が成長し，**武士団**が形成されることになる。10世紀においては，かれらはまだ半農半武で，普段は農耕に従事していたのであり，武士団の間の主従関係も確立していなかったが，やがて，かれらは新しい社会と秩序を形成していく。

　このように，10世紀には，班田制が解体し，荘園制が一般化し，政治は矮小化・私物化してその実が失われ，地方では武士が成長し，中央では摂関政治が確立した。律令体制が急速に崩壊していったことは，10世紀初めに班田制，六国史，皇朝十二銭などが相次いで終わりを告げたことにも示されている。文

第3章　貴族政治の展開　　117

化の面でも，9世紀末に遣唐使が停止され，唐風文化に代わって国風文化が栄えることになった。

中央と地方　律令によれば，政治は朝政といって，毎日早朝に百官が出仕し，天皇が大極殿に出御して政務を評議することになっていたが，やがてその場が紫宸殿に移され，のちには平座といって，天皇の出御を見ないで政務が行われるようになった。しかし，政治が簡略化されるに従い，政に代わって定が行われるようになった。とくに，左右近衛の詰所である陣座に公卿が集まって政事を評議するのを陣定（仗議）といい，この時代以後，政治は主としてこの陣定で決定されることになった。

陣定で評議されたのは，年中行事に関するものが多かったが，叙位・任官・除目なども行われた。この時代，官職はその本来の意味が薄れ，私腹を肥やすための手段となっていたから，この叙位・任官・除目などは，貴族たちの関心を集めた。

官職のなかでも，国司は地方と直結し，公廨稲（公出挙で貸付した稲の利子）・雑徭などとくに収入が多かったので，藤原氏でない貴族や摂関家と縁の遠い藤原氏の一族は中央での望みを失って，国司に任命されることを希望した。国司は任国の徴税吏のようなものになっていたので，このころから，国司の主席（守）は受領と呼ばれるようになっていたが，貴族が受領となって任国に赴くと，莫大な富を蓄えるのが普通だった。

> **解説**　『今昔物語集』によれば，「受領は倒るるところに土をつかめ」ということわざがあったことが知られ，それは受領の貪欲な利益追求のありさまをよく示している。

官職が私物視され，政府が財政に苦しむようになると，売位・売官の風が広まった。成功や重任の功がそれであるが，とくに国司を希望する者が多かった。

> **補足　成功**　成功は朝廷の儀式・造営の費用や社寺の修理費などに私財を納めて官職を得るもので，成功によって国司に再任されることを重任といった。このような売官は奈良時代からあったが，平安時代になって財政窮乏がひどくなるにつれて，広まった。とくに，次の院政期には，売官は一般化していった。

8世紀には，すでに定員以外の員外国司が生まれているが，このころには，中央の高位高官にある者が国司を兼任し，みずからは任国に行かずに収益だけを手に入れる者もあらわれた。これを遥任国司といい，かれらは任国には代理

として目代を派遣し、国衙を留守所と称した。留守所の政治は無責任で、地方政治はしだいに乱れていった。

国司・郡司・農民　地方の政治は、目代や下級役人である**在庁官人**によって行われた。受領は、収入を目的とし、成功によって国司に任命されたのであったから、農民に対して苛酷な収奪を行って私腹を肥やした。郡司などの富豪層は、在庁官人として、地方の政治に参加し、受領の収奪に加わって、みずからも私腹を肥やしていたが、一方で、受領があまりにも激しい収奪を行うと、かれらの利益をも侵されることになるので、しばしば農民と結んで受領を糾弾した。988（永延2）年、尾張国の郡司や農民たちが、国守藤原元命の暴政を糾弾し、**尾張国郡司百姓等解**［→史料⑪, p.372］を朝廷に提出して、翌年の元命の解任に成功したのは、その代表的な例である。

解説　尾張国郡司百姓等解によると、国守藤原元命は一族・郎党を率いて赴任し、その力を借りて農民の支配・収奪をほしいままにした。国司としての業務は行わずに、その費用を着服し、合法・非合法の手段によって収奪した富は京都の自邸に運ばせ、農民の訴えには門前払いをして聞こうともしなかった。元命は更迭されて、郡司・百姓たちの運動は一応成功したのだが、それは次に任命される国司が善政を行うという保証を与えるものではなかったため、郡司・百姓たちはやがて新しい権力機構＝武士政権を求めることになる。なお、このような国守を訴えた事件は、畿内・東山・北陸・南海の各道の多くの地方で起こっている。

(3) 武士の成長

武士の発生　政治に公私混同が一般化し、国司が私腹を肥やすのに専念して、地方の治安が乱れると、名主や開発領主たちは、みずから武装して武力を蓄え、自分の土地を守るようになった。こうして発生した武芸を専門とする人を**武士**といい、武士が戦闘を目的として集団となり、その内部に階層的な秩序関係（ヒエラルヒー）を築きあげたものを**武士団**という。

　武士は、10世紀ころから荘園・公領を問わずに発生してきた。その中心となったのは開発領主などの在地領主層で、かれらは自分の土地を中央の権門勢家に寄進してみずからは荘官となり、その保護を受けていたが、それだけでは国司や他の領主の干渉を排除し、付近の農民を完全に支配することができなかったので、武装するようになったのである。かれらは一族子弟や支配下の名主

No.51　武士団の構造

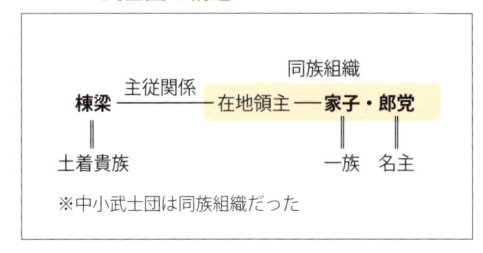

```
           主従関係    同族組織
  棟梁 ──────── 在地領主 ── 家子・郎党
   │                      │    │
  土着貴族                 一族  名主

※中小武士団は同族組織だった
```

などに武芸を習わせ，さらに下人・所従をも含めて武士団を形成した。一族を**家子**，武装した配下の名主を**郎党・郎従・家人**などといい，その首長である荘官級の領主は，血縁関係を原理とする同族組織をつくって家子・郎党を支配した。

このような中小武士団はそれぞれ独立的なもので，それらがお互いに闘争を繰り返しているうちに，しだいにいっそう強大な武士団に統合されていった。この大きな武士団の首長を**武士の棟梁**という。

武士の棟梁になったのは，国司として赴任し，そのまま土着した中央貴族の後身が中心だった。任期中に私領を集積して勢力拡大をはかった国司は，任期が終わって帰京するとその勢力が侵されるのをおそれて土着し，武装するようになった。かれらは任期中に蓄えた強大な勢力と都下りの「貴種」として地方の人々に尊敬されたことによって，武士団の指導者として勢力を伸ばし，中小武士団を統合していったのである。もっとも有力なのは，はじめ関東を根拠とした**桓武平氏**と摂津・河内を根拠とした**清和源氏**で，かれらは皇族出身で，賜姓により臣下に降った家柄であることから，とくに尊敬された。

武士の棟梁は荘官となり，あるいは在庁官人として国衙の下級官吏になった。また**追捕使・押領使**として治安維持の任にあたり，京に出ては検非違使や宇多天皇の設置した滝口の武士となり，貴族に仕えてその護衛者となった。

解説　武士を「さむらい」というのは，護衛者として貴族に「侍う」＝さぶろう＝さむろうていたからである。

このころの武士は，まだみずからの力を自覚せず，中央や地方の官職につくことや貴族に近侍することを誇りとし，その支配力を権威づけようとしていたが，中央貴族からはいやしめられていた。

承平・天慶の乱

武士の勢力がはじめて歴史の上に姿をあらわし，政府の地方政治の無力を明らかにしたのが，935（承平5）年から941（天慶4）年にわたった**承平・天慶の乱**であった。承平・天慶の乱とは，関東における**平将門**（？～940）の乱と西国における**藤原純友**（？～941）の乱とを総称していう。

参考 **承平・天慶の乱** ちょうど延喜の治と天暦の治の間ごろだった。

将門の乱……将門は下総の猿島を本拠としていたが，935年に一族の内紛により伯父国香を殺した。939（天慶2）年，将門が国司と地方豪族の争いに介入し，武蔵介源経基が京都に走ったのを機に常陸の国府を攻め，ついで下総・上総の国衙をおさえ，関東の大半を支配するようになった。将門は関東に独立王国をつくろうとし，みずから新皇と称し，官制を整えたが，翌940（天慶3）年に国香の子貞盛が下野国押領使であった藤原秀郷と結び将門を殺した。

純友の乱……純友は長良の曽孫。伊予掾として赴任，土着して伊予の日振島を拠点に群盗の首領となった。936（承平6）年，政府は紀淑人を伊予守としてその鎮定にあたらせたが，939（天慶2）年には播磨介を捕らえるなど政府に叛する行動に出，翌940（天慶3）年に讃岐の国衙を襲い，大宰府を攻め，941（天慶4）年に小野好古や源経基によって滅ぼされた。

もともと関東地方では桓武天皇の曽孫平高望が上総介として赴任して以来，その子孫が土着して勢力を張り，それぞれ国衙の官吏となって武士団を形成していたのだった。将門の乱が政府の征討軍が到着する前に一族の貞盛により追討され，純友の乱が追捕使小野好古に追討されたように，政府はすでにみずから乱を鎮定する勢力をもたず，地方の武士に依存するほかはなかったのである。

解説 将門の乱は，乱の直後につくられた『**将門記**』によってよく知ることができる。『将門記』は戦記文学の先駆である。『将門記』によれば，貞盛に攻められたとき，いつもは8000人の将門の軍勢が400余人しか集まらなかったという。それは第一に，当時の武士が平常は農耕に従事する半農半武で，武士を専業とするものでなく，そのために機動性に欠けていたことを示すのであろうし，第二に，将門が非勢になったと見て逃げ去ったもので，当時はまだ武士の棟梁と中小武士団の首長の主従関係が確立していなかったことを示すものであろう。

No.52　平氏系図①

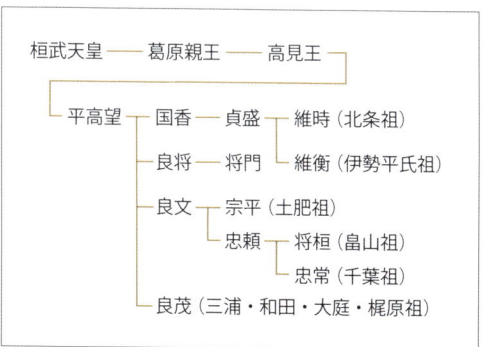

```
桓武天皇 ─ 葛原親王 ─ 高見王
              └ 平高望 ┬ 国香 ─ 貞盛 ┬ 維時（北条祖）
                      │              └ 維衡（伊勢平氏祖）
                      ├ 良将 ─ 将門
                      ├ 良文 ┬ 宗平（土肥祖）
                      │      └ 忠頼 ┬ 将桓（畠山祖）
                      │              └ 忠常（千葉祖）
                      └ 良茂（三浦・和田・大庭・梶原祖）
```

第3章　貴族政治の展開

3 貴族政治の繁栄と国風文化

(1) 摂関政治

安和の変 949年の藤原忠平の死後、村上天皇は天暦の治といわれる親政を行い、摂政・関白を置かなかったが、村上天皇に次いで冷泉天皇（在位967～69）が即位すると、藤原実頼が関白となった。そのころの藤原氏の政敵は**源高明**（914～82）であったが、969（安和2）年に源満仲の密告により謀反の疑いで左遷された。これを**安和の変**という。安和の変を最後に藤原氏の他氏排斥は完了し、この変の直後、冷泉天皇に代わって円融天皇（在位969～84）が即位すると、実頼は摂政となり、以後、**摂関職は常置**となって、実頼の弟で藤原氏北家の師輔の子孫が世襲するようになった。ここに藤原氏の権勢は確立したといえる。摂関職は形式的には明治維新まで続いたが、とくに安和の変から院政開始までの約100年間の政治形態を、**摂関政治**と呼んでいる。

参考　安和の変　源高明は醍醐天皇の皇子。学識が高く、その著『**西宮記**』は朝儀についての有職故実の書として知られている。村上天皇の皇子為平親王は高明の娘を妃としていたため皇太子になれなかったが、高明は左大臣となって、師輔の弟の藤原師尹と反目するようになった。源経基の子満仲が謀反の件で密告すると、ただちに容疑者が逮捕され、高明は大宰府に左遷された。一方、満仲は配下の武士を動かして競争相手だった藤原千晴（秀郷の子といわれる）を捕らえた。この事件の裏には師尹があったというが、結果として、藤原氏は政敵源高明を失脚させて摂関職の常置化に成功し、満仲は競争者の藤原千晴を失脚させて摂関家と接近し、その「さむらい」として源氏発展の基礎をつくった。

盲点　藤原氏の他氏排斥の過程は、当時の政治的状況、排斥された人物などを整理しておくこと。

摂関政治　藤原氏による摂関政治は、何よりも天皇の**外戚**（母方の親類）としての地位を占めることに、その権勢の政治的基盤があった。それは律令制の専制的な天皇の権限が母方の父に移ったことを意味したが、それが令外官である摂政・関白という職によるとしても、必ずしも律令政治そのものを否定するものではなかった。しかし、藤原氏の**氏の長者**が摂関職につき、その一族が高位高官を独占するようになったから、各氏族の均衡の上に天皇が

No.53　皇室系譜⑤ ――藤原氏との関係――

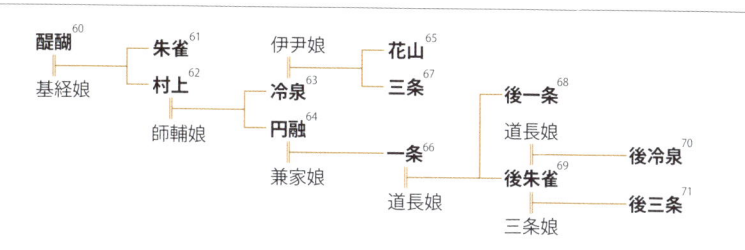

```
醍醐60 ─┬─ 朱雀61      伊尹娘 ─┬─ 花山65
基経娘   │   村上62              │   三条67      後一条68
         │                       │               道長娘
         └─ 村上62 ─┬─ 冷泉63 ─┤
             師輔娘  │           └─ 円融64 ─┬─ 一条66      後朱雀69 ── 後冷泉70
                     │               兼家娘   │   道長娘
                     │                        └─ 一条66      後朱雀69 ── 後三条71
                                                              三条娘
```

本図は，代々の天皇が，藤原氏とどのような外戚関係にあるかがわかるように作成した。藤原氏から出た皇后・女御などがすべて記されているわけではない。朱雀〜後冷泉の各天皇がいずれも藤原氏を外祖父としたこと，後三条天皇と頼通の関係はかなり遠かったことがわかる。

立つという律令制本来の政治は行われなくなった。

　摂関政治の政治的基盤が外戚の地位にあったとすれば，その経済的基盤は**寄進地系荘園**にあった。この時代にも荘園整理は行われたが，藤原氏は自分の荘園を擁護したので，そのたびにかえって多くの荘園が競って摂関家へ寄進され，その保護を求めようとした。道長のころには，「天下の地 悉 (ことごと) く一の家の領となり，公領は立錐の地も無きか」（『小右記 (しょうゆうき) 』）といわれるほどであった。この膨大な寄進地系荘園からの租税の上に，藤原氏の栄華な生活が営まれ，貴族文化が花開くことになるのである。

　摂関職について藤原氏の氏長者が一族を統制し，一族が高位高官を独占することによって与えられる多くの給付や全国各地の荘園の事務を処理するために，その家政機関である**政所 (まんどころ) **はしだいに整備，拡充されていった。そして，政所の出す政所下 (くだし) 文や摂関家の出す御 教 書 (みぎょうしょ) が，一定の政治的効果をもつようになった。しかし，その本来の姿とは異なってしまっていたにしても，摂関政治は律令的政治機構に依拠しながら，外戚として天皇に近づくことによって天皇大権を事実上掌握して成立したのであり，とくに人事権を掌握したことによって貴族をおさえ，強大な権勢をふるったのだった。

> **参考　政所**　律令では，親王以下三位以上の者は家令を置き家政を行わせたが，政所はその後身。藤原氏は政所を拡充し，当時のすぐれた政治家を家司 (けいし) として執務させた。のちの源頼朝の置いた政所もこれにならったもの。

　藤原氏が人事権を掌握して専権をふるったことからもわかるように，この時代には政治のもつ公的性格はほとんど失われた。地方では天災・飢饉・疫病が

第3章　貴族政治の展開

相次ぎ，群盗がはびこり，戦乱が起こっても，貴族たちは無気力でなすすべを知らず，ただ神仏に祈禱を行うのみで，先例に従って儀式のみがあでやかに行われた。

> **補足　公と私と**　この時代に公私混合が一般化したといっても，それは概念規定の問題だといえる。律令そのものが天皇の専制的な権力を規定したものとすれば，それはすでに私的なものであったといえる。「公」とは，政治の場合，人民から為政者に委任が行われ，その委任の範囲でのみ為政者の執行が許されるときにいえる言葉である。人民の権利が保障されていないとき，権力はすべて私的なものにすぎない。ここでは，通説に従って，この言葉を使ったまでである。

道長の時代

摂関職が常置となり，藤原氏の氏長者が世襲するようになると，摂関職をめぐって一族の争いが激しくなった。兼通と兼家，道隆と道兼との争いなどがそれであった。11世紀のはじめ，伊周と争った**藤原道長**（966～1027）は，これを排除して政治の実権をにぎり，同族の争いも終わった。道長とそれに続く頼通の時代に，**摂関政治は全盛**期を迎えることになった。

道長にとってのもっとも大きな関心は，娘たちを入内させ，その生子を皇位につけて外戚としての地位を確保することだった。道長は4人の娘を次々と天皇の后妃とし，後一条・後朱雀・後冷泉の3天皇の外祖父として，その権勢をほしいままにした。

> **解説**　道長が**法成寺**を建立するにあたって，国司に，公事をゆるがせにしてもその造営を急ぐように命令し，また国司たちも，政府への公事は納入しなくとも，摂関家には多大なおくりものを献上した［→史料⑬, p.374］。

道長のあとをうけて，**藤原頼通**（992～1074）が後一条・後朱雀・後冷泉3天皇の摂政・関白として権勢をふるった。しかし，頼通はその娘を後冷泉天皇の皇后としながらも皇子を生むことに成功せず，摂関家の荘園集中に対する国司たちの不満も激しくなって，藤原氏を外戚としない**後三条天皇**が1068（治暦4）年に即位すると，藤原氏の権勢は急速に衰微していくことになった。

> **解説**　頼通執政の時代に，**刀伊の入寇**と**平忠常の乱**が起こった。1019（寛仁3）年，満州の沿海州地方に住んでいた女真族（刀伊）が，対馬・壱岐から北九州を襲ってきた。これが刀伊の入寇である。これを知った政府は驚きあわてて，異敵調伏の祈禱を行うのみで，なすすべを知らず，大宰権

No.54　藤原氏系図③

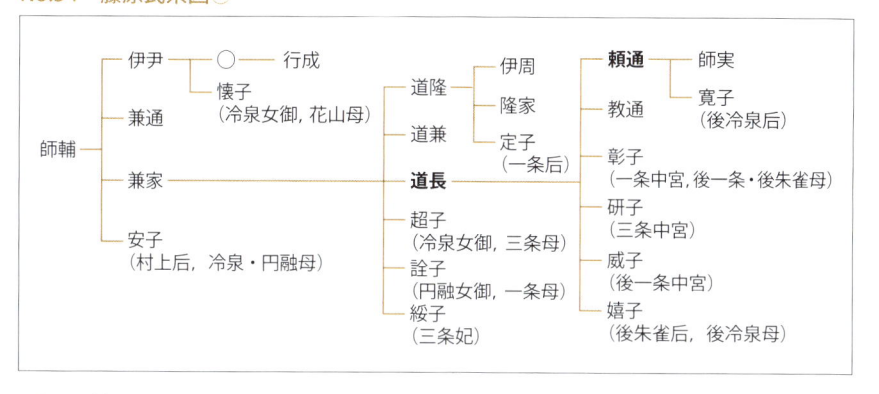

```
         ┌ 伊尹 ─┬ ○ ─── 行成                ┌ 伊周           ┌ 頼通 ─┬ 師実
         │      └ 懐子                  ┌ 道隆 ┼ 隆家           │       └ 寛子
         │        (冷泉女御, 花山母)    │      └ 定子           │         (後冷泉后)
         ├ 兼通                          ├ 道兼        (一条后)  ├ 教通
師輔 ─┤                                 │                        ├ 彰子
         ├ 兼家 ─────────── 道長 ─┤                        │   (一条中宮, 後一条・後朱雀母)
         │                                 ├ 超子                   ├ 研子
         │                                 │   (冷泉女御, 三条母)  │   (三条中宮)
         └ 安子                            ├ 詮子                   ├ 威子
           (村上后, 冷泉・円融母)         │   (円融女御, 一条母)  │   (後一条中宮)
                                             └ 綏子                   └ 嬉子
                                                 (三条妃)                 (後朱雀后, 後冷泉母)
```

> 帥藤原隆家が地方の武士を率いて奮戦し，これを撃退した。この事件も，摂関政治の無力と武士の実力を見せつけた。忠常の乱については後述。

(2) 源氏の台頭

源氏と平氏　平氏は坂東八平氏といわれるように，平高望以来，関東地方の各地に散らばって武士の棟梁として勢力をもち，将門の乱(935〜40)ののちも，平貞盛は鎮守府将軍となって，その一族が藤原秀郷の一族とともに関東で勢威を張っていた。一方，源氏は将門の乱と純友の乱で源経基が功を立て，安和の変では経基の子源満仲が武力を発揮して，中央では摂関家に近侍してその勢力発展の基をつくり，摂津・河内・大和を中心に勢力をもち，武士団を率いていた。

関東の平氏は互いに争っていたが，1028（長元1）年に**平忠常**（967〜1031）が乱を起こした。忠常は上総・下総を根拠に安房にも勢力を及ぼし，足かけ4年にわたって猛威をふるったので，政府は満仲の子**源頼信**（968〜1048）を甲斐守として征討にあたらせた。忠常は頼信の威名におそれて降伏した。これを**平忠**

No.55　源氏系図①

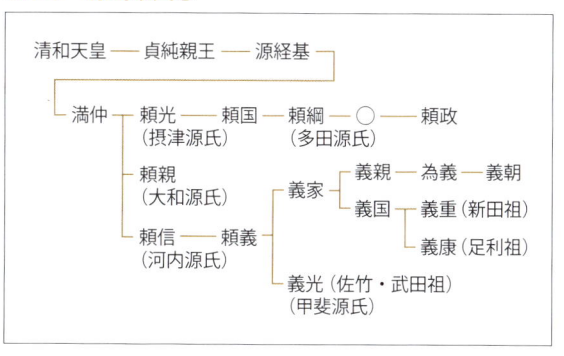

```
清和天皇 ─ 貞純親王 ─ 源経基 ─┐
                                  │
  ┌──────────────────────┘
  └ 満仲 ┬ 頼光 ─── 頼国 ─── 頼綱 ─── ○ ─── 頼政
           │    (摂津源氏)                    (多田源氏)
           │
           ├ 頼親
           │    (大和源氏)
           │                              ┌ 義親 ─ 為義 ─ 義朝
           │                              │
           │                     ┌ 義家 ─┤
           │                     │        ├ 義国 ┬ 義重（新田祖）
           └ 頼信 ─── 頼義 ─┤              └ 義康（足利祖）
                (河内源氏)      │
                                  └ 義光（佐竹・武田祖）
                                        (甲斐源氏)
```

常の乱という。この乱ののち，頼信は鎮守府将軍となり，平氏は四散して一時勢力を失い，関東の地にも，平氏に代わって源氏の勢力が植えつけられることになった。

前九年合戦 東北地方では，代々安倍氏が俘囚（帰順した蝦夷）の長として勢力をもっていた。**安倍頼時**（？〜1057）に至り，胆沢など6郡を領し，衣川（岩手県）に関を設け，国司の命令にも従わなくなったので，1051（永承6）年，朝廷では頼信の子**源頼義**（988〜1075）を陸奥守，ついで鎮守府将軍とし，頼義の子義家とともにこれを討たせた。これを**前九年合戦**と呼んでいる。

> 解説　頼時は1051年に叛したが，源頼義・義家父子の征討にあい，いったん帰順，1056（天喜4）年に再び叛した。頼時は翌1057年に戦死したが，子の**安倍貞任**らがよく戦い，頼義は苦戦した。頼義は出羽の俘囚の長**清原武則**の来援を得て，1062（康平5）年にようやく貞任を殺し，乱は平定した。前九年合戦は，実際には足かけ12年にわたっているが，頼時が2度目に叛した1056年から頼義が京都に凱旋した1064年までを数えて，前九年合戦と呼ばれるという。

前九年合戦に際し，頼義はその配下の武士団を指揮して武威を張っただけでなく，鎮守府将軍として関東の多くの武士団を率いて各地に転戦し，東国武士団との間の主従関係もめばえてきた。また，頼義は伊予守，義家は出羽守に任じられ，清原武則は鎮守府将軍に任じられ，清原氏は安倍氏の旧領を合わせて東北に強大な勢力をもつようになった。

> 解説　前九年合戦については，12世紀初めにつくられた戦記物語『**陸奥話記**』がある。『陸奥話記』によれば，頼義の武勇がすぐれていたので，東国の武士がよろこんで臣従してきたという。

後三年合戦 前九年合戦の後，清原氏の一族に内紛が起こると，陸奥守**源義家**（1039〜1106）は**藤原清衡**（1056〜1128）をたすけ，配下の武士団を率いてこれを平定した。これを**後三年合戦**という。

> 解説　藤原清衡の父は，前九年合戦に際して安倍氏に属して敗死したが，役後，その母は清原武則の子武貞に嫁し，清衡もその養子となった。清衡ははじめ武貞の子真衡と争ったが，真衡が病死すると，こんどは異父弟家衡と争った。乱は1083〜87年にかけて起こったが，義家が乱にかかわった1086年から上洛した1088年までを入れて後三年合戦と呼ばれるよう

126　原始・古代

になったといわれる。後三年合戦では義家は配下の武士を率いて転戦しており，義家の下で大武士団がつくられつつあったことが知られる。

No.56　清原氏系図

```
              ┌─ 真衡
清原武則 ── 武貞 ├─ 家衡
安倍頼時 ── 女  │
              └─ 清衡
              藤原経清
```

　義家は政府に奥州平定を報告して行賞を願ったが，政府はこれを豪族の間の私闘とみなして許さなかったので，義家は私財を割いて武士に恩賞を与えた。そのために，東国武士の義家に対する信望はとみに高まり，義家と主従関係を結ぶ武士が多く，土地を寄進する者が多かったので，一方では義家に院の昇殿を許しながら，1091（寛治5）年，朝廷は義家への荘園寄進を禁じたほどであった。ここに関東における源氏の勢力は固まったということができる。

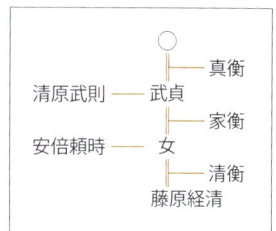

　清衡の一族は藤原姓を名乗り，平泉を本拠に，子基衡，孫秀衡の3代にわたり，奥州に覇をとなえることになった。これを**奥州藤原氏**という。その栄華の跡は，平泉の中尊寺金色堂に今も残されている。

(3) 藤原文化

極東の変動　日本の律令社会は10世紀になって大きく転換していくが，それは東アジア全体に共通する現象であった。東アジア世界の中心をなした唐は，8世紀中葉の安禄山・史思明の乱（755～63年）以後急速に衰運に向かい，9世紀末には大規模な農民一揆である黄巣の乱（875～84年）が起こり，907年に滅亡した。以後960年まで中国では後梁・後唐・後晋・後漢・後周の5王朝が交代する五代・十国の争乱の時代を迎える。

　唐の滅亡は各地に影響を及ぼした。朝鮮では，918年に王建が**高麗**を建国し，935年には新羅を滅ぼしてこれを併合した。蒙古・満州では**契丹**が強大となって926年に渤海を滅ぼし，946年には国号を**遼**と改めた。

　960年，趙匡胤は宋を建国して中国を統一したが，唐の滅亡は遊牧民である北方民族の台頭を見ることになり，宋は遼と戦って敗れ，遼に年々莫大な貢物をおくらねばならなかった。遼が衰えると，満州の**女真人**が起こって1115年に**金**を建国し，1125年には遼を滅ぼした。さらに翌1126年には宋の首都汴京を陥れたので，宋は南方の臨安に都を移した。これを**南宋**という。しかし，宋代には，皇帝の独裁制が確立され，直属の官僚によって政治を行う文治主義がとられたので，より合理的・人間的な朱子学がつくられたのをはじめ，文化

第3章　貴族政治の展開　　127

が栄え，江南の開発が進み，商業が発達して都市が繁栄した。

　東アジアの激動のなかで，日本は鎖国に近い状態をとり，正式な国交はいっさい行われず，貴族には国際情勢に対する認識がほとんどなく，わが世の春を謳歌していた。遣唐使は，894（寛平6）年に菅原道真の建白で正式に停止されたが，実際には，838（承和5）年の藤原常嗣の遣使以来，国交は断絶していたのであり，842（承和9）年には新羅とも国交を絶った。新しく起こった高麗や宋とも，正式な国交が開かれたことはなかった。しかし，唐・新羅の商船は以後も来航したので，大宰府の外港である博多を中心に私貿易は行われており，宋の商人も来航した。邦人の海外渡航は禁じたが，僧侶の渡航は認めたので，宋の商船に便乗して奝然・成尋らが入宋した。

> **解説** このような状態のときに刀伊の入寇（1019年）があったため，政府はその正体がわからず，高麗人かと疑ったが，刀伊の賊を捕らえた高麗が捕虜になっていた日本人を送還し，牒状をつけてきたので，はじめてその正体がわかったという。

国風文化

　摂関政治の行われた時代（平安中期）を藤原時代ともいうが，藤原時代の文化は，まず何よりも，**貴族文化**であることにその特徴があった。摂関家藤原氏を中心とする貴族は，多くの荘園からの豊かな収入の上に豪奢な生活を営み，高い文化を享受したのである。しかし，その文化は生産とは切り離された世界でつくられたものであったため，きわめて優美，繊細ではなやかなものであったけれども，力強さとたくましさを欠き，柔弱・矮小なものになった。一般の多くの民衆は，まだ苦しい生活にあえいでおり，高い文化をつくりだしたり，享受したりするまでには至っていなかった。

> **参考　貴族の生活**　貴族は**寝殿造**の住宅に住んだ。寝殿造では，主人の室である寝殿（正殿）が南面中央にあり，東西および北に対屋があって，北対には正妻，東西の対屋には子女が住んだ。寝殿の前面には池のある庭園を設け，池に臨んで釣殿・泉殿があった。各殿は渡廊で結ばれた。屋根は勾配のゆるい檜皮葺だった。貴族は池に舟を浮かべて釣りを楽しみ，庭で遊宴を催した。遊宴では詩歌・管弦がよろこばれ，歌合せ・蹴鞠などもさかんだった。また，**年中行事**がさかんで，迷信がはびこって，方違や物忌などがしきりに行われた。**服装**は，男性は正装として束帯や衣冠が使われたが，平常は直衣・狩衣や水干を用いた。女性は**女房装束**（十二単）といわれる裳唐衣が正装であったが，袿が平常着だった。女房装束が何枚も単を重ねて着たことからわかるように，

貴族の服装は，優雅ではあったが非活動的だった。

　藤原時代の文化は，貴族文化という特徴とともに**国風文化**という特徴をもっていた。その傾向は，すでに平安前期にもいくらかあらわれていたが，中国文化へのあこがれも失せ，すべての公式の対外関係を絶ったこの時代に，その傾向はいちだんと進んだ。文学では，**かな**を使ってありのままの感情が生き生きと表現されるようになり，絵画では，日本の風景や風俗が題材として選ばれ，筆致もおだやかなものになった。

浄土信仰

　平安時代になると，仏教は貴族と密接に結びつき，その現世利益のための加持祈禱を行って貴族に迎合し，寺院も大荘園領主となって繁栄した。また，貴族も藤原氏の興福寺（奈良市）のように，それぞれ**氏寺**をもち，その繁栄を祈らせた。しかし，寺院がこうして世俗化してくると，寺院のなかで，あるいは寺院を離れて求道し，新たな救いを求める僧侶もあらわれた。

解説 このころの有名な僧侶に良源（912〜85）がいる。良源は天台座主・大僧正となり，焼失した延暦寺を再建し，横川に法華三昧院を建てた。天台宗では学問もさかんとなった。山門中興の祖といわれる。

　こうして，10世紀になると，**浄土思想**が急速に広まっていくことになった。浄土思想は，**阿弥陀如来**を教主とし，**念仏**を唱えることによってその救いを受け，死後，西方の極楽浄土に往生しようとする思想で，円仁が天台宗に常行三昧を取り入れてから，日本でも念仏が行われるようになったが，10世紀中ごろに**空也**（903〜72）が出てから念仏が広まっていった。空也は「市の聖」と呼ばれ，諸国をめぐって念仏をすすめ，橋をかけるなどの社会事業を行った。浄土教を理論づけたのは**源信**（恵心僧都，942〜1017）であった。源信は985（寛和1）年に**『往生要集』**を著し，地獄の凄絶なさまを描いて，それと対比しての極楽のやすらぎを説き，浄土に生まれるための念仏道を詳しく具体的に説きすすめた。『往生要集』は多くの貴族に読まれて，厭離穢土と欣求浄土の考えを植えつけた。

解説 浄土信仰が広がるには，僧侶による誦経や講話を聞くのみでなく，みずから念仏を唱えるという態度が必要であり，この世で自力で修行によって悟りを開くというのではなく，弥陀の救いにより他力であの世で浄土に生まれるという価値観が必要であった。空也の出現により，人々は念仏を唱えるようになったのだが，そのためには，空也が「踊念仏」の祖

第3章　貴族政治の展開　129

とされるように，シャーマニズム的な土俗信仰と結びつかねばならなかった。厭離穢土の気風は，この世での栄達を摂関家に独占されて，現世への不満をいだいている中下級貴族に広がった。摂関家においても，道長の法成寺，頼通の平等院建立のように，浄土信仰の影響が見られたが，そこには，むしろこの世に浄土を実現するという現世的な傾向が強かった。『往生要集』では，諸行往生が説かれ，「濁世末代」にふさわしい誰でもできるものとして，念仏が唱導された。

　浄土教の，この世を穢土として厭離し，死後に浄土を欣求しようとする思想は，**末法思想**によりいっそう深まった。末法思想とは，釈迦の生きていた時代から遠くなるに従って仏法が衰え，末法の時代になると仏法は行われず，いろいろの災厄が起こるという思想で，日本では1052（永承7）年に末法に入ったと信じられた。

> **参考** **末法思想** 釈迦入滅を起点とし，1000年または500年を正法といい，そこでは教（釈迦の教法）・行（教法を実践する修行者）・証（修行者が体得する証悟）の3つをそなえるが，次の1000年である像法では証が失われ，次の1万年間の末法では，教のみあって，もはや行も証もないとされた。日本では，正法1000年，像法1000年の説がとられ，釈迦入滅を紀元前949年と考えて，1052年を末法初年とした。末法思想は中国で起こった思想で，もともと教団内部の思想であったが，日本では王法（世俗）・仏法を合わせた社会全体の問題とされ，人々を激しい絶望感におとしいれた。

　当時の社会は，末法到来を思わせるかのように，地震・飢饉・疫病などの天災地異が相次ぎ，寺院は世俗化して堕落し，地方では戦乱が相次ぐという状態だったから，人々はおびえ，阿弥陀如来の慈悲にすがろうとして，ますます浄土信仰に近づいていった。

> **補足** **末法思想と終末論** 末法思想とキリスト教の終末論とでは，一見似ているようでその性格はまったく異なる。終末論では，最後の審判のときに天国に入ることを許されるように，現世での行いを正しくしようとして働き，いわば現世で積極的に生きるためのテコとして作用し，最後の審判に向かっての発展的な歴史意識をつくりあげるが，末法思想では，世界は破滅に向かって進んでいくだけで，現世での

No.57 末法思想

	教	行	証
正法	○	○	○
像法	○	○	×
末法	○	×	×

○はその時代に存続するもの，×は行われなくなったものを示している。

希望は見られないことになり，いわば頽落史観というべきものだった。しかし，それは逆に弥陀の慈悲にすがるという信仰を生み出したのであり，日本ではじめて信仰らしい信仰を生み出すことになった。

この時代に**本地垂迹説**が成立したことも注目される。すでに奈良時代から**神仏習合**の風があり，神社の中に神宮寺という寺を建て，神前で読経し，僧形八幡像を神体とすることなどが行われていたが，10世紀ころより，日本の神と仏の間の序列をつけることが問題となり，仏が姿を変えて仮に神となってあらわれたと考えるようになった。このような仏主神従の思想を本地垂迹説という。天照大神の本地は大日如来，八幡神の本地は阿弥陀如来とするといったもので，八幡大菩薩などの呼び方が使われるようになった。

山岳信仰と密教信仰が結びついて**修験道**が発達した。その行者を山伏といい，呪法を行うことによって，人々に尊崇された。

国文学

国風文化の成熟は，国文学の隆盛にもっともよくあらわれている。それはかな文字の使用が広まり，感情や思想の表現が自由に行えるようになったことに起因するが，かなは女性の使うものとされたために，とくに**女流文学**がさかんになった。女流文学が栄えた原因には，藤原氏が外戚の地位を確保するために，その娘を入内させ，天皇の寵愛を得るために，競って才女を選んでその侍女にしたということも忘れることはできない。

そのほかに，女流文学者はその多くが受領貴族の出身で，政府と農民との間に立ち，社会の矛盾をもっとも鋭敏に感じとる地位にあったこと，当時の貴族の婚姻形態が**招婿婚**で，結婚後は夫が妻のところに通っていき，のちに妻の家に入りこむという形式で，絶えず不安にさらされていたことなどが，女流文学が栄えた原因にあげられる。

形式としては，**物語文**

No.58　平安文学一覧

年代	和　歌	物　　　語	日　記・随　筆
900		竹取物語 伊勢物語	
	古今集 (紀貫之ら)		**土佐日記**(紀貫之)
950	後撰集 (梨壺の 5人)	大和物語 宇津保物語 落窪物語	蜻蛉日記(道綱母) **枕草子**(清少納言)
1000	拾遺集	**源氏物語**(紫式部) 栄華物語 狭衣物語	和泉式部日記 紫式部日記 御堂関白記(道長)
1050		浜松中納言物語 堤中納言物語	更級日記(孝標女)
	後拾遺集	**大鏡**	
1100		今昔物語集	讃岐典侍日記

学が中心であった。とくに11世紀初めの**紫式部**による『**源氏物語**』は傑作である。54帖の長編で，微妙な心理のあやがたくみに描かれている点など，世界文学史上にも特筆すべきものである。**日記**や**随筆**も多く書かれた。随筆の中では**清少納言**の『**枕草子**』が傑作である。軽妙な文体に，とぎすまされた鋭い感覚が感じられる。

和歌も『**後撰集**』『**拾遺集**』『**後拾遺集**』などの勅撰集がつくられ，貴族の生活の一部にまでなったが，形式と技巧に走り，生彩に乏しくなった。

> **整理** **平安文学**
>
> 物語：『**竹取物語**』……作者未詳。延喜以前成立。かぐや姫を主人公とする伝奇文学。
>
> 『**伊勢物語**』……作者未詳。平安前期。在原業平（ありわらのなりひら）を主人公としたと思われる歌物語。『在五の物語（ざいご）』ともいう。
>
> 『**宇津保物語**（うつほ）』……作者未詳。967〜84年の間に成立。美女貴宮（あてみや）に求婚する貴公子たちの求婚物語。社会情勢についても描写し，史料としても重要。
>
> 『**落窪物語**（おちくぼ）』……作者未詳。10世紀後半成立。最初の継子（ままこ）いじめ小説。のちの御伽草子（おとぎぞうし）に大きな影響を与えた。
>
> 『**源氏物語**』……54巻。紫式部。11世紀初め成立。光源氏（ひかるげんじ）を主人公とする。最後の10帖は薫（かおる）を主人公とし宇治十帖と呼ぶ。心理描写にすぐれ，叙事と抒情の調和もたくみ。のちの物語・謡曲・御伽草子などに大きく影響。
>
> 『**狭衣物語**（さごろも）』……作者未詳。11世紀中葉成立。狭衣大将の恋愛物語。
>
> 『**浜松中納言物語**』……菅原孝標女（たかすえのむすめ）作ともいわれる。ロマンチックな恋愛物語。『狭衣物語』とともに『源氏物語』の影響が強い。
>
> 『**堤中納言物語**』……作者・年代不詳。短編小説集。耽美的・幻想的で，物語文学の中でも異色である。
>
> 日記：『**土佐日記**』……紀貫之（きのつらゆき）。935年，土佐守の任を終えて帰国する途中の旅日記。女性に仮託して書かれた。かな書きの日記の最初。
>
> 『**蜻蛉日記**（かげろう）』……藤原道綱母。10世紀末。夫兼家の足が遠ざかっていく女性のさびしさと母性愛，和歌に生きようとする過程を描く。
>
> 『**紫式部日記**』……紫式部。前半は随筆風の日記，後半は手紙で，和泉式部・赤染衛門・清少納言らの人物評などがある。
>
> 『**和泉式部日記**』……和泉式部。11世紀初めの著者の恋愛追想記。その情熱的な生き方がよく感じられる。
>
> 『**更級日記**（さらしな）』……菅原孝標女。1060年ころ成立。上総から希望にみちて上京するときからの日記。

『讃岐典侍日記』……讃岐典侍藤原長子。1108年ころ。宮中での出来事をたんたんと叙述する。

随筆：『枕草子』……清少納言。中宮定子の宮廷生活を描く。機智に富む。

美術

美術においても国風化の傾向が著しかったが，とりわけ浄土信仰の発達で，阿弥陀堂・阿弥陀像・来迎図など浄土教に関係の深い美術作品が多くつくられた。

建築では，住宅様式として**寝殿造**が大成された。貴族の間では，邸宅のそばに阿弥陀堂を建てて，阿弥陀像をつくることが流行した。道長の建てた**法成寺**や頼通の建てた宇治**平等院**は有名だが，前者は焼失して伝わらない。平等院は頼通が別荘を寺院としたもので，寝殿造の様式が取り入れられており，**鳳凰堂**はその阿弥陀堂である。日野法界寺（京都市）の阿弥陀堂もよく知られている。

彫刻では，**寄木造**が行われるようになった。彫刻家としては**定朝**が有名で，**平等院鳳凰堂の阿弥陀如来像**は定朝の作である。定朝は法成寺の仏像も彫刻し，法橋の僧位を得た。

> **参考　寄木造**　平安初期の一木造に代わって，数個の木で身体の各部分をつくり，これを集めて1体の像とする。像が大きくなり，注文が多くなったので行われるようになった。定朝が完成。これにより分業による制作が可能になるが，同じことは絵画でも行われていた。

絵画では，日本の風景や風俗をやわらかい筆致で描く**大和絵**が描かれた。大和絵は貴族の邸宅の襖や屛風に描かれ，画家としては巨勢広貴が知られているが，その遺品はない。阿弥陀来迎図も多くつくられ，**高野山の聖衆来迎図**は有名である。

> **解説**　平等院鳳凰堂の各扉には，九品来迎図が描かれ，日本の四季が背景として描かれている。

書道では，小野道風・藤原佐理・藤原行成が**三跡**（蹟）として有名で，平安初期の唐風に代わって，和様が完成された。道風は和様書道の第一人者として知られ，行成は道風の書風に自分の見解を入れて世尊寺流を大成し，後世の書道に大きな影響を与えた。

中世

〈総合年表〉

		政治・外交		社会・経済		文化・思想
平安時代	1068 1083 1086	後三条天皇の親政 後三年合戦（～87） 白河上皇，**院政**をはじめる	1069 1095	延久の荘園整理令 記録所設置 北面の武士設置 ○僧兵強訴		○末法思想・浄土信仰
	1156 1159 1167 1180 1185 1192	保元の乱 平治の乱　　**平氏全盛** 平清盛太政大臣 以仁王令旨，源氏挙兵 平氏滅亡 **源頼朝，征夷大将軍となる**	 1185	○日宋貿易―宋銭 　　流入 **守護・地頭設置**	 1175 1191	○『今昔物語集』 ○絵巻物流行 **文化の地方普及** ○平家納経・中尊寺金色堂 **法然**，浄土宗を開く **栄西**，臨済宗を伝える
鎌倉時代	1203 1221 1225 1232 1249 1274 1281	北条時政，**執権**となる **承久の乱**，六波羅探題設置 評定衆設置 **貞永式目（御成敗式目）** 引付衆設置 文永の役　　**元寇** 弘安の役	1221 1297	○二毛作はじまる 新補地頭設置 ○**地頭の荘園侵害** ○地頭請・下地中分 永仁の徳政令	1203 1224 1227 1253 1276	東大寺南大門金剛力士像 ○『新古今集』『方丈記』『愚管抄』 **親鸞**，浄土真宗を開く **道元**，曹洞宗を伝える ○『平家物語』 **日蓮**，日蓮宗を開く ○金沢文庫創立 **一遍**，時宗を開く
	1317 1324 1331 **1333** 1334	文保の和談 正中の変 元弘の変 **鎌倉幕府滅亡** **建武新政**（～36）	 1334	○惣領制くずれる 二条河原落書		○『徒然草』
南北朝時代	1336 1338 1378 1391 1392 1399	南北朝分立 **足利尊氏，征夷大将軍となる** 足利義満，室町の花の御所に移る 明徳の乱 南北朝合一 応永の乱	1352	**半済**施行 ○倭寇さかん **守護の荘園侵害** ○半済・守護請 ○土倉役・酒屋役の制	 1342 1356 1397	○『神皇正統記』 五山・十刹の制 ○『梅松論』『太平記』『増鏡』 『菟玖波集』 **北山文化**―五山文学・能 義満，北山に**金閣**を建立
室町時代	1401 1419 1438 1441 1467 1491	**勘合貿易開始** 応永の外寇 **永享の乱** 嘉吉の乱 **応仁の乱**（～77） 北条早雲，伊豆略定	 1428 1485 1488 1393	○明銭流入 諸国に段銭・棟 　別銭を課す 正長の土一揆 山城の国一揆 加賀の一向一揆 土倉役・酒屋役の制	 1439 1489	○『花伝書』 足利学校再興 ○東山文化―書院造・水墨画 義政，東山に**銀閣**を建立
戦国時代	 1542 1549 1568 1573	○**戦国家法**制定 ポルトガル人，種子島に漂着 **ザビエル来航** （**キリスト教伝わる**） 織田信長入京 室町幕府滅亡	1536 1542 	○城下町繁栄 天文法華の乱 生野銀山発見 ○撰銭令		○『閑吟集』

134

《中世（第4章～第5章）の学習の手引き》
1. 院政・平氏政権・鎌倉幕府の政治的・社会的・経済的基盤を考え，その変遷を発展の過程として理解しておこう。
2. 鎌倉幕府を基礎づけた御家人制・惣領制から，武士団の組織形態との異同を考え，鎌倉幕府の性格をよく理解しておこう。
3. 鎌倉新仏教が，日本仏教史のなかでどのような点において画期的だったかを理解し，それぞれの宗派の思想の異同を比較検討しておこう。
4. 商品流通が起こってくる過程を，荘園制のなかから考え，また，鎌倉幕府や室町幕府の支配組織とどのような関係があるかを理解しておこう。
5. 荘園制が崩壊していく過程を，中世の全時代を通してとらえておこう。また荘園制と郷村制・大名知行制との違いもよく理解しておこう。その場合，土地の領有権を誰がにぎっているか，耕作者はどのような性格のものか，がポイントになる。
6. 土一揆・国一揆・一向一揆などを，荘園制・郷村制などと結びつけて理解しておこう。農民がなぜ一揆を起こしたか，何を目的とするものだったか，を考えておこう。
7. 建武新政が失敗した理由を考えてみよう。また，南朝の勢力が微弱だったにもかかわらず，内乱が60年にわたった理由を考えよう。
8. 室町幕府が内紛に苦しまなければならなかった理由を考えよう。そこから，室町幕府の性格を理解しておこう。
9. 守護大名と戦国大名の違いを考えよう。そのとき，荘園に対する態度，家臣団の性格の違い，独立的な地方権力であるか否か，がポイントになる。
10. 中世の全時代にわたって，民衆が文化の創造と享受にどのように関係しているかを考えてみよう。また，室町時代の文化のうち，現在のわたしたちの生活のなかに，文化として残っているものにどのようなものがあるかを考えてみよう。

第4章 武家社会の形成

1 貴族政治の没落

(1) 院庁政権

過渡的政権　歴史は，荘園体制を根幹とし，貴族政治の時代から武家政治の時代へととうとう移りつつあった。しかし，天皇の権威にすがり，律令制の枠を最大限に利用して栄華を誇った貴族政治に対して，武家政治は，農村に勢力をはる武士を結集し，組織化することなしには達成されない。それが短時日のうちになしうるものでなかったために，過渡期政権として院政と平氏政権を生むことになる。**院政**は，その基盤を受領層の貴族と武士階級とに置き，武士階級もまだ組織化が終わらず，貴族階級もまだその没落が決定的になっていないという段階で生まれた，**上皇による専制的な政治**であった。**平氏政権**は，最初の武家政権として出発しながらも，武士の組織化が十分でないままに，あまりにも早く政権に近づいたことで，**一族の立身出世とその栄華**に目を奪われ，貴族政治の権謀術数のなかにまきこまれて，武士階級の離反を招き，足元からその権勢が掘り崩されていくことになった。そのうえで，在地の武士勢力をしっかりとにぎり，武士団の統合原理を支配原理とした鎌倉幕府が成立することになる。

後三条天皇　1068（治暦4）年，**後三条天皇**（在位1068〜72）が即位した。と同時に，藤原頼通は関白職を弟教通に譲って，宇治に引退した。後三条天皇は，三条天皇の皇女禎子内親王を母とし，醍醐天皇以来ひさしぶりに藤原氏を外戚としない天皇であった。藤原氏の摂関政治は，天皇の外戚という地位に政治的基盤があったため，後三条天皇の即位は，藤原氏の政権に大きな打撃を与えることになり，その権勢は急速に衰退していくことになった。そのうえ，後三条天皇はすでに35歳の壮年で，学問にも深く，不屈の意志をもっていたので，藤原氏の制約から比較的自由な立場で親政を行い，皇室の権威の回復をはかった。

解説　頼通は数人の養女を後朱雀・後冷泉の両天皇に入れたが，皇子の出生を

みず，後冷泉天皇の遺詔により，尊仁親王が即位して後三条天皇となった。頼通はその即位をよろこばず，後一条天皇のときに道長により敦明親王が廃太子されたのと同じ目にあうかとも見られたが，頼通には外孫がいなかったのと頼通の弟能信の後援とにより，その即位が実現した。

後三条天皇は，村上天皇の孫にあたる**源師房**を右大臣とし，**大江匡房**（1041～1111）らを登用して，政治の改革にあたった。国司の成功・重任を禁止し，倹約を令し，以後長く標準となった延久の**宣旨枡**を定めたなどであるが，とくに**延久の荘園整理**は重要で，後三条天皇親政の性格をよく示すものであった。

解説 源師房には『叙位除目抄』，大江匡房には『江次第』の著書がある。このような有職故実の学者を登用したことは，後三条天皇が皇権回復をねらっていることを示すものであろう。

1069（延久1）年，荘園整理令が発せられ，大江を長に**記録荘園券契所**（記録所）が新設されて，その仕事にあたることになった。摂関政治のもとでの摂関家への寄進地系荘園の集中は，国衙領の減少を招き，受領の不満を増大させていたのだった。天皇は国司を歴任して地方の事情に明るい者を記録所の職員（寄人）に登用し，かなり徹底した荘園整理を行った。摂関家の荘園も例外ではなかったが，それは荘園制の廃止を意味するものではなく，停止された荘園は多く皇室領に組み込まれ，以後，**後三条天皇勅旨田**をはじめとする皇室領が急増し，荘園制が再編成されて確立したことを意味した。

解説 延久の荘園整理令は，①1045（寛徳2）年以後の新立荘園の停止，②それ以前のものでも券契（証拠書類）の明らかでない荘園の停止，③公田をかすめとったものの停止を内容とするもので，荘園領主から券契を提出させ，記録所でそれを審査した。前関白頼通は強硬に反対し，『愚管抄』には摂関家の荘園を除いたと伝えるが，実際には摂関家も券契を提出し，停止された荘園が出た。また，記録所を新設して荘園整理を行ったことは，従来の国司を経由して行った荘園整理に新機軸を打ち出したものであった。

後三条天皇は，1072（延久4）年に**白河天皇**（1053～1129，在位1072～86）に皇位を譲って実仁親王を皇太子とし，まもなく**院庁**を開設してみずから政務をとる意志を示したが，翌年病死した。1086（応徳3）年，実仁親王が病死すると，白河天皇は皇位を堀河天皇（在位1086～1107）に譲り，上皇として政治をとることとした。ここに**院政**が開始される。

参考　後三条天皇の譲位　譲位が院政開始の意図であったとする説，病気によるものだとする説があるが，藤原氏に対する政策によるとの説もある。後三条天皇は，藤原能信の養女茂子を母とする貞仁親王（白河天皇）を皇太子としたが，摂関家の嫡子関白師実の養女賢子が東宮妃となったので，賢子に男子が生まれ，その子が皇太子，ついで天皇となるのを避けるために，貞仁親王を天皇とし，藤原氏と関係のないわずか2歳の実仁親王を皇太子にしておく必要があったのである。後三条天皇は，実仁親王の次にはその同母弟の輔仁親王を皇太子にしようとしたが，白河天皇は実仁親王が死ぬと，自分の子の堀河天皇を立て，後三条天皇の政治を継承する気はなかった。

注意　院庁を開設したのは後三条天皇であって，白河上皇ではない。

院政の性格

退位した天皇を**上皇**（太上天皇の略）というが，上皇の御所を**院**ということから，上皇のことを院ということもある。また，上皇が出家したときには**法皇**という。この上皇が院庁を開き，天皇に代わって政治を行う政治形態を**院政**といい，白河天皇が譲位した1086（応徳3）年から平氏が滅亡する1185（文治1）年ころまでを，**院政時代**と呼んでいる。

参考　上皇と院政　それまでも，上皇が政治に関与した例として，持統・聖武・孝謙・平城上皇などがあげられるが，それらは永続的・固定的な政治形態であったのではなく，院庁のような特有の政治機関をもつものでもなかったので，院政とは区別される。院政の場合も，白河上皇はそれほどはっきりした目的をもって出発したわけではなかった。堀河天皇が13歳の年少だったこと，藤原師実が摂政となったが，すでに摂関の地位は名目的なものとなっていたことなどによって，上皇が自然に政務に関係し，しだいに強化されていったものである。院は，白河・鳥羽・後白河と受け継がれ，鎌倉時代に入って，後鳥羽上皇が院政を行ったが，1221（承久3）年の承久の乱で，院政は実質を失った。その後も鎌倉時代を通して院政は存続し，建武新政を迎えるが，南北朝時代には北朝で院政が行われている。その後中絶したが，江戸時代のはじめに後陽成上皇が復活させ，光格上皇の死んだ1840（天保11）年まで，形のうえでは，院政が存続した。

摂関政治では天皇の母方の親族によって政治が行われたのに対して，院政では，天皇の父方の親族によって政治が行われることになった。それは家父長制的な傾向が強まっていた当時の情勢とも対応しており，摂関政治と同じく，院

政も私的な権力による政治であったことを示している。しかし，摂関政治が天皇の権威に依存し，外戚という偶然の条件に左右されたのに反し，院政では，上皇がいったん天皇を経由していることによって，天皇の権威を体現していた。また，天皇が律令に拘束されざるをえなかったのに対して，上皇は律令を超越して専制的な権限をふるうことができた。上皇が「治天の君」と呼ばれたことは，それをよく示している。

院政時代には，政所と同じく家政機関であった**院庁**で政治が行われ，院庁の下す**院庁下文**や**院宣**が政治的効力をもつようになった。院庁の役人を**院司**というが，かれらは上皇と私的に結びついて寵臣となった者で，**院の近臣**と呼ばれた。院の近臣は，受領層の貴族や村上源氏などによって構成されていた。

院政を支えたのは，**受領層**の貴族と**武士**であった。摂関政治の時代には，寄進地系荘園が摂関家に集中し，公領をかすめとっていったために，受領は摂関政治に激しい不満をいだき，摂関家と対立的な関係に置かれていたから，院政という新しい政治形態に，その擁護者をみたのであった。かれらは身分的には中級以下の貴族ではあっても，数カ国の受領を歴任して巨富を蓄えた新興貴族層で，一族や郎党を率いて任国に赴き，国司の定任化も行われるようになって在地的な支配力を強め，荘園・公領を問わずに収奪をほしいままにすることになった。

院と結んだ受領層が，院の権威を背景に国衙領の拡大をはかり，荘園増大の防止や既存の荘園の停止を行ったりしたため，大荘園領主である寺院との対立が頻発することになった。このころの寺院は世俗化し，多くの荘園を所有していたが，荘園への侵略を防いだり，年貢を取り立てたりするために武力をもつことが必要となり，**僧兵**という武装集団を蓄えていた。荘園をめぐっての紛争で満足な解決が得られないと，僧兵たちは集団で京都に乱入して**強訴**を行ったが，検非違使の力ではそれをおさえることができなかったので，院は武士を動員してこれにあたらせることになった。はじめ白河院は**北面の武士**を置いて院の警衛にあたらせたが，しだいに強化され，武士は，受領層とともに院政を支える一方の基盤となっていった。そこでは，伊勢平氏がとくに重用された。

> **僧兵** 『源平盛衰記』によれば，白河法皇は，「鴨河の水，双六の賽，山法師はわが心にかなわぬもの」となげいたという。この言葉は，院の専制的性格をよく示すものであるが，一方で，寺院の勢力の強さをもよく示すものである。白河・鳥羽・後白河の3上皇はいずれも仏教をあつく信仰し，出家して

第4章　武家社会の形成　139

法皇となったが，財力をつくしてさかんに寺院建立や仏像鋳造を行い，また，しばしば高野・熊野などに参詣した。このような手厚い保護を受ける一方で，寺院は世俗化していったのである。当時の寺院には，学侶と呼ばれる本来の僧侶と，堂衆と呼ばれる雑役をする下級の僧侶とがあったが，僧兵は，後者が武装し，荘園の武士などを率いて結集されたもので，僧兵の力が強くなると，寺院の統制者である別当や座主の命令もきかなくなり，寺院同士の争いや寺院内の争いにも乗り出した。強訴のなかでは，南都・北嶺と並び称された興福寺・延暦寺のものがもっともおそれられ，興福寺は春日神社の神木を，延暦寺は日吉神社の神輿をかついで入洛した。

院政の政治的基盤が上皇の権威，社会的基盤が受領層と武士にあったのに対し，経済的基盤は**荘園**と院分国と呼ばれた**知行国**にあった。

荘園整理は延久以後もしきりに行われ，受領もしばしば荘園を廃絶したから，摂関時代に摂関家へ荘園が集中したのと同じように，荘園は院に集中することになり，**長講堂領**・八条院領をはじめとする皇室領が急速に集積されていった。

解説　この時代に立てられた荘園は「三代御起請符地」と呼ばれて，特別に保護が与えられた。

院への荘園集中により荘園制は再編成され，再寄進によって領主権は複雑に分化していった。国衙領も名を単位に編成されて，荘園と変わらないものになり，知行国制が一般化した。知行国とは，皇族・貴族などに一定の国を与えてその収入を収得させるもので，国司制度が完全に行政より収入に重きが置かれるようになったことを意味し，院自身も多くの知行国をもっていて，その財源とした。

解説　知行国を与えられた者を**知行国主**という。知行国主は，その一族などを国守に推薦して任命してもらい，別に目代を現地に送って国務にあたらせ，その国の租税を自分の収入とした。

この時代には，売位売官の風がいっそうさかんとなり，成功がしきりに行われた。

院政の展開

白河上皇（法皇）は，堀河・鳥羽・崇徳3天皇の43年間にわたって院政を行い，院の近臣を受領に任じ，知行国制の推進をみた。ついで，**鳥羽上皇**（法皇）は1129（大治4）年から崇徳・近衛・後白河3天皇の28年間にわたって院政を行った。白河法皇も，藤原忠実，ついで子忠通を関白としたが，院と摂関家との対立が見られたのに対し，鳥羽院政期に

は，摂関家も院の近臣化するに至り，忠実が子頼長と並んで勢力をもつことになった。鳥羽法皇が死ぬと，**後白河上皇**（法皇）が1158（保元3）年から二条・六条・高倉・安徳・後鳥羽の5天皇，足かけ35年にわたって院政を行い，権謀術数にたけた専制君主としてふるまったが，その間に，保元の乱に続く平治の乱による平氏政権の成立と源平争乱による鎌倉幕府の成立とを見て，政権は貴族や院の手を離れ，武士の手にわたっていくことになった。

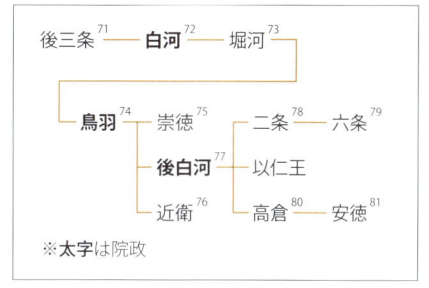

No.59　皇室系譜⑥

```
後三条71 ─ 白河72 ─ 堀河73
                    │
        ┌───────────┘
        鳥羽74 ┬ 崇徳75   ┌ 二条78 ─ 六条79
               │          │
               ├ 後白河77 ┼ 以仁王
               │          │
               └ 近衛76   └ 高倉80 ─ 安徳81
```

※**太字**は院政

(2) 平氏政権

武士団の統合　11世紀を通じて，全国各地で武士団が成長し，12世紀半ばころにかけて武士団の統合が進展し，大武士団が形成されることになった。

　田堵・名主層や開発領主たちは，在庁官人になったり，あるいは荘官として土地に対する支配力を強めつつあったが，農業生産から離れて，しだいにそれらの土地を「所領」として支配する在地領主的な性格をもつようになった。このようにして成立する中小武士団は，武蔵七党にも見られるように**同族的結合**により組織されていたが，「貴種」として尊敬された清和源氏や桓武平氏のもとに統合され，それを武士の棟梁とあおぎ，その間に**主従関係**をつくりあげ，大武士団を形成することになった。武士の棟梁である大武士団の長は，中小武士団の首長をその家人・郎党として，上下の階層関係を築きあげた。

　清和源氏では，後三年合戦（1083～87）で功をあげた源義家が東国武士団との結びつきを強め，1098（承徳2）年には白河法皇により院の昇殿を許されて，中央政界にも進出することになったが，義家の子**源義親**が1101（康和3）年に九州で乱を起こして，のちに平正盛に追討（源義親の乱）されて以来，源氏の勢力は急速に衰運に向かった。義親の孫**源義朝**（1123～60）は相模に居住して，東国武士への支配を強め，勢力の立て直しをはかって，関東地方に抜きがたい勢力をつくりあげた。

　中央で源氏の勢力が衰えているときに，その中央で勢力を伸ばしてきたのが，桓武平氏のなかの**伊勢平氏**であった。関東に培った平氏の勢力は，1028年の

No.60　平氏系図②

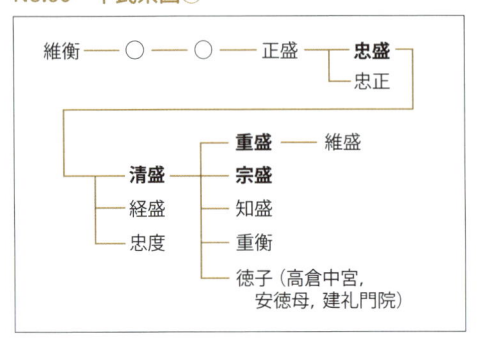

```
維衡 ─ ○ ─ ○ ─ 正盛 ┬ 忠盛
                    └ 忠正

         ┌ 重盛 ─ 維盛
         ├ 宗盛
    清盛 ┼ 知盛
    経盛 ├ 重衡
    忠度 └ 徳子（高倉中宮,
              安徳母, 建礼門院）
```

平忠常の乱以後,源氏に取って代わられ,平氏の一族は四散し,関東に残った平氏は源義朝の家人となったりしていたが,平将門の乱（935～40年）で将門を倒した平貞盛の子維衡が伊勢に土着したのが,伊勢平氏の起こりである。正盛のころ,伊勢・伊賀に所領を広げ,白河上皇が建立した六条院のために所領を寄進して,北面の武士となり,院と結びついていった。院も,後三年合戦の後,多くの土地を寄進されて,急速に勢力を広げつつあった源氏を排除するため,積極的に平氏を取り立てたので,平氏はたちまち中央政界に進出することになった。正盛は源義親を追討して武名をあげ,正盛の子の**平忠盛**（1096～1153）は,美作・播磨などの国司を歴任して富裕となり,しばしば瀬戸内海の海賊を追討して武功をあらわし,1132（長承1）年には鳥羽上皇によって**院の昇殿**を許されるまでになった。こうして,平氏は正盛・忠盛の2代にわたって院と密接に結びついて院の近臣化し,西国の国司を歴任して,瀬戸内海地方に勢力を植えつけていった。

保元・平治の乱

院政が展開し,院が専制的に政治を行うようになると,院政を行う上皇と,天皇または他の上皇との間に争いが起こるようになった。また貴族にしても,院の寵を失うとただちに政界から失脚するはめになるので,貴族の間の争いも激しくなり,複雑になった。こうして起こったのが,1156（保元1）年の**保元の乱**であった。保元の乱は,**後白河天皇**（在位1155～58,院政1158～92）と**崇徳上皇**との争いに,院の近臣化していた摂関家の**藤原忠通**（1097～1164）と弟の**藤原頼長**（1120～56）との争いがからまって起こったもので,源義朝・平清盛の軍事力によって後白河天皇が勝利を収めた。

解説　白河法皇のとき,藤原忠実は院とおりあわずに,関白職を子の忠通に譲って宇治に引退したが,鳥羽上皇の院政になると再び出仕し,才識にすぐれていた子の頼長を愛して,忠通から関白を奪おうとし,頼長を氏長者とした。一方,崇徳上皇は鳥羽法皇により近衛天皇に譲位させられたため激しい不満を抱いていたが,1155（久寿2）年に近衛天皇が死んで

後白河天皇が即位すると、子の重仁親王が即位する希望もなくなった。忠通が近衛天皇の死は忠実・頼長の呪いによるものだとのうわさを広めたため、鳥羽法皇は忠実・頼長を嫌うようになった。こうして、失意のうちにあった崇徳

No.61 保元の乱

勝者	敗者	続柄	処置
後白河天皇	**崇徳上皇**	兄	配流
藤原忠通	**藤原頼長**	弟	戦死
平清盛	平忠正	叔父	死刑
源義朝	源為義	父	死刑
	源為朝	弟	配流

太字は乱の原因となった主謀者。続柄は勝者から見た敗者に対する関係。

上皇と頼長が結びつき、後白河天皇と忠通が結びついていった。翌1156（保元1）年に鳥羽法皇が死ぬと、後白河天皇・忠通方は源義朝・義康・頼政・平清盛・惟繁らの武士を召集し、崇徳上皇・頼長方は源為義・為朝・為仲、平忠正・家弘らの武士を召集した。天皇方は義朝の献策により上皇方に夜襲をかけ、戦闘は1日で終わった。上皇は讃岐へ配流、頼長は戦死し、上皇方の武士の大部分は斬られた。保元の乱は、父子・兄弟などが互いに敵味方に分かれて戦い、日本史上でももっとも凄惨な戦乱のひとつである。

なお、死刑は810年の薬子の変以後、公の刑罰としては行われていなかったが、このとき復活した。

保元の乱は、貴族の争いに武士の戦闘力が利用されたものであったが、乱の結果、武力の役割が、貴族にも武士自身にも、強く認識されるようになった。

乱後、1158（保元3）年に後白河天皇は二条天皇に譲位して、院政を行うことになった。後白河院政の開始は、貴族の間に再び複雑な政争を巻き起こした。また、武士の間でも、保元の乱で父為義を斬らねばならなかった**源義朝**と忠盛の子**平清盛**（1118〜81）とが激しく争い、それぞれ院の近臣の**藤原信頼**（1133〜59）と**藤原通憲**（信西、1106〜59）と結んでするどく対立するようになった。こうして、1159（平治1）年に起こったのが**平治の乱**で、戦いは清盛の勝利に終わった。

解説 藤原通憲は才識にすぐれ、保元の乱の処理にも才腕を発揮したが、家柄が低かったので出世できず、妻が後白河天皇の乳母であったことを利用して、やっと近臣になることに成功した。源義朝は、保元の乱での功績が平清盛を上回りながら、右馬権頭になっただけで、父の助命も許されず、一家は壊滅的な打撃を受けた。それに反して、清盛は播磨守になり、

No.62　源氏と平氏

年代	935～941	969	1028～1031	1051～1062	1083～1087	1107	1156	1159	1180	1185
〔事件〕	承平・天慶の乱	安和の変	平忠常の乱	前九年合戦	後三年合戦	源義親の乱	保元の乱	平治の乱	源氏挙兵	平氏滅亡

〔桓武平氏〕
高望─国香─**貞盛**─維衡─○─○─**正盛**─忠盛─清盛─重盛─維盛
　　　└○─将門　　　　　　　　　　　　　└忠正　└宗盛
　　　└○─忠常　　　　　　　　　　　　　　　　　└知盛
　　　　　　　　　　　　　　　　　　　　　　　　└徳子

〔清和源氏〕
経基─**満仲**─頼光─○─○─○─　　　─頼政
　　　　　└頼信─頼義─義家─義親─為義─**義朝**─**頼朝**
　　　　　　　　　　　　　　　　　　　　　├範頼
　　　　　　　　　　　　　　　　　　　　　├**義経**
　　　　　　　　　　　　　　　　　　　　├○─義仲
　　　　　　　　　　　　　　　　　　　　└為朝

〔関連人物〕
　　　　　　　　源高明
　　藤原秀郷─千晴
〔安倍〕頼時─貞任
　　　　　　武則─○─家衡
〔清原〕
〔奥州藤原〕清衡─基衡─秀衡─泰衡
〔天皇〕後白河─以仁王
　　　　崇徳
〔藤原〕**忠通**─信頼
　　　　頼長　通憲

勝者は**太字**，敗者は■■で表わしたが，平治の乱は勝敗を◎●で表わしている。治承～文治の源平争乱は，勝敗が複雑なので別個に整理されたい。なお義家は前九年合戦にも出陣している。

一族まで恩賞を受けたので，激しい不満を抱いた。義朝は通憲と結ぼうとしたが，通憲はかえって清盛と近づき，義朝は通憲と対立的な関係にあった藤原信頼と結ぶことになった。1159年，義朝は清盛の熊野参詣のすきをねらって挙兵し，通憲を殺したが，急を聞いてかけつけた清盛の軍に敗れ，信頼は斬られ，義朝も東国に落ちようとしたが，途中で殺された。また，義朝の子弟の多くが殺されて，源氏は決定的な打撃を受けたが，頼朝だけは一命を許されて伊豆に流された。なお，この乱の結果，二条天皇の親政派が力を取り戻し，後白河院の力は一時弱まった。

　保元の乱と平治の乱は形のうえでは似ているが，保元の乱では，皇室や貴族の政争に武士の力が利用されたものだったのに対して，平治の乱では，源平2つの武士団の対立抗争が基本的な原因で，それに貴族の政争がからまって起ったものだった。ここに，歴史の動きを見ることができる。この乱の結果，源氏の勢力は一掃され，平清盛は「武門の棟梁」として地位を確保した。また，後白河院と二条天皇の間が不調だったこともあって，院は清盛との結びつきを

強め，清盛は参議となり，武士としてはじめて公卿に列し，中央政界にめざましい進出を見せて，平氏政権への道を開くことになった。

> 解説　清盛は平忠盛の嫡男とされているが，実際には，白河法皇の子だったと考えられている。このことが，清盛の異常な昇進が可能となった原因のひとつである。

平氏の全盛

平清盛は，平治の乱の戦功によって，参議・正三位となったが，さらに1167（仁安2）年には太政大臣となった。それにともなって，一族も栄達して高位高官を独占し，「一門の公卿十六人，殿上人三十余人，諸国の受領・衛府・諸司都合六十余人」（『平家物語』）といわれるまでになった。さらに，清盛は忠通の子藤原基実と娘盛子を結婚させて摂関家との結びつきをはかり，高倉天皇（在位1168～80）の中宮に娘徳子（建礼門院，1155～1213）を入れ，皇子が生まれると，わずか3歳で即位させて安徳天皇（在位1180～85）とし，外戚の地位を確保した。

> 解説　藤原基実がやがて病死して弟の基房が摂政になると，清盛は摂関家領を分割して，その一部を基房に与え，平氏が摂関家領を支配する道を開いた。摂関家が基実系と基房系とに分かれたあと，弟の兼実も摂政となり，摂関家は，基実系の近衛家と兼実系の九条家に分立することになった。

平氏政権の経済的基盤は，荘園・知行国と日宋貿易にあった。荘園は500余所にのぼったといわれ，本来の平氏所領のほかに，平治の乱で相手方から奪ったものや，摂関家から押領したものがあった。日本全体の半数に及ぶ30余国が平氏の知行国となったといわれ，平氏は，知行国主として一門で受領を独占し，その租税を収得した。日宋貿易はすでに忠盛がこれを管理しようとしているが，清盛は音戸の瀬戸を開掘して瀬戸内海航路を改修し，摂津の大輪田泊（兵庫）を修築して，宋船の渡来をはかり，貿易の利をおさめた。

> 解説　従来も，宋船は博多に来航し，大宰府で私貿易が行われていた。
> 平氏による日宋貿易は，万事に消極的になっていた貴族の激しい非難を浴びたが，忠盛・清盛はそれを押し切り，1173（承安3）年に，清盛は宋からの国書に対して返書を送っている。日宋貿易の結果，多くの宋銭が流入され，商品流通を促進することになった [→p.174]。

平氏政権は，その邸宅が京都六波羅にあったので，六波羅政権ということもあるが，政治的には，律令官制の高位高官を独占し，天皇の外戚としての関係を確保して，経済的には，荘園や知行国にその基盤を置くというように，武士

第4章　武家社会の形成

出身の政権でありながらも，摂関政治や院政を踏襲し，独自の権力機構をつくることをせず，古代的な性格がきわめて濃厚であった。清盛の政治には，武力を背景とする武断的・独裁的な傾向が強かったが，その武力も，一族である家子と，正盛以来，西国の国司を歴任する間に組織した郎党のものであって，源氏が地方の武士団と統合し，強い主従関係をつくりあげていったのとは異なっていた。

> 解説　このように，平氏政権は，武士政権というよりも貴族化した政権というべきであったが，日宋貿易を積極的に推進するなど，古代政権になかった新しい面がなかったわけではない。知行国には一門を国守としたが，のちには在地の豪族を任命したこともあるし，荘園には家人を地頭として派遣した例もあった。それは荘園領主の「私の芳志」によるもので，私的なものであったが，鎌倉幕府の地頭制度の先駆的な意義をもつものであった。

平氏の孤立

平氏が権勢をふるい，政治をほしいままにすると，それに反発して，平氏と対立して抵抗しようとする動きも起こった。高倉天皇が即位して，平氏を中心とする宮廷勢力がつくられてくると，後白河法皇との対立も目立ってきた。この院と平氏との抗争に加えて，寺院勢力の存在が，抗争を複雑なものとした。比叡山延暦寺は，平氏と近い関係にあったが，院は策謀をめぐらせて両者を対立させようとし，同寺内での学侶と堂衆の争いが激化した。このようななかで，1177（治承1）年に院の近臣による平氏打倒の陰謀である**鹿ヶ谷事件**が起こった。

> 解説　鹿ヶ谷事件は，藤原成親・西光・僧俊寛・平康頼らが，京都東山の鹿ヶ谷に会合して平氏打倒の計画を練ったが，事前に発覚して，関係者に捕らえられ，厳罰に処せられた事件である。この事件で，後白河法皇は有力な近臣の多くを失った。

鹿ヶ谷事件の後，後白河法皇と平氏との対立はますます深まり，平氏は反平氏勢力をいっそう強圧したが，院も反平氏の態度を強めていったので，1179（治承3）年，清盛は数千の兵を率いて上京し，後白河法皇を鳥羽殿に幽閉して院政を停止し，太政大臣師長をはじめ院に近い39人の官を奪い，平氏による独裁体制をつくりあげ，さらに翌年には，清盛の娘徳子の生んだ3歳の安徳天皇を即位させて，その地位を確立した。

しかし，この強圧策は，かえって貴族層の反平氏勢力を法皇のもとに結集さ

せることになった。武門の棟梁としての平氏に期待を寄せていた全国の武士も、平氏が知行国の国守に一門を任じたためにその期待を裏切られ、しだいに離反していった。また、安徳天皇に譲った高倉上皇が、平氏に関係の深い厳島神社に参詣したため、園城寺・興福寺・延暦寺などが反対し、諸寺院が連合して平氏に敵対するようになった。高倉上皇が帰京すると、**源頼政**（1104～80）は、後白河法皇の皇子**以仁王**（1151～80）を奉じて平氏打倒の兵を挙げ、諸国の源氏にも王の令旨が伝えられた。頼政と以仁王は、平氏の追撃にあって宇治に敗死したが、源頼政の挙兵に驚いた清盛は、寺院勢力の圧力に不安を感じて、突如としてその本拠である**福原**（兵庫県）に遷都した。しかし、周囲の反対が強く、以仁王の令旨に応じて各地の源氏が決起したので、半年足らずで京都に帰り、平氏は完全に孤立していった。こうして、安徳天皇の即位にはじまり、平氏政権が確立したかに見えた1180（治承4）年は、頼政挙兵・福原遷都から各地の源氏の挙兵を見、政権も後白河法皇に返上して、完全に反平氏勢力に取り囲まれ、平氏打倒の声におびえながら終わることになった。

(3) 平安末期の文化

文化の性格　貴族政権の没落から院政の成立、さらに平氏の全盛からその滅亡とめまぐるしく移っていった歴史の変動は、そのまま多くの人々の浮沈と結びつく厳しい体験を与えたため、歴史に対する関心や反省が生じて**歴史意識**が深まり、歴史物語や戦記文学が書かれ、絵巻物が描かれることになった。

　文化の基調は、依然として国風化した貴族文化ではあったが、一方で、武士の興起という事態を迎えたことは、武士が地方に在住するものであったため、**文化の地方普及**という現象をもたらし、また、それが新興勢力の台頭という事態を意味するものであったために、新たに民衆が文化の荷担者となり、**民衆文化の芽生え**が見られることになった。

浄土教の発達　転変きわまりない歴史の変動と僧兵の横暴に象徴的にあらわれた寺院の堕落は、「末法の世」であるという思いをひとしおいだかせることになり、その間をぬって、浄土教がますます広がっていった。救いを求める僧侶は、寺院を離れて聖となり、草庵に住み、念仏を広めた。12世紀初めの**良忍**はその一人で、大原に住んで融通念仏を唱え、**法然**（源空、1133～1212）は京都の吉水に庵室を結び、専修念仏を唱えて、1175（安元1）

第4章　武家社会の形成　147

年に浄土宗を開き,『選択本願念仏集』を著した [→p.182]。

解説 良忍は,念仏はすべてのものに融通し,1人が念仏すれば他人も往生できると説いた。しかし,融通念仏は,一緒に多くの人が称名し,その声がとけあってひとつになることに救いを見るものでもあり,一種のシャーマニズムに妥協したものであったともいえる。

　浄土教の普及により,西方浄土に往生した人の伝記を集めた**往生伝**が相次いで編纂されることになった。すでに平安中期に,慶滋保胤の『日本往生極楽記』がつくられているが,この時代には,大江匡房の『続本朝往生伝』,三善為康の『拾遺往生伝』などがつくられた。

文学・芸能

　この時代の文学は,歴史物語と戦記文学・説話文学に代表される。**歴史物語**は歴史意識の高まりをふまえ,藤原時代の回顧と反省によって生まれたもので,物語文学のあとをひくものであった。『**栄華物語**』と『**大鏡**』が知られている。**戦記文学**は,荒々しい武士の時代の到来を物語るもので,『将門記』のあとを受けて,この時代に『**陸奥話記**』がつくられた。**説話文学**は,武士や民衆の生活が題材に取り上げられるようになったもので,平安初期に『日本霊異記』がつくられていたが,この時代には『**今昔物語集**』がつくられて,貴族・僧侶だけでなく武士・庶民・盗賊など国民各層の生活を生き生きと描き出した。

　民衆文化が貴族の文化にも影響を及ぼしたことをよく示すものに芸能がある。農民が田植えのときに笛などに合わせて踊ったことからはじまった**田楽**が,猿楽の影響を受けて貴族にもてはやされた。これにともない,**催馬楽**や**今様**などの俗謡が流行した。後白河法皇はそれを習って当時第一級の歌い手となり,それらを収録して『**梁塵秘抄**』をつくった。

整理 **平安末期の文学**　ジャンル別では,歴史物語・戦記文学・説話文学に大別される。

　『**栄華物語**』……歴史物語。40巻。赤染衛門(11世紀前半)の作ともいわれる。道長の栄華を中心に,宇多〜堀河天皇の歴史。編年体。国文。

　『**大鏡**』……歴史物語中の白眉。8巻。著者未詳。道長の栄華を中心に,藤原氏全盛時代を描く。大宅世継と夏山繁樹という老人が語る形式で,世継物語ともいう。回顧にふけるだけでなく,批判もするどい。列伝体。国文。『水鏡』『増鏡』とともに三鏡という。

　『**今鏡**』……歴史物語。著者未詳。1170(嘉応2)年成立か。『大鏡』を模倣。

- 『陸奥話記』……戦記物語。著者不明。前九年合戦を題材。戦記物の先駆。漢文。
- 『今昔物語集』……説話集。31巻。著者不明。はじめの5巻は天竺（インド），次の5巻は震旦（中国），11巻以後は本朝の説話を収める。各説話とも「今は昔……」と書き出すのに書名は由来。仏教説話が多く，僧侶が民衆に布教するときに使用したものと思われるが，本朝の部に世俗・合戦・霊鬼など当時の生活がよく描写され，史料としても貴重。
- 『梁塵秘抄』……歌謡集。後白河法皇。20巻だが，巻1の一部と巻2のみ現存。当時の風俗・思想を知るのに貴重。

美術・工芸

地方豪族が勢力をもち，富と繁栄を誇ったことで，京都へのあこがれもあり，京都の貴族文化が地方に移植され，地方に寺院などが建立されることになった。奥州藤原氏は平泉（岩手県）を中心に繁栄し，その跡は**中尊寺金色堂**に残されている。西には平氏一門が崇敬した**厳島神社**があり，平清盛が造営した当時の規模を今日に伝えている。そのほか，豊後（大分県）の富貴寺大堂など，地方に当時の文化をしのばせるものが多く残っている。

奥州藤原氏 後三年合戦ののち，平泉を中心に栄えた奥州藤原氏は，清衡のとき中尊寺，基衡のとき毛越寺，秀衡のとき無量光院を建立した。中尊寺は，寺塔40余，坊舎300余を数えたという。現在，当時の遺構としては3間四方の金色堂を残すにすぎないが，金色堂は内陣のすべての壁に金箔を押し，阿弥陀如来をまつって，その繁栄をしのばせる。壇下には，清衡・基衡・秀衡3代の遺骸（ミイラ）が安置されている。

絵画では，**絵巻物**がさかんにつくられた。絵巻物は，詞書と絵をつらねて，物語の発展を示す手法で，時間の経過を追って描かれ，また民衆がきわめて個性的に描かれるようになり，歴史の激動にともなう歴史意識の高まりと個性尊重の風をよく示している。有名なものに，**源氏物語絵巻・信貴山縁起絵巻・伴大納言絵詞・鳥獣戯画**などがある。そのほかに，平氏一門が厳島神社に奉納した**平家納経**（厳島納経ともいう）は，平氏一門32人が1巻ずつ筆写したもので，料紙などの絵をはじめ，当代芸術の粋が集められている。また四天王寺の**扇面古写経**の下絵には，京都の民衆が描かれている。

> **参考** **絵巻物** 一方を広げながら一方をまきかえしつつ見るもので，見ている画面は一定の幅しかなく，そこに時間の経過をたどることができるという手法。源氏物語絵巻では，人物も類型的で，画面も動きに乏しいが，応天門の変をあつかった伴大納言絵詞や信貴山の縁起を描いた信貴山縁起絵巻では，人物は個性的でその特徴がよくとらえられ，画面もきわめて躍動的である。鳥獣戯画は，天台座主覚猷（鳥羽僧正，1053～1140）の作と伝えられ，蛙・兎などをたくみに描き，当時の僧侶を批判したものといわれている。

2 武家政権の成立

(1) 鎌倉幕府の成立

武家政権 律令体制のもとでは，中央政府が派遣した国司が大きな権限をにぎり，地方豪族から任命された郡司・郷司などを媒介として国内の支配にあたっていたのだが，10世紀を転機に，国司が徴税吏と化し，班田制が崩壊して私有地が激増してくると，より厳しい収奪を行おうとする国司と，農民のもつ狭い私有地を集積したり，みずから開墾を行ったりした郡司級の地方豪族との対立が目立ってくる。寄進地系荘園は，そのような国司による収奪から免れるために生じたものだが，一方で，地方豪族にとっては，国衙の役職につくことが自分の領地を確保し拡大していくために有利なことであった。かれら地方豪族は，その領地を他の豪族や国衙から守るために武装して武士化するが，また地方の追捕使・押領使などの職について在庁官人といわれていた。

その間，政治形態としては摂関政治から院政を経て平氏政権へと転換していった。国衙の私領化は急速に進み，その間に知行国制などがあらわれる。受領（国司）は，院政や平氏政権のもとでも，より激しい収奪を行ったから，地方領主にとっては一瞬の気の休まるときもなかった。武士出身の平氏が政権をにぎったとき

No.63 支配組織の比較

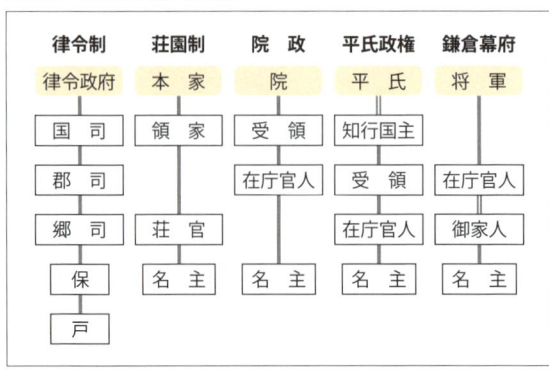

律令制	荘園制	院政	平氏政権	鎌倉幕府
律令政府	本家	院	平氏	将軍
国司	領家	受領	知行国主	
郡司	荘官	在庁官人	受領	在庁官人
郷司			在庁官人	御家人
保	名主	名主	名主	名主
戸				

に，かれら武士は大いに期待をいだいたが，知行国主としての平氏がその一門を受領に任命したので，失望していった。

鎌倉幕府は，そのような在地の勢力を掌握したことに，その成立の意味があった。その創立者である源頼朝は，中央から派遣された目代などの勢力を追い払って，地方武士の不安を除き，地方武士と主従関係を結んで御家人とし，その本宅・本領を安堵した。だから，鎌倉幕府の成立は，武士がはじめて古代権力からの誅求から免れ，土地の領有権が公認されることを意味したのである。

No.64　1183（寿永2）年の情勢

・・・・・ 源頼朝の行動
――― 源義経の進路
・・・・・ 源義仲の進路
――― 源範頼の進路

源頼朝の勢力範囲
源義仲の勢力範囲
平氏の勢力範囲
奥州藤原氏の勢力範囲

平氏の滅亡

1180（治承4）年，**源頼政**が後白河法皇の皇子である**以仁王**を奉じて挙兵し，王の令旨が諸国の源氏に伝えられると，伊豆に流されていた義朝の嫡子である**源頼朝**（1147〜99）は妻政子の父**北条時政**（1138〜1215）の援助を得て挙兵した。頼朝は石橋山で戦って敗れたが，千葉介常胤・上総介広常ら在地豪族を結集して勢力を回復し，源氏にゆかりの深い**鎌倉**に入り，平維盛を将とする平氏の討伐軍を富士川で破ったあとも，東国の経営に専心して短期間のうちに東国のほぼ全域を支配下に収め，鎌倉殿と呼ばれるようになった。

頼朝の挙兵に続いて，信濃（長野県）では**源義仲**（1154〜84）が挙兵し，維盛の敗戦以後は，各地の武士が反乱を起こし，物情騒然となった。清盛は園城寺・興福寺・東大寺を焼き打ちするなど，態勢を立て直そうとしたが，翌1181（養和1）年に清盛は死に，**平宗盛**が平氏を率いることになった。

この年から翌年にかけてまる2年近く，全国的に養和の大飢饉と呼ばれる天候不順で，兵農一致のこの時代には大軍の動員がままならず，戦乱は一時停滞したが，1183（寿永2）年になると，義仲は北陸から軍を進めて京都に入り，平氏は安徳天皇を奉じて西国に落ちていった。こうして，この年の秋ころには山陽・南海・西海道に平氏，京都・北陸・山陰道に義仲，東海・東山道に頼朝が勢力をもって均衡を保つことになった。

第4章　武家社会の形成　151

No.65　平氏滅亡の過程

年代	主要事件
1180（治承4）	4.9　以仁王の令旨を諸国に伝える
	22　安徳天皇即位
	5.21　源頼政挙兵
	26　宇治川の戦い，以仁王・源頼政敗死
	6.2　福原遷都
	8.17　源頼朝，伊豆で挙兵
	23　石橋山の戦い
	9.7　源義仲，信濃で挙兵
	10.6　源頼朝，鎌倉に入る
	20　富士川の戦い
	11.17　頼朝，侍所設置
	12.18　清盛，後白河院に院政再開を奏請
	28　平重衡，東大寺・興福寺を焼き打ち
1181（養和1）	閏2.4　平清盛没
1182（寿永1）	前年から全国的凶作，飢饉
1183（寿永2）	5.11　倶利伽羅峠の戦い
	7.25　平宗盛ら，安徳天皇を奉じて西走
	28　義仲入京
	10.14　後白河法皇，頼朝に宣旨を与える
	11.19　義仲，法皇御所を襲う
1184（寿永3）	1.20　義仲，粟津で敗死
	2.7　一の谷の戦い
	10.6　頼朝，公文所設置
	20　頼朝，問注所設置
1185（文治1）	2.19　屋島の戦い
	3.24　壇の浦の戦い，平氏滅亡

平氏に代わった義仲は，部下が略奪を行ったりしたので公家勢力と反目するようになり，後白河法皇が頼朝に宣旨を与えて義仲追討を命じ，頼朝に東海・東山両道の支配を認めた。義仲は法皇のこうした策謀に怒り，法皇御所を焼き打ちし，みずから征夷大将軍と名乗った。しかし，義仲は京都で孤立し，頼朝は弟の範頼・義経（1159～89）を派遣して，翌1184（寿永3）年に義仲を敗死させた。範頼・義経は入洛して平氏追討の宣旨を受け，一の谷・屋島・壇の浦で平氏と対戦し，1185（文治1）年，平氏一族はことごとく壇の浦の海底に沈められてしまった。

整理　治承・寿永合戦

宇治川の戦い……1180年，頼政が以仁王を奉じ，寺院勢力と諸国の源氏をあてにして挙兵，義朝の末弟行家に令旨を伝えさせた。頼政・以仁王は，南都に向かおうとしたが，宇治平等院付近で平氏の追撃にあい，敗死した。

石橋山の戦い……頼朝は伊豆の目代山木兼隆を討ったが，石橋山で平氏の家人大庭景親と対戦，大敗してあやうく安房に逃れた。

富士川の戦い……頼朝が東国豪族を結集して勢力を回復したので，清盛は孫の維盛を総大将とする追討軍を派遣，富士川で対陣したが，平氏は戦わずに退却した。平氏は敗走の途中，各地で地方武士に追撃され，維盛はわずか10騎を従えて入京し，清盛を激怒させた。また，頼朝は広常・常胤のすすめにより平氏を追撃せずに鎌倉に帰り，東国経営を行った。

倶利伽羅峠の戦い……砺波山の戦いともいう。1183年，義仲が北陸に勢を張

ったので，平氏は維盛はじめ大軍を派遣したが大敗し，義仲の軍はそのまま京都に進入した。

No.66　源氏系図②

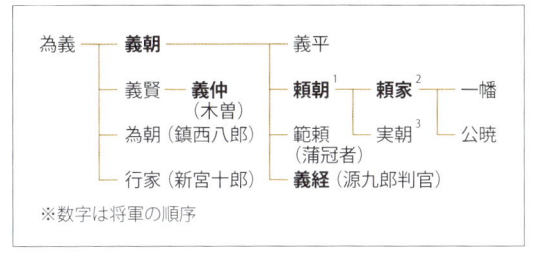

```
為義 ─┬─ 義朝 ─┬─ 義平
      │        │
      ├─ 義賢 ─── 義仲
      │        （木曽）
      │
      ├─ 為朝（鎮西八郎）
      │
      └─ 行家（新宮十郎）

義朝 ─┬─ 頼朝¹ ─── 頼家² ─┬─ 一幡
      │                    │
      ├─ 範頼              └─ 実朝³ ─── 公暁
      │（蒲冠者）
      │
      └─ 義経（源九郎判官）
```

※数字は将軍の順序

- **宇治川の戦い**……1184年，範頼・義経に対し，義仲は宇治・勢多で京都を防衛しようとした。義仲は敗走し，粟津で殺された。
- **一の谷の戦い**……西国は平氏の本拠なので，戦闘は困難をきわめたが，義経は摂津一の谷で平氏を背後から急襲，海に追い落とした。
- **屋島の戦い**……1185年，四国屋島に逃れた平氏を義経がさらに追撃した。この戦いの後，平氏は地上に拠るべきところがなく，海上に漂泊の生活を送ることになった。
- **壇の浦の戦い**……海戦。平氏は源氏と最後の合戦を行い，一族ことごとく滅亡した。安徳天皇も入水して果てた。

幕府の成立

富士川の戦いののち，鎌倉にとどまった**源頼朝**は，東国武士との主従関係を固め，その地盤を広げていった。頼朝と主従関係を結んだ武士を**御家人**というが，1180（治承4）年に御家人の統制にあたる**侍所**を設置し，有力御家人の**和田義盛**（1147〜1213）を別当（長官）に任じた。1183（寿永2）年には，頼朝は後白河法皇と交渉して，東国支配権を認められ，まず義仲，ついで平氏を追討するために範頼・義経を入洛・西下させた。翌1184（寿永3）年には，一般政務を担当する**公文所**と裁判・訴訟にあたる**問注所**を設置した。その長官には，京都から事務能力にすぐれた者を招き，**大江広元**（1148〜1225）を公文所別当に，**三善康信**（1140〜1221）を問注所執事とした。

解説　公文所は，1191（建久2）年に**政所**と改称されて，それに吸収された。政所は三位以上の公卿に設置が許された家政機関である。

1185（文治1）年，平氏が滅亡すると，頼朝と義経の関係が険悪となり，義経は後白河法皇に近づいて，反旗をひるがえした。頼朝は北条時政を代官として上京させ，法皇に迫って，義経をはじめ諸国の謀反人を追捕するという理由で，全国の国ごとに**守護**，荘園・公領に**地頭**を設置することを承諾させた［→史料⑭, p.375］。

第4章　武家社会の形成　153

解説 守護・地頭設置は，公文所別当大江広元の献策によるという。しかし，平氏も私的には地頭を設置しており，平氏政権の末期には守護に似たものも置いたから，必ずしも広元の独創とはいえない。また，後白河法皇は，義経を九州四国地頭に任命していたから，院には頼朝の守護・地頭設置の要求を拒否する理由を見つけることができなかった。

守護・地頭の設置により，頼朝は国衙の支配機構を吸収し，全国の土地管理権をにぎって，在地武士に対する支配権を強めることができた。さらに，頼朝と親しい関係にあった摂関家の**九条兼実**(かねざね)(1149～1207)を朝廷の実権の座につかせ，妹婿の一条能保(よしやす)を**京都守護**とした。大宰府には，天野遠景(とおかげ)を**鎮西奉行**(ちんぜい)として派遣した。

奥州の藤原秀衡を頼っていた義経は，秀衡の死後，その子泰衡(やすひら)に衣川(ころもがわ)で攻め殺されたが，1189（文治5）年，頼朝は義経をかくまったことを理由に，みずから軍を率いて奥州藤原氏を滅亡させ，**陸奥留守職**(のち**奥州総奉行**)を置いて，奥羽2国を支配下に入れた。

こうして，幕府の支配を全国に及ぼし，その基礎をかためた頼朝は，1190（建久1）年にはじめて上洛して右近衛大将に任じられ，1192（建久3）年に後白河法皇が死ぬと，待望の**征夷大将軍**に任じられて，ここに鎌倉幕府は名実ともに成立することになった。

参考 **鎌倉幕府の成立** 鎌倉幕府の成立期には諸説がある。①1180年の侍所の設置，②1183年の東国支配権の承認，③1184年の主要政治機関の設置，④1185年の守護・地頭の公認，⑤1189年の奥州平定，⑥1192年の征夷大将軍の補任(にん)などである。もともと「幕府」という語は，中国では出征中の将軍の幕営を意味し，日本では近衛大将の居館をいうが，そのような語源的な解釈にとらわれず，幕府の成立には多くの側面があることを考え，本項で述べた過程で段階的に成立したと考えておいてよい。

(2) 鎌倉幕府の構造

封建制度 「封建制度」という言葉は，もともと中国古代の周(しゅう)の国家制度を意味していた。周の封建制度は，周王朝が諸侯に封邑(ほうゆう)を与え，そのかわりに諸侯は定期的に貢献したり出陣したりする義務を負うものであった。日本では，それにならって，武家時代の国家制度を封建制度というようになったが，近代になってヨーロッパの近代史学が入ってくると，フューダリズム

（Feudalism）の訳語として封建制度が用いられるようになった。

　封建制度（Feudalism）というとき，ふつう，法制史的と社会経済史的との二義的に用いられる。法制史的には，主君と従者との**主従関係**を意味し，主君が従者に封土（恩貸地）を給与し，保護するのに対して，従者が主君に対して忠誠の義務を負う相互契約的な社会関係のことをいう。だから，この意味での封建制は，家臣制（従士制）と恩貸地制（知行制）を軸に成り立つ支配者層内部の秩序関係であり，荘園制（Manorialism）とは区別して考えられる。社会経済史的には，**農奴制**を意味する。農奴制社会は，古代の奴隷制社会のあとに成立するもので，農奴は土地を所有しないで保有するのだが，農具・家畜などの生産手段は所有して独立した経営を行い，領主に生産物の一部を地代として納入し，土地緊縛をはじめとするさまざまな経済外的強制のもとで，領主に支配される。このような領主―農奴という関係を基本的な生産関係とする社会を封建社会と呼んでいる。

> **解説** 社会経済史的には，主従制は農奴制の上部構造と考えられているが，いずれにせよ，この両者の間に直接的な結びつきはなく，理論的に統一する作業も行われているとはいえない。封建制度という言葉で，ヨーロッパの学界では主従関係を意味するのが普通だが，日本の学界では，唯物史観の影響もあって，農奴制を意味するのが普通である。

　法制史的な立場で考えると，鎌倉時代における将軍と御家人の関係は，将軍による御家人への本領安堵・新恩給付という土地給与（御恩）と公事・番役などの義務（奉公）によって成り立つから，その主従関係を封建制度ということができる。しかし，社会経済史的な立場で考えると，鎌倉幕府も古代的な荘園を基盤とし，その経営は，家父長的権威のもとで，家内奴隷的な下人・所従などの労働力に依存していたから，まだ封建制社会とはいえない。

> **解説** 農奴制社会という意味での封建制成立については諸説があるが，現在では，太閤検地による創出をもってその画期とする説が主流を占めつつある ［→〈実用編〉p.337「日本史の時代区分（2）」参照］。

御家人体制　鎌倉時代に，将軍（征夷大将軍）と主従関係を結んだ武士を**御家人**という。幕府の存立を支えていたのが，この御家人との主従関係であった。

> **注意** 江戸時代には将軍の直臣でお目見え以下の者を御家人という。鎌倉時代の御

第4章　武家社会の形成　155

No.67　鎌倉幕府の主従関係

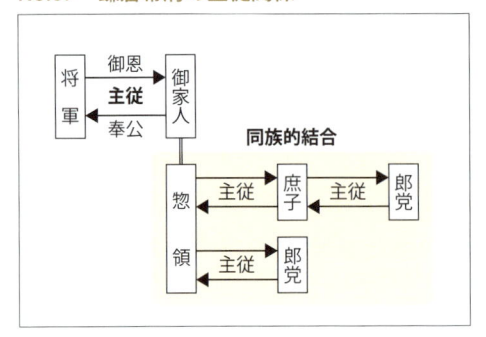

```
将軍 ─御恩→ 御家人
     主従
   ←奉公─
              同族的結合
              惣領 ─主従→ 庶子 ─主従→ 郎党
                   └──主従──→ 郎党
```

家人と混同しないように。

　将軍は，御家人に父祖伝来の所領の支配を確認・保障する**本領安堵**を行い，また戦功などの功績によって新たに所領を与える**新恩給付**を行った。このような将軍から御家人に対して与えられるものを**御恩**といい，御恩に対して，御家人は将軍に**奉公**の義務を負い，将軍に忠誠をつくした。奉公には，恒例・臨時にいろいろな経済的負担に応じる**関東御公事**や，京都や鎌倉の警衛にあたる**京都大番役・鎌倉番役**などの**番役**のほか，戦時に一族・郎党を率いて出陣する**軍役**があった。

　御家人は，東国の大規模な所領を経営している豪族から西国などの名主的な地主層までさまざまな階層によって構成されていた。御家人はいずれも農村に居住し，その支配する所領を経営し，まだ農業から分離していなかった。地頭は御家人の典型であるが，有力な御家人は守護に任命された。

> **補足　将軍と御家人**　御家人と将軍（頼朝）との関係は，武門の棟梁としての頼朝との個人的・直接的なつながりであったから，御家人の間に身分的な上下関係はつくられなかった。『吾妻鏡』によれば，文書形式を政所下文に統一したとき，千葉常胤は頼朝の花押のない文書では不安だとして旧来の頼朝の花押のある文書を申請したが，それは御家人が直接に将軍（鎌倉殿）と結びつこうとしたことを示している。『平家物語』によれば，壇の浦の戦いに際して，先陣を願い出た梶原景時に対して，義経は自分が「ただ殿ばらと同じことぞ」との理由で先陣となると言ったので，景時は「鎌倉殿のほかには主をもたぬものを」といって，刀に手をかけ，あわや決闘という事件があったという。この事件は，義経は頼朝の「奉行」ではあっても，御家人という点では，他の御家人と同格だったことをよく示している。

　鎌倉時代の武士は，一族を中心として**武士団**を構成していた。武士団は，主従関係というよりも一家一門という同族的結合によって結ばれ，嫡家の首長を**惣領**といって，惣領が御家人となるのが普通であった。武士団は，惣領のもとにその一族である**家子**や他氏の者でも一家として結びついた**家人・郎党**（郎等・郎従）によって構成された。御家人である惣領がまとめて将軍から所領を

安堵されたが，所領は分割相続された。また関東御公事は惣領にまとめて課せられ，番役・軍役のときには惣領が庶子・家子・郎党を率いて奉公した。このように，庶子・家子などが所領を分割相続し，ある程度の独立性をもちながらも，惣領のもとに統率されていた武士のあり方を**惣領制**と呼んでいる。鎌倉幕府は，御家人と主従関係を結び，御家人が惣領制によって武士団を統率していることによって，多くの武士をその支配下に入れることができたのである。

> **解説** 鎌倉殿と主従関係を結んでいない武士もあったが，そのような武士を**非御家人**と呼んでいる。

政治機構 源頼朝は治承から文治にいたる内乱の過程で，東国経営に主力を注ぎ，**侍所**をはじめ，**公文所**（のち政所）・**問注所**を設置して中央（鎌倉）の政治体制を整え，地方には**京都守護**を任命し，**鎮西奉行**を派遣して，貴族・寺社や平氏の勢力の強い畿内や西国・九州に勢力を植えつけようとし，奥羽には**陸奥留守職**をおいて奥州御家人の統制にあたらせた。なかでも重要だったのが，1185（文治1）年に設置を承認された守護・地頭である。

> 守護・地頭は，その性格・権限などをよく理解し，変遷をたどっておくこと。

鎌倉幕府は東国を本拠とし，東国政権ともいえる性格をもっていて，畿内・西国や九州にも御家人はいたが，そこでは朝廷や貴族・寺社の勢力が強く，在住の御家人の保護もかならずしもままにならない状態であった。鎌倉時代は，この武家政権と貴族政権とが共存し競合している状態のなかで，しだいに武家政権が貴族政権の権力を奪い，圧倒していく過程ともいえるが，守護・地頭は，その過程を推し進めるうえで重要な役割を果たした。

守護・地頭は，1185（文治1）年，義経・行家の追捕を口実にして設置されたが，内乱鎮定をきっかけとして，一般的軍事警察と荘園支配を目的とする官

No.68 鎌倉幕府の機構

	設置年代	長官	初代長官	職掌
公文所（のち政所）	1184（寿永3）	別当	大江広元	一般政務
問注所	1184（寿永3）	執事	三善康信	訴訟・裁判
侍所	1180（治承4）	別当	和田義盛	御家人統制

北条時政は大江広元と並んで政所別当となり，侍所別当も兼ねて，執権といわれるようになった。以後両別当には執権が就任した。政所別当の下に令（執事）があり，二階堂氏が世襲，幕府財政・鎌倉市政を担当。問注所は，引付衆が所領沙汰を担当するようになって以後，雑務沙汰・一般訴訟のみをあつかう。執事は三善氏が世襲。侍所は，別当の下に所司があり，はじめ梶原景時が任じられたが，のちに，北条氏関係者から任じられるようになった。職掌には検断沙汰（刑事裁判）も加えられた。

職へ切り替えられた。

　守護は惣追捕使ともいわれ、原則として国ごとに設置され、有力御家人から任命された。守護はもともと頼朝が内乱のときに各地においた軍事指揮官であったが、やがて国内の軍事警察や御家人の統制にあたることになった。その職務を**大犯三カ条**という。

> **解説**　大犯三カ条とは、謀叛人・殺害人の検断と大番催促をいう。検断とは犯人の捜査・逮捕・刑事裁判・財産没収などを包括的に意味する。大番催促は国内の御家人を統率して京都大番役につかせることをいうが、幕府としても惣領制を強化しようとしていたため、守護の御家人統率権はそれほど強いものでなく、有力御家人の一族などは、惣領に統率されて大番役を果たし、守護の支配を受けなかった。

　地頭はもともと荘官の一種であって、全国の公領（国衙領）と荘園に設置され、御家人が任命された。地頭は、下地（土地）の管理・年貢の徴収・治安の維持にあたり、その得分（収益）は**地頭職**といわれ、それぞれの土地の旧来の慣例によったので一定ではなかったが、給田や給米が与えられた。そのほか一率に、段別5升の兵粮米を徴収する権利も与えられた。御家人に与えられる御恩のほとんどは、この地頭職であった。

> **参考**　**地頭**　地頭は荘郷地頭（荘園・公領に置かれた地頭）と一国地頭（国ごとに置かれた地頭）とに区別し、1185年に設置されたのは一国地頭であると考えられるようになった。しかし、守護制度が整ってくるにともない、一国地頭は廃せられて、荘郷地頭に代わっていったと考えられている。また、1185年には全国の荘園・公領に地頭を設置することを認められたというが、それは荘園領主である貴族・寺社の権限の大きな侵害となるので、貴族・寺社による反対運動がさかんとなり、1186（文治2）年には、頼朝の旧領と平家没官領・謀叛人跡のほかの地頭は停止された。兵粮米も廃止された。

　守護・地頭、とりわけ地頭の設置により、頼朝は全国の下地管理権をにぎる道を開き、御家人に大々的に地頭職を御恩として与え、御家人との関係を緊密にした。御家人にしても、それまでのように国司の収奪におびやかされることなく、所領の支配を保障されることになったので、幕府に対する忠誠心が強まっていった。

経済的基盤　鎌倉幕府は、関東御公事といって、朝廷・幕府・社寺の修造や諸儀式の費用などを御家人に負担させたが、武家領は関東御成

敗地と総称され，関東御成敗地には，**関東御領・関東御分国・関東進止所領・関東御口入地**があった。そのうち，将軍の荘園である関東御領と将軍の知行国である関東御分国が，鎌倉幕府の基本的な経済的基盤であった。

No.69　鎌倉時代の荘園支配

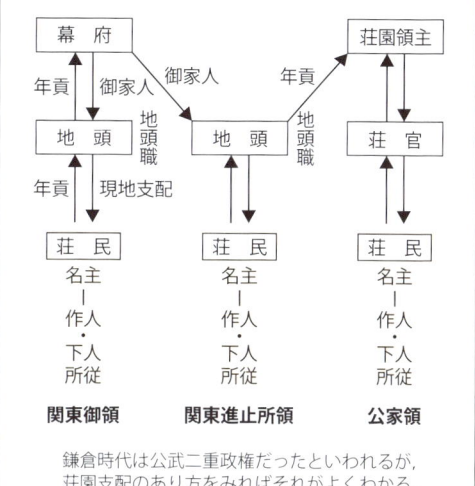

```
幕府                           荘園領主
 ↑↓年貢  御家人    御家人  年貢↑↓
 地頭職            地頭職
地頭           地頭            荘官
 ↑↓年貢 現地支配   ↑↓          ↑↓
荘民           荘民           荘民
 名主          名主           名主
  │            │             │
 作人          作人           作人
  ・            ・             ・
 下人          下人           下人
 所従          所従           所従

関東御領    関東進止所領     公家領
```

鎌倉時代は公武二重政権だったといわれるが，荘園支配のあり方をみればそれがよくわかる。

> **解説**
> **関東御領**……将軍が本家として領有した荘園。源家相伝領・平家没官領を主とし1200所を数えるが，承久の乱で京都方の所領3000余所を没収し，さらに増加。地頭職は御家人に恩給され，年貢・公事は幕府の財源となった。
>
> **関東御分国**……将軍の知行国。頼朝は相模・武蔵・伊豆・駿河・上総・下総・信濃・越後・豊後の9国を与えられた。変動があり，駿河・相模・武蔵は鎌倉時代を通しての知行国だった。北条氏や有力御家人が国司となり，国司は幕府により国務を行い，検断も兼ねた。
>
> **関東進止所領**……将軍が国司・領家の意志にかかわりなく地頭職の補任権を与えられた荘園・公領。幕府の財源とはならなかったが，御家人に地頭職を恩給できた。
>
> **関東御口入地**……国司・領家が荘官の任免権をもつ荘園・公領に，幕府の推薦（口入）により地頭職などを御家人が獲得したもの。

鎌倉幕府が関東御領を財源とし，将軍家が知行国主であったことは，幕府が貴族・寺社とかわらない大荘園領主で，古代国家の権力とそれほど違わない性格をもつことを示すものであった。しかし，幕府と地頭である御家人との間には強い主従関係が成立し，御家人がその所有する武力で所領の在地支配を強化し，封建領主として成長しつつあったことは，やはり新しい社会が来つつあることを示すものだった。

(3) 執権政治

源氏の断絶　頼朝は，京都下りの下級貴族である大江広元などを側近に利用し，そのすぐれた政治的指導力によって，御家人をたくみに専制的に統率していたが，1199（正治1）年に頼朝が死ぬと，しだいに外戚北条氏が台頭し，御家人の間の対立も表面にあらわれてきた。

> **解説**　頼朝は，九条兼実と結んで京都での発言力を強め，兼実は1185（文治1）年に内覧，翌年には摂政となったが，頼朝が娘大姫を入内させようとしたのをきっかけとして，1196（建久7）年に土御門通親（村上源氏，1149～1202）により兼実は失脚させられ，幕府の朝廷に対する発言力は弱まった。兼実の日記『玉葉』は幕府の正史である『吾妻鏡』とともに，初期の幕政を知るのにすぐれた史料である。

頼朝の死後，長子**源頼家**（1182～1204）が将軍となったが，頼家は御家人を統率する力に乏しかったため，母の**北条政子**（1157～1225）は，その父**北条時政**（1138～1215）とはかって頼家の訴訟の親裁をやめ，有力御家人など13人による合議政治をはじめた。北条氏は相次いで対抗勢力である有力御家人を滅ぼしていったが，時政は1203（建仁3）年，頼家を廃して弟の**源実朝**（1192～1219）を将軍とし，大江広元と並んで政所別当となって**執権**と称し，幕政の実権をにぎった。1205（元久2）年には，時政に次いで子の北条義時（1163～1224）が執権となり，1213（建保1）年には和田義盛を滅ぼして，侍所別当も兼ねた。

> **注意**　頼朝の妻政子は，北条政子であって源政子ではない。

> **整理**　**幕府初期の政情**　頼朝死後の政情を，年表的に整理しておく。
> 1199（正治1）年……**北条政子**は，将軍**頼家**の訴訟親裁をやめ，時政・義時・三浦義澄・大江広元・三善康信ら13人の合議制とした。
> 1200（正治2）年……侍所所司**梶原景時**は，専横の行いが多かったために，畠山重忠ら66人の御家人により訴えられていたが，滅ぼされた。
> 1203（建仁3）年……**時政**は，将軍頼家を廃して伊豆の修善寺に幽閉し，その子一幡と外祖父比企能員を殺した。**実朝**（千幡）が将軍となり，時政は政所別当となって**執権**と称した。
> 1204（元久1）年……時政は，修善寺で前将軍頼家を殺害した。
> 1205（元久2）年……時政は，有力御家人**畠山重忠**を殺害した。政子・義時は，

時政が実朝を廃し女婿の平賀朝雅を将軍に擁立しようとしたため，時政を失脚・引退させた。

1213（建保1）年……義時は，侍所別当**和田義盛**を挑発して挙兵させ，これを滅ぼし，侍所別当を兼ねた。

1219（承久1）年……頼家の子公暁が，鶴岡八幡宮で実朝を殺害した。公暁も斬られて源氏の正統が断絶したので，義時は左大臣道家の子頼経（1218〜56）を迎えて将軍とした。

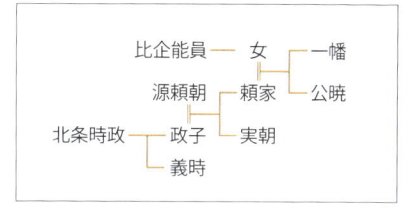

No.70　北条氏と源氏の関係

```
比企能員 ─┬─ 女 ┬─ 一幡
源頼朝 ─┬─ 頼家 ─ 公暁
北条時政 ┬─ 政子 ┴─ 実朝
         └─ 義時
```

1219（承久1）年，頼家の子公暁は，北条義時にそそのかされて実朝を鶴岡八幡宮で暗殺し，ついで公暁も殺されたので，源氏の正統は3代27年間で断絶した。義時は，わずか2歳の九条頼経を京都から迎えて将軍とした。これが摂家将軍のはじまりで，以後，北条氏は幼少の摂家将軍・親王将軍を擁し，執権として幕政の実権をにぎることになった。

源実朝　実朝は12歳で将軍となったが，幕府の実権は北条政子・義時ににぎられていたため，京都文化にあこがれ，和歌をよくした。実朝は坊門信清の娘と結婚したが，信清は後鳥羽上皇の叔父にあたり，また信清の娘坊門局は上皇と結婚したため，坊門家を介して実朝と上皇とはきわめて近い関係になった。実朝のときには公武の融和も進み，実朝は頼朝の例を超えて右大臣にまで昇進した。実朝は東大寺再興にあたった宋の仏工陳和卿に命じて大船をつくらせ，渡宋の計画を立てたが失敗している。実朝の歌集を『金槐集』というが，金は鎌倉の略，槐は右大臣の意で，『鎌倉右大臣和歌集』ともいう。

承久の乱

九条兼実が失脚したのち，朝廷では村上源氏の土御門通親が実権をにぎり，朝威回復の努力を行った。しかし，1202（建仁2）年に通親が急死すると，**後鳥羽上皇**（院政1198〜1221）が独裁的に院政を行うことになった。

後鳥羽上皇は，意志が強く非妥協的な性格をもっていて，朝権回復の熱意に燃えていた。それまでの北面の武士のほかに新たに**西面の武士**を置き，みずから武技の訓練をし，在京御家人を北面・西面の武士や検非違使に任じて結びつきをはかり，たびたび熊野参詣を行ったり，尊快法親王を天台座主に任じたりして，僧兵の武力を利用する布石を進めた。

そのころ，幕府と院との間に実朝の次に皇族が将軍として東下する話が進ん

第4章　武家社会の形成　　161

でいたが，1219（承久1）年に実朝が暗殺されたために上皇は態度を変え，源氏の断絶によって幕府が瓦解すると考えてこれを拒否し，かえって寵妃亀菊の所領であった摂津国長江・倉橋両荘の地頭の罷免を要求して，幕府の反応をうかがった。幕府は1000騎の兵をつけて北条時房を上洛させ，この要求を拒否したが，この事件をきっかけに，上皇は倒幕計画を実行に移すことになった。

1219（承久1）年，後鳥羽上皇は大内守護（内裏の守護役）であった源頼茂を滅ぼして，計画が事前にもれるのを防ぎ，北条氏に不満をもつ御家人や在京御家人，非御家人，延暦寺・賀茂社などの僧兵を味方に引き入れて，1221（承久3）年5月に義時追討の宣旨を発して挙兵した［→史料⑮, p.376］。

鎌倉では，御家人が幕府に結集し，幕府軍は義時の子北条泰時（1183～1242）を将として西上させた。途上，宇治・勢多で上皇方の軍を破り，1カ月後には京都を占領した。

> **解説** 義時追討の宣旨と京都守護伊賀光季敗死の報を受け，幕府もはじめは非常に動揺した。そんななか，将軍の後見として実権をもち，出家して尼将軍と呼ばれていた頼朝の妻北条政子は，御家人を集め頼朝以来の恩顧を説いたので，御家人は感激し，幕府への忠誠を誓った。はじめは鎌倉で迎え撃とうという意見が多かったが，大江広元の主張で，ただちに西上することになった。泰時はわずか十数騎で鎌倉を出発したが，途中で御家人が続々と参加して19万の大軍となり，東海・東山・北陸の3道に分かれて進軍した。それに対し，上皇方に参加する武士は予想より少なく，戦争は幕府方の圧勝に終わった。

幕府は，仲恭天皇を廃して後堀河天皇を擁立し，皇位につかなかったその父の守貞親王（後高倉院）に院政を行わせた。乱の中心であった後鳥羽上皇は隠岐に流され，順徳上皇は佐渡に，土御門上皇は土佐に流された。乱の主謀者となった院の近臣や院方についた武士は斬刑に処せられ，院方についた貴族・武士の所領3000余所を没収した。

No.71　皇室系譜⑦

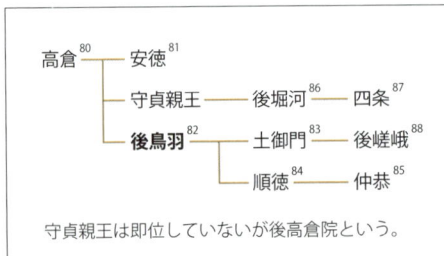

```
高倉80 ─┬─ 安徳81
        ├─ 守貞親王 ──── 後堀河86 ──── 四条87
        └─ 後鳥羽82 ─┬─ 土御門83 ──── 後嵯峨88
                      └─ 順徳84 ──── 仲恭85
```
守貞親王は即位していないが後高倉院という。

> **解説** 後鳥羽院の膨大な皇室領も没収されたが，のちに，幕府が必要なときはいつでも返すという条件で，八条院

領を後高倉院に，後院領などを後堀河天皇に，長講堂領を宣陽門院に返した。この所領の分割は皇位継承の争いを激化させ，幕府が裁定する立場に立ったため，皇位継承にも幕府が介入することとなった。

承久の乱の意義はきわめて大きい。次項も参照し，よく整理しておかねばならない。

承久の乱の成果

後鳥羽上皇の義時追討の宣旨に発した内乱を**承久の乱**というが，この乱の結果，貴族階級は決定的な打撃を受け，**院政の実質は失われる**ことになった。鎌倉幕府の優位は明らかとなって，幕府はその勢力をほぼ全国に及ぼすことができるようになり，多くの所領を没収したために，御家人に新たに地頭職を与えることができたので，北条氏の御家人に対する支配力は強まり，**執権政治が確立**した。

京都には，京都守護に代わって**六波羅探題**が設けられ，朝廷・貴族の動向の監視と，尾張（のちに三河）以西の諸国の訴訟と御家人の統率にあたることになった。最初の探題には，**北条泰時・時房**が任命され，以後北条氏一族の中で執権に次ぐ有力者が任命された。

六波羅探題は，京都の六波羅の地に置かれ，南・北の2名を原則とした。のちに，幕府の機構が整備されると，それに従って六波羅にも評定衆・引付衆・検断方などが置かれ，小幕府の観を呈した。

戦乱によって幕府が没収した荘園は，戦功のあった御家人に地頭職として与えられた。このとき置かれた地頭を**新補地頭**といい，それ以前の地頭を**本補地頭**といって区別する。新補地頭は，11町につき1町の免田と段別5升の加徴米を徴収する権利が与えられた。この得分の率法を**新補率法**という。

本補地頭と新補地頭 もともと，本補地頭とは本領安堵による地頭で，所務の先例（旧来の得分の慣例）によるものをいい，新補地頭とは新恩による地頭をいったが，承久の乱後，得分の率を定めて地頭を補任したため，この新補率法による地頭を新補地頭といい，のちに，承久以後の地頭をすべて新補地頭と称し，それ以前のものを本補地頭と呼ぶようになった。なお，新補地頭には西国の所領が多かったから，東国の武士には，北条氏の専制が激しくなったりすると，一族を率いて西国に移住する者も多く出た。

こうして，幕府の勢力が広く西国に及んだ機をとらえて，1223（貞応2）年，諸国の**守護**に命じ，所領関係の調査をさせ，土地台帳をつくらせた。これを**大**

田文という。

> **参考 大田文** 荘園や公領の田畑の面積・領有関係・耕作状況などを鎌倉幕府が守護に命じて国ごとに記載させたもの。1223年のものでは淡路国大田文が現存している。大田文が全国的につくられたことも、幕府の支配圏の拡大を示すものである。

執権政治 承久の乱から3年後の1224（元仁1）年、執権政治の確立と武士勢力の拡大に大きな貢献をした義時が死ぬと、六波羅から**北条泰時**が呼び返されて3代執権となり、時房も**連署**となった。ついで翌1225（嘉禄1）年には大江広元と政子が死んだため、幕府開創以来の中心人物はほとんど姿を消して、泰時のもとで政治が刷新され、執権を中心に御家人を統率する体制がつくられた。泰時の政治では、評定衆の設置と、**御成敗式目**の制定が主なものである。

> **解説** 連署とは、執権を補佐して政務にあたる職名で、幕府の公文書に執権と並んで署名することから、この名がついた。1224年、泰時の叔父時房が就任したのが最初で、北条氏一族の有力者が任命された。

評定衆は、1225（嘉禄1）年に政子・広元の死をきっかけとしてつくられた。評定衆は重要政務を合議裁決する政治機関で、執権・連署につぐ重職となった。北条氏一族のほか二階堂・大江・三善氏などの文筆家、三浦義村などの有力御家人によって構成され、執権政治に御家人の利害が的確に反映されるようになった。

> **参考 合議制** 頼朝のときには将軍独裁だったが、頼家のときに親裁が停止され、13人の合議制により政治が行われることになった。頼朝のときに、すでに北条氏は頼朝の一族に類するあつかいを受けていたが、他の有力御家人に比べ、経済的には必ずしも優位に立つものではなかった。そのために、北条氏は頼朝よりもはるかに積極的に御家人の利益を守ろうとし、合議制により有力御家人を政治に参加させたのだった。やがて対抗的な御家人を滅ぼしてその所領を合わせ、北条氏は経済的にも圧倒的な地位に立ったが、執権は将軍ではないという政治的な弱さを否定できなかった。泰時の評定衆に続き、時頼も引付衆を設置して合議制を取り入れるが、それは執権の地位を強化し、その孤立化を防ぐために必要なものであった。

御成敗式目は、1232（貞永1）年に頼朝以来の先例を成文化して制定した法典で、その年号をとって**貞永式目**ともいう。それまで武士社会に成文法は存

No.72　鎌倉幕府職制

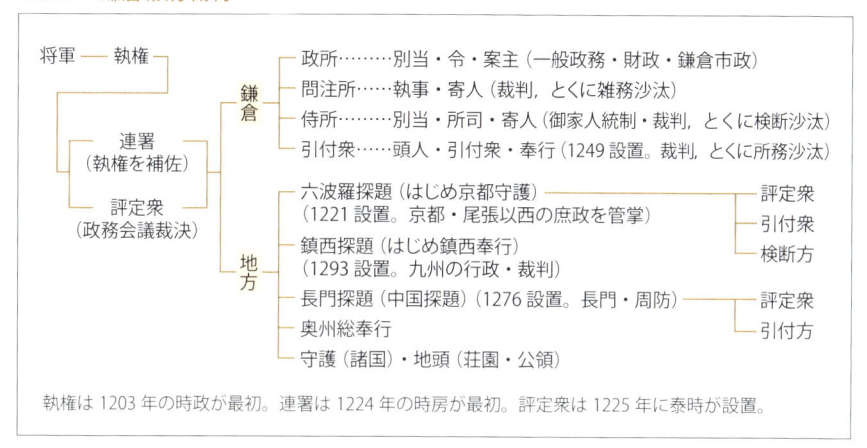

```
将軍 ─── 執権
        │
        ├─ 連署
        │  （執権を補佐）
        │
        └─ 評定衆
           （政務会議裁決）

鎌倉
  ├─ 政所………別当・令・案主（一般政務・財政・鎌倉市政）
  ├─ 問注所……執事・寄人（裁判，とくに雑務沙汰）
  ├─ 侍所………別当・所司・寄人（御家人統制・裁判，とくに検断沙汰）
  └─ 引付衆……頭人・引付衆・奉行（1249設置。裁判，とくに所領沙汰）

地方
  ├─ 六波羅探題（はじめ京都守護）
  │    （1221設置。京都・尾張以西の庶政を管掌）─ 評定衆／引付衆／検断方
  ├─ 鎮西探題（はじめ鎮西奉行）
  │    （1293設置。九州の行政・裁判）
  ├─ 長門探題（中国探題）（1276設置。長門・周防）─ 評定衆／引付方
  ├─ 奥州総奉行
  └─ 守護（諸国）・地頭（荘園・公領）
```

執権は1203年の時政が最初。連署は1224年の時房が最初。評定衆は1225年に泰時が設置。

在せず，慣習や先例によって裁判が行われていたが，承久の乱後，所領をめぐっての訴訟が複雑化し頻繁になったために，裁判にはっきりした基準を与えることが必要となり，慣習や先例を成文化したものだった。貞永式目は，全文51条の簡潔・平易なもので，その適用範囲も幕府の勢力圏内に限られた。しかし，**最初の武家法**として後世に大きな影響を与え，室町幕府はこれを根本法とし，戦国大名の分国法にも影響を与えた［→史料⑯, p.377］。

> **御成敗式目（貞永式目）**　泰時が太田康連・斎藤長定ら評定衆に編纂させて制定。鎌倉幕府の基本法典となった。制定にあたって，泰時は武士社会の慣習である「道理」に従って制定したと述べ，律令と相違する点もあるが，それは律令を否定するのではなく，式目は武士社会に適用されるとした。文章を平易なものにしたことは，法令が万人に理解できるものでなければならないからだとしている。内容は社寺関係，守護・地頭の権限，財産ことに所領関係，相続・刑罰・訴訟手続などであったが，所領関係のものが多い。女子が養子を迎えて家を相続でき，御家人となれるとしたことは，律令に比べて女性の地位が高かったことを示す。奴婢が生んだ子は，男子を父親に，女子を母親に属するとしたことも律令と異なっていた。改正補充には単行法を必要に応じて制定したが，それらは式目追加といい，『新編追加』に収められている。なお，律令は貴族社会で依然として有効であったし，荘園では慣習法が適用されていたから，中世では，公家法・武家法・本所法がそれぞれの適用範囲をもって鼎立していたことになる。

第4章　武家社会の形成

No.73 北条氏系図

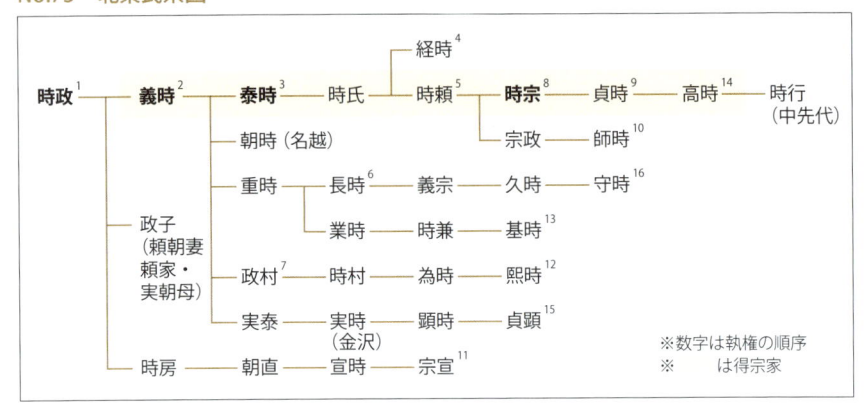

```
時政¹ ─ 義時² ─ 泰時³ ─ 時氏 ─┬─ 経時⁴
                             └─ 時頼⁵ ─┬─ 時宗⁸ ─ 貞時⁹ ─ 高時¹⁴ ─ 時行
                                       │                              (中先代)
                                       └─ 宗政 ─ 師時¹⁰
        │
        ├─ 政子
        │  (頼朝妻
        │   頼家・
        │   実朝母)
        │
        ├─ 朝時(名越)
        │
        ├─ 重時 ─┬─ 長時⁶ ─ 義宗 ─ 久時 ─ 守時¹⁶
        │        └─ 業時 ─ 時兼 ─ 基時¹³
        │
        ├─ 政村⁷ ─ 時村 ─ 為時 ─ 煕時¹²
        │
        ├─ 実泰 ─ 実時 ─ 顕時 ─ 貞顕¹⁵
        │       (金沢)
        │
        └─ 時房 ─ 朝直 ─ 宣時 ─ 宗宣¹¹
```

※数字は執権の順序
※　　は得宗家

　1242（仁治3）年に泰時が死ぬと、孫の経時・時頼が相次いで執権となったが、この時期は、名執権とうたわれた泰時のあとを受けて、執権政治はもっとも安定した時期を迎えることになった。経時は在職4年で死に、1246（寛元4）年、弟の時頼が執権となったが、時頼は、翌1247（宝治1）年に開幕以来の有力御家人である三浦一族を滅亡させ、対抗勢力を一掃して、北条氏嫡家の優越的地位を築いた。北条氏嫡家を**得宗**（とくそう）というが、ここに、得宗による北条氏独裁の体制がつくられたのである。

> **参考** **宝治合戦**（ほうじ）　1247（宝治1）年、時頼が三浦泰村（やすむら）をはじめ三浦一族を滅ぼした戦いで、三浦氏の乱ともいう。4代執権経時は、摂家将軍の九条頼経が在職20年に及び、しだいに勢力をもつようになったので、頼経を廃し、6歳の子頼嗣（よりつぐ）を将軍とした。ところが時頼が執権となった直後、名越光時が前将軍頼経を擁して北条氏を倒そうとしたのでこれを除き、頼経を京都に送還した。この事件に三浦一族の者が加わっていたので、時頼は大きな勢力をもつ三浦氏を倒す好機と考え、惣領の泰村を挑発して挙兵させ、これを滅ぼし、続いてこれに関係した千葉秀胤（ひでたね）をも攻めて自殺させた。

　時頼は、執権政治への信頼を高めるためには、裁判の公正と円滑をはかることが急務と考え、1249（建長1）年、**引付衆**を設置して、所領関係の訴訟にあたらせた。

> **解説**　引付は、引付頭人（とうにん）・引付衆・引付奉行からなり、頭人には評定衆が就任した。鎌倉時代の訴訟制度は所領関係をあつかう所務沙汰、債権など所務沙汰以外の民事訴訟をあつかう雑務沙汰、刑事訴訟をあつかう検断沙

汰に分化したが，引付が所務沙汰を取り扱い，問注所は雑務沙汰，侍所は検断沙汰を担当した。所領問題は御家人にとっても関心の深いものだったから，そのなかでも引付がもっとも重きをなすようになった。

こうして，幕府内部の安定に努力する一方，時頼は朝廷との関係の円満化もはかって，1252（建長4）年，将軍頼嗣を廃し，後嵯峨上皇の皇子宗尊親王を迎えて将軍とし，**皇族将軍**の例を開いた。

解説　こののち，北条氏は将軍が成人すると京都に送還し，新たに幼少の皇子を迎えるという手段をとり，幕府内での地位をかためた。

3 鎌倉時代の経済と社会

(1) 農村社会の変動

農村の構造　鎌倉時代初期の農村では，平安時代以来の荘園制が，ほぼ一般的に行われてきたが，中期以後になると，武士勢力の伸張にともなって地頭の在地支配力が強まり，農民の階層分化によって自立化の方向が明らかとなり，荘園制度にもしだいに変化のきざしが見えてきた。

農村の中心は，在地土豪が居住する家屋とその直接経営する田畑を垣でかこんだ区画だった。その区画は**垣内**と呼ばれ，田地のなかでもとりわけ領有権の強い地域であった。かれら在地土豪は，名主や開発領主（根本領主）として土地の私有権を確立したもので，御家人となって本領安堵されて地頭となり，あるいは権門勢家に寄進して荘官となり，その土地の領有権を保持したのだった。

かれらは在村して農民を直接に支配し，みずから農業経営にあたったが，さらに，垣内のまわりに広がる公領や荘園を請作した。このような土地を**負名**という。領主の直営地（手作地）は，佃とか正作などと呼ばれ，家内奴隷に近い下人・所従に耕作にあたらせ，作人に小作に出したほかに，支配下の一般農民に夫役を課して耕作させた。

当時の農村は，かならずしも自然村落を形成しているものではなかった。荘園は，その成立事情によって，領有関係が複雑に入り乱れていたし，耕作されていない空閑地が多く，耕作されている土地も，水害などの災害が起こるとしばしば荒廃してしまうありさまだったので，荒地のなかに耕地が散在する**散村**

第4章　武家社会の形成　167

であるのが普通だった。

　農村が広い未耕地に取り囲まれ，耕地もしばしば荒廃してしまう状態だったことは，領主がたえず勧農と開発を行わなければならないことを意味していた。そのためには，大規模な治水工事を行うことが必要であったが，分散した荘園をもつ荘園領主には，それができなかった。ところが，鎌倉時代中期以後になると，地頭などの在地領主のなかには，しきりに**荘園侵害**を行って，農村の一元的支配をはかろうとする者があらわれ，農民のなかには小規模の耕地をもつ**独立自営農民**が多く発生して，末期以後になると，在地領主の指導のもとに，農民による治水の共同管理も行われるようになった。

武士と農民

　中世農民の中心は**名主**（みょうしゅ）であった。名主は農民のなかの有力者で，数町歩の名田（みょうでん）をもち，家父長的な権威でその親類や下人・所従を支配し，名田の一部を耕作させて，これを直接経営し，他の部分をほかの小名主や作人に請作（うけさく）（小作）させた。大名主は武士で，地頭や荘官として農村の支配にあたった。**作人**（さくにん）は領主の直営地やほかの名主の名田を請作する農民で，その家族とともに小規模に農業を営んでいた。**下人**（げにん）・**所従**（しょじゅう）は名主に人格的にも直接の支配を受けている奴隷に近いものであった。

> **解説** 農民にかけられる負担は，田畑への年貢や地子のほか，雑税である**公事**（くじ），労役を提供する**夫役**（ぶやく）があった。これらは名主に課されたが，実際には作人や下人に転嫁された。

　しかし，農業技術が発達し，農業生産が高まってくると，下人のなかには，名主の人格的支配から独立しようとする傾向があらわれ，家族をもつことを認められ，小規模の独立経営を営む者が出てきた。作人のなかにも，荒廃地を開発して，名主から離れても独立の農業経営を営むことができる者が出てきた。かれらは名主を中心に結束し，荘園領主に対してさまざまな理由をつけて年貢減免を要求し，年貢納入を拒否したりするようになった。地頭に対しても，慣例を破った不法行為があったりすると，逆に荘園領主の力を利用したりして，これに対抗したりした。

　このような農民の成長を身近に感じとったのは，有力名主たちであった。かれらは武士として農村に居住し，農業経営にあたって，農民をしっかりと支配していた。武士は**武家造**の邸を構え，質素な生活を営んでいた。武家造は，屋根は板葺で，部屋には畳も敷かない簡素なもので，周囲には土塁や堀をめぐらせ，門には矢倉を設けるなど，敵襲にそなえる設備をもっていた。家子・郎党

を勤番させ、そのなかに下人・所従を居住させて直営地を経営した。かれらは、惣領を中心に結集した一族の力と、幕府の権威とを背景として、農村のなかに抜くことのできない地位を築いていた。

> **解説** 武士がもっとも心がけねばならないものは武芸の修練であった。そのため、幼少のころより弓馬の訓練を受け、犬追物（いぬおうもの）・笠懸（かさがけ）・流鏑馬（やぶさめ）・巻狩（まきがり）などで武芸を競った。そのなかで、「兵（つわもの）の道」「武者の習」などといわれる独自の道徳が発達した。それは、武勇・武芸を重んじ、名を尊び、恥を知り、思慮のあることなどであった。

しかし、農民の成長とそれにもとづく農村秩序の変化を感じとった武士は、それまでの荘園制度に寄生してその年貢の一部を取得するという状態に不安を感じ、直接の農業経営という方法にも行き詰まってきた。そのために、農民に耕地を分割して耕作させ、一族の武力に頼って、農民から年貢を取り立てることにした。こうして、鎌倉時代中期ころから、地頭・名主による直接の大経営というやり方は衰え、地頭は農民を実力で支配する封建領主としての道を歩んでいくことになった。

地頭の荘園侵害

承久の乱以後、それまでの本補地頭のほかに、全国的に新補地頭が補任されるようになると、貴族・寺社を本所・領家とする公家領にも地頭が任命されることになって、多くの荘園において、幕府の任命した地頭と、本所・領家の任命した預所・下司などの荘官との双方が支配する**二重支配**が見られるようになった。ところが、地頭は年貢徴収権や下地管理権をもっていたために、しだいに荘官を圧倒し、また、得分の給与をおもな内容とした地頭職が、土地の領有権を意味するものと考えられるようになって、地頭は荘園領主に送るべき**年貢**を抑留するなど、地頭の荘園領主に対する非法・不法が目立つようになり、地頭と荘園領主との紛争が頻発するようになった。

地頭の年貢抑留は、水害・風害・干害などさまざまな口実により行われ、場合によっては、まったく不法に年貢を押領することもあった。これに対して、地頭に非法があるのが明らかだとしても、地頭の任免権は領主にはなく、幕府にあったので、領主側は、紛争が起こるたびに幕府に訴えなければならなかった。幕府としては、年貢抑留をいましめ、領主の荘園支配を妨げる行為を取り締まったが、一方では、地頭の在地での勢力の伸張を保護する態度をとったので、いったんは訴訟を起こしても、領家と地頭との話し合いで解決することが

しばしばだった。このような示談を和与といった。
　和与の結果として地頭請と下地中分という方法がとられた。いずれにせよ，これらは領主側が荘園の実質支配権を地頭に与え，あるいは，荘園支配権の一部を放棄したものであって，このような荘園侵害によって，地頭は荘園領主の支配を排除し，封建領主への道を切り開いていったのである。

> **整理　地頭の荘園侵害**　室町時代の守護による荘園侵害である半済・守護請と混同しないこと。
> **地頭請**……毎年豊凶にかかわりなく，一定額の年貢を地頭に請け負わせ，荘園の管理を全面的に地頭に委ねたもの。請け負われた一定の年貢を請料という。領主は，紛争を解決し，毎年定額の収入を確保することを期待し，地頭は荘園の一元的支配権をにぎって，在地に対する支配を強化した。
> **下地中分**……紛争を解決するために，下地（土地）を折半して，一方を領家分，他方を地頭分とし，相互に干渉することなく，それぞれの在地支配を完全に認めあうことにしたもの。幕府の裁決によって行われる場合と和与によって行われる場合があり，とくに，後者を和与中分といった。この下地中分により，地頭は荘官という地位から脱し，在地領主に転化していった。

(2) 産業と商業の発達

産業の発達　地頭などの在地土豪にとって，勧農と開発は欠くことのできない重要な仕事であったが，それらの努力の積み重ねによって，鎌倉時代には耕地の開発と治水設備の充実がいちだんと進み，農業技術の面でも進歩が見られた。とくに関東や九州などの辺境では，大規模な開墾が行われ，畿内やその周辺の先進地域では，農業技術の進歩と改良が著しかった。

> **解説**　幕府は，1199（正治1）年に東国地頭に荒地の開発を命じ，1207（承元1）年には，武蔵野の開発を行っている。しかし，入り組み分散した荘園の領主には，大規模な開墾を行う力がなかったので，農業用水の管理を集約化し，内部的な発展をはかっていた。また，この時代には治水工事が不完全だったので，耕地はまだ安定を欠き，地力回復のための休耕もよく行われた。

　農業技術では，水車によって水を引いたり，用水池を築くことが行われた。農民のなかには家畜を飼育する者が増え，農耕に畜力を利用する**牛馬耕**が見られるようになった。肥料では，草木灰が主であったが，厩肥も使用されたらし

く，施肥が一般に行われた。先進地域では，**二毛作**も行われた。それは治水技術の進歩と施肥の一般化によって可能になったもので，春に米を植え，冬には水をおとして主に麦を植えるものだった。

> 牛馬の飼育や草木灰の利用が進むと，原野の利用価値が高まった。そのため，荘園領主と地頭との紛争には，山野に関するものも多い。

農業では，米作のほかに麦・桑・青苧(あおそ)・楮(こうぞ)・藍(あい)・荏胡麻(えごま)などの畑作栽培が行われ，それらを使って，生糸・麻布・紙・染料・油などの手工業生産が行われた。

農業のほかに，木材・木工品の生産が行われ，瀬戸内海地方の**塩田**による製塩をはじめ，各地の漁業がさかんとなり，鉱業では，鉱山の開発も見られた。

> **漁業**は，瀬戸内海が中心であったが，ほかにも土佐・紀伊・伊勢・若狭などが知られ，魚貝のほか，海藻・塩なども重要であった。地曳網のような漁具の改良も見られた。**鉱業**では，陸奥の金，対馬の銀，薩摩・豊後の硫黄，中国地方の砂鉄などが知られ，金・硫黄などは輸出された。

商業の発達

律令体制の下で品部・雑戸とされ，官司に編入されていた手工業者たちは，律令制の解体にともない，貴族・寺社などに隷属して，手工業製品を貢納したり労役奉仕を行ったりしていた。かれらは供御人(くごにん)・雑色(ぞうしき)・神人(じにん)・寄人(よりうど)などと呼ばれていたが，平安末期のころから，その隷属する貴族・寺社などからある程度独立し，一般の注文にも応じて手工業品を生産し，同業者集団を結成するようになった。このようにして成立する同業者の集団が**座**であり，鎌倉時代にはいっそうさかんとなった。

> 鎌倉時代の手工業者の座としては番匠(ばんしょう)(大工)・鍛冶・鋳物・織物・土器などの種類があった。

座は，隷属的な地位から独立したといっても，貴族・寺社などに属してその保護を受け，生産・販売の独占や関銭・市場税などの免除を認められる代わりに，これを**本所**とあおぎ，**座役**(ざやく)・**座銭**(ざせん)などといわれる貢納を行ったり労役を奉仕したりした。

定期的に**市**が開かれ，京都・奈良・鎌倉などに**町**と呼ばれる商業区域ができ

No.74 座の発生と展開

部 → 品部・雑戸 → 貴族・寺社に隷属 → 座 → 商人の座／手工業者の座 → 新座 → 楽市・楽座

るようになると，これら手工業者は，はじめから市場を目当てに商品生産を行うようになった。これが町座・市座で，やがて手工業者の座と商人の座は分化し，手工業者の座は生産のみを行い，商人の座は販売のみを行うという傾向もあらわれた。

解説 鎌倉時代の商人の座としては，石清水八幡宮を本所とする絹座・塩座，幕府を本所としたとみられる鎌倉の材木座，大山崎離宮八幡宮の油座，博多の筥崎八幡宮の国安油座などが知られている。

商人となったのはこのような手工業者だけではなかった。農業生産が向上したために，富裕な農民たちは，手元に剰余生産物を生じることになったので，都市に出かけていって売りさばいた。このような商業が発達したことによって，畿内やその周辺をはじめとして各地に市が開かれ，京都などには常設店舗のある町もつくられたのだが，市には，月に3度日を定めて開く**定期市**がもっとも多く，社寺の門前，港湾などに多く発生した。市では，**和市**と呼ばれる相場が定められ，それに従って売買された。商品流通の展開は，貨幣経済の浸透をともなうものだが，わが国では10世紀の乾元大宝以来，貨幣がつくられていなかったので，日宋貿易により輸入された**宋銭**が流通した。

貨幣経済が浸透してくると，荘園の年貢の**銭納**が見られるようになった。そのために，地頭・荘官などは，名主から現物で徴収した年貢を換金する必要に迫られ，また，蓄えている剰余生産物を売るためにも，市場に出かけていき，商人化する者もあらわれた。こうして発生したのが，**凡下・地下人**などといわれる有力な商人で，かれらは**借上**とか**土倉**と呼ばれた高利貸業を営んだ。

解説 借上は，元本を借（貸）し出して利益をあげることから起こった語といわれている。土倉は質屋で，鎌倉時代から名が見えるが，次の室町時代には，高利貸の代名詞となった。借上・土倉は，御家人に金を貸してその所領を奪うことが多く，御家人窮乏の原因となった。永仁の徳政令は，この借上の活躍によって御家人が窮乏する情勢に対して発布された [→p.177]。

商品流通の展開により，遠隔地間の物資輸送がひんぱんとなって，**問**や**問丸**などと呼ばれる運送業者が発生した。かれらは，もともと荘園領主への年貢輸送・管理などにあたる荘官の一種だったが，専門の貨物仲介業者・運送業者として独立し

No.75 荘園と商業

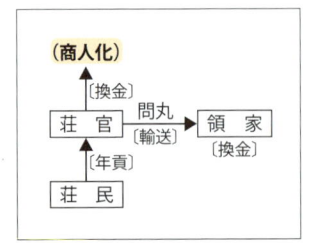

```
（商人化）
  ↑
 ［換金］
荘官 ──問丸── 領家
  ↑   ［輸送］  ［換金］
 ［年貢］
荘民
```

たものであった。また遠隔地間商業の決済方法として，鎌倉時代末期には**為替**(かわし)の制度も生まれた。

(3) 鎌倉幕府の動揺

13世紀の極東　中国大陸では，唐末から宋代にかけて，北方の遊牧民の動きが活発となっていたが，わが国で鎌倉幕府が成立したころ，**蒙古**のなかに**テムジン**（鉄木真，成吉思汗，1162〜1227）が出て，たちまち全蒙古族を統率し，1206年には蒙古国を建設した。そのころ，中国では北方の金と江南に移住した宋（南宋）とが対立していたのだが，蒙古は西アジアに大遠征を行って，東は日本海から西はカスピ海にいたる大帝国をつくりあげ，1234年に金を滅ぼし，1256年ころから南宋の攻略に全力をかたむけるようになった。朝鮮半島では，1231年に高麗(こうらい)が蒙古に帰属したが，蒙古の侵略を招き，1259年以後，完全に帰服して蒙古の強い支配下に置かれることになった。1260年に即位した世祖**フビライ**（忽必烈，1215〜94）は都を大都燕京(だいとえんけい)（北京）に移し，1271年に国号を**元**(げん)と称して，中国の統一を目指し，東方の海上に残された日本にねらいをつけ，1279年には南宋をも滅ぼすに至った。

　元は征服王朝として中国を支配し，蒙古人・色目人(しきもくじん)・漢人・南人の種別の身分規制による統治組織をつくりあげた。元が広大な領土を支配し，フビライが海外貿易を奨励したこともあって，貿易がさかんとなり，東アジアからサラセンに及ぶ国際通商圏がつくられた。とくに南宋人が低く見られたこともあって，多くの中国人が海外に進出したが，それはのちの**華僑**(かきょう)の先駆者ともいえるものであった。

解説　イタリアのヴェニスの商人であったマルコ＝ポーロ（Marco Polo, 1254〜1324）は，このころ元の大都に赴き，アジア諸国のことを見聞し

No.76　13世紀のアジア

第4章　武家社会の形成　173

て『東方見聞録』を著したが、そのなかで、日本を「黄金の国」ジパングとして紹介している。

そのころ、日本と中国との正式な国交はなかったが、鎌倉幕府は、平清盛の政策を受け継ぎ、大宰府が統制してきた海外貿易を鎮西奉行の管理とし、民間貿易を奨励した。

解説 鎮西奉行には、はじめ天野遠景が任命されたが、のちに武藤氏に代わり、武藤氏は大宰少弐を世襲して少弐氏を名乗った。

日宋貿易では、**博多**が中心であったが、平戸・坊津・敦賀などにも宋船が渡来して私貿易が行われ、日本からも商船が宋に渡った。日宋貿易によって多量の**宋銭**がもたらされたが、それは当時、起こりつつあった商業の発達を刺激し、貨幣経済の浸透を促すことになった。こうして、宋との往来が激しくなると、僧侶のなかにも入宋する者があらわれ、禅宗をはじめ朱子学・水墨画・喫茶の風など、宋の文化が移入されて、日宋貿易は経済・文化の両面に大きな影響を及ぼすことになった。

整理
日宋貿易 宋船は10世紀以来、渡来したが、平清盛が積極策をとってからさかんとなった。
幕府の政策……鎮西奉行の管理とし、積極策をとったが、1254（建長6）年、中国に渡る貿易船を5隻に限定した。幕府自身も貿易船を送った。13世紀半ばの御分唐船がそれである。元に対しても建長寺唐船・住吉社造営船などを派遣している。
寄港地……日本では博多、中国では明州が中心だった。
輸出品……金・水銀・硫黄などの鉱産物、刀剣・蒔絵・扇などの工芸品、木材・米など。
輸入品……典籍・織物・香料・薬品・陶器など。とくに銅銭（宋銭）が多く、わが国の貨幣流通を促進した。
その他……栄西・道元などが入宋、無学祖元などが来日。禅宗・朱子学・水墨画・建築（天竺様・唐様）・喫茶・料理などが伝えられ、日本文化に大きな影響を与えた。

元代になると、中国統一を目指したフビライは、南宋攻略に先立って日本を服属させようとし、高麗と結んで、2度にわたって大軍を襲来させた。これが元寇である。

元寇　1268（文永5）年，フビライは高麗を通じて日本に国書を送り，通好を迫ってきた。幕府は国書を朝廷に奏上したが，武力制圧をにおわせたものだったために，朝廷の意向はなかなか決定せず，その間に幕府では少壮気鋭の**北条時宗**（1251〜84）が執権となり，元の要求を拒否する態勢をかためていった。

> **解説**　ときの執権は北条政村であったが，政村は，時頼の死後，得宗家の時宗が成長するまでの暫定的な執権だったので，この機をとらえて，18歳の時宗に執権を譲ったのである。それまで，外交権は京都の朝廷がにぎっていたが，時宗は朝廷の決定にとらわれず，強硬な態度をとって，蒙古問題の主導権をにぎった。

　その後も，蒙古（元）は2度にわたって使者を送ってきたが，幕府は返書を送ろうとする朝廷をおさえ，拒否する態度をとり続けるとともに，西国の御家人を動員して，防御の体制をとらせた。また，財政策として荘園・公領を問わずに全国にわたって**大田文**を提出することを命じ，荘園や公領からも公事や人員を徴集することにした。

> **解説**　このために，荘園領主たちは，元が攻めてこないうちに国家が滅びるといって嘆いた。

　1274（文永11）年，元は日本侵攻にとりかかった。元・高麗の連合軍3万余は，対馬・壱岐から博多付近に上陸し，日本軍は蒙古の集団戦法と毒矢・火器に苦しめられたが善戦した。侵攻軍は占領地を確保せずに船に戻ると，朝鮮に退いていった。これを**文永の役**という。

> **参考**　**文永の役**　蒙古軍2万，高麗軍1万の侵攻軍は，900隻の船に分乗し，忻都（忽敦）を将として，1274年10月に朝鮮の合浦（馬山浦）を進発し，対馬を襲って守護代宗助国を，ついで壱岐をおかして守護代平景隆を殺した。さらに博多などから九州に上陸したので，御家人らは少弐景資の指揮下に奮戦した。一騎打ちを主眼とした日本軍は蒙古の集団戦法に悩まされ，さらに「てつはう（鉄炮）」という火器や毒矢を用いられて苦しめられ，大宰府に退き，筥崎宮も蒙古軍に踏みにじられたがよく善戦，蒙古軍は追撃せずに軍をかえし，船上に戻った。その夜の暴風雨や蒙古軍の中で意見の対立もあり，蒙古軍は撤退して11月末に合浦に帰還した。1万3000余が未帰還だったという。

　元の再度の来襲は必至であった。幕府はすでに**異国警固番役**を定め，京都大番役を免じ，九州の御家人に命じて北九州の防備にあたらせていたが，文永の

第4章　武家社会の形成　175

No.77 元寇経路

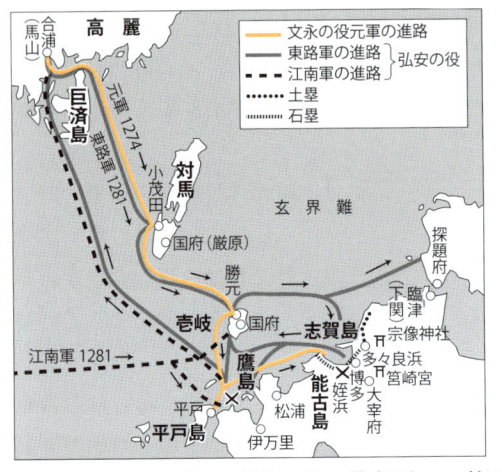

役後は、それをさらに充実し、九州の非御家人にも番役を課した。また本州西部も防衛地域とし、長門・周防・安芸の御家人を長門警固番につかせた。防衛施設として、博多湾の沿岸に石築地(いしついじ)(石塁)を築いたが、その工事は、所領に応じて御家人だけでなく非御家人にも負担させた。これらの番役や工事は守護の指導下に置かれた。そのために守護の大々的な更迭が行われ、九州をはじめとする西国には、北条氏の一族が任じられて、幕府の支配権を強めた。本所・領家一円領からの兵士や兵糧米の徴収も、ますます強められた。

この間、積極的に異国征伐も計画され、幕府は着々と支配権を強化し、防衛体制をかためていったが、元は、1279年に南宋を滅ぼし、幕府が使節を斬ったこともあって、日本征服を目標とし、再征の準備を進めた。そして、1281(弘安4)年、14万の大軍を東路軍と江南軍に編制し、対馬・壱岐から博多湾に迫った。しかし、本格的な戦闘に入ろうとしたとき、大風雨が荒れくるって、元軍は敗退した。日本軍は肥前の鷹島(たかしま)に残敵を追撃し、元軍は朝鮮に逃げ帰った。これを**弘安の役**という。

> **参考** **弘安の役** 元は、1275(建治1)年に杜世忠(とせいちゅう)らを使節として日本に派遣したが、執権時宗はこれを鎌倉の竜ノ口(たつのくち)で斬り、決意を示した。1279(弘安2)年、元は南宋を滅ぼすと、その海軍を接収し、周福(しゅうふく)らを日本に派遣したが、時宗はこれを博多で斬らせたので、フビライは日本征服の意を固め、1281(弘安4)年正月に動員令を発した。阿剌罕(あらかん)を総司令官とし、蒙古・高麗・漢(華北)の兵4万、船900隻からなる東路軍は忻都(きんと)らが、旧南宋軍の兵10万、船3500隻からなる江南軍は范文虎(はんぶんこ)が率いた。東路軍は5月に朝鮮の合浦を進発して、対馬・壱岐を侵し、博多湾から長門方面までおびやかした。日本軍は少弐景資・安達盛宗らの指揮下に防戦し、元軍は江南軍と合流すべく、月末には壱岐に去った。江南軍は慶元(寧波)からの進発が遅れ、6月下旬に平戸島に到着し、7月下旬に東路・江南両軍は肥前の鷹島に集結した。しかし、本

176 中世

格的攻撃にとりかかる直前，閏7月1日に大風雨が吹き荒れ，元軍は大損害を受けた。日本軍は鷹島周辺に集まって残敵を掃討し，元軍は全軍の8割を失って朝鮮の合浦に逃げ帰った。このとき，元軍は調度品や農耕具もたずさえていたから，日本占領後，屯田兵を駐留させる計画だったと思われる。

このときに沈没した元船が，2011年に長崎県鷹島沖の海底から発見され，巨大なキールと呼ばれる船底板材も出土した。この遺跡は国の重要史跡に認定され，発掘調査が継続している。

弘安の役後も，日本は元の再征をおそれて防備をゆるめず，反攻の準備も進められた。1293（永仁1）年には**鎮西探題**を置き，北条氏一門を任じて，九州の支配体制を強めた。

解説　元も日本再征の計画を進めていたが，江南の農民の反乱が相次いで思うにまかせず，1294（永仁2）年にフビライが死ぬと，その計画も中止されることになった。

再度の侵攻を撃退しえたことは，鎌倉幕府に結集した武士の力を示すものであった。元寇に際して，幕府は本所領にも介入するきっかけをつくり，非御家人に対する支配力を強め，西国守護を北条氏一門に交代してその支配力を強めたが，反面で，寸土といえども領地を獲得したわけでなかったので，御家人に対して恩賞を与えることができなかった。反攻計画は実行されたとは思われないものの，防衛体制が恒常化されたことは，御家人にとって大きな負担となってその窮乏化を早め，恩賞が与えられなかったこととあいまって，御家人の幕府に対する信頼感を薄くさせることになった。

補足　**神国思想**　神国思想は早く9世紀から見ることができ，もともと異国に対して日本の優位性を誇示し，それによって国内の支配体制を強化しようとする思想であった。元寇に際し，朝廷や寺社が「敵国降伏」を祈願し，大風雨により元軍が敗走したことは，この神国思想を強めることとなった。もちろん，神国思想はなんらの科学的根拠をもつものではないが，外国との接触の際には，以後も折に触れてあらわれ，一種の排外主義となって，のちの太平洋戦争のときも，国粋主義者・軍国主義者によって鼓吹され，利用された。

御家人の窮乏

鎌倉幕府の基礎をなすものは御家人体制であったが，元寇をきっかけとして，御家人体制の動揺が目立ち，御家人の一族の結合がくずれ，御家人のなかには，窮乏して所領を失う者があらわれてきた。

第4章　武家社会の形成

御家人はもともと惣領がなり，庶子に所領を分割相続させながら，惣領が一族を統率していたのだが，分割相続によって所領が零細化し，貨幣経済にまきこまれて所領を売ったり質入れし，所領を失う御家人があらわれてきた。とくに元寇以後，異国警固番役をはじめとする御家人の負担が重くなったにもかかわらず，ほとんど恩賞を与えられなかったので，御家人の窮乏はますますはなはだしくなった。

> **解説** 幕府は，1240（仁治1）年に御家人が御家人以外の者に所領を売るのを禁じ，1267（文永4）年には，所領を他人に譲渡することを禁じたが，この傾向をとどめることはできなかった。

こうした情勢を見て，執権北条貞時（さだとき）の1297（永仁5）年，幕府は徳政令を発し，御家人の土地売買・質入れを禁じ，御家人が売却・質入れして20年に満たぬ土地は無償でもとの持ち主に取り戻させ，御家人の金銭に関する訴訟は受け付けないことにした。これを**永仁の徳政令**[→史料⑰, p.378]という。徳政令は御家人の保護を目的とするもので，一時的な効果はあったが，経済界が混乱し，金融の途をとざすことになって，かえって御家人は困窮することになった。

> **注意** 徳政は，もともと善政・仁政の意。室町時代の徳政，江戸時代の棄捐（きえん）との性格の違いにも注意せよ。

このような御家人の窮乏は，一面では，富裕な御家人も生み，惣領権が強められて，分割相続に代わって惣領の一括相続が見られるようになり，一面では，惣領の庶子に対する統制権が弱まって，庶子の独立する傾向が強まった。かれらは，血縁的関係にもとづく惣領の統制を離れ，**地縁的に結合**するようになってきた。それが党とか一揆とかいわれるもので，同族の結合を中心としながらも，成長してきた農民の上層や地方の小武士と横断的な連合組織をつくりあげ，御家人・非御家人をも含んだ地域的連帯をもつようになったのである。かれらは荘園の範囲を越えて行動し，荘園侵害を積極化し，武力行為で荘園領主の支配に反抗した。それは同時に，荘園制の上に成り立っていた鎌倉幕府の支配をも乱すものであったから，貴族や幕府はかれらを**悪党**と呼んだ。かれら悪党は，荘園の枠を超えた地域的な支配権をにぎり，封建領主に成長しつつあった。

> **解説** 幕府はしきりに悪党追捕を命じたが，御家人のなかにも悪党を組織し，荘園領主や幕府の支配に反抗する者が少なくなかった。また，庶子を新たに御家人とするなど，幕府は惣領制の分解に対応しようともした。

No.78 鎌倉時代の推移

主要事件	幕政の推移	御家人制	公家
1185 守護・地頭の設置 1192 **頼朝，征夷大将軍となる** 1203 時政，執権となる	頼朝の専制	｛本領安堵 　本補地頭	｛西国に支配権 　公武二重政権
1221 **承久の乱** 　　六波羅探題・新補地頭 1225 評定衆設置 1232 御成敗式目制定 1249 引付衆設置	執権政治 合議制	新補地頭	公家方後退
1274 文永の役 ｝元寇 1281 弘安の役 1293 鎮西探題設置 1297 永仁の徳政令 1333 **鎌倉幕府滅亡**	得宗独裁	｛御家人窮乏 　惣領制分解	｛幕府権伸張 　荘園侵害激化

鎌倉時代は，まず全体像としてその時代の特色を理解するとともに，幕府開創―承久の乱―元寇―幕府滅亡の3期に分け，幕政・御家人・公家の3者からそれぞれの特色を把握し，その推移を有機的にたどることが必要である。本表では基本的なもののみをあげたから，あとは各自で肉づけし，よく理解しておいてほしい。

一方，守護も，大犯三カ条の範囲を超えて権限を拡大し，任国内の武士に対する統制を強め，地縁的に結合した武士を率い，土地に対する支配を強化していった。

得宗の独裁

北条時頼は，1247（宝治1）年に有力御家人である三浦氏を滅ぼして，北条氏の惣領である**得宗**の支配権を確立したが，時頼の子**北条時宗**が執権になってから，得宗権はますます強化され，執権政治の特色であった執権・連署・評定衆による合議制はすたれ，得宗家に権力が集中していった。

元寇に際して，幕府は公家領への公事徴収権が認められ，非御家人に対する統制権も強めていったが，西国の守護を大々的に交代して北条氏一門にかえたことからもわかるように，それは同時に，得宗への権力集中の過程でもあった。こうして，時宗のときには北条氏一門と御内・御内人と呼ばれた得宗被官（得宗家の家臣）によって行われる**寄合**で政務が決められるようになり，評定衆はしだいに名目的なものとなっていった。

> 守護のうち北条氏一門が占めたものは，宝治末年には16であったものが，弘安末年には26となり，鎌倉末期には30を数えた。

得宗権が強まると，一般御家人は**外様**と呼ばれて御内人と区別され，政治的発言力も失ったので，外様と御内人の対立が激化した。1285（弘安8）年の**霜月騒動**がそのあらわれで，この結果，御内人の勢力が確立することとなった。

第4章　武家社会の形成

> **参考**
>
> **霜月騒動** 弘安の役から4年目，執権貞時の内管領（得宗家の家令）として権勢をふるった平頼綱と，秋田城介の地位にあった外様の最有力者安達泰盛との対立が生じ，安達氏が滅ぼされた事件である。安達氏は頼朝の血統を引くのだと称し，泰盛の子宗景は源氏を称した。内乱は地方にも波及し，多くの御家人が討たれた。この事件は，御家人の窮乏という条件ともあいまち，得宗専制と化した幕府から御家人が離反し，源氏の再興による幕府再編という意図があったことを示すもので，のちの足利・新田氏の挙兵と通じるものをもっていた。なお，このあと1293（永仁1）年に平頼綱も貞時により滅ぼされた。これを平禅門の乱という。

時宗は1284（弘安7）年に死んだが，時宗の子の**北条貞時**が執権のときに，得宗独裁の体制はほぼ完成され，貞時は執権の地位を離れても，幕府政治の実権をにぎった。貞時の子北条高時（1303〜33）が執権となると，長崎高資が内管領として実権をにぎった。

元寇をきっかけとして，北条氏が多くの守護職を独占し，得宗が専制化して御内人の発言権が増大したことは，御家人が窮乏し幕府より離反しつつある状態に対する幕府の対応策でもあったが，急速に御家人の幕府に対する信頼感を失わせ，御家人層をますます幕府から離反させることとなった。

4 鎌倉時代の文化

(1) 鎌倉仏教

文化の動向　藤原氏の全盛から院政，さらに平氏の全盛からその滅亡という厳しい歴史的体験を通り越して成立した鎌倉時代の文化は，当然それにふさわしい性格を兼ねそなえることになった。それはまず，**無常感**として定着された。『平家物語』では，変転きわまりのない歴史が詠嘆をこめてうたいあげられ，西行は発心して全国を遍歴し，慈円は武士勢力を必然的なものとして考えるようになった。さらに，それは浄土思想をますます深化させ，この現世を仮のものとし，ひたすらに弥陀の本願にすがって浄土に往生することを切願させた。

それはまた，形式的・外面的なものにとらわれず，真実に肉薄しようとする精神をも生み出すことになった。美術において，それは**写実的**な作品を生み出

した。鎌倉時代にだけ用いられた似絵という肖像画の形式は，細い線を使って被写体の特徴をたくみに写し出すものであったし，運慶一派を中心としてつくられた彫刻は，きわめて写実的な力動感にあふれたものだった。

　厳しい歴史的体験は，合理的なものの見方・考え方を育てることにもなった。元寇のときに朝廷や寺社が「敵国降伏」の祈願を行ったように，それは広く非合理的な考え方が残っていることを否定するものではなかったが，親鸞・道元をはじめ，この時代に新仏教を開いた人の多くは，**呪術の否定**を行い，信仰を信仰として考えたり，戒律によって自分を律したりしようとした。

　解説　似絵が行われるには，それが呪術の道具に使われるかもしれないというおそれを克服しなければならなかったから，ここにも呪術の否定をみることができる。写実的な美術作品がつくられること自体が，人々が呪術から解放されたことを示すものである。

　もちろん，鎌倉時代でも，文化のおもな荷担者・享受者が貴族にあったことは否定することはできない。貴族たちは，古き良き時代への見果てぬ夢を忘れることができず，先例や儀式にしがみつき，それを研究する有職故実の学を発達させた。貴族たちは，一般に無気力で生活力に乏しかったが，感覚は洗練され，型にはまった和歌を詠んだ。しかし，激しい歴史の移り変わりは，武士をはじめとする民衆が，歴史の表舞台にのしあがりつつあることを示した。かれらは粗野で，文字さえろくに知らなかったが，やがて学問も身につけ，自分たちの文化をつくりだしていった。鎌倉文化に見られる写実性・合理性・たくましさなどという性格は，そのような武士に負うところが大きい。

　解説　そのほかにも，鎌倉文化が**宋文化の影響**を受けていたことを見逃すことはできない。

鎌倉新仏教

　古代から中世にいたる歴史の激動は，新しい思想を生み出す培養基ともなった。呪術的なものの見方から解放され，ものごとをありのままに見ようという態度が生まれるとき，それにふさわしい思想が必要であったし，武士や庶民が社会の中心となったことは，かつての国家や貴族と結びついた仏教にかわって，武士や庶民のための仏教が求められていることを意味し，また，直接には平安末期以来，末法思想が人々の心を深くとらえていたため，末法思想を克服した，末法の世にふさわしい救済の教えが必要なことを意味した。こうして，末法の世になって人々の機根が弱くなったことを認め，そのゆえに，阿弥陀如来の慈悲にひたすらすがらねばならないとして，他

力本願を説く**浄土宗**・**浄土真宗**・**時宗**などの浄土諸宗が生まれた。逆に，末法になり人々の機根が弱くなったからこそ，かえって戒律を厳しくして自分を抑え，坐禅によって悟りの境地に達しなければならないとしたのが，**臨済宗**・**曹洞宗**などの禅宗であり，天台教学の研究から法華経に帰一して予言者的性格をもつようになったのが，**日蓮宗**だった。

それぞれ，浄土宗は**法然**（源空，1133〜1212），浄土真宗は**親鸞**（1173〜1262），時宗は**一遍**（1229〜89），臨済宗は**栄西**（1141〜1215），曹洞宗は**道元**（1200〜53），日蓮宗（法華宗）は**日蓮**（1222〜82）によって開かれた。

解説

浄土宗……1175（安元1）年，**法然**が開宗した。法然は比叡山で天台宗を学んだがあきたらず，諸行往生を排して**専修念仏**を説き，「南無阿弥陀仏」の称名さえすれば，人はみな往生できるとした。1198（建久9）年に『**選択本願念仏集**』を著したが，そこで，貧しい人，愚鈍な人，破戒の人などをこそ，阿弥陀如来は救おうとしたと述べ，仏教を広くすべての階層のものとしたことがよくわかる。1207（承元1）年に山門に非難されて讃岐に流されたが，4年後に帰京した。浄土宗は，広く公家・武士・庶民などに受け入れられていった。法然は九条兼実とも交際があり，鎌倉御家人の熊谷直実は，浄土宗に帰依して出家した。

浄土真宗……1224（元仁1）年，法然の弟子**親鸞**が開いた。親鸞は，法然が配流されたとき越後に流されたが，許されたのちも北陸にとどまり，東国に移り住んで，20年余のあいだ農民と起居をともにして，その苦しみと悩みを身をもって味わった。法然の専修念仏の思想をさらに進め，最初の称名で往生は決定し，あとの念仏は仏への報謝のためのものだと解釈した。また，**悪人正機説**をとり，善人が救われるのなら，悪人こそもっと救われると説いて，農民のなかに多くの信者を得た。主著に『**教行信証**』があり，弟子唯円の著した『**歎異抄**』[→史料⑱, p.378]は，親鸞の思想をよく伝える。親鸞は肉食妻帯したが，娘の覚信尼は，大谷に親鸞の廟堂（御影堂）をつくり，本願寺のもとを開いた。浄土真宗はのちに**一向宗**と呼ばれるようになった。

時宗……**遊行宗**ともいう。1276（建治2）年，**一遍**（智真）が開いた。はじめ浄土宗を学んだが，のち空也に私淑し，各地を遊行し，**踊念仏**によって法悦の境に入ることをすすめた。その点では，シャーマニズム

No.79　鎌倉新仏教

宗派名	開祖	開宗	主著	本山	主な対象	特色
浄土宗	法然（源空）	1175（安元1）	選択本願念仏集	知恩院（京都）	公家　武士　庶民	専修念仏により貴賤を問わず往生。
浄土真宗（一向宗）	親鸞	1224（元仁1）	教行信証　歎異抄（言行録）	本願寺（京都）	農民　庶民	悪人正機説。他力本願に徹す。
時宗（遊行宗）	一遍（智真）	1276（建治2）	著書はない　一遍上人語録（言行録）	遊行寺（藤沢）	武士　農民	遊行上人ともいう。踊念仏。
臨済宗	栄西	1191（建久2）	興禅護国論　喫茶養生記	建仁寺（京都）	武士	看話禅。不立文字。幕府の保護。五山。
曹洞宗	道元	1227（安貞1）	正法眼蔵　正法眼蔵随聞記（言行録）	永平寺（越前）	武士	黙照禅。厳格な戒律，名利を遠ざける。
日蓮宗（法華宗）	日蓮	1253（建長5）	立正安国論　開目抄	久遠寺（身延山）	武士　商人	法華経の題目。即身成仏。他宗排撃。

ここにあげた本山は，必ずしも開祖の開いたものではない。一遍を除く5人の開宗者は，いずれも比叡山延暦寺に学んだ経験がある。

と近い面もあったが，一遍はすべての名利を嫌い，現世に執着するのを拒否して，すべてのものを捨て，死の前には著書や経典も焼き捨てた。

臨済宗……1191（建久2）年，**栄西**が宋より伝えた。栄西ははじめ比叡山に学んだが，1168年と1187年の再度にわたって入宋し，天台山に登って臨済禅を学び，**教外別伝**の授法を受けて帰朝した。**不立文字**を唱えて**坐禅**により悟りの境地に入ることを説いたが，幕府上層に接近して，その帰依を受けたのをはじめ，旧仏教とも妥協する面が強かった。1202（建仁2）年に京都に**建仁寺**を建てた。著書に『**興禅護国論**』がある。また宋から茶種を持ち帰って喫茶の風を広め，『**喫茶養生記**』を著している。

曹洞宗……1227（安貞1）年，**道元**が宋より伝えた。道元は，内大臣久我通親と藤原基房の娘との間に生まれた。はじめ比叡山に学び，のち，栄西に禅宗を学んだが，1223年に入宋し，各地を歴遊して悟りを開いて帰朝した。**只管打坐**を唱え，ひたすら坐禅によって悟りの境に入ることを説き，いっさいの権勢に近づくことを戒め，厳しい戒律によって修行に専念させた。執権時頼の招きを断り，越前に**永平寺**を建て弟子を養成した。主著に『**正法眼蔵**』があり，弟子懐奘の『**正法眼蔵随聞記**』は，その言行を伝えている。

日蓮宗……1253（建長5）年，**日蓮**が開いた。日蓮は比叡山で11年間学び，**法華経**を仏の肝要であるとして，末法の世には「妙法蓮華経」の

第4章　武家社会の形成　183

5字の題目によって処しなければならないと説いた。現世に仏国土を建設しなければならないとするもので，即身成仏を重んじたため，当時いやしめられていた商人などに受け入れられた。『**立正安国論**』を著して執権時頼に献じ，法華経を受け入れることを幕府に求めたが，説法や著書により「念仏無間（むげん），禅天魔（ぜんてんま），真言亡国（しんごんぼうこく），律国賊（りつこくぞく）」などといって激しく他宗を排撃したので，流罪にされるなどの弾圧を受けた。

> **ポイント** **鎌倉新仏教は頻出事項のひとつ**だから，宗派名・開宗者・性格・著書・寺院などをよく覚えておくこと。

　浄土諸宗は，その平易な教えともあいまって，多くの農民を信者とし，禅宗は，その厳しく自己を律し，悟りの境に入る態度が，つねに死を前にしている武士に迎えられた。また，ありのままの現世に意義があることを説く日蓮宗は，当時いやしめられていた商人に広がっていった。このように，新仏教は，武士・農民・商人という，新しく台頭してきた階層を信者とし，仏教を国民の各層に広げていくことに成功した。浄土宗や日蓮宗のように，新仏教のなかには，武士による荘園侵害のイデオロギーとして利用されたものもあった。さらに，浄土真宗や曹洞宗のように，呪術を徹底的に否定するものもあったし，阿弥陀に対する信仰にしろ，坐禅による悟りにしろ，信仰をともかく普遍的価値にもとづく内面的なものとしたことによって，それは，日本においても民族宗教から脱皮し，世界宗教といえるものが成立したことを意味していた。

> **補足** **鎌倉新仏教**　仏教自体が世界宗教であるから，鎌倉新仏教の成立を宗教改革に擬す説が強い。しかし，宗教改革は，信仰が教団を経由してのみ行われていたのを，信者の手に取り戻すことに第一の意義があり，それによって，逆に人々を宗教から解放するという結果を生むものである。日本においては，特殊な例外を除くと，それまで仏教の民間への布教も行われておらず，仏教はこれ以後，広く深く民間に浸透していくのだから，民族宗教―世界宗教―教団支配―宗教改革という発展の系列を認めるとすれば，鎌倉新仏教は，世界宗教成立の時期に擬して考えるべきである。

旧仏教の刷新

　鎌倉時代に入って新仏教が次々と誕生し，武士をはじめ民衆に教線を拡大し，貴族のなかにもその信者となる者があらわれると，旧仏教諸宗は大きな打撃を受け，朝廷を動かして新仏教に弾圧を加えたが，権力と結んで堕落した状態に反省し，旧仏教を内部から改革し，刷新し

ようという動きも起こってきた。法相宗の**貞慶**，華厳宗の**高弁**，律宗の**俊芿**などがそれである。

> **解説**
> **貞慶**……解脱，1155〜1213。法相宗。戒律を厳守して笠置寺にこもった。
> **高弁**……明恵，1173〜1232。華厳宗。京都郊外の栂尾に高山寺を建てた。『**摧邪輪**』を著して浄土宗を非難した。
> **俊芿**……1166〜1227。律宗。天台の戒律を再興。入宋して多くの典籍をもたらす。東山に泉涌寺を開く。
> **叡尊**……思円，1201〜90。律宗中興の祖といわれる。西大寺に住み，社会事業も営み，非人・乞食に授戒し，殺生を禁断させた。
> **忍性**……良観，1217〜1303。律宗。叡尊の弟子。諸国を歴遊して貧民救済にあたり，奈良北山に十八間戸という病院をつくった。

この時代には，宋・元より来朝した僧も多かった。とくに，新仏教の臨済禅が幕府と密接に結びついたため，禅宗の僧が多かった。北条時頼に招かれて鎌倉建長寺の開山となった**蘭溪道隆**（1213〜78）や，北条時宗の招きに応じて鎌倉円覚寺を開いた**無学祖元**（1226〜86）は有名である。**一山一寧**（1247〜1317）は，元のフビライに派遣されて来朝したが，のち建長寺・円覚寺に住んで，北条貞時の深い帰依を受けた。

> **解説** のちに『**元亨釈書**』を著した虎関師錬は，一山の弟子であった。

神道の形成

新仏教の誕生や旧仏教の刷新によって，仏教界が大きく変化しつつある一方で，古くからの土俗信仰に根ざしている神道も，しだいに整備されていった。奈良時代にはじまった神仏習合は，平安時代中期には本地垂迹説として神祇信仰と仏教との調和がはかられていた[→p.131]が，平安末期には，真言宗の教理から神祇を解釈する**両部神道**が生まれ，後世の思想と生活に大きな影響を与えることになった。

> **参考** **両部神道** 修験道・陰陽道の盛行とあいまち，真言密教の影響を受け，道教を取り入れてつくられた神道。一切の万物は大日如来の顕現とする真言宗の教理により，神道を解釈したものである。その説はこじつけだらけであるが，神仏調和の中心的潮流となった。また，天台宗からは**山王神道**（山王一実神道）が形成された。

鎌倉時代初期から，伊勢外宮神官の度会氏によって，伊勢神宮を中心とする**伊勢神道**（度会神道）がつくられ，末期に**度会家行**によって大成された。それ

は『神道五部書』を根本教典とするもので，神を本とし仏を従とする反本地垂迹説をとった。

(2) 学問と文学の展開

有職故実　鎌倉時代は，武士による政治支配がはじまり，公武二重政権から政治における武士の比重が強まった時代であったが，一般的には，武士は「武者の習」といわれた武士独特の道徳や武芸の習練には熱心でも，学問の教養は低く，独自の文化を創造する能力や関心に欠けていた。そのため，学問研究は，伝統のある貴族の間でもっぱら行われていたが，貴族は新しいものを切り開いていこうという積極的な気構えには欠けていたから，貴族の学問は，家ごとに専門を世襲する**家学**となって固定し，没落しつつあった貴族の懐古趣味に支えられて，**古典研究**や**有職故実**がさかんとなった。

> 解説　**古典研究**では，『万葉集』『日本書紀』『源氏物語』『古今和歌集』『伊勢物語』などの註釈書がつくられたが，とくに，東国の僧**仙覚**（1203～？）の『万葉集註釈（仙覚抄）』はのちの万葉集研究の基礎となった重要なものだった。神道の発達とあいまち，『日本書紀』の研究も進められ，鎌倉中期の神官**卜部懐賢**（兼方）は，『**釈日本紀**』を著して，書紀の研究を集大成した。
>
> **有職故実**は，儀式典礼を研究する学問で，これまでに『**北山抄**』（藤原公任）・『**西宮記**』（源高明）などがあったが，この時代には，順徳天皇により『**禁秘抄**』が著された。

宋との僧侶の往来にともなって，**宋学**（朱子学）が伝来したことも注目される。宋学は俊芿によってはじめてもたらされたと伝えるが，その後，禅僧の間で研究がさかんとなり，その**大義名分論**は，建武中興の理論的支柱ともなった。

> 参考　**朱子学**　宋の**朱熹**（朱子，1130～1200）によって大成された儒学の一派で，理気二元論からきわめて体系的な宇宙観を展開した。万物の根源は**理**であり，陰陽の気がこれに作用して万物の現象が生じると考える。その理の探究（格物窮理）から一種の自然科学が成立するが，その説を社会秩序に適用すると，人々はその理に従って生きることが要請され，君臣の分を重んじる，固定的・完結的な世界観となる。この大義名分論が，鎌倉時代末期の貴族に大きな影響を与えたのである。

武士の学問　一般の武士は学問的教養も浅く，学問に対する関心も薄かったが，六波羅探題の設置などによって京都の文化に触れる機会が多くなると，政治支配の必要上からも，上級武士のなかには，学問に関心を寄せる者があらわれた。とくに**北条実時**（1224〜76）は学問を好み，『群書治要』の講義を受けたりしたが，武蔵国金沢（横浜市）の称名寺に**金沢文庫**をつくり，和漢の書籍を収めて，好学の人々に借覧させた。

解説　実時の子の顕時，孫の貞顕も学問を好み，文庫を中心に活動した。

　足利学校も，この時代に足利氏が一族の学問所として，下野国足利に創立したと伝えられている。金沢文庫と後述の『金槐和歌集』は頻出である。

歴史意識　鎌倉幕府が歴史の激動のあとに成立しただけに，この時代には歴史への関心が高まり，**歴史意識が発達**したことが注目される。

　歴史物語では，平安末期の『**大鏡**』のあとを受けた『**水鏡**』『**今鏡**』がある。とくに重要なのは，**慈円**（慈鎮，1155〜1225）の著した『**愚管抄**』で，末法思想の影響を受け，「道理」によって歴史の変遷をとらえ，武家政治をやむを得ない事実とした。

解説
　『水鏡』……神代〜仁明天皇までの編年体の歴史物語。『大鏡』を模倣したものだが，『大鏡』にははるかに劣る。浪漫的傾向が強い。
　『今鏡』……『小鏡』もしくは『続世継』ともいう。1025（万寿2）〜1170（嘉応2）年の歴史物語。貴族社会への懐古が濃厚。
　『愚管抄』…慈円の著。慈円は関白藤原忠通の子で，九条兼実の同母弟にあたる。天台座主となった。朝幕関係が険悪化すると，承久の乱の直前，1220（承久2）年に『愚管抄』を著し，武家政権の成立には朝廷にもその責任があったとし，「末代」である当世においては，武士の実力を認め，朝廷と武家が協力しあっていくべきだと説いた。神代から承久の乱前までの歴史書で，末法思想の影響を受けて，「ウツリユク世」を一種の衰退的な歴史観でとらえ，「道理」の理念においてその展開を説いた。日本最初の歴史哲学書でもあり，日本ではまれな歴史を展開的にとらえている点で，きわめて注目すべき著書である。

　そのほかにも，幕府の正史である『**吾妻鏡**』が編纂された。**虎関師錬**（1278〜1346）は日本仏教史である『**元亨釈書**』を著し，後醍醐天皇に献上した。

解説　『吾妻鏡』……『東鑑』とも書く。1180（治承4）〜1266（文永3）年の

鎌倉時代の文化

第4章　武家社会の形成　187

鎌倉幕府の事績を記した編年体の史書。鎌倉政治史の基本史料とされている。

『元亨釈書』……30巻。虎関師錬の著。1322（元亨2）年成立。仏教伝来から鎌倉末までの仏教通史。

とりわけ注目されるのは，**軍記物**（戦記文学）が次々とつくられ，しかも，それらが「語りもの」として，聴衆である武士や民衆と，作者との共感の中で成立したものだったことである。軍記物としては『保元物語』『平治物語』『平家物語』『源平盛衰記』などがあるが，とくに『平家物語』は，軍記物の最高傑作で，平氏が栄え，やがて没落していく過程を，無常感にいろどられつつ，武士の武勇に対する賛嘆を加え，力強い和漢混淆文で描写したもので，「平曲」として，琵琶に合わせて琵琶法師によって語られ，広く人々に親しまれた。

和歌と随筆

鎌倉時代に入っても，貴族の間では和歌がさかんに詠みあげられた。平安末期から鎌倉初期にかけての歌人としては，**藤原俊成・後鳥羽上皇・藤原定家・藤原家隆・慈円**などが有名だった。かれらの和歌は，後鳥羽上皇の命により，定家・家隆らが1205（元久2）年に編述した『**新古今和歌集**』に収められている。

> **解説** 『新古今集』の歌風は，新古今調といわれる詠嘆的・抒情的なものであった。勅撰集は，これ以後も，新勅撰・続後撰・続古今・続拾遺・新後撰・玉葉・続千載・続後拾遺と続いて編まれたが，定家の子孫が二条・京極・冷泉の3家に分かれて争い，定家の歌風をひたすら守るだけだったので，歌風に生彩を失っていった。

武士では，源実朝の『**金槐和歌集**』，**西行**の『**山家集**』に独創的な歌が見られた。

> **解説** 西行（1118〜90）は，俗名を佐藤義清という武士で，23歳のとき出家し，自然詩人として諸国を遍歴した。その歌は千載・新古今など勅撰集にも多く収められている。
> 実朝の歌は万葉調といわれているが，古今調・新古今調もあった。

物語文学は，鎌倉時代にも多くつくられたが，内容的にはすぐれたものはあらわれず，衰退の一途をたどっていった。しかし，散文の文学では，**紀行文**や**随筆**にすぐれたものが見られるようになった。紀行文は，京と鎌倉との往来がさかんに行われた結果であったし，随筆は，厳しい現実にさらされて，現実を見つめる態度をもったことを意味した。そのほかにも，武士や民衆が歴史の中

心となり，文化が地方に普及しつつあったことを反映して，**説話集**や**軍記物**（戦記文学）も数多くつくられた。

鎌倉時代の文学

和歌（歌集）…勅撰集（『新古今集』ほか）
　　　　　　　　私家集（『金槐和歌集』源実朝，『山家集』西行）
和歌（歌人）…後鳥羽上皇・藤原俊成・藤原定家・慈円・藤原家隆・西行・源実朝
説話集………『宇治拾遺物語』（15巻，13世紀初め，作者未詳）
　　　　　　　『十訓抄』（3巻，1252年成立，作者未詳）
　　　　　　　『古今著聞集』（20巻，1254年成立，橘成季，鎌倉時代最大の説話集）
　　　　　　　『沙石集』（10巻，1283年，無住，仏教説話集）
軍記物………『保元物語』（保元の乱の合戦，とくに源為朝を中心に描く，作者未詳）
　　　　　　　『平治物語』（平治の乱を描く，作者未詳）
　　　　　　　『平家物語』（戦記文学の代表，平家の興亡盛衰を描く，信濃前司行長作の説が有力，平曲ともいわれる）
　　　　　　　『源平盛衰記』（『平家物語』の異本のひとつとみられる）
紀行文………『十六夜日記』（阿仏尼，1279年に所領の訴訟のため京から鎌倉に下向したときの紀行）
　　　　　　　『海道記』（作者未詳，1223年の京・鎌倉間の旅行記）
　　　　　　　『東関紀行』（作者未詳，1242年の京・鎌倉間の旅行記）
随筆…………『方丈記』（鴨長明，1212年に日野山の方丈で書いた。無常厭世の観を抱き，隠遁閑居し，世俗への執着と内面との矛盾に悩む）
　　　　　　　『徒然草』（1330～31年成立，吉田兼好，自由な批判者・冷厳な観照者として自然・人事などについて自在に筆を走らす）

(3) 鎌倉美術

建築　平安末期に平氏によって焼失させられた東大寺・興福寺などが修理・復興され，また，禅宗伝来にともなって新寺院の建立もさかんとなって，寺院建築は活況を呈し，宋から新しい様式が伝えられた。**大仏様**（**天竺様**）と**禅宗様**（**唐様**）である。大仏様は，東大寺復興にあたった俊乗坊**重源**（1121～1206）が取り入れたもので，雄健・豪放な印象の大建築にふさ

わしいものだった。大仏様の遺構では，**東大寺南大門**がもっともよく知られている。禅宗様は，禅宗寺院の建築様式として伝えられたもので，整然・精緻な印象で，禅寺だけでなく，のちには広く他宗の寺院建築にも用いられるようになった。鎌倉時代の禅宗様の遺構としては，**円覚寺舎利殿**がよく知られている。

> **補足　大仏様と禅宗様**　大仏様（天竺様）は，東大寺復興にあたって重源が宋から輸入したものといわれ，東大寺南大門・浄土寺浄土堂（播磨）にその遺構があり，東大寺開山堂・法華堂などにもその手法が取り入れられている。しかし，豪放な反面で粗放な感じがするので，重源が関係した寺院以外ではほとんど行われず，その死後はすぐにすたれた。禅宗様（唐様）は，中国北部の建築様式に源をもつといわれ，禅宗にともなって伝えられ，1253（建長5）年に建てられた建長寺が最初の本格的な禅宗様建築だったと考えられている。大仏様が早くすたれたのに反して，禅宗様は細かい材料を使って清楚な感じがするので，禅宗以外の寺院建築にも用いられるようになり，和様の中にも取り入れられていった。

　大仏様・禅宗様に対して，これまでの伝統的な建築様式を和様というが，興福寺の再建をはじめ，和様による建築もさかんだった。鎌倉末期になると，和様を中心とし，部分的に大仏様・禅宗様を取り入れた**折衷様**（新和様）が生まれた。

> **解説**　和様建築の遺構としては，興福寺北円堂・石山寺多宝塔・蓮華王院本堂（三十三間堂）などがある。折衷様としては，南北朝時代につくられた河内の観心寺本堂が，完成された最古の遺構である。

　住宅建築には大きな変化は見られなかったが，武士が簡素で実用的な**武家造**という様式の邸宅に住んだことは，室町時代の書院造の源流として注目される[→p.168]。

彫刻

　東大寺・興福寺の再建事業にともなって，仏像彫刻がさかんに行われた。また，個性に対する重視が強まったことから，肖像彫刻も行われ，すぐれた作品が相次いでつくられた。それらに共通していることは，厳しい歴史の激動にさらされた結果として生じた現実を直視しようとする態度をふまえて，きわめて写実的で，また力強さにみちたものだったことである。

　彫刻家としては，奈良仏師の**運慶**（？〜1223）と兄弟弟子の**快慶**（生没年不詳），運慶の子の**湛慶**（1173〜1256）など，運慶の一派が活躍し，多くの彫刻をつくった。

No.80　鎌倉美術一覧

建　築（形式）	彫　刻（作者）	絵　画（作者）
石山寺多宝塔（和様）	東大寺僧形八幡像（快慶）	伝源頼朝像・伝平重盛像（伝藤原隆信）
東大寺南大門（大仏様）	同南大門金剛力士像（運慶・快慶）	北野天神縁起絵巻（伝藤原信実）
円覚寺舎利殿（禅宗様）	興福寺無著像・世親像（運慶）	蒙古襲来絵詞（土佐長隆）
観心寺本堂（折衷様）	同天灯鬼像・竜灯鬼像（康弁）	一遍上人絵伝（円伊）
蓮華王院本堂（和様）〔三十三間堂〕	蓮華王院千手観音像（湛慶ら）	法然上人行状絵図（土佐吉光）
	鎌倉明月院上杉重房像	春日権現験記絵巻（高階隆兼）
工　芸	六波羅蜜寺空也上人像（康勝）	石山寺縁起絵巻（高階隆兼）
甲冑―明珍	高徳院阿弥陀如来像〔鎌倉大仏〕	東北院職人尽歌合絵巻
刀剣―岡崎正宗など		

鎌倉彫刻　鎌倉時代は、日本彫刻史上のひとつの頂点をなすものであった。
康慶……奈良仏師。興福寺南円堂不空羂索観音像など。
運慶……康慶の子。当代第一の巨匠。東大寺南大門**金剛力士像**（快慶との合作）・興福寺**無著像**・同**世親像**。
快慶……康慶の弟子。東大寺阿弥陀如来像・同地蔵菩薩像・同僧形八幡像。
湛慶……運慶の長子。蓮華王院**千手観音像**・高知雪蹊寺毘沙門天像。
定慶……康慶の弟子、または運慶の次男の康運とも。興福寺金剛力士像。
康弁……運慶の三男。興福寺**天灯鬼像**・同**龍灯鬼像**。
康勝……運慶の四男。六波羅蜜寺**空也上人像**。
肖像彫刻……東大寺重源上人像・明月院**上杉重房像**・建長寺北条時頼像。

こうして、鎌倉時代は彫刻史上特筆すべき時代となったが、中期を過ぎると、形式化されて沈滞するようになり、これ以後明治時代まで、彫刻には見るべき作品があらわれないようになってしまった。

絵画　絵画では、浄土教諸宗派が栄え、浄土信仰が深化したのにともなって、平安時代に続いて来迎図が多く描かれたが、鎌倉時代を特色づけるものは、**絵巻物**や**似絵**といわれる肖像画が盛行したことである。

平安末期にあらわれた絵巻物には、仏教が民衆化したために、寺社の縁起・高僧の伝記・仏教的教訓・合戦などを題材とし、多方面にわたって多くの作品が生まれたが、描写が精細になり、写実的になったのに反して、はつらつとした感じは乏しくなった。

肖像彫刻がつくられたのと同じ理由で、肖像画が描かれ、似絵という手法が行われた。肖像画は、もともと礼拝などを目的として、高僧のものが描かれて

いたが，現実や個性が重視されるようになると，対象に似せることを目的とする似絵がつくられることになった。画家としては，**藤原隆信**(1142～1205)・**信実**(1176?～1265?)父子がもっともよく知られる。室町時代に発達する頂相も，禅宗の伝来とともに，宋元画の影響を受けて，禅僧の肖像画としてつくられだした。

> **注意** 似絵の藤原隆信と「源氏物語絵巻」の作者藤原隆能とを混同してはいけない。

> **整理** **鎌倉絵画** ジャンル別に整理しておく。
> **来迎図**……知恩院聖衆来迎図(迅来迎)・禅林寺山越阿弥陀図
> **絵巻物**……**北野天神縁起絵巻**・石山寺縁起絵巻・**春日権現験記絵巻**(以上，社寺縁起絵巻の代表)，**一遍上人絵伝**・法然上人行状絵図(以上，高僧の伝記絵巻)，地獄草子・餓鬼草子・病草子(以上，仏教教訓的内容の絵巻)，平治物語絵巻・**蒙古襲来絵詞**・後三年合戦絵巻(以上，合戦絵巻)
> **似絵**……**伝源頼朝像**(伝藤原隆信)・**伝平重盛像**(伝藤原隆信)
> **頂相**……大覚禅師像・聖一国師像

工芸

工芸では，時代の要求を受けて，**甲冑**・**刀剣**がさかんに製作された。甲冑では**明珍**家が有名で，代々名工があらわれ，すぐれた作品を多く残した。

刀剣では，京都の**粟田口吉光**(生没年不詳)，備前の**長船長光**(生没年不詳)，越中の**郷義弘**(1299～1325)，鎌倉の**岡崎正宗**(生没年不詳)が名工として知られている。

そのほか，加藤景正(?～1249)は尾張で瀬戸焼をはじめた。景正は道元に従って入宋し，製陶法を学んで帰朝したもので，これにより日本の陶器は大きく進歩した。

> **解説** **書道**では，前代以来の世尊寺流が広く行われていたが，宋・元の書風も伝えられた。鎌倉末期になって，伏見天皇が新しい書風をはじめ，子の尊円法親王(1298～1356)がそれを大成した。これが**青蓮院流**で，江戸時代の御家流の源流となったものである。

コラム

九郎判官義経

　日本史上でもっとも人気のある人物といえば，九郎判官源義経はその代表であろう。人気の秘密は，平氏討滅で大功をたてながらも，兄頼朝の怒りを買い，奥州の地でむなしく果てていった，華麗だが悲劇的なその生涯にあるが，眉目秀麗で人情味にあつく，戦略にもたけていたというその人物像の多くは，室町時代に書かれた戦記物『義経記』でその原型がつくられ，江戸時代に入って，浄瑠璃や歌舞伎を通して増幅され，「判官びいき」として定着していったものである。

　『平家物語』の義経も実像ではないだろうが，そこでは，義経は「色白う背小さきが，向歯のことに差出て著」く，「平家のなかの選屑よりも猶おとれり」とあって，眉目秀麗のイメージはない。戦略に秀でていたこと，勇猛であったことなどは賛嘆されているが，「情ある」という点では，むしろ事の軽重もわきまえないものとして，嘲笑の対象であるかのようである。

　義経の最大の欠点は，政治的感覚に欠如していたことだろう。頼朝は古代的権威に弱く，関東の独立を主張した上総介広常を殺し，のちには娘大姫を後鳥羽天皇の中宮にしようと画策しているが，御家人が単独で朝廷に接近するのを嫌い，頼朝の許可を得ずに任官するのを厳禁した。ところが，義経はこの禁を犯して，検非違使左衛門尉に任じられ，頼朝の激怒を買ったが，義経はそのことにも気づかなかったらしい。壇の浦の戦いの後には，捕虜の平時忠に娘をあてがわれてそれと結婚し，ますます頼朝は警戒の念を強めている。

　義経も，御家人であるという点では，他の御家人と同格であった。武門の棟梁である頼朝の代官としてのみ軍勢を率いえたのであって，個人としての義経は根無し草にすぎなかった。それを忘れて勲功を誇るとき，義経の前には，すでに大きな落とし穴がぽっかりと口を開けて待っていたのである。

鎌倉時代の文化

第5章 大名領国の成立

1 南北朝の内乱

(1) 建武新政

幕末の情勢 　元寇による軍費負担や貨幣経済の浸透により**御家人が窮乏**し、御家人体制に基盤を置くことに不安を感じた北条氏が**得宗権の強大化**をはかったことは、相乗的な作用を及ぼした。北条氏によって没落させられたり、守護職を奪われたりして、御家人のなかに北条氏に対する不満が急速に高まり、それに応じて、北条氏はますます専制化をはからねばならなかったのである。

　御家人の窮乏化は、武士社会において、庶子をはじめとする一族・郎党に対する惣領の支配権が弱まることも意味していた。武士たちは、惣領を中心とする血縁的な結びつきから徐々に独立し、**地縁的なつながり**をもつようになった。かれらは主に地頭として給田・給名の経営にあたっていたのだが、その経営方式にゆきづまりを感じ、その管轄下の全荘園に対する支配権を強化していき、さらに荘園の範囲を越えて、その支配する土地を広げようとした。こうして、かれらは全荘に対する年貢の賦課・収取権や下地進止権を掌握する**在地封建領主へと成長**しつつあったのである。

　地頭の農業経営のゆきづまりの背景には、地頭らが隷属させて使役していた下人・所従たちの解放への激しい要求があった。荘園制の根幹であった名主層が分解するにともない、かれら**隷属農民の独立化**が進行し、名体制も解体して、均等名という小規模な農民経営の土地があらわれてきた。これら小農民を支配し把握するために、地頭などの武士は、みずからを在地封建領主として転化させていかねばならなかったのである。

　こうして、荘園制が根底からゆらいでくると、むしろ荘園制に依拠していた鎌倉幕府は、領主化をはかる武士にとっても足かせと感じられるようになり、幕府の御家人に対する統制力も弱まった。このような幕府の弱体化を見抜いて、貴族の側でも倒幕の計画が進められるに至った。

両統迭立　承久の乱ののちも、貴族や寺社は荘園を基盤としてなお抜きがたい勢力をもっていたが、朝廷に対する幕府の発言力は強まり、院政は無力になった。幕府は承久の乱に際して幕府に協力的だった西園寺氏を後援し、その力によって、朝廷の政治や皇位の継承にも干渉した。

五摂家の分立　源頼朝は、後白河法皇に敬遠されていた九条兼実と結び、その奏請により兼実が摂政に任じられた。摂関家の嫡流は近衛家と九条家に分かれていたが、兼実の孫の九条道家は将軍頼経の父として権勢をふるい、その子の教実・良実・実経はいずれも相次いで摂関となった。しかし、そのために九条家は九条・二条・一条の各家に分立し、近衛家でも鷹司家が分かれたので、摂関家は**近衛・鷹司・九条・二条・一条**の五家に分立して、しだいにかつての勢力を失っていった。かわって西園寺家が幕府と協調し、朝廷と幕府との間に立つ関東申次の地位につき、朝廷内での発言力を高めていった。

　鎌倉時代の中ごろに執権北条泰時の推薦により即位した後嵯峨天皇（在位1242～46）は、譲位後26年間院政を行ったが、第3皇子の亀山天皇を愛し、第2皇子の後深草天皇に次いで即位させた。このため皇統が分立することになった。後深草・亀山両上皇の居所にちなんで、亀山の系統を**大覚寺統**、後深草の系統を**持明院統**という。ののち、両統は皇位の継承をめぐって激しく抗争し、のちの南北朝対立の原因となった。

解説　1272（文永9）年に後嵯峨上皇が死ぬと、亀山天皇が子の後宇多天皇に譲位して院政を行うことになったため、後深草上皇側は激しい不満を抱き、幕府に働きかけて、後深草上皇の皇子を後宇多天皇の皇太子とさせた。こうして、両統はそれぞれ自派に有利になるように幕府に働きかけたので、幕府が朝政に干渉するきっかけとなった。両統の抗争は、膨大な皇室領の相続問題ともからんでいた。このころの貴族たちは、朝廷の官職につくとともに皇室領荘園

No.81　藤原氏系図④─五摂家の分立

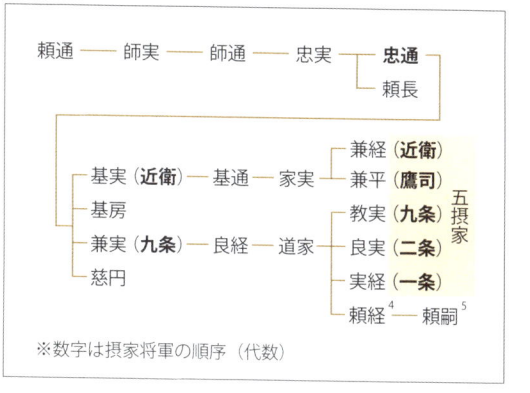

```
頼通 ── 師実 ── 師通 ── 忠実 ┬ 忠通
                              └ 頼長

       ┌ 基実（近衛）── 基通 ── 家実 ┬ 兼経（近衛）  ┐
       │                              └ 兼平（鷹司）  │
       ├ 基房                                          │五
       ├ 兼実（九条）── 良経 ── 道家 ┬ 教実（九条）  ├摂
       │                              ├ 良実（二条）  │家
       │                              ├ 実経（一条）  ┘
       └ 慈円                         └ 頼経⁴── 頼嗣⁵
```

※数字は摂家将軍の順序（代数）

No.82　皇室系譜⑧

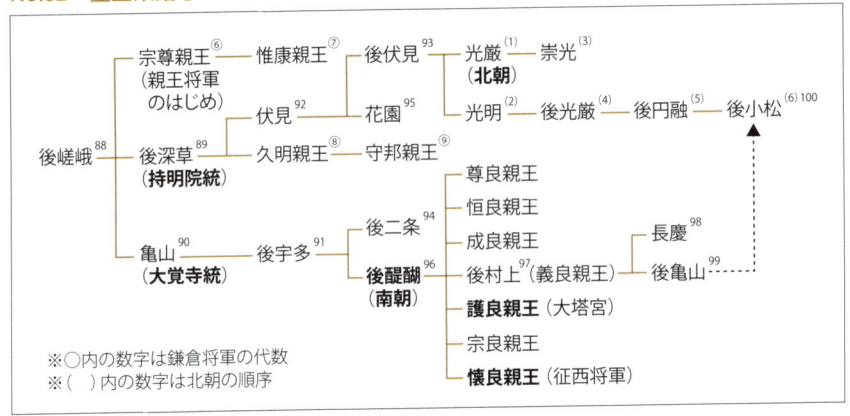

```
											光厳⁽¹⁾ ― 崇光⁽³⁾
					宗尊親王⁶ ― 惟康親王⁷ ― 後伏見⁹³ ┤　北朝
					（親王将軍					光明⁽²⁾ ― 後光厳⁽⁴⁾ ― 後円融⁽⁵⁾ ― 後小松⁽⁶⁾¹⁰⁰
					のはじめ）			花園⁹⁵
			後深草⁸⁹ ― 伏見⁹² ┤
			持明院統		久明親王⁸ ― 守邦親王⁹
後嵯峨⁸⁸ ┤
											尊良親王
											恒良親王
								後二条⁹⁴			成良親王				長慶⁹⁸
			亀山⁹⁰ ― 後宇多⁹¹ ┤		後醍醐⁹⁶ ― 後村上⁹⁷（義良親王）┤
			大覚寺統						護良親王（大塔宮）		後亀山⁹⁹
											宗良親王
											懐良親王（征西将軍）
```

※○内の数字は鎌倉将軍の代数
※（　）内の数字は北朝の順序

の役人となり，その所職により生活を維持していたために，皇統の争いは貴族にとっても大きな関心事であり，それぞれが両統に分かれて抗争することになった。

1301（正安3）年，大覚寺統の後二条天皇の即位に際して，両統は立太子をめぐって激しく争い，幕府の支持を求めてさかんに運動を行ったので，幕府は紛争の渦中から逃れようとし，両統から交互に皇太子を立てることを提案し，両統の了解を得た。これが**両統迭立**といわれるものである。しかし，以後も両統の対立はますます激しさを加えていったため，1317（文保1）年，幕府は皇位継承を両統の合議・和談で決定し，幕府はこれに口を出さないことを申し入れた。これを**文保の和談**という。この和談は成立しなかったが，翌1318（文保2）年に両統迭立の原則が確認され，後宇多上皇の院政下に大覚寺統の**後醍醐天皇**（1288〜1339）が即位し，ついで後二条天皇皇子の邦良親王，持明院統の量仁親王（光厳天皇）が即位することとした。早くから宋学を学んでその大義名分論に傾倒し，律令政治の復活を理想と考えていた後醍醐天皇は，自分の皇子に皇位を継承させる望みをもてない状態もあって，その理想を実現するために倒幕を意図するようになっていった。

幕府の滅亡

後宇多上皇から政権を譲られた**後醍醐天皇**は，1321（元亨1）年に**天皇親政**を実現し，吉田定房・万里小路宣房・北畠親房・日野資朝・日野俊基らの人材を登用し，天皇親政の機関として**記録所**を再興し，みずから訴訟をきいた。

解説　天皇の理想は，後醍醐の諡号からも知られるように，律令国家の最盛期

196　中世

> と考えられていた延喜・天暦の治の再現であった。天皇は「朕が新儀は未来の先例たるべし」と豪語し，その意欲的な政治は，対立的な立場にある持明院統の花園上皇をして，「近日政道淳素に帰す，君已に聖主たり，臣亦人多し」と賞讃させた。

　後醍醐天皇の名声が高まると，持明院統側では天皇を退位させようとし，幕府もこれを支持する動きを示した。そのため，天皇親政の理想を実現するためにも，天皇は倒幕の決意を固め，倒幕計画を立てて，その決意は実行に移された。

　このころ，幕府では**北条高時**（1303〜33）が執権であったが，高時は暗愚で，田楽・闘犬などの遊興にふけって政治をかえりみず，内管領長崎高資が政治の実権をにぎっていた。御家人体制の動揺や悪党の跳梁などをふまえて，幕府のこのような状態は，幕府に対する信頼感をますます低下させていた。

　幕府の弱体化を見抜いた後醍醐天皇は，寺社の僧兵勢力，畿内とその周辺地方の非御家人・悪党層，幕府に不満を抱く御家人の離反などを武力としてたのみ，1324（正中1）年，日野資朝を東国に，日野俊基を畿内に遣わし，反幕勢力の結集につとめた。この計画は事前に六波羅探題にもれて失敗した。これを**正中の変**という。

　しかし，天皇は倒幕をあきらめず，延暦寺・興福寺などの寺院勢力に働きかけた。1331（元弘1）年，廷臣吉田定房の密告により，この計画も幕府にもれ，幕府は日野俊基らを捕らえ，天皇は山城の笠置山にこもって兵をあげたが，やがて捕らえられて，隠岐に流された。幕府は，そのあと持明院統の光厳天皇（在位1331〜33）を擁立した。これを**元弘の変**という。

　ところが，この変をきっかけとして，各地の武士が蜂起した。翌年には護良親王が吉野に，楠木正成が河内の千早城に挙兵した。吉野はまもなく落城したが，正成は幕府の大軍を悩ませた。翌1333（元弘3）年になると，播磨の赤松則村，伊予の土居氏・得能氏，肥後の菊池氏・阿蘇氏，伯耆の名和長年らが挙兵し，後醍醐天皇も隠岐を脱出して長年に迎えられた。

　この情勢を見た幕府は，名越高家・**足利高氏**（尊氏，1305〜58）を討伐軍の将として上洛させたが，高氏は丹波に入って幕府に叛し，かえって六波羅を攻めて六波羅探題を滅ぼした。関東では，上野の**新田義貞**（1301〜38）が高氏と同じころに挙兵し，鎌倉を攻めて高時以下北条一門を自殺させ，鎌倉幕府を滅亡させた。これと前後して，少弐・大友・島津の連合軍が鎮西探題を滅ぼ

第5章　大名領国の成立　197

したので，ここに，鎌倉幕府はその150年に及ぶ歴史の幕を閉じた。

> **整理** **倒幕の過程**
>
> **正中の変**……1324（正中1）年，後醍醐天皇は日野資朝・俊基らとはかり，社寺・地方武士を糾合したが，計画は未然にもれて失敗。上京した美濃の土岐頼兼は六波羅探題に捕らえられて自殺し，日野資朝・俊基も捕らえられた。資朝が責任を一身に負ったため，資朝は佐渡に流されたが，俊基は放免され，天皇も事件に無関係であると幕府に言明して事なきを得た。
>
> **元弘の変**……後醍醐天皇は寺院勢力に期待を寄せ，子の尊雲法親王（護良）・尊澄法親王（宗良）を天台座主とし，南都・北嶺へ行幸し，園城寺に所領を寄進するなどして，寺院勢力へ接近をはかった。1331（元弘1）年，吉田定房の密告により，日野俊基らは捕らえられて殺され，天皇は山城の笠置山に拠ったが，やがて捕らえられ，翌年，隠岐に流された。天皇に応じて楠木正成は河内の赤坂城に挙兵したが，これも敗走した。
>
> **幕府の滅亡**……1332（元弘2）年，吉野で護良親王，河内の千早城で楠木正成が挙兵したのに続き，護良親王のすすめに応じて，1333（元弘3）年には各地の武士が挙兵，足利高氏が六波羅探題を，新田義貞が鎌倉を攻め，鎌倉幕府は5月に滅亡した。

建武新政

鎌倉幕府が滅亡すると，後醍醐天皇はただちに京都に帰り，幕府が擁立した持明院統の光厳天皇を認めず，摂政・関白を廃止し，院政や幕府も認めないで，積極的な**天皇親政**を行った。この後醍醐天皇のもとでの，1334（建武1）年から1336（建武3，延元1）年にわたって行われた天皇親政の政治を，その年号にちなみ，**建武中興**または**建武新政**と呼んでいる[→史料⑲，p.379]。

新政府は，政治機関として，中央に記録所・雑訴決断所・恩賞方・武者所を置き，護良親王を征夷大将軍とし，地方には，守護・国司を併置した。また，鎌倉幕府の地盤だった関東・奥羽を重視し，鎌倉には成良親王を送って，足利直義（1306〜52）に補佐させ，奥州には，北畠顕家を付して義良親王を送った。

> **解説** **記録所**は，行政・司法などの重要政務をあつかったところで，吉田定房・万里小路宣房らの公家や鎌倉幕府の評定衆や引付衆，それに楠木正成・名和長年らの武士が職員（寄人）に任命された。**雑訴決断所**は，主として所領関係の訴訟をあつかい，**恩賞方**は，諸将士の論功行賞を行う機関であり，いずれも公家・武士があわせて起用された。**武者所**は，京都警備の武力機関で，その長官（頭人）には新田義貞が起用された。こ

のほか窪所と呼ばれる機関があったが，その性格は明らかでなく，侍所の別名かとも考えられ，結城親光や足利尊氏の臣高師直らが任じられている。

これらの機構の特徴は，第一に，天皇親政の理念を掲げながらも，武士勢力の伸張の前に，律令制を復興することはできないで，むしろ鎌倉幕府に似た組織になってしまったこと，第二に，勲功第一等とされた足利尊氏とその一党がほとんど任用されていないことである。当時，公家たちの間では，「尊氏なし」という言葉が意味ありげにささやかれていたという。

> 注意　後三条天皇の記録所（記録荘園券契所）と後醍醐天皇の記録所の異同に注意すること。

新政府がはじめに着手しなければならなかったものは，ひとつには，戦乱時の勲功についての論功行賞であり，もうひとつは，土地問題であった。しかし，恩賞は一般に公家にあつくて武士にうすく，一般の武士は期待したほどの恩賞にあずからず，新政府に不満をつのらせた。また，土地問題の処理において，新政府の施策が混乱を招いたことは，鎌倉幕府にかわりその生活の保護・安定を与えてくれる政府の出現を願って天皇の倒幕事業に参加した多くの武士たちを失望させるものであった。

> 解説　足利高氏は勲功第一とされて，天皇の名である尊治から一字をもらい尊氏と改名し，従三位武蔵守となり，弟直義も相模守となった。新田義貞は従四位上越後守・播磨・上野介，楠木正成は摂津・河内守，名和長年は伯耆守となったが，恩賞は社寺・公家を優先的に行い，多くの武士は冷遇された。しかも，新政府は知行地の個別安堵法を出し，諸国の武士はあらためてその所領を調査され，個別的にその支配を新政府によって確認されねばならないとしたため，諸国から上京する者が相次ぎ，大混乱が起こった。そのために，政府はこの法令を撤回し，北条氏に味方したもののほかは，その所領は自動的に安堵されることにした。この所領個別安堵法は，全国の土地を天皇の支配下に置こうとする復古的政治理念によって行われたものだが，現実の土地支配秩序とマッチせず，大混乱の原因となったのだった。ここにも新政府の施策の非現実性がよくあらわれている。

南北朝の内乱

第5章　大名領国の成立

新政府への不満は，武士のみにとどまらなかった。天皇が新政早々に**大内裏造営**に着手し，諸国に造営費の提出を命じたことは，農民の生活を苦しめた。また，それまでなかった紙幣を発行するなど，新政府の施策は，理念に走った現実性を欠いたものであった。

　こうして，人心はたちまちのうちに新政府から離れてしまったが，この人心の離反を見抜いた足利尊氏は，武士勢力を結集し，新しい武士政権をつくるための準備を着々と進めていた。

(2) 南北朝内乱の進展

内乱の背景　1336（延元1）年に足利尊氏が後醍醐天皇を吉野に追い，持明院統の天皇を擁立したときから，1392（明徳3）年の足利義満のときに南北朝が合一するまでの時期は，後醍醐天皇の系統を引く大覚寺統の**南朝（吉野朝）**と京都の持明院統の**北朝**とが併立していたために，**南北朝時代**と呼ぶ。この60年に及ぶ南北朝時代は，全国各地で内乱が相次ぎ，武士は時により必要に応じて南朝や北朝についたので，争乱はいつ果てるともしれなかった。

　この時代について，かつては南朝が正統か北朝が正統かということだけが論争されていた。これを**南北朝正閏論**という。そして，1911（明治44）年に桂太郎内閣が南朝を正統として吉野朝と呼び，北朝を認めないことにして国定教科書を改訂したために，以後，戦後まで，南北朝の語は学界の禁句となり，この時代を自由に研究することができなかった。

> **参考　南北朝正閏論**　すでに当時の北畠親房による『**神皇正統記**』は南朝を正統としているが，その後は北朝正統論が有力で，歴代天皇の順序も北朝によって数えるのが正式だった。しかし，江戸時代に入って，水戸藩の編集した『**大日本史**』が三種の神器の所在によって南朝を正統とし，幕末の尊王攘夷運動に水戸学が大きな影響を与えたことから，明治政府では南朝正統論の傾向が強く，学界では両朝を対等にあつかうのが常識となった。国定教科書『**尋常小学日本歴史**』は南北朝を対等にあつかっていたが，1911年にこれが帝国議会で問題となり，教科書責任編集者喜田貞吉を休職とし，教科書を南朝正統に改訂することになった。

　しかし，時代の本質は，そのようなところにはなかった。南朝の勢力が微弱だったにもかかわらず，争乱が60年にわたって続いたのは，当時が武士や農

民の成長する社会的変動期にあたり、武士階級内部の分裂抗争が、南北朝の対立に結びついたからだった。

解説 宋学の大義名分論の影響を受け、南朝正統の立場によって書かれている『太平記』には、7度生まれ変わって朝敵を滅ぼしたいという楠木正成一族らについて述べるとともに、北朝の光厳院の車に出会って下馬を求められたのを怒り、「何、院ト云カ、犬ト云カ、犬ナラバ射テ落サン」と矢を放った土岐頼遠(よりとお)の話や、天皇や院が必要なものならば「木ヲ以テ作ルカ金ヲ以テ鋳ルカシテ、生タル院・国王ヲバ何方ヘモ流シ捨奉ラバヤ」と放言した高師直の話も伝えられている。

一つには、荘園の根幹であった名田が分解し、名主の階層分化が進んで、中小名主が一般的となり、農民がかつての下人・所従の身分から脱却して作職を保有する独立農民となる傾向があらわれてきた [→p.194, p.223]。一方で、農業の発達が進み、荘園領主の規制が弱まってきたために、農民たちは、**入会地(いりあい)や用水の問題**をめぐって共同で話し合い、解決する必要に迫られた。こうして、農民たちは荘園の範囲を越えて、村を単位として地縁的に結びつき、**寄合(よりあい)**を開いて、村掟を定め、乙名(おとな)・沙汰人(さたにん)などの指導者を選んで一種の自治を行った。このような村落のまとまりを**惣(そう)**という。

惣が成立する過程において、独立化をはかる農民と農村の支配をはかる有力名主は、荘園領主の支配を否定し、守護や地頭の介入を排除するという点で利害が一致した。かれらは荘園領主や守護・地頭の収奪に対して有力名主を中心に結集し、**年貢未進**を行って抵抗し、村全体が農耕に従事することを拒否する**逃散(ちょうさん)**を行い、さらには**土一揆(つちいっき)**を起こした。

農民のこのような動きに対し、惣領による血縁的な統制がうすらぎつつあった武士たちは、農業経営者としての立場から、在地封建領主として自己を転化しつつあった。このような在地土豪を**国人(こくじん)**とか**地侍(じざむらい)**などと呼んでいる。かれら国人たちは、地縁的に結びつき、土地に対する支配権を強め、守護や他の封建領主、荘園領主、さらに成長しつつある農民に対抗した。このような武士のまとまりを**党**とか**一揆**などと呼んでいる。

こうした独立農民として成長しつつあった農民や封建領主として転化しつつあった武士たちは、土地の支配権をめぐって、激しい抗争を繰り広げることになった。かれらはその抗争を理由づけるために、一方が北朝方につけば他方は南朝方につくというありさまだったから、内乱は南朝の強弱とは関係なく、全

第5章 大名領国の成立 201

国的にいつまでも繰り返されたのだった。

> **補足　一所懸命**　「一所懸命」とは，「一つの所領のためにも命を懸ける」の意味で，武士たちが土地をめぐって激しく争うためによく使われた言葉だった。武士たちは，土地を手に入れるためには向背常ならず，必要に応じてどちら側にでもついたのである。

尊氏の挙兵

建武新政の失敗を見抜き，第二の幕府を開こうと考えていた**足利尊氏**は，1334（建武1）年に征夷大将軍護良親王を失脚させ，1335（建武2）年に北条氏遺児の乱である**中先代の乱**が起こると，鎌倉に下って反旗をひるがえし，1336（建武3）年には新田義貞を破って京都に入った。尊氏は，いったん北畠顕家らに敗れて西走したが，その途中で持明院統と連絡をとり，九州全域をほぼ支配下におさめて，同年のうちに再度入京し，光厳天皇の弟**光明天皇**を擁立し，後醍醐天皇を花山院に幽閉した。ここに建武新政は開始以来わずか3年で崩壊し，尊氏は**建武式目十七条**を制定し，1338（暦応1）年には北朝から**征夷大将軍**に任命されて，武家政治を再開することになった。この間，後醍醐天皇は1336年に花山院を脱出し，吉野にこもってあくまでも抗戦する意気込みを示したため，朝廷は，大覚寺統の吉野の朝廷（**南朝**）と足利氏に擁せられた持明院統の京都の朝廷（**北朝**）とに分かれ，60年にわたって全国的な内乱が展開されることになる。

> **参考　足利尊氏**　足利氏は，源義家の孫義康を祖とする源氏の名門で，鎌倉時代には，有力御家人として，下野国足利庄を本拠とする三河国の守護で，京畿の情勢にも明るかった。尊氏は，六波羅探題を滅ぼすと，京都に私設の奉行所を設け，京都に出入りする武士の受け付けを行って，全国武士の統制権・指揮権をにぎった。**護良親王**が征夷大将軍の地位についたのは，この尊氏の動きを警戒し，尊氏に代わって全国武士の指揮権をにぎろうとしたためであったが，1334年に尊氏は護良親王を失脚させ，鎌倉にいる弟の**足利直義**に引き渡して幽閉させた。1335年に入ると，西園寺公宗が北条氏の遺族と結んで陰謀をくわだてた。これは事前にあらわれて公宗は捕らえられたが，これと連絡のあった北条高時の子時行が挙兵し，鎌倉に乱入した。これが中先代の乱である。このとき直義は，護良親王を殺害して敗走した。尊氏は後醍醐天皇に対し，時行討伐を名目に征夷大将軍の地位を要求し，許可を得ないままに東下し，時行を滅ぼして，尊氏と勢力を競っていた**新田義貞**討伐を名目に反旗をひるがえした。尊氏は，箱根・竹ノ下の戦いで義貞を敗り，1336年1月に入京したが，奥州から**北畠顕家**が西上してくるに及び，2月に九州に敗走し

202　中世

た。九州では，少弐・大友・島津氏らの守護大名と結び，3月に多々良浜の戦いで菊池武敏らを破り，尊氏と直義が水陸2軍に分かれて東上し，5月には**楠木正成**を湊川の戦いで敗死させて入京した。後醍醐天皇は比叡山に逃れたが，千種忠顕・名和長年らが戦死するに及び，尊氏に降り，尊氏は11月に建武式目を制定して治政の要綱を示し，幕府の創立を行ったのである。

内乱の展開 　後醍醐天皇は，**懐良親王**（かねよし）を征西将軍として九州に，**新田義貞**を越前に派遣し，奥州の**北畠顕家**とともに地方の制圧にあたらせた。しかし，1338年に新田義貞と北畠顕家は相次いで戦死し，翌1339（暦応2，延元4）年には後醍醐天皇が吉野で病死し，懐良親王は苦心の末，九州に拠点は築いたが，遅れて常陸に入った北畠親房も1343（康永2，興国4）年には東国経営に失敗して吉野に帰った。こうして，南朝の没落は決定的になり，10年に近い内乱も終わりを告げるかと思われるに至った。

解説　1338年に新田義貞は越前藤島で，北畠顕家は中央に進撃して和泉石津（いしづ）で，それぞれあっけなく戦死し，南朝方の形勢は不利になった。後醍醐天皇の死後，義良親王（のりよし）が即位して後村上天皇となり，北畠親房が東国経営にあたったが，1343年に関・大宝城（だいほう）を失った。こうして南朝が勢力を失ったため，幕府は，1345年には戦死者の霊をとむらうために安国寺（あんこく）・利生塔（りしょうとう）を諸国につくることにした。

しかし，1347（貞和3，正平2）年になると，正成の子**楠木正行**（まさつら）が河内・紀伊で活動し，翌年，高師直（こうのもろなお）が吉野に進撃した。このころから，高師直と足利直義の間が険悪となり，それを契機に，数年にわたって武家政権内部に紛争が続くことになった。この内紛を，**観応の擾乱**（かんのうじょうらん）と呼んでいる。

解説　もともと，足利政権は，足利尊氏と弟直義との二元政治的な性格をもち，尊氏が武士の支配権をにぎり，直義が裁判を中心に政治の実際にあたっていた。そのような中で師直は尊氏個人の執事として，尊氏と協力して御料所の経営などにあたっていた。この結果，直義が諸国を統治するために荘園制と妥協的な態度をとり，師直が畿内やその周辺を基盤とするために急進的に荘園制を否定する態度をとることとなった。このように，直義と師直の対立は，足利政権が，足利一門をはじめとする守護勢力に基盤を置くか，畿内・周辺の悪党的な小領主層に基礎を置くかという対立でもあり，早くからめばえていたものだった。

師直は，直義の執事上杉重能（しげよし）・畠山直宗（ただむね）を捕らえた。直義はいったん出

南北朝の内乱

第5章　大名領国の成立　203

家したが，1350（観応1，正平5）年，南朝に講和を申し入れた。この形勢をみて，足利一門の諸国の守護が直義方についたため，翌年，尊氏は直義と和睦し，師直は殺害された。しかし，今度は，尊氏・義詮と直義の対立が激化し，尊氏は南朝方に走ることになった。翌1352（文和1，正平7）年，尊氏優位のもとで両者の和睦が成立したが，尊氏によって直義は毒殺されるに及び，この内紛に終止符が打たれた。

その後も，足利政権は安定しなかった。それだけでなく，直義や尊氏が相次いで南朝に降伏したために，南朝の存在が地方武士の注目を浴び，地方における対立・分裂を激化させることになった。こうして，中央・地方を問わず，分裂・内乱が展開された。

南北朝合一

1354（文和3，正平9）年，南朝の政治的・軍事的指導者だった北畠親房が死に，1358（延文3，正平13）年には尊氏も世を去った。尊氏のあとは**義詮**が継いだが，義詮も1367（貞治6，正平22）年に死に，10歳の**義満**（1358〜1408）が，執事（のち管領）となった**細川頼之**のもとに将軍となった。義詮のときには動乱はまだやまなかったが，義満の代になると，内乱もしずまる形勢を示した。

南朝では，1368年に後村上天皇が死に，翌年には南朝方の中心であった楠木正儀が北朝に降り，南朝の勢力は，九州を除くと吉野を中心とする紀伊・伊勢の一部に局限された。九州では，少弐・大友・島津らの鎌倉以来の大豪族が九州探題の統制に従わず，混乱が続いていたが，これも，1371（応安4，建徳2）年に**今川貞世（了俊）**が九州探題として下るとようやく鎮定された。

この間，細川頼之の補佐を受けた将軍義満は，着々と幕府権力の強化に努め，1379（康暦1，天授5）年に頼之が失脚したのちも，その努力は強められた。一方，足利氏は北条氏にならって各地の守護にその一門を配していたが，かれら守護も，内乱の過程で，国人層をその統制下に入れ，国内の行政権をにぎって，大名として成長していった [→p.215]。しかし，かれらは地方に独自の権力をつくりあげることができなかったので，幕府と結びついてこれを盛り立てねばならず，ここに，幕府と守護の要請とが結びついて，幕府権力は強化されていくことになったのである。

解説 1378年，義満は京都室町に**花の御所**を造営してここに移ったが，翌年，細川頼之と斯波義将との対立が発生し，義満はやむなく頼之を罷免し義将を管領とした。1383年に義満は**准三后**となって伝統的権威も身につ

け, 1385年以降, 奈良・天の橋立・紀伊・富士・厳島・高野山・越前気比(けひ)社と各地の社寺参詣・名勝遊覧を行い, 大社寺や地方の豪族に将軍の威風を誇示した。さらに, 1390 (明徳1, 元中7) 年には, 外様守護として反抗的気運の強かった美濃の土岐康行(やすゆき)を討ち,

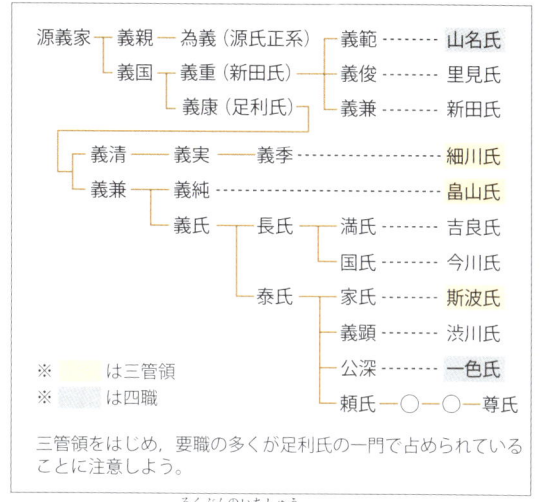

No.83　足利氏とその一族

```
源義家─┬─義親──為義(源氏正系)─┬─義範‥‥‥ 山名氏
       ├─義国─┬─義重(新田氏)────┼─義俊‥‥‥ 里見氏
       │      └─義康(足利氏)────┴─義兼‥‥‥ 新田氏
       │
       ├─義清──義実────義季‥‥‥‥‥‥‥‥ 細川氏
       ├─義兼──義純‥‥‥‥‥‥‥‥‥‥‥‥ 畠山氏
       └─義氏─┬─長氏─┬─満氏‥‥‥‥‥‥ 吉良氏
              │      └─国氏‥‥‥‥‥‥ 今川氏
              └─泰氏─┬─家氏‥‥‥‥‥‥ 斯波氏
                     ├─義顕‥‥‥‥‥‥ 渋川氏
                     ├─公深‥‥‥‥‥‥ 一色氏
                     └─頼氏──○──○──尊氏
```

※　　　 は三管領
※　　　 は四職

三管領をはじめ, 要職の多くが足利氏の一門で占められていることに注意しよう。

翌1391年には11カ国の守護を兼ね,「六分一衆(ろくぶんのいちしゅう)」と呼ばれた山名氏を抑えるため, 山名氏清を滅ぼした。これを**明徳の乱**(めいとく)という。明徳の乱に先立ち, 斯波義将は失脚し, 頼之の養子の細川頼元(よりもと)が管領となった。

　南朝が衰微の極に達し, 美濃の乱・明徳の乱を経て, 将軍権力がゆるぎのないものになった段階で, 1392 (明徳3, 元中9) 年, 南北両朝の和談が成立した。条件はほぼ対等のものであったが, ほとんど空文に帰し, ここに南北朝の対立は解消して, 以後, 皇統は北朝系の天皇に受け継がれることになった。すでに南朝はほとんど勢力を持っていなかったとはいえ, 60年に及ぶ全国的な内乱も終わりを告げ, 足利氏の幕府の支配が全国に及ぶようになった。それは一つの時期を画するものであった。

解説　両朝合一の条件は, ①後亀山天皇から後小松天皇へ譲位, ②今後の皇位は両統迭立, ③諸国国衙は大覚寺統が, 長講堂領は持明院統が管轄, というものだったが, それらはほとんど守られなかった。

ポイント　足利義満の治績は, 後述の「守護大名の成長」[→p.209～222] も参照し, 整理しておくとよい。

(3) 内乱期の文化

思想と学問　この時代における全国的な内乱の進行が, 大きな社会的・政治的な変動を呼び起こしたことは, 文化のうえでも大きな変動と

第5章　大名領国の成立　205

なってあらわれることになった。その一つは、それまで歴史の表舞台にあらわれることのなかった農民が、無視できない社会勢力として成長し、その影響が文化の中にも明らかに見られるようになったことであった。もう一つは、はてしなく続く内乱が、それまでの王朝文化を基礎とした価値体系を崩れさせ、新しい価値観の模索が行われたことだった。しかし、現実には、それは文化の中に混乱を生み出すものでもあった。

　鎌倉新仏教の後継者たちは、民衆に布教を行うに際して、呪術的な世界に生きていた民衆と接触して、密教を取り入れたり、現世の価値観を認めるなどして、現実的な妥協を行った。神道においても、密教的な思想を基盤とし、鎌倉末期に度会家行(わたらいいえゆき)によって大成された伊勢神道が、北畠親房や後醍醐天皇にも影響を与え、その政治思想を裏づけた。

解説　**北畠親房**が、1339年に常陸の小田城で後村上天皇のために著した『**神皇正統記**』は、伊勢神道の影響を受け、「大日本は神国なり」と神国思想に立ち、正直・慈悲・智恵を表わす三種の神器の授受によって天皇の正統がたもたれるとし、ゆえに南朝が正統であるとした。このようなはっきりした主張をもった著作があらわれたことも、この時代の特徴である。親房には、ほかに官職の沿源を述べた『**職原抄**(しょくげんしょう)』の著書があり、後醍醐天皇にも『**建武年中行事**』などの有職故実の著書がある。

　鎌倉新仏教の中でも、浄土真宗などが民衆に教線を広げつつあったのに対し、臨済宗は幕府上層部の武士と結びつき、政治に参画する僧侶もあらわれた。足利尊氏は一山一寧の弟子夢窓疎石(むそうそせき)(1275〜1351)に深く帰依し、そのすすめで、国ごとに**安国寺・利生塔**を建て、また**天龍寺**を造営して疎石を開山とした。その間に、宋の官寺制度にならって、臨済宗に寺格制度が取り入れられていたが、義満のときの1386（至徳3,元中3）年には、寺格を表わすものとして五山制度が整った。しかし、幕府の保護を受けた五山においては、思想を発展させ、深化させていくよりも、中国文化の輸入が中心に行われるようになり、**宋学**（朱子学）をはじめとする学問研究や漢詩文である**五山文学**がさかんに行われた。疎石の門下から出た**春屋妙葩**(しゅんおくみょうは)(1311〜88)・**義堂周信**(ぎどうしゅうしん)(1325〜88)・**絶海中津**(ぜっかいちゅうしん)(1336〜1405)らは、詩僧としてよく知られている。

整理　**内乱期の禅宗（臨済宗）**
　夢窓疎石……1275〜1351。はじめ密教を学び、のち禅宗に転じて一山一寧らに学んだ。この時代のもっともすぐれた禅僧だが、密教的な思想も捨て

きれなかった。後醍醐天皇をはじめ7代の天皇から国師号を与えられ，足利尊氏・直義の帰依も深く，多数の門下を養成し，天龍寺などを開いて，臨済禅の黄金時代を築いた。

安国寺・利生塔……疎石のすすめにより，尊氏・直義は1345年，国ごとに一寺一塔をつくらせ，後醍醐天皇をはじめ元弘以来の戦死者の冥福を祈らせた。新しくつくったもののほかに，既存の寺を修理して安国寺としたものも多い。

天龍寺……1339年，尊氏・直義が後醍醐天皇の冥福を祈るためにつくらせた。1341年，直義は造営の資を得るために元に天龍寺船を発遣しており，1345年に落成。疎石が開山となった。

五山制度……すでに鎌倉幕府のときに五山の制があり，建武新政に際して後醍醐天皇が京都を中心に改めたが，1342年，足利尊氏は京都・鎌倉を混合する五山制をつくり，1386年に義満は京都五山・鎌倉五山を定め，南禅寺を五山の上とした。京都五山は天龍寺・相国寺・建仁寺・東福寺・万寿寺，鎌倉五山は建長寺・円覚寺・寿福寺・浄智寺・浄妙寺の順位で，五山の次に十刹があった。幕府の保護を受けて，宗教的には俗化した。

五山文学……五山では，宋学や漢詩文がさかんだった。五山の禅僧の間に行われた漢文学を五山文学といい，一山一寧から虎関師錬を経て，春屋妙葩・義堂周信・絶海中津がよく知られている。また，五山では禅僧の語録などの出版もさかんに行われた。これを五山版と呼んでいる。

南北朝の内乱

文学と芸能　文学では，変動しつつある社会を写す歴史文学があらわれた。その代表的なものが『太平記』で，正中の変から細川頼之が将軍義満の執事となり，内乱が終わる見通しがつくまでの，長い内乱の過程そのものを描き出し，「太平読み」といわれる物語僧によって語られて，一般に流布していった。

解説　『太平記』は40巻で，第1部（巻1～12）は正中から建武までを楠木正成を英雄として描きあげ，第2部（巻13～21）は尊氏の挙兵から後醍醐天皇の死までの南朝の衰退を描き，第3部（巻22～40）は，内乱の過程を追って頼之が執事になるまでを描く。一般に南朝方の立場から書かれているが，後半にはそれも薄れている。作者は小島法師といわれるが，何人かの手になったものと思われる。なお，『太平記』や三鏡のあとを継ぐ『増鏡』が南朝方の立場で書かれているのに対し，『梅松論』や今川了俊の著した『難太平記』は，北朝方の武士の立場から書かれたものであった。

第5章　大名領国の成立　207

No.84　南北朝時代の主要著作

〔和歌〕	風雅和歌集（洞院公賢） 新千載和歌集（御子左為定） 新拾遺和歌集（御子左為明） 新後拾遺和歌集（御子左為遠） 新葉和歌集（宗良親王） 李花集（同上）
〔仏教〕	夢中問答（夢窓疎石）
〔故実〕	職原抄（北畠親房）
〔連歌〕	菟玖波集（二条良基） 筑波問答（同上） 連歌新式追加（同上）
〔歴史〕	神皇正統記（北畠親房） 梅松論 増鏡 太平記

ポイント　南北朝時代の史書には注意すること。それぞれの立場も忘れてはならない。

伝統的な和歌では，『風雅和歌集』『新千載和歌集』『新拾遺和歌集』など数多くの勅撰集が出たが，いずれも新鮮味を失い，停滞をきわめた。歌人としては，兼好・頓阿・浄弁・慶雲らが知られる。ただ南朝の宗良親王が編した『新葉和歌集』や親王の私家集である『李花集』には，逆境に苦闘する南朝方の人々の心情がよくうたわれており注目される。

和歌が沈滞していたのにひきかえ，活況をみせたのが**連歌**であった。連歌は数人の寄合の席上で交互に詠みあっていくもので，惣が成立して農民などが横断的なつながりをみせはじめた状況をふまえ，武士や民衆の間に広く普及した。**二条良基**（1320～88）は，『**菟玖波集**』20巻を編集して，平安以来の連歌を収め，勅撰に準ぜられた。また，良基は『**応安新式**』もまとめて連歌の規則を整えた。

解説　連歌とは，短歌を上の句と下の句に分け，これを交互に詠み連ねていくもので，鎌倉中期以後流行した。貴族らによって，宮廷でうたわれた堂上連歌に対し，地方で民衆の間に流行した連歌を地下連歌・花下連歌といい，後者が前者を圧倒していった。「二条河原落書」にもその流行のさまがうたわれている。関白である二条良基がそれをまとめたのも，時代を示すものである。また，連歌が集団的な文芸だったことも，時代を反映するものとして注目される。

寄合は，連歌以外にもしきりに行われた。茶寄合や生花の寄合などがそれであったが，古くから農村の農耕神事として行われていた**田楽**が，農村といわずに都市でも興行されるようになった。こうして，田楽は神事から演劇として成長していくが，田楽の隆盛にともない，唐の散楽の系統を引く**猿楽**も，こっけいで機智にとんだ物まねを演じ，しだいに猿楽の能として演技を重視するようになった。もともと古代の芸能は賤民によって行われていたが，商工業者が座を結ぶのと同じように，かれらも座を結成し，寺社に奉仕しながら，各地に興行していったのである。猿楽の座としては，春日神社に奉仕した宝生

(外山)・観世(結崎)・金剛(坂戸)・金春(円満井)の**大和四座**が有名で、やがて結崎座から**観阿弥・世阿弥**父子が出て、能・狂言をつくりあげることになる。

解説 美術では、宋・元文化が摂取されて、模倣の間に、宋・元の画法を学んだ可翁や黙庵らによって水墨画が描かれ、水墨画発達の基礎が築かれた。

2 守護大名の成長

(1) 室町幕府の政治

室町幕府　1336(建武3,延元1)年、北朝の光明天皇を擁した**足利尊氏**は、建武の新政府を滅ぼして、後醍醐天皇を吉野に追い、京都二条に幕府を開いて武家政治を再開し、**建武式目**17条を制定して政治の基本方針を示した。さらに、1338(暦応1,延元3)年には北朝より**征夷大将軍**に任じられて、足利政権の基礎を固めた。

規定 建武式目　中原章賢(是円房道昭)、学僧玄恵らが尊氏の諮問に答えた体裁をとって、尊氏が施政上の要綱を定めたもの。守護任用の心得、倹約・礼節の重視、賄賂禁止、女性・禅僧の政治干渉禁止など17カ条。室町幕府も御成敗式目を基本法とし、臨時に必要に応じて追加の法令を発したが、1338年から1520年にわたって出された法令をまとめたものを建武以来追加または建武式目追加と呼んでいる。

尊氏の死後、将軍職は子の義詮(在職1358〜67)から義満(在職1368〜94)へと受け継がれていったが、3代義満のときになって将軍権力は強化され、守護大名も幕府の統制に従うようになり、1392(明徳3)年には、南北朝の合一もなって足利政権は全国の統一政権としての形式を整えることになった。

足利政権を室町幕府というのは、1378(永和4)年に義満が京都室町に**花の御所**を造営し、そこに移り住んで幕府としたことによる。

室町幕府は、その政策をおおむね鎌倉幕府から受け継ぎ、北条氏にならって諸国の守護に一門の諸将を多く任命し、中央の要職にも多くこれら一門の守護を任命して、血縁的に全国の支配をはかろうとした。しかし、室町幕府は、直轄領である**御料所**が乏しく、直属軍として組織した**奉公衆**は弱体であったために、全国の支配を行うためには、経済的にも、軍事的にも、**守護**に頼らざる

第5章　大名領国の成立　209

No.85　足利氏系図①

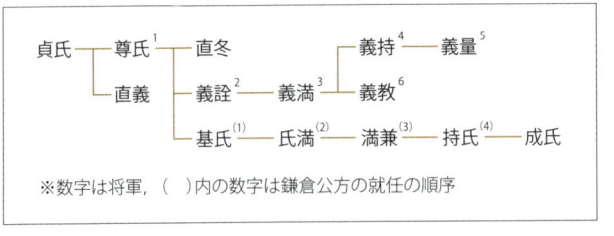

```
貞氏┬尊氏┬直冬        ┌義持⁴―義量⁵
    └直義├義詮²―義満³―┼義教⁶
          └基氏⁽¹⁾―氏満⁽²⁾―満兼⁽³⁾―持氏⁽⁴⁾―成氏
```
※数字は将軍，（　）内の数字は鎌倉公方の就任の順序

を得なかった。ところが，この時代になると，守護は国内の軍事警察権を強化し，国人を被官としてその支配下に入れ，積極的に荘園侵害を行って，任国の領国化をはかり，**守護大名**という，独自の封建領主として成長しつつあったから，守護大名の領国内には，幕府の支配は及ばなかった。一方，守護大名にしても，在地の支配権は在地封建領主化しつつあった**国人**ににぎられており，農民に対する支配には，間接的に守護の被官となった国人を通さねばならなかった。つまり，幕府は守護を介在させなければ地方の支配が行えず，守護は国人を介在させなければ領国の支配が行えなかったのである。そのために，守護大名が地方分権的な権力として育ちつつあったとはいっても，その領国支配の弱さを補うために，自分より上位の権力によって，その地位を保障されることが必要となり，守護大名は競って幕府と接近し，幕府を盛り立てていかねばならなかった。このような点から，室町幕府は**守護大名の連合政権**ともいうべき性格を強くもつことになった。

> **参考**　**義満と権威**　幕府としても，守護が大名として領国支配を強化していくことは好ましいことでなかったので，そのような傾向を示す守護は，幕府によって弾圧された。一方，幕府がその弱体な基盤によって守護大名に支配者として臨むために，義満は各地に遊覧を行って将軍の権勢を誇示したが，さらに古代的権威をも身につけようとした。1383（永徳3）年に淳和・奨学両院別当，次いで准三后となり，1394（応永1）年には太政大臣となった。また，太上天皇の称号も望み，死後与えられたが，子の義持が辞退している。明に対して，「日本国王臣源」の上表を行ったことも，日明貿易の利益のほかに，明との冊封関係によって，みずからが日本の統一的な支配者であることを誇示し，権威づけることになった。

幕府の組織　室町幕府の初期において，政治は尊氏と弟直義との二元的性格をもっていたが，義満のころには将軍に権力が集中し，政治機構もほぼ整備され，室町幕府はその全盛期を迎えることになった。

室町幕府の政治機構は，ほぼ鎌倉幕府のそれにならっている。中央には，鎌

倉幕府の執権に相当するものとして**管領**が置かれ,政務を統轄した。管領には,足利氏一門の斯波・細川・畠山の3氏が交代で任じられたので,これを**三管領**という。管領の下に,政所・問注所・侍所が置かれ,また評定衆・引付衆も設置された。このうち,**侍所**は武士の統制のほかに京都内外の整備や刑事訴訟を行い,その長官である**所司**は山城国の守護職

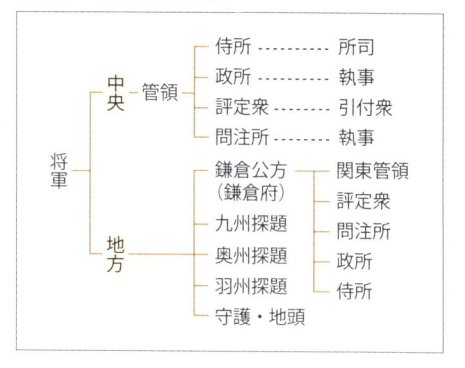

No.86　室町幕府職制

```
                   ┌ 侍所 ──── 所司
         ┌ 中央 ─ 管領 ┤ 政所 ──── 執事
         │         │ 評定衆 ─── 引付衆
         │         └ 問注所 ─── 執事
将軍 ─────┤
         │         ┌ 鎌倉公方 ── 関東管領
         │         │ (鎌倉府) ── 評定衆
         │         │          ── 問注所
         └ 地方 ───┤          ── 政所
                   │          ── 侍所
                   │ 九州探題
                   │ 奥州探題
                   │ 羽州探題
                   └ 守護・地頭
```

を兼任したため,侍所所司は管領に次ぐ要職とされ,山名・一色・赤松・京極の4氏から交代で任じられた。これを**四職**という。

　地方には,鎌倉府(**鎌倉公方**)・奥州探題・羽州探題・九州探題が置かれ,諸国には守護が任命された。**鎌倉公方**はとくに重要で,関東管領以下の幕府に準ずる職制をもち,関東8カ国に伊豆・甲斐を加えた10カ国を管轄し,尊氏の子の基氏の子孫が世襲した。

解説　管領ははじめ執事といい,将軍家の私的な事務担当者で高師直などが任命されていたが,義満のときの細川頼之のころから管領といわれるようになり,政務を統轄するようになった。鎌倉幕府の執権に相当するが,室町幕府では将軍が実権をにぎったので,執権ほど大きな権限はない。政所・問注所・侍所,それに評定衆・引付衆は,いずれも鎌倉幕府にならったものだが,侍所を除いて,いずれも鎌倉幕府ほどの重要性をもたなかった。政所はおもに財政を担当し,執事は二階堂氏より伊勢氏に移り,伊勢氏が世襲した。問注所は文書・記録の保管をおもな仕事とし,執事は町野・太田両氏が世襲した。

　鎌倉府は,東国支配の要地として尊氏が子の義詮を派遣したことにはじまるが,1349年に義詮の弟基氏に代わり,基氏の子孫が世襲した。鎌倉府は強大な権限を与えられていたために,しだいに独立の傾向を示し,みずからを鎌倉公方と呼び,執事上杉氏を関東管領と称するようになった。九州探題には,はじめ一色範氏や斯波氏経らが任じられたが,少弐・島津・菊池氏らの反抗にあって成果があがらず,1371年に今川了俊(貞世)が派遣されて以来,ようやく九州にも幕府の威令が及ぶよう

になり、のち渋川氏の世襲となった。また、地方には、守護のほかに御家人を地頭として補任したが、守護の領国形成が進んでいるこの時代において、御家人とは、将軍と特殊な関係をもつ、将軍の直属軍を構成した武士たちだったと考えられるから、鎌倉時代との相違を理解しておくとよい。

幕府の財政　幕府の財政的基礎は、**御料所**と呼ばれる直轄領であった。しかし、御料所はもともとそれほど多くはなく、各地に散在していたので、御家人への恩給や守護大名の独立的傾向が増大するにつれて、しだいに減少していき、その収入だけで幕府財政をまかなうことはできなかった。そのために、諸国に**段銭・棟別銭**を課し、主要交通路に関所を設けて通行税として関銭を徴収し、高利貸業者である酒屋・土倉からは**酒屋役・土倉役**を取り立てた。対外貿易による利益も、幕府の重要な財源であった。

解説　段銭は土地税で、田畑の段別に応じて賦課された。棟別銭は人頭税で、家屋の棟数に応じて課せられた。もともと臨時課税であったが、しばしば徴収されて恒常課税のようになっていった。これらは数国または全国の農民に課せられたが、諸国に対しては守護によって徴収されたので、幕府の勢力が衰え、守護の勢力が強まると、思うようにはならなくなった。

古代国家の政治機構として最後まで命脈を保ったのは検非違使庁であったが、室町幕府はその権限を奪い、京都の警察権をにぎり、商業への課税権も収めて、1393（明徳4）年、土倉役・酒屋役の課税の規約を定め、土倉・酒屋の統制をはかった。幕府は、政所に納銭方を設け、酒屋からは酒壺の数に応じて酒屋役を、土倉からは質物の数に応じて土倉役を徴収した。土倉は中世の質屋で、酒屋は酒の醸造業者であったが、富を蓄え高利貸業を営む者が多かったのである。室町幕府が土倉役・酒屋役など金融業者への課税に依存しなければならなかったことは、それだけ封建権力としての基礎が弱かったことをよく示している。

日明貿易　元寇によって決裂した日元関係は、それ以後も正式国交が開かれないままに終わったが、民間による私貿易は、元寇後はかえってさかんに行われるようになった。鎌倉幕府や室町幕府も貿易の利に着眼し、**建長寺船**や**天龍寺船**を派遣して、寺院建立の費用にあてたりしていた。

解説　1976（昭和51）年に韓国の新安沖で発見された沈没船から、多数の銅

銭・陶磁器・紫檀材などが回収され，木簡から，東福寺の造営費用をまかなうために1323（元亨3）年に派遣された貿易船であることがわかった。このように，1325（正中2）年の建長寺再建の造営費用を得るために鎌倉幕府が公認して派遣された建長寺船，1341（暦応4）年に後醍醐天皇の冥福を祈るために，夢窓疎石のすすめで足利尊氏が建立した天龍寺の造営費用を得るための天龍寺船のほかにも，多くの貿易船が派遣された。

商品流通の発達にもともなう貨幣の欠乏，激動する国内の情勢を背景に，元寇の後のころから，北九州沿岸の武士や漁民が中心となって，私貿易船は朝鮮半島や中国大陸の沿岸に活発に進出していった。これらのなかには，貿易が思うように進まないと武力を用いて海賊行為を行って米や人間などを略奪する者が多く，**倭寇**といっておそれられた。南北朝時代になると，倭寇の活動は絶頂に達したので，とくに高麗はその害に苦しみ，衰亡の時期を早めてやがて滅亡し，1392（明徳3）年に倭寇撃退に功のあった**李成桂**によって**李氏朝鮮**が建てられた。

日朝貿易　李成桂は足利義満に倭寇の禁圧を求めてきたので，義満はそれに応じ，日朝間に国交と貿易が開始された。しかし，その後も倭寇の侵入が続いたので，1419（応永26）年，朝鮮は倭寇の本拠地と考えられていた対馬に襲来した。これを**応永の外寇**という。朝鮮軍はまもなく撤退し，日本を侵略する意図もないことが明らかとなって，1423年には対馬の**宗氏**と朝鮮の間に修好が回復した。日朝貿易は，勘合符（後述）に似た**通信符**による貿易で，宗氏がこれを統制した。貿易港は富山浦（釜山）・乃而浦（薺浦）・塩浦（蔚山）の**三浦**とされ，漢城と三浦には倭館が設けられて，日本使節の接待と交易にあてられた。輸入品には，**綿布**を中心として朝鮮にんじんや**大蔵経**などがあり，輸出品には，**銅・硫黄**のほかに，**琉球貿易**による南海産の香料・薬種・染料などがあった。しかしその後，朝鮮はしだいに貿易を制限し，在朝日本人を圧迫するようになっていった。

李氏朝鮮の建国に先立ち，中国大陸にも変動がおとずれていた。元による強圧的な異民族支配の下にあった中国では，漢民族の反抗が強まり，各地に内乱が発生して，それを平定した**朱元璋**は，1368（応安1）年に**明**を建国して太祖洪武帝となり，宋代以来の傾向であった皇帝の独裁権の強化を，ますます強めていった。

太祖は即位の翌年，九州にあった征西将軍**懐良親王**に倭寇の禁圧を求めてき

守護大名の成長

第5章　大名領国の成立　213

No.87　日明・日朝関係

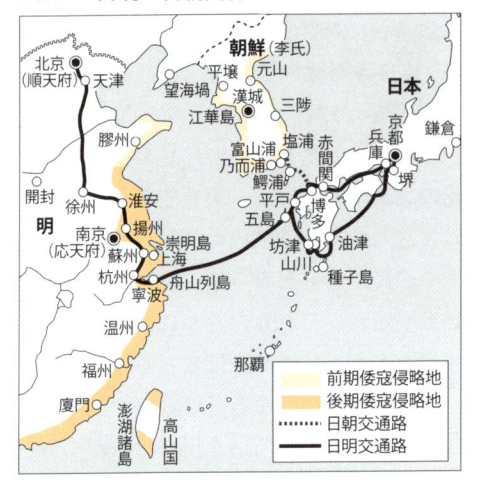

たが、親王はこれを拒絶し、室町幕府との間にも国交は開かれなかった。しかし、成祖永楽帝(せいそえいらくてい)の代になって、応永の乱で大内氏を討ち、北九州への支配力を強化した時期をとらえて、1401（応永8）年、**足利義満**は九州探題に倭寇の取り締まりを命じるとともに、僧祖阿(そあ)を正使、博多の商人肥富(こいずみ)を副使として明に派遣し、国書を送って国交を求めた。明はこれを許し、1404（応永11）年、「日本国王之印」とともに**勘合符**および勘合底簿がもたらされた。ここに、日明間の**勘合貿易**が、朝貢貿易の形をとって開始されることになった［→史料㉑、p.382］。

> **参考　勘合貿易**　明は日本を属国とみなし、義満は臣下の礼をとった。勘合船は朝貢船だが実質的には貿易船で、朝貢の形式をとるだけに、関税もいらず滞在費も支給されたので利益は大きかった。勘合貿易とは、「日本」の2字を分けて日字(にちじ)勘合と本字(ほんじ)勘合をつくり、それぞれ左右に分けて、一方を勘合符、他方を勘合底簿と呼び、日本からの勘合船は本字勘合符をもって明に渡り、明で底簿と照合して、合致すれば正式の貿易船と認定するものだった。こうして、私貿易船＝倭寇と区別したのである。

1403年から10年まで計6回、約60隻が明に渡航したが、義満が死ぬと、将軍**足利義持**(よしもち)は父義満の屈辱的な態度に不満をもち、1411（応永18）年に勘合貿易を中絶し、さらに、1419（応永26）年には明との国交を絶った。しかし、幕府にとって貿易は重要な財源であったので、1432（永享4）年、足利義教(よしのり)のときに貿易が再開された。

貿易の実権は幕府がにぎり、幕府・諸大名・大寺院などが経営にあたり、商人を便乗させた。勘合船の経営者は、自分の貿易のほかに、便乗した商人が輸入した物品におよそ10分の1の価格にあたる抽分銭を課したので、幕府・経営者・商人とも大きな利益をあげることができた。

明は明州(めいしゅう)（寧波(ニンポー)）に市舶司(しはくし)をおいて日本の勘合船についての事務、貿易の管

214　中世

理を行わせた。勘合船は**寧波**に入港し，嘉賓館で接待を受けてから，陸路で北京に赴いた。輸出品は**銅・硫黄**のほかに，工芸品である刀剣・扇・蒔絵・屏風などで，輸入品は**銅銭**を主として，**生糸**・絹織物・綿布や薬材・書画などであった。桂庵玄樹や雪舟など，遣明船にともなって入明する禅僧も多かった。

幕府が衰微するのにともない，やがて貿易の実権もしだいに博多の商人と結んだ**大内氏**や堺の商人と結んだ**細川氏**などの手に移っていった [→p.258]。

(2) 守護領国の形成

守護大名

鎌倉時代の守護は，もともとその職権を**大犯三カ条**に限定され，治安維持権や御家人統制権を与えられてはいたが，国内の地頭・御家人などの在地武士と主従関係を結ぶことは許されず，任国の行政権や支配権を認められたものではなかった。しかし，在地武士が農業経営者的な立場から，みずからを在地封建領主に転化させようとする方向をはっきりと打ち出し，荘園侵害を積極的に行うようになると，鎌倉幕府としても，守護の権限を徐々に強化し，国人・地侍などといわれるようになったそれら在地武士の統率を守護に行わせるようになった。このような傾向は，南北朝時代になるといっそう強まり，足利氏は大犯三カ条のほかに**刈田狼藉**の取り締まりや**使節遵行**，さらに**半済宛行**や**闕所預置**の権限などを新たに守護に認めた。これらの権限を用いて，守護は国司の権限を吸収し**国衙機構を利用**して任国の支配にあたり，**国人と主従関係を結んで**，**被官**としてその統制・支配を行い，任国を自分の領国として支配するようになった。こうして封建領主化し，任国を**領国**として支配するようになった守護を**守護大名**という [→史料⑳, p.380]。

解説 刈田狼藉は，所領についての争いのときに，当事者の一方が所有権を主張して実力で稲の取り入れを行ったりすることで，守護はその取り締まりが行えるようになった。使節遵行は所領についての争いの判決を執行し，敗訴人をその土地から追い出して勝訴者に引き渡すことをいう。これらの権限は，**検断権**（刑事事件の取り締まり）しかなかった守護が，当時の人々の最大の関心事であった所務の**相論**（所領についての紛争）に介入する権限を獲得したことを意味し，その任国の一括的な支配に大きく歩を進めるきっかけになった。半済は荘園年貢の半分を兵粮米として武士に与えるもの [→p.220] だが，それを国内の武士にどのように配分するかは守護の権限とされた。闕所は敵方の所領の没収地で，守護はこ

第5章 大名領国の成立　215

れを一時の恩賞として預け置くことができた。これらの権限は守護が国内の武士に恩賞を与えることができるようになったことを意味し、これを利用して、守護は国内の武士と主従関係を結んでいった。

守護と幕府　室町幕府は財政の不足を補うために、諸国に段銭・棟別銭などを課したが、その徴収には守護大名の力を借りなければならなかった。守護大名は、それが公領であろうと荘園であろうと、任国一円に使節を派遣してその徴収にあたったが、のちには、勝手に任国に段銭や夫役をかけるようになった。これを**守護段銭**・守護役という。そのほかに、守護大名は半済の規定を拡大したり、守護請を行ったりして、**荘園侵害**を積極的に行い、戦乱のたびに任国全域の武士に動員を命令したりして、国内の武士を統制・支配し、交通の要地をおさえて山手・川手（河手）などといわれる関銭（通行税）を取り立てたりした。

　室町幕府は守護大名の連合政権のような性格をもっていたが、守護大名が領国支配を確立し、強大な勢力をもつことは、幕府にとって好ましいことでなかった。そのため、幕府は守護大名の強大化を防ぐ政策をとり、任国の領国化を推進する守護大名は、これを挑発して滅ぼそうとした。3代将軍足利義満は、すでに美濃の乱・明徳の乱によって土岐康行・山名氏清を滅ぼしていた[→p.205]が、1399（応永6）年には大内義弘を和泉国堺に攻めて滅ぼした。これを**応永の乱**という。

> **参考　応永の乱**　大内氏は周防に勢力をもっていたが、義弘の父弘世が周防・長門・石見の守護となり、義弘のときになって安芸・豊前に勢力を広げ、明徳の乱の功により和泉・紀伊を与えられて、義弘は7カ国の大守護大名となった。義弘は5000の軍勢を集め、鎌倉公方足利満兼と呼応しようとして、1399年10月に堺で挙兵したが、12月に義満の3万の軍に敗れて敗死した。

　義満に次いで将軍となった足利義持（在職1394～1423）も将軍の権威を高め、室町幕府の諸大名に対する支配力の強化をはかったが、争乱をおさえきることはできなかった。

> **解説**　義持は義満が明に臣下の礼をとっていたことを不満に思って日明貿易を中止し、また、後小松天皇が義満に「太上天皇」の尊号を贈ろうとしたのを辞退した。これらの出来事は、義持が他の権威を借りることなく、独自に実力で将軍の権威を高めようとし、義満の努力もあってすでにその素地ができあがっていたことを示している。しかし、1413（応永20）

年には伊達持宗が陸奥で，1415（応永22）年には北畠満雅が伊勢で反乱を起こしている。

一方，鎌倉府においても，幕府と同様の問題に直面していた。鎌倉公方は関東10ヵ国に陸奥・出羽の支配を任され，それぞれに守護を配置していたが，とくに一門の上杉氏は，執事（関東管領）の職にも就いて大きな勢力をもっていた。1416（応永23）年，鎌倉公方足利持氏の圧迫を受けた上杉氏憲（禅秀）は，関東の国一揆を率いて持氏にそむいた。持氏は鎌倉を追われたが，幕府が東国の豪族の勢力伸張をおそれて持氏に援軍を送ったので，氏憲らは敗死した。これを**上杉禅秀の乱**という。

解説 上杉氏は上野・武蔵・上総・伊豆の守護を兼ね，扇谷家と山内家，犬懸家などに分かれて，山内家が上野・伊豆，犬懸家が武蔵・上総を支配するようになった。氏憲は犬懸上杉の出で，執事の職にあったが，犬懸家が山内家に圧倒されていたこともあって，義持・持氏に不満を抱いていた義持の弟義嗣や持氏の叔父満隆にそそのかされ，持氏と山内上杉家の憲基に対して挙兵した。一揆を結成して結びついていた多くの在地武士が氏憲方についたため，この乱の影響は大きかった。

幕府では，義持の次の義量が早死にし，義持の弟の**足利義教**（在職1429〜41）が6代将軍となった。義教は一揆を過酷に鎮圧し，有力守護大名や大社寺を圧迫して「万人恐怖」といわれた将軍の独裁政治を行った。しかし，関東では，持氏が義持のあとに自分が将軍となれなかったことに不満をもち，義教に対して対立的な態度をとっていた。執事の上杉憲実は両者の調停にあたって騒乱を防ごうとしたが，持氏はしだいに憲実をうとんじ，1438（永享10）年に憲実討伐の軍を起こした。しかし，幕府が憲実を支援し，東国の国人の多くも憲実に従ったので，翌1439（永享11）年に持氏は鎌倉で自殺した。これを**永享の乱**という。この乱によって，基氏以来の**鎌倉府は事実上滅亡**した。

解説 1440（永享12）年，下総の結城氏朝が持氏の遺子を擁して挙兵したが，鎮圧された。このとき，関東の諸豪族は内部分裂を起こし，惣領に反対する庶子が結城方についている。これを**結城合戦**という。その後，関東の実権は執事上杉氏の手に移った。1449（宝徳1）年，関東の諸将は持氏の子成氏を迎えて鎌倉公方としたが，執事上杉憲実と合わずに下総の古河に移って**古河公方**と称した。一方幕府は，義政が1457（長禄1）年に弟政知を関東に下向させ，政知は伊豆の堀越に居を定めて**堀越公方**と

第5章　大名領国の成立　217

No.88　室町前期の主要内乱

発生年代	名　称	説　明
1390（明徳1）	美濃の乱	義満，土岐康行を滅ぼす
1391（明徳2）	明徳の乱	義満，山名氏清を滅ぼす
1399（応永6）	応永の乱	義満，大内義弘を滅ぼす
1416（応永23）	上杉禅秀の乱	義持，上杉氏憲を滅ぼす
1438（永享10）	永享の乱	義教，鎌倉公方を滅ぼす
1441（嘉吉1）	嘉吉の乱	赤松満祐，義教を殺害

南北朝合一のころより，応仁の乱の前までの，幕府内部における主要な内乱をあげた。同様に，鎌倉時代についても整理しておくこと。

称した。しかし，いずれも大きな勢力とならず，のちにいずれも後北条氏により滅ぼされた。

この間にも，守護大名たちは着々と領国支配を強化しつつあった。比較的安定していた義持の代に続く義教の代は，そのはじめに正長の土一揆にみまわれたことが示すように波乱が予想されたが，永享の乱・結城合戦などが起こって幕府は動揺し，それがかえって守護大名の幕府との結びつきを強める結果となった。しかし，将軍の勢力を過信した義教は，大名への圧迫を強め，1440（永享12）年には一色義貫・土岐持頼を滅ぼすなどしたため，諸大名の間に不安が広がり，翌1441（嘉吉1）年には，義教は赤松満祐によって暗殺されることになった。満祐はやがて敗死するが，幕府は一時はっきりした方針を打ち出すこともできず，この嘉吉の乱 [→p.230] 以後，急速に衰運に向かうのである。

守護と国人

守護が任国の領国化を押し進め，守護大名と呼ばれるようになったとしても，かれらはまだ自立的で独自の権力を地方に打ち立てるまでにはいっていなかった。守護大名は，内乱や行事のあるときを除くと，幕府や鎌倉府のある京都や鎌倉に屋敷を構えて住み，幕府や鎌倉府の要職につくことを望み，公家のもつ文化・教養にあこがれをいだいていた。また，幕府にしても，守護には在地武士でなく一門や有力被官を任命することが多かったから，守護と任国との結びつきは，もともとそれほど強いものではなかった。守護は，多く直臣を守護代として任国に派遣し，支配にあたらせたが，その任国には，すでに豪族が在地領主化をはかりつつあった。

鎌倉末期から顕著になった血縁的な支配のゆるみのなかで，武士たちは惣領の支配を逃れ，同族が横断的に結びつく党という組織をつくり，他の在地武士や守護・荘園領主に対抗するようになったが，この時代になると，武士たちの結びつきは同族的な色彩をうすめ，在地領主化した同一地域の武士たちが，横断的に結びつく一揆といわれるものになった。これら在地領主化した武士を国人というが，その国人たちの一揆を国一揆という。

218　中世

解説　例えば、白旗一揆は北武蔵・上野の源氏によって構成されていたが、やがて上州白旗一揆・武州白旗一揆に分かれて地域的一揆の性格を強め、15世紀になると、他の藤家一揆（上野）・武州南一揆（武蔵）などとも結びついて、上州一揆・南武州一揆といわれる地域的集団に変化していった。

言及　血縁から地縁への変化を、武士のみならず、さまざまな分野から考えてみよう。

　守護が直臣団を任国に入部させ、国衙領や闕所地の支配を行わせたことは、かれら国人層にとって大きな脅威であった。とくに守護が段銭を徴収したり、荘園年貢徴収の実権をにぎるなど任国への支配を強めてくると、国人らは自らの権限への侵害をおそれ、一揆を起こして守護に反抗した。1429（永享1）年の**播磨の国一揆**はその一つで、守護赤松氏の領国形成に対する国人たちの反抗であった。しかし、国一揆は守護の勢力を国内から追放することに成功したにしても、その組織は長続きせず、それぞれが自分の勢力の拡張をねらって暗躍し、守護との結びつきをねらうようになり、国人たちもしだいに守護の被官と化していった。

　守護大名が任国を領国化し、国人を被官化したといっても、守護大名は農民を直接支配することはできなかった。守護大名は、幕府の権威を背後にしてのみ国人にのぞむことができ、その限りで国人を被官とすることができたのだったが、農民に対する支配力は、ながい在地領主化の努力の中で国人がしっかりと把握しており、国人を通してしか、守護大名は農民を支配することができないのだった。だから、室町幕府が衰運に向かうと、守護大名も国人とのきずなを奪われ、軌を同じくして没落していくことになった。

解説　例えば、応永の乱に際し、義満が大内義弘追討を命ずると、紀伊・石見の国人らはいちはやく幕府方に内通した。このように守護と国人との主従関係は強いものではなかったし、幕府といううしろだてがなくなると、国人はたちまち守護にそむくことになってしまったのである。

守護と荘園

　鎌倉時代から農民の自立化の傾向と地頭・悪党による侵害にさらされていた荘園は、南北朝時代に入るとその傾向がいっそう強まり、急速に衰退していった。とくに南朝の大覚寺統に属していた荘園は、武士の押領のままにまかされることになったし、領主が現地の支配力をもたない荘園も、在地武士の領主化の動きによって失われていった。領主が預所（あずかりどころ）・

No.89　守護請

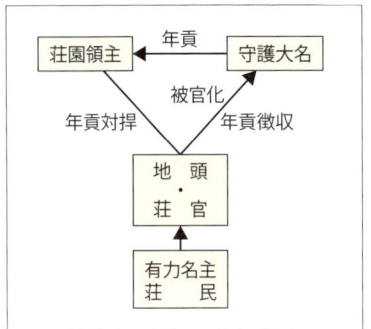

```
荘園領主 ←―年貢―― 守護大名
   ↖　　被官化　　　↗
  年貢対捍　　　　年貢徴収
       ↘　　　 ↙
        地頭・荘官
          ↑
       有力名主
        荘　民
```

在地領主化した地頭・荘官が領主に年貢を納入しないようになり，守護の被官化するのにともない，守護請により年貢が守護を経由して納入されるようになった様子を図示したものである。

雑掌などの荘官を任命して現地を支配する荘園については，室町幕府もそれを保護する政策をとったが，守護大名は，荘園の**半済・守護請**を行って，荘園領主から荘園の実質的な支配権を奪っていった。

注意　守護による半済・守護請と鎌倉時代の地頭による地頭請・下地中分とを混同しないように。

参考　**半済**　1336（建武3）年，足利尊氏は東寺領山城国上久世荘の領家職半分を軍功のあった同荘の公文作田大弐坊覚賢に恩賞として与えたが，これは下地中分と同じようなものだったと思われ，半済としては，1352（文和1）年，足利尊氏が近江・美濃・尾張3国の本所領の荘園年貢の半分を1年を限り兵粮料所として武士に与えたのが最初である。半済の適用範囲はしだいに拡大された。しかし，守護は適用範囲を守らずに，勝手に半済と称して荘園年貢を横領し，期限がきても年貢をおさえたままにし，また，半済を利用して，年貢だけでなく下地をも横領する者があらわれた。こうして，半済は守護の荘園侵害に利用された。

守護請　預所・雑掌らが在地領主化すると，かれらは荘園年貢を横領して領主には納めず，また当時自立の傾向をみせて力をもつようになった農民を指導し，強訴・逃散・一揆などを起こすようになった。そのため，荘園領主は年貢を収取する実力をもった者を代官とし，年貢を請け負わせるようになった。その代官には守護や守護の被官がなることが多かった。ここに，荘園制度は大きく変質する。荘園領主は荘園への支配力が弱まり，荘園からの収入が減少するとしても，とにかく一定の収入は確保しようとした。しかし，守護ら代官は請負の契約を守らないことが多く，領主の荘園からの収入は年々減って，戦国時代になると，荘園は実質的に消滅するに至った。

室町幕府は荘園を保護したが，守護大名も荘園そのものを否定したのではなかった。荘園制度を利用し，そのなかに自分の勢力を植えつけていったのである。

(3) 北山文化

文化の性格　足利義満の治世を中心に、1441（嘉吉1）年の嘉吉の乱ころまでの文化を、義満が1397（応永4）年に京都北山に壮大な山荘を営み、のちに移り住んだことにちなんで、**北山文化**という。

> **北山第**　1378（永和4）年、義満は京都室町に壮麗な**花の御所**をつくったが、1397（応永4）年にはかつて西園寺公経が京都北山に建てた山荘を譲り受け、大改造を加えて、**北山第**をつくりあげた。そのうちの舎利殿は、内・外壁のすべてに金箔を張りめぐらせたことから、**金閣**といわれている。金閣は3層に分かれ、1・2層は公家風の寝殿造の様式でつくられ、3層には唐様の様式が取り入れられた。義満の死後、金閣をふくめた北山第は鹿苑寺といわれた。

北山文化の性格は、**金閣**において象徴的によくあらわされているといえる。北山文化は、まず京都に住む将軍や守護大名たち上級武士をおもな担い手とする**武家文化**であり、かれら上級武士は権威・教養などを体現するものとして**貴族文化**に接近してそれを身につけ、かれらの帰依し関心を寄せた禅宗や、そのころ開始された日明貿易により輸入される唐物に刺激されて、**中国文化**の影響を受けたのである。

この時代の文化は、貴族化した武家の文化でいろどられているが、その裏で、農民をはじめとする民衆が着々と力を蓄えつつあり、それをふまえて発展をとげつつあった**民衆文化**も、そのような武家文化の重要な一要素であった。

五山の文化　将軍や守護大名は中国から輸入される宋元画を珍重したが、五山の禅僧の中には宋元風の**水墨画**を描く者があらわれた。水墨画は墨の濃淡によって、超現実的な世界を描き出そうとするもので、人物、花鳥とくに山水を多く題材とした。この時代には、仏画をよくし、水墨画の基礎を築いたといわれる東福寺の**明兆**（兆殿司、1352〜1431）、「瓢鮎図」を描き、相国寺に住んだといわれる**如拙**（応永前後に活躍）、山水画にすぐれ、如拙の弟子といわれる**周文**などが出た。

> **解説**　禅宗では、師が自分の肖像画に自賛を加えて弟子に与えていた。その肖像画を頂相という。頂相も多く描かれ、すぐれた遺品が多い。

能・狂言　南北朝時代に流行した田楽や猿楽は、まだまだ民衆の好むいやしい芸能だと見られていたが、やがて上級武士や貴族の目にとまり、愛好されるようになった。大和猿楽の四座のひとつである結崎座の**観阿弥清次**

第5章　大名領国の成立　221

(1338〜84)とその子**世阿弥元清**(1363〜1443)は，猿楽の名手として知られたが，1374(応安7)年に義満が観阿弥・世阿弥父子の猿楽を見て以来，この2人は義満の保護を受け，その下で猿楽の能を洗練された美しさをもつ**能**に大成した。ことに，世阿弥は能の脚本である**謡曲**を多くつくるとともに，『**花伝書（風姿花伝）**』『**花鏡**』などの芸能論を著して能を理論化した。世阿弥の女婿で円満井座から出た**金春禅竹**もすぐれた役者だった。

> **参考　観阿弥と世阿弥**　観阿弥は「幽玄」を重視して，田楽や近江猿楽の芸風を取り入れながら，能は「物真似」(写実)を根本に置かねばならないとして，大和猿楽を革新した。かれは「衆人愛敬」を第一として，どのような観衆の心をもとらえようとし，猿楽能の初心を忘れることはなかった。世阿弥は貴族や上級武士の好みにあうように能を改革し，「貴人の御出をほんと」するものにし，「幽玄」に重きを置き，「物真似」「花」とともに芸能の根本とした。義満の死後，とくに将軍が義教になると，世阿弥は圧迫を受けて，子の元雅には先立たれ，佐渡に流された。のちに許されて都に帰り，女婿の金春禅竹の邸で余生を送ったともいわれる。

能の幕間に演じられる狂言も，このころ大成された。狂言は猿楽のこっけいな面を受け継いだもので，はじめは即興で演じられたが，支配階級への厳しい風刺をまじえ，当時の下級武士・下人・農民など民衆の生活が，俗語を用いて生き生きと描き出された。

> **ポイント**　北山文化は，次の東山文化 [→p.234] と類比して，対照的に整理しておこう。

3 室町幕府の衰退

(1) 郷村制の成長

荘園の崩壊　鎌倉時代において，農民たちのたゆまぬ努力の結果として，耕地が安定し，二毛作や牛馬耕が普及するなど，農業は急速に生産性を増しつつあったが，それを背景に，農民は少しずつ経済的にも力を蓄え，それまでの家父長的な束縛の下での隷従の地位から，しだいに自立化する傾向があらわれてきた。南北朝時代になると，荘園の構成単位であった名が分解し，小農民がみずから経営にあたったと思われる**小規模な名**が多く生まれてきた。

荘園領主は，鎌倉時代初めの地頭の設置によって，荘園の支配に大きな制約を受けることになり，また，鎌倉時代を通じて地頭の激しい荘園侵害にさらされてきたが，この名の分解は，荘園領主にとって，荘園支配の方法を再編成しなければ，荘園支配を維持できなくなることを意味していた。鎌倉時代には在地領主化を目指す地頭の激しい収奪にたえかねて，荘園領主と結んで地頭の排除をこころみたこともある農民たちも，南北朝時代になると，年貢減免を要求して，**年貢未進**・**愁訴**・**強訴**・**逃散**などを行って荘園領主と対抗するようになっていった。しかも，**国人による荘園侵害**はますます激しさを加えていったから，荘園領主もついに荘官を派遣して現実に荘園を支配することをあきらめ，荘園からの収入を確保することを目的に，**守護大名や守護被官などに年貢を請け負わせる**こととした [→p.220]。ここに，荘園領主は荘園への支配力を失うことになったが，守護大名たちは請負の契約を履行しようとしなかったから，荘園領主は荘園からの収入すらあてにできなくなった。さらに，戦国時代に入って，室町幕府が勢力を失い，守護大名たちが没落してしまうと，荘園領主は荘園への足がかりさえ失って，新たに台頭した戦国大名によって荘園はほとんど廃絶されることになった。

解説　例えば，山城の国一揆が「本所領共は各々本の如くなるべし」と決議したように，土一揆・国一揆には荘園制の擁護を目的としたかのようにみえるものもあるが，それは農民たちが強力に領国化を推進しようとする守護大名に対抗するために，荘園領主を利用したことを示すのであって，荘園領主の勢力の回復を目指すものではなかった。

惣の成立　農業の生産力の向上，小農民の自立化，名の分解という状況の進展は，農村の景観にも変化を与えた。散村が解体して**集村村落**が形成され，農民が山・川・原野などの自然的条件にもとづいて**地縁的**に結びつき，村が形成されることになったのである。

　律令制において，ある程度は自然の地理的条件が考慮に入れられたとしても，農民を郷戸主を中心とする家父長的な血縁支配の中に組み込んだ郷里制のもとにあった農村は，荘園制が発達するにつれて，村落の中に荘園領主の支配権が入り組み，ひとつの村落がいくつかの荘園に分割されたり，いくつかの村落がひとつの荘園に組み込まれたりするようになった。しかし，農業の生産力が向上すると，**入会地や用水の問題**が大きく浮かびあがり，農民たちは話し合って相互に規制する必要が生じてきた。そのために，小農民の自立化が進みつつ

第5章　大名領国の成立　223

あったことも背景となって，同じ山・川・原野などを利用する農民たちは横断的に結びつき，それらの問題について話し合いで決定するとともに，その決定を実行するための行政の仕組みや罰則などもつくられることになった。

農民たちの地縁的な結びつきとしては，鎌倉時代にすでに**結衆**や**宮座**があった。それは村内の有力名主たちが村堂や鎮守を座席の場として結びついたものであった。また，名の分解をふまえて，名主たちがそれまでの指導権を維持するために結びついた惣荘もあらわれたが，南北朝時代から室町時代にかけて，小農民の成長が著しく，有力名主とともに，かれら小農民も結びついて，荘園の枠にとらわれないで，村落内の農民による横断的な組織がつくられた。このような農民の地縁的結合を**惣**とか**惣村**と呼んでいる。惣村は14〜15世紀に畿内を中心に各地に成立していった。

解説 このような農民を主体とする村落は，南北朝時代から発達し，江戸時代初期に完成したもので，今日の農村の原型をなした。これを**郷村制**と呼んでいるが，農民の自治を中心にして成立した農村を惣と呼び，戦国時代から江戸時代にかけて，このような農民の自治的村落組織が大名・幕府の支配組織に組み入れられていったものを郷村制と呼んで，中世村落と近世村落を区別する場合もある。

惣の運営の最高の議決機関は，惣の構成員による集会である**寄合**であった。しかし，小さい出来事にまでいちいち寄合を開くことができないので，**乙名・年寄・月行事**などといわれる代表者が選出され，かれらが日常の事務を代行した。惣では惣掟が定められて，惣民の連帯意識を強化し，さらに，それにそむいた者には，惣が検断権を行使して処罰を加えた。領主への年貢を惣で請け負う**地下請**（百姓請）も行われた。また，惣は山林や田畑などを共有地として所有し，耕地は低い地代で貧しい惣民に貸してその転落を防ぎ，その収入は惣を運営するための財政に用いられた。惣民による出銭も，惣財政の大きな基礎であった。

解説 しかし，応仁の乱を過ぎると，惣はまず経済的に破綻し，惣有地をしだいに手放していった。一方，戦国大名の領主権の強化ともあいまち，有力な惣民の中には大名と被官関係に入る者があらわれ，大名の統制が農村にも及んできて，農民の自治的結合としての惣は，しだいに崩壊していくことになる。

土一揆

地域的結合が進むと、農民は村の自治的結合をはかるだけでなく、領主の支配に対しても抵抗するようになった。鎌倉時代においては、領主化を目指して激しい収奪を行う地頭に対して農民が争う場合が多かったが、室町時代になると、荘園領主や守護大名に対して、年貢の減免や代官の罷免

No.90　主な土一揆

発生年代	名　　称	付　　記
1428（正長1）	正長の土一揆	近江・京都・奈良など近畿一帯
1429（永享1）	播磨の土一揆	守護退去を要求
1441（嘉吉1）	嘉吉の徳政一揆	徳政令出る
1454（享徳3）	享徳の土一揆	播磨矢野庄民
1457（長禄1）	長禄の土一揆	
1485～93（文明17～明応2）	山城の国一揆	両畠山軍の退去
1488（長享2）	加賀の一向一揆	加賀の門徒領国化

を要求して行動を起こすようになった。農民もはじめは**愁訴・強訴・逃散**などにより集団的な力に頼っていたが、そのような方法では結着がつかないことが明らかになると、やがて武器をとって蜂起するようになった。これを土民の一揆という意味で、**土一揆**と呼んでいる［→史料㉒A, p.382］。

土一揆はすでに南北朝時代から起こっていたが、大規模なものとしては、1428（正長1）年のいわゆる**正長の土一揆**が最初であった。これは、まず近江坂本の**馬借**が蜂起し、京都周辺の農民・都市民が加わって、京都市中の酒屋・土倉・寺院を襲い、徳政を要求して、質物を奪い借用証文を破棄したもので、たちまち数カ国に波及した。翌1429（永享1）年には**播磨の土一揆**が起こった。これは、播磨の守護赤松満祐の在京中をねらって、国内の国人や名主が赤松氏の領国形成に抵抗して蜂起した一揆で、国人たちは「侍をして国中にあらしむべからず」と呼号した。これ以後も、小規模な一揆は続き、1441（嘉吉1）年、嘉吉の乱で将軍義教が殺されて不安におちいった京都で、また大一揆が発生した。これを**嘉吉の徳政一揆（土一揆）**といい、幕府は徳政令を発布した。

このように、正長の土一揆以後、農民の地域的結合の進んだ畿内を中心に、土一揆は各地でしきりに展開されていった。もともと土一揆は、有力な名主層の農民が中心になり、隷属的な身分から解放されることを切望して激しい闘争を行っていた下人・所従などの下層の農民をも率い、中間搾取を行う荘園領主や領国化を推進する守護大名に抵抗する農民の運動であったが、貨幣経済が進展するなかで、中下層の農民には、酒屋・土倉などの高利貸に金融を受けて困窮する者が多く、それが質物の無償返還などを求める徳政の要求ともなり、下層の武士や貧しい都市民もまきこんで、広い範囲に広がっていった。このよう

第5章　大名領国の成立

な徳政を要求する土一揆を，とくに**徳政一揆**と呼んでいる。

> **ポイント** 土一揆と国一揆［→p.244］との違いを考えよう。

(2) 産業と貨幣経済の発達

産業の発達　室町時代においても，産業の中心は農業であった。この時代における農業の進歩は，鎌倉時代に見られた発展の方向に沿ったものであるが，それには，単婚小家族を主体とする農業の小農民的経営と農民の地域的結合との進展により，農民が積極的に農業生産の向上と共同的な村落生活とに参加していったことが，大きく関係している。

複雑な荘園制の中に組み込まれた中世農村では，大規模な新田開発は行われず，耕地面積の拡大という面ではある程度の停滞を示していたが，農業生産は集約化の方向をたどって，発展していった。灌漑では，溜池や堰堤をつくるほかに，用水利用の合理化も行われて，時間によって引水を定める「**番水**」や施設によって用水を配分する「**分水**」などがつくられ，水力によって自転する**水車**などが使われた。水稲栽培では，**苗代**はますます普及したが，苗代に種籾を蒔くのに先立って，発芽を促すために**浸種**が行われた。稲の品種改良も進んで，それまであった**早稲**・**晩稲**のほかに**中稲**も普及し，その地味に適した稲作が行われるようになった。**二毛作**はさらに普及して，米・麦のほかに豆類・そば・稗・黍などの雑穀が栽培された。二毛作の普及は**施肥**の重要性を増やし，刈敷・草木灰のほかに厩肥・人糞尿が用いられた。**牛馬による犂耕**も普及した。

> **解説**　1420（応永27）年に来日した朝鮮使節の記録『**老松堂日本行録**』に，摂津の尼崎あたりの見聞として，日本では灌漑設備が発達しているから，麦・稲・麦の三毛作が行われていると述べている。このような三毛作が現実に行われたかどうかはわからないが，当時の日本の農業の進歩をうかがうことはできる。また，1429（永享1）年に来日した朝鮮使節は，水力で自転する水車がすぐれているのに驚き，模型をつくって朝鮮での普及を献策した。

No.91　室町時代の特産物

農産物	野菜	京都・奈良周辺
	麻・苧	越後（その他北陸・関東）
	荏胡麻	瀬戸内海沿岸
	茶	山城・大和・駿河など
手工業品	鋳物	河内・大和・下野・能登など
	鍛冶	備前・備中・山城・大和など
	紙	讃岐・播磨・越前・美濃など
	絹織物	京都・山口・博多・堺など 加賀・丹後・美濃・尾張など
	麻織物	越後・越中・信濃など

それぞれの地方的特徴を考えてみよう。

商品流通は農村にも浸透して，農具が農村で販売され，鍬・鋤とともに犂や馬鍬が普及することになるが，一方で，**商品作物**の栽培も行われることになった。瓜・牛蒡・茄子・大根・人参などの野菜，麻・苧・漆などの手工業原料品，灯油をつくるための荏胡麻，染料原料の茜・藍などで，それぞれの風土に適した**特産物**が生まれた。

　林業・水産業や手工業も，それぞれ発展をみせた。

諸産業の発達

①自然諸産業

林業……丹波・伊賀・南大和・土佐など山林の多い地域でさかんで，木曽の檜材はことにもてはやされた。京都・鎌倉には材木市場があって取り引きされた。

漁業……釣漁のほかに網漁が発達し，塩魚や乾物が取り引きされた。淀の魚市場をはじめ，各地に魚市場ができた。

製塩業……古くから瀬戸内海沿岸でさかんであったが，塩田法が発達し，塩水をならした砂に注ぐ揚浜法や干満を利用して溝を通して海水を導入する入浜法が用いられ，伊予の弓削島，備後の三原，讃岐の塩飽などが産地として知られた。

鉱業……それまでの露頭掘りから，坑道を掘って地下の鉱物を採掘する坑掘りへと進んだ。陸奥の砂金，中国地方の砂鉄・銅，対馬・石見の銀が知られている。

②手工業

鍛冶・鋳物業……国内需要が増大するとともに，日明貿易の輸出にもあてられたため，さかんに製作された。鋳物では，鍬・鋤・鎌などの農具や鍋・釜などが，河内の丹南，大和の下田，下野・能登などで製作された。刀剣は備前・備中・大和・相模・山城・筑前・美濃などでつくられ，明にさかんに輸出された。

織物業……養蚕業は明から高級絹織物が輸入されたために衰えたが，明の織工を迎えて山口・堺・博多などで金襴・緞子・縮緬などの高級品がつくられ，美濃・尾張・越前・丹後などでも絹織物がつくられた。麻織物は越後・越中・信濃でつくられ，宇治や奈良の晒も有名になった。

製紙業……讃岐の檀紙，播磨の杉原紙，美濃の美濃紙，越前の鳥子紙，奈良の奈良紙などの物産紙ができた。

醸造業……酒造は全国的に行われ，京都や河内・大和・摂津などはとくにさかんで，京都の酒屋は繁栄して土倉を兼業する者が多かった。

第5章　大名領国の成立

その他……製陶業では，尾張の瀬戸，近江の信楽や備前・河内などが知られていた。製油業では，山城の大山崎がとくに知られ，油座があった。

商業の発達

産業の発達は，商品流通を活発にした。流通商品の中心は，室町時代でも米をはじめとする野菜・加工原料品などの農産物で，もともと年貢として荘園領主や守護大名に納められたものが，市場に放出されたものであったが，そのほかにも，各地のすぐれた特産物が，商工業者によって**京都・奈良・堺・兵庫・天王寺**などの畿内の諸都市に集められ，荘園領主や守護大名などの需要に応じて流通した。

> **解説** 京都三条・七条の米市場，京都六角町・淀の魚市場のような特定商品だけをあつかう市場も発達した。京都に進出した有名な地方の特産物には，美濃・加賀の絹，越後・越中の布，東海道の木綿，美濃・越前・播磨の紙，美濃関の包丁・剃刀，筑前芦屋の釜などがあった。

畿内の諸都市では，毎日市が開かれ，**常設店舗**も増えていったが，地方においても，国人ら在地領主などが自分の館の周辺に市を開き，年貢の換金や必要物資の購入を行い，付近の農民も市に出かけていって農産物を販売し，塩・海産物・鉄製品などを購入した。このような定期市も，**三斎市**から毎月6回開かれる**六斎市**へと変わっていった。

こうして商品流通が発達すると，社会的分業もますます進展していった。すでに平安末期ごろから，手工業者は官司・寺社などからしだいに解放され，注文生産のほかに市場生産にも従事し，**座**を結成して営業したが [→p.172]，室町時代には，座の種類も数も急速に増え，手工業者と商人の座の分化も見られるようになった。座は京都に代表される畿内の都市に多く発達し，地方の農村にも散在して，寺社・公家・守護・国人などの支配階級と結びついて独占的な営業を行った。しかし，商品流通が活発となると，従来の座にとらわれない**新儀商人**も台頭し，新座を結成して商業活動を行い，**本座**と対抗した。

> **解説** 中世を通じて，京都には60以上の座が存在していた。有名なものとしては，大山崎離宮八幡宮の油座，祇園社の綿座，北野神社（西京）の麹座，左右近衛府・兵衛府の四府駕輿丁座，三条・七条の米場座などがあった。

貨幣と金融

産業や商品流通の発達は貨幣の流通を促した。しかし，室町時代にも国内で貨幣鋳造は行われなかったので，鎌倉時代と同じく，中国から輸入された貨幣が流通した。宋銭に続いて，この時代には**明銭**が

輸入され，永楽通宝・洪武通宝・宣徳通宝などが多く使用された。そのうち永楽通宝がもっとも多く輸入され，また良質でもあったため，標準貨幣とされた。
　段銭・棟別銭・夫銭・地子銭など，租税の銭納も行われ，土地の高を表わすにも，収穫高や年貢高を貨幣で表示する貫高制がとられるようになった。

解説 貫高のうち，とくに永楽通宝で表示するとき，これを永高という。

　金融業も発達した。土倉のほかに酒屋で金融業を兼ねる者が多く，幕府から土倉役・酒屋役という，巨額の税をかけられながらも，幕府の保護を受けて巨富を蓄えた。庶民の間では頼母子・無尽などがしきりに行われた。

解説 貨幣の流通は，農民や都市の庶民・下級武士たちを窮迫させ，土倉・酒屋の収奪にさらされることになった。この時代の土一揆に，徳政を要求して土倉・酒屋を襲ったものが多かったことは，農民や庶民が急激に発達する貨幣経済に対処できず，土倉・酒屋の融資を受け，それがさらにかれらの没落に拍車をかけていたことを示している。

　鎌倉時代から行われていた為替も普及した。為替手形は割符と呼ばれ，はじめは年貢米や銭貨の輸送の不便と危険を避けるために用いられていたが，遠隔地との取引がさかんになるにつれ，一般の商取引にも用いられるようになった。

交通と運輸

商業の発達にともない，商人の往来が活発となり，物資の移動もしきりに行われた。商業だけでなく，社寺への参詣もさかんになった。

解説 室町時代のおもな参詣には，伊勢詣・熊野詣，西国三十三所巡礼があったほか，富士山・加賀白山・出羽三山の霊山参詣などもさかんであった。

　交通が活発となったため，運輸業も発達を見せることとなった。陸上運輸では，馬借・車借と呼ばれる運輸業者が，近江の大津・坂本，山城の淀・木津，越前の敦賀，若狭の小浜などで営業を営んだ。かれらは，馬や車で物資を運ぶかたわらで商業を兼ねる下層の労働者で，都市近郊の農民が農閑期に営業する者も多く，土一揆のときにしばしば先頭をきって蜂起したことでも知られている。水路も運輸に用いられたため，水上交通の要地には港湾都市（港町）が繁栄したが，港と港を結ぶ廻船も発達を見せた。前代から港で運輸にあたっていた問丸は，巨富を蓄えて卸売業をも営み，問屋と呼ばれるようになって，陸上交通の要地や都市にも進出していった。

ポイント 馬借・車借や問丸は重要である。地名もおさえておくとよい。

　財源の不足に悩んでいた幕府や守護大名，荘園領主などは，交通量の増大に

第5章　大名領国の成立　229

目をつけ，交通の要所に**関所**を設けて，山手・川手（河手）・津料などと呼ばれる**関銭**の徴収を行った。支配階級と結んだ座商人のなかには関銭免除の特権を得た者もあったが，関所が乱立されたために，交通や商品流通の発達は大きく阻害されることになった。

> **解説** 中世の門前町・港町・市場町であった**草戸千軒町**（現広島県福山市）は1673（延宝1）年に流失したが，1961（昭和36）年から発掘されて，町割りや町屋・井戸などの遺構，刀鍛冶・土師器・漆器などの製作工具や日用雑器などを多数出土し，中世の町の有様や庶民生活を知ることができた。

(3) 応仁の乱

幕威の失墜　義持の時代には表面的に安定していた室町幕府の政治も，義量に次いで将軍となった義教の時代になると永享の乱・叡山の強訴・結城合戦などが相次ぎ，急速に動揺の色を強めていった。とくに，1441（嘉吉1）年の**嘉吉の乱**で将軍義教が**赤松満祐**（1373～1441）に殺されてからは，幕府と守護大名との間の勢力均衡が破れ，有力守護大名の幕政への発言力が強まった。

> **補足** **嘉吉の乱**　将軍義教が一色義貫・土岐持頼のような重臣を殺すのを見た赤松満祐は，義教が一族赤松貞村を寵愛して満祐の所領を奪って貞村に与えたりしたので，自分も殺されると思い，結城合戦の勝利を祝うためと称して自邸で能の興行を行い，その席上で義教を殺し，本領播磨に逃れた。幕府は山名持豊を中心とする討伐軍をさしむけ，満祐は敗死して，赤松氏はいったん滅亡した。

嘉吉の乱で動揺している京都で，同年，正長の土一揆にまさる一揆が発生した。これを嘉吉の徳政一揆（土一揆）という。幕府は土一揆を抑えることができずに，ついに**徳政令**を出した。これ以後も土一揆は相次ぎ，幕府もしばしば徳政令を発布するようになったため，幕府の権威は急速に衰えていった。

> **解説** 1454（享徳3）年にも大徳政一揆が起こり，幕府は徳政令を出したが，このときの徳政は**分一徳政**といわれるもので，債務者が借銭の10分の1を幕府に納めれば，債務の破棄を認めるというものだった。翌年には，10分の1を5分の1と改め，債務者が分一銭を納めない場合，債権者が分一銭を納めれば，その債権を認めることにした。これは土倉が土一揆

に襲われ，土倉役を納められなくなったために生じた財政の不足を，徳政令によって補おうとする幕府の政策によるもので，幕威の失墜と幕府政治の堕落をよく象徴している。

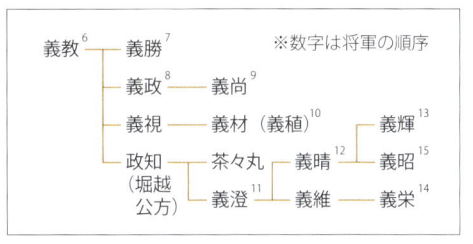

No.92　足利氏系図②

※数字は将軍の順序

```
義教⁶ ─┬─ 義勝⁷
       ├─ 義政⁸ ─── 義尚⁹
       ├─ 義視 ─── 義材（義稙）¹⁰ ─── 義輝¹³
       └─ 政知 ─┬─ 茶々丸           ─── 義晴¹² ─── 義昭¹⁵
          (堀越  └─ 義澄¹¹ ─── 義維 ─── 義栄¹⁴
           公方）
```

　このような状況の中で，義教のあとは，足利義勝・**足利義政**（在職1449〜73）が相次いで将軍となったが，いずれも幼少であったため，畠山・細川・斯波の三管領家や嘉吉の乱で功を立てた**山名持豊**（宗全，1404〜73）が大きな勢力をもち，幕府政治の主導権をめぐって争った。

　一方，諸守護大名家では，このころ内紛が相次いでいた。南北朝時代以降，武士の間では，分割相続にかわって**嫡子単独相続**が行われるようになっていたが，守護代同士の争い，荘園の奪い合い，守護直臣と国人の対立など，複雑な利害関係がからみあい，家臣団が2派に分かれ，家督をめぐって抗争する例が多くなった。しかも，将軍が守護の惣領職を勝手に与えたり奪ったりするようになったため，これらの争いは中央の勢力争いと結びつき，紛争は複雑化するとともに，長引いていった。

解説　守護家の内紛では，嘉吉年間に起こった信濃の小笠原氏や加賀の富樫氏の例が早い。管領家の畠山氏では，持国が実子義就を立てようとしたのに対し，有力家臣は養子政長を立てようとして争った。同じ管領家の斯波氏では，義健の死後，義敏を養子としたが，内紛が発生して幕府の討伐を受け，幕府は渋川氏の義廉に斯波氏を継がせた。

　守護家の家督をめぐる紛争は三管領家にも及び，斯波・畠山の2家が内部分裂で勢力を失ってしまったので，中央では，**細川勝元**（1430〜73）が山名持豊とともに勢力をふるい，激しく対立するようになった。

義政の政治　このような中で将軍職にあった義政には，政治に対する熱意の持ちようもなく，政務を忘れて遊び暮らし，義政の側室や側近が政治に口出しして，政治は混乱した。さらに寛正の飢饉などの災害が相次ぎ，農民や庶民は生活に苦しんでいたが，義政はそれをかえりみずに土木工事を繰り返し，徳政令を頻発した。

解説　今参局・有馬持家・烏丸資任は「三魔」と呼ばれ，幕政に口を出し，

第5章　大名領国の成立

No.93　応仁の乱

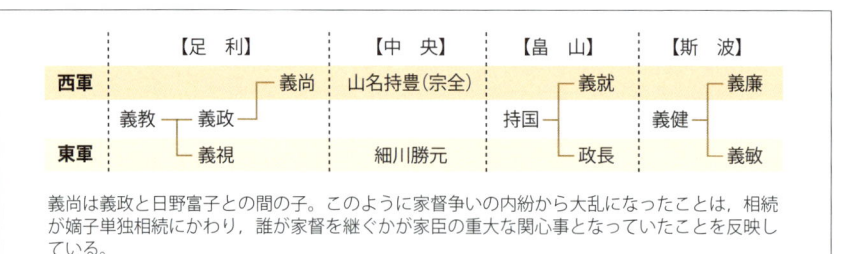

	【足利】	【中央】	【畠山】	【斯波】
西軍	┌義尚	山名持豊（宗全）	┌義就	┌義廉
	義教─義政┤		持国┤	義健┤
東軍	└義視	細川勝元	└政長	└義敏

義尚は義政と日野富子との間の子。このように家督争いの内紛から大乱になったことは，相続が嫡子単独相続にかわり，誰が家督を継ぐかが家臣の重大な関心事となっていたことを反映している。

世人に恐れられた。義政の正夫人**日野富子**は義政以上の勢力をもったといわれ，関所を設けたり，賄賂によって私腹を肥やし，さらに高利貸を行った。

　義政は弟義視を養子としていたが，日野富子との間に義尚が生まれると，富子は義尚を立てようとして山名持豊（宗全）に頼ったので，義視は細川勝元との結びつきを強めた。ここに，持豊と勝元は，将軍継嗣をめぐって決定的に対立するに至った。

解説　持豊と勝元の対立は，各守護大名家の内紛とも結びついていた。斯波氏では義廉が持豊と，義敏が勝元と結び，畠山氏では義就が持豊と，政長が勝元と結んだ。

応仁の乱　1467（応仁1）年，山名持豊は京都に軍勢を集め，管領を畠山政長から斯波義廉にかえさせた。失意の政長は，京都の上御霊神社に挙兵し，畠山義就を討とうとしたが，敗退した。ここに，**応仁の乱**（1467～77）の幕が切って落とされたのである。勝元側は24カ国16万，持豊（宗全）側は20カ国9万の軍勢を集め，勝元側を東軍，持豊（宗全）側を西軍と称して，京都を中心として10年にわたって戦闘を行った。そのため，京都全市がほとんど焦土と化してしまい，有名な寺院・重宝なども多く焼失した。1469（文明1）年ころより戦乱は地方にも及び，1473（文明5）年に持豊と勝元が相次いで病死したにもかかわらず，京都での戦闘も続けられたが，戦乱の中心はしだいに地方へと移っていき，地方の動揺をみて，1477（文明9）年にほとんどの守護が帰国するに及び，応仁の乱は終わりを告げた。

参考　乱の経過　東軍に属したのは，畠山政長・斯波義敏・京極持清・赤松政則・富樫政親などで，西軍に属したのは畠山義就・斯波義廉・六角高頼・一色義

直らであった。地域的には，東軍が北陸・畿内・四国など中心部を占め，西軍は東海・山陽・山陰など周辺部だった。そのうえ，将軍が西軍追討を命じたため，西軍には動揺する者もあらわれ，軍事的に東軍の優位は明らかだった。しかし，やがて周防・長門の守護大内氏が西軍に属したため，両軍の勢力は伯仲するようになった。1469年には越前・備後・安芸などで戦闘が起こり，朝倉孝景が東軍に寝返ったことで西軍は打撃を受け，地方で一揆もさかんとなり，国人の活動も活発となったため，諸将で帰国する者も多くなった。こうして戦乱は地方に拡大し，1473年の持豊と勝元の死後も京都での戦闘は断続的に続けられたが，地方での内乱が激化し，領国支配に不安を抱いた諸将が1477年には相次いで帰国し，京都での戦乱は自然消滅してしまった。

下剋上　多くの守護大名が両軍に分かれ，10年にわたって戦闘を繰り返したのは，中央の権力を手に入れ，自家または自派の勢力を張ろうとすることにあった。しかし応仁の乱の結果，**室町幕府の権威はまったく失われ**，その勢威も，山城一国を除いてほとんど及ばなくなった。そのため，室町幕府と結びつくことによって領国形成を推進してきた守護大名は，うしろだてを失うことになり，実力のある守護被官や国人らが台頭して，**守護大名は急速に没落**していった。

荘園も決定的な打撃を受けた。まがりなりにも荘園を保護した幕府や荘園制に依拠して領国を経営した守護大名の勢力が失われたため，荘園は守護被官や国人らの思うがままの侵略にさらされ，貴族・寺社などの荘園領主は，荘園からの収入がほとんどとだえてしまって経済的にも窮迫し，戦乱で京都が焼け野原になったこともあって，貴族の中には，縁故を頼って地方に落ちのびていく者が輩出した。

すべての旧勢力が衰亡の一途をたどったのに対し，守護被官・国人の中には，戦乱のどさくさにまぎれて在地領主としての力を蓄え，守護大名に取って代わって大名化する者があらわれた。有力な名主を中心とする農民の団結も強まった。こうして，下からの盛り上がってくる力が，それまでの権力や権威に代わってくる風潮が一般化した。この風潮を，貴族や上級武士は「**下剋上**(げこくじょう)」といって嘆いた。ここに，めまぐるしい勢力交代の中に，実力者が次々とのしあがり，しのぎを削りあう戦国時代へと突入していくのである。

解説　応仁の乱において，戦闘の主体は騎馬武者による一騎討ちから**足軽**による集団戦へと移行していった。足軽は南北朝時代から見られた雑兵で，

室町幕府の衰退

第5章　大名領国の成立　233

農民や無頼の徒が多く、軽装で敏捷に行動した。応仁の乱で多数の足軽が用いられるようになると、その無統制もはなはだしくなり、土倉を襲撃し、放火・略奪・乱暴狼藉をしばしば行った。公家の目には、これも「下剋上」のきわまりだと映り、**一条兼良**は『樵談治要』の中で、足軽を「ひる強盗」として非難している。

(4) 東山文化

文化の性格 **足利義政**の治世を中心に、15世紀後半の文化を、義政が義満にならって京都東山に山荘を営み、戦乱の世相をよそに風流の生活を送ったことにちなんで、**東山文化**という。この時期の文化は、室町時代の文化をもっともよく代表するものであったので、室町時代の文化を総称して、東山文化と称することもある。

東山文化は、何よりも、将軍義政とその周辺によって形成された文化であった。守護大名の台頭によって政治的に無力であった義政は、わずらわしい現実を逃れ、東山山荘で隠遁的な生活を送り、書画・骨董の鑑賞や風流の世界に生きようとした。そこには、伝統的な**貴族**文化がたくみに取り入れられ、禅宗の**枯淡**を尊ぶ気風や浄土宗の**隠遁**的な要素がまじりあって、**わび・さび**といわれる枯淡・簡素な美しさを追求する独特の**武家文化**がつくられた。義政の生活は、生活そのものが芸術であるという特質をもっていたため、東山文化には、それまでの仏教文化とは異なった**生活文化**としての性格もあり、この時代に培われた文化の中には、生活と結びついて現代のわたしたちにまで伝わっているものも多い。

> **参考** **同朋衆** 頓阿弥・世阿弥・芸阿弥・相阿弥など、室町時代の芸術家には阿弥号をもつ者が多い。この阿弥号はもともと時宗教団で用いられた遁世者のものであった。かれらが文化的活動によって将軍・大名と結びつくようになった。阿弥号の者には賤民の出身も多く、出家遁世することによって身分的に解放され、さらに芸術の力によって、阿弥号からも解放される。かれらは同朋衆と呼ばれて義政の周辺に集められ、芸術活動を行った。能阿弥・芸阿弥・相阿弥の３人は相次いで唐物奉行となり、東山御物の管理・鑑識にあたった。また作庭家善阿弥、猿楽家音阿弥なども義政に仕え、厚遇を受けていた。

義政を中心としてつくりあげられた文化だといっても、その形成には同朋衆という賤民的な階層の者が多く参画したことが象徴するように、東山文化には、

農民や町衆など当時力をつけつつあった庶民の影響も強かった。とくに15世紀中・後期の文化の総称として東山文化を考えるならば，これら農民や町衆による**民衆文化**としての性格を，東山文化はもっていた。

> **参考　勧進**　「五木の子守唄」にもあるように，勧進は乞食と同義語と考えられることもあるが，もともと勧進とは寺社や橋・道などの修理・再建などに際しての募金運動である。鎌倉初期に東大寺再建のために重源が勧進を求めて各地をまわったことが知られているが，室町時代には，勧進の目的で猿楽・田楽などの興行を行うことがさかんになった。1464（寛正5）年の糺河原勧進猿楽は有名で，義政はしばしば勧進を行った。これは寺社が武士の荘園侵害によって経済的に窮迫した結果であるが，この勧進興行の盛行は，東山文化が民衆を含めた広い基盤の上に立っていたことを物語るものである。

書院の芸術

義政は，母日野重子のために造営した高倉御所で風流の生活を送っていたが，応仁の乱後の1482（文明14）年に**東山山荘**の造営に着工し，1489（延徳1）年に2層の**銀閣**を建立した。銀閣は，**東求堂**とともに東山山荘の中心的な建築物で，銀閣や東求堂には**書院造**が取り入れられた。東求堂の東北隅にある**同仁斎**は，室町時代における書院造のもっとも早い代表的な遺構とされている。

> **解説**　東山山荘は，義政の死後禅寺とされ，**慈照寺**といわれる。

書院造は，寝殿造をもとにして鎌倉末にはじまったもので，玄関・上段の間・床・違い棚・付書院などをもつ。このころにほぼその体裁が整い，僧侶・公家・武家の建築様式としてしだいに用いられるようになった。現在の和風住宅のもとをなしている。

書院造では，床や棚に唐物の書画などが飾られ，花が生けられた。また，茶を飲んで簡素な美にひたるようになった。こうして，書院造の発達は**生花**や**侘茶**の発達と結びついた。生花では，義政の同朋衆の立阿弥・台阿弥のほか京都六角堂に**池坊専慶**があらわれ，茶では，**村田珠光**（1423〜1502）が出て，闘茶に代わって侘茶を創始した。

書院造や禅宗寺院と調和のとれた**庭園**も発達した。池水・岩石を配した幽寂・枯淡な名園が多くつくられた。**龍安寺の石庭**は，**枯山水**の代表として知られるが，ほかにも，天龍寺・西芳寺・鹿苑寺・慈照寺など，すぐれた庭園が残っている。

庭園とともに，書院造の座敷には障子画が描かれ，**絵画**も発達した。**雪舟**

第5章　大名領国の成立

等楊(1420〜1506)は、「山水長巻」「破墨山水」「秋冬山水」「天之橋立図」など、スケールの大きいすぐれた作品を残し、日本の水墨画を大成した。小栗宗湛に絵を学び、東山山荘で画筆をふるった**狩野正信**(1434〜1530)は、子の**元信**(1476〜1559)とともに、水墨画に大和絵の手法を取り入れて**狩野派**を起こした。そのほか、大和絵の画風を保持した**土佐光信**も忘れることはできない。

> **補足** **雪舟** 雪舟は周防山口で絵を学び、1467年に入明したが、明でも世評にまどわされずに師を選び、翌年の帰国後も幕府の御用絵師になることを固辞し、山口や豊後府内に住み、また諸国をめぐって、絵の研鑽につとめた。雪舟・正信・元信と見てみると、この時代には、水墨画と大和絵が総合されていったことがわかる。

　彫刻では、能の発達によってすぐれた能面が多くつくられたが、伝統的な仏像彫刻は生彩に乏しくなった。工芸では、**後藤祐乗**(1440〜1512)が金工として腕をふるった。蒔絵では、高蒔絵の技術が完成し、力強い立体感にみちた作品がつくられるようになったことが注目される。

民衆文化

　北山時代に世阿弥によって完成された能楽では、金春・宝生・観世・金剛の大和四座が栄え、観世座の**音阿弥**や世阿弥の女婿の**金春禅竹**が活躍していたが、そのほかにも、女猿楽・子供猿楽や素人による手猿楽などがさかんに行われた。芸能では、このほかにも松囃子や曲舞などがもてはやされたが、これらはもともと神事だったものが勧進興行されるようになったもので、とくに曲舞から出た**幸若舞**は上流武士や公家にも愛好された。以上の諸芸能の諸座はいずれも地方で発生したものが多く、都に上ってきて名声を得ると、また地方巡業へと出かけていった。地方の農村では、これらの諸芸能が興行されたほかに、農村の地域的結合が強まったこともあって、念仏踊などから発展した**盆踊り**が、住民総出で行われるようになった。

　農村と同じように、この時代には都市でも地域的結合が進み、「町」「町組」といわれる自治組織をつくっていた。このような組織によって地域生活を営む人々を**町衆**と呼ぶが、この町衆には**小歌**や**御伽草子**などがもてはやされた。

> **解説** 小歌は、当時流行した里謡や民謡の総称で、恋愛をあつかったものが多いが、庶民生活の喜怒哀楽がよく表わされている。1518(永正15)年に小歌を集めた**『閑吟集』**ができている。御伽草子は、庶民向けの短編小説で、「一寸法師」「文正草子」「物臭太郎」など数多くの作品がつ

くられた。僧侶によってつくられたものが多いらしく、仏教の説法や儒教倫理をさとしたものが多いが、庶民の出世や向上の夢もさまざまに描かれ、当時の民衆の心がよく反映されている。

連歌では、二条良基のあと、心敬（1406〜75）や宗砌（？〜1455）などが活躍していたが、応仁の乱後、宗祇（1421〜1502）が全国各地を旅行して、連歌の普及につとめるとともに、正風連歌を確立した。宗祇が1495（明応4）年に編纂した『**新撰菟玖波集**』は当時の連歌の名作を集成したもので、勅撰に準ぜられた。

No.94　室町中期の主要著作

〔連歌〕	新撰菟玖波集（宗祇） 水無瀬三吟百韻（宗祇ら）
〔小歌〕	閑吟集（未詳）
〔軍記〕	曽我物語 義経記 明徳記 応仁記
〔古典研究〕	花鳥余情（一条兼良） 日本書紀纂疏（同上）
〔故実〕	公事根源（同上） 江次第抄（同上）
〔政論〕	樵談治要（同上） 文明一統記（同上）

補足　宗祇　宗祇は卑賤の出といわれるが、早くに禅僧となり、和歌・古典・連歌を学び、1471（文明3）年に東常縁に**古今伝授**を受けた。皇室・貴族・武家・僧侶・商人と、あらゆる階層の人々と交わり、地方の諸大名にも招かれ、村にも出かけていった。宗祇をはじめ、当時の連歌師は中央の貴族文化を地方に普及する大きな役割を果たしている。

都や地方の寺院などで、庶民教育が行われるようになったことも注目される。読み書きが教育内容の中心だったが、教科書としては『**伊呂波歌**』や『**童子教**』『**実語教**』のほか『**庭訓往来**』などの往来物が多く用いられ、『**貞永式目**』も教科書として広く流布した。また、15世紀の中ごろ、**上杉憲実**（1410〜66）によって再興されたといわれる下野の**足利学校**は、全国各地から学生を集め、この時代の学問の中心地となっていった。

農民や町衆が新しい文化の担い手として登場してきたのに対し、伝統的な文化の担い手であった貴族は、政治的・経済的な実権を失った結果、文化的にも退嬰化し、ますます有職故実の研究や古典文学の注釈のような伝統的な学問にとじこもっていった。そのなかでは、**一条兼良**（1402〜81）や**三条西実隆**（1455〜1537）などがすぐれた学者として知られている。

解説　和歌はまったく不振で、1438（永享10）年に『新続古今和歌集』が撰進されたのを最後として、『古今集』以来21に及んだ勅撰集も撰進されなくなった。

古典研究では、『万葉集』や『古今集』の研究がさかんで、とくに『古

今集』の解釈は秘伝として神聖化された。これが**古今伝授**で，東常縁から宗祇に伝えられ，宗祇から三条西実隆と肖柏とに伝えられた。肖柏に伝えられたものは堺伝授という。一条兼良は『源氏物語』の注釈書『花鳥余情』や『日本書紀』を儒・仏・道のほかに神道思想を加えて注釈した『日本書紀纂疏』を著した。

有職故実では，兼良に『江次第抄』や『公事根源』の著書がある。実隆は戦乱で古典が散逸するのをおそれ，古典の収集と保存に努力を払った。

仏教の普及

鎌倉時代に成立した新仏教は，旧仏教の勢力の強かった鎌倉時代においては，まだ旧仏教をしのぐほどの勢力とならなかったが，南北朝の内乱を経て室町時代に入ると，その保護者であった朝廷・貴族が没落し，荘園制が崩壊して寺院がその経済的基盤を失ったために，旧仏教はしだいに勢力を失い，それに代わって，新仏教の諸宗派が武士・農民・商工業者などの間に教線を広げ，その信仰を得て教団としても発展をとげた。禅宗の**一休宗純**（1394〜1481），日蓮宗の**日親**（1407〜88），浄土真宗の**蓮如**（兼寿，1415〜99）の活躍はとくに注目される。

新仏教教団の発展

浄土宗……法然の死後，鎮西派・西山派などの多くの流派に分かれていたが，南北朝時代のころから地方武士の信仰を得て，その保護を受けて教団化していった。朝廷・貴族・上流武士とも接触を深め，東山時代には，禅宗と並んで，貴族・上流武士の間に広がった。

時宗……もともと道場をつくり，教団をつくることを否定していた時宗でも，一遍の死後，流派が分かれ，それぞれ教団をつくっていった。大きく一向衆と時衆とに分かれたが，時衆は同朋として将軍や大名の側近にも仕え，農民を中心に教線を広げた。戦国時代に入ると，その信徒のほとんどが浄土真宗をはじめ，浄土宗や禅宗に吸収されていった。

浄土真宗（一向宗）……親鸞の死後，門弟たちによって京都大谷に祖廟がつくられ，娘の覚信尼が留守職となっていたが，3代の**覚如**が門徒から独立して**本願寺**とし，教団化をはかった。一方，専修寺派・仏光寺派などが形成されて，本願寺から分離して信徒を集め，本願寺は衰微していった。しかし，8代の**蓮如**は，1471（文明3）年に越前の**吉崎**に道場を立てて北陸への布教を目指し，**講**という信心のための寄合をしきりに開き，**御文**というやさしいかな文の手紙を各地の寺院にしばしば送って，信徒の獲得と信仰の深化につとめたため，北陸を中心に信徒が急激に増えていった。のち

蓮如は京都近郊の**山科**に本願寺を建て，晩年には大坂**石山**にも本願寺を建立した。

日蓮宗……日蓮以来，浄土宗と激しく対立しながら，地方武士の信仰を得，その政治的援助を受けて領内の住民のすべてを信者にするという方法をとって，信徒を広げていった。鎌倉末期に**日像**が出て以来，京都にも進出し，朝廷・貴族・幕府との結びつきを深めていった。15世紀中ごろの**日親**は，布施を受けず，他宗の者に施しを与えないという**不受不施**を説き，激しく他宗を攻撃したため，将軍義教の処罰を受けたが，それにも屈せず，京都から九州や中国地方にも布教を進めていった。

禅宗……幕府と結びついた五山が文学活動を中心として宗教的生命を失っていったのに対し，**林下**と呼ばれる地方布教を続けた諸派が台頭した。曹洞宗では瑩山紹瑾以後，教団化が進められて全国に法系が広がり，臨済宗でも，大徳寺・妙心寺をはじめ，各地に寺院が建立され，旧仏教や民俗信仰とも妥協して，武士のみならず農民をも信者としていった。大徳寺派の**一休宗純**は，当時の禅宗の腐敗を憤って厳しく批判し，禅宗の大衆化につとめた。その交友関係も広く，能楽の金春禅竹，茶の村田珠光，連歌の山崎宗鑑など，とくに芸能人が多く参禅して，当時の文化に大きな影響を与えている。

　福神信仰や伊勢信仰も広まったが，神道では，**吉田兼俱**（1435〜1511）が出て，**唯一神道**を唱えた。唯一神道は**神本仏迹**を説き，神道を中心に儒教・仏教を総合しようとしたもので，兼俱は朝廷や幕府と結びつきをもち，全国の神職界に勢力を広げた。

第5章　大名領国の成立

コラム

同姓異人

　日本史上には，音では同じ姓でありながら，違った字を書くものがいくつかある。その最たるものが，「あべ」であろう。阿倍・安倍・阿部・安部と，有名なものでこの4姓がある。阿倍は大化前代の姓で，内麻呂（倉梯麻呂，大化改新後の左大臣）・比羅夫（東北経営，日本海岸を北進）・仲麻呂（漢詩人，唐朝に仕えて長安に没した）らがある。平安時代に安倍があらわれた。陰陽家の晴明や奥州の頼時・貞任・宗任の一族がある。晴明は内麻呂の子孫といわれるが，奥州の安倍はわからない。哲学者の能成も安倍である。阿部では正弘（ペリー来航のときの老中）や信行（昭和の首相）がいる。安部で有名なのは磯雄（社会民主主義者，社会民衆党・社会大衆党党首）ぐらいであろう。いずれにせよ，「あべ」を表記するときのさまざまな宛て字が固定したものと思われる。
　ほかに，「いとう」に伊東（満所・玄朴・巳代治）と伊藤（仁斎・博文・左千夫）があり，「いのう」の稲生（若水）・伊能（忠敬），「おおとも」の大伴（金村・旅人・家持）・大友（黒主・宗麟）などもあげることができる。同じ字を書くものでは，源平などには，出自を別にするものがあり，藤原にも多くの傍流や別の系譜もあるから，それらも注意するに越したことはないだろう。

近　世（前期）

〈総合年表〉

		政治・外交		社会・経済		文化・思想
室町時代	戦国時代	1467 応仁の乱（～77） 1491 北条早雲，伊豆略定 1510 三浦の乱 1536 塵芥集制定 1542 ポルトガル人，種子島に漂着（鉄砲伝来） 1547 甲州法度制定 1549 ザビエル来航 1560 桶狭間の戦い 1568 **織田信長入京**	1485 1488 1536	山城の国一揆 加賀の一向一揆 天文法華の乱	1482 ○ 1549	東山山荘造営開始 『閑吟集』 **キリスト教伝来**
織豊時代		1573 室町幕府滅亡 1582 本能寺の変。山崎の合戦 1590 **豊臣秀吉全国統一** 1592 文禄の役（～93） 1597 慶長の役（～98） 1600 **関ヶ原の戦い** 　　　リーフデ号漂着	1570 1582 1588 1591	石山合戦 山城検地 刀狩令 **全国に検地を命ず**	1582 1587 1598	天正遣欧使節派遣（～90） 聚楽第ほぼ成る 醍醐の花見
江戸時代		1603 **徳川家康征夷大将軍** 1615 大坂夏の陣。豊臣氏滅亡 　　　武家諸法度 　　　禁中並公家諸法度 1635 参勤交代制 1639 **鎖国完成** 1651 慶安事件 1680 **徳川綱吉将軍** 1687 生類憐みの令 1694 柳沢吉保老中 1709 **新井白石，正徳の治**	1637 1643 1671・72 1673 1695	**島原の乱**（～38） **田畑永代売買禁止令** 東西廻航路開く 分地制限令 荻原重秀，貨幣悪鋳	1603 1617 1629 1630 1657 1662 1682 1690 1697 1703	阿国歌舞伎はじまる 日光東照宮造営 踏絵はじまる 洋書輸入の禁 水戸藩，『大日本史』編纂開始 伊藤仁斎，古義堂開く 『好色一代男』（井原西鶴） 湯島に聖堂 『農業全書』（宮崎安貞） 『曽根崎心中』（近松門左衛門）

《近世前期（第6章〜第7章）の学習の手引き》
1. 戦国大名の領国支配がどのような性格をもっていたかを理解し，守護大名と戦国大名，戦国大名の領国支配と織豊政権の政策とを比較検討して，歴史の流れの中で戦国大名を位置づけよう。
2. 国一揆・一向一揆のような農民闘争の展開は，郷村制や惣村制の発展とどのような関係をもっていたか，また，それらと堺などに見られた都市の自治との異同について考えよう。

3. ヨーロッパとの接触が，当時の日本の歴史の発達にどのような影響を及ぼしたかを，多角的に考えてみよう。
4. 織豊政権の政策はどのような性格をもっていたか，また，それがどのような形で幕藩体制の中に受け継がれていったかを整理して理解しよう。
5. 幕藩体制を分野ごとにとらえて理解し，それがどのような事情でどのように変質していくかを，有機的に理解しよう。
6. なぜ鎖国が断行されるに至ったかを，当時の国内と世界の情勢から考え，それが日本の社会と文化の発達にどのような影響を与えたかを整理しよう。
7. 江戸幕府の政治の推移がどのような情勢を背後にして生じたものかを理解し，かつ，それぞれの重要な政策を取り出して，政治の展開過程を一覧表に整理しよう。
8. 江戸時代の産業・交通の発達を各分野にわたって整理し，その発達が幕府・諸藩の支配体制を揺るがすに至った理由を理解しよう。
9. 桃山文化・元禄文化・化政文化の性格の違いについて理解し，それぞれの文化がどうしてそのような性格をもつに至ったかを考えよう。
10. 江戸時代に発達した多くの学問が，近代科学とどのように違うかを考えよう。また，朱子学・古学・国学などの基本的な性格をよく理解し，それぞれの展開の過程を整理しよう。

第6章 大名領国の展開と織豊政権

1 戦国時代の社会と経済

(1) 戦国大名の台頭

戦国の争乱 応仁の乱で守護大名が京都での戦乱に明け暮れている間に、地方では、守護被官や国人たちが、在地封建領主として成長し、着々と実力を蓄えて、守護をしのぐ者があらわれた。領国支配の危機を感じとった守護大名が、1477（文明9）年にはそれぞれ帰国して京都での戦乱は終わるのだが、むしろ、それは戦乱を地方に広げたにすぎなかった。すなわち、応仁の乱によって将軍の権威が失墜したことは、守護大名にとっては強力なうしろだてを失ったことであったから、そのような守護大名には、これら新興の実力者をおさえることはできず、これら実力者によって次々と滅ぼされることになったのである。こうして守護大名に代わって、これら実力者が領国の支配にあたることになった。これを**戦国大名**という。

戦国大名たちは、独自の地方封建領主として領国内の諸権力を排除し、領国支配の強化にあたるとともに、領国の拡大を目指してお互いに激しく抗争を繰り広げていったから、全国各地で戦乱が展開された。このような戦乱の時代が約1世紀にわたって続いたので、応仁の乱の終わった1477（文明9）年から、織田信長が足利義昭を擁して上京し、天下統一の機運の見えはじめた1568（永禄11）年ころまでを、**戦国時代**と呼んでいる。

解説 義政に次いで将軍となった足利義尚は、応仁の乱後、近江守護六角高頼を討とうとして成功せず、幕威を失墜させた。1493（明応2）年、勝元の子細川政元は権勢を争っていた畠山政長を攻めて自殺させ、義尚に次いで将軍となった義材（義稙）を廃して義澄を擁立した。この政元のクーデターによって将軍の権威は決定的に失われ、将軍の地位は細川氏や大内氏などの強大な守護大名に左右された。16世紀に入ると、細川氏は一族の内紛により勢力を弱めていったが、依然として幕府における主導的な地位をにぎっていた。

国一揆 農民の自立化の傾向が強まり，荘園の枠を超えて地縁的な惣が成立していた農村では，荘官級の名主層の指導を受けて，荘園領主に年貢減免を要求し，しきりに土一揆を展開していたが，応仁の乱のころになると，かれら名主層の中には，**国人・地侍**（じざむらい）などといわれる在地封建領主に成長し，農村をその統制と支配の下に置く者があらわれた。かれら国人は，それぞれが戦国大名へと成長すべく努力を重ねていたが，とりわけ，農業の生産性が高く農民の自立化が進んでいた近畿地方では，国人にとっても急速な戦国大名化が望めなかったので，国人たちが力を合わせて結集し，農民を組織して一揆を起こし，守護大名の農村支配を排除する動きを示すようになった。これが**国一揆**である。国一揆としては，1485（文明17）年に南山城で起こった**山城の国一揆**がとくに有名で，畠山義就（よしひろ）・政長の両軍を撤退させ，1493（明応2）年までの8年にわたって，国人・農民たちが山城国を自治的に支配した。また1488（長享2）年には加賀の一向一揆が守護富樫政親（とがしまさちか）を，1498（明応7）年には丹後国人が守護一色義秀を攻め滅ぼし，1502（文亀2）年には若狭国人が蜂起して守護武田元信を攻めている。

> **補足　山城の国一揆**　応仁の乱のあとも争っていた畠山義就と政長軍の戦場となって苦しんだ南山城地域の国人・農民は，1485（文明17）年12月，集会を開いて両軍の撤退を要求し，両軍が撤退すると，両畠山軍の入国禁止，寺社本所領の復旧，新関の廃止を決議した。さらに，翌年2月には山城国人は宇治の平等院に会合し，国中の掟法を定め，選挙で総国月行事（がちぎょうじ）を選んで，自治的に行政を行った。しかし，国人と農民との間にはしだいに対立がめばえ，国人たちも細川政元や守護伊勢貞宗（さだむね）と結びついて分裂していったため，政元が足利義澄を擁立した6カ月後の1493（明応2）年9月に国一揆は解体した。国人の決議の中に寺社本所領の復旧が加えられていることは，在地支配力をもたない寺社本所をかつぐことによって一揆が守護勢力と対抗し，かつ実質的な支配権をみずからがにぎろうとするもので，国一揆が荘園領主の在地支配を認めたことを意味するものではない ［→史料㉒B，p.382］。

16世紀に入って戦国の争乱が本格化し，戦国大名が台頭してくると，国人たちも戦国大名の支配下に入ってその家臣団に組み込まれたため，国一揆もしだいに影をひそめた。

一向一揆　農民たちの独立自営農民化への努力が，土一揆や国一揆に見られる農民闘争となって現出するのだが，農民がそのような動きをす

るためには，団結するための組織をもつ必要があった。そして，その組織は民衆への布教を推進していた仏教教団によって与えられた。ここに，一向一揆に代表される**宗教一揆**が発生する。

　1471（文明3）年，戦乱の京都を離れて越前の**吉崎**に道場をつくって以来，**蓮如**は精力的に農民の布教に乗り出し，北陸における浄土真宗（一向宗）の教線は急速に拡大していった[→p.238]。蓮如が，僧侶や村の長・年寄を掌握し，しきりに講を開いて門徒に寄合をもたせ，村・郡にわたってほとんどの農民が一向宗の門徒となると，一向宗門徒と対立してみずからの勢力を失うことをおそれた国人・地侍たちも，相次いで門徒となったため，僧侶・国人・農民は本願寺を中心として結集し，政治的にも大きな発言力をもつようになった。その結果，応仁の乱をめぐる政争にもまきこまれ，1474（文明6）年に一向宗門徒は武装決起するに至ったが，1488（長享2）年には，ついに加賀の守護富樫政親を滅ぼした。これを**加賀の一向一揆**という。一向一揆は政親の一族富樫泰高を守護に擁立し，これ以来，加賀はおよそ1世紀にわたって門徒領国となり，僧侶・国人・農民が連合して自治を行った。蓮如は加賀の維持をはかろうとしたものの，一向一揆の拡大が本願寺に対する弾圧を招くことをおそれ，**王法為本**を説いて門徒の一揆化をおさえようとしたが，**越中・能登・越前**など北陸地方一帯に一向一揆が起こり，守護大名と激しい戦いを繰り返した。織田信長が入京して天下統一の機運が強まると，教団の危機を感じた**顕如**が門徒に一揆を促したので，戦国時代の末期には，**畿内・三河・紀伊・尾張・伊勢**などでも一向一揆が頻発し，信長を大いに苦しめた。

> **補足　加賀の一向一揆**　応仁の乱が発生すると，蓮如は近江の堅田に戦火を逃れたが，東軍の細川勝元に心を寄せていた蓮如は，1471年に越前の**朝倉孝景**が東軍側についたため，越前**吉崎**に移った。東軍の富樫政親は，蓮如に参戦の要請を行い，西軍の富樫幸千代方に真宗の高田派が結びついたために，真宗内での本願寺派の地位の確立を願う蓮如は，1474年に参戦に踏み切った。しかし，幸千代が滅んだあとも一向一揆は激化の一途をたどり，蓮如の意図を離れて，守護勢力の排除を目指し，1488年，加賀の守護**富樫政親**を滅ぼしてしまった。1493年に細川政元が将軍足利義材を追放すると，本願寺はまたもその政争にまきこまれ，蓮如に次いで本願寺法主となった**実如**は政元方につき，一向一揆は**越中・能登・越前**の各地で展開された。この結果，一向一揆は越前の朝倉孝景と対立するようになったが，実如は，法主の血縁者を**一家衆**と

第6章　大名領国の展開と織豊政権　　245

し，一門と一家を制度化して門徒の統制をはかり，朝倉氏との和平を行った。そのため僧侶・国人・門徒の間に対立が発生し，1531（享禄4）年に**大一揆・小一揆**といわれる一揆が起こり，加賀の主だった僧侶が失脚したため，本願寺は加賀に強力な支配体制を確立することになった。ついで本願寺法主となった**証如**は，このような情勢を受けて大名化するに至り，朝廷・幕府・大名との結びつきを緊密にし，一揆の動きに対しては破門・生害（死刑）などで取り締まるようになった。国人の戦国大名への成長は本願寺によっておさえられたが，国人・農民の発言力が完全に失われることはないままに信長の入京を迎え，一向一揆は，今度は本願寺の呼びかけに応じて，信長に対抗する[→p.272]。一門・一家による門徒統制の方式は，江戸幕府の親藩・譜代・外様という大名統制の方式に影響を与えたといわれる。

　宗教一揆としては，一向一揆のほかに，天文の**法華一揆（天文法華の乱）**がある。1532（天文1）年から1536（天文5）年までの5年の間，日蓮宗信者であった京都の町衆たちが京都の市政を自治的に行ったものであるが，一向一揆が国人・農民による守護勢力の排除という国一揆的な性格をもっていたのに対し，法華一揆は本願寺・延暦寺など他宗派の寺院との対立により起きた宗教色の強い事件だった。

> **補足 法華一揆** 15世紀中ごろに日親が出て以来，京都での日蓮宗信者は増えていたが，16世紀に入ると町衆の間に激増していった。1532年に奈良の興福寺を襲撃するなど，一向一揆が畿内でも勢力をもつようになると，細川晴元は一向一揆の弾圧を考え，日蓮宗徒を味方にし，日蓮宗徒は山科本願寺を焼き払った。さらに，1536年にも日蓮宗徒は一揆を起こし，延暦寺・園城寺と衝突し，六角氏の軍勢とも戦ったが，京都の21寺院を焼かれ，徹底的に弾圧された。これによって京都の日蓮宗の勢力は衰えていった。

群雄割拠

中央で細川氏が分裂して将軍の廃立を繰り返していたころ，地方では守護代・国人らが守護に代わって勢力を伸ばしてきた。1507（永正4）年，越後で守護代長尾為景が守護上杉房能を滅ぼし，さらに，関東管領上杉顕定を敗死させた。1516（永正13）年には，伊勢長氏（**北条早雲**，1456？～1519）が相模守護三浦氏に取って代わった。翌1517（永正14）年には，安芸で**毛利元就**（1497～1571）が，美濃では行商人出身の**斎藤道三**（秀龍，？～1556）がそれぞれ守護の内紛に介入し，勢力を扶植した。

　1530年代には，一族の内紛をおさえた細川晴元が**三好長慶**（1522～64）と結び，またいったんは対立した本願寺の証如とも結託して，政局は一時安定し

た。しかし，1540年代に入ると再び混乱をみせ，細川氏の実権も三好長慶の手に移り，さらにその家臣**松永久秀**(1510〜77)の手へと移っていった。そして，中央政局の混乱と並行して，地方での下剋上の動きが進行した。1541(天文10)年に甲斐の**武田晴信**(信玄，1521〜73)が父信虎を追放して信濃に侵入したのをはじめ，美濃では斎藤道三が守護土岐頼芸を追放した。1548(天文17)年には越後の**長尾景虎**(**上杉謙信**，1530〜78)が家を継いで，信玄との対立がはじまった。西国では，1551(天文20)年，**陶晴賢**(1521〜55)が大内義隆(1507〜51)を自殺させ，さらに，1555(弘治1)年には毛利元就が晴賢を滅ぼし，1557(弘治3)年に周防・長門を平定した。近江では，1559(永禄2)年に浅井氏が江北を支配下に入れ，翌年**浅井長政**(1545〜73)があとを継いだ。駿河の今川義元は，1560(永禄3)年に**織田信長**に滅ぼされている。同年には，四国で**長宗我部元親**(1538〜99)が家を継いで，土佐の統一に乗り出した。このころになると，守護家で残っているものは，**島津貴久**(1514〜71)・**大友宗麟**(1530〜87)など，奥州・九州を除くと，近江の六角氏と越前の朝倉氏ぐらいとなっていた。

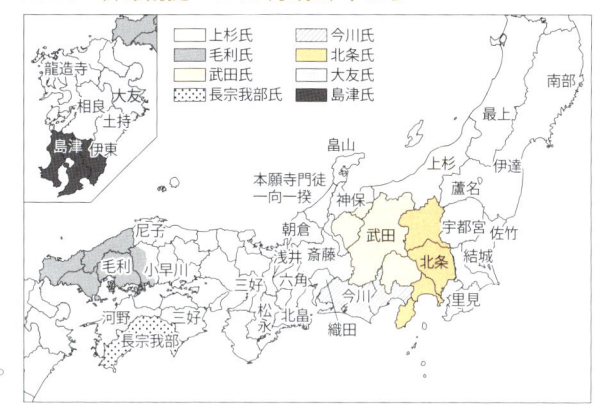

> **群雄割拠** 東海・西国などの中間地域で，典型的な戦国大名が成長することになった。畿内などの先進地帯では，農民の力も強く，中央の政争にもまきこまれ，有力な国人が戦国大名化することが困難であった。また，奥州・九州など後進地帯では，守護の力が強くて，国人の領主化が十分に進行せず，守護大名が戦国大名に転化する場合が多かった。
>
> **近畿地方**……幕府の実権は細川氏の手に移り，ついで晴元のころにその臣**三好長慶**がにぎった。長慶の晩年はその臣**松永久秀**が政治をほしいままにし，1565(永禄8)年には将軍足利義輝を殺害した。近江では，守護佐々木氏の子孫が分かれ，江北を京極氏，江南を六角氏が支配したが，**浅井氏**が京

極氏を倒して江北を支配し、長政のとき、織田信長と結んで**六角義賢**を破り、江南をも支配するに至った。大和には、興福寺の衆徒から出た**筒井順慶**がおり、摂津の**石山本願寺**は、摂津・和泉を支配した。

関東地方……永享の乱ののち、鎌倉公方は古河公方と堀越公方とが対立し、執事の上杉氏は山内・扇谷の両家に分かれ、関東管領といわれたが、互いに対立抗争して勢力が衰え、扇谷家は1546年に北条氏康に滅ぼされ、山内家の憲政は長尾景虎に家督を譲った。駿河の今川氏を頼っていた**北条早雲**は、1491年に堀越公方を殺して伊豆を手に入れ、1495年には**小田原**を奪って居城とし、上杉氏の内紛に乗じ、相模・武蔵に進出した。子の**氏綱**は里見氏を破って伊豆・相模・武蔵の領国化を推進し、孫の**氏康**は関東管領上杉憲政を越後に追い、古河公方を討って、伊豆・相模・武蔵・上野の4国を支配した。

中部地方……越後では守護山内上杉氏に代わって守護代**長尾氏**が勢力を伸ばし、景虎のとき国内を平定した。景虎は関東管領職上杉氏から「上杉」の名跡と関東管領職の職名を譲り受けて**上杉謙信**と称し、しばしば信濃に出兵して**武田信玄**と抗争した。これは**川中島の戦い**として知られる。謙信は越中を略取し、加賀・能登にも侵入した。

甲斐では守護武田氏が一度衰えたのちに、信虎のときに再興し、子の晴信（信玄）は信濃の大半を支配下に入れ、北条氏や今川氏と同盟や抗争を繰り返しながら勢力を伸ばした。今川義元が殺されると駿河を略定したが、1573年、上京の途中に病死し、子の勝頼のとき滅んだ。

東海地方では、駿河の守護**今川氏**が氏親のときに戦国大名としての勢力を確立し、子の**義元**のとき、遠江・三河を勢力下に置いたが、1560年、尾張桶狭間で織田信長に殺された。尾張では、守護斯波氏の守護代織田氏の一族の**織田信秀**が頭角をあらわし、子信長のとき今川義元・斎藤龍興を討って東海に覇をとなえた。美濃では油売りを行っていた**斎藤道三**が、守護代斎藤氏の家名を継ぎ、守護土岐氏を追って大名となったが、子義龍に殺され、孫龍興のとき信長に滅ぼされた。三河には、**松平氏**がいたが、広忠のときに家を奪われ、今川氏に頼った。なお、越前は守護斯波氏に代わって守護代**朝倉敏景**（孝景）が一国を支配し、応仁の乱に際し、1471年に守護となった。

中国地方……出雲・石見に、出雲の守護代から出た**尼子氏**がいて、周防・長門を制し、守護**大内氏**と対抗した。大内氏は大陸貿易を行って大いに栄え、城下町山口は「西の都」といわれるほどの繁栄をみせた。**義興**（1477〜1528）は京都にも出て中央の政局を左右したこともあり、子の**義隆**とともに

に，中国のみならず北九州にも勢力をふるったが，1551年，義隆は守護代**陶晴賢**に，晴賢は**毛利氏**に滅ぼされた。毛利氏は安芸の土豪で，**元就**のとき，尼子晴久，ついで大内義隆に仕えたが，1555年，厳島の戦いで陶晴賢を討って長門・安芸・周防を平定し，さらに，石見・出雲・因幡・伯耆を支配下に入れて，中国地方の覇権をにぎった。

四国地方……細川氏が阿波に領国をもち勢力をはったが，やがて**三好氏**に奪われた。ついで，土佐の豪族**長宗我部元親**が1575年に土佐を平定し，阿波・讃岐・伊予を攻めて，1585年には四国全土を平定した。

九州地方……豊後の守護**大友氏**は**義鎮**（宗麟）のときに北九州に勢力をふるった。肥前では少弐氏に代わって**龍造寺氏**が勢力をふるい，一時は島津氏と大友氏と並んで九州を3分するかにみえたが，1584年に島津氏に敗れて衰えた。鎌倉時代以来の薩摩の守護**島津氏**は，**貴久**のとき薩摩・大隅を平定し，子の**義久・義弘**が大友・有馬・龍造寺氏などを破り，九州全土を平定する勢いを示した。

奥羽地方……**伊達氏・最上氏・南部氏**などがあったが，伊達氏がもっとも有力で，**政宗**のとき奥州を代表する大名となった。

(2) 戦国大名の領国支配

戦国大名　守護大名は，鎌倉時代の守護よりはるかに拡大された権限をもち，国司（受領）の勢力を奪って，国衙（公領）への支配権を確立し，半済・守護請などの荘園侵害によって荘園領主の在地支配を断ち切り，土地生え抜きの国人を守護被官として領国を形成していったが，国人の土地と農民に対する支配力を奪うことはできず，そのために，幕府の権威をあおいで領国の経営にあたらざるをえなかった［→p.215］。その間にも，守護段銭や棟別銭を領国一円に賦課するなど，大名の領国支配は強化されつつあったが，応仁の乱後に成長してくる**戦国大名**は，そのような守護大名の弱さを克服し，独自の地方政権として成長していった。

　国内の内乱を戦い抜いて権力をにぎった戦国大名は，たえず国内の内乱や他の大名の侵入に備え，また，領国の拡大を目指す侵略戦に乗り出していった。このころの合戦は，すでに一種の総力戦の様相をおび，国中の武士を家臣として統制するだけでなく，農民を**足軽**として歩兵に組織し，国内の物資を結集して外敵にあたらねばならなかったので，戦国大名は，荘園領主のような領国外の勢力や国人・地侍などの在地勢力を排除して，**国人を家臣団に編制**して統制

No.96　支配体制の変化

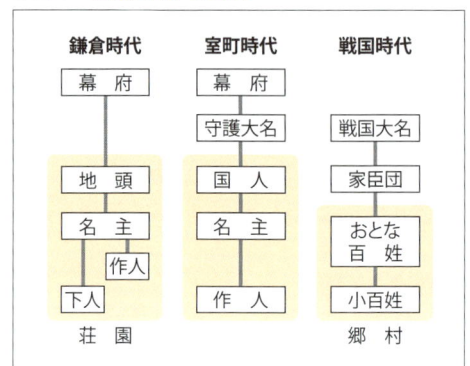

```
鎌倉時代        室町時代         戦国時代
┌──┐         ┌──┐          ┌────┐
│幕府│         │幕府│          │戦国大名│
└─┬┘         └─┬┘          └──┬─┘
  │            ┌─┴──┐         ┌─┴─┐
  │            │守護大名│         │家臣団│
  │            └─┬──┘         └─┬─┘
┌─┴┐         ┌─┴┐          ┌─┴──┐
│地頭│         │国人│          │おとな│
└─┬┘         └─┬┘          │百姓 │
┌─┴┐         ┌─┴┐          └─┬──┘
│名主│         │名主│          ┌─┴─┐
└─┬┘         └─┬┘          │小百姓│
┌─┴┐         ┌─┴┐          └───┘
│作人│         │作人│
└─┬┘         └──┘
┌─┴┐
│下人│
└──┘
   荘園                          郷村
```

守護大名が幕府を背景にしてしか存在しえず、また領国支配が国人を通してしか行えなかったこと、それに対して、戦国大名が独自の地方政権で、農民の直接掌握をはかったことを理解しておこう。

し、**農民と土地に対する直接支配**を強化していくとともに、**領国経済の発展**にも意を用い、商人や手工業者をもその支配下に入れて、その支配地を**領国（分国）**として一円的に支配するようになった。

戦国大名はしばしば**検地**を行い、農地の面積や収穫高を調査し、それぞれの土地の年貢高を決定した。一定した丈量制のなかったこの時代において、それは**貫高制**によって表現されたが、付随して行われた人別調査ともあいまち、戦国大名が領国の土地と農民を直接掌握しようとする方向が示された。ここに、伝統的に農民を隷属させて在地への支配力を誇っていた国人・地侍などの勢力は排除された。国人たちはあらためて土地を**知行地**として与えられる**給人**となって、戦国大名への依存度を強め、家臣団に編制され統制された。のちには、戦国大名の**城下町に移住**させられ、ますますその在地性を失っていった。

解説　家臣は、一族衆（同名衆、大名の一族）・国衆（土着の武士）・新参衆（他国から来て新しく家臣となった武士）に分けられ、その下に郎党・中間・小者が従い、さらに足軽があった。家臣団は軍奉行の下に**組**があって、組頭・番頭などが、その組に属する寄子・寄騎を統率した。戦時だけでなく平時においても、組頭は**寄親**として**寄子**の統制にあたった。家臣の統制は厳しく、知行地の売買や分割相続は禁止され、結婚にも大名の許可が必要で、日常生活まで監視された。

土地をおさえ、農民や家臣に対する支配を強化した戦国大名は、領国一円にわたる支配を確立し、富国強兵を実現するために、**分国法（戦国家法）**という法制をつくり、行政機構を整えていった。つねに臨戦体制をとっていた戦国大名は、治安の維持にはとくに気を配り、法を犯す者には厳罰が科せられた。農村支配のためには、奉行・代官を派遣し、有力な農民の中から肝煎・庄屋などといわれる村役人を任命して支配させた。こうして、農民の自立化にともなって、自治的な運営を行うようになっていた農村は、戦国大名の統制の中に組み

込まれていった。

　戦闘が大量の人員・物資を結集して行われ，軍事的機動力が求められるようになったため，大名は平野の交通の要地を選んで居城をつくり，城の周辺に家臣を集住させるようになった。このような平野につくられた城を**平城**という。戦国大名は商人や職人に特権を与えて城下に集住させ，物資の調達・運搬にあたらせたので，城を中心として町が形成された。これを**城下町**という。国内の物資は城下町を中心に流通するようになって城下町は急速に発展し，領国経済が形成されることになった。

　こうして，領国内に支配権を確立した戦国大名は，もはや幕府の権威も必要とせず，それぞれが独立の地方国家のような観を呈し，**地方分権**が進行した。しかし，当時の経済の発展段階では，領国の範囲の拡大にはおのずから限界があり，領国の拡大としての全国統一は不可能であったから，戦国末期になって天下統一の機運が強まると，再び朝廷や幕府の権威が高まり，戦国大名はそれらと結びつき，利用して天下統一の主導権をにぎろうとする動きを示すようになった。

> 戦国大名の領国支配は，守護大名や幕藩体制のそれと比較し，その特質をおさえておくこと。

分国法

　戦国大名は，**分国法（戦国家法）**を制定して，内部の複雑な権力を否定し，領国（分国）の一元的な支配を確立しようとした。周防大内氏の「**大内家壁書**」が早く，これは約半世紀にわたって順次に出されたものをまとめたものである。このように，分国法は必ずしも整備されたものではなく，家訓的な色彩の強いものもあったが，戦国大名が法を制定して一国の支配を行おうとしたことは重要である。

> 分国法では，「大内家壁書」のほか，後北条氏の「**早雲寺殿廿一箇条**」，伊達氏の「**塵芥集**」，武田氏の「**甲州法度（信玄家法）**」，結城氏の「**結城氏新法度**」，六角氏の「**六角氏式目**」，長宗我部氏の「**長宗我部元親百箇条**」などがとくに有名である。

　分国法では，大名の権力が非常に強化された。家臣の統制は厳しく，目付役が置かれて日常生活を監視され，知行地の売買は禁止され，**嫡子単独相続制**が強制された。結婚にも大名の許可が必要で，政略結婚がしばしば行われた。内乱防止のために，**喧嘩両成敗**が行われ，家臣間の争いでは，理非を問わずに当

No.97　おもな分国法

国名	名　　称	条数	制定者	制定年
陸奥	塵芥集	171	伊達稙宗	1536
下総	結城氏新法度	107	結城政勝	1556
伊豆	早雲寺殿廿一箇条	21	北条早雲	?
駿河	今川仮名目録	54	今川氏親	1526, 53
甲斐	甲州法度（信玄家法）	55	武田信玄	1547
越前	朝倉敏景十七箇条	17	朝倉孝景	15世紀後半
近江	六角氏式目	67	六角義治	1567
土佐	長宗我部元親百箇条	101	長宗我部元親	1597
阿波	新加制式	22	三好長春	16世紀後半
周防	大内家壁書	50	大内氏	1439〜95
肥後	相良氏法度	7〜21	相良氏	1493〜1555

塵芥集は分国法中もっとも条数が多い。今川仮名目録は氏親の制定した33条に義元が21条を追加した。甲州法度は分国法の代表的なもので，上下2巻に分かれ，上巻は55条に2条が追加されている。下巻は家訓。なお，早雲寺殿廿一箇条・朝倉敏景十七箇条はいずれも家訓で，厳密には分国法には入れない。大内家壁書は，逐次発布したものを後に整理したもの。

事者双方が処罰された。法を犯した者には，みせしめのために**残酷な刑罰**が行われ，犯罪防止のためにも重罪には**縁坐**・**連坐**がとられた［→史料㉓, p.384］。

解説 鎌倉幕府の御成敗式目が「道理」に従って制定されたことを考えると，分国法で「理非を問わず」に喧嘩両成敗とされたことは，権力のあり方が大きく変わったことを示すものである。

産業の開発

戦国の争乱を勝ち抜き，隣国に向かって領国を拡大していくためには，経済的にも領国を安定させる必要があったから，戦国大名は積極的に産業の開発をはかり，富国強兵につとめた。

戦国大名の経済的基盤の第一は，農村からの租税であった。戦国大名は，荘園制でとられたような名・庄を単位として人身的に租税を徴収する方法を否定し，**検地**を行って，段別に耕地面積を単位として租税を徴収するようになった。そして，農民の自治的な組織を組み替え，**郷村制**として農村を支配すると，水利権なども掌握し，集中した権力を利用して，大規模な**新田開発**や**治水事業**を行い，農業の生産性向上に努力をはらった。

解説 この結果，室町初期に94万町歩だった水田は，慶長年間（1596〜1615）には2倍近い163.5万町歩になった。治水事業では，武田氏が釜無川・笛吹川の治水につとめたことが有名で，その堤防は**信玄堤**と呼ばれて，発掘調査でその築堤の技術や工程が詳細に判明し，治水に大きな役割を果たしたことがわかっている。このような大規模な治水事業の成功には，当時，土木技術が発達したことも考慮に入れておかねばならない。

領国経済を形成するために，また，戦時に際して迅速に物資の集積・運搬を

行うために，戦国大名は，商品流通の統制にも意を注いだ。また，**城下町**をつくって領国経済の中心とし，家臣だけでなく**商人・職人も集住**させ，新市の設立や市場の統制の権力をにぎり，領内の豪商を**御用商人**として商品流通の統制にあたらせた。また，**楽市**といって，領内の特定都市の商工業者の課役を免除して流通機構の統一を推進し，座に加わらない新儀商人が多く発生してくると，**楽座**を令してそれまでの座商人の特権を否定した。この楽市楽座令により，座の本所として寺社が商業に対してもっていた特権は否定され，商品流通も戦国大名の統制下に組み込まれることになった。

> 解説　楽市では，1549（天文18）年に近江の佐々木氏が行ったのが早い例で，以後，相次いで各戦国大名が発布した。楽座は，織豊政権の下において大々的に各地で行われた。

地域的領主であった戦国大名は，必需品や軍備品を領内では完全に自給できなかったため，今川氏・後北条氏の米，浅井氏・武田氏の塩のように物資の領内移入をはかるとともに，各種の産業を奨励し，畿内都市や，他領に特産物を移出しようとしたために，各地の**特産物**は，戦国大名の保護と統制を受けて，ますます発達していった。また，物質移入や軍用金の調達のために，戦国大名は多量の金・銀を必要としたので，**鉱山の開発**がしきりに行われ，採鉱・製錬技術が進歩し，新しい鉱山も次々に発見された。

> 解説　金山では，武田信玄が**甲斐**の金山，上杉氏が**佐渡**の金山，今川氏が駿河の金山を開発した。銀山では，**石見・但馬・生野**の銀山が相次いで発見された。

戦国大名は，貨幣流通の円滑化をはかって，貨幣の交換比率や基準貨幣を定める**撰銭令**を出し，**度量衡の統一**もはかった。また，**関所を撤廃**して商品流通を促進するとともに，**交通路を整備**し，宿駅・伝馬の制を整えて，領国経済の発展をはかった。

都市の発達

室町時代以来の商品流通の発達は，京都をはじめとする畿内に各地の特産物を集中させ，京都・奈良などの古くからの政治都市・宗教都市や，淀・兵庫・堺・坂本などの水運交通の要地が，それぞれ**商業都市**としての性格を強めながら発展をとげていった。地方においても，城下町が領国経済の中心となって発展し，水陸の交通の要地や有力な寺社の周辺も都市として成長した。これらはいずれも商業都市の性格をもっているが，その生成の契機から，**城下町・門前町・寺内町・港町・宿場町**というような分類が行

われることもある。

> **整理** **都市の分類**
>
> 城下町……南北朝時代ごろまでは，**山城**といって，けわしい山などの天然の要害を利用して城がつくられたが，戦国時代になって，集団戦法が一変し，多量の物資の集積・運搬が必要になると，**平城**といって，平野の交通の要地に城を構え，家臣や商工業者を集住させたため，城下が都市として発展して城下町といわれた。扇谷上杉氏の臣**太田道灌**（持資，1432〜86）のつくった江戸城が平城のもっとも早い例といわれる。城下町としては，駿河の今川氏の府中（**駿府**，静岡），越後の上杉氏の**春日山**（直江津），甲斐の武田氏の**府中**（甲府），越前の朝倉氏の**一乗谷**，周防の大内氏の**山口**，豊後の大友氏の**府内**（大分），薩摩の島津氏の**鹿児島**などが有名である。とくに一乗谷は，大規模発掘調査によってその全貌が明らかとなっている。
>
> 港町……河川の要地や港など，水運の要地を占めていたことから，都市として発展した。城下町とともに戦国時代の都市をよく代表するもので，自治都市となったものも多い。内陸港としては，淀川の**淀**，木津川の**木津**のほか，琵琶湖沿岸に**坂本・大津**が栄えた。瀬戸内海では，**堺**（和泉）・**兵庫**（摂津）を中心に，**尾道**（備後）・**赤間関**（下関）などが，伊勢湾では，**桑名・四日市・大湊**などが繁栄した。日本海岸では，**小浜**（若狭）・**敦賀**・**三国**（越前）・**直江津**（越後），九州では，**博多**（筑前）が有名である。
>
> 門前町……寺社への参詣が増加したため，商人も集まって寺社のまわりに形成された都市をいう。東大寺・興福寺の**奈良**，日吉神社の**坂本**のほか，伊勢神宮の**宇治山田**，信濃善光寺の**長野**などが有名である。
>
> 寺内町……門前町と同じく寺院を中心として成立したが，浄土真宗の本願寺では，寺院が広大な境内をもち，そこに商工業者を住まわせて都市が形成されたので，寺内町という。石山本願寺の**石山**（大坂）や越前吉崎道場の**吉崎**などが有名である。
>
> 宿場町……陸上交通の要地では，宿場がつくられ，そこを中心に都市が形成された。伊豆の三島，駿河の沼津・島田，甲斐の吉田，近江の草津などが知られる。

> **解説** また，市が定期市から常設市になる傾向がみえ，しだいに都市として発展するものもあらわれた。

　港町には富裕な町衆が多く，その経済力によって，戦国大名から中立と自治を認められ，**自由都市**として，町衆の合議によって町政が運営されるものもあった。とくに**堺**は，日明貿易や南蛮貿易の中心となったために，莫大な富を蓄

え、周囲に濠をめぐらし、傭兵隊を組織して、36人の**会合衆**が町政にあたった。堺のほかに、**博多・大湊・桑名**なども、堺にならった組織をもつ自治都市として知られている。

> **日本の自由都市——堺**　ヨーロッパにおいては、12世紀末ごろから、古代の政治都市とは異なる商工業者を中心とする都市が成立してきた。それは、自給自足を旨とする封建社会を商品流通の発達によって内部から突き崩す要因が生じたことを示すものであるが、封建領主から独立し、内部の封建的階層関係を否定して、都市の自治と自由を実現していった。その場合、北・中イタリアなどの南欧都市では、地中海貿易で巨富を蓄えた有力者による寡頭政治が行われたが、オランダ・西ドイツ・北フランスなどの北欧都市では、コミューン運動が展開され、全都市民が一丸となって町政に参加した。堺などの日本の自由都市は南欧都市に近い性格をもち、有力な町衆による寡頭政治であった。その限りで、国人が横断的なつながりをもち、農民を指導して郡・村を支配した国一揆と類似している。
>
> 堺は、はじめ堺荘として摂津の北荘と和泉の南荘とに分かれていたが、南北朝内乱に際して交通の要地となり、室町時代には山名氏清、続いて大内義弘が支配した。義弘は、応永の乱のとき堺で挙兵して敗死し、細川氏が支配するようになった。奈良を背後にもつ堺は、応仁の乱のころから兵庫に代わって瀬戸内海運輸の中心地となり、日明貿易の発着地ともなって、急速に繁栄に向かった。戦国時代に入ると、堺も中央の政争にまきこまれ、戦乱の危機にさらされたが、しだいにその経済的地位のゆえに中立の地位を確立していった。堺の行政は36人の会合衆によって行われた。かれらはいずれも堺の門閥富商で**納屋**（倉庫）をもつ者が多かったので、納屋衆ともいう。**武野紹鷗**・千利休に見られる茶の湯、宗祇・肖柏が伝えた連歌、堺版といわれる出版など、堺は文化的にも一中心地となった。また、絹織物・鉄砲などの中心的な生産地であった。1568（永禄11）年、織田信長が上京して矢銭を課すと、堺は近くの自治都市平野と結んで抵抗の意志を示したが、翌年信長に屈服した。豊臣秀吉のときは直轄領となって自治的性格を失い、江戸時代に入ると、しだいに大坂にその繁栄を奪われていった。

(3) 地方文化の発達

文化の普及　応仁の乱によって京都が荒廃し、荘園制が解体して生活の手段を失った貴族や僧侶は、地方の大名や寺社を頼って相次いで地方に下っていった。みずからを権威づけようとしていた戦国大名たちは、よろ

こんでかれらを迎え入れ，積極的に京都の文化を吸収したから，京都文化は地方に伝わり，津和野・高山・金沢・津山などのちに「小京都」と呼ばれる町がつくられて，戦国大名の城下町を中心に**地方文化**が発達することになった。とくに，周防の大内氏が熱心に京都文化の伝播に努めたので，その城下町**山口**は「西の都」といわれるほど繁栄した。

> **参考** **山口** 大内氏は，政弘・義興・義隆の3代にわたって京都文化の伝播に努めたため，京都から下向する貴族・僧侶が多く，一時は，京都文化が山口に移ったといわれるほどの文化の中心地となった。儒学や和学が講じられただけでなく，大内版といわれる古典の出版もさかんだった。**雪舟**（1420〜1506）は明から帰朝した後，ほとんど山口に住んだ。のち九州の菊池氏や島津氏に招かれ，朱子学を講じて**薩南学派**の祖となった**桂庵玄樹**（1427〜1508）は山口の出身だったし，土佐で朱子学を講じて**南学**の祖となった**南村梅軒**は大内氏の臣だったという。大内氏の滅亡後，毛利氏が山口に拠って長門・周防を支配したが，関ヶ原の戦いの後に毛利氏の居城が萩に移ると，山口は急速にさびれていった。

貴族や僧侶のほかに，連歌師・琵琶法師など文化人・芸能人にも地方に下向したり，回遊する者が多く，商品流通の展開につれて，商人も各地に往来して営業した。かれらも戦国大名に招かれて文化の普及に大きな寄与をしたが，民衆とも接触して，京都文化は**民衆文化**の中にも吸収されていった。

> **解説** 周防の大内氏のほか，越前の朝倉義景，越後の上杉謙信，関東の北条氏康，武蔵の太田持資などが学芸を奨励した大名として知られる。上杉憲実が再興した足利学校は，上杉氏の滅亡後，北条氏康・氏政などの保護を受け，一時は学生数が3000人に及んだといわれ，「坂東の大学」としてキリシタン宣教師により海外にまで伝えられた。

このように，戦国時代には伝統的な貴族文化を担っていた貴族・寺社が没落し，戦国大名をはじめとする地方武士や農民・町衆などの民衆が文化の担い手となり，貴族文化を受け継ぎ，変質させて，文化は新しい発展の契機を与えられることになった。それには，当時の地方の武士や民衆が，文化を受容し，発展させうるだけの力を蓄えていたことを忘れることができない。

民衆の文化

「下剋上」という言葉に表現されるように，戦国時代は民衆のエネルギーが解放され，噴出した時代でもあった。農民の自立化が進み，農村の地縁的な結びつきが強まったことは，農民が文化を生み出し，

展開させる力をもつようになったことを示すものであったが、この時代には、戦国大名がその自治を利用して農村を再編成し、支配の中に組み込もうと努めていた。一方、商品流通の展開によって、都市民が経済力を身につけたため、都市の町衆はしだいに文化を自分のものにし、民衆文化の担い手となって、文化に新しい息吹をふきこむようになった。

> **補足** 祇園祭 御霊信仰をふまえ、平安時代から民間の習俗として行われるようになった京都の祇園祭は、民衆生活との結びつきを強め、応仁の乱後は完全に町衆の手によって行われることになった。1533（天文2）年、民衆のエネルギーの結集をおそれた室町幕府が祇園祭の中止を命じたが、町衆はそれをおしきって祭りを敢行しようとした。この事件は、祭りが完全に民衆の生活の一部であり、祭りを通して民衆が結束したことを思わせる。

都市でも農村でも**祭り**が催され、**踊り**が流行して、住民が総出で楽しんだ。祭りや踊りは**風流**と呼ばれ、その準備にあたっても、住民はみんなの智恵を寄せ集めて、いろいろと趣向をこらしたのだった。松囃子・念仏踊などのさまざまな踊りは、盂蘭盆会と結びつき、**盆踊り**となって民衆の生活に密着していった。

戦国武将には、能・琵琶のような芸能や和歌・連歌のような文学など、さまざまな文化に関心を寄せ、それを習得する者も多かったが、町衆たちも、**小歌**や**御伽草子**をもてはやし [→p.236]、**連歌・茶の湯・生花**を楽しんだ。

> **整理** **戦国時代の民衆文化** しだいに町衆中心へと変わっていった。
> **茶の湯**……南北朝時代の闘茶は、東山時代のころ、奈良に村田珠光（1423〜1502）が出て**侘茶**に変わっていたが、戦国時代に、堺に**武野紹鷗**（1502〜55）が出て、侘茶を完成した。次の織豊政権のときには、同じく堺出身の**千利休**（1522〜91）が茶道を大成した。堺の津田宗及や博多の島井宗室・神谷宗湛も茶をよくし、茶の湯は、豪商や戦国武将にもてはやされて広がった。
> **生花**……東山時代に京都六角堂の池坊専慶によって大成された立花が、書院造の住居や茶の湯の流行と結びついて、ますます普及したが、戦国時代には立花の形式が固定化する傾向が強まった。
> **連歌**……応仁の乱のころ、**宗祇**（1421〜1502）が、広い交遊範囲をもち、各地に旅して連歌の指導・普及にあたった。宗祇は『**新撰菟玖波集**』を著し、**正風連歌**を確立した。その弟子の**肖柏**（1443〜1527）・宗長（1448〜1532）によって、連歌はますます普及したが、いろいろな規則がつくられ

て形式化していった。しかし，その後に荒木田守武（1473〜1549）・山崎宗鑑（？〜1539?）が出て，**俳諧連歌**をはじめ，民衆の生活感覚から連歌をつくった。宗鑑は『**犬筑波集**』を著している。この俳諧連歌から，初句が独立して，江戸時代に**俳諧**が生まれた。

能・狂言……北山時代に**世阿弥**が確立した能は，応仁の乱で一時保護者を失ったが，戦国武将や町衆に多くの愛好者が出て，再び活発となった。能の幕間に演じられる狂言は，はじめのころの強い風刺性をやわらげ，しだいに農民の生活との結びつきを失っていく傾向を示した。

民間芸能……小歌が流行し，盆踊りがさかんとなった。幸若舞や古浄瑠璃も流行した。

御伽草子……数多くの短編小説がつくられ，財産・立身の願望など庶民の夢が物語られた。代表的なものに，「文正草子」「物臭太郎」などがある。

2 ヨーロッパとの接触

(1) ヨーロッパのアジア進出

対外関係の推移　応仁の乱ののち，勘合貿易の実権は幕府の手を離れ，**細川氏**と**大内氏**の掌中に帰していった。細川氏は，摂津・和泉の守護として，勘合船の発着地である兵庫・堺をおさえ，とくに**堺**の商人と結んで日明貿易を行った。一方の大内氏は，周防・長門・筑前・豊前を領国として，**博多**や門司・赤間関（下関）を支配し，とくに貿易には遣唐使以来の古い関係をもつ博多の商人と結んで日明貿易に従事した。細川氏と大内氏は，貿易の利をめぐって激しく対立し，1523（大永3）年には明で武力衝突した**寧波の乱**が起きた。このため，貿易は明に禁止されたが，まもなく復活した。のちに細川氏が衰えたため，日明貿易は大内氏が独占し，堺の商人も大内氏と結ぶようになった。しかし，1551（天文20）年に大内氏が滅亡したため，1547（天文16）年の遣明船を最後に，勘合貿易は断絶してしまった。

> **解説**　朝鮮との貿易は，三浦が開港され，対馬の宗氏との間に行われていたが[→p.213]，朝鮮はしだいに貿易統制を強化していった。そのため，日本人居留民の不満が高まり，1510（永正7）年，宗氏の兵が乃而浦（薺浦）に進攻すると，三浦の日本人居留民が呼応して蜂起した。これを**三浦の乱**という。1512（永正9）年には朝鮮と宗氏との和議が成立して貿易は

再開されたが，三浦の日本人居留が禁止されたのをはじめ，貿易への制限はますます厳しくなり，公式の日朝貿易は衰微した。

公式の日明貿易・日朝貿易が断絶・衰微しても，銅銭や生糸・絹織物などの中国の物産，綿布や朝鮮にんじんなどの朝鮮の物産に対する国内の需要は減りはしない。全国的な商品流通が進展する中で，それらはますます求められたから，公式の貿易に代わって民間の貿易がさかんとなった。民間の貿易船は，正式の商取引を妨げられると，略奪によって財貨を獲得したから，ここに再び**倭寇**がさかんになっていった。

> **後期の倭寇**　明はもともと鎖国政策をとり朝貢貿易以外は認めない方針をとっていたが，15世紀末ごろから福建省の**漳州**・**泉州**の商人が，国法を犯して海外貿易に乗り出し，南海諸島に進出するとともに，日本産の**銀**を求めて，博多や平戸をはじめ薩摩や豊後の地に来航するようになった。すると，中国商人の活動に刺激され，九州の商人で大陸に出向き，私貿易を行う者も多くなった。後期の倭寇には，このような密貿易を行う中国商人が多く，日本人・ポルトガル人も加えて倭寇と称し，朝鮮半島・中国大陸沿岸から南シナ海・南洋諸島まで荒らしまわった。明の海賊**王直**は1544（天文14）年ころにはじめて来日し，平戸を拠点として，日本人と結び，密貿易と海賊を行った。1570年に入って，明が漳州での貿易を公許し，日本でも国内の統一が進むと，倭寇はしだいに衰えていった。

琉球貿易　そのころ**琉球**（沖縄）は仲介貿易に従事し，日本にも明や南洋諸国の産物を転売していた。それまで小国家が分立していた沖縄では，15世紀初めに**尚巴志**が出て**首里**に統一政権をつくった。尚氏は，1414（応永21）年に室町幕府に遣使して，9世紀以来とだえていた本土との公式交渉を復活した。1469（文明1）年，尚円王が政権をにぎって**第二尚氏**となり，3代の**尚真王**（在位1477～1526）のときに，奄美大島から宮古島にいたる諸島を支配し，**琉球王国**が確立した。

> 1441（嘉吉1）年，足利義教は島津氏に琉球を与えたといわれるが，このころ，沖縄を支配していたのは琉球王国で，琉球は独立王国として明の文物を取り入れ，仲介貿易にあたっていた。なお，第二尚氏は，1871（明治4）年の廃藩置県まで，沖縄を支配した。

琉球王国は，明と朝貢貿易を営むだけでなく，日本・朝鮮とも貿易を行い，さらにシャム・スマトラ・アンナンなどの南海諸国にも進出した。その貿易は

第6章　大名領国の展開と織豊政権　259

典型的な**仲介貿易**で，絹織物・陶磁器などの明の産物や香料などの南海の産物を日本に，刀剣・扇・硫黄などの日本の産物を明に，南洋の産物を明や日本に，それぞれ転売するものだった。この貿易の利益によって首里は繁栄したが，16世紀になると，中国商人が南海貿易に乗り出し，さらにポルトガルが東洋に進出してきたため，琉球の南海貿易は急速にさびれ，1540年代になると，琉球はもっぱら中国との朝貢貿易に依存するようになった。

> **盲点** 琉球（沖縄）に関する歴史は，教科書などでも特別にページをさいている場合が多いので，まとめて整理しておくことが望ましい。

ヨーロッパ人の進出

中世ヨーロッパにおいては，11世紀ころより都市が成立し，とくに13〜14世紀には，北イタリアの諸都市が**地中海貿易**に従事して栄えていた。その貿易は，南ドイツ産の銀と銅を入手し，アラビア人を介して東洋の香料と交換し，香料をヨーロッパ諸国に転売するというものだった。ところが，15世紀半ばころ，**オスマン＝トルコ**が進出して，西アジアから東地中海一帯を制圧し，東西交通を断ち切って，東洋の商品に重税を課した。こうして，地中海貿易はさびれていったが，ヨーロッパ諸国の**香料**に対する需要は高まる一方であったから，**東洋と結ぶ新しい航路が求められる**ことになった。ちょうど封建制度が動揺して王権が伸張し，国王が専制君主として国力の充実に留意していたときであったから，それらの諸国では，積極的に海外貿易を援助した。しかも羅針盤が使用されるなど，航海術も著しく進歩していたので，冒険的精神が強く刺激され，15世紀末から16世紀にかけて，新航路が続々と発見されて，**地理上の発見**といわれる一時期を現出し，その結果，世界ははじめて一つの視野の中に組み込まれ，世界史が成立するきっかけとなった。その先端にいたのが，イベリア半島の**ポルトガル**と**スペイン**（イスパニア）である。

ポルトガルは，アフリカの南端をまわってインドにいたる**東インド航路**を確立し，スペインがアメリカ大陸の征服と銀の産出に熱中している間に，インドの**ゴア**を拠点として南洋諸島に進出し，香料貿易のルートを完全に掌握してしまった。

> **参考** **ポルトガルとスペインの海外進出** ポルトガルはアジア，スペインはアメリカを征服の中心においた。
> **ポルトガル**……航海王子**ヘンリー**は，アフリカ西海岸を南下する航路の開拓

No.98　ヨーロッパのアジア進出

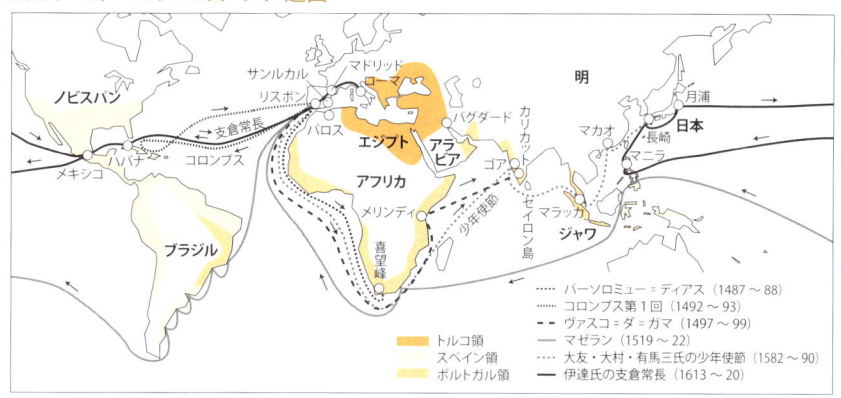

......バーソロミュー＝ディアス（1487〜88）
......コロンブス第1回（1492〜93）
― ・ ―　ヴァスコ＝ダ＝ガマ（1497〜99）
――　マゼラン（1519〜22）
― ― ―　大友・大村・有馬三氏の少年使節（1582〜90）
― ・ ―　伊達氏の支倉常長（1613〜20）

■ トルコ領
■ スペイン領
■ ポルトガル領

につとめ、1488年にバーソロミュー＝ディアス（Bartholomeu Dias, 1450?〜1500）がアフリカ南端の喜望峰に達し、1498年には**ヴァスコ＝ダ＝ガマ**（Vasco da Gama, 1469?〜1524）が喜望峰からアフリカ東海岸を北進し、インド洋を横断してインド西岸のカリカットに到着した。ここにポルトガルは、インドの商人から安く香料を買うことができるようになり、北イタリア都市に代わってポルトガルの**リスボン**がヨーロッパ商業の中心となった。1510年、インドからゴアを奪って東洋進出の拠点とし、翌年には**マラッカ**を攻略して、さらに香料の主産地であるモルッカ諸島に至り、アンボイナに商館をおいた。このころから、ポルトガルは東アジア貿易にも乗り出し、1557年には**マカオ**を支配下において、中国貿易の拠点とした。

スペイン……イスラム教徒を駆逐して、1479年にイベリア半島に統一国家をつくったスペインは、ポルトガルとは別のルートで東洋の香料を入手しようとし、女王イサベラがイタリア人**コロンブス**（Christopher Columbus, 1446?〜1506）を援助した。1492年、コロンブスは大西洋を横断してアメリカ大陸を発見した。スペインは、メキシコ・ペルー・ブラジル・インカなどの諸国を滅ぼしてアメリカ大陸を征服し、アメリカ大陸の現地人を使役して煙草・砂糖・銀を産出した。とくに銀は大量の産出をみた。一方、スペインは東洋貿易の新航路の開拓も忘れず、ポルトガル人**マゼラン**（Ferdinand Magellan, 1480〜1521）を援助し、1521年、マゼランは南アメリカの南端を経て太平洋を横断し、**フィリピン諸島**を発見した。マゼランはその地で死んだが、探険隊はモルッカ諸島に至り、翌年、喜望峰を経て本国にたどりついた。東インド貿易をめぐるポルトガルとスペインとの争いは、西回り航路をとる不利のためにスペインが敗れ、1570年ころル

ソン島の**マニラ**に根拠地をつくって，フィリピン諸島を中心とする貿易を行うことになった。

鉄砲の伝来

そのころ，中国商人は**マラッカ**を中心として貿易活動を行っていた。ポルトガルは，1511（永正8）年にマラッカを占領すると，中国や琉球の商人と接触して東アジアへの関心を深め，漳州・泉州・寧波など中国沿岸を北上して，密貿易の形式をとって中国貿易を行うようになった。こうして，1542（天文11）年，たまたま中国船に乗った**ポルトガル人が大隅の種子島に漂着し，日本人ははじめてヨーロッパ人と接触**することになり，日本人の目も世界に開かれていった。

解説 もっとも，それ以前に，漳州や寧波などで，ポルトガル人と接触していた日本人もあったと思われる。ポルトガル人来航の年次は，17世紀初めに著された『**鉄炮記**』には天文12（1543）年となっているが，ポルトガルの史料では1542年と伝えている。現在では，後者の説が有力である。このとき来航したのはポルトガル船ではなく，中国のジャンク船で，それにポルトガル人が乗っていたものと思われる。なお，元のフビライに仕えたイタリア人**マルコ=ポーロ**（Marco Polo, 1254～1324）の著した『**東方見聞録**』に，日本は「黄金の国ジパング」として紹介されている。それらがヨーロッパ人の好奇心を刺激して，地理上の発見の一要因になったといわれている。

これ以後，ポルトガルは日本との貿易に乗り出してくるが [→p.266]，**鉄砲**が伝来したことも重要な事件となった。このとき，領主の種子島時堯は，ポルトガル人のたずさえていた鉄砲を買い求め，鉄砲の操法や火薬の製法を家臣に学ばせ，島津氏に1挺を献上した。戦国の争乱を闘っている大名たちにとって，鉄砲の魅力は大きく，競ってこれを入手しようとしたから，伝来して数年後には鉄砲は**堺**で大量に製造されるようになり，続いて紀伊の根来や近江の国友村でもつくられるようになった。

鉄砲の普及は，**戦闘法**や**築城術**に大きな変化をもたらした。戦闘法では，騎兵戦に代わって鉄砲隊による集団戦に重点が移り，築城術では，鉄砲や大砲などの火器に耐えるように，石垣を高くして銃眼をそなえ，天守閣を設けるようになった。この結果，大名による家臣の城下町集中は決定的となって，兵農分離が進み，国内統一の機運が促進された。

長篠の戦い　鉄砲はその性能のためもあってもっぱら狙撃用に用いられていたが，その利用法を案出し，戦いに適用して大きな効果をあげたのは，**織田信長**であった。信長は上京すると，いちはやく堺を直轄して鉄砲の入手につとめ，1575（天正3）年，三河長篠で**武田勝頼**の軍勢に壊滅的な打撃を与えた。ここに騎馬隊に対する鉄砲隊の優位は明らかとなった。ただし従来は，信長は3000挺の鉄砲を足軽にもたせ，1000挺ずつの3組に分けて，交代に射撃させたといわれていたが，発掘調査などで鉄砲玉の検出が少ないことなどから，その真偽には疑問符がついている。

(2) キリスト教の伝来

宗教改革　ポルトガル・スペインが地理上の発見に狂喜し，東洋貿易・アメリカ征服に熱中していたころ，ドイツ・オランダなどの北ヨーロッパでは，ローマ教皇を頂点とする階層秩序をもち，国王・諸侯・富商などの世俗の権力と結びついて多くの荘園をもって農民にあくなき収奪をし，商業や手工業生産の自由な展開を妨げているカトリック教会に対して，聖書と信仰のみに重きをおいて，教会の組織と権威を認めようとしない**宗教改革**が進行しつつあった。16世紀に入ると，ドイツ人**ルター**（Martin Luther, 1483～1546）やフランス人**カルヴァン**（Jean Calvin, 1509～64）が出て，それぞれ農民の暴動や商人・手工業者の運動と結びながら，改革運動が広がった。こうして生じたキリスト教の新しい宗派を**新教**あるいは**プロテスタント**という。

解説　新教では，聖書と信仰を義とすることによって，信徒と神（デウス）の間に介在していた教会の存在が否定された。ここに，個人の人間性の尊厳がうたわれたことがわかるが，さらに，教会の否定は，やがて人間が人間を基礎において思考・行動するための契機ともなった。また，新教では，清貧や勤勉が厳しく求められ，ドイツの社会学者マックス＝ウェーバー（Max Weber）によると，それによって資本主義の精神が形成され，近代的資本主義成立の契機になったとされる。

　新教の活動に刺激されて，カトリック教会の内部でも改革運動が起こった。これを**反宗教改革**という。その先駆となったのが，イエズス会をはじめとするアウグスチノ会・フランシスコ会などの**修道会**で，それらはそれぞれポルトガルやスペインの海外進出と結びつき，カトリック教会がヨーロッパで失った勢力を回復するために，東洋やアメリカ大陸の布教に出かけていった。とくに，

ロヨラ (Ignatius de Loyola, 1491〜1556) やフランシスコ＝ザビエル (Francisco de Xavier, 1506〜52) らのつくった**イエズス会**（ジェスイット会，耶蘇会）は東洋伝道の中心となり，1541年にザビエルはみずから単身インドに向かった。

> **参考　イエズス会**　イエズス会は，1534年にロヨラやザビエルらによって結成された。ロヨラもザビエルもともにスペインに滅ぼされたナバラの出身で，1540年にはポルトガルと結びついてその保護を受け，ポルトガルの東洋での植民地・貿易活動と表裏一体となって布教を行った。会員は教皇に絶対服従を誓い，軍隊の制度を取り入れた厳しい会の規則に従い，徹底的な禁欲生活を送った。教会の枠をはずれることはなかったが，神の前の平等を強く主張するなど，新教が追求した新しい傾向が，別の形でここには取り入れられているといえる。

ザビエルの来日

ザビエルは，インド・マラッカで布教にあたり，めざましい業績をあげながらも，必ずしも満足しなかった。そのうちに，薩摩出身のアンジローに会い，日本人の文化・教養の高さを知って，日本伝道を志した。

ザビエルは，アンジローに導かれて1549（天文18）年に来日し，**鹿児島**に上陸した。日本がヨーロッパ人の最初の来航を受けてから7年後に，キリスト教が伝えられたことになる。鹿児島で1年ほど伝道したのち，ザビエルは**平戸**，**山口**と移り，さらに**京都**に出て，幕府から全国伝道の許可を得ようとしたが，戦乱のなかではその便宜を得られないのを知って，再び山口に帰り，**大内義隆**の保護を受け，教会をつくって多くの信者を獲得した。**大友宗麟**にも招かれて**豊後**でも布教した。ザビエルはすぐれた宣教師を日本に派遣するように要請し，1551（天文20）年に日本を退去してインドに戻ったが，翌年，中国伝道にあたろうとして，途中の広東付近で病死した。ザビエルの滞日期間は2年余りにすぎなかったが，その与えた影響は大きく，日本布教の基本路線はここに決まったといえる。

布教の展開

ザビエルの要請に応じ，ザビエルとともに来日した**トルレス**（Cosme de Torres, 1510〜70）に続いて，**ヴィレラ**（Gaspar Vilela, 1525〜72）・**フロイス**（Luis Frois, 1532〜97）・**ヴァリニャーニ**（Alessandro Valignani, 1539〜1606）などのすぐれた多くの宣教師が次々と来日し，南蛮貿易とも結びつきながら，キリスト教はめざましい勢いで信者を増

No.99　キリスト教の普及

やしていった。当時キリスト教のことを**キリシタン**（吉利支丹）とか**天主教**などと呼び，キリスト教宣教師を**バテレン**（伴天連）と呼んでいた。

> **キリシタン・バテレン**　キリシタンには，はじめ機利紫丹などのさまざまな字があてられ，やがて吉利支丹が多くなったが，徳川5代将軍綱吉のころから，「吉」をさけて切支丹などと書かれるようになった。また修道士を**イルマン**といい，日本人のイルマンも多くなった。**トルレス**はザビエルとともに来日し，ザビエルの離日後も山口などで布教を続けた。**ヴィレラ**は1556年に来日，日本人イルマンのロレンソとともに京都に上って，畿内の布教を開始した。**フロイス**は1563年に来日，65年に上京して将軍足利義輝に面会し，さらに織田信長が上京してくると，信長とも面会して布教の許可を受けた。その著『**日本史**』も有名である。**ヴァリニャーニ**は，1568年に来日後，いったん帰国し，73年に続いて79年には日本巡察使として来日し，司教管区を定め，**セミナリオ**や**コレジオ**を設けるなど業績が多い。また，**印刷術**をもたらし，82年に退去するときは，**天正遣欧使節**を率いてローマに向かった［→p.268］。このほかにも，アルメイダ・オルガンチノ・カブラルなど，すぐれた宣教師が多かった。

キリスト教は，はじめ新たに渡来した仏教の一派ぐらいに見られていたが，やがて，仏教とはまったく異質の，歴史や人生の出来事は神の配慮によって起きているという**摂理思想**に裏打ちされた**一神教**であることがわかると，大名や僧侶などの弾圧も受けるようになった。しかし，宣教師は積極的に伝道を行うとともに，救貧・医療などの**慈善事業**もさかんに行ったから，神の前での平等を説くその思想にも影響されて，都市の貧民など下層階級の人々の心をとらえ

た。また，当時はきわめて劣悪な地位にあった女性も，**一夫一婦制**を強く主張する思想にひかれて，信者の中に加わっていった。一方，大名の中にも，南蛮貿易の利益に目をつけ，とくに鉄砲・火薬を手に入れるために，キリスト教に好意的な態度を示し，受洗する者もあらわれた。これを**キリシタン大名**という[→p.268]。キリシタン大名は，領国内の武士・農民の改宗を奨励したから，そこでは信徒が急激に増加していった。

> 補足 **キリスト教の受容** キリスト教信者は，1582（天正10）年ごろ約15万人に達したという。このようにキリスト教が急速に広がったのは，当時の仏教の多くが堕落し，新鮮さを失っていたことを考えなければならないが，封建社会が完成しつつある時期で，異質の唯一神思想や摂理思想に対しても，それを理解できる状態に日本人がなっていたことも忘れられない。例えば，当時よく用いられた天道という言葉[→〈実用編〉p.337]は，一種の摂理思想であったといえる。また，新しく接触したヨーロッパやヨーロッパ文化に対する好奇心も見逃せない。しかし，系譜を重視し，社会的地位も固定的に世襲されるという観念の強かった日本人には，造物主や原罪というキリスト教の概念が理解しがたいものだったらしく，キリスト教の布教が活発化すると，とりわけ禅僧と宣教師との間に宗論がしきりに行われるようになる。そこでの禅僧の疑問は，全能の神がなぜ悪魔をつくったか，全能の神がなぜいままで日本にキリスト教を知らしめなかったか，というようなものであった。

(3) 南蛮貿易と南蛮文化

南蛮貿易 ポルトガル人や，1584（天正12）年以降，来航するようになったスペイン人は，当時**南蛮人**と呼ばれ，その船は南蛮船と呼ばれた。そのため，主としてポルトガル商船と日本人との間に行われた貿易を**南蛮貿易**という。

> 補足 **南蛮** 南蛮とは，もともと中国人が南方の異民族に対して用いた呼称で，日本でもそれに準じて南方から来日した異民族を南蛮というようになり，すでに10世紀末に南蛮来航の記事がみえる。ポルトガル人も南方を経由して渡来したために南蛮人の名で呼ばれ，やがて，南蛮人とはポルトガル人・スペイン人を意味するようになっていった。のちに，オランダ・イギリスなどの新教国の人が来日するようになると，南蛮人と区別するために紅毛人と呼ばれた。

中国人・ポルトガル人の進出によって琉球の南海貿易が衰微し、明による倭寇禁圧も成功した結果、日中貿易も衰えていったが、その間隙をぬって**日中間の仲介貿易**に乗り出してきたのが、ポルトガルであった。1511年のマラッカ占領以来、東アジアへの関心を強めていたポルトガルは、モルッカ諸島の香料貿易がさびれていったので、それを補うために、1557年に割譲された**マカオ**を拠点として、日中仲介貿易に精力を傾けるようになった。

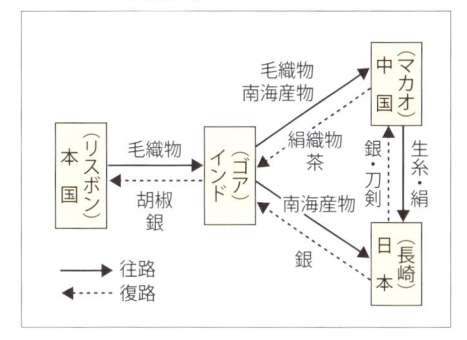

No.100　南蛮貿易

もともと南蛮貿易は日中貿易の空白を埋めるものであったから、南蛮船は中国の**生糸・絹織物**をもたらし、日本からは、戦国大名の奨励と技術の向上によって多量に産出されるようになった**銀**を入手して、中国に向かった。また、南蛮船は南方の**香料**やヨーロッパの**鉄砲・火薬・ガラス器**などの珍奇な産物をもたらしたので、戦国大名はこれを歓迎し、競って領内に南蛮船を誘引しようとした。貿易港は九州が中心となり、肥前の**平戸・長崎**、豊後の**府内**などが知られ、のちには**堺**にも南蛮船が渡来するようになった。

> **南蛮貿易**　ポルトガル人・スペイン人による貿易で、仲介貿易だった。
> **輸出品**……銀・海産物・刀剣・工芸品（漆器など）。
> **輸入品**……明の**生糸・絹織物**、南方の香料、ヨーロッパの鉄砲・火薬・ガラス器・織物など。
> **貿易港**……はじめ、薩摩の鹿児島・坊津・山川など。島津氏がキリスト教を禁止すると、松浦氏の肥前**平戸**、大友宗麟の豊後**府内**など。しかし、太平洋側にある府内は地理的に恵まれず、松浦氏のキリスト教に対する態度が安定を欠くため、大村純忠領内の肥前横瀬浦などに来航し、1571（元亀2）年以後、**長崎**が中心となった。

スペインの進出はやや遅れ、1570年ころルソン島の**マニラ**を根拠地として、東洋貿易に乗り出し、1584年にはじめて**平戸**に来航して以来、日本との貿易を積極化したが、ポルトガルの独占的な地位をなかなかくずすことができなかった。

キリシタン大名

殖産興業と富国強兵に努力を傾けていた戦国大名たち，とりわけ，従来日明貿易にあたって多くの利益をあげていた西南諸大名は，ポルトガル船が来航するようになると，その利益に目をつけ，ポルトガル船を領内の港に迎え入れようとした。とくに火薬の原料は国内で産出しなかったから，西南の戦国大名の南蛮貿易に対する要望は強かった。ところがイエズス会は**貿易と布教を一体化する方針**をとり，大名がキリスト教の布教を認めたときにのみ，ポルトガル船をその領内に寄港させたから，鹿児島の島津貴久（1514～71）や平戸の松浦隆信などとの間には，紛争も発生するに至った。一方で，キリスト教に心を寄せる大名もあらわれた。松浦氏に接する肥前の**大村純忠**（1533～87）は，1563（永禄6）年に受洗して最初のキリシタン大名となり，ポルトガル船を平戸から領内の横瀬浦・福田・長崎などに寄港させるのに成功し，さらに1580（天正8）年には長崎をイエズス会に寄進した。純忠の甥で島原半島の領主であった**有馬晴信**（1567～1612）も，龍造寺氏に対抗するために，1580（天正8）年，ヴァリニャーニから洗礼を受けた。豊後の**大友宗麟**（義鎮，1530～87）は，ザビエルに面会して感銘を受け，以来キリスト教を保護していたが，1578（天正6）年に受洗した。この3大名はキリシタン大名として有名で，純忠のようにキリスト教の保護だけでなく，仏教寺院の破壊などを行ったため，領内に反乱を招くこともあった。かれら3大名は，1582（天正10）年，ヴァリニャーニのすすめにより，一族の子弟をローマ教皇謁見のためにヨーロッパに派遣した。これを**天正遣欧使節**という。

> **補足 天正遣欧使節** 正使伊東マンショ・千々石ミゲル，副使中浦ジュリアン・原マルチノの一行で，任を終えて帰国するヴァリニャーニに随行してヨーロッパに向かった。伊東は大友の，千々石は有馬・大村の血縁を引き，いずれも14～15歳の少年であった。1582年2月に長崎を出て，マカオ・マラッカを経て，ゴアに着いた。ヴァリニャーニはインドに留まることになったが，一行は84年8月にリスボンに上陸し，ポルトガル・スペインなどを経て，さらにローマ教皇グレゴリウス13世と謁見し，いたるところで熱狂的な歓迎を受けた。86年4月にリスボンを出発，ゴアでヴァリニャーニと会い，ヴァリニャーニとともに90年7月に長崎に帰着した。日本人がはじめてヨーロッパに渡航して世界的な見聞・知識を得てきたことの意義は大きく，また，数々の将来品の日本に与えた影響も大きかったが，すでに豊臣秀吉による宣教師追放令が出たあとであったので，その経験・知識などは十分に生かされることなく終わった。このとき，ヴァリニャーニが活版印刷機をもたらし，キリシ

タン版の刊行がはじまった。

織田信長・豊臣秀吉の保護を受けて、やがてキリスト教は畿内にも広がり、信長・秀吉の武将の中にも洗礼を受けてキリシタン大名となる者があらわれた。**高山右近**(1552〜1615)や**小西行長**(1558〜1600)などはその例である。

南蛮文化

イエズス会の熱心な伝道によって、宗教劇・宗教画などがもたらされ、教育・医療などの機関がつくられたことから、ヨーロッパの医学・天文学・地理学なども伝えられることになった。それだけでなく、キリスト教に直接関係のないヨーロッパの風俗なども伝えられ、当時の日本人の好奇心をそそり、大いに流行した。このような、当時ポルトガル・スペインによって伝えられたヨーロッパ文化を、**南蛮文化**と総称している。南蛮文化は、**桃山文化の重要な一要素**だった。

南蛮文化 16〜17世紀にヨーロッパから伝わった文化を総称していう。

社会事業……イエズス会は、救貧・救癩などのために、病院・孤児院をつくり、貧者には無料で治療した。

社会倫理……キリスト教は一夫一婦制を強調し、売春・堕胎を禁じた。奴隷売買の防止にも努力した。

教育事業……**セミナリオ**と**コレジオ**があった。セミナリオは中等学校で、**有馬・安土**に設けられ、哲学・神学・ラテン語から歴史・数学・音楽・絵画などの一般教育科目まで教えられた。安土セミナリオは、のちに京都・高槻などに移った。コレジオは大学にあたるもので、司祭の養成を目的とし、神学・ラテン語が主に教えられた。はじめ**府内**にあったが、有家・加津佐から天草に移り、さらに長崎に移転した。ほかにノビシヤドがあったが、これはイエズス会に入会した者の修練院であった。

出版事業……ヴァリニャーニのもたらした**亜鉛活字**による印刷が行われた。刊行されたものに、『ぎゃ゠ど゠ぺかどる』『どちりな゠きりしたん』などの教義書のほか、『羅葡日辞典』『日葡辞書』などの辞典類、『平家物語』『エソホの物語』(イソップ物語)の文学作品などがあった。

美術……天主堂・学校などが洋風建築でつくられた。京都**南蛮寺**は、3階建ての立派なものだったという。絵画では、ザビエル聖人像などの聖画がしきりに描かれ、欧風画法にならってヨーロッパ絵画の模作も行われた。普通、ポルトガル船入港図を**南蛮屏風**というが、「泰西王侯騎馬図屏風」なども描かれている。**銅版画**の技術も伝わった。蒔絵などにも南蛮風俗が多く使われた。

風俗……帽子・カッパ・オルガン・時計・めがねなどが珍しがられ，**煙草**はこれ以後，広く普及していった。ちなみに，パン・カンテラ・カッパ・ジバン（ジュバン）・タバコ・カルタ・ボタン・サラサ・カステラ・マントなどはポルトガル語から，コンペイトウ・メリヤス・シャボン・ビロードなどはスペイン語から，日本語化したものである。

科学……日本に来た宣教師には科学的素養の深い者が多く，日本にヨーロッパの諸科学を導入した。**医学**では，とくに外科が重用され，転びバテレン沢野忠庵（フェレイラ）によってのちにまで伝えられた。

航海術・造船術も伝えられて，日本の造船・航海の技術は大いに進み，のちの朱印船の活躍などの素地となった。そのほか，**天文学**ものちにまで伝えられているし，数学・地理学なども伝わった。兵術の伝来はいうまでもない。

3 織豊政権

(1) 織田信長の全国統一

織田信長　応仁の乱後，約1世紀にわたって続いた全国の争乱に終止符を打ち，全国統一の方向を強力に打ち出していったのは，**尾張**の戦国大名**織田信長**（1534〜82）であった。

解説　織田氏の家系はよくわからないが，越前の守護斯波氏が尾張の守護を兼ねたために，斯波氏に従って越前から移住したものといわれる。尾張では，戦国時代に入って，守護代の織田氏が守護の斯波氏に代わって勢力をもち，その一族が清洲と岩倉に分かれて大名化していた。信長の父**信秀**は清洲の織田氏の家老の一人で，しだいに同輩の家老や主家の織田氏の勢力を奪い，西尾張一帯に支配権を確立した。ここにも，守護が守護代に，守護代がその家臣に倒されていく，下剋上の典型が見られる。

1551（天文20）年，父信秀に代わった信長は，一族の対立を克服して西尾張を支配下に入れ，1560（永禄3）年に東尾張に勢力を伸ばしていた駿河の**今川義元**（1519〜60）を，桶狭間に敗死させて尾張を統一するとともに，その勢威を高めて注目を浴びた。1567（永禄10）年に斎藤龍興を討って**美濃**を掌中にした信長は，天下統一の雄図を抱くに至り，越前にいた前将軍義輝の弟**足利義昭**（1537〜97）を招き，翌1568（永禄11）年，義昭を擁して入京した。

信長は義昭を将軍としたが，将軍と主従関係をもつことを拒否して，政治の実権をみずからがにぎり，新しい政治体制を築くことを示した。ここにはじめて，全国統一のきざしが見られたといえる。

解説 義昭は，信長に感謝して管領(かんれい)の地位につくように要請したが，信長はこれを拒否し，かえって義昭に条件をつきつけて，将軍を有名無実化した。そのため，以後義昭は信長に反抗的な態度をとるようになった。

信長は**濃尾平野**を勢力基盤とし，上京の後には，**近江**を基盤とした。濃尾平野は肥沃で商品流通も比較的さかんだった地域で，いわば中間地帯に属し，信長が戦国大名として成長するのにすぐれた地域であった。すなわち，畿内やその周辺地域のように国人の自立性が強い反面，荘園領主の圧力も強いというのでもなく，また，遠隔地帯のように古い身分関係が残っていて，農民の自立化が妨げられているというのでもなかった。しかも，中間地帯の中では京都に近く，信長はその点でも他の戦国大名に比べて有利だった。近江は近江商人の活躍でも知られるように，全国の商品流通の中心地として富裕であっただけでなく，畿内・東海・北陸の各地方を結ぶ，軍事的にも重要な地域であった。

信長は軍事的にもすぐれた能力をもっていた。尾張出身の国人的な土豪層を中核として**家臣団**を編制し，それをよく統制するとともに，征服地の領主に任命して，その地方の武士を支配させた。その軍隊の装備がきわだって優秀だったことも威力だった。

解説 信長の家臣団の中心は，柴田勝家・佐久間信盛(のぶもり)・丹羽長秀(にわながひで)・木下秀吉・前田利家(としいえ)・佐々成政(さっさなりまさ)など清洲以来の家臣で，かれらはいずれも尾張出身だった。尾張以外の出身者に，滝川一益(かずます)・明智光秀などがいる。領土を拡大すると，敵方の武将も家臣団に編入したが，旧斎藤氏家臣の美濃衆，旧六角氏家臣の近江衆は清洲以来の家臣に次いで重要な地位を占めた。兵力の中心は歩兵で，長槍隊・鉄砲隊がすぐれ，機動力に富んだ集団戦を行った。とくに，鉄砲・大砲など火器の優秀性はどの戦国大名も及ばなかった。上京して畿内を平定した信長は，**堺**を直轄領としたのみで，各地を諸将に分け与えたが，その堺は貿易港として，つまり火薬の原料の硝石や弾丸の原料の鉛の輸入港として，また鉄砲の生産地として知られる地であった。1573（天正1）年に浅井長政を滅ぼすと，信長は北近江を支配下に入れ，堺と並ぶ鉄砲の生産地だった坂田郡国友村を支配するようになった。こうして，多量の鉄砲を手に入れて，長篠の戦いで鉄

第6章　大名領国の展開と織豊政権

砲を有効に使い [→p.263]，また，鉄製軍艦によって石山本願寺を孤立させるなど，信長は戦術的にも次々と新機軸を考え出している。

信長には，次の時代の建設者としてよりも，前の時代の破壊者としての性格のほうが強い。とりわけ，寺院勢力に対しては断固とした態度をとり，関所の撤廃・楽市楽座令・検地などによって，**中世的権威・制度を否定**していった。もちろん，農民を直接掌握し，商品流通の展開をはかるための，時代に即応した政策を打ち出したものであったが，その事業の完成を見る前に信長は中途で倒れ，その事業は豊臣秀吉に受け継がれていった。

> **解説** 1571年の比叡山焼き打ちに際しては，一宇も残さず山中の伽藍を焼き払い，僧俗男女を問わず3000〜4000人を殺害，74年には伊勢長島の一向一揆2万人，翌75年には越前の一向一揆3万〜4万人を殺害したという。それは，寺院がなおも広大な寺領をもち，信長の統一事業に反抗的な姿勢を示したことによるが，信長が死後の世界を信じず，意志に従って合理的に決断を下すことができたためでもあった。

信長は商人を保護し，商品流通の展開をはかる政策を行ったが，当時の経済力は，まだ領国経済の域を脱することができなかった。そのために，信長とそれを受け継いだ秀吉による天下統一は，中央集権的な統一国家の成立という方向でなく，むしろ，経済単位としての領国は温存・助長し，その頂点に立つ覇者＝封建的な君主という方向になった。

統一の過程 1568（永禄11）年に上京して畿内を平定した信長は，翌年には伊勢を支配下に入れ，さらに翌1570（元亀1）年，越前の**朝倉義景**を討つべく兵を起こしたが，このとき，江北の**浅井長政**が突然離反し，阿波に逃れていた三好三人衆や大坂石山の**本願寺顕如**も，朝倉氏と結んで信長に反抗する態度を示した。しかし，信長は徳川家康の応援を得て，近江姉川に浅井・朝倉の連合軍を大破し，翌1571（元亀2）年には朝倉氏に呼応した比叡山延暦寺を焼き打ちした。この間，顕如の要請に応えて，近江や伊勢長島など各地で一向一揆が活発に動きまわった。また，甲斐の**武田信玄**も，浅井・朝倉などと連絡をとって上京の途につき，1572（元亀3）年，遠江の三方ヶ原で徳川・織田の連合軍を破った。信長は危機に直面したが，翌1573（天正1）年に信玄が病没して武田の軍が甲斐に戻ったため，信長は足利義昭を追放して，室町幕府を名実ともに滅亡させ，また，朝倉義景・浅井長政を自殺させた。翌年には伊勢長島の一向一揆を全滅させ，1575（天正3）年になると，信玄の子武

田勝頼の軍を三河の長篠で大敗させ、一向一揆を討って越前を平定した。

長篠の戦いの勝利で東方に余裕の生じた信長は、1576（天正4）年から近江安土に築城し、畿内・北陸・東海の各地をおさえることにした。しかし依然として、本願寺顕如を中心に、武田勝頼・**毛利輝元**などが信長に敵対したため、信長は1577（天正5）年に紀伊雑賀の一揆を討ち、石山を孤立させて、1580（天正8）年には顕如を石山から退去させ、前後して、柴田勝家に命じ、加賀の一向一揆も鎮圧させた。こうして、一向一揆鎮圧に成功した信長は、1582（天正10）年に武田勝頼を甲斐の天目山に滅ぼして中部地方を平定した。しかし、中国の毛利輝元を討つために播磨から備中の高松城に派遣していた羽柴秀吉の救援に赴こうとして、京都**本能寺**に泊まったところを、武将**明智光秀**の謀反にあい、天下統一事業のなかばにして、信長は自殺した。

No.101　織田信長の統一過程

年代	事象	説明
1548	斎藤道三の娘と結婚	
1551. 3	父信秀没	（尾張の支配権確立）
1555. 4	清洲に移る	
1560. 5	桶狭間の戦い	今川義元（42）を滅ぼす
1562. 1	徳川家康と会盟	（美濃経営に全力）
1567. 8	美濃岐阜に移る	斎藤龍興を滅ぼす
1568. 9	義昭を奉じて入京	（畿内経営）
1570. 6	姉川の戦い	浅井長政・朝倉義景を破る
7	石山合戦始まる	（反信長勢力が呼応）
1571. 9	比叡山焼き打ち	（一向一揆活発）
1573. 7	室町幕府滅亡	
8	朝倉・浅井氏滅亡	（越前平定）
1574. 9	伊勢一向一揆平定	
1575. 5	長篠の戦い	武田勝頼を破る
8	越前一向一揆平定	
1576. 1	近江安土に築城開始	
1577.10	中国征討開始	
1580. 8	石山合戦終了	
1582. 3	武田氏滅亡	（甲斐・信濃等を支配）
6	本能寺の変	明智光秀により自殺

信長を主語とするものは、すべて主語を省略してある。説明のカッコ書きは、そのころの一般情勢を示している。

整理 **信長の統一事業**　事項別に整理する。

尾張・美濃の平定……一族の紛争に勝って西尾張を統一し、1560年には**桶狭間の戦い**で**今川義元**を討って東海地方での地位を確立、三河の松平元康（**徳川家康**）と同盟、63年に清洲から小牧山に居城を移して美濃をうかがい、67年に斎藤龍興を滅ぼし、居城を美濃の稲葉山に移して**岐阜**と改めた。

京都進出……朝倉義景に頼っていた**足利義昭**を招き、妹婿の**浅井長政**の協力を得て、江南の六角義賢や三好三人衆の抵抗を排して、1568年に入洛。足利義栄や三好三人衆を阿波に追い、松永久秀を降伏させた。信長は**堺**を直

轄としたが，畿内の所領は家臣や国衆に与えて，旧勢力を懐柔した。義昭を将軍としたが，信長は管領就任を拒否している。

越前平定……1570年，**朝倉義景**を討つため越前に進撃，浅井長政の離反にあったが，浅井・朝倉連合軍を**姉川の戦い**で大破。義景は姻戚関係にある本願寺顕如とも結び，比叡山とも連絡した。71年には**比叡山焼き打ち**を敢行，73年に武田信玄が死ぬと，信長は兵を江北から越前に進め，義景を一乗谷で，長政を小谷城で，それぞれ自殺させた。浅井氏の旧領である江北の地は木下秀吉に与えられた。越前では，朝倉氏滅亡後，一向一揆が発生して門徒領国化したが，内部分裂が発生したために信長に乗ぜられ，75年に一揆は徹底的に討伐された。

石山合戦……本願寺11代法主**顕如**（光佐）は，1570年に本願寺の従来の方針に反して，門徒に一揆を促し，畿内・近江・伊勢・紀伊・三河・能登などの各地で一揆が発生，信長を悩ませた。近江の一揆は浅井氏の滅亡と前後して静まり，**伊勢長島**の一揆は74年に全滅させられた。75年には越前一揆も壊滅したため，いったん和議が成立したが，76年に信長は再び石山を包囲，顕如は**毛利輝元**に救援をたのみ，毛利水軍が食糧・武器を石山に運んだため，信長は鉄製軍艦をつくってこれを阻止，また77年に**紀伊雑賀**の一揆が征服されて，石山はますます補給困難となった。78年には同盟していた上杉謙信が死去，孤立した本願寺は80年に天皇の命を受けて信長と和議を結び，顕如は石山を退去した。子の教如（光寿）はなおも抗戦の姿勢を示したが，やがてこれも紀伊に退き，加賀は柴田勝家らによって席巻された。なお，顕如は秀吉のとき本願寺をつくるのを許されたが，教如は1602年に家康の許可を得て東本願寺をつくり，ここに，東西両本願寺が分立した。

武田氏との戦い……1572年，**武田信玄**は西上の途につき，**三方ヶ原の戦い**で徳川・織田の連合軍を破ったが，翌年死去，勝頼があとを継いだ。75年，**長篠の戦い**で，織田・徳川の連合軍は，鉄砲の威力で武田の騎馬軍に壊滅的な打撃を与え，石山開城後の82年，織田・徳川連合軍は甲斐に進撃，勝頼を甲府から追い，天目山で自殺させた。

毛利氏との戦い……1571年に元就が死去した後も，毛利輝元は追放された義昭を迎え入れ，本願寺と結んだ。信長は，77年に秀吉に播磨から，明智光秀に丹波から，中国攻略を行わせた。秀吉は播磨・但馬・因幡を平定し，82年に備中の高松城を包囲して信長の救援を待ったが，信長は**本能寺の変**で光秀により自殺させられ，秀吉は急いで軍を引き返した。

信長の政策　武力征服事業と並行して，信長は**農民支配の確立**と**商品流通の拡大**にも意を注いだ。

　信長は，たんに年貢高だけを把握するのでなく，収穫高を掌握し，それにもとづいて農民に年貢を課そうとして，領地を拡張すると，その地方に**検地**を行った。検地のやり方は，土地の耕作者や面積などをくわしく書いた**指出**を提出させるもので，寺院勢力などの反対もあったが，1568（永禄11）年に近江で行われたのをはじめとして，それらの反対をおしきり，各地で厳しく実施された。

　この検地によって，兵農分離が推進され，国人の家臣への編制や農民の直接掌握が行われるとともに，荘園領主などの旧勢力も排除された。また，**関所の撤廃**や**楽市・楽座令**によって，寺社と結ぶ座商人の特権を排し，新興商人が自由に商業活動を行えるようにした。1569（永禄12）年には実情にあった**撰銭令**を出して取引の円滑化をはかり，軍事的な必要もあって，**道路の整備**に意を用いた。信長が商品流通の拡大に努力したのは，それが統一政権をつくるために必要だからであったが，特定の商人と結んで商業の統制も行い，安土はもとより，堺・草津・大津などを直轄地とした。その結果，商品流通の発達によって都市はますます発展したが，かつての堺に見られたような自治都市は姿を消し，都市も信長の統制下に置かれていった。

> 1567年，信長は居城を岐阜に移すと，城下の加納の町を楽市とし，1576年に安土を居城と定めると，安土を楽市とした。これら楽市の町では誰でも自由に営業が行えたが，大山崎の油座や西京の麴座などを廃止して，どこでも自由に営業できるようにした。これが楽座である。しかし，信長は必ずしもすべての座を廃止したのではない。越前北庄の橘屋，尾張清洲の伊勢惣十郎，堺の**今井宗久**らの豪商にその地方の商人を統制させている。とくに，今井宗久は，早くから信長と接近し，堺が信長と戦火をまじえようとしたときに間に入って調停し，堺を屈服させた。

　信長にもっとも激しく抵抗した仏教勢力に信長は敵意を燃やし，きわめて厳しい態度でこれに対処した。仏教が世俗化して政治権力をもっていることを憎んだ信長は，その点で清潔だったキリスト教に好意を寄せ，仏教に対抗させる意図もあって，これを保護した。フロイスやオルガンチノらのイエズス会の宣教師が好遇を受け，キリスト教の布教を許され，京都に**南蛮寺**（教会），安土

織豊政権

にセミナリオを設立することを許されている。

(2) 豊臣政権

豊臣秀吉 尾張の農民の子に生まれた**豊臣秀吉**（1537?～98）は、早くから家を出、今川義元の臣松下嘉兵衛に仕えたが、再び放浪の旅に出て、1558（永禄1）年、**織田信長**の臣となった。信長に仕えた秀吉はしだいに頭角をあらわし、1573（天正1）年に浅井氏の旧領の北近江を与えられ、1577（天正5）年からは中国の毛利氏の攻略にあたった。1582（天正10）年、備中（岡山県）の高松城を包囲しているときに本能寺の変を知り、ただちに毛利輝元と和議を結ぶと、秀吉は急いで京都に引き返し、山城の**山崎の合戦**で明智光秀を破った。この結果、信長の諸将の中での秀吉の地位は圧倒的となったが、翌1583（天正11）年に滝川一益を伊勢に討ち、近江の**賤ヶ岳の戦い**で柴田勝家に大勝して居城の越前北庄で自殺させ、信長の3男信孝を滅ぼした。ここに信長の後継者としての地位を確立した秀吉は、**大坂城**の築城に着手したが、信長の次男信雄が東海道に勢力を伸ばした徳川家康と連合したため、1584（天正12）年、尾張の**小牧・長久手**に対陣し、決戦を行わないままに和を結んだ。翌1585（天正13）年になると、秀吉の地位はいちだんと強まり、内大臣、続いて**関白**の地位につき、秀吉の手によって天下統一の事業が推進され、新しい政権がつくられていくことが明らかになった。

解説 信長も内大臣から右大臣になり、関白になった秀吉と同じく、征夷大将軍にはならなかった。

豊臣政権の下において、農民の自立化の傾向や武士による荘園侵害など、中世に一貫して見られた幾多の事象は一応の決着がつけられ、ここに、新しい封建支配の体制が樹立されることになった。それは、検地・刀狩などによって**兵農分離**を推進し、**一地一作人の原則**をとって農民の耕作権を認めるかわりに、石高制によって完全に生産高を掌握し、それを基礎にして、大名や給人に所領を宛行い、大名たちを完全に支配する**大名知行制**への道を開くものであった。いいかえると、江戸幕藩体制はすでに豊臣政権のなかにその姿を見ることができるのである。しかし、豊臣政権が多くの弱さを持っていたことも否定できない。信長の方針を受け継いで、秀吉の関心と勢力伸張の方向は、もっぱら西に向けられていた。信長の命で中国攻略にあたった秀吉は、信長の死後、中央での覇権を確立すると、**四国**、ついで**九州**へと兵を進め、1590（天正18）年に

関東・奥州を平定して全国を統一すると,**朝鮮出兵**の準備を強行することになる。この西の地域は,もともと対外貿易の中心地であり,それに付随して商品流通もさかんなところで,また,大軍を動員するさいの兵站の必要からも,秀吉は**堺**や**博多**などの商業資本と密接に結びついていった。

> 堺の豪商で茶道で知られる**千利休**が,秀吉に近侍し,内政管理にあたったことは有名だが,肥後24万石の大名となり,朝鮮出兵の先鋒となった**小西行長**も堺の豪商の出身だった。堺の**津田宗及**・**今井宗久**,博多の**神谷宗湛**・**島井宗室**とも結びついた。

商品流通の機構を再編成して統制するには,特定の豪商と結びつくことも止むを得ないことであったが,豊臣政権が商業資本に依存することが大きかったことは,封建権力としては不健全なものとならざるを得なかった。農民出身から天下人にまで成り上がった秀吉に,譜代の臣がいるはずがない。しかも,子飼いの家臣が次々と大名となっていくと,戦乱の余燼が消え去らない当時において,豊臣氏は諸大名の中では,相対的な優位性しか示しえなくなってしまった。

> その相対的優位性でさえ,秀吉の晩年になるとゆらいでいる。豊臣政権にはさまざまな財源があったが,石高だけでみると,直轄領(**蔵入地**)は約200万石で,関東6国に転封された徳川家康の約260万石に比べても少なかった。しかも,全国統一がなって国内の征服戦が行われなくなると,諸将に配分するための土地に欠乏し,豊臣政権は蔵入地を割いて諸将に与えざるをえなくなり,蔵入地はしだいに減少する傾向を示した。

秀吉が,内大臣・関白,さらに太政大臣というように古代律令官職の最高位をきわめたのは,武士という枠をも超えて,みずからが国内の絶対的な権力者であることを誇示するためのものであったが,反面で,このような封建権力としての不健全性の結果でもあった。いわば,豊臣政権は秀吉個人の権威と才幹の上に成り立っていたともいえるのである。したがって,1598(慶長3)年に秀吉が死ぬと,ただちに諸将の反目・抗争を引き起こした。

全国の統一

1583(天正11)年に賤ヶ岳の戦いで信長の宿将柴田勝家を破って信長の後継者としての地位を確立した秀吉は,翌年,小牧・長久手の戦いで徳川家康と講和を結ぶと,翌1585(天正13)年には四国の長宗我部元親を攻めて,これを降伏させ,中部地方から中国・四国に及ぶ支配権を確立し,対外貿易にも活躍していた堺・博多の豪商と結び,瀬戸内海の

海賊衆も味方につけた。さらに，**関白**の地位について，**豊臣**の姓を称し，奉行の制もしだいに整えるなど，秀吉の権力は強化されていった。翌年，秀吉は太政大臣になっている。

そのころ，九州では島津義久（1533〜1611）が薩摩・大隅・日向を統一し，肥後・肥前を攻めて龍造寺隆信を殺し，大友義鎮（宗麟）と戦って，ほぼ九州を制圧する勢いを示しつつあった。秀吉は義久に大友氏と和を結ぶように勧告したがいれられなかったので，諸将を動員し，1587（天正15）年，大軍を発して九州に向かい，島津義久は降伏した。

> 解説　秀吉は，島津義久に薩摩・大隅・日向の3国を安堵し，肥後には佐々成政を封じた。また，焼失していた博多の復興計画を立て，筑前筥崎（はこざき）においてバテレン（宣教師）追放令を出している。

こうして，中部地方以西を完全に平定した秀吉は，同年，**北野の大茶会**を催した。また，**聚楽第**（じゅらくだい）を完成させてここに移り，翌1588（天正16）年，後陽成（ごようぜい）天皇を迎え，諸将を参列させて忠誠を誓わせた。この年，**刀狩令**が出されたことも注目される。

> 解説　北野の大茶会は，千利休・今井宗久・津田宗及らが運営にあたり，貴賤を問わず誰でも参加できるとした。しかし，この茶会に参加しない者は今後茶を立ててはならないともいい，ここにもすべてに権力を及ぼさないではおかない専制君主としての秀吉の顔がのぞいている。最初10日間の予定だったが，肥後で国一揆が起こったため1日で中止された。

ついで問題になるのは関東平定であった。秀吉は北条氏を戦わずに降伏させようとしたが，交渉はついに成功せず，1590（天正18）年，大軍を発して関東に下向し，支城を各個撃破して小田原城を包囲した。小田原に孤立した北条氏は，ここに降伏し，北条氏政（うじまさ）は自殺させられて，北条氏は滅亡した。

> 解説　北条氏政・氏直（うじなお）父子は，小牧・長久手の戦いが終わったころから戦争準備にとりかかっていたが，兵農分離が進行していない関東であったから，土着の侍や有力な百姓がそれぞれの支城に分散し，統一的に戦うことができなかった。そのため，秀吉の専門的な戦士団には敵対すべくもなかった。
>
> なお，北条氏の旧領には徳川家康が入り，家康の旧領が秀吉の腹心の部将に分け与えられた。

秀吉の小田原攻囲中に奥羽の伊達政宗が参陣し，北条氏を滅亡させると，秀

吉は奥羽に軍を進めて，1590（天正18）年9月に帰京した。ここに**全国統一**がなったのである。山崎の合戦から，わずか8年後のことであった。

秀吉の統一事業

出身……尾張中村の百姓木下弥右衛門の子。はじめ木下藤吉郎と称し，家を出て，松下嘉兵衛に仕えたのち，1558年に**織田信長**の臣となった。

墨俣城主……信長の下で頭角をあらわした秀吉は，信長の命で，1566年に美濃攻略のために長良川西岸に墨俣城を築城し，城主となった。美濃攻略後，但馬・近江などに転戦，信長の部将丹羽長秀・柴田勝家にちなんで羽柴姓を名乗った。

長浜城主……朝倉・浅井が信長と対立すると，浅井氏の家臣に内応させ，1573年，功により浅井氏の旧領を与えられ，長浜に築城した。近江経営は墨俣時代の臣**蜂須賀正勝**があたることが多く，秀吉は各地に転戦したが，**石田三成・藤堂高虎・脇坂安治・増田長盛・片桐且元**など江北出身のすぐれた奉行・部将を得た。

中国経営……1576年，中国攻略を命じられ，翌年には播磨に入って，丹波に入った明智光秀らとともに毛利氏を攻めた。**黒田孝高**を配下にし，姫路に入城，播磨を与えられ，但馬に入った。80年に光秀が京都に呼び返されたので，秀吉は因幡など山陰に兵を進め，翌年には鳥取城を落とし，備前から備中に入って，高松城を水攻めにした。翌82年，

No.102　豊臣秀吉の事業

年　代	事　　象	説　　明
1558	信長に仕える	
1566	墨俣に築城	美濃攻略の拠点
1573	北近江の領主となる	浅井氏滅亡による
1577	中国征討に赴く	
1582.5	備中高松城を包囲	
6	山崎の合戦	明智光秀を討つ 信長の後継者となる
7	山城検地	
1583.4	賤ヶ岳の戦い	柴田勝家を討つ
6	大坂城に移る	信長の後継者の地位確立
1584	小牧・長久手の戦い	徳川家康と和す
1585.3	紀伊平定	
7	四国征討	長宗我部元親を討つ
	関白	
1587	九州征討	島津氏を討つ
6	宣教師追放令	
1588.7	刀狩令	
1590	関東・奥羽征討	全国統一の完成
1591.8	身分統制令	
12	秀次を関白とする	
1592.3	人掃令	
4	朝鮮出兵開始	文禄の役（～93）
1593.8	秀頼誕生	
1595.7	秀次自殺	
1597.1	朝鮮再征開始	慶長の役（～98）
1598.8	秀吉死す（63）	

秀吉を主語とするものは，原則として主語を省略している。

本能寺の変を聞いた秀吉はただちに毛利輝元と和議を結び、京都に引き返した。

山崎の合戦……1582年6月2日、**本能寺の変**が発生、4日に秀吉は毛利氏と和を結び、13日に山崎で**明智光秀**を破った。光秀は敗走の途中に土民に殺された。27日、清洲に重臣が会合し、信長の次男信雄（のぶかつ）・3男信孝（のぶたか）の争いを利用し、秀吉は長男信忠の遺児**三法師**（さんぼうし）を後継者とし、近江を柴田勝家に譲って山城をとり、ただちに山城に**検地**を実施した。

賤ヶ岳の戦い……1582年末、秀吉は長浜の柴田勝家、岐阜の織田信孝を降し、翌83年には滝川一益を伊勢に攻め、**柴田勝家**が越前から南下してくると、近江賤ヶ岳でこれを破り、居城の越前北庄で自殺させた。このあと信孝を自殺させ、前田利家・佐々成政・滝川一益など旧重臣も相次いで秀吉の配下となり、毛利氏との交渉も円滑化して、秀吉が信長の実質的後継者であることが明らかとなった。この時点で**大坂城**の築城に着手した。

小牧・長久手の戦い……堺で本能寺の変を知った**徳川家康**はただちに引き揚げ、甲斐・信濃を攻略して、東海地方に大きな勢力を築いた。信雄は家康に接近し、家康の力に頼って秀吉を倒そうとしたため、1584年3月、秀吉は家康・信雄と尾張の小牧・長久手に対陣した。しかし、両者とも決戦の姿勢を示さず、12月に和が成立した。

全国統一……1585年、四国の**長宗我部元親**を降伏させた秀吉は、**関白**となって、豊臣姓を名乗り、翌年に**太政大臣**となった。翌87年、九州に出兵、**島津義久**を降伏させた。西を統一した秀吉は、この間に**聚楽第**を完成して後陽成天皇の行幸をみた。また、家康に北条氏との交渉にあたらせ、不調に終わったため、90年に小田原を包囲、**北条氏政**を自殺させて北条氏を滅ぼし、その旧領に家康を移した。秀吉は、**伊達政宗**を臣従させたあと、奥羽にまで兵を進め、ここに全国は平定された。

政権の構造

秀吉は朝廷の権威を利用し、関白・太政大臣の地位につくことによって全国の支配権を手に入れ、全国の大名を臣従させて、集権的にこれを統制した。「天下」を自称した秀吉は、全国の土地に対する支配権をもつことを誇示して、原則として全国の土地を蔵入地（直轄地）に入れ、あらためて大名に恩給するという形式をとった。その際、台所入無役・在京賄料など領知の指定を行い、知行地支配の方針についても具体的な指示を与えた。

豊臣政権の**財政的基礎**は、全国に散在した**蔵入地**で、約200万石ほどであった。また、京都・大坂・堺・伏見・大津・博多・長崎などの**重要都市を直轄地**とし、佐渡・生野・石見などの**主要な金・銀山も直轄地**として多大の収益をあ

げ，諸大名の銀山に課税した。

解説 蔵入地は畿内や筑前を中心に全国に散在し，中央政権としての豊臣氏は特定の領国をもたなかった。支配には武士・寺家・商人などを代官に任命して，貢租米の収納にあたらせ，蔵入地からの貢租米は給人の扶持米や戦時の兵粮米などにあてられた。

「金銀山野にわきいで」と太田牛一が記したように，このころ金銀は大量に産出を見るに至り，主要鉱山を直轄した豊臣氏は多量の金銀を蓄えた。金銀が軍費や論功行賞に用いられたことは，常備軍の成立と兵農分離を推進することにもなった。金銀は南蛮貿易のためにも大量に用いられ，また，秀吉は後藤徳乗らに命じ，金座・銀座をつくらせて貨幣を鋳造させた。天正大判・丁銀・天正通宝・文禄通宝がこれで，国内での貨幣鋳造は，10世紀に皇朝十二銭が廃絶して以来はじめてのことである。

豊臣政権は，急速に膨張して成立したことと，統一後も外征に追われたことがあって，行政組織は整備されないままに終わり，秀吉の独裁の色彩が強く，1591（天正19）年に養子の**豊臣秀次**（1568～95）に関白の職を譲ったのちも，秀吉は**太閤**（前関白の尊称）として政治の実権を握り続けた。関白になったころから，秀吉は浅野長政（1547～1611）・増田長盛（1545～1615）らの直臣を奉行に任命し，検地の実施をはじめとする行政を担当させていたが，のちに**石田三成**（1560～1600）・浅野長政・前田玄以（1539～1602）・増田長盛・長束正家（？～1600）の5人が**五奉行**として秀吉をたすけた。豊臣政権が大名の連合政権的な色彩をおびてくると，1595（文禄4）年，大坂城中壁書を制定して大名の私的縁組や同盟を禁止して大名の統制を強化しようとした。また，秀吉の晩年には，**徳川家康・前田利家**（1538～99）・**宇喜多秀家**（1572～1655）・**毛利輝元**（1553～1625）・**小早川隆景**（1533～97）を**五大老**に任命して政務を合議させ，有力大名の豊臣政権に対する協力をはかった。なお，隆景の死後は上杉景勝（1555～1623）がこれに代わった。

解説 秀吉は関白就任のころから行政に堪能な直臣を奉行に任命したが，一方で，秀吉の弟の豊臣秀長や千利休が政治に大きな発言力をもっていた。しかし，秀長の死んだ1591（天正19）年，三成・長盛らによって利休も自殺させられ，それを契機に，関東・奥羽の検地も急速に進んだ。同年，秀次に関白が譲られたが，93（文禄2）年に秀吉に秀頼が生まれると，秀吉と秀次の間に隙間が生じ，95（文禄4）年，秀次は自殺させられた。

秀吉は諸大名に秀頼への忠誠を誓わせ，三成をはじめとする中央官僚が集権体制の強化をはかったが，有力大名の中にはそれに反発する動きを示す者も出てきた。五大老の設置はその調整にあたるものでもあった。

兵農分離 　国内戦を戦い抜き，全国統一を達成するには，強力な武器，莫大な軍費の調達もさることながら，恒常的に戦闘に従事できる専門的な戦士団，つまり**常備軍を創出**することが必要であった。そのためには，地方に城塁を構えて領内の農民を支配している武士たちから在地性を奪い取り，秀吉を中心にして組織し直すことが必要であった。秀吉が**城割**を行って地方の小城を破壊し，論功行賞の名目でしきりに**転封**を行い，大名を配置がえしたのもこのためだった。これらはすでに戦国大名や織田信長のときにも行われていたが，秀吉はそれを全国的な規模で強制的に行った。

武士の在地性を奪うためには，中世の複雑な職＝得分の体系を否定し，独立自営農民を基調とする農業の小経営を確立したうえで，農民に耕作権を認めて農民身分を固定し，単一の貢租基準を定めて，農民から貢租を収納する体制をつくりあげなければならない。そのために，検地や刀狩が行われ，1591（天正19）年には**身分統制令**を発して，武士・農民・商人の身分の固定化をはかった。このような一連の政策によって**兵農分離**が推進された。

> **ポイント** 　検地・刀狩と，それにともなう兵農分離はきわめて重要。荘園制と比較して，よく理解しておくこと。

刀狩は，すでに信長の命を受けた柴田勝家が1576（天正4）年に加賀で実施し，秀吉もはじめは高野山・多武峰など寺院勢力に対して行っているが，1588（天正16）年には，**刀狩令**［→史料㉙, p.386］を発し，京都方広寺の大仏造立を口実として，農民に一切の武器の提出を命じた。それは農民一揆を防止し，農業に専念させることによって兵農分離を推進しようとするものだった。**検地**はもっと重要な意味をもっていた。秀吉による検地は，1580（天正8）年に播磨，続いて1582（天正10）年の山崎の合戦の直後に山城で行ったのをはじめとして，征服地を得るごとに実施して全国に及んでいった。はじめは信長と同じく指出を提出させるだけであったが，のちには検地奉行を派遣して厳重に実施させた。これを**太閤検地**または**天正の石直し**という。さらに1594（文禄3）年に度量衡を統一して再び大々的な検地を行ったので，これを**文禄検地**ともいう。太閤検地では，**度量衡が統一**されて石高制が採用され，貢租を**現物納**によ

る二公一民と定め，**検地帳**（水帳）が作成されて，検地帳に記載された高持百姓は耕作権を認められた。この結果，**荘園制は完全に解体**し，在地土豪の支配権は拒否され，複雑な職による貢租収取体系を単一化し，**一地一作人の原則が確立**することとなったが，反面，農民は長く土地に縛りつけられることにもなった。このような改革を実行するためには，農民の支持も必要だったので，農民の自治を認めて，これを利用し，村を行政の単位として**郷村制**を確立した。全国の土地が石高で表示されることになって，石高に従って大名に知行地を与えることが可能となり，**大名知行制**が確立したことも忘れられない［→史料㉔，p.385］。

> **太閤検地** 太閤検地は次のような内容をもっていた。①6尺3寸を1間とし，1間四方を1歩，30歩を1畝，10畝を1段，10段を1町とする。②貫高制を廃して石高制とする。枡は京枡を標準枡とする。③田畑を上・中・下・下々の4等級に分け，石盛（段当たり標準収穫高）を見積もる。④村ごとに石高を見積もり，二公一民の割合で農民に現物による貢租を賦課する。⑤村ごとに検地帳をつくり，一筆ごとに耕作農民を確定して貢租の責任者とする。
> ①では，律令で360歩＝1段だったものが300歩＝1段に変わっていることに注意。②現物で租税を収納するには石高制がいいのはわかりきっているが，戦国大名が貫高制をとったのは，一定した丈量制がなかったことが大きく関係している。統一政権としての豊臣政権は，標準枡を定め，全国に適用して，石高制とすることができたのである。④このためには，村を行政の末端として組織しなければならない。ここに，惣を利用して郷村制が成立する。また，貢租を単一にすることによって，荘園領主や在地土豪の中間搾取は一切排除され，武士はその主君（豊臣氏や大名）に臣従することなしに存続できなくなった。⑤この一地一作人の原則によって，在地土豪は離村して主君から知行を受ける武士となるか，農民化するかとなった。
> 九州や東北などの遠隔地では，土豪の主導する検地反対の一揆もさかんに起こっている。また，農民の側からは，耕作権が確保されるとともに，農民身分の固定と，自立した小農民の経営が一般化したことを意味したが，封建支配体制の中に組み込まれたことでもあった。いずれにせよ，この太閤検地によって中世と近世との画期が刻まれ，封建体制確立が基礎づけられた。

秀吉は，信長にならって**関所の撤廃**を大規模に行い，36町を1里と定めて一里塚を設けるなど，交通の発達に意を用い，**楽市・楽座**の制を各地に適用して，商品流通の発達を促した。城下町大坂に伏見・堺の商人を強制移住させてその

発展をはかり、堺・博多・長崎などの主要都市を直轄して商品流通の拠点をおさえるとともに、その統制にもあたった。また、城割によって商人の城下町集住が進行し、身分統制令によって身分の固定を行うなど、兵農分離にともなって**商農分離**も進行した。

朝鮮出兵　対外貿易の利益に大きな関心を寄せた秀吉は、しばしば**海賊禁止令**を令して、西国の諸大名に海賊を取り締まらせた。また、1587（天正15）年には**バテレン（宣教師）追放令**［→史料㉖, p.386］を出して、宣教師の国外退去を命じるとともに、**貿易の保護奨励**をはかった。さらに、蓄えた多大な銀を貿易に投資し、その利益の独占をはかった。

補足　秀吉のキリシタン対策　信長の方針を受け継ぎ、秀吉もはじめはキリスト教に好意を示していたが、1587年、九州征伐を行うと、長崎が教会領となっていること、キリスト教徒の信仰と結束が固くて統一の妨げとなるおそれのあること、日本人が奴隷として海外に売られていることなどを知り、大村純忠・大友宗麟というその保護者が死去したこともあって、突如、バテレン（宣教師）追放令を出し、長崎を直轄領とした。しかし、キリスト教と南蛮貿易を区別し、宣教師には20日以内に国外に退去するように命じたが、南蛮貿易は保護奨励することを打ち出したために実効を欠き、結局、キリスト教の布教も黙認する結果になった。そのころ、スペインも対日貿易に乗り出し、フランシスコ会・アウグスチノ会・ドミニコ会などの宣教師も来日して布教を行うようになった。かれらはイエズス会の方針に反して公然と布教に乗り出し、たまたま1596（慶長1）年にスペイン船**サン＝フェリペ号**が土佐の浦戸に漂着したとき、船員がスペインの海外進出を誇示したことがきっかけとなって、フランシスコ会の宣教師や日本人信者など26人が捕縛され、長崎で処刑された。これが日本における最初の殉教で、26聖人の殉教という。

南蛮貿易を保護し、その利益を独占しようとする一方で、さらに進んで、秀吉は近隣諸国に強圧的に**入貢**を要求した。1591（天正19）年、ポルトガルのインド**ゴア総督**と、スペインのマニラ（フィリピン）**ルソン総督**にいずれも入貢を促す国書を送り、1593（文禄2）年には**高山国（台湾）**に対して国書を送って入貢を求めた。この強圧的な要求はいずれも失敗に終わったが、このころ、堺・博多・長崎の豪商たちも、進んで朝鮮や東南アジアに船を出し、海外貿易に乗り出す者があらわれた。

解説　秀吉は、商船と海賊船を区別し、貿易を保護奨励するために、特定の商人や大名に**朱印状**を与え、海外渡航を許可したという。朱印状をもらっ

て海外渡航する船を朱印船という。朱印船制度は秀吉が創始したといわれるが，確証はない。

これらの国書には，いずれにも入貢しなければ征服すると書かれていたが，現実には，秀吉による武力侵略は，もっとも近い隣国，朝鮮に向けられることになった。秀吉は，1592（天正15）年以来，対馬の宗氏を通じてしばしば朝鮮に国書を送り，朝鮮国王に臣従の礼をとることを要求したが，交渉が思うように進まなかったので，全国統一のなった翌々年の1592（文禄1）年に**人掃令**を発して全国的な戸口調査を実施し，朝鮮出兵を発令して，肥前**名護屋**に築城した。

解説 秀吉にとって，朝鮮出兵は必ずしも一時的な思いつきとはいえない。すでに宣教師からおくられた世界地図を前にして信長と秀吉が世界征覇の夢を語りあっているし，1587年に宣教師追放令を出す前夜，秀吉は宣教師クエリョと南蛮船船長に会い，朝鮮出兵の際の援助を要求している。同年には**宗義調**に朝鮮国王の来朝を要請させ，89年には再び**宗義智**に同様の要求を行った。90年には朝鮮使節が来朝したが，秀吉はそれを帰服と思いこみ，朝鮮を通り道にして明に攻めこもうとした。

全国統一がなって征服地の獲得が望めなくなると，途端に秀吉は土地の不足に悩み，「闕所ができ次第，所領を与える」というような朱印状を出すようになっていた。あくことを知らない大名の土地獲得欲を満足させ，そらすためにも，秀吉には海外進出を行わねばならない事情があったといえる。それはまた，秀吉が完全に大名を抑えきっていないことをも示していた。

1592（文禄1）年，秀吉は名護屋に本陣を移し，**小西行長・加藤清正**をはじめとする諸将に朝鮮出兵を命じた。日本軍はたちまち首府漢城（現在のソウル）を落とし，小西軍は平壌に，加藤軍は会寧にまで進んだが，朝鮮人民は義勇軍（義兵）を組織して抵抗し，水軍は制海権を失い，明の援軍が出動するに及んで，翌1593（文禄2）年に講和が成立した。これを**文禄の役**という。

参考 文禄の役 日本軍は小西行長・加藤清正・宇喜多秀家・小早川隆景・黒田長政・毛利輝元・島津義弘らの陸軍16万，九鬼嘉隆・藤堂高虎らの水軍約1万で，92年4月12日に釜山に上陸，5月3日に加藤・小西は漢城入城，6月15日に小西は平壌入城，7月22日には加藤が会寧で朝鮮の2王子を捕虜とした。朝鮮官軍の抵抗は弱まったが，人民が各地で**義兵**を組織して挙兵し，日本軍

第6章　大名領国の展開と織豊政権　　285

No.103 文禄の役

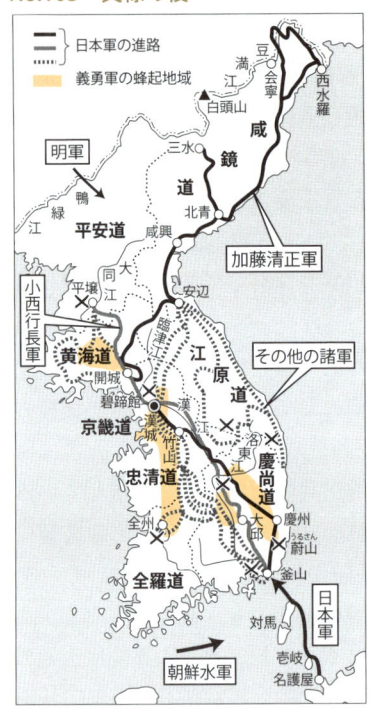

を悩ませるに至り，しだいに抵抗を強めた。5月以降は，**李舜臣**の指揮する水軍が各地で日本水軍を撃破して，7月までにほぼ制海権をにぎっていた。12月になると，さらに明軍5万が朝鮮の援軍として加わり，翌93年1月に平壌で小西軍を大破して漢城に迫り，郊外の**碧蹄館**で小早川のために大敗をこうむった。この前から，小西行長は，加藤清正の反対を無視して和平交渉に入り，明の**沈惟敬**と相談し，秀吉の和平条件を変更してまで講和を実現しようとした。8月，秀吉は一部を残して諸将に内地帰還を命じ，みずからも名護屋から大坂に帰った。

1596（慶長1）年，明使楊方亨・沈惟敬，朝鮮使黄慎らが来日し，秀吉は大坂城で会見したが，明の国書が「汝を封じて日本国王と為す」というものだったので，秀吉は激怒し，翌1597（慶長2）年，朝鮮再征を令した。しかし，苦戦が続き，翌1598（慶長3）年に秀吉が死んだために，諸将は兵を引き揚げ，朝鮮出兵は失敗のまま終わった。これを**慶長の役**という。

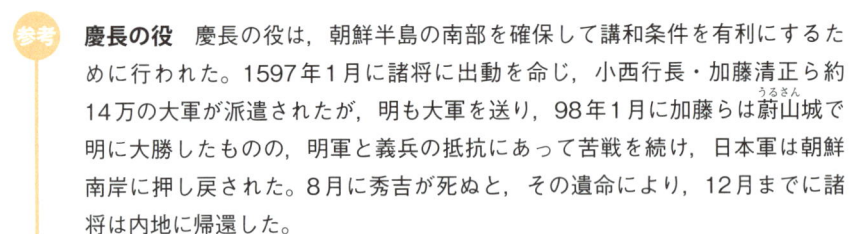

> **参考　慶長の役**　慶長の役は，朝鮮半島の南部を確保して講和条件を有利にするために行われた。1597年1月に諸将に出動を命じ，小西行長・加藤清正ら約14万の大軍が派遣されたが，明も大軍を送り，98年1月に加藤らは蔚山城で明に大勝したものの，明軍と義兵の抵抗にあって苦戦を続け，日本軍は朝鮮南岸に押し戻された。8月に秀吉が死ぬと，その遺命により，12月までに諸将は内地に帰還した。

この間，秀吉には嗣子**豊臣秀頼**（1593〜1615）が誕生した。また，1594（文禄3）年には**伏見城**が完成，すでに関白を譲っていた秀次を1595年に自殺させ，1598（慶長3）年には山城醍醐の花見を楽しむなど，豊臣氏はその栄華を続けるかにみえた。しかし，その反面で，朝鮮出兵を行うなかで，加藤清正と小西行長の対立に見られたような武将派と文吏派の諸将の対立が激化し，秀吉は五

大老を設置して五大老や諸大名に秀頼への忠誠を誓わせた。それでも，朝鮮出兵は，国内の統治政策や大名統制政策の完成を遅らせる結果となり，豊臣政権の基礎がゆらぎ，豊臣氏の滅亡を早める原因となった。

解説 朝鮮出兵で得たものといえば，諸大名が朝鮮から陶工を連れ帰り，その結果，各地で**製陶業**がさかんになったこと [→p.289] と，**朝鮮活字**が伝えられ，活版印刷が行われたことくらいであった。

(3) 桃山文化

文化の性格　織田信長の居城**安土城**，豊臣秀吉の晩年の居城**伏見城**にちなんで，文化史のうえで，織豊政権の時代を**安土桃山時代**と呼び，その文化を**安土桃山文化**，または，その中心となった秀吉の時代をとって**桃山文化**という。

　秀吉によって全国統一が達成されたこの時代には，秀吉の絶大な権力と財力に裏打ちされ，秀吉を頂点とする**新興**の**大名**や秀吉の統一事業をたすけた**豪商**たちの，因循にとらわれずに**現実的**で，何ごとに対しても**積極的**な気風を受けて，きわめて**豪壮で雄大・絢爛**とした**文化**が生み出されることになった。**城郭建築**や**障壁画**（障屏画）はもっともよくそれを示す。

　こうして，文化はますます仏教の影響を脱し，現実重視的な傾向を強めていった。また民衆のエネルギーは，秀吉や地方の大名の下に吸収されていったが，大名の保護を受けて地方文化も発達し，多くの**地方画家**の輩出や各地の**製陶業**の発達をみることとなった。強固な封建支配の中に組み込まれるようになったとはいえ，文化の中に民衆の生活も息づいていた。踊りをはじめとする**民間芸能**はますます活発となり，この時代には，民衆の生活や風俗を描く**風俗画**もつくられるようになった。

美術　城は要害の地につくられた**山城**から，平野の政治・経済・交通の中心地につくられる**平城**に変わりつつあったが，この時代になると，集団戦が一般化し，鉄砲・大砲などの火器の使用が普及したため，平城風の居館と山城の軍事性を総合して，**平山城**といわれる大規模な城郭がつくられるようになった。城郭は周囲に水をたたえた堀をめぐらし，巨石を積んで石垣をつくり，三の丸・二の丸・本丸と防備を厳重にし，本丸には**天守閣**を築いて，領内にその威勢を誇示した。このような城郭としては，信長の築いた**安土城**を最初とし，秀吉の**大坂城・伏見城**など多くつくられたが，ほとんどがその主人と

第6章　大名領国の展開と織豊政権　　287

運命をともにし，残っているものは少ない。17世紀初めにかけての城郭としては，尾張犬山城・信濃松本城・近江彦根城・播磨姫路（白鷺）城などがある。秀吉のつくった**聚楽第**は，大坂城・伏見城におとらぬ豪華なもので，その遺構といわれる**大徳寺唐門**や**西本願寺飛雲閣**，伏見城の遺構といわれる**西本願寺書院**や**同唐門**に，豪華・絢爛とした桃山建築の遺風をうかがうことができる。

　城郭・殿館建築の盛行にともない，その壁，天井や襖・屏風などを飾るために，豪華な**障屏画**が描かれることになった。題材にも仏教を素材とするものは少なくなり，草花・動物などを画面いっぱいに生き生きと描くことが好まれ，水墨画も描かれたが，**濃絵**といわれる，画面全体に金箔をしき，群青や緑青などの岩絵具を盛り上げて，量感や力強さを訴えてくるものが多くなった。画家では狩野派が隆盛で，元信の孫**狩野永徳**（1543〜90）やその養子**狩野山楽**（1559〜1635）は，信長・秀吉に仕え，安土城・大坂城・伏見城などの障屏画に健筆をふるった。永徳の作「**唐獅子図屏風**」は名高い。ほかにも，雪舟の系統を引く**長谷川等伯**（1539〜1610），狩野派に学んだ**海北友松**（1533〜1615）らが活躍した。等伯の「**松林図屏風**」「**桜楓図**」などは傑作である。題材には，民衆の生活や風俗も好んで用いられた。これが**風俗画**で，「**洛中洛外図屏風**」「**職人尽図屏風**」などが多く描かれた。

解説　ヨーロッパ文化の流入にともない，ヨーロッパの絵画や洋画の技法も伝えられ，岩絵具を使って洋画風の絵が描かれた。宣教師やポルトガル商人の風俗を描いたものも多く，これを「**南蛮屏風**」と呼んでいる。

　仏教の衰退にともない，仏像彫刻にすぐれたものがあらわれなくなり，かわって，城郭・殿館の欄間や破風を飾るための**装飾彫刻**が発達した。建築の金具や刀剣の装飾のために金銀を豊富に使った立派なものがつくられ，漆器では京都**高台寺の蒔絵**が有名である。茶道が流行した結果，茶器の需要が高まり，朝鮮出兵で朝鮮陶工が多く来日したこともあって，京都の楽焼，肥前の**有田焼**，薩摩の薩摩焼，美濃の志野焼など，各地に**製陶業**が起こったことも注目される。京都西陣では，**金襴・緞子**など高級絹織物がつくられた。

整理　**桃山美術**　城郭建築と障屏画が中心だった。
　　建築……**城郭・殿館**の建築が，封建権力者の威勢を示してさかんだった。信長の**安土城**，秀吉の**大坂城・伏見城・聚楽第**などがある。**大徳寺唐門**や**西本願寺飛雲閣**は聚楽第の，**西本願寺の唐門・書院**は伏見城の遺構といわれる。やや遅れるが，犬山城・丸岡城・松本城・彦根城・**姫路城**・松江城な

288　近　世（前期）

どが当時の城郭の建築様式をしのばせる。本丸に数層の**天守閣**をもち，巨大な石垣と深い堀で幾重にもかこまれた**平山城**は，威勢を示すとともに，迷路的な構造ももち，攻めるに難いものだった。

絵画……城郭建築の隆盛にともない，天井・壁や襖・屛風を飾る**障屛画**がさかんになった。**画家**では，とくに**狩野派**が隆盛で，**永徳・山楽**・山雪が活躍し，ほかに**長谷川等伯・海北友松**・雲谷等顔らがいた。永徳は元信の孫で，信長・秀吉の保護を受け，安土城・大坂城・伏見城・聚楽第などに障屛画を描き，「洛中洛外図屛風」（上杉家蔵）・「紅白梅図襖絵」（聚光院）・「**唐獅子図屛風**」（御物）などが残り，その作風はたくましく，画面いっぱいに対象を描いた。山楽はもと浅井氏の臣で，秀吉の保護を受けて永徳の養子となり，大坂城で筆をとった。豊臣氏の滅亡の結果，晩年は不遇であったが，かえって多くの作品を残す結果ともなり，大覚寺の「松に鷹図」「**牡丹図**」「**白梅図**」の襖絵などが残っている。その作風は永徳のようなたくましさはなく，力強くはあるがおだやかである。等伯は能登出身で，はじめ信春と号し，水墨画を学び，のち狩野派にも学んだ。等顔と雪舟正系を争い，千利休と近く，中央でも活躍した。「千利休像」（大徳寺）・「**桜楓図**」（智積院）・「**松林図屛風**」（東京国立博物館）・「枯木猿猴図」（同）などがあり，水墨画を完全に日本化した。友松も浅井氏の臣だったといわれ，壮年になってから画家となり，晩年には後陽成天皇に近づき，桂離宮や内裏で筆をとった。作品に「山水図屛風」（東京国立博物館）などがあり，作風は丸みをおび，洒脱な風があった。

画法では，水墨画もさかんだったが，城郭を飾るにふさわしい**濃絵**（**金碧濃彩画**）がつくられたことが注目される。**画材**では，**花鳥**や**龍虎**などがもてはやされ，**風俗画**がさかんとなった。風俗画はのちの浮世絵の源流となったもので，**洛中洛外図**・遊楽図・祭礼図・婦女図・**職人尽図**などが数多く描かれ，南蛮人の風俗を描く**南蛮図**もつくられた。南蛮図には，岩絵具を使って洋画の技法を模し，ヨーロッパの風俗を描いたものもあった。

彫刻……仏像彫刻はすたれ，建築内部を飾る**装飾彫刻**がさかんとなった。

工芸……建築金具や刀剣装飾などで，**金工**が繊細・華麗に発達し，蒔絵でも**高台寺蒔絵**などの名作が残された。工芸では**陶器**がとくに注目され，**薩摩焼**（島津氏）・**有田焼**（鍋島氏）・**上野焼**（細川氏）・平戸焼（松浦氏）・萩焼（毛利氏）・高取焼（黒田氏）をはじめ，唐津焼・**楽焼**や志野焼・織部焼などが起こった。

芸能　桃山時代には，信長・秀吉をはじめ大名や豪商たちが愛好したために，茶の湯がめざましい発達をみせ，**茶道**が完成された。茶人とし

ては、武野紹鷗の流れをくむ今井宗久（1520〜93）・津田宗及（？〜1591）・千利休（宗易，1522〜91）などの堺の豪商たちが有名で、秀吉の部将の古田織部（1544？〜1615）・細川三斎（忠興，1563〜1645）らも知られていた。秀吉はしばしば茶会を催し、1587（天正15）年には**北野の大茶会**を開いて貴賤を問わずに参加を許し、黄金の茶室をつくって、小田原攻めや名護屋にもこれをもちこんだ。しかし、利休は禅の精神を支柱にして「わび」「さび」を根本に、質素な草庵の茶を理想とする**侘茶**を完成して、茶道を大成した。

解説　この時代に茶の湯がもてはやされたのは、武士と町人の社交の場として、また、軍事上の機密を相談したり、情報交換を行う場として利用されたからであった。博多の豪商神谷宗湛・島井宗室らも茶をよくし、宗湛が茶を学んだのは、秀吉に近づく意図があってのことと思われる。
　　　黒田孝高は、茶は勇士のするものでないと嫌っていたが、あるとき秀吉に茶会に誘われ、しぶしぶ出席すると、秀吉が単身出かけてきて、茶は出さずに密談を行い、これが茶の利益だといったので孝高は感嘆し、以後茶をたしなむようになったという。

信長・秀吉や大名たちはみずから能をたしなんだので、能楽も流行したが、武士の式楽と化してしだいに形式的になり、民衆と遊離した。このころ、琉球から伝えられた蛇皮線（三線）が改良されて**三味線**となり、民衆の間には、これを伴奏にして語る**浄瑠璃**が流行し、盆踊りもますますさかんとなった。また、堺の商人高三隆達が小歌に節をつけた**隆達節**をつくり、都市や農村に流行していった。

解説　この時代に、衣服は大きく変化し、男女とも**小袖**を常用するようになった。礼服としては、男子は肩衣袴（裃）を、女子は袴をつけずに打掛を着るようになった。

コラム

ヨーロッパ人の見た日本
──フロイス『日欧文化比較』より──

「われわれの間ではどんな場合でも僧が王侯や領主の伝令となって行くことはない。日本の殿は坊主らを伝令としてまた戦争の武略として使う。」

「われわれの教団の間では，後継者は相続によらず，選挙および徳の高さによる。坊主らの間では上長の者が，子供の時から後継者として育ててきた弟子が相続する。」

「われわれはすべてのものを手を使って食べる。日本人は男も女も，子供の時から二本の棒を用いて食べる。」

「われわれは書物から多くの技術や知識を学ぶ。かれらは全生涯を文字の意味を理解することに費やす。」

「通常われわれの間では騎士の音楽は下賤の人の音楽よりも美しい。日本では，騎士の音楽は聴くに堪えない。水夫の音楽がわれわれを楽しませてくれる。」

第7章 幕藩体制の成立

1 幕藩体制

(1) 江戸幕府の成立

徳川家康 1598(慶長3)年に秀吉が死ぬと，諸大名の中での**徳川家康**(1542〜1616)の地位が急速に高まっていった。

　徳川氏はもと**松平氏**と称し，**三河**(愛知県)の地方豪族で，多くの一族・庶家を統制し，国人を被官化しながら戦国大名への道を歩んでいたが，家康の祖父清康のころから，尾張の織田氏の台頭によって西への進出の途を閉ざされ，家康が幼少のころは三河の領国化もできず，駿河の今川氏と尾張の織田氏にはさまれて，家康は両氏に人質になって送られた。1560(永禄3)年に桶狭間の戦いで今川義元が敗死した結果，家康はようやく居城**岡崎**に帰り，織田信長と同盟し，国内の一向一揆を平定して三河を統一した。

　三河一揆平定を通じて，家康は**家臣団**を編制し，**譜代**の家臣を中心とする権力機構をつくりあげた。1566(永禄9)年からは徳川の姓を称し，1568(永禄11)年の信長の上京と前後して遠江の経略に乗り出し，遠江を平定した1570(元亀1)年，居城を浜松に移した。1572(元亀3)年に三方ヶ原で武田氏と戦って大敗したが，1575(天正3)年に長篠の戦いで信長とともに武田氏を破り，武田氏滅亡後，信長より**駿河**を与えられた。1582(天正10)年，本能寺の変が起こると，家康は急いで帰り，武田氏旧領の**甲斐・南信濃**を攻めてこれを支配下に入れた。1584(天正12)年に信長の次男信雄をたすけて秀吉と小牧・長久手に戦い，和議を結んでから，家康もしだいに秀吉に臣従するようになった。1586(天正14)年，家康は浜松から**駿府**(静岡)に居城を移したが，1590(天正18)年に北条氏が滅亡すると，その旧領の武蔵・相模・伊豆・上総・下総・上野の6カ国に転封を命じられ，江戸に移った。

解説 家康の関東入部により，徳川家臣団の兵農分離は一挙に達成された。関東6国260万石のうち，100万石以上を直轄領とし，三河武士を中心に一門・譜代42名を万石以上の内大名とした。これら内大名が関ヶ原の

戦いの後，譜代大名となる。検地施行の際も関東の実情に即して行い，西へ発展した豊臣政権に比べ，東へ発展した徳川氏が相対的に後進的な性格をもっていたことは否定できない。

重点 秀吉と家康の置かれていた位置を考えて，両者の政権の特質を対比して考えてみよう。

　秀吉と主従関係を結んだとはいえ，家康の地位は他の大名と異なって同盟に近いものであった。朝鮮出兵には海外派兵を免れて余裕を蓄え，秀吉の死後，五大老の中心となって朝鮮撤兵を指揮した。秀吉の死によって激化した諸大名の対立を利用して家康は勢力の拡大をはかり，1599（慶長4）年に前田利家が死ぬと，勢力の均衡が崩れて，家康の比重はますます強まった。

覇権の確立　朝鮮出兵のころから，秀吉の部将の間には対立が発生していた。一方が五奉行衆で，石田三成・小西行長らを中心として**文吏派**といわれ，秀吉の下で専門的な行政官僚となり，統一政策を推進するために大名の領国経営にも介入しようとしていた人々だった。他方は加藤清正・福島正則らを中心とする諸大名で，秀吉の武力征服の先頭に立った人々で**武将派**といわれ，国内平定後に五奉行などが重用されるのに不満をもち，大名の自主性を強く主張していた。

参考　**武将派と文吏派**　加藤・福島・蜂須賀正勝らは，全国統一で先頭に立って戦ったにもかかわらず，統一達成後，辺境に領土を与えられ，豊臣政権の中枢が五奉行などの官僚ににぎられていくのをにがにがしく思っていた。朝鮮出兵のとき，かれらは主戦論をとなえ，文吏派の講和推進に反対し，秀吉の死後は，秀吉の正妻北政所（寧々）の指示で徳川家康に近づいた。文吏派は秀吉の嗣子秀頼をかつぎ，しだいに文吏派と家康との対立へと変わっていった。

　1600（慶長5）年，上杉景勝を攻めるために家康が会津に向かって東上すると，**石田三成**は家康討伐の軍を起こした。家康に従った軍勢には東国の大名が多かったので**東軍**といい，三成に従った軍勢には西国の軍勢が多かったので**西軍**という。両軍は美濃の**関ヶ原**に対陣し，東軍の勝利に終わった。この結果，三成・行長らは殺され，西軍についた大名が多くとりつぶされた。

補足　**関ヶ原の戦い**　会津征伐のとき，すでに細川・浅野・黒田・加藤・藤堂・蜂須賀・池田などの武将派の豊臣取立大名や，東海・東山・北陸の大名たちが家康の指揮下に入っていた。西軍は五大老の一人だった毛利輝元を盟主とし，

前田・増田・長束の各奉行のほか，安国寺・小早川・宇喜多・脇坂・長宗我部・小西・鍋島・島津など，文吏派の部将や西国の大名が中心で，東軍10万4000，西軍8万5000だった。全国の大名が東西に分かれて戦ったのだが，西軍には形勢をみて動かない大名もいて，実戦力では西軍は東軍の半分で，のちに小早川秀秋が東軍に寝返ったから，戦闘は1日のうちに東軍の勝ちに決した。戦後，石田三成・小西行長を斬罪，宇喜多秀家を八丈島に流罪にし，87の大名をとりつぶし，3大名を減封にした。

　関ヶ原の戦いの後，家康は西軍方の大名の**改易**（とりつぶし）・**減封**を大々的に行って，620万石を没収し，東海・東山・近畿東部は直轄領とするか徳川一門や譜代の臣に与え，中国・四国・九州・東北などに豊臣大名や旧族大名を配置した。この結果，それまで内大名だった一門・譜代も独立の大名となり，68の**親藩**（一門）・**譜代大名**が創出された。また，関東に直轄領が激増したのをはじめ，木曽の山林，佐渡の金山や重要都市を直轄とした。徳川氏との親疎関係によって大名を配置がえし，大名に対する支配権を確立した家康は，1603（慶長8）年，右大臣**征夷大将軍**の職につき，江戸に幕府を開いた。これが**江戸幕府**である。この結果，豊臣氏は摂津・河内・和泉65万石の大名にすぎなくなった。さらに，2年後の1605（慶長10）年には家康は将軍職を子の**徳川秀忠**（1579～1632）に譲って，将軍職は徳川氏によって世襲されることを全国に示した。その後も，家康は**駿府**に住んだが，**大御所**（前将軍への尊称）と呼ばれて政治の実権をにぎった。

> **解説**　江戸の将軍秀忠は幕府組織の整備に，駿府の大御所家康は大名の統治にあたったといえる。秀忠の政治は，年寄といわれた**本多正信**・**大久保忠隣**・酒井忠世らの譜代大名の補佐によって行われ，家康の政治は，**本多正純**・成瀬正成らの譜代大名，松平正綱・板倉重昌らの**近習出頭人**（側用人）のほか，**金地院崇伝**・**天海**らの僧侶，**林羅山**らの儒者，**茶屋四郎次郎**・後藤庄三郎・**角倉了以**らの豪商，大久保長安・彦坂元正らの**代官頭**，イギリス人**ウィリアム＝アダムス**・オランダ人**ヤン＝ヨーステン**らの外国人など，多彩な側近をかかえ，これを政治顧問として推進された。

　畿内の一大名になったとはいえ，難攻不落を誇る大坂城には**豊臣秀頼**がおり，莫大な金銀が蓄積され，豊臣氏に心を寄せる大名もいた。徳川政権の安泰のためには豊臣氏を滅亡させる必要があると感じていた家康は，財貨の消耗をねらってしきりに寺社造営をすすめ，秀吉の建立した方広寺大仏殿の再建にあたっ

ては、鐘銘に難癖をつけて開眼供養を中止させ、さらに難題をおしつけて秀頼に挙兵させて、家康は大坂城を包囲した。1614（慶長19）年のことで、これを**大坂冬の陣**という。いったん講和したが、翌1615（元和1）年、家康は再び大坂城を攻め、秀頼は生母淀君とともに自殺し、豊臣氏はここに滅亡した。これを**大坂夏の陣**という。こうして、政権は完全に徳川氏の手中に帰した。

> **補足 大坂の陣** 1614年、方広寺大仏殿ができると、家康は、鐘銘の「国家安康、君臣豊楽」の句をとらえ、家康を呪咀し豊臣氏の繁栄を祈るものだとし、その意図がないならば、大坂城を明け渡すか、秀頼または淀君を江戸に送るかするように要求した。挙兵を決意した秀頼は、豊臣恩顧の大名に呼びかけたが、参陣する大名はなく、関ヶ原の戦いで主家を失った牢（浪）人が集まっただけだった。家康は大坂城を包囲したが守りは固く、外堀を埋める条件で講和を結び、外堀のみならず内堀も埋めて再び豊臣氏を挑発し、翌1615年に大坂夏の陣となった。しかし、裸城となった大坂城はもはや守るすべもなく、やがて城は落ち、秀頼は淀君とともに自殺して果て、豊臣氏は滅亡した。

豊臣氏が滅亡し、徳川氏に対抗する勢力がなくなって、ここに応仁の乱以来の戦乱は完全に幕を閉じたといえる。これを**元和偃武**といっている。大坂の陣が終わると、幕府はただちに**一国一城令**、続いて**武家諸法度**を発布して、大名に対する統制を強化し、また、**禁中並公家諸法度**を出して、朝廷に対する幕府の関係を確立した。

> **解説** 豊臣氏滅亡に安心したのか、大坂の陣の翌1616年、家康は死去した。遺骸は久能山（静岡県）に埋葬され、東照大権現の号をとなえ、のち日光（栃木県）に埋葬された。これが**東照宮**で、3代家光のとき大造替が行われた。家康はのち「東照神君」として神格化され、その政策・制度は「祖法」といわれて絶対視された。

体制の整備 関ヶ原の戦いの後も、幕法違反や世嗣断絶を理由に改易・転封・減封される大名が相次ぎ、とくに大坂の陣の後は、大坂が直轄領となり、畿内やその周辺・中国地方などに親藩・譜代大名が配置され、いわゆる紀伊・尾張・水戸の**御三家**も確立された。1623（元和9）年、秀忠は子の**徳川家光**（1604〜51）に将軍職を譲り、1632（寛永9）年に死んだが、家光の代になってもこの政策は引き継がれて、中国・四国・九州にも親藩・譜代が配置され、諸大名は完全に徳川氏の統制に服するに至った。

> **解説** 改易された大名には**外様大名**（豊臣大名と旧族大名）が多く、小早川秀

第7章　幕藩体制の成立　295

No.104　徳川氏系図

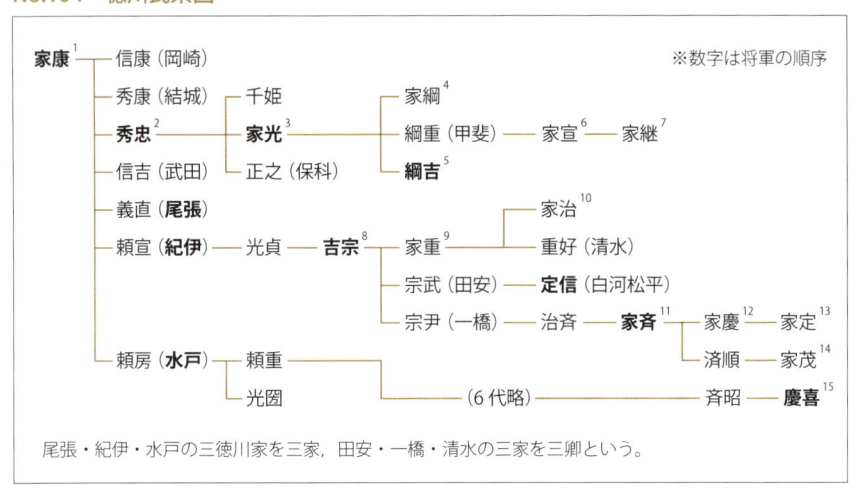

```
家康¹ ─┬─ 信康（岡崎）
       ├─ 秀康（結城） ─ 千姫
       ├─ 秀忠² ─┬─ 家光³ ─┬─ 家綱⁴
       │         │         ├─ 綱重（甲斐） ─ 家宣⁶ ─ 家継⁷
       │         └─ 正之（保科）└─ 綱吉⁵
       ├─ 信吉（武田）
       ├─ 義直（尾張）
       ├─ 頼宣（紀伊） ─ 光貞 ─ 吉宗⁸ ─┬─ 家重⁹ ─┬─ 家治¹⁰
       │                               │         └─ 重好（清水）
       │                               ├─ 宗武（田安） ─ 定信（白河松平）
       │                               └─ 宗尹（一橋） ─ 治斉 ─ 家斉¹¹ ─┬─ 家慶¹² ─ 家定¹³
       │                                                                 └─ 済順 ─ 家茂¹⁴
       └─ 頼房（水戸） ─┬─ 頼重
                       └─ 光圀 ──────（6代略）────── 斉昭 ─ 慶喜¹⁵
```
※数字は将軍の順序

尾張・紀伊・水戸の三徳川家を三家，田安・一橋・清水の三家を三卿という。

秋・堀忠俊・有馬晴信・福島正則・最上義俊・蒲生氏郷・池田政綱などがあった。また，一門の松平忠輝・忠直や譜代の大久保忠隣・本多正純なども改易された。外様大名を多くとりつぶしたことは，反徳川の機運が起こるのを未然に防ごうという意図を露骨に示している。また，藤堂高虎は伊予今治より伊勢津へ，加藤嘉明は伊予松山から陸奥会津若松へ，細川忠利は豊前小倉から肥後熊本へ転封された。

　3代将軍家光が治政にあたるようになると，家光に近侍していた門閥の譜代大名が幕政の中心となり，**幕府の政治組織も急速に整備**されていった。1635（寛永12）年には武家諸法度を改定して**参勤交代**を制度化し，前後して大名の軍役負担を明文化した。また，一連の**寛永の鎖国令**を出して1639（寛永16）年に**鎖国を完成**し，大名や豪商と外国との関係を断ち切り，参勤交代ともあいまち，大名を貨幣経済にまきこませて出費を強い，豪商は大名貸を行って幕藩体制に寄生することを余儀なくされた。同時に，寛永通宝を大量に鋳造して**貨幣制度の統一**を達成し，1641（寛永18）年以来の飢饉を利用して**農民支配を強化**し，1643（寛永20）年の**田畑永代売買禁止令**や1649（慶安2）年の検地条例によって，独立小農民を確立し，その維持・増大に政策の基調が置かれることになった。

> **盲点** これら一連の法令は，1640年代に幕藩体制が確立・整備されたことをよく示している。

(2) 幕藩体制の構造

幕藩体制 　江戸幕府を頂点とする支配体制を**幕藩体制**という。将軍は全国3000万石の4分の1にあたる700万石を直轄領（**天領**）とし、そのうち300万石を旗本に知行地として与え、残りの400万石には直接に郡代・代官を派遣して農民からの貢租の収納にあたらせ、その年貢米を御家人の禄米にあて、多くの**直属家臣団**を保持した。また、**交通の要地・金銀山・重要都市を直轄**し、**貨幣鋳造権**をにぎって、圧倒的な地位を占めた幕府は、約2000万石を**大名**に知行地として与え、武家諸法度・参勤交代・軍役などでこれを統制した。諸大名の領地支配機構は**藩**といわれるようになり、諸大名は幕府の政策に従うことが多かったが、幕府の統制に服している限りで、藩内の政治は各大名の裁量に任された。大名は領地の一部を知行地として家臣に与え、大部分を直轄地として貢租を藩に収納し、それから禄米を給して家臣団を保持した。兵農分離は進み、ほとんどの家臣が**城下町**に居住した。

　この支配体制が成立するには、農村に広汎な**小農民の自立化**が進行し、維持されることが前提となる。それは**検地**によって達成され、中世以来、培われていた農村の自治が利用され、**郷村制**として支配機構の末端となり、**村を単位**として貢租の収納も行われるようになった。この自立した小農民＝**本百姓**が幕藩体制存立の基礎であったために、幕府や諸大名は、その維持・存続・増大にたえず深い関心を払っていた。

幕府の機構 　幕府は400万石、旗本知行地を加えると700万石の**天領**をもち、**大坂・長崎・京都・伏見・奈良・駿府・堺・山田**などの政治・経済・軍事上の重要な都市や港湾、**佐渡・伊豆の金山、石見・生野の銀山、足尾銅山**などの主要鉱山を直轄し、貨幣鋳造権をもって、その財政的基礎とした。諸大名中最大のものが加賀前田氏の100万石であることを考えると、幕府がいかに隔絶した力をもっていたかがわかる。

　軍事的には、幕府の直属家臣団として**旗本・御家人**が合わせて2万3000人ほ

No.105　幕藩体制

```
                  ┌ 天　領 ─(郡代・代官)─┐
         ┌幕府領 ─┤  400万石              │
         │ 700万石 └ 旗本知行地            │
         │          300万石                │ 本
将軍 ─────┤                                │ 村 ─ 百
         │          ┌ 大名蔵入地 ─(代官)─ │     姓
         │ 大名領 ─ ┤                      │
         │ 2250万石 └ 家臣知行地          │
         │                                  │
         └ 朝廷・公家領、寺社領 ────────────┘
           10万石    40万石
```

どおり，さらに関ヶ原の戦いの前から家中だった親藩・譜代大名の軍事力を加えれば，諸大名にとっては幕府への反抗などは思いもよらぬことになった。また，軍役が制度化されて，平時の軍備と戦時の動員が義務づけられ，諸大名の軍事力も幕府の統制を受けた。

> **解説** 旗本は御目見得以上（将軍に謁見できる資格をもつ）で，御家人は御目見得以下をいう。かれらは**直参**といわれた。よく「旗本八万騎」というが，これは数が多いことを示す成句で，実際に8万人いたのではない。しかし，旗本・御家人の家臣を計算に加えると，実数がそれに近いという説もある。

　幕府の政治機構ははじめは簡単なもので，三河以来の徳川氏の家政機構を必要に応じて拡充していったために「庄屋仕立て」といわれたが，3代家光のときに整備された。幕政には外様大名は参加できず，親藩・譜代大名や旗本・御家人によって幕府の役職は独占された。また戦時体制を整備したものであったから，**役方**（行政）と**番方**（軍事）とが完全に分離せず，三権分立など論外で，すべての役職が行政と司法を兼ねていた。月番制・合議制がとられたことも幕府の政治機構の特色のひとつで，これによって特定の者に権力が集中するのを防止した。

　中央には，**大老・老中・若年寄・大目付・目付・三奉行**らが置かれた。大老は将軍をたすける最高の職だったが，常置ではなく，老中が月番制で政務を統轄し，重要なことは合議によって決定し，若年寄がこれをたすけた。大目付は大名の，目付（横目）は旗本・御家人の監察にあたった。三奉行とは，**寺社奉行・町奉行**（江戸）・**勘定奉行**をいった。また，**評定所**といって，老中・三奉行などが集まり，重要な政務・訴訟を合議裁決する機関もあった。ほかに，**高家・奏者番・側用人**などがあった。

No.106　江戸幕府職制

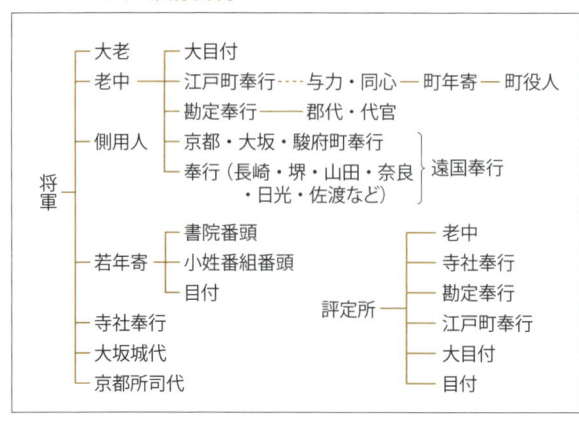

```
          ┌─ 大老 ──── 大目付
          │         ┌─ 江戸町奉行 …… 与力・同心 ── 町年寄 ── 町役人
          ├─ 老中 ──┼─ 勘定奉行 ──── 郡代・代官
          │         ├─ 京都・大坂・駿府町奉行
          │         └─ 奉行（長崎・堺・山田・奈良 ┐
          ├─ 側用人              ・日光・佐渡など） ├─ 遠国奉行
 将軍                                              ┘
          │         ┌─ 書院番頭
          │         ├─ 小姓番組番頭             ┌─ 老中
          ├─ 若年寄─┴─ 目付              │─ 寺社奉行
          │                        評定所 │─ 勘定奉行
          ├─ 寺社奉行                     │─ 江戸町奉行
          ├─ 大坂城代                     │─ 大目付
          └─ 京都所司代                   └─ 目付
```

江戸幕府の中央職制　譜代大名・旗本が任じられた。

大老……老中の上に置かれた最高の職だが，必要に応じて設けられた臨時の職だった。10万石以上の譜代大名から選ばれ，柳沢吉保を除き酒井・土井・堀田・井伊の4家から選任された。家光のときに土井利勝・酒井忠世を老中の上に任じたのが最初で，幕末まで13名が任命され，4代家綱のときの酒井忠清，幕末の井伊直弼が有名である。

老中……常置では最高の職で，2万5000石以上の譜代大名の中から4～5名が選ばれ，将軍に直属して，月番制により政務を見た。

若年寄……老中に次ぐ重職で，小禄の譜代大名から3～6名が選ばれ，老中を補佐，旗本を支配した。

大目付……老中の下に属し，大名の監視や幕府政務の監督，江戸城内の礼法・訴訟などの権限をもつ。

目付……若年寄に属し，定員10名（のちに増員），旗本・御家人を監察した。

寺社奉行……三奉行中最大の権限をもち，4名の譜代大名が月番であった。寺院・神社の取り締まりにあたり，関八州以外の私領の訴訟もあつかった。

江戸町奉行……老中に属し，江戸市中の政治・司法・警察などにあたった。下に与力・同心がいた。江戸を南北に分けて2つの奉行所があったが，地域的に分けて支配したのではなく，2人の町奉行が毎月交代で職務を遂行した。有名な大岡忠相は南町奉行だった。

勘定奉行……老中に属し，旗本から4名が選ばれ，諸国の郡代・代官を支配し，幕府直轄地の民治・財政・訴訟にあたった。

側用人……近習出頭人ともいう。将軍に近侍し，老中と将軍との連絡にあたったため，権勢を振るう者もあらわれた。定員は1名で，家格に関係なく才能ある者が選ばれたが，のち譜代大名から任命。綱吉のときの柳沢吉保，家宣・家継のときの間部詮房，家治のときの田沼意次らが有名である。

評定所……重要な政務・訴訟を合議するために，老中・三奉行・大目付・目付などが集まる場所。評議の組織は事件の内容によって異なり，一定していなかった。

　地方には，京都に**所司代**，大坂・駿府・京都（二条城）に**城代**，都市・鉱山などの直轄地には奉行（**遠国奉行**）が置かれ，直轄領（天領）の支配は**郡代・代官**があたった。

江戸幕府の地方職制

京都所司代……禁裏の守衛，皇室・公家・門跡の統制，京都町奉行と奈良・伏見奉行を管理し，西国の大名も監視した。譜代大名から任じ，幕府初期

の板倉勝重・重宗父子のとき治績が上がった。
城代……大坂・駿府・二条の各城に置かれた。二条城代は元禄年間に廃止された。
遠国奉行……京都・大坂・駿府の町奉行をはじめ，長崎・浦賀・神奈川・箱館・奈良・伏見・山田・兵庫・佐渡・日光・下田など，各地の要地に奉行が置かれ，これらを総称して遠国奉行といった。民政にあたるほか，特別の任務をもつものが多く，例えば，長崎奉行は長崎港の防備と貿易，佐渡奉行は金山と佐渡一国の支配にあたった。
郡代・代官……旗本が任命されて天領の支配にあたった。勘定奉行に属し，代官のうち管轄区域の広いものを郡代といった。代官の居宅を陣屋といい，支配区域を代官所と称した。代官の下に手付・手代などがいた。

幕府と大名

将軍と主従関係を結んだ武士のうち，1万石以上を大名と呼び，大名の領地と支配機構を藩と呼んだ。藩の制度はさまざまだったが，幕府のそれにならうものが多く，幕府の制度を縮小したようなもので，老中に相当する家老，若年寄に相当する中老・用人などが置かれ，民政のために町奉行・郡奉行などがいた。

大名に領地を与えるとき，豊臣政権と同じく江戸幕府は宛行の形式をとり，それが恩給であることを明確にし，**改易・転封・減封**をしきりに行うことによって，全国の土地領有権が将軍に帰属することを印象づけた。

大名は将軍との親疎関係によって**親藩・譜代・外様**に大別され，それらを入り組ませ，たくみに配置して相互に牽制させた。将軍ともっとも関係の薄い外様大名の統制にはとくに意を用い，概して大藩が多かったが，辺境に配置され，また幕政からも除外した。

解説 親藩とは徳川氏の一門・一家で大名となった者をいう。とくに，家康の子の義直は尾張，頼宣は紀伊，頼房は水戸に封ぜられて**御三家**といわれ，格式ももっとも高く，将軍を補佐し，将軍に継嗣がないときはこの中から出すことになっていた。**譜代大名**は三河以来徳川氏に臣従し，関ヶ原の戦い後に大名に取り立てられた者で，親藩とともに幕府の要職につく者が多かった。井伊・榊原・酒井などを除くと5万石以下の小藩が多かったが，要所に配された。**外様大名**は旧戦国大名や織豊取立大名が関ヶ原の戦いの前後から徳川氏に臣従した大名で，前田・島津・伊達などの大藩が多い。しかし，この関係は固定的なものでなく，姻戚関係などで変わることもあった。このほかに，領国・居城によって国主（国持）・

No.107　大名配置図—1664（寛文4）年ころ—

准国主・城主・城主格・無城の序列が，また江戸城の詰の間によって大廊下・溜の間・大広間・帝鑑の間・柳の間・雁の間・菊の間の序列があり，さらに官位によって，石高によってと，複雑な格式によって大名は序列づけされていた。

大名統制のために，幕府は**武家諸法度**［→史料㉘, p.389］を出した。武家諸法度は1615（元和1）年に大坂夏の陣の後，**一国一城令**に続いて公布されたのをはじめとし，以後，将軍の代替わりごとに出された。とくに，1635（寛永12）年に家光によって出されたものは整備されたもので，**参勤交代**が制度化されたことで注目される。

> **参勤交代**　武家諸法度には，文武両道の奨励など武士の守るべき道徳礼儀を述べ，新城の禁止・居城修補届出，勝手に婚姻することの禁止などが盛られ，大名統制の基本とされた。参勤交代は参覲交代とも書く。関ヶ原の戦いの前後，豊臣大名が徳川氏に異心がないことを示すために母や妻子を江戸に送って人質としたのが参勤交代のはじめで，寛永の武家諸法度によると，妻子は江戸に置き，大半の大名は1年ごとに在府・在国を繰り返し，水戸徳川氏は定府，対馬の宗氏は3年に1年，関東の諸大名は半年ごとに参府となった。

参勤交代によって諸大名が江戸在府を強いられ，往復にも多大の出費を要したために，大名は貨幣経済の中にまきこまれ，**慢性的な財政窮乏**に追いこまれ

第7章　幕藩体制の成立

ることになった。また幕府への軍役の準備も怠ることができず、太平の招来によって軍役の負担は減少したとはいえ、幕府は御手伝普請と称して、江戸城をはじめ幕府の城、皇居、江戸市中の土木工事、大河川の堤防工事などの土木工事を外様大名に命じ、その財力を疲弊させた。

本百姓体制 　幕藩体制は封建権力が中間領主を排除して農村を直接に支配し、農民から貢租を収納することで成り立っていた。そのような封建権力は、たえず貢租の増大に関心を払っていたが、そのためにとられた方策が**新田開発**や**用水・溜池の工事**による耕地面積の拡大であった。荘園領主などの勢力が排除されたこともあって、幕府や諸大名は、しきりに新田開発などの工事を起こし、耕地面積の拡大につとめた。

> **解説** 　新田開発は江戸時代を通じてさかんに行われたが、とくに前期がさかんで、慶長年間に163万町歩だった耕地が、約1世紀後の享保年間には約2倍の297万町歩に増加した。多くの用水・溜池がつくられたのをはじめ、幕府は利根川・荒川などで大規模な治水工事を行った。

貢租を増大させるためには、さらに**段当たり収穫量を増加**させる必要があった。新田開発などの大規模な工事を行うためには労働夫役を徴発しなければならなかったので、家父長制的な大家族による農業経営を認めていたが、段当たり収穫量の増大には独立自営農民による**小農経営**が有利であったために、農民の自立化はますます進展した。幕府にあっても、豊臣政権にならってしばしば検地を行ってきたが、慶安・寛文・延宝（17世紀中・後期）のとき、相次いで検地条令を発布し、検地方針を明確にして、小農経営を確定した。

> **解説** 　全国を統一的な基準で検地した太閤検地においても、小農経営が一挙に達成されたのではなく、むしろ、大家族の長である農民を**役屋**として貢租負担者に確定した。陣夫役や普請夫役を課すには、大家族経営のほうがふさわしかったからである。江戸幕府も、はじめは現状に即した検地を行い、急激な変革は避けていたが、1649年、慶安検地条令を出して小農民自立の方針を確定した。もっとも、小農とはいっても、現在のいわゆる核家族とは異なり、祖父母・父母・当主・弟妹など直系親族が同居して、農業経営にあたるのが普通だった。

こうして確定された独立自営農民を**本百姓**という。検地帳（水帳）に名を記載され、固有の耕地をもっていたために**高持百姓**ともいう。この本百姓が貢租負担者となり、**本途物成・小物成・高掛物**などの貢租を持高に比例して、主

として現物で納入した。

> **整理** **江戸時代の貢租**　**現物負担**が原則となり，労役負担は実質的になくなっていった。
> **本途物成**……**本年貢**ともいう。田畑にかけられるもので，ほぼ**米**で納入したが，畑には金納も多かった。徴収方法には，**検見法**と**定免法**があり，検見法は豊凶に応じて年貢を増減するもので，定免法は豊凶にかかわりなく一定の年貢を課すものだった。税率は，天領では四公六民が普通で，収穫の4割を租税としたが，諸藩の中には八公二民というところまであった。天領では，はじめ検見法・四公六民が多かったが，享保のころよりしだいに定免法・五公五民に変わっていった。
> **小物成**……**雑税**を総称していう。山林・原野・河海などからの収穫物にかかり，種類・名称・税率はさまざまであった。固定的なものは村高に加えたが，臨時的なものや額の一定しないものなどは浮役といった。炭・漆などの現物のほか，米・貨幣で納入した。
> **高掛物**……村の石高に応じて課せられた雑税で，交通設備や人馬費用にあてられた夫役もその一種だが，実際には労役奉仕の代わりに米や貨幣で納入された。
> **国役**……臨時に国を指定して課すもので，河川の土木工事や朝鮮使節の接待などにあてられた。
> **助郷役**……重要街道近在の農民に課された夫役で，宿駅の常置の人馬を補うものだった。

　小農民の自立を達成した幕府や諸大名は，貢租収入を安定させるために，引き続いて小農民の維持に関心を寄せた。1643（寛永20）年の**田畑永代売買禁止令**や1673（延宝1）年の**分地制限令**は，それをもっとも端的に示す法令であった。

> **解説** **田畑永代売買禁止令**は，3代家光のときの1643年にはじめて出され，のちにもしばしば出されている。本百姓が没落し，一部の地主に田畑が集中して，年貢が減少するのを防ぐのが目的だった。のちのものほど罰則もゆるくなるのは，このような禁令にもかかわらず，農業経営を固定化できず，やがて小農民の分解が進行していくことを示している。**分地制限令**は，4代家綱のときの1673年に出され，面積1町，高10石以下の者の田畑の分割を禁じた。田畑の分割相続によって経営規模が小さくなり，再生産が行えなくなって農民が没落するのを防ぐのが目的だった。

幕藩体制を支えるものであっただけに，農民に対しては，そのほかにもさまざまな統制が加えられた [→p.309]。その基本方針は，農民から厳しく年貢を取り立て，かろうじて生活を立てるだけの水準を保障するというもので，これによって，貢租負担者である農民の生活を固定し，そこからあがる貢租収入を安定して，幕藩体制の存続と安定をはかったのだった。

> **解説** 秀忠の政治をたすけた本多正信の著した『本佐録(ほんさろく)』に，「百姓は天下の根本也(こんぽんなり)。(中略) 百姓は財の余らぬ様(よう)に不足無き様に治める事道なり」とあり，また家康の遺言として伝えられるものに「百姓共は死なぬ様に生きぬ様にと合点致し，収納申し付くる様に」(落穂集(おちぼしゅう))とある。ここから，農民に単純再生産を維持させることによって，農民身分を固定し，体制の維持をはかったことがわかる。

(3) 幕藩体制の支配と民衆

朝廷と寺社　徳川氏は関ヶ原の戦いに勝利を収めることによって実質的な全国の支配権を掌中にしたが，形式的には，天皇から征夷大将軍に任命され，統治権を委任されたという形式をとった。このような関係の中に，江戸時代の微妙な朝幕関係が形づくられ，幕府は朝廷を儀式典礼の府として，現実の政治から完全に締め出そうとした。

1600（慶長5）年の関ヶ原の戦いの直後に，幕府は**京都所司代**を創設し，京都警衛の名目で朝廷・公家を監視させ，あわせて西国諸大名の監視にもあたらせることになった。また1603（慶長8）年，**武家伝奏(てんそう)**を設け，朝廷と幕府の連絡にあたらせた。

> **解説** **京都所司代**は，譜代大名から任命されるが，初期の板倉勝重（在職1601～19）・重宗（在職1619～54）父子がとくに有名で，まだ朝幕関係の安定しない時期にあって，幕府の勢力拡大に大きく貢献した。
> **武家伝奏**は幕府と親しい公卿から2名を任命した。

それと前後して，家康は朝廷に対する介入のきっかけを探していたが，1613（慶長18）年に**公家諸法度(くげしょはっと)**を発布し，公家の行動に制限を加えた。これは武家政権が朝廷の内部に法令を定めた最初のものだった。さらに1615（元和1）年の大坂夏の陣のあと，武家諸法度に続いて**禁中並公家諸法度**（**禁中(きんちゅう)方御条目(がたごじょうもく)**）を発布した [→史料㉗, p.388]。その中で，天皇が学問・和歌に専念することをすすめ，三大臣・摂関などの朝廷の最高人事にも介入するとともに，

304　近　世（前期）

武家の官位を公家当官から除外して，諸大名と朝廷との結びつきを絶った。

> 解説 戦国時代から織豊時代にかけて，天皇の統治権は失われていたが，わずかに残っていたのが，官位授与・年号制定・暦の制定の3つであった。ここに官位授与も制約され，年号・暦の制定権も実質は幕府の手に移っていった。

この間，朝廷では後陽成天皇（1571〜1617）が1611（慶長16）年に後水尾天皇（1596〜1680）に譲位していたが，幕府はこの皇位継承にも介入した。秀忠に娘和子（1607〜78）が生まれると，ただちに入内の話がもちあがり，1620（元和6）年に和子は入内，皇女を生むと後水尾天皇の中宮となり，1629（寛永6）年にはその皇女が皇位について明正天皇となった。和子は東福門院と呼ばれた。この結果，幕府は朝廷の外戚としての地位も確立し，朝幕関係は一時安定した。

> 解説 和子入内のとき多くの御付武家が上洛し，朝廷に対する監視はますます強まった。また，和子は明正のあとの後光明・後西・霊元3代の天皇の養母となって，半世紀の間朝廷に大きな発言力をもった。入内は幕府の確立後は必要がなくなり，以後，見られなくなった。なお，将軍の正夫人は，皇女・皇室・摂関家出身で占められた。また，家康・秀忠・家光はしばしば上洛を行ったが，家綱以後その例も絶えた。

皇室の御料は，幕府によって1601（慶長6）年に1万石とされ，和子に皇女が誕生したとき1万石が加増され，5代綱吉のときさらに1万石を加えて計3万石となった。これに公家領を加えると計10万石ほどであったが，朝廷・公家の経済規模は小さかった。

幕府はまた，寺院に対する統制も強化した。中世に多くの荘園をもち，武力を蓄えていた寺院は，織田信長・豊臣秀吉によって屈服させられ，荘園を没収されて新たに寺領を与えられていた。家康もこの方針を受け継ぎ，日蓮宗の不受不施派を弾圧し，浄土真宗（一向宗）を東・西の両本願寺に分けるなど，寺院をその支配下に入れようとした。そして，1615（元和1）年に禁中並公家諸法度と前後して，各派の各寺院に対してそれぞれ寺院法度を定めた。これを諸宗諸本山法度ともいう。

No.108　徳川初期の姻戚関係

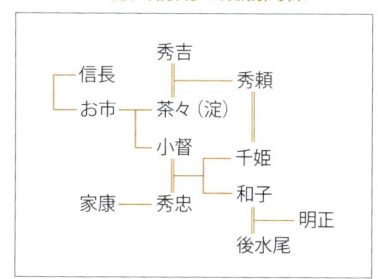

```
        ┌ 秀吉
        │    ┌ 秀頼
┌ 信長  │    │
│       茶々（淀）
└ お市 ─┤
        │    ┌ 千姫
        └ 小督
             ┌ 和子
  家康 ── 秀忠  │
             └ 明正
               後水尾
```

これによって，寺院は各派ごとに総本山・本寺・末寺というように系列化され，その秩序の維持をはかった。これを**本末制度**という。また，宗教上の新説を立てることは禁止された。キリスト教の禁止が徹底されると，国民のすべてがいずれかの寺に属するという**寺請制度**（檀家制度）をつくり，婚姻・旅行のときには寺請証文といわれる寺の証明書を発行させた。こうして，寺院は国民のすべてをいずれかの寺の信徒とすることによって，その地位は安定したが，支配機構の末端に位置づけられることになり，信仰上は沈滞し，教義上は精彩を失っていった。

> **参考** **紫衣事件** 禁中並公家諸法度には，僧侶に対しても制限を加え，紫衣勅許についても規定していた。ところが，1627年に後水尾天皇の紫衣勅許が法度違反であることを崇伝が摘発し，勅許状を無効とした。これも朝廷に幕府の勢威を示そうとしたものである。大徳寺の玉室・沢庵，妙心寺の士印・慧等らはこれに従わなかったので，1629年にそれぞれ流罪になった。後水尾天皇の譲位にはこの事件が大きく影響しているといわれる。

身分制度 幕藩体制社会はきわめて固定的・閉鎖的で，職業や地位が世襲されることになったので，しだいに身分が固定されていったが，幕府や諸藩においても，支配を維持し，社会秩序を守るためにそれを助長する政策をとった。これを**身分制度**と呼んでいる。その結果，身分間の反目が強まって，幕藩体制の矛盾に対する反感はその中にたくみに解消され，それぞれがその身分を所与のものとして受け止め，分に安んじて高望みしない退嬰的な気風が広がることにもなった。

身分では**士農工商**とか四民とかいわれたものがもっとも有名だが，工商は**町人**とも総称された。四民の別格として**公家・僧尼・神官**などがあり，四民の下には賤民が置かれた。この身分は，かならずしも厳格に守られず，決して流動が許されないというのでもなかったが，むしろ，それぞれの身分内に家格・家柄などによってさらに複雑な身分がつくられたことに特徴があり，民衆が横断的に結びつくことは実質的に不可能な状態となった。

> **解説** 士農工商とか四民とかいう語は，儒教がさかんになってから用いられるようになったもので，必ずしも幕藩体制の身分制度をよく表わしてはいないが，一般化した。とくに農工商の順序が身分の上下を意味するとはいえず，支配階級である武士に対して，被支配階級が農工商と総称された。とくに工商はまとめて町人といわれ，その間に身分の上下はなかっ

た。

　武士は全人口の約6％程度だったが，支配階級として農工商以下に**切捨御免**などの絶対的な特権をもち，**苗字**・**帯刀**が許されていた。反面，武士内部の身分や格式も厳重・複雑で，将軍を頂点に，将軍との主従関係の親疎により，**直臣**・**陪臣**・**郷士**・**牢人**などに分かれ，それぞれがさらに複雑多岐に分けられていた。そのうち，将軍と直接主従関係を結んだ直臣には，大名・旗本・御家人の別があり，大名の家臣である陪臣には**侍**・**徒士**・**中間**の別があって，それが基本的な身分とされた。

　全人口の約80％を占めていた**農民**は，幕藩体制の根幹であったために，もっとも厳しく統制された。身分としては**本百姓**のほかに本百姓の田畑を小作する**水呑百姓**があり，本百姓に隷属する名子・被官もあった。農民の中心であった本百姓には，さらにさまざまな家格による身分が発生した。

　町人は人口の約10％で，ほとんど租税も納めず，農民に比べると統制もはるかにゆるかった。身分の呼称は都市によりさまざまだが，自分の家屋敷をもつ地主・家主などと借地・借家をしている**地借**・**店借**とがあった。

　賤民には**穢多**・**非人**があり，いわれのないさまざまな差別を受けていた。

　身分は地位や職業が世襲されることによって成立するのだから，身分制度の発達に応じて先祖から受け継いだ「家」をまもり，その身分・家格を固守しようとするようになった。これが**家族制度**で，とくに武士の間に発達し，家長が親子の弟妹に対して大きな権限をふるった。忠と孝の道徳がこの時代の中心理念となり，結婚も同程度の家格を選んで行われた。また，女性の地位は著しく低下して，子をもうけて家を継ぐことが絶対条件とされたために，上級武士の間では，妻のほかに妾をもつことが普通となった。

No.109　江戸時代の身分制

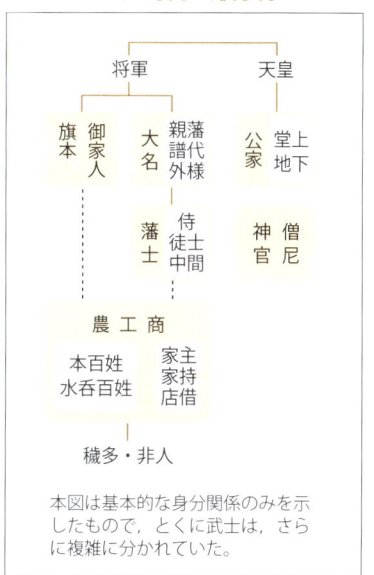

```
         将軍              天皇

   旗 御  大  親譜外   公  堂上
   本 家  名  藩代様   家  地下
     人
              藩 侍     神 僧
              士 徒中   官 尼
                士間

         農 工 商

   本百姓    家主
   水呑百姓  家持
             店借

         穢多・非人
```

本図は基本的な身分関係のみを示したもので，とくに武士は，さらに複雑に分かれていた。

幕藩体制

> **身分制度**　士農工商に分かれ，武士が支配階級だった。
> **武士**……**将軍**を頂点とする。将軍と主従関係を結んだ**直臣**のうち，1万石以上を**大名**という。大名は**親藩**・**譜代**・**外様**のほか，さまざまな家格があっ

第7章　幕藩体制の成立　307

た［→p.301］。1万石以下は**直参**といい，御目見得以上の旗本と御目見得以下の**御家人**とがあった。将軍の家臣である大名の家臣は**陪臣**といわれ，**侍（家中）・徒士・中間（足軽）**に分かれた。諸藩によりさまざまであったが，侍は大名に御目見得できる者，徒士はそれ以下で，中間には一代限りの農民出身も多かった。そのほか俸禄の面から，知行地を与えられる**知行取**と米を支給される**蔵米取**の別があり，蔵米取はさらに切米取と扶持米取の別があった。大名は直轄地を増やそうとしたため，しだいに蔵米取が増加する傾向があった。**郷士**は戦国時代の在地土豪の子孫で，江戸時代になっても農村から離れなかった者や，農民で功績・献金により武士の身分を与えられた者などで，前者は薩摩・肥後など後進地に多かった。**牢人（浪人）**は主家を失った武士である。

農民……**本百姓・水呑・名子**の身分があった。本百姓は貢租負担者で，村落内の行政にも参加したが，取り締まりは厳しく，さまざまな家格があった。水呑は貧困農民の意味にも用いられるが，本百姓の田畑を小作し，身分的な隷属関係のない者をいう。本百姓に隷属する農民は名子・被官・譜代・門屋などさまざまに呼ばれていた。

町人……江戸では**地主・家主・地借・店借・奉公人**に，大坂では**家持・家主・家守・店借・奉公人**に分かれた。地主は，家屋敷をもち自町に住む町内家持（家持）と，他所に住む地主（家主）とに分かれ，前者は大坂では町人衆と称し，厳密な意味での町人といえる。家主（家守）は他所に住む地主（家主）の貸家を管理する者で，ここまでが町の行政にも参加した。地借は土地を借りて家をもつ者，店借は家を借りて住む者，奉公人は他家に使役される者をいう。

賤民……**穢多**は皮革業などに従事し，非人は農工商が罪により賤民とされた者で，刑場などで働いた。都市の片隅に居住を強制され，一般庶民との同居や結婚を禁止されるなど，はなはだしく差別された。

農民の統制　室町時代に成長し，土豪的な名主層を中心に自治的な組織をつくっていた惣は，幕藩体制の下でその自治的な行政機構をたくみに利用され，領主の支配組織に完全に組み込まれてしまった。

中世的な領主権力が排除され，小農民の自立が進んだことは，入会や用水についての農民の共同規制を強め，村を単位としてそれらが利用されることとなり，また農繁期の共同作業も必要となって，村内の結束は強まっていった。幕府や諸藩は奉行・代官などを派遣して農村の支配にあたらせたが，できるだけ農民の自治的な結束を利用し，村民から**村役人**を選んで村内の行政を担当させ，

年貢は村高といって村を単位に課し,村役人から石高に応じて村民に配分させるという方法をとった。

　村役人は**名主（庄屋）・組頭・百姓代**からなり,村方三役（地方三役）といわれた。名主は年貢の納入・触書の伝達・戸籍調査など村政の全般を担当し,組頭は名主の業務を助け,百姓代は村民の利益を代表して名主・組頭の行う村政を監査した。

> **解説**　名主の呼称は,関東では名主が多かったが,関西では庄屋といわれることが多かった。そのほか肝煎・乙名など地方によってさまざまに呼ばれた。名主はかつての土豪が世襲するものが多いが,特定の本百姓による輪番制や,特定の本百姓またはすべての本百姓による選挙によって選ばれるなど,その選出方法も地方によって差があった。百姓代は村民の代表者として監査にあたり,年貢の割り当てに立ち会ったり,村入用の監査にあたったりした。

　普段は村役人が村政を代行したが,必要なことが起こると村民は**村寄合**を開いて協議した。村民の共同作業は**結**といわれ,田植え・稲刈りから味噌づくり・屋根ふきや冠婚葬祭に至るまで共同して労働を貸しあった。村の掟や村内の秩序・慣行を乱した者には**村八分**を行い,全員が絶交してこれを制裁した。幕府や諸藩は農民のこのような相互扶助・共同生活の慣行を利用し,治安維持・犯罪防止・年貢完納の組織として利用した。これが**五人組制度**で,村民5軒が1組となり,連帯責任を負うことになった。

> **参考**　**五人組**　1597年に秀吉が侍に五人組,下人に十人組をつくらせて治安維持の連帯責任をもたせたのが五人組の前駆で,1603年に家康は同様の目的で京都に十人組をつくった。キリスト教禁止を徹底するとともに,この制度も整備され,1637年に家光は幕領に五人組をつくらせた。村役人は除外し,水呑百姓も組織されたが,主体はやはり本百姓で,犯罪人の申告・キリスト教徒の密告・年貢の共同責任など相互検察・連帯責任を目的とした。編成にはあまり交際のない者を入れたり,持高を組み合わせたりすることもあった。五人組を組むと**五人組帳**がつくられ,その前文である**五人組帳前書**に,触書や農民の心構えなどが記され,名主が農民に読んできかせた。

　このほかにも,農民に対する統制は厳しかった。しばしば御触書が出され,日常の生活態度や服装にいたるまで厳しく取り締まった。移動や職業の転換は認められず,農民は土地に縛りつけられ,**田畑勝手作の禁**によって,本田畑に

第7章　幕藩体制の成立　　309

煙草・木綿・菜種などを植えることが禁止された。これは米作を確保して貢租収納を確実にするとともに、商品作物の栽培によって農民が貨幣経済にまきこまれ、**自給自足の原則**がくずれていくのをできるだけ防ごうとしたものである。さらに貢租負担者である本百姓の維持をはかるために、**田畑永代売買禁止令**や**分地制限令**を出して、本百姓の没落を防ごうとした [→p.303]。

町人の生活　近世に入ると、全国的な流通網が成立したこともあって、都市は著しい発展をみせたが、中世末の堺などに見られた自治都市は姿を消し、幕府や大名の任命する**町奉行**の下で、城下町に集住した武士を消費者とし、幕藩体制に寄生して繁栄した。農民に比べると、屋敷地に課せられる地子銭を除くとほとんど租税もかけられず、町人に対する統制は農民よりはるかにゆるかった。

農村で村役人が村政にあたったのと同様に、都市では、司法・警察の権限をにぎった町奉行のもとに町人から選ばれた**町役人**がいて、町政を担当した。しかし、ここでも町政に参加できるのは地主・家主だけで、地借・店借は除外された。

> **解説**　町役人の呼称は都市によりさまざまで、江戸では3人の町年寄が地区を分掌し、その下に名主と月行事があった。名主は世襲だが、月行事は町内の五人組から交代に選ばれ、名主をたすけた。

町人は武士や農民と異なり、能力や勤勉によって富裕になることもできたので、長子単独相続は行われず、次男・三男が独立することも可能だった。商家の奉公人も家族の一員としてあつかわれ、丁稚・手代・番頭と進んで、分家を許され、独立する者があった。職人の場合も、徒弟として親方の訓練を受け、独立することができた。

2 鎖国

(1) 対外関係の推移

世界の情勢　国内統一が進行していたころ、ヨーロッパにも大きな変動があらわれつつあった。スペイン領ネーデルランドは毛織物業がさかんで、新教徒が多かったが、北部7州が中心となって独立運動を起こして、1581（天正9）年に独立を宣言し、**ネーデルランド連邦共和国（オランダ）**と

なった。オランダは独立運動の一環としてスペインのアジア貿易を妨害し，東インド貿易にも進出して，1602（慶長7）年には**オランダ東インド会社**を創設し，翌年にはバンタムをはじめ，ジャワ島を拠点にして東アジア貿易に乗り出した。一方，毛織物業のめざましい発展とそれにともなう第1次囲い込み運動が進行していた**イギリス**でも，英国国教がつくられて旧教から離脱し，スペインの貿易船を襲ってスペインとの対立を深め，1588（天正16）年にスペインの無敵艦隊を潰滅させた。これ以後，スペインは急速に衰えていくが，かわってイギリスはアジアに進出し，1600（慶長5）年に**イギリス東インド会社**を設立して，翌年はじめて商船隊を東洋に派遣した。

本国との香料貿易がすたれ，日本との仲介貿易に専念していたポルトガルにとって，オランダ・イギリスのアジア進出ははなはだしい脅威となった。しかも，統一達成後の**日本人の海外への発展**はめざましく，とくに17世紀に入ると，**朱印船**制度の確立もあって日本人が東南アジアの各地に進出していったため，ポルトガル人による対日貿易独占は根底より動揺することになった。

親善外交　ほぼ秀吉の政策を踏襲した家康は，対外関係の面でも，貿易の利益を求めて外国人の来航を歓迎し，貿易をしきりに保護奨励し，一時はキリスト教布教も黙認した。そのために，秀吉の強硬外交政策をあらためて平和通商政策をとって，サン=フェリペ号事件で断絶したスペインや朝鮮出兵で断絶した朝鮮・明との国交回復をはかって，それぞれに使節を派遣し，あわせて朱印船制度の確立を告げた。

スペインとの国交回復の努力は，家康がフランシスコ会の宣教師を通じてフィリピンの総督に打診したのをはじめ，ルソンにもしばしば書を送り，1610（慶長15）年にはスペインの植民地だった**ノビスパン**（メキシコ）とも通商関係を結ぼうとし，漂着した前ルソン総督ドン=ロドリゴを厚遇し，京都の商人**田中勝助**を添えて派遣した。また，仙台藩主伊達政宗も，メキシコと直接貿易しようとし，1613（慶長18）年に**支倉常長**を派遣した。常長はメキシコを経て大西洋を横断し，スペイン国王フィリップ3世やローマ教皇パウロ5世と謁見したが，通商関係は結べず，1620（元和6）年に帰国した。

朝鮮との国交国復の努力は，対馬の宗氏を介して行われ，1607（慶長12）年に朝鮮使節が来朝し，以後，江戸時代を通じて将軍の代替わりごとに**通信使**が来朝するようになった。また，1609（慶長14）年に対馬

第7章　幕藩体制の成立　311

の宗氏と朝鮮との間に**己酉条約**が結ばれ，対馬から毎年20隻の貿易船を朝鮮に出すことになった。

明との国交回復の努力を，家康は琉球を介して行おうとしたが，明と宗属関係があった琉球がこれを受け入れなかった。こうしたことから，家康は1609（慶長14）年に薩摩藩主**島津家久**に許して琉球に出兵させた。以後，琉球は明，続いて清との宗属関係を続けながらも，薩摩藩の支配を受け，薩摩藩は琉球貿易で利益をあげた。

ルソンのマニラのほか，家康はカンボジア・アンナン・シャム・チャンパ・コーチなどに，相次いで国書を送って国交開始と貿易促進を希望した。

新教国の来航

1600（慶長5）年，たまたまオランダ船リーフデ号が豊後に漂着した。家康はその航海長のイギリス人**ウィリアム＝アダムス**（William Adams，1564～1620）を引見し，キリスト教の布教をともなわずに貿易だけを目的とする国のあることを知って大いに歓迎し，**三浦按針**と名づけて，同じく航海士のオランダ人**ヤン＝ヨーステン**（Jan Joosten，1556?～1623）とともに厚遇して，これら諸国の来航をはかった。1609（慶長14）年に**オランダ**が，1613（慶長18）年には**イギリス**がそれぞれ来航し，いずれも**平戸**に商館を設けて，対日貿易を開始することになった。

> **解説** ウィリアム＝アダムスもヤン＝ヨーステンも家康の政治顧問となり，とくに外交に力をつくした。アダムスは相模の三浦半島に領地を与えられ，航海士だったので三浦按針といわれた。ヨーステンは江戸に屋敷が与えられ，のちにその地が八重洲海岸といわれるようになった。

このころ，すでに日本船は東南アジアの各地に進出していた。中国の商人も明の国禁を破り，それらの地域でしきりに密貿易を行っていたから，**出会貿易**といって，明の領域外で日本船と交易し，中国の生糸（白糸）などが日本にもたらされ，ポルトガルによる対日貿易独占はゆらぎつつあった。新教国との接触によって自信を得た幕府は，1604（慶長9）年に**糸割符**の制を施行し，京・堺・長崎の特定の商人にポルトガル船のもたらす生糸を独占的に購入させることにした。この糸割符制は，対日貿易で多くの利益をあげていたポルトガルに大きな打撃を与えることになった。

> **解説** 糸割符制は，茶屋四郎次郎・高木作右衛門ら京都・堺・長崎の豪商が独占的に生糸（白糸）を買い取るもので，それに先立ち，幕府が購入したという。この結果，ポルトガル船は糸割符商人に買い叩かれることとなり，

貿易のうまみを減殺された。そのため，ポルトガルとの関係も険悪化し，1608年に肥前有馬晴信の商船員がマカオでポルトガル人に殺され，1609年に長崎にポルトガル船マードレ＝デ＝デウス号が来航すると，長崎奉行長谷川藤広や晴信が尋問しようとしたため，逃走しようとして自爆する事件が起き，一時ポルトガルとの関係は断絶した。

海外発展 家康は，1592（文禄1）年に秀吉が創設したといわれる**朱印船制度**を確立し，商船の海外渡航を奨励・保護したので，日本人の海外渡航・通商活動はますますさかんになっていった。朱印船とは，将軍より海外渡航公許の**朱印状**をもらって海外貿易に従事する貿易船で，1604（慶長9）年から1635（寛永12）年までの32年間に355通の朱印状が交付された。朱印船主は，大名・幕吏・豪商をはじめ，外国人など100名以上に及び，渡航地は，台湾・ルソンをはじめ東南アジア各地に及んだ。

朱印船の船主には，島津家久・松浦鎮信・有馬晴信・加藤清正らの西国大名のほか，京都の角倉了以・茶屋四郎次郎，大坂の末吉孫左衛門，堺の納屋助左衛門，長崎の荒木宗太郎・末次平蔵らの豪商がおり，ほかにウィリアム＝アダムス・ヤン＝ヨーステンらの外国人もあった。貿易品としては，輸出品は銀がもっとも多く，銅・鉄・硫黄などの鉱産物や扇子・蒔絵などの工芸品があった。輸入品は，生糸（白糸）・絹織物を主として金が続き，南方の砂糖・薬種・香料のほか，ヨーロッパの綿織物・毛織物などがあった。

朱印船貿易がさかんとなるにともない，海外に渡航・移住する日本人も多くなった。かれらは東南アジアの各地に数百人・数千人と移り住んで，町を形成した。これを**日本町**とか南洋日本町などという。とくにアユタヤ（シャム）に住み，国王に信任され，のちにリゴール太守になった**山田長政**は有名である。

No.110　日本人の海外発展

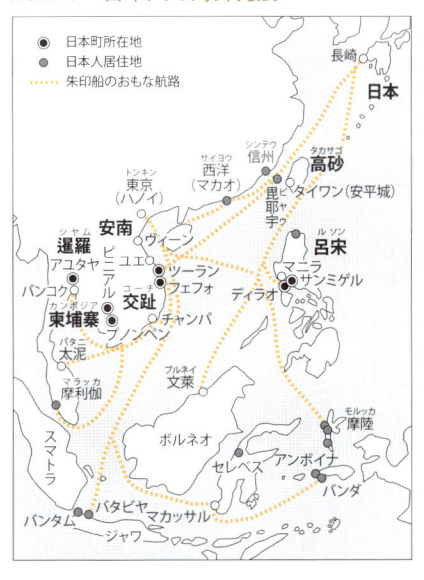

第7章　幕藩体制の成立　313

> **解説** 日本町としては，コーチのフェフォ・ツーラン，ルソンのマニラ郊外のディラオ・サンミゲル，カンボジアのプノンペン・ピニアルー，シャムのアユタヤなどが代表的なものだった。これら日本町は，日本人の海外渡航が禁止されるようになると急速にさびれ，やがて消滅していった。

日本町の日本人は，朱印船が入港すると，物資の買入れや積載品の販売にあたり，朱印船貿易の隆盛も，この現地日本人の活動に負うところが大きく，この活動によって，ポルトガルはますます打撃を受ける結果となった。

(2) 鎖国の完成

キリシタン禁制 宗教と貿易の分離を考えながらも貿易の利益のために，キリスト教の布教を黙認した家康は，ポルトガルの日本貿易独占を打破するために，日本人の海外渡航を奨励したり，スペインと国交を回復し，オランダ・イギリスと相次いで通商を開始したりしたが，スペインと国交をはかった結果，イエズス会のほかにスペイン系のフランシスコ会・アウグスチノ会・ドミニコ会などの布教が活発となり，教線は東北にも及び，1605（慶長10）年には全国の信徒が70万人を超えるといわれるようになった。キリスト教徒の中には，その一神教的立場から神仏を激しく排撃し，神社・仏閣を破壊する者も出てきた。神の前の平等を説くキリスト教思想が，幕府を中心とする封建支配に危険を及ぼすことをつとに感じとっていた家康は，オランダとの通商が開始され，中国商船も平戸など九州諸港に来航するようになって，もはやポルトガル商船に生糸輸入を依存する必要がなくなったために，しだいにキリスト教を禁止する方向に傾いた。そのうえ，オランダ・イギリスは貿易競争相手のポルトガル・スペインを陥れるために，かれらは布教を利用して領土侵略をする野心をもっているとしきりに宣伝した。

> **解説** フランシスコ会は家康とも近く，東北にも布教を展開した。ドミニコ会は薩摩など九州で布教にあたることが多かった。もともと，キリスト教（旧教）は封建支配に対立するものではなく，ヨーロッパではキリスト教を利用して封建支配が打ち立てられるのだが，そのためには，まず封建君主自体がキリスト教に改宗し，キリスト教徒である国民を神の名において統治する形式をとらねばならない。ところが，神仏の長い伝統のある当時の日本ではそれは事実上不可能であるし，当時伝来したキリスト教は新教の思想も取り入れ，神の前の平等を強く主張し，必ずしも封

建支配にふさわしいものでもなく,神と将軍の二者択一を迫ると,キリシタン部将の主従関係が信用できなくなるという事態もあった。林羅山はキリスト教が封建道徳を脅かすものとして,日本人イルマン(修道士)のハビアンと激しく論争している。とくに,1612年に肥前の有馬晴信から本多正純の臣岡本大八が賄賂をとっていた事件が発覚し,家康の周辺にも多くのキリスト教徒がいることがわかって,家康は急に態度を硬化させた。

1612(慶長17)年,家康はまず直轄領に**キリスト教禁止令**を出し,江戸・大坂・京都・長崎の教会を破壊し,キリスト教徒の迫害に乗り出した。中国・九州の大名領では,それまでにもキリスト教の迫害・殉教が行われているところがあったが,幕府の意を受けてますます激しさを加え,翌1613(慶長18)年に幕府が全国にキリスト教禁止を令すると,全国各地に相次いで殉教者が出るようになった。

解説　1613年の禁教令は崇伝の筆になるもので,「夫れ日本は元是れ神国也」ではじまり,神仏を誹謗するキリスト教を放置することは大乱の原因となり,為政者の使命としてキリスト教を禁止すると述べている。1614年には迫害は京坂地方に及び,キリシタン大名の**高山右近**や内藤如安らと宣教師たちをマニラとマカオに追放した。殉教者を出すことは,かえって信者の熱狂を呼んだから,幕府はできるだけ改宗させるようにすすめ,そのためにさまざまな拷問の方法も案出された。

この激しい弾圧の下で,なおも多くの宣教師が踏みとどまってひそかに活動を続けていた。しかも,1614(慶長19)年と翌1615(元和1)年の大坂の陣には,キリシタン牢人で大坂方に加わった者がいたため,幕府はますます警戒を深めていった。

貿易の統制　1616(元和2)年に家康は死んだが,秀忠はキリスト教の取り締まりをいっそう強化し,ポルトガルだけでなくオランダやイギリスの貿易にも制限を加え,貿易港を**平戸**と**長崎**の2港に限定した。これは1609(慶長14)年の**大船禁止令**ともあいまち,諸大名と外国との交渉を断ち切り,貿易の利益を幕府が一手に独占することをも意味していた。しかし,朱印船がマカオ・マニラに渡航する限り,当地でのキリスト教との接触を断つことはできず,宣教師がひそかに潜入するのも防げなかった。オランダ・イギリスはそれを宣伝し,1620(元和6)年には潜入宣教師が摘発された。その結果,

1624（寛永1）年にはスペイン船の来航が禁止され，ルソンとの国交が断絶した。

> **解説** イギリス・オランダは1620年にルソン・マカオとの断交と朱印船の海外渡航禁止を幕府に説き，2名の宣教師が堺商人平山 常 陳の朱印船に潜んでいるのを摘発した。1622年，宣教師・平山ら14名が処刑され，さらに宣教師・信徒ら55名が処刑された。これを元和の大殉教と呼んでいる。

この間，ヨーロッパ諸国はアジア貿易をめぐって激しく抗争していた。オランダはしばしばポルトガル船を襲い，1622（元和8）年には**台湾**を拠点として，マカオを拠点とするポルトガルに対抗していたが，オランダにやや遅れて東アジアに進出したイギリスは，すでに築かれていたオランダの地位をくつがえすことができず，1623（元和9）年には平戸の商館を閉鎖し，日本から退去した。この結果，1624（寛永1）年にはヨーロッパ諸国で日本と通商を続けているのはポルトガルとオランダだけになってしまった。

> **解説** オランダはポルトガルの香料貿易の拠点アンボイナを1605年に占領し，香料貿易の独占をねらい，翌1606年にマラッカ攻略を企てて失敗したが，ポルトガル船団に潰滅的打撃を与えた。1622年に台湾を拠点にすると，マカオの孤立化をはかり，1641年にマラッカを占領した。また，日本人の海外貿易も妨害し，1628年に**浜田弥兵衛**を台湾に抑留したりした。
> イギリスは1613年，ジョン＝セーリスが国王ジェームス1世の国書をもって平戸に来航し，ウィリアム＝アダムスの仲介で，自由貿易・治外法権などの特権を与えられて平戸に商館を開いたが，商館長リチャード＝コックスの努力もむなしくオランダとの競争に敗れた。1623年にはアンボイナでオランダ人によってイギリス商館員が虐殺される事件が起き，アユタヤの商館を閉鎖し，続いて日本からも退去した。これ以後，イギリスはインドと本国との貿易に専念するようになった。

> **注意** イギリスの国外退去は自発的なもので，寛永の鎖国令によるものではないので混同しないように。

1632（寛永9）年に秀忠は死んだが，家光の下でキリスト教禁止と貿易統制はますます激しさを加えていった。1631（寛永8）年，幕府は**奉書船**の制を定めて，海外渡航の際には朱印状のほかに老中奉書をもたせることにして，朱印

船貿易を制限し，あわせて1604（慶長9）年に定めた**糸割符制を整備**し，従来の京・堺・長崎のほか，江戸・大坂を加えて**五カ所商人仲間**に輸入生糸を独占的に購入させ，ポルトガル船だけでなく中国船にも適用することにした。さらに1633（寛永10）年には，奉書船以外の海外渡航を禁じ，海外在住5年以上の日本人の帰国を禁止した。1635（寛永12）年には**日本人の海外渡航と海外在住日本人の帰国をすべて禁止**するに至った。さらに，1636（寛永13）年には長崎の海中を埋め立てた**出島**（でじま）が完成したので，ポルトガル人をここに移転させた。

島原の乱

この間もキリスト教の弾圧は日を追って激しくなり，1629（寛永6）年より，イエスやマリアの画像を踏ませて信者を発見する**絵踏**（えぶみ）を行うようになり，宣教師や信者の密告が奨励された。とくに肥前**島原**や肥後**天草**の地は，それぞれキリシタン大名だった有馬晴信・小西行長の旧領だったために，領民のなかにキリスト教信者が多く，島原領主**松倉重政**（まつくらしげまさ）と天草領主**寺沢広高**（てらさわひろたか）は徹底的なキリスト教の弾圧をはかり，しかも重税を課すなどの圧政を行った。そのため，1637（寛永14）年に島原の農民が一揆を起こして代官を殺したのをきっかけに，両地方の農民はいっせいに蜂起し，**天草四郎**（益田時貞（ときさだ），1623?〜38）を主将として，島原半島の原城跡に拠った。これを**島原の乱**，または島原・天草一揆という。幕府は西国諸大名に動員令を発して原城（はら）を包囲したが，なかなか落ちず，もともと圧政に反抗するためだった一揆も，その中心がキリシタンだったこともあって，キリスト教を指導理念として強く結束するようになった。幕府軍は翌1638（寛永15）年に城中の食糧・弾薬がつきるのを待って総攻撃をかけ，一揆軍を全滅させた。

解説 一揆軍は約3万7000，ほとんど農民だったが，有馬・小西の牢人が指導者となり，わずか16歳の天草四郎時貞をかついで幕府軍と対峙した。幕府軍は約12万5000，はじめは**板倉重昌**が指揮にあたったが，頑強な抵抗にあって苦戦し，戦死した。ついで幕府は老中**松平信綱**（のぶつな）を送り，信綱は持久戦をとって5カ月を要してやっと鎮定した。一揆軍は，主だった者はすべて戦死し，生き残った者は婦女子に至るまで殺された。

島原の乱でキリスト教徒の結束の固いことをじかに味わった幕府は，禁教と鎖国をますます強化していった。1640（寛永17）年には**宗門改役**（しゅうもんあらためやく）を置いて信徒の探索を組織的に行い，**宗旨人別帳**（しゅうしにんべつちょう）（**宗門改帳**）をつくり，国民をかならずいずれかの寺院に属させる**寺請制度**を実施した [→p.306]。やがて1644（正保

第7章　幕藩体制の成立　317

1) 年にはこれが全国に実施されることになったため，キリスト教は国内から完全に根絶され，続々として伝来した南蛮文化も継承・発展されることなく終わってしまった。

> **参考** **隠れキリシタン** 九州とくに天草・五島などでは，ひそかにキリスト教の信仰を維持し続ける者があった。かれらは聖母マリア像を観音像に偽装したり，口承によって祈禱や行事を伝えた。かれらの多くは明治以後になって発見されたが，宣教師とも接することなく長い間信仰を持続したために，信仰内容や行事も土俗化して，本来のキリスト教とはすっかり異なってしまっていた。これを隠れキリシタンと呼んでいる。

鎖国の完成

島原の乱鎮圧の翌1639（寛永16）年，幕府は**ポルトガル船の来航を**禁じた。ここに，旧教国との国交・貿易は完全に断たれたわけで，鎖国は完成したといえる。また，1633（寛永10）年から1639（寛永16）年にかけて，家光が5度にわたって発布した一連の鎖国令を**寛永の鎖国令**と呼んでいる [→史料㉙, p.390]。さらに，1641（寛永18）年には，平戸のオランダ人にも**長崎出島**に移転することを命じた。糸割符制はオランダにも適用されることになり，オランダ船・中国船に限り，出島においてのみ貿易が行われるようになった。ポルトガルの日本貿易独占の排除とキリスト教禁止を目標としたこの鎖国政策は，いきつくところ日本人の海外渡航を禁止し，キリスト教（旧教）と関係のないオランダ・中国の貿易をも厳しい統制の下に置くことになってしまったのだった。

> **解説** 鎖国とは決して貿易そのものの制限ではない。ポルトガル貿易は日明貿易に代わるものであったから，ポルトガル貿易の代替物がみつかればよかったのである。それがオランダ船・清船であって，鎖国完成後も生糸輸入は安定して行われた。

オランダ人は年1回の江戸参府のとき以外は出島の外に出ることは禁止され，一般国民はヨーロッパとの接触を完全に閉ざされて，日本は世界の動きから離れ，孤立することになった。もっとも，1661（寛文1）年からは，オランダ商館長が毎年東南アジアやヨーロッパの海外事情を報告するようになった。これを**「オランダ風説書」**といい，これによって幕府は海外情勢を知ることができた。

中国では，明が滅亡し，1616（元和2）年に満州から起こった**清**が建国されたが，清は民間船の貿易を認めたため，鎖国後も清船は相次いで来航した。

318　近　世（前期）

1685年，幕府は輸入額を制限し，オランダ船銀3000貫，清船銀6000貫とし，生糸の輸入を3分の1におさえた。これを定高仕法というが，清船は増加する一方だったので，1688年に長崎に唐人屋敷の設営をはじめ，翌年から出島同様の監視下に置き，清船を年70隻とした。貿易品は，輸入品に，中国の生糸・絹織物を主として綿織物・書籍，南洋の黄糸・砂糖・香木など，ヨーロッパの毛織物・綿織物・薬品・時計・眼鏡・書籍などがあった。輸出品は銀・銅・海産物・漆器などであった。

No.111	鎖国関係年表
1604	糸割符制度
1612	直轄領に禁教令
1613	全国に禁教令
1616	貿易港を平戸・長崎とする
1623	イギリス国外退去
1624	スペイン船の来航禁止
1629	踏絵始まる
1631	糸割符制整備，奉書船制
1633	渡航・帰国の制限
1635	渡航・帰国の全面厳禁
1636	ポルトガル人の出島移転
1637	島原の乱（〜38）
1639	ポルトガル船の来航禁止
1640	寺請制度
1641	オランダ人の出島移転

キリスト教関係は1字落として書いた。1633〜39年の間に家光が5度にわたって出したものを寛永の鎖国令と総称する。1639年に鎖国は完成したといえる。

鎖国の結果，幕府を頂点とする封建支配は安定し永続することともなり，文化は内向して独自の美術や文学がつくられることになったが，やはり，日本人の海外への発展が阻害されたために，商工業の発展が遅れ，世界的視野を失って，社会の停滞を促したといえる。

(3) 幕府政治の展開

文治政治　1651（慶安4）年に家光が死に，幼少の子徳川家綱（1641〜80）が4代将軍となったが，それに乗じて牢人の由井正雪・丸橋忠弥らが幕府転覆をはかっている事件が発覚して，鎮圧された。これを**慶安事件**という。この結果，大名の改易・転封を強行したそれまでの**武断政治**では，ますます牢人を増加させ，社会不安の原因ともなるとの反省が生まれ，外様大名の敵視や武力抑圧の政策は改められた。大名の改易や転封は著しく減少し，大名の領国はしだいに固定化する傾向を示すようになった。続いて5代将軍**綱吉**のときには**儒教**が正学として取り上げられ，その政治思想が幕府政治に影響を与えて，制度・儀礼の整備，人民の教化，学芸の奨励などが行われた。このような政治を**文治政治**という。文治政治は，4代家綱でその傾向が強まり，5代綱吉を経て，6代家宣・7代家継のもとでの**新井白石**による正徳の治において，頂点に達した。

> **解説** 儒教の重視はすでに戦国大名にも見られていた。家康も早くから武力のみで天下を支配できないことを悟り，歴史書の『吾妻鏡』のほかに『貞観政要』を重んじて，施政上の参考書として刊行させ，朱子学者林羅山（道春）を登用したりしていた。

4代家綱のときには，慶安事件をきっかけとして**末期養子制が緩和**されたのをはじめとして，寛文の二大美事といわれる殉死の禁止や大名証人制の廃止も行われた。3代家光のときに幕政の機構が整い，役職の家格が決まっていたことと，家綱が幼少・病弱であったことのために，幕政の実権は譜代の重臣の手に移ることにもなった。前代以来の松平信綱・阿部忠秋らの老中のほかに，はじめは保科正之（1611～72）が後見人として政治にあたったが，やがて**酒井忠清**（1624～81）が老中，ついで大老となり，下馬将軍といわれるほどの権勢をふるった。

> **解説** 慶安事件の翌1652年にも，牢人別木庄左衛門らの挙兵計画が発覚した。牢人には黒田家を去った後藤又兵衛や加藤家を去った塙団右衛門のようにみずから牢人となった者もいるが，多くは改易によって牢人となるもので，17世紀前半の家光までの50年間に218家1887万石がとりつぶされ，年平均9000人の牢人が発生していたことになる。末期養子は従来認められず，継嗣の定まらないまま大名・旗本が死亡すればとりつぶしになっていたが，1651年に，50歳未満であれば臨終のときに継嗣を決定してよいことになった。

側用人政治

1680（延宝8）年に家綱が死に，家綱の弟で上野館林藩主になっていた**徳川綱吉**（1646～1709）が迎えられて5代将軍となった。綱吉は譜代重臣の合議政治から将軍に権力を集中して将軍親政の体制を打ち立てようとし，酒井忠清を退けて**堀田正俊**（1634～84）を登用した。そのころ商品流通の展開が著しく，農村にも変動があらわれつつあった〔→p.330〕。すでに，家綱のとき寛文・延宝期に大規模な検地を実施し，農村の再把握を試みていたが，綱吉は直轄領の支配強化に力を注ぎ，正俊を老中の月番制からはずして専任させた。また，勘定吟味役を設けるとともに，代官の監査も厳重にして，年貢の滞納を行っていた多くの代官を処罰した。

> **解説** 堀田正俊は老中から大老に進んで綱吉を補佐したが，そのころの綱吉の初期の治世を天和の治ということがある。綱吉は，「賞罰厳明」を根本方針とし，農政刷新をはかるとともに，幕臣の監査を厳しくした。その

結果，譜代・旗本に改易・減封される者が多く，将軍の権威は急速に高まっていった。

綱吉は政治理念として，儒教とりわけ朱子学を採用した。羅山の孫**林鳳岡**（信篤，1644～1732）を登用して**大学頭**に任じ，上野忍ケ岡にあった林家の私塾を**湯島**に移して聖堂として幕府文教の中心機関とし，みずから大名・旗本に儒学の講義を行った。また，朱子学者木下順庵（1621～98）を侍講に登用し，儒教道徳の普及をはかって，全国の孝子を表彰したりもした。

将軍に権力が集中して将軍の権威が高まると，譜代重臣に代わって将軍の恩寵を受けた側近の勢力が強まることになった。その制度化されたものが**側用人**で，館林から綱吉に従って幕臣となった牧野成貞・柳沢吉保などが相次いで側用人となった。とくに**柳沢吉保**（1658～1714）は正俊の死後，大老格になって大いに権勢をふるった。

> **解説** 家康・秀忠のときも本多正信・大久保長安などの側近が政治に参加した。これを近習出頭人といい，家柄も低かったが，側用人は石高・官位とも老中に準じ，柳沢吉保は老中の上の格式を与えられた。牧野成貞は3000石から7万3000石に，吉保は520石から15万石にまで加増されている。

吉保らによる側用人政治が行われ，将軍専制体制が確立して将軍の恣意が政治に反映されるようになると，偏執狂的な綱吉の性格ともあいまち，綱吉の晩年の治世には，**生類憐みの令**のような失政が多くなった。また，寛永寺根本中堂や護国寺などの寺院建築をさかんに行い，ぜいたくな生活を送ったために，幕府財政は急速に窮乏した。

> **参考 生類憐みの令** 綱吉は仏教をあつく信じたが，継嗣がなく，護持院隆光のすすめによって数度にわたって発布した。生物を大事にし，とくに綱吉が戌年生まれだったので，犬を大事にしたもので，違反者には死刑・流罪などの厳罰が待っていた。江戸の各所に犬小舎をつくって野犬を収容・保護した。このために綱吉は犬公方といわれた。綱吉が死ぬと新井白石がただちに廃止し，生類憐みの令で罰せられた者を特赦したが，その数は約9000人にのぼった。

財政の窮乏

幕府諸藩の財源の基礎はあくまでも農民からの貢租であった。その急激な増加は農業生産の特質からみても不可能であったが，多くの武士が都市に居住して消費生活を営んでいたため，全国的な商品流通網が成立し，生活程度が向上した結果，加速度的に支出が増え，深刻な財政窮乏

第7章 幕藩体制の成立　321

を招くことになった。主要鉱山を直轄し，貿易の利益を期待できた幕府は，諸藩に比べるとまだ余裕があるともいえたが，このころになると，金銀の産出も減り，貿易による収入も減少していった。しかも，家綱のときの1657（明暦3）年に江戸大火があり，江戸城をはじめ江戸の大半を焼失したために，その再建に巨額の費用を要し，家康以来の貯蔵金銀のほとんどを費消した。このときの大火を**明暦の大火**という。そのあとを受けた綱吉が放漫な奢侈生活を続けたから，幕府財政はますます窮乏し，収支がつぐなわなくなっていった［→史料㉚, p.391］。

> 解説　明暦の大火で，江戸城をはじめ多くの豪奢な大名屋敷や神社仏閣が焼失して江戸の様相も一変し，市区も大改正が加えられた。

そこで，勘定吟味役でのちに勘定奉行となった**荻原重秀**（1658～1713）の意見をいれ，綱吉は慶長金銀以来の貨幣を改鋳し，品質を落としてその差額（出目）を幕府の収入とした。この政策は1695（元禄8）年より行われ，幕府財政を一時的にうるおしたが，大量の悪貨が鋳造されたために物価の上昇を招き，消費生活を営む一般の武士や町人の生活を苦しめ，財政支出が激増して，幕府も改鋳益金をたちまちのうちに消費してしまった。

> 解説　綱吉のころ，幕府財政は収入が年46万両だったのに対して支出が140万両だったから，いかに財政窮乏に苦しんだか想像できる。この貨幣改鋳で，幕府は10年間に約450万両の利益をあげたから，それはその他の全収入に匹敵するものだったのである。この貨幣改鋳には，商品流通がさかんになって貨幣の必要量が増したにもかかわらず，金銀の減産によって金銀の絶対量が不足し，それを量的に補う意味をもっていたことも忘れてはならない。

正徳の治　1709（宝永6）年に綱吉が死ぬと，綱吉の甥で甲府藩主の徳川**家宣**（1662～1712）が迎えられて6代将軍となった。綱吉と同じく，家宣も甲府から連れてきた朱子学者**新井白石**（1657～1725）を侍講に，**間部詮房**（1666～1720）を側用人に登用し，政治にあたらせた。家宣が死に，1713（正徳3）年に幼少の子徳川**家継**（1709～16）が将軍となっても，白石・詮房が中心になって政治を行った。とくに，**新井白石**の影響は大きく，白石を中心とするこのころの政治を**正徳の治**という。

> 解説　新井白石は木下順庵門下の朱子学者だが，一時は牢人の身分だった。間部詮房は猿楽師喜多七太夫の弟子だった。ここにも側近政治の典型が見

られる。しかし，白石は側用人ですらなかったから，幕政機構上の正式な地位はなく，家宣が死ぬと譜代の反発が強まっていった。

　白石は生類憐みの令を廃し，柳沢吉保・荻原重秀を退け，賄賂を禁ずるなど幕府の綱紀粛正をはかり，評定所の運営を改善して裁判の公正・迅速に努力した。財政政策としては，元禄金銀を改鋳して慶長金銀並みの品質に引き上げた**正徳金銀**を発行し，**海舶互市新例**（かいはくごししんれい）を発して貿易による金銀流出を防ごうとした。

　朱子学者であった白石は，儒教の理想に燃え，儒教的な仁政を実施しようとするとともに，礼楽（れいがく）を中心にして幕府の支配秩序を整備しようとした。そのために，幕府の制度・典礼は整えられ，将軍以下の服装を正して幕府の威容を張ることにつとめ，閑院宮家（かんいんのみや）の創立をはじめ，朝幕間の儀礼の確立などを行って，朝廷との親和につとめた。朝鮮使節の待遇を簡素化し，国書の将軍の呼称に日本国王を用いるなど，対外的にも威信を強化した。

　白石による正徳の治は，儒教思想にもとづく儀式・典礼にその本領が発揮され，文治政治はその最盛期を迎えたが，理想を追うあまりに，その施策が形式に流れるきらいもあった。とくに財政政策で消極策をとったことは，幕府を再び財政窮乏に陥れた。

> **要точ**
> **新井白石**　6代家宣・7代家継に仕えた。その政治を**正徳の治**という。
> **出身**……牢人の子。はじめ堀田正俊に仕え，そののち木下順庵に朱子学を学び，やがて甲府の家宣に仕え，家宣に従って幕臣となる。身分は寄合儒官の無職旗本。
> **裁判の公正**……評定所の運営を改善。裁判の公正・迅速をはかる。1711年，越後農民の越訴に農民の主張をよく聞いて農民に有利な判決を下すなど，為政者がまず反省しなければならないとした。
> **正徳金銀**……荻原重秀を罷免し，1712年に勘定吟味役を復活，1714年には元禄金銀を改鋳し，慶長金銀と同質の正徳金銀を鋳造。
> **海舶互市新例**……正徳新令とも長崎新令ともいう。1715年に貿易額制限を強化し，中国船30隻，銀6000貫（うち銅300万斤），オランダ船2隻，銀3000貫（うち銅150万斤）までとした。これで金銀銅の海外流失を防ごうとし，また密貿易の取り締まりを厳重にした。
> **朝鮮使節待遇改善**……朝鮮使節の接待に毎回100万両ほどかかっていたのを6割削減，著しく簡素化した。また，対等の称号を用いようとして国書の将軍の呼称を日本国大君から日本国王に改めた。のちの吉宗のときに再び大君に復した。

鎖国

第7章　幕藩体制の成立

- **閑院宮家創設**……宮家は伏見・有栖川・京極の3家で，歴代の皇子が出家していたため，東山天皇の皇子直仁親王に宮家を創設させ，御料用として1000石を献じた。
- **儀式典礼の整備**……幕府の儀式・典礼や武士の服装，朝廷儀式の再興，朝幕間の儀礼確立など。
- **著書**……『折たく柴の記』『読史余論』『藩翰譜』『西洋紀聞』『采覧異言』

3 商品経済の発展

(1) 流通体制の整備

全国的商品流通　中世以来進行していた小農民自立の傾向をふまえて，統一政権が兵農分離の政策を推進し，武士の多くが城下町に集住して農業経営から切り離され，純粋な消費者として都市生活を営むようになったことは，**商品経済の発達**を著しく促すことになった。しかも，幕府によって貨幣制度が統一され，**参勤交代**が制度化されて，諸大名が江戸での消費生活をまかなうために，領内の米その他の産物を売り，幕府の発行する貨幣を手に入れる必要に迫られたので，諸大名は競って領内の産物を市場に放出し，ここに全国的商品流通の素地が形成されることになった。交通の発達もめざましく，17世紀初めから街道の整備や江戸ー大坂の定期的廻船が見られたが，1671年に東廻り航路が，1672年に西廻り航路が整備され，奥羽・北陸も全国的商品流通網にまきこまれて，商品流通は急速に展開をとげることになった。

貨幣と金融　家康は秀吉の方針を受け継ぎ，通貨の統一を達成し，貨幣制度を整備した。すなわち，**大判座・金座・銀座**をつくり，1601（慶長6）年より大判（10両）・小判・一分判や丁銀・豆板銀など金貨・銀貨の鋳造を開始した。銭座も置いて銅銭の鋳造も行ったが，はじめは永楽銭が依然として通用し，撰銭も行われていた。1636（寛永13）年より家光が**寛永通宝**を大量に鋳造して，1660年代にようやく銭貨も統一された。

> **解説**　**大判座**は後藤徳乗が特権を与えられ，大判を発行した。はじめ京都にあり，元禄年間に江戸に移った。**金座**は小判・一分判など大判を除いた金貨の鋳造所で，徳乗の養子後藤光次が管轄し，その子孫が世襲した。はじめ駿府・江戸にあり，関ヶ原の戦い後に京都・佐渡にも設けられたが，のち江戸だけになった。**銀座**は銀貨の鋳造所で，1772年より銅銭

も鋳造した。はじめ大黒常是(湯浅作兵衛)が伏見に銀座をつくり，のち駿府・京都・大坂・長崎にも置かれたが，やがて江戸に統一された。銭貨の統一は遅れ，1606年に慶長通宝，1619年に元和通宝が発行されたが，統一には至らず，幕府はしばしば永楽銭の通用と撰銭を禁止している。しかし，1660年代に銅銭が大量に鋳造され，ようやく永楽銭の流通も見られなくなった。

幕府は金1両＝銀50匁(のち60匁)＝銭4貫文を交換の基準として定めたが，実際には時価による相場によって変動があり，江戸では金が本位貨幣として用いられたのに対して，大坂では銀が本位貨幣として流通した。元禄の貨幣改鋳は，貨幣の流通量の膨脹のほかに，銀貨に対する金貨の価格下落を招いたから，大坂をはじめ上方・西国の商品の流通が活気をおび，大坂が全国の商品流通の中心地としての地位を確立した。

解説 金貨には両・分・朱の四進法が用いられた。すなわち，1両＝4分，1分＝4朱だった。銀貨は秤量貨幣で，取引ごとに目方をはかって品位を改めた。丁銀は43匁前後，豆板銀は小粒銀ともいい，目方は一定しなかった。銭貨は貫・文で数え，1貫＝1000文だった。

金・銀・銭の交換比価が一定せず，関東と上方で本位貨幣が異なっていたことは，貨幣の交換を専業とする**両替商**を発達させた。大量の物資が移送されるようになると，両替商は為替を発行して代金を決済し，商品流通を円滑にした。そのほか金融・手形発行など現在の銀行に類する業務を行った。

解説 両替商は金銀と銭との交換を行う**銭両替**と金と銀との交換を行う**本両替**とがあり，多くの資本をもち，絶大な信用と勢力をもって江戸・大坂・京都などの主要都市で営業した。大坂では1663年，幕府が鴻池屋・平野屋・天王寺屋など10軒を**十人両替**と定め，御用両替として公金の出納にあたらせた。かれらは諸藩の御用両替も兼ねて多くの利益をあげ，大坂の本両替を支配した。民衆相手の金融業者に質屋があり，頼母子(無尽)もますますさかんに行われた。

全国的商品流通網が形成されたといっても，江戸時代には，諸大名の領国でまず商品流通網が形成され，それを単位に全国に商品流通が行われるという形式になっていた。幕府発行の貨幣は諸藩でも通用したが，このような領国経済がつくられていくと，諸藩では紙幣を発行して貨幣の不足を補おうとした。このようにして発行された紙幣を**藩札**といい，17世紀後半以来，藩財政の窮乏

化が一般化すると相次いで発行された。

> **解説** 1669年に越前福井藩の発行したものが最初の藩札で，幕府が禁止したにもかかわらず乱発され，とくに幕末には激増した。明治初期の調査では，244藩，14代官所，9旗本領が藩札を発行していた。

交通の発達

国内が平和になった江戸時代には，人員や物資の往来が急激に増加し，交通はめざましい発達をとげた。幕府は軍事上・政治上・経済上の必要からも交通路の整備にはとくに意を用いたし，とくに**参勤交代**が制度化されたために，交通の発達は著しく促進された。

> **解説** 参勤交代のための旅行には，多量の物資の輸送もともなった。また，江戸での消費生活は商品流通を活発にし，あわせて交通の発達を促した。このほか，オランダ商館長（カピタン，甲比丹）は毎年江戸参府を行い，朝鮮通信使や琉球の使節が将軍が代わるごとに江戸幕府に参賀するなど，公的旅行は多量の人員・物資をともなってさかんに行われた。

陸上交通としては，幕府が江戸の日本橋を起点として**五街道**を整備して直轄した。五街道とは，**東海道・中山道（なかせんどう）・甲州街道・奥州街道・日光街道**をいい，これに接続する**脇街道**（脇往還（わきおうかん））も整備された。各藩も道路を整備し，これらの幹線に接続させた。

> **補足 交通路** 五街道のうち，**東海道**は江戸〜京都を結ぶもっとも重要な交通路で，品川から大津まで53宿あった。小田原・箱根・三島・沼津・府中・浜松・新

No.112　江戸時代の交通

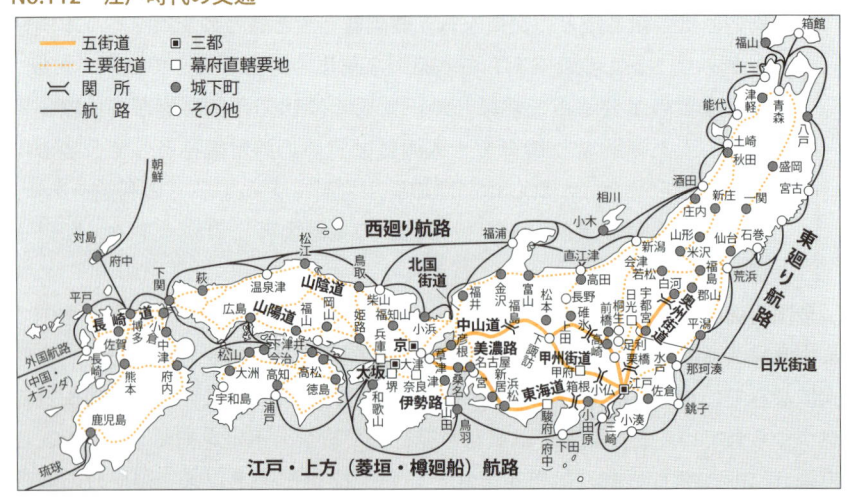

326　近　世（前期）

居・桑名・草津などの宿駅があった。**中山道**は木曽街道・木曽路ともいい，東海道の裏通りにあたる。板橋から上野・信濃・美濃を通り草津で東海道に合流し，67宿あった。板橋・高崎・軽井沢・木曽福島などの宿駅があった。**甲州街道**（甲州道中）は江戸内藤新宿から甲府までの38宿，さらに下諏訪までの6宿を加えて44宿となった。交通量は比較的少なかった。**日光街道**（日光道中）は千住・草加を経て宇都宮から日光に至る23宿があった。**奥州街道**（奥州道中）は日本橋から陸奥白河まで33宿だが，宇都宮までは日光街道と重なるのでこれを除くと10宿だった。脇街道には，佐屋路・美濃路・中山路・伊勢路・水戸路などがあった。

これら主要街道には，松・杉の並木が植えられ，1里（4キロメートル）ごとに**一里塚**が置かれて交通の便をはかった。2〜3里ごとに**宿駅**（宿場）があり，大名などの公的旅行者の泊まる**本陣**や予備としてこれに次ぐ**脇本陣**があった。一般旅行者は**旅籠**・**木賃宿**に宿泊した。五街道の宿駅には**問屋場**があり，公用者や大名のための人馬の引き継ぎを行った。

> **解説** 問屋場には一定の人馬が常備されていたが，交通量が増大してそれで不足するようになると，付近の農村から人馬を徴発した。これを**助郷**といい，課役農民には大きな負担となった。

幕府は主として軍事上の目的から，交通にさまざまな制限を加えていた。旅行に通交手形が必要だったのはもちろん，主要街道には**関所**を置いて，とくに「**入鉄砲出女**」を厳しく取り締まり，大きな河川には橋をかけさせなかった。また，物資の輸送はもっぱら人馬に頼ったので，陸上輸送では運送費もかかり，大量の輸送は困難だった。

> **解説** 関所では東海道の箱根・新居（今切），中山道の碓氷・木曽福島などが有名で，入鉄砲とは武器が江戸に入ることを，出女とは人質である大名の妻子が脱出するのを防ごうとするものだった。六郷・富士・天竜などの諸川は船渡し，酒匂・安倍・大井の諸川は徒渉で渡り，増水などのときには交通が遮断された。運送車両の使用は禁止され，物資の運送はもっぱら馬の背に頼ったが，さらに荷物は宿場ごとに積みかえねばならなかった。諸藩でも藩境に関所を設け，**津留**といって物資の移出入を禁止することがあった。

水上交通は，大船建造や遠洋航海の禁止によって海運の発達が阻害されたが，物資を大量・格安に運ぶには陸送より舟運のほうが有利であったので，**沿岸航**

路の発達をみた。

　諸大名は城下から江戸・大坂に年貢米を輸送するのに，早くから舟運を利用していたが，沿岸航路としては，全国商業の中心地である大坂と全国最大の消費地である江戸を結ぶ航路がもっとも重要で，元和ごろから木綿・油・酒などが大坂から江戸に送られ，1624（寛永1）年から定期的に就航するようになった。これを**菱垣廻船**（ひがき）という。このほか寛文年間（1661～73）には**樽廻船**（たる）も就航し，主に酒を大坂から江戸に送った。これらははじめ廻船問屋の支配を受けたが，17世紀末ごろ荷主の諸問屋が**江戸十組問屋**（とくみ）**・大坂二十四組問屋**の仲間を結成し，菱垣廻船を支配するようになった。

> **解説** 菱垣廻船は，積荷が落ちないよう檜（ひのき）の薄板で菱形の垣をつくったことから名づけられた。1619年に堺の一商人が木綿などを江戸に送ったのが最初といわれ，1624年から定期的に就航した。はじめは江戸・大坂間の物資輸送を独占したが，寛文年間より伊丹（いたみ）の酒問屋の援助を受けた樽廻船が就航するようになって，両者は激しく競争した。一時協定が成立したが，樽廻船は小早（こばや）といわれる船で船脚が速かったため，しだいに菱垣廻船を圧倒するようになった。

　奥羽・北陸の米・海産物などは，海上・川船・陸上などの積みかえによって江戸・大坂に運ばれていたが，はなはだ不便であったので，1670（寛文10）年ごろ，幕命を受けた**河村瑞賢**（ずいけん）（1617～99）が**東廻り航路**と**西廻り航路**を開拓して整備した。これによって全国はほぼ一つの商業圏に組み込まれ，商業はいちだんと活発になった。

> **解説** 東廻り航路は奥州荒浜から下総銚子・安房小湊を経て江戸に入る航路で，西廻り航路は出羽・越後から敦賀・小浜を経て下関に至り，瀬戸内海を通って大坂に入る航路だった。

　沿岸航路だけでなく，河川も輸送に利用された。17世紀初め，**角倉了以**（すみのくらりょうい）（1554～1614）は家康の命を受けて富士川・大堰川（おおい）・高瀬川などの舟運をひらき，17世紀末には河村瑞賢も安治川の河口を開掘して淀川の舟運を便利にした。河川輸送では，とくに**淀川**が商品流通路として重要で，関東の霞ヶ浦・利根川・荒川など，東北の阿武隈川・北上川・最上川なども舟運に利用された。

　通信制度としては**飛脚**（ひきゃく）が発達した。

> **解説** 飛脚には，継飛脚（つぎ）・大名飛脚・町飛脚があった。**継飛脚**は幕府が御用のため設けたもので，各宿駅で人馬を継ぎかえて通信した。**大名飛脚**は諸

大名が領地と江戸との間に設けた専用の飛脚である。**町飛脚**は1663（寛文3）年に幕府の許可を得て大坂・京都・江戸の商人がはじめたもので，東海道を6日で走ったので定六と呼ばれ，また月に3度大坂を発するので三度飛脚ともいわれた。町飛脚が発達すると，幕府・大名も通信を委託することが多くなり，町飛脚は地方でも発達して，書状や小荷物などを運んだ。

(2) 産業の発達

農業の発達

江戸時代における農業の発達はめざましかった。とくに前期において著しく，**新田開発**や**治水・灌漑事業**が積極的に行われて，ほぼ1世紀のあいだに耕地面積は80％以上，増加した [→p.302]。

> **補足　新田開発**　とくに大河下流の開発がさかんで，治水事業とあいまって利根川・武蔵野・木曽川などが大規模に開発された。新田には，農民が余力を利用して耕地の地続きを開く切添もあったが，村中の農民が協力して開発する**村請新田**が多かった。そのほか，代官が調査したのち幕府や諸藩の主導の下に行われる**代官見立新田**や，町人の財力によって開発される**町人請負新田**があり，江戸中期以後になると，町人請負新田が増加した。新田には鍬下年季といって一定期間の年貢が減免され，そののち検地によって石高がつけられたが，多くは本田より年貢課役が低率だった。

農業の進歩は技術の面でもめざましかった。関東以西では二毛作が一般的となり，農業経営の**集約化・多角化**が進み，品種の改良や作付技術の改善が行われた。

> **解説**　畿内ではとくに農業の集約化が著しく，多くの労働力を投入して高度の多角経営を行った。これに反して，奥羽・北陸のような米作を中心とする地域では，30石前後の中農が多く，労働力を節約して収穫をあげるという方向に進歩した。

農具も改良された。農業の集約化にともない，深耕用の**備中鍬**の使用が一般化し，牛馬に引かせる馬鍬・犂が広く使用

No.113　耕地面積と石高の変化

	年代	実績	増加率
耕地面積	慶長年間（1596〜1615）	1,635,000町	
	享保年間（1716〜1736）	2,970,000町	81.7%
	明治7年（1874）	3,050,000町	2.7%
石高	文禄年間（1592〜1596）	18,459,900石	
	元禄年間（1688〜1704）	25,768,900石	39.6%
	天保3年（1832）	30,402,500石	18.0%
	明治4年（1871）	31,620,000石	4.0%

された。**千歯扱き・唐箕・千石簁**など脱穀・選別の用具に画期的な進歩が見られ，龍骨車・踏車などの灌漑用具も普及した。

> **整理　農具の進歩**
>
> **備中鍬**……刃先が数本に分かれた深耕に適した鍬で，田の荒起こしに用いられた。
>
> **千歯扱き**……脱穀に用いられる。従来の扱箸より10倍も能率があがり，女子労働の場であった脱穀を簡略化したため，後家倒しといわれた。
>
> **唐臼・唐箕・ゆり板・千石簁**……どれも選別の用具で，いずれも使用は局地的。一般的には箕でゆりわけ，むしろを二枚折りにして打ち合わせて選別していた。

肥料には草木灰・堆肥などの自給肥料が多く用いられていたが，綿作が行われるようになると**干鰯**が用いられるようになった。干鰯は米作にも用いられ，油菜の栽培が普及すると，**油粕**も肥料として用いられた。干鰯・油粕のような**金肥の使用**は農業の生産性を高めたが，**農民を商品経済にまきこむ結果**にもなった。

この時代には**農学**も発達し，多くの農書・地方書が発行された。とくに1697（元禄10）年に刊行された**宮崎安貞**（1623〜97）の『**農業全書**』は有名で，これらによって農業技術は各地に伝えられ，農業はさらに進歩していった。

> **解説**　『**清良記**』が最初の農書とされる。これは伊予の土豪土居清良の生涯を記した軍記物語だが，第7巻が農事答申書からなっている。『会津農書』『耕稼春秋』など多くの農書があるが，とくに宮崎安貞の『**農業全書**』はもっともすぐれ，以後の農書の典型ともなった。安貞は筑前黒田藩の臣で，諸国をめぐって農業の状態を調査し，みずからも農業に従事して，農業技術の改良を研究し，中国農書の影響の下に，自分の経験・見聞を加えて『農業全書』を著した。

「財の余らぬ様に不足無き様に」貢租を収奪されていた農民も，このような農業生産の発展の結果，会津藩の一奉行が「民勢さし潮のごとく」と記したように，農民の手に余剰生産物が残り，生活も豊かになった。

商業的農業　農業経営が集約化・多角化して農業生産が発展し，農業経営に剰余が生じるようになっていたということは，**商業的農業が一般的に行われる**ようになったということでもあった。もともと，農業では米・麦・大豆などの自給的な主穀農業が中心で，本田畑の作付は制限され，本年貢

を納めるために稲作が奨励されていた。しかし，元禄前後になると全国的な商品流通網が完成し，江戸・大坂・京都などの都市が発達したために，都市の消費生活を対象として，**商品作物の栽培**が行われるようになった。商品作物には，**甜瓜**などの**蔬菜**や綿などの**加工原料作物**があった。

解説 加工原料作物には，**綿**のほか桑・麻などの衣料原料，**菜種**・櫨などの食用油・灯油原料，**藍**・**紅花**などの染料原料，**タバコ**・**茶**などの嗜好品などがあった。本田畑以外での**四木**（桑・楮・漆・茶）・**三草**（紅花・藍・麻）の栽培は幕府・諸藩によって奨励され，商品作物の栽培に地域的な特殊性があらわれて，各地に**特産物**を出した。綿作では，大坂を中心に摂津・河内・和泉・大和や瀬戸内海沿岸のほか，名古屋を中心とする三河・尾張などの東海地方がさかんだった。阿波の藍，出羽の青苧・紅花，近江・摂津・河内の菜種，山城宇治の茶，薩摩の甘藷・煙草などが特産物として知られ，養蚕も信濃・上野などでさかんとなり，生糸も国産でまかなえるようになった。

農村では，商品作物を原料とする**手工業**が行われた。農産物商品や手工業製品を集散するために，城下町のほかに**在郷町**が発展し，商品経済は農村に広く浸透した。このような商品経済の農村への浸透は，それと同時に，農民の貧富の差を激しくし，**農民の階層分化**を発生させ，本百姓体制を根幹とする幕藩体制をも動揺させる原因となった。

産業の発達

全国的な商品流通網が形成され，商品に対する需要が激増したことは，水産業・林業・鉱業などの**第一次産業の発達**を促した。

整理 第一次産業の発達

水産業……**漁業**では，網漁法の発達が著しく，多様・大規模となって，漁獲高が急増した。また，それまでは摂津・和泉・紀伊や丹後・若狭などのいわゆる**上方漁業**が中心であったが，上方漁夫の移住・進出などによって，そのすぐれた技術は各地に伝えられ，関東・三陸・四国・九州の各地に新しい漁場が開拓された。とくに**鰯漁**は干鰯が肥料として多量に利用されたので，各地で行われたが，**九十九里浜**の地曳網漁法は有名だった。薩摩・土佐・紀伊・伊豆・安房などの太平洋岸では鰹漁が，紀伊・土佐・九州近海では捕鯨業が行われ，北海道では鮭・鱈・鰊・昆布などが，朝鮮海域では鮪・鯛・鱶などが有名だった。広島湾のかき，江戸湾の海苔の養殖も有名だった。中国料理の材料となる煎海鼠・乾鮑・鱶鰭などの海産物は**俵物**

といわれ，江戸中期以降，輸出品として生産が奨励された。このような沿岸漁業の発達により，海辺の村落は半農・半漁の形態からしだいに純粋の漁村へと変化し，領主に貨幣による漁税を納入し，漁業権を認められるようになった。経営には，独立自営の漁民が家族労働によって行う小規模漁業のほかに，大規模漁業が行われ，一村で網・船などを共有して共同で漁業を行ったり，特定の**網元**・**船主**に多くの漁民が**網子**・**船子**として雇われたりした。

製塩業では，前代からの塩田法が引き続き行われ，とくに瀬戸内海沿岸が立地条件にめぐまれてさかんだった。播磨の赤穂，阿波の撫養，讃岐の坂出，下総の行徳などが知られている。

林業……都市が発達し，土木事業や建築がさかんとなったので，木材の需要が多く，幕府や諸藩は森林の保護・監督を厳しくし，植林を奨励した。幕府は武蔵西部・甲斐・伊豆・駿河・遠江・大和・飛騨などの山林を直轄し，諸藩でも山林の統制を厳しくした。民有の山林には，個人所有のもののほかに村で共有する入会地があり，農民が薪・下草・秣・木材などを伐採した。木材は，江戸・京都・大坂の三都に集中し，**江戸深川の木場**・**京都の堀川**などには材木問屋が密集していた。

牧畜業……牛・馬は農耕に用いられるほかに，馬は軍事用・交通用にも使われたために，牧畜業もさかんとなった。馬は，関東では農耕にも用いられたため，**南部**・**津軽**などの東北諸藩で良馬を産し，品種の改良も行われた。幕府が下総の小金・佐倉などに直轄の牧場をもつなど，幕府・諸藩は直営の牧をもち，民間の飼育も監督し，奨励した。馬市もさかんで，会津白河・出羽久保田（秋田）・陸前岩沼の馬市が知られている。関西では牛が農耕用に用いられたので，山陰地方で多く牛を産した。**但馬**・**出雲**・**隠岐**・**美作**が産地として知られ，大坂天王寺の牛市は有名である。

鉱業……戦国時代以来，富国策の一環として鉱山の開発がしきりに進められたが，とくに織豊期にはヨーロッパの技術も伝えられ，**金**・**銀**の産出は著しく増大した。江戸時代に入ってからも，通貨鋳造のために金・銀はますます必要となり，徳川家康は大久保長安（1545〜1613）を登用して鉱山開発にあたらせ，伊豆・石見・佐渡・生野の主要金・銀山を直轄した。しかし，17世紀半ばごろから，技術的な行き詰まりによって金・銀の産出は著しく減少し，かわって**銅山**の開発がさかんとなり，銅は輸出にも用いられるようになった。なかでも，1610（慶長15）年に発見された**足尾銅山**と，それと前後して発見された出羽の阿仁銅山，陸奥の尾去沢銅山，それに1690（元禄3）年に発見され，住友家が経営した伊予の**別子銅山**は著名で

No.114　江戸時代の産業図

　米の多産地

各地の特産物に注意する。
気候・風土と産物との関連にも注意する。
産業といっても，ほとんどが第一次産業だった。

ある。鉄は従来から出雲をはじめ山陰・山陽地方から砂鉄を産していたが，19世紀初め，陸中の釜石鉄山が開かれ，鉄鉱石を用いての製鉄が行われるようになった。**石炭**は，元禄のころ筑豊炭田，享保のころ三池・唐津炭田が開かれ，おもに燃料，とくに瀬戸内海沿岸の製塩に用いられた。

　農業における商品作物の栽培の増大や諸産業の発達を基礎にして，**手工業も発達**をみせた。手工業は，製油・織物・醸造など農産物の加工がほとんどで，はじめはそれらの原料が集まる都市を中心に行われたが，のちには諸藩の国産奨励もあって，農村の副業として広く行われるようになった。それにともない，生産形態も変化し，同業組合を結成する独立の手工業者による生産から，**問屋制家内工業**へと変わっていった。問屋制家内工業とは，商業資本が生産を支配する生産形態で，大商人である問屋が手工業者に資金・道具・原料などを前貸しし，それによって自宅で生産を行う手工業者を支配した。

商品経済の発展

整理　**手工業の発達**　問屋制家内工業から工場制手工業（マニュファクチュア）へと発展。

　織物業……手工業のなかで，もっとも著しく発達した。とくに各地の綿作の発達を背景として**木綿**が大衆的衣料品となり，三河・河内などが産地として知られ，小倉織・久留米絣（かすり）なども有名だった。**絹織物**は，中国産の生糸

第7章　幕藩体制の成立　333

（白糸）の輸入が減少したにもかかわらず，信濃・上野などで養蚕業がさかんとなり，武士や上層町人の需要にこたえて，京都西陣や博多などのほか丹後・足利・桐生・米沢などで発達した。**麻織物**では，奈良・近江の晒，越後の縮などが有名である。このような織物業の隆盛によって**染色**技術も進み，京都を中心に発達して，友禅染や鹿子紋などの華麗なものがつくられた。

醸造業……生産規模が大きく，多くの徒弟を使って分業を行うなど，早くからマニュファクチュアの起こった業種として注目される。**酒**では，摂津の池田・伊丹・西宮・灘，**醤油**では，下総の野田・銚子が有名だった。

製陶業……茶の湯の流行や豊臣秀吉の朝鮮出兵のとき多数の陶工を連れ帰ったことから，大陸の技術が導入され，陶磁器がさかんにつくられた。とくに肥前の**有田焼**（伊万里焼）は，従来からの加賀の九谷焼，尾張の瀬戸焼などに大きな影響を与え，豊前の上野焼，長門の萩焼，薩摩の薩摩焼など，北九州を中心に新しい製陶技術も生まれた。京都では瀬戸焼の系統を引く粟田焼・清水焼などがすぐれた技術を示した。

漆器業……能登の**輪島塗**，出羽能代や飛驒高山の春慶塗，会津若松の会津塗，陸奥の南部塗など。

製紙業……生活文化の向上によって紙の需要が高まり，品種も増え，生産も拡大した。原料には楮・みつまた・雁皮などが用いられ，各地の山間部に名産地があらわれた。高級紙に**越前**を中心とした奉書や鳥の子があり，日用紙には美濃の障子紙や土佐・石見・三河・周防などの半紙などがあった。

(3) 商業と都市の発展

商業の発達　江戸時代の経済は，各藩中心の領域経済を単位とするものだったが，交通・通信の発達や産業の発達，それに貨幣制度の整備などをふまえて，全国経済の形成が促進され，都市を中心にして商業は飛躍的に発展した [→p.324]。

　幕府も諸大名も，その財政は主として農村からの年貢米に依拠していたから，江戸や城下町での消費生活を営むためには，農民から徴収した年貢米や国産品などを売って貨幣に換えなければならなかった。そのために，諸大名は城下の特定の商人に委託して年貢米を売りさばかせる一方で，大坂や江戸に**蔵屋敷**を設け，そこに年貢米や国産品を輸送して，これを売り払い，また，これを担保にして商人から金を借りたりした。蔵屋敷に送られ，そこから商品として販売

されるものを**蔵物**(くらもの)と総称している。

補足 **蔵屋敷** 関東・東北の諸大名は主として江戸に，東海・関西以西の大名は主として大坂に設けた。蔵屋敷は，蔵役人・蔵元(くらもと)・掛屋(かけや)などで構成された。**蔵役人**は藩から派遣された役人で，蔵屋敷の管理にあたった。**蔵元**は蔵物の保管・出納にあたる者で，はじめは蔵役人がこれにあたったが，のち掛屋をやっている商人がこれを兼ねるようになった。**掛屋**は蔵物の売却代金の保管や送金など金融面をあつかい，両替商など金融業者が多く任命された。掛屋は蔵元も兼ね，やがては蔵物を抵当に**大名貸**(がし)を行い，藩財政に深く食い込み，士分の待遇を受けた。大坂の鴻池善右衛門(こうのいけ)は，加賀・岡山・阿波・広島・柳川の諸藩の掛屋となり，尾張・紀伊の御用商人を兼ねて，扶持米(ふちまい)だけで1万石以上に及んだ。

解説 江戸には，旗本・御家人の禄米を受け取り，販売にあたる**札差**(ふださし)があった。かれらは浅草蔵前に蔵宿(くらやど)を構え，やがて旗本・御家人への金融も行って，巨利を得た。

都市の市場をにぎわすものは蔵物だけではなかった。商品生産がさかんになると，民間で生産され，商人を通じて集荷され売買される商品もあった。これを**納屋物**(なやもの)という。納屋物は，江戸中期以降，農村における商品生産の発達や手工業の展開によって，しだいにその量を増やし，やがて蔵物を圧倒していく傾向を示した。

解説 18世紀初め（正徳ごろ），大坂に集荷される商品の約40％が米で，豆・麦などを加えると穀類で約50％だった。残りの50％の半分も油原料や衣料品などの農産物とその加工品で，都市の商業が農業生産と密接に結びついていたことが想像される。それは都市商業における蔵物の重要性も暗示するものだが，一方，17世紀末（元禄ごろ）より，都市における商品の需要の増加にともない，問屋制家内工業が起こり，問屋商人の手を通して，商品が集められるようになった。この傾向は，幕府や諸大名と結びついた門閥的な特権商人に代わって，新しい問屋商人が台頭してきたことも意味していた。

そのほか，**舶来物**(はくらい)といって，長崎貿易を通じてもたらされた商品もあった。

商人の分化

蔵物をはじめ大量の商品が都市を中心に集散し，売買されるようになると，商品取引場である市場はいちだんと活況を呈するようになった。この時代には，前代にさかんだった定期市はむしろ衰えたが，

第7章 幕藩体制の成立

それにかわって，とくに大都市において，**専門の卸売市場**が発展したことが注目される。また，これら卸売市場での商品は，投機取り引きの対象となる傾向もみえてきた。

> **整理　江戸時代の市場**　特定の商品だけをあつかう専門の卸売市場が発達した。
> **大坂**……**堂島の米市**・天満の青物市・雑喉場の魚市が三大市といわれてとくににぎわった。
> **江戸**……日本橋の魚市・神田の青物市などが活況を呈した。
> **地方都市**……桐生・足利などの絹市，仙台・盛岡などの馬市，大坂などの牛市があった。
> **その他**……庶民が日用雑貨・農具などを購入する小売の定期市として歳の市・酉の市や寺社の祭礼・縁日の市があった。

商品量の増加にともない，生産者と商人もはっきりと分化し，さらに商人の専門分化も進んで，**問屋・仲買・小売**という区別がつけられるようになった。

> **整理　商人の分化**　問屋・仲買・小売と分化し，ほかに行商人もあった。
> **問屋**……中世の問丸から発達したもので，卸売業者。荷主の委託により口銭（手数料）を取ったり，荷主から買い取ったりして，仲買に売りさばいたりした。資本も大きく，商品流通網の中で大きな地位を占めた。荷積問屋と荷受問屋との内部分化も見られ，納屋物の増加にともない，特定の大名や地域と結びつく国問屋から特定の商品だけをあつかう問屋への成長も見られた。
> **仲買**……問屋と小売商人，問屋と生産者や荷主の間にあって商品の取り引きにあたるもので，商業の発達により，江戸時代に一般的に成立した。
> **小売**……問屋や仲買より商品を仕入れ，消費者に販売する商人をいう。
> **行商人**……商人は多く屋号をもち，店舗を構えるようになったが，行商人・呼売・露天商人なども多かった。幕府や大名はもともと農村での商人の居住を許さなかったから，農民が農具や日常物資を入手するために，行商人は重要な役割を果たし，また他国や城下の情報を伝えるパイプともなった。かれらは連雀（木製の荷負いのこと）ともいわれ，とくに**近江商人**や富山の売薬商人は有名だった。

江戸幕府は，はじめ織豊時代の楽市楽座の政策を受け継ぎ，特殊なものを除いて商工業者が同業者組合をつくることを禁じ，商工業の自由営業を認めていたが，商業が発達し，競争が激化してくると，商工業者の中には営業を独占して利益をあげるために仲間を結成する傾向が強まった。幕府においても，これを公認して商業統制に役立て，あわせてかれらから**運上金**・**冥加金**などの営

No.115 江戸時代の商品流通機構

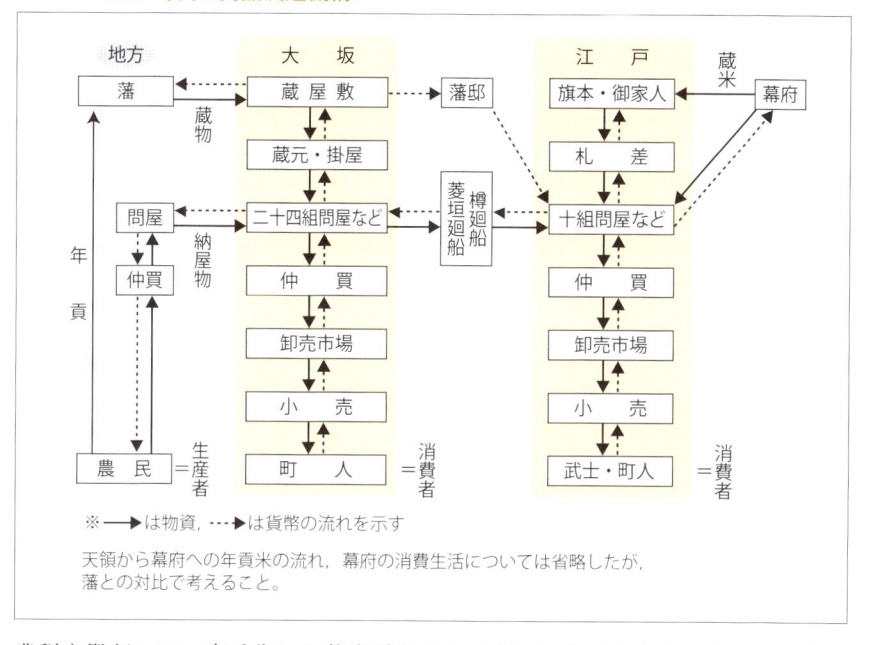

```
地方                  大　坂                        江　戸           蔵米
 ┌──┐   蔵     ┌──────┐ …→ ┌──┐     ┌──────┐       ┌──┐
 │藩 │ ←…→ │蔵屋敷 │      │藩邸│     │旗本・御家人│ ←…→ │幕府│
 └──┘   物     └──────┘      └──┘     └──────┘       └──┘
  ↑             ↓                        ↓
  │年          ┌──────┐                ┌──┐
  │貢          │蔵元・掛屋│              │札　差│
  │            └──────┘                └──┘
  │             ↓        菱 樽            ↓
 ┌──┐  納    ┌──────┐ 垣 廻  ┌──────┐
 │問屋│ ←…→ │二十四組問屋など│←→│十組問屋など│
 └──┘ 屋物   └──────┘ 船 船  └──────┘
  ↕             ↓                        ↓
 ┌──┐         ┌──┐                   ┌──┐
 │仲買│         │仲　買│                 │仲　買│
 └──┘         └──┘                   └──┘
                ↓                          ↓
              ┌──────┐               ┌──────┐
              │卸売市場│               │卸売市場│
              └──────┘               └──────┘
                ↓                          ↓
              ┌──┐                     ┌──┐
              │小　売│                   │小　売│
              └──┘                     └──┘
                ↓                          ↓
 ┌──┐ 生        ┌──┐ 消             ┌──────┐ 消
 │農民│ 産       │町　人│費           │武士・町人│費
 └──┘ 者        └──┘ 者             └──────┘ 者
```
※ ──→ は物資，┄→ は貨幣の流れを示す

天領から幕府への年貢米の流れ，幕府の消費生活については省略したが，藩との対比で考えること。

業税を徴収して、窮乏化した幕府財政の立て直しにあてようとした。このようにして、幕府の公許を得て利益の独占をはかった商工業者の同業者組合を**株仲間**という。株仲間は、17世紀末（元禄ごろ）に江戸の**十組問屋**、大坂の**二十四組問屋**が公認されたのをはじめとして、以後しだいに公認されていった。

> **参考　株仲間**　幕府ははじめ、貨幣鋳造にあたった金座・銀座、度量衡をあつかった枡座・秤座、長崎貿易にあたる糸割符仲間、治安上からの質屋・古着屋などを除いて、商工業者の仲間結成は認めなかったが、17世紀後半以後、内仲間として多くの仲間がつくられるようになったため、1694（元禄7）年、江戸**十組問屋**を公認し、ついで大坂二十四組問屋も公認された。十組問屋と二十四組問屋は、提携して大坂―江戸間の商品輸送や廻船を管理し、海難の処理にあたる一方、営業協定を結んで、独占営業を行った。18世紀前半、8代**吉宗**のときに株仲間は公認され、18世紀後半、10代家治のとき、老中**田沼意次**は冥加金を取り立てて財政の窮乏を乗り切るために、積極的に株仲間結成を奨励した。19世紀中期、12代家慶のとき、老中**水野忠邦**は株仲間を一時解散した。株仲間は、価格の協定・品質の管理・不正売買の取り締まりを行うとともに、業者数を規定して、排他的に仲間の利益を擁護した。業者数が

商品経済の発展

第7章　幕藩体制の成立　337

規定されたため，仲間に入っている権利を株といい，株仲間と称されたのである。諸大名においても，幕府と同様に株仲間を公認し，運上金を納入させた。

なお，十組問屋の十組とは，塗物店・内店（布，小間物類，太物類）・通町（小間物）・薬種店・釘店・綿店・表店（畳表）・川岸（米・油）・紙店（紙・蠟）・酒店の各組であった。

このようにして商業が発達してくると，**経済の実権はしだいに町人，とりわけ商人の手に移っていった**。かれらの多くは金融業（両替商）によって巨富を得，全国的な商業に従事し，幕府・諸藩の財政に食い込んだ。大名・旗本などは掛屋・札差などから莫大な借金を重ね，かれら大名貸をする商人に頭があがらなくなっていった。

解説 当時（17世紀後半から18世紀前半ごろ）の豪商として，鴻池善右衛門・淀屋辰五郎・越後屋三井家・紀伊国屋文左衛門・奈良屋茂左衛門などが知られる。鴻池は大坂の富豪で，代々善右衛門を称し，醸造業から海運業，さらに両替商を営み，諸藩に食い込んで大名貸を営んだ。淀屋も大坂の豪商で，はじめ材木商を営み，諸藩の蔵元を兼ねたが，5代辰五郎のとき奢侈を理由に闕所（財産没収）とされた。越後屋は，17世紀後半に三井高利が江戸に呉服店を開き，「現金掛け値なし」の新商法で成功し，両替商も営んだ。現在の三越の前身である。紀伊国屋文左衛門は，みかんを江戸に運んで巨利を得，明暦の大火で木材を買い占めて巨富を得た。2代目文左衛門は，豪遊で知られる。かれら豪商は巨富を蓄積したとはいえ，鎖国下であるためにその資本を海外貿易に投資することもできず，また，商人資本の性格もあって，せいぜい新田開発や農地の買得によって地主となるか，金融業を営んで，大名貸をしたり，前貸しによって問屋制家内工業を組織したりする程度で，淀屋辰五郎・紀伊国屋文左衛門・奈良屋茂左衛門のように豪奢な生活をし，いたずらに浪費に費やされることも多かった。

都市の発達

兵農分離・商農分離の政策とあいまち，商業の発達をふまえて，この時代には都市が著しく発達した。とくに発達したのは諸大名の**城下町**で，城下町は政治・軍事上の藩の中心であるだけでなく，交通の要地に置かれて産業・商業など領国経済の中心地となった。

城下町 城下町としては，将軍の城下であった江戸が最大で，金沢（前田氏）・鹿児島（島津氏）・仙台（伊達氏）・名古屋（徳川氏）・和歌山（徳川氏）・熊本（細川氏）・福岡（黒田氏）・岡山（池田氏）・高知（山内氏）などがあった。城下町の規模はほぼ領主の石高に比例したが，その構成はかなり類型化され，大名の居城を中心に武家屋敷・侍町があって，その外側表通りに旅籠町・呉服町・米町・肴町などの商人町，裏通りに鍛冶町・大工町・瓦町などの職人町などが置かれ，同職種の商工業者が集住していた。城下町の人口構成などは，場所により差はあるが，一般に領内の10％強の人口が城下町に集住し，城下町人口では武士と町人がそれぞれ約半数を占め，町人の約60％が商人だった。城下町は，大名・武士の軍事・日常の需要を満たすとともに，財政をまかなうための年貢米販売にも大きな位置を占め，領内で生産される原料を加工する手工業の中心地でもあった。

近世都市を代表するものは城下町で，領国経済の中心でもあったが，産業・商業の発達は，さまざまな形態の都市を発達させ繁栄させた。**産業都市**としては，大坂・京都がとくに全国経済の中心として繁栄したほか，養蚕・製糸・織物の生産地には，手工業者・商人からなる中小都市が発達した。鎖国の下に遠洋航海は禁じられていたが，沿岸航路が発達したために，その拠点には**港町**が発達した。陸上交通も激増したため，主要街道の街道筋には**宿場町**が栄えた。寺社参詣もさかんとなって，寺社の周辺には**門前町**が形成された。

近世都市 その生成から城下町・産業都市・港町・宿場町・門前町に区別される。
城下町……兵農分離の政策により，武士・町人が集住させられて形成された。江戸のほか金沢・鹿児島・仙台・名古屋・和歌山・熊本・福岡・広島・岡山・姫路・彦根・高知・甲府・水戸・宇都宮・高松など。
産業都市……大坂・京都のほか機業地の松坂・近江八幡・桐生・足利・八王子など。
港町……外国貿易の長崎のほか，沿岸航路の博多・下関・兵庫・堺・敦賀・小浜・新潟・酒田・銚子・青森など。また，河川航路の大津・淀など。
宿場町……とくに東海道筋の品川・小田原・三島・沼津・島田など。
門前町……伊勢神宮の山田・善光寺の長野・東照宮の日光など。

都市の中でも，**江戸・大坂・京都**の3都市は**三都**といわれ，とくに繁栄した。江戸は将軍の城下町，幕府の所在地として急速な発展をとげ，とくに参勤交代が制度化されてからは大名・家臣の居住も増え，18世紀前半には人口100万

に達したといわれている。大坂は豊臣秀吉の城下町となって以来発展を続け，全国経済の中心となって物資の最大の集散地となり，「天下の台所」といわれた［→史料㉝,〈実用編〉p.278］。8世紀以来の王都である京都は，伝統的な美術工芸・織物・染織など手工業を中心に繁栄した。

> **整理**
>
> **三都** 江戸・大坂・京都をいう。
>
> **江戸**……1590（天正18）年に秀吉により関東に転封された徳川家康が居城としてから急速に発展した。1635（寛永12）年に参勤交代制が確立すると，大名とその家臣団も多く居住し，その大きな消費人口を目当てに多くの商工業者が集中した。1657（明暦3）年の明暦の大火で江戸の大半は焼失したが，かえって面目を一新し，玉川上水も開かれるなど人口も増加し，市街区も拡大した。18世紀前半（享保ごろ），町人だけで人口50万人を数え，武士人口を加えると人口は100万人に達していたといわれる。当時，最大の都市といわれたロンドンが人口70万〜80万人であったから，江戸は世界最大の都市だったことになる。江戸は**全国最大の消費地**として大坂を経て多くの物資が流入したが，その消費需要を支える手工業もさかんで，また，東北・関東などに対する物資の集散地としての地位ももっていた。
>
> **大坂**……石山本願寺の寺内町として発達をとげ，さらに秀吉の城下町として，堺・伏見の商人を集住させ，急速に発展した。江戸時代には諸大名の**蔵屋敷**が集中し，**全国物資の集散地**としての地位を占めるようになった。製油・製銅などの手工業もさかんで，人口は18世紀中ごろ（宝暦ごろ）に武士と町人を合わせて50万人を超えた。なお，明治以後，大坂は大阪と改められた。
>
> **京都**……所司代の駐在地として関西以西の政治的な中心だっただけでなく，長い文化の伝統をもつ都市として多くの学者・芸術家を集めた**学芸の都市**であったが，伝統的な美術工芸や絹織物・染色加工業など**伝統的な手工業**がさかんだった。人口は町人だけで30万人を超えたといわれ，18世紀中ごろ（宝暦ごろ），洛中洛外で合わせて50万人に近かったという。

> **ポイント**
>
> とくに大坂が近世経済の中で果たしていた役割はよくおさえておく。また，参勤交代が経済の発達に与えた影響もよく理解すること。

4 町人文化の成立

(1) 江戸初期の文化

憂世から浮世へ 文化の担い手が貴族から武士や町衆に受け継がれ、また、都市民や農民が広く文化の創造に参加するようになって、文化の性格には、しだいに生活に根ざし、**現実を重視する傾向**が強まりつつあったが、江戸時代に入って、その傾向はいっそう拍車をかけられた。

> **憂世と浮世** 中世には「憂世」という語があった。それは、現世を一時的なもの、虚しいものと考え、そのゆえに浄土に往生することを求める、きわめて厭世的・彼岸的な世界観を表わすものであったが、戦国時代のころから、現世に対する関心が強まるに従って、現世を一時的な虚しいものとは考えながら、逆にそのゆえに、現世を十分に楽しんで生きなければならないという世界観へと変わっていった。小歌集『閑吟集』や仮名草子『浮世物語』などに、その変遷の過程をたどることができるが、「憂世」が「浮世」と表記されるようになったことは、その意味が完全に変わったことを意味し、元禄時代の浮世草子・浮世絵など、「浮世」の語に示される世界観は、近世文化の一つの基本的な性格となった。それはとくに町人文化に顕著だったが、現実的・此岸的で、きわめて享楽的な傾向をもつものだった。

その傾向は、思想的には、現世から逃れて悟りの境地に入ったり、浄土に往生することを求める仏教が思想的に停滞し衰えていったのに対し、現世における人倫関係の道徳を説く**儒学が台頭**し、広く普及したことに示される。儒学の台頭は、現実に対する関心を深めて、数学・本草学・農学などのさまざまな**経験科学が発達**を見せることになった。美術のうえでも、仏像彫刻が衰え、装飾画や浮世絵などが多く描かれて、題材のうえからも仏教の影響が薄れるなど、その傾向は文化のすべての面にまで及んだ。

> **江戸時代の仏教** 江戸時代には、僧侶が新説を唱えたり、新しい宗派を開くことは禁止された。1654年に来日した明僧**隠元**（1592〜1673）が禅宗の一派である**黄檗宗**を伝え、宇治に万福寺を開いたのは例外である。本末制度によって寺院は統制され、寺請制度によって寺院は支配機構の末端に位置づけられ、寺院も幕藩体制を容認してその命脈を保った。本願寺は、石山本願寺が落ちたのち、1591年に豊臣秀吉が京都への移転を命じ、1593年に顕如

の四子准如に継がせたが、1602年、家康は顕如の長子教如に京都に寺院をつくらせた。教如の系統を東本願寺、准如の系統を西本願寺といい、ここに本願寺の勢力は二分された。日蓮宗でも、大勢は身延山を本寺として幕藩体制の容認に傾いたが、不受不施派の中には信仰を貫いて幕府の激しい弾圧を受けた者もあった。

ところで、江戸初期の文化を、中心となった時期の年号をとって**寛永文化**という。寛永文化は、前代の貴族文化が武士文化・町人文化に移っていく過渡期に属するもので、**京都の豪商**を主な担い手とし、豪壮さの中にも洗練された美しさをもっていた。

儒学の台頭

中世までの仏教に代わって、近世の人々の精神に大きな影響を与え、政治から日常生活にいたるまでの指針とされたのが**儒学**だった。なかでも、**朱子学**は君臣の上下関係を重んじる思想が幕府（体制）にかなった思想とみなされ、幕府に採用されて官学となり、権力と結びついて大きな勢力を占めた。

> **補足** **朱子学（宋学）** 宋の時代に**朱熹**によって大成された。日本には鎌倉時代に中国から伝えられ、室町時代には五山の禅僧によって研究された。その**大義名分論**は、すでに後醍醐天皇に影響を与え、建武中興の理念になったともいわれるが、戦国時代になると、大名にこれを学ぶ者もあらわれ、薩南学派などが起こった。朱子学では、万物の生成について、**理気二元論**がとられた。理は万物の根源であると同時に、道徳の本質であり、すべての人がその理にかなった生き方をすることが求められた。この考え方は、結局、君主を絶対化し、社会組織を固定的に考えて、人をしてその枠の中で生きることを強制する**固定的な世界観**となるが、反面で、正しく生きるためにはみずからの理を明らかにせねばならないために、**格物窮理**が主張され、それが儒教の道徳を前提とするものではあったが、経験科学を生み出す思想的母胎ともなった。いいかえると、朱子学は、第一に、来世を重んじる仏教と違って人間関係をはじめとする現実を重んじるものだったが、その前提に朱子の注による『論語』『孟子』の思想が道徳の本質として絶対視され、宗教的世界観を完全に脱却したとはいえなかったこと。第二に、万物の根源である理を窮めるものとして自然科学発生の基盤となったが、それが既存の道徳でもあったので、自然を自然として研究するには限界があったこと、などが特徴であった。

藤原惺窩（1561～1619）は、はじめ相国寺の禅僧だったが、朱子学を学び、還俗して朱子学者として立ち、現実の社会に対する批判や政治への関心を深め

No.116　朱子学学統

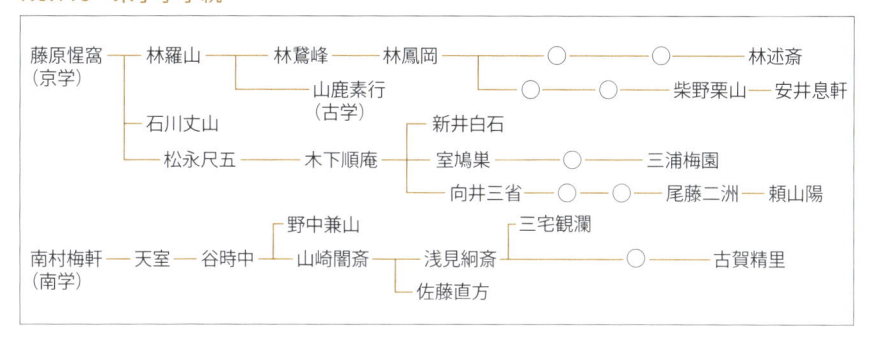

```
藤原惺窩──┬─林羅山──┬─林鵞峰──┬─林鳳岡──┬─○──────┬─○──────林述斎
（京学）　 │　　　　　│　　　　　│山鹿素行　│　　　　　└─○──────柴野栗山──安井息軒
　　　　　│　　　　　│　　　　　│（古学）　├─新井白石
　　　　　├─石川丈山　│　　　　　│　　　　　├─室鳩巣──┬─○──────三浦梅園
　　　　　└─松永尺五──木下順庵　│　　　　　└─向井三省──○──────尾藤二洲──頼山陽
　　　　　　　　　　　　　　　　　┌─野中兼山　　　　　　　┌─三宅観瀾
南村梅軒──天室──谷時中──┬─山崎闇斎──浅見絅斎────○──────古賀精里
（南学）　　　　　　　　　└─佐藤直方
```

て，儒学に新しい方向を打ち出した。徳川家康は惺窩の儒学の講義を聞き，その登用を願ったが，惺窩は門人の**林羅山**（道春，1583〜1657）を推薦したので，羅山が家康に登用され，4代家綱のときまで仕えて，幕府の文教政策の確立に貢献した。これ以後，林家は子の鵞峰（春斎，1618〜80），孫の鳳岡（信篤，1644〜1732）と代々幕府の儒官となった。とくに5代将軍綱吉は学を好み，羅山が上野忍ケ岡に開いた林家の私塾を湯島に移して聖堂を建て，鳳岡を**大学頭**とし，朱子学を講じさせた。湯島の聖堂は官学として**昌平坂学問所**（昌平黌）と呼ばれ，朱子学は幕府の官学としての地位を確立した。諸藩も多く朱子学を採用したので，江戸初期にはすぐれた朱子学者が多く輩出した。

> 儒学とくに朱子学は，幕政の推移と関連させて理解しておくとよい。林羅山，徳川綱吉，新井白石，寛政異学の禁 [→〈実用編〉p.43] などはとくに重要。

> **主要な朱子学者**　藤原惺窩の系統を引く**京学**と，戦国時代に土佐の南村梅軒の起こした**南学**（**海南学派**）とがあった。
>
> **京学**……**藤原惺窩**は京学の祖，その門人**林羅山**は林家が幕府に登用される道を開いた。惺窩の門人**松永尺五**（1592〜1657）は，町儒者として京都に私塾を開いた。その弟子**木下順庵**（1621〜98）は綱吉に招かれて侍講となり，林家以外の民間儒学者登用の道を開いた。その門人に**新井白石**や白石の推薦で幕府の儒官となり，8代吉宗に仕えた**室鳩巣**（1658〜1734）などがあった。
>
> **南学**……**谷時中**（1598?〜1649）が南学を大成。その門人の**野中兼山**（1615〜63）は土佐藩の家老として藩政改革につとめ，**山崎闇斎**（1618〜82）は会津藩主保科正之に仕え，のち京都で私塾を開き，朱子学と神道の結合をはかって**垂加神道**を開いた。その一門は崎門といわれている。

No.117　陽明学学統

```
中江藤樹―熊沢蕃山
　　　　　三宅石庵―中井甃庵―中井竹山―佐藤一斎―佐久間象山―吉田松陰
　　　　　　　　　　　　　　　（朱子学）
　　　　　　　　　　　　　　└富永仲基　└山片蟠桃　└安積艮斎
```

> **その他**……**貝原益軒**（かいばらえきけん）（1630〜1714）はどの学派にも属せず，広く研究を行い，社会の教化につとめた。

　朱子学と並ぶ儒学の一派である**陽明学**も江戸時代に伝えられたが，**中江藤樹**（とうじゅ）（1608〜48）などのすぐれた学者を出したとはいえ，朱子学に押されて大きな影響を与えなかった。

> 補足　**陽明学**　明の時代，**王陽明**（おうようめい）によって大成された。陽明学は朱子学の形式的・固定的な世界観に対する批判として起こり，**心即理**（しんそくり）を唱えて，理は朱子学のように『論語』『孟子』などの書物に求めるべきではなくて，人間の心の中に求めるべきであるとし，また，**知行合一**（ちこうごういつ）を唱えて実践を強調した。いいかえると，朱子学が外在的に理を見たのに対し，陽明学は内在的に理を見たのであり，そのゆえに，朱子学のように理の認識に重きを置くのではなく，陽明学では，心の内なる理は認識されるとただちに実践されねばならないとしたのだった。**中江藤樹**は，近江の人で，朱子学から晩年，陽明学に転じ，庶民の教化にも力を注ぎ，**近江聖人**（せいじん）とうやまわれた。その著『翁問答』（おきな）は啓蒙書として広く読まれた。その門人**熊沢蕃山**（ばんざん）（1619〜91）は岡山藩主池田光政に仕え，政治にも手腕をふるったが，晩年は幕府の憎むところとなり，下総の古河（こが）に移された。幕末，天保の飢饉に際して難民救済の一揆を起こした大塩平八郎（中斎）（ちゅうさい）も陽明学者だった。

文学と芸能

　戦国の余燼がくすぶっていたこの時期，武士は体制の整備に忙殺され，町人はまだ自分の表現様式を見出していなかったので，**文学**は前の桃山時代と同様に低調であった。その中で，京都の**松永貞徳**（ていとく）（1571〜1653）は山崎宗鑑が戦国時代に開いた**俳諧**に，滑稽をおもなねらいとし，広く武士や町人に受け入れられる道を開いた。その一派を**貞門**（ていもん）という。また，御伽草子の系統を引く**仮名草子**が流行した。

> 解説　仮名草子は，僧侶・神官・儒者・武士などの手になるもので，道徳や教訓を主として，やさしいかな文で書かれたものを総称していう。構想や表現はまだ熟していなかった。浅井了意（りょうい）の『浮世物語』，如儡子（にょらいし）の『可（か）

344　近　世（前期）

笑記』などがある。

　芸能としては、歌舞伎が成立していったことが注目される。歌舞伎は17世紀初め、出雲阿国が阿国歌舞伎をはじめて以来さかんになった。はじめは踊りを主体としていたが、幕府の禁止を繰り返し受けながら、寛文（1661〜73）ごろ、演劇として完成していった。

> **参考　歌舞伎**　もともと、かぶきとは「傾く」という動詞が名詞化した語で、平常とは違った異常なふるまいなどを意味していた。阿国歌舞伎は踊りを中心としたもので、盆踊り・念仏踊りなど中世芸能の伝統を受けたものだろうが、それが大当たりをとると、女歌舞伎が流行するようになった。女歌舞伎は1629年に禁止されたので、かわって若衆歌舞伎となったが、これも1652年に禁止され、野郎歌舞伎となった。野郎歌舞伎になると、演技力や劇の構成によって観客を引きつけざるをえなくなり、寛文ころ、多幕物の筋をもつ演目が発生し、ここに歌舞伎は演劇として成長することになった。また、歌舞伎に女性の出演が禁じられたことは、女形といって、女性の役を演ずる男優を発生させることにもなった。

　語り物であった浄瑠璃も、三味線の伴奏と人形操りとが結びつき、**人形浄瑠璃**として隆盛するきざしをみせていた。

美術と工芸

　絵画では、幕府の御用絵師として江戸に下った**狩野探幽**（1602〜74）やその一派と、京都の鷹ケ峰に住んだ**本阿弥光悦**（1558〜1637）のグループが2つの中心をなしていた。探幽を頂点とする狩野派は、幕府の御用絵師や諸藩の御抱絵師となり、社会的地位が安定するにしたがって画風も生彩を失っていったのに対し、鷹ケ峰のグループからは**俵屋宗達**（生没年不詳）が出て、大和絵に新生面を開いてすぐれた装飾画を残し、光悦も蒔絵など工芸にすぐれた作品を残した。

　建築では、草庵風茶室と書院造の様式を折衷した**数寄屋造**が流行した。桂離宮はその代表的建築で、その庭園も回遊式庭園の完成された姿を示している。17世紀後半につくられた修学院離宮も、桂離宮と並んで名高い。霊廟建築がさかんだったことも特徴で、家康をまつった**日光東照宮**は、権現造という様式で、壮麗な装飾が施され、その典型だった。

> **重要　江戸初期の美術**
> **絵画**……**狩野探幽**は幕府に招かれて御用絵師となり、穏健中庸な絵を描いた。その一門はみな幕府・諸藩に抱えられて、しだいに潑剌とした生気を失っ

第7章　幕藩体制の成立　　345

たが，久隅守景や英一蝶など，庶民の日常生活を描いて狩野派を破門された画家にすぐれた作品が見られた。俵屋宗達は本阿弥光悦とも近く，京都にあって独自で斬新な装飾画を大成した。尾形光琳・乾山の兄弟はその様式を受け継いでいる。作品に，宗達の「源氏物語図屛風」「風神雷神図屛風」などがある。

建築・庭園……建築では，霊廟建築がさかんだった。日光東照宮はその代表で，家康をまつり，3代家光のとき造営された。江戸幕府の権威を誇示して華美をきわめている。その建築様式を権現造という。庭園では，桂離宮や修学院離宮がすぐれている。

工芸……陶磁器では，有田に酒井田柿右衛門が出て，独特の金銀彩絵に成功し，伊万里焼の名で広まった。やや遅れて，京都に野々村仁清が出て，日本的な意匠によって京焼の祖といわれた。蒔絵では，本阿弥光悦がすぐれた多くの作品を残した。

(2) 学問の発達

経験科学の誕生　封建道徳と結びついてであったとはいえ，江戸時代に入って，現実の人間関係にそれなりに合理的な解釈を与えるという性格をもつ儒学が広く行われるようになったことは，人々が呪術的な世界観から大きく脱却し，合理的な世界観を身につけつつあることを意味していた。とくに幕府の支持を受けた朱子学は理気二元論によって万物の生成を合理的に解釈するものであったから，その思想的影響を受けて，さまざまな経験科学が誕生し，発展をとげることになった。

史学の発達　朱子学の直接的な影響を受けて発達したのが，史学である。すでに林羅山は3代家光の命を受け，神武天皇から宇多天皇までの歴史を『本朝編年録』40巻にまとめていたが，その子鵞峰があとを継いで，1670（寛文10）年に後陽成天皇（秀吉・家康のころ）にいたる『本朝通鑑』310巻を完成した。『本朝通鑑』は中国の『資治通鑑』にならって編年体がとられている。諸藩では，水戸藩が大修史事業を行った。水戸藩主徳川光圀（1628～1700）は，明から来朝した儒学者朱舜水（1600～82）を迎えて儒学の興隆に努め，江戸小石川の藩邸に彰考館を設けて，『大日本史』の編纂にあたらせた。『大日本史』は紀伝体によって編集されており，1715（正徳5）年に本紀・列伝が完成し，1720（享保5）年に幕府に献上されたが，志・表の完成は，はるかに遅れて実に1906（明治39）年のことであった。水戸藩では，この

修史事業を通じて，彰考館の学者たちを中心として，大義名分を重んじ朝廷を尊崇する**水戸学**が発達し，幕末の尊王思想の母胎となった。

6代家宣に仕えて正徳の治を担当した**新井白石**［→p.322］は，史学のうえにも独自で大きな業績を残した。その著『**読史余論**』は，家宣に進講された原稿だが，武家政治の興亡を中心に論じ，独自の発展史観に裏打ちされていた。その他，神代を合理的に解釈した『**古史通**』や諸大名の系譜・事績などを記した『**藩翰譜**』などを著した。

17世紀後半になって，朱子学を批判して，孔子・孟子の教えを直接自分でとらえようとする**古学**が起こってきたが，古学では，過去の聖代をありのままに認識することが求められるために，実証主義的精神が芽生え，自然科学はますます発達した。

補足　教育の普及　さまざまな自然科学が発達し，後述するような広く町人を担い手とする元禄文化が成長する前提に，教育が普及したことも忘れてはならない。幕府は**昌平黌**（のち**昌平坂学問所**）をつくって官学としたが，諸藩でも多く**藩校**をつくり，家臣の教育にあたらせた。1641年に岡山藩の池田光政がつくった**花畠教場**がもっとも古く代表的なものだが，江戸中期以後になると，その数も増えた。その中で秋田の**明徳館**，会津の**日新館**，米沢の**興譲館**，水戸の**弘道館**，名古屋の**明倫堂**，萩の**明倫館**，福岡の**修猷館**，熊本の**時習館**，鹿児島の**造士館**などが有名である。民間の学者も**私塾**を開いて教育にあたった。伊藤仁斎の古義堂，荻生徂徠の蘐園塾，中江藤樹の藤樹書院などがとくに名高かった。中期以降，大坂の町人は**懐徳堂**をつくって，多くの異色な学者を送り出したし，蘭学者や国学者などもそれぞれ塾を開いた。庶民教育としては**寺子屋**があった。寺子屋は全国各地につくられ，僧侶・神官・牢人などが教師となり，『実語教』『童子教』や『いろは歌』などの往来物を教科書とし，読み・書き・そろばんが教えられた。

古学の台頭　朱子学の形式的・固定的な性格は，時代が下るにつれてしだいに独断論的な傾向となり，変化をとげつつある社会の実情にそぐわないものとなっていった。そのような中で，『論語』『孟子』のような儒教の古典を，朱子をはじめとする後代の注のみによって解釈する立場に反対し，みずからそれらの古典に直接あたって研究すべきであるという主張があらわれるようになった。このような主張をなす儒学を古学，その一派を**古学派**と呼んでいる。これらの人々は，みずからの体得した儒教の古典の解釈にもとづいて，

第7章　幕藩体制の成立

朱子学を批判した。

　17世紀後半，**山鹿素行**（1622〜85）はみずから学んだ朱子学に疑いをもち，『聖教要録』を著し，朱子学を批判して幕府に流された。素行にやや遅れて，**伊藤仁斎**（1627〜1705）は京都堀川に私塾**古義堂**（堀川塾，堀川学校）を開き，仁を中心概念とし，政治とは別の世界に人間中心的な修養道徳を説き，その一派は古義学派または**堀川学派**と呼ばれた。仁斎に遅れてあらわれた**荻生徂徠**（1666〜1728）は柳沢吉保の儒官となり，晩年には8代将軍吉宗にも仕えて，社会の実情に適した制度を立てるべきことを主張した。徂徠が**古文辞学**という文献研究の実証主義的方法を用いたので，その一派を古文辞学派とも，また，私塾**蘐園塾**を開いたので**蘐園学派**ともいう。蘐園塾からは多数のすぐれた門人が輩出し，その中には諸大名に仕えた者も多く，その影響は大きかった。

参考　**主要な古学者**　**山鹿素行**は林羅山に学んだ朱子学者だったが，『聖教要録』で朱子学を批判したため，幕府の処罰を受けて，赤穂に流された。その主張は，現実の重視を説くもので，朱子学の理を否定し，それぞれの時代をよく知り，その時代の中からその時代をとらえねばならないとした。かれは軍学者としても知られ，武士道を説いた『**武家事紀**』があり，中国を中華と称して尊ぶのを批判して，日本中心主義を説いた『**中朝事実**』も著している。**伊藤仁斎**は京都の材木商出身で，京都の文化人・富商・公家などと交際をもち，「天地の間一元気のみ」という生々主義を唱えて現実をありのままにとらえるべきであるとした。かれは人間関係の中に道があると考え，とくに仁を重視して，仁は学であり，道徳の基本であるとともに学問の極致であるとし，それぞれがみずからの仁をみがき，人間関係によってそれが波及していくことによって理想的な社会が現出すると考えた。著書に『論語古義』や『孟子古義』の注釈書のほか，平易にその思想を説いた『**童子問**』などがある。その私塾古義堂に学ぶ者は一時3000人を数えたといわれ，堀川学派として盛況を示し，その長子**伊藤東涯**（1670〜1736）らに受け継がれていったが，のち，しだいにさびれていった。**荻生徂徠**は柳沢吉保の失脚後，江戸に蘐園塾を開いてその古学を大成させた。「聖人というは制定するを以ての故なり」と主張し，天下を安んずるために聖人がつくった**礼楽刑政**などの制度を「道」と考えた。そのような道は万世不易のものでなく，時勢が変化すると，聖人によって新しい「道」が制定されるとした。このような歴史性・時代性の認識から，歴史をその時代から理解すべきであるとし，「学問は歴史に極まり候事に候」と主張し，古文辞学という文献研究の方法を打ち立てた。著書に『**弁道**』『弁

名』のほか，将軍吉宗の諮問に応じた『政談』『太平策』などがある。その派は蘐園学派として盛況をきわめたが，その門から徂徠の学問を全面的に継承する者は出ず，経世学と古文辞学とに分化していった。前者に『経済録』を著した**太宰春台**（1680〜1747）など，後者に詩文にすぐれた**服部南郭**（1683〜1759）などがある。

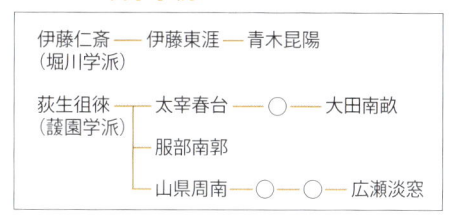

No.118　古学学統

```
伊藤仁斎 ── 伊藤東涯 ── 青木昆陽
（堀川学派）

荻生徂徠 ┬─ 太宰春台 ── ○ ── 大田南畝
（蘐園学派）│
         ├─ 服部南郭
         │
         └─ 山県周南 ── ○ ── ○ ── 広瀬淡窓
```

　古学派に共通していたことは，空理空論を否定して実用の学を主張し，現実を現実の中からありのままにとらえようという精神態度をもっていたことだった。もちろん，儒教の古典を絶対視し，儒教という枠から外に出ることはなかったけれども，ここに芽生えた事実を重んじる実証主義的な態度は，さまざまな自然科学を発達させる思想的な母胎ともなった。

自然科学の発達　朱子学によって高まった自然への関心や古学によって高まった実証主義的精神をふまえ，さらに，17世紀後半に急激に発達をみせた産業・経済の発展のうえに，生産や生活面での経験・知識が蓄積され，それらが組織的に整備される傾向が見えてきた。ここに，さまざまな自然科学が発達することになるが，それらはまず**農学・本草学・医学**など実用の学（**実学**）として発達した。

> **整理**　**諸科学の発達**　農学・本草学・医学など，実学が発達した。
> **農学**……宮崎安貞（1623〜97）の『**農業全書**』が代表。農書の最初は1564年の成立という松浦宗案の『清良記』とされるが，江戸時代に入り，農業が幕藩体制の基礎であったために，「地方書」と総称される農書が相次いで刊行されるようになった。安貞は黒田藩士で，諸国をめぐって各地の農業の状態を調査し，中国の農書の影響の下にではあったが，当時の農業技術を整理し，体系化した。『農業全書』は，のちの農書の典型となり，大きな影響を与えた。
> **本草学**……貝原益軒（1630〜1714）の『**大和本草**』，稲生若水（1655〜1715）の『庶物類纂』が代表。本草学とは，もともと薬物学で，薬用になる動物・植物・鉱物などを研究するが，とくに草類が多いので本草学という。益軒は黒田藩士で，はじめ朱子学の立場に立ったが，のちこれを批判

第7章　幕藩体制の成立　349

No.119　元禄前後の主要著作

史学	本朝通鑑（1670，林鵞峰） 読史余論（1712，新井白石） 大日本史（1715，水戸藩）
古学派	聖教要録（1665，山鹿素行） 政　談（1726頃，荻生徂徠） 経済録（1729，太宰春台）
和算	塵劫記（1627刊，吉田光由） 発微算法（1674刊，関孝和）
実学	農業全書（1697刊，宮崎安貞） 大和本草（1709刊，貝原益軒） 庶物類纂（1715，稲生若水）
西洋事情	華夷通商考（1695刊，西川如見） 采覧異言（1713，新井白石） 西洋紀聞（1715，新井白石）
その他	折たく柴の記（1716，新井白石） 武家事紀（1673，山鹿素行）

した。松永尺五・木下順庵・宮崎安貞・伊藤仁斎など交際の範囲も広く，その知識もきわめて広い範囲に及んだ。著書に『慎思録』『養生訓』などがあり，七去三従を説く『女大学』も益軒の著とされる。『庶物類纂』は加賀藩主前田綱紀の儒官として，その保護の下に稲生若水が編纂し，362巻を完成したが，その死後，将軍吉宗の命により門人の丹羽正伯らが受け継ぎ，1000巻とした。

　医学……儒学における古学の台頭と同様に，医学においても，古代中国医学の根本精神に帰るべきであると主張し，実証を重んじる**古医方**が起こった。古医方は**名古屋玄医**（1628〜96）によって唱えられ，**後藤艮山**（1659〜1733）が完成した。その弟子**山脇東洋**（1705〜62）は，1754年に日本で最初の人体解剖を行い，その成果を『蔵志』に著した。一方，**吉益東洞**（1702〜73）は万病一毒論を唱え，臨床に重きを置いて，徹底した実証主義を唱えた。

　和算……戦国時代から築城などの土木事業や検地・灌漑などの測量などの必要，また商業上の必要から数学の発達が見られ，**そろばん**が普及して，その発達が促された。1622年に出た毛利重能の『割算書』，1627年に出た**吉田光由**（1598〜1672）の『塵劫記』は，そろばんの普及をさらに早め，実用数学の入門書として広く用いられた。元禄の**関孝和**（1640?〜1708）は，筆算による高次方程式を考案し，和算を高等数学の域にまで高めた。その著『発微算法』や『括要算法』で，円理法という微積分に相当するものが解明されている。

　天文学……和算の発達と並行して，暦学が発達した。1684（貞享1）年，**渋川春海**（安井算哲，1639〜1715）の手になる**貞享暦**が採用されたが，これは日本人の手になる最初の暦であった。861年に中国でつくられた宣明暦を採用して以来，すでに800年以上も経ち，誤差も目立つようになったので，春海は天文方に任じられて天文観測を続け，日本に適した新しい暦をつくったのだった。

　西洋事情の知識……キリスト教が禁止されて以来，洋書輸入が禁止されて，16世紀から17世紀初めに伝えられたヨーロッパの科学も忘れられていっ

たが，外科医術は南蛮流と称して残り，さらにオランダ人によって伝えられた外科が加わって紅毛流といわれるようになった。厳しい鎖国の下で，ヨーロッパの知識は長崎出島の**通詞**(通訳)を通じて細々と伝えられ，長崎の**西川如見**(1648〜1724)は『**華夷通商考**』や『**長崎夜話草**』『**天文義論**』などを著し，海外の地理・風俗などを紹介するとともに，天文暦算を研究した。また正徳の治にあたった**新井白石**は，日本に潜入したイエズス会のイタリア人宣教師シドッチを訊問して，西洋の地理・風俗・文化などの知識を得，オランダ商館長からの知識も加えて，『**西洋紀聞**』や『**采覧異言**』を著した。西川如見と新井白石は，のちにおける蘭学興隆の先駆者的な意味をもつものであった [→〈実用編〉p.70]。

このようにさまざまな自然科学が発達したが，いずれも儒教的な封建道徳を前提としたものであって，大勢としては，多くの知識の集積やその体系化にとどまり，自然の原理を自然から内在的にとらえ，それを法則として定立するような，原理的な研究は起こらなかった。いいかえれば，真の意味での自然科学としては成長しなかったといえる。それは，和算のような純理的な科学においても同様であって，和算にも伝授免許制が起こって秘密主義がとられ，問題の解法に腕を競い合っても，数学理論の系統化や論理的発展は見られなかった。しかし，このような素地があったからこそ，のちに洋学が発達し，明治以後はヨーロッパの科学文明を急速に摂取することも可能となったのである。

(3) 元禄文化

町人文化　17世紀後半におけるめざましい商品流通の展開は，**町人勢力の台頭**をもたらすことになった。しかも，この時期には，畿内を中心に活発になった商業的農業をふまえて，商業活動はさまざまな分野に広まっていったから，それまでの幕府や諸大名と結びつく特権的な門閥豪商のほかに，幅広い新興町人の台頭も招来した。かれら町人階級は，封建的身分制度のもとでこそいやしめられていたが，その財力によって社会的発言力を増し，文化のうえでも活動するようになった。そのような町人の文化は，5代綱吉のころの元禄期(1688〜1704)を中心に開花したので，**元禄文化**という。元禄文化は京都・大坂・江戸のいわゆる三都を中心に展開されたが，中でも古い文化的伝統をもち，商業活動の中心でもあった京都・大坂の**上方**を中心に展開された。

解説　この時期，新興都市である江戸は，まだ独自の文化を生み出す文化的土

第7章　幕藩体制の成立

壌を完全に培っているといえなかった。しかし、政治の中心地として、多くの文化人が上方から江戸に下ってきているし、蕉門の俳諧や浮世絵など、きわめて大衆性に富んだものが江戸中心に展開したことも忘れられない。

元禄文化からは、町人が新興の意気に燃え、蓄えた財力が自信ともなって、あるがままの現実を肯定し、みずからの正当性を高らかに主張し、人間性の解放をうたいあげようとしたことが観取される。つまり、元禄文化は**現実主義的傾向**が強く、**清新の気**にみちていた。

しかし、厳しい幕藩体制の統制を受けて、元禄文化は屈折した表現をとらざるをえなかった。その土壌となったのが**劇場**と**遊里**であったことからも、それは想像されよう。劇場は町人の大衆的な支持に支えられ、演劇を通じて町人が人間生活の哀歓を味わう場所であったし、遊里は封建的な身分や格式が通用せず、財力だけがすべてを左右する、いわば町人にとっての一種の解放地区であった。

解説 劇場では、京都では伝統的な四条河原が中心地で、大坂では道頓堀が中心だった。元禄ごろ、ほぼ劇場の建築も整備され、町人観客の入場料に支えられて、役者の人気も上昇した。
遊里（廓）では、京都の島原、大坂の新町、江戸の吉原などが活況を呈した。遊里は幕藩体制のひずみがもっとも顕著にあらわれたものであったが、逆に、そのことが財力だけが通用する特殊な世界をつくらせることにもなった。

このような背景のうえに、**浮世草子・歌舞伎・浄瑠璃・浮世絵**から**元禄風**といわれるはなやかな風俗にいたるまでが開花された。

参考 **元禄風俗** 消費生活の高まりは、風俗を著しく華美なものとした。**衣生活**では**小袖**が一般化した。これが現在「きもの」といわれるものである。女性の振袖のように、生地・模様が華美・豪華になり、帯・羽織なども発達した。
食生活は一般的に豊かになり、**三食**が普通となった。菓子の発達もめざましい。**住生活**では、畳敷きが普及し、灯火用の菜種油が広く用いられた。

文学と芸能

文学では、町人層を対象とした浮世草子や広い層に支持を受けた俳諧が盛行した。浄瑠璃や歌舞伎の脚本にすぐれた作品がつくられたことも注目される。

俳諧では、松永貞徳の貞門のあとを受けて、大坂の**西山宗因**（1605～82）

の開いた談林派が17世紀後半に流行した。談林は題材に清新さと軽妙さがあふれ、新興町人層の支持を受けたが、着想の奇抜さを競って卑俗に流れていった。しかし、談林において、俳諧が連歌から完全に脱却し、17音による誰にでも親しめる形式となったこと、俗語をまじえて大衆性がさらに加わったこと、宗因が江戸に下り、江戸で俳諧がさかんになったことなどは忘れられない。談林の俳諧をすぐれた芸術にまで高めたのが**松尾芭蕉**（1644～94）である。芭蕉の俳諧は**蕉風**（正風）といわれ、「わび」「さび」「しおり」「軽み」などと、その理念は表現されているが、風雅を追う伝統的な美の理念が、通俗的・庶民的な俳諧の中に生かされることになった。

No.120　元禄文学

浮世草子	好色一代男（1682, 井原西鶴） 好色五人女（1686, 井原西鶴） 武家義理物語（1688, 井原西鶴） 日本永代蔵（1688, 井原西鶴） 世間胸算用（1692, 井原西鶴） 世間子息気質（1715, 江島其磧）
国学	源氏物語湖月抄（1673, 北村季吟） 万葉代匠記（1688, 契沖）
俳諧	笈の小文（1709刊, 芭蕉） 更科紀行（1704刊, 芭蕉） 奥の細道（1702刊, 芭蕉） 猿蓑（1691刊, 芭蕉ら）
戯曲	曽根崎心中（1703, 近松門左衛門） 冥途の飛脚（1711, 近松門左衛門） 国姓爺合戦（1715, 近松門左衛門） 心中天網島（1720, 近松門左衛門）

補足　松尾芭蕉　伊賀上野藤堂藩の家臣であったが、江戸に逃れ、以後、ほとんど諸国を行脚して、漂泊詩人としての生涯を送り、旅の途中、大坂で死んだ。はじめ貞門、ついで談林の俳諧を学んだのち、それから抜き出て、蕉風を確立した。句集に『冬の日』『曠野』『猿蓑』などの**七部集**、紀行文に俳文の傑作とされる『奥の細道』や『更科紀行』などがある。蕉風とは「高く心を悟りて俗に帰る」ことであり、俳諧の本質である庶民的通俗性を芸術の境地に高めることだった。「古池や蛙とびこむ水の音」は蕉風開眼の句といわれ、自然にとけこみ、閑寂の境地にいる作者の姿をほうふつとさせる。俳諧は武士・僧侶・神官・町人など、社会の各層に受け入れられた。門人に**宝井其角・服部嵐雪・向井去来**・各務支考・森川許六・内藤丈草らがおり、其角は江戸に多数の門人をかかえて一門の隆盛を示したが、地方で活躍した者も多かった。

　元禄期の**小説**を代表するのが**浮世草子**である。浮世草子は仮名草子の系統を引くが、仮名草子の現世的・享楽的な傾向をさらに押し進め、人間中心の文学としたところに特色があった。浮世草子は大坂の**井原西鶴**（1642～93）が1682（天和2）年に『**好色一代男**』を発表したのにはじまり、それ以後、西鶴は人間の愛欲や物欲を写実的に、しかも肯定的に描いた**好色物**や、町人生活の諸相を描き、町人の自覚と自信を示した**町人物**など、相次いで作品を著した。

第7章　幕藩体制の成立　353

補足 **井原西鶴** 大坂の町人出身。はじめ談林の俳諧を学び，矢数俳諧の名手として知られていたが，『好色一代男』でデビューして以来，多くの浮世草子を著した。作品に『**好色一代男**』『好色二代男』『好色一代女』『**好色五人女**』などの好色物，『**日本永代蔵**』『**世間胸算用**』などの町人物，『**武道伝来記**』『**武家義理物語**』などの武家物，『**西鶴諸国ばなし**』などの雑話物があった。好色物では武士の封建倫理ではタブーだった愛欲の世界をあからさまに描き出し，町人物では，町人には武士と違った独自の世界・道徳があることを描いた。西鶴は近世小説の最高峰といえるが，その浮世草子によって，企業としての小説出版が確立され，広く庶民に流布されるようになったことも，大きな意味がある。

井原西鶴の成功は多くの追随者を生んだが，その多くは西鶴の模倣にとどまった。その中で，京都の安藤自笑が出版した八文字屋本の中に**江島其磧**(1666〜1735) が著した『世間子息気質』『世間娘容気』などの**気質物**があって，新生面が見られたが，以後，上方の小説はしだいに生気を失い，その中心を江戸に奪われることになった。

解説 **和歌**においては，公家の間に秘事口伝として伝わり，和歌が形式にとらわれていることに反対する動きが起こった。その動きは，自分の気持ちを素直に歌に詠む和歌革新となるとともに，古典研究に新しい道を開くことになった。貞門から出た江戸の**北村季吟** (1624〜1705) は，『**源氏物語湖月抄**』や『**枕草子春曙抄**』を著し，古典研究を進めていたが，元禄のころ，江戸の戸田茂睡 (1629〜1706) は形式にはまった公家の和歌を激しく批判し，大坂の**下河辺長流** (1627?〜86) は『万葉集』の研究を押し進めていった。やがて，**契沖** (1640〜1701) が出て，『**万葉代匠記**』を著し，古典研究の新しい立場を打ち立てた。この流れは，のちに国学となって結実する [→〈実用編〉p.34]。

芸能では，能楽が幕府や大名などの保護を受けて盛行したが，反面で形式化されていったのに対し，浄瑠璃や歌舞伎が町人の支持を受けてさかんとなった。
浄瑠璃は，大坂に**竹本義太夫** (1651〜1714) が出て，それまでもてはやされた小歌・俗謡・民謡などの長所を取り入れ，清新な**義太夫節**を完成してから，その全盛期を迎え，義太夫節はその後の浄瑠璃の主流となった。竹本義太夫は1684 (貞享1) 年，大坂道頓堀に竹本座を起こしたが，かれをたすけ，戯曲を書いたのが**近松門左衛門** (1653〜1724) であった。近松の戯曲は，義理と人

情との葛藤を描いたものといわれる。要するに，人間が人間らしく生きようとするとき，幕藩体制という封建的束縛の中で悲劇的な結果を招くことが多いが，にもかかわらず，あくまでも人間的に生きようとする，庶民の姿を描いたものといえる。近松の戯曲はほとんどが成功を収め，相次いで歌舞伎にも取り入れられた。

> **補足** **近松門左衛門** 当時の浄瑠璃は，人形操り芝居で，義太夫節の清新な曲調と近松のすぐれた台本によって，絶賛を博した。近松は武士の出身だが，その身分を捨て，いやしめられていた芸能の世界に入ったものである。竹本座の専属の劇作家として多くの作品を書き，のちには坂田藤十郎のために歌舞伎脚本も書いた。作品は100編以上になるが，時代物と世話物に大別できる。時代物に『出世景清』『国性爺合戦』など，世話物に『曽根崎心中』『冥途の飛脚』『心中天網島』『女殺油地獄』など，傑作が多い。

　歌舞伎は演劇として隆盛をみせていた。出雲阿国以来の伝統のある上方では，京都に**坂田藤十郎**（1647〜1709）などが出て，優美な演技をする**和事**に長じ，**芳沢あやめ**（1673〜1729）は女形の演技の基礎を築いた。江戸では，勇壮活発な**荒事**が喜ばれ，初代**市川団十郎**（1660〜1704）が人気を得ていた。

美術と工芸

　絵画では，京都に俵屋宗達の流れをくむ**尾形光琳**（1658〜1716）が出て**装飾画を大成**した。その斬新な構図と華麗な色調は，元禄期の町人生活の豊かさを物語るものであった。

> **解説** 光琳は，蒔絵や染色の紋様にもすぐれた作品を残した。光琳の一派は琳派と呼ばれる。弟の**尾形乾山**（1663〜1743）も画家として知られるが，とくに陶器にすぐれていた。

　光琳の作品が上方の上層の町人を対象にしていたのにひきかえ，とくに江戸庶民に広く流布され，好評を得たのは**浮世絵**である。浮世絵は桃山時代に流行した風俗画の系統を引くもので，江戸で**菱川師宣**（？〜1694）が**版画**の技法を取り入れ，遊里や歌舞伎芝居を題材とし，大量に印刷して流布させてから，浮世絵と呼ばれるようになった。師宣のあと，江戸に美人画の懐月堂安度や役者絵の**鳥居清信**などが出て活躍し，技法も師宣のときの**墨摺絵**から赤や青などの色彩が加えられるようになった。

> **解説** もともと風俗画は洛中洛外図などのように野外のさまざまな人物像を描くものだったが，しだいに室内遊楽図など室内を題材とし，やがて美人図などとなり，しかも，多人数から1人を描くというように変わってい

った。社会が安定するに従って，構成が小さくなっていったともいえる。師宣はそれを版画とし，庶民が容易に入手できるものとして，絵画を特殊な階層の手から解放したのである。

工芸では，染織に京都の**宮崎友禅**が出て友禅染をはじめ，一般に流行した。

整理 元禄美術 尾形光琳と浮世絵がとくに重要。

絵画……伝統的各派では，**狩野派**は幕府御抱絵師となったが生彩を失い，**土佐派**では**土佐光起**（1617～91）が中興して朝廷の絵所預となったが，これものちにはふるわなくなった。土佐派から出た住吉如慶（1599～1670）は**住吉派**を開き，子の具慶（1631～1705）は幕府の御用絵師となったが，これも時代の主流から脱落した。京都の本阿弥光悦・俵屋宗達のサロンの系統を引く者として，**尾形光琳・乾山**の兄弟が出た。かれらは京都の呉服商出身で，光琳に「**燕子花図屛風**」「**紅梅図白梅図屛風**」など，装飾画の傑作がある。江戸では町人の広い支持を得た**浮世絵**が開花した。菱川師宣が版画をつくった意義は大きい。肉筆画「**見返り美人図**」は有名。

工芸……陶磁器では，有田焼などがますます栄えた。**尾形乾山**は陶工としてすぐれた作品を残した。蒔絵では，**尾形光琳**がすぐれ，「**八橋図硯箱**」は傑作である。**染織**では，宮崎友禅が出て友禅染を創始した。尾形光琳にもすぐれた作品がある。

庭園……大名の邸宅にすぐれたものがあり，日本三名園といわれる前田氏の**兼六園**（金沢）・池田氏の後楽園（岡山）・水戸家の偕楽園（水戸）や，柳沢氏の六義園（江戸）などが名高い。

コラム

似て非なるもの

「似而非」と書けば「えせ」と読むが，日本史の名辞には，文字通り「似て非なるもの」がいくつかある。

「名主」とは，荘園制下では「みょうしゅ」と読み，名田の所有者のことだが，江戸時代には「なぬし」と読み，現在の村長的な地位のものの呼び名のひとつである。同様に，「借上」と書いて，中世では「かしあげ」と読み，金融業者のことだが，幕藩体制下では「かりあげ」と読み，大名などが家臣への俸禄米を支給しないことで，それで財政の窮乏を補ったものである。

「名主」は，時代が経つにつれて，意味も変わり，混同もされて，読みも変わっていったのだろうが，時代が変わるにつれて，読みや表記法が変わった例は数多い。「太政官」は，律令官制では「だいじょうかん」と読むのが正しいにしても，いつしか「だじょうかん」ともいうようになり，明治初期の官制では「だじょうかん」と呼ばれるし，「大宰府」は律令官制では「大宰府」だったものが，やがて大宰府のあるあたりをも大宰府というようになり，14世紀ごろになると「太宰府」と表記されるようになってしまった。現在，大宰府があったあたりの地名は太宰府市である。

　時代の経過による意味の変化をもっともよくあらわしている語が「御家人」であろう。御家人とは，鎌倉時代に将軍と主従関係を結んだ武士のことだが，律令制の家内奴隷的な賤民であった「家人」が，やがて意味をかえ，武士の従卒的な地位の者を家人というようになり，鎌倉時代には，将軍をはばかって「御」をつけ，その輩下の武士を御家人というようになったのだろう。室町時代になると，御家人とは，むしろ将軍と特殊な関係にある一部の武士に対してのみいわれるようになるが，守護が任国の国人を被官化していった背景を考えると，鎌倉初期のような，将軍を中心とする御家人の同心円的な集団として幕府をつくることはできないのだから，御家人の意味が変わったのは当然ともいえる。さらに江戸時代に入ると，御家人の概念はもっと限定され，室町時代の御家人にあたる者が，旗本と御家人に分けられ，御目見得以下の下層の直参の称になる。地頭という語も鎌倉時代から江戸時代まで用いられているけれども，これも，御家人という語の意味の変化に並行して，その意味を変えている。

　近代には，類似の名称をもった団体が数多くある。自由党には自由党（1881）・立憲自由党・日本自由党（1945，1953）・自由党（1950）といくつもあるし，改進党にも大隈重信の立憲改進党のほか，戦後にも改進党がある。

　このほか，割符・糸割符・問丸・問屋・問屋場，古代と寛政改革の義倉など，「似て非なるもの」はいくらでもあげることができる。いずれも，それぞれ混同しないようにしておかねばならないものばかりである。

[付録①]
史料演習（古代～近世前期）

構成と利用法

1. 史料演習に収録した史料は，基本的なもので，かつ，入試の出題頻度も高いものを厳選した。ただし，紙幅の都合もあって，史料を一読すれば出典のわかるものは割愛した。
2. 史料演習に収録した史料は，いずれも問題形式をとっている。史料の問題だけでは，必ずしも重要事項のすべてをカバーはできないが，本編の学習が一区切りするたびに，当該史料にあたって，学習効果を高めてもらいたいと思う。
3. 史料はすべて通し番号でナンバーをつけた。
4. 史料に，「第2章❶(1)」などと記載されているのは，その史料について本編で述べられている項を示している。
5. 史料中の，(イ)(ロ)(ハ)……の符号は，解説 で解説が行われている事項を示し，①②③……等の符号は，設問のためのものである。
6. 解説 は，難解な文章，辞句の解説にとどまらず，その史料のもつ歴史的意義についても触れた。

[史料1]
後漢書東夷伝

第2章 ❶(1)

> 倭は韓の東南大海中に在り，山島に依りて居を為す。凡そ百余国あり。(イ)武帝，朝鮮を滅して自り，使駅漢に通ずる者，三十許国なり。(中略)(ロ)建武中元二年，倭の奴国，貢を奉じて朝賀す。使人自ら大夫と称す。倭国の極南界なり。(　　　)，賜うに印綬をもってす。安帝の永初元年，倭の国王帥升等，生口百六十人を献じ，請見を願う。

設問
1. この史料より前，「楽浪海中に倭人有り，分れて百余国と為る。歳時をもって献見すと云ふ」と日本のことを書いた中国史書がある。その書名をあげよ。
2. 空所に適当な語（2字）を入れよ。
3. ①・③はそれぞれ何年か。西暦で記せ。
4. ②の「印綬」の印と思われるものが江戸時代に発見された。それはどんなものか。
5. この史料から，1世紀の日本はどのような状態であったことがわかるか。20字以内で述べよ。ただし句読点は字数に入れなくともよい。

解説 『後漢書』は中国後漢（25〜200年）の正史で，5世紀前半に范曄が編集した。『魏志』によるところが多いが，「建武中元二年」以後の部分は，本書独特のもので貴重な史料である。

(イ) 武帝は，紀元前108年に朝鮮を征服して四郡を置いたが，なかでも楽浪郡は重要で，朝鮮支配の中心であった。「使駅漢に通ずる」というのも楽浪郡を通してであっただろう。

(ロ) のちの儺県・那ノ津で，今の博多付近。『魏志』では邪馬台国に服属している。

(ハ) 綬は印を身につけるためのくみひも。印は，江戸時代に志賀島で発見された「漢委奴国王」の金印がそれだといわれる。

(ニ) 師升ともいう。「等」ということは「対等の立場にある何人かの国王」とも考えられるが，「その率いる何人かの国王」とも考えられる。生口は奴隷だと考えられ，160人という数が多いことから，奴国が戦いに勝って多くの奴隷を獲得したか，その支配下の国から何人かずつ拠出させたかだと考えられる。いずれにしろ，原始小国家の統合が進んでいたことがわかる。

解答 1. 『漢書地理志』　2. 光武　3. ① 57年　③ 107年
4. 「漢委奴国王」の金印
5. 分立していた原始小国家が統合されつつある（20字）

[史料2]
魏志倭人伝

第2章 ❶(1)

> 其の国本亦男子を以って王と為し，住まること七，八十年。倭国乱れ，相攻伐すること歴年，乃ち共に一女子を立てて王と為す。名づけて（　　　）と日う。鬼道に事え能く衆を惑わす。年已に長大なるも，夫婿無く，男弟有り，佐けて国を治む。王となりしより以来，見る有る者少く婢千人を以って自ら侍せしむ。唯男子一人有り，飲食を給し，辞を伝え，居処に出入す。(中略)
> 景初二年六月倭の女王，大夫難升米等を遣わして郡に詣り，天子に詣りて朝献せんことを求む。太守劉夏吏を遣わし，将って送りて京都に詣らしむ。(中略)
> （　　　）以って死す。大いに冢を作る。径百余歩，徇葬する者，奴婢百余人。更に男王を立てしも，国中服せず。更々相誅殺し，当時千余人を殺す。復た（　　　）の宗女壱与年十三なるを立てて王と為し，国中遂に定まる。

設問 1. この史料は何という国について述べたものか，漢字4字で答えよ。
2. 空所に適当な語を入れよ。ただし，3つとも同じものである。
3. ①からどのようなことがわかるか。15字以内で述べよ。
4. ②は何と呼ばれるものか。漢字2字で答えよ。

解説 『魏志』は三国時代の正史である『三国志』の一部で，3世紀末に陳寿が編集した。2～3世紀の倭について詳しい記事を載せ，ほぼ同時代の史料であることから考えても貴重な史料である。邪馬台国が30国ほどを従えた連合国家を形成していたこと，女性である卑弥呼による呪術的政治が行われたこと，王権が世襲化されつつあったことをはじめ，当時の風習など多くのことを知ることができる。邪馬台の位置には諸説あるが，邪馬台（臺）を邪馬壱（壱）

とする説もある。
① 卑弥呼はシャーマン（巫女）で，祭政一致的な支配を行っていたことが知られる。

(イ) 景初3年の誤りで239年。
(ロ) 魏の都である洛陽。
(ハ) 台与ともいわれる。

解答 1. 邪馬台国　2. 卑弥呼
3. 卑弥呼は巫女的な支配者であった（15字）　4. 古墳

[史料3]
好太王碑文

第2章❶(2)

惟れ，昔始祖鄒牟王の基を創むるや，北夫余より出づ。(中略) 十七世紀の孫，国罡上広開土境平安（　　　）王に至る。二九にして祚に登り，号して永楽太王と為す。(中略) 是に於てか碑を立て，勲績を銘記して，以て後世に示す。(中略) 百残・新羅は，もと是属民なり，由来朝貢す。而るに，倭辛卯の年を以って，来りて海を渡り，百残・□□・新羅を破り，以て臣民と為す。(中略) 十年庚子，歩騎五万を遣して，行きて新羅を救は教む。男居城従り，新羅城に至る。倭其の中に満つ。官兵方に至り，倭賊退く。

設問 1. ①の「始祖」とは，この碑を建てて勲績をしのんだ朝鮮王朝の始祖であるが，その王朝とは何か。
2. ②の空所に適当な語（2字）を入れよ。
3. ③は何年か。西暦で答えよ。
4. ④は欠字であるが，のちに任那が立てられた地だと考えられる。このことを考えて欠字を埋めよ。
5. ⑤の「歩騎」により倭軍は苦戦し，やがて潰敗したという。そのために，日本でも騎兵戦術を採用したと思われるが，そのことはどのような史料によって知ることができるか。

解説 好太王碑は414年に高句麗国都の丸都城（鴨緑江中流北岸の通溝）に建てられた。明治以後注目され，研究されるようになった。碑文はくだけたところがあって意味の通じない部分が多いが，4世紀末の日朝関係を知る根本史

料で，4世紀末より倭がしばしば出兵し，高句麗軍と交戦したことが書かれている。しかし，この史料の読み方や内容について，改作されたという説が出され，それに従えば古代史は大きく書きかえられることになる。

(イ) 奉天東北の地。
(ロ) 2×9で18歳。
(ハ) 百済のこと。
③ 十干から西暦の末尾の年はわかる〔→p.394参照〕。

解答 1. 高句麗　2. 好太　3. 391年　4. 加羅
5. 古墳時代後期の古墳から副葬品として馬具が多く発見されること。

［史料4］
倭王武の上表文

第2章❶(2)

（____）死して弟武立ち，自ら使持節都督倭・百済・新羅・任那・加羅・秦韓・慕韓七国諸軍事安東大将軍倭国王と称す。順帝の昇明二年，使を遣はして表を上る。曰く，「封国は遍遠にして，藩を外に作す。昔より祖禰躬ら甲冑を擐き，山川を跋渉し，寧処に遑あらず。東は毛人を征すること五十五国，西は衆夷を服すること六十六国，渡りて海北を平ぐること九十五国。（中略）而るに句麗無道にして，図りて見呑せんと欲す。（中略）若し，帝徳の覆載を以て，此の彊敵を摧き，克く方難を靖んぜずんば，前の功を替ふること無からん。（中略）」と。詔して，武を使持節都督倭・新羅・任那・加羅・秦韓・慕韓六国諸軍事安東大将軍倭王に除す。

設問 1. この史料は，ある中国の史書に収められている。その史書の名をあげよ。
2. ①の空所に適当な語（1字）を入れよ。
3. ②の「武」はある天皇だが，その天皇の名を記せ。
4. ③の「海北」は朝鮮だと考えられるが，倭の朝鮮出兵を示す史料がある。その史料の名をあげよ。
5. 史料をよく読んで，なぜ武がこのような上表文を順帝にたてまつったかを考えて，その理由を40字以内（句読点を含む）で答えよ。

解説 『宋書夷蛮伝倭国』にある。『宋書』は南朝宋の正史で、5世紀末に梁の沈約が編集した。大和国家による国土統一の過程を推定することができる。蝦夷・熊襲の征服、朝鮮進出など具体的に述べられている。
(ｱ) 興。安康天皇と考えられる。
(ｲ) 辰韓・馬韓。
(ﾛ) 478年。順帝は南朝の宋の第8代皇帝。
(ﾊ) 父祖の意とするが、「祖弥」の誤りとして倭王弥（珍）＝仁徳天皇とする説もある。
(ﾆ) 蝦夷といわれる。
(ﾎ) 熊襲といわれる。省略した部分に済（允恭天皇）が朝鮮に出兵しようとしたが喪により中止したので、その志を達成したいと述べている。叙された称号に百済が欠けている。

解答 1. 宋書（宋書倭国伝）　2. 興　3. 雄略天皇　4. 好太王碑文
5. 中国王朝のうしろだてにより高句麗進出を抑え、朝鮮半島への影響力を高めようとした。（40字）

[史料5]
憲法十七条
第2章❷(1)

十二年夏四月戊辰、皇太子親ら肇めて憲法十七条を作りたまふ。
一に曰く　和を以て貴しと為し、忤ふること無きを宗と為せ。
二に曰く　篤く三宝を敬へ。三宝とは仏法僧なり。
三に曰く　詔を承はりては必ず謹め。
四に曰く　群卿百寮、礼を以て本とせよ。其れ民を治むる本は、要ず礼に在り。
六に曰く　悪を懲し善を勧むるは古の良典なり。
十二に曰く　国司・国造、百姓は斂めとること勿れ。国に二君なく、民に両主無し。
十三に曰く　諸の任せる官は、同じく職掌を知れ。
十四に曰く　群臣百寮　嫉妬ことあること無かれ。
十五に曰く　私に背きて公に向ふは、これ臣の道なり。
十六に曰く　民を使ふに時を以てするは古の良典なり。
十七に曰く　夫れ事は独り断ずべからず、必ず衆とともによろしく論らふべし。

設問 1. ①の「皇太子」とは何天皇の皇太子か。天皇の名をあげよ。
2. ②は仏教興隆について述べているが「皇太子」自身は仏法興隆についてどのようなことを行ったか。知っていることを述べよ。
3. ③の「国造」とは何か、10字以内で述べよ。
4. この史料は何という書物に収められているか。その書名をあげよ。
5. この「憲法十七条」は、仏教・儒教・法家・道教いずれからの影響もみとめられるが、どの影響がもっとも強いか。史料をよく読んで答えよ。

解説 『日本書紀』推古天皇12年4月条に載る。憲法十七条は日本最古の成文法とされるが、現在の法と違って、訓誡的な色彩がきわめて強い。第12条に国司という言葉が使われたりしていることから偽作説もある。ここではいずれも各条の最初の部分のみをあげ、あとを略した。第1条「以和為貴」(礼記)、「上和下睦」(孝経)、第2条「四生終帰」(法華経)、第3条「天覆地載」(礼記)、「四時順行」(論語)というように、中国古典・仏典からふんだんに引用し、とくに儒教経典からの引用が多い。第3条や第12条から明らかなように、天皇中心の統一国家をつくることがねらいである。第12条の百姓とは、もろもろの姓(かばね)であって「国民」の意。のちの「農民」ではない。第16条は、農民の夫役は農繁期を避けて農閑期に行えとのこと。

解答 1. 推古天皇　2. 法隆寺や四天王寺などを建立し、『三経義疏』を著した。　3. 大和時代の地方官　4. 日本書紀　5. 儒教

[史料6]
遣隋使の派遣
第2章❷(1)

大業三年其の王多利思比弧(イ)(ロ)たりしこひ使を遣はして朝貢す。①使者曰く「聞く海西の菩薩天子、重ねて仏法を興すと。故に遣はして朝拝せしめ、兼ねて沙門(ハ)数十人をして、来りて仏法を学ばしむ」と。其の国書に曰く「日出づる処の天子、書を日没する処の天子に致す、②恙(つつが)無きや、云云」と。帝之を覧(み)て悦(よろこ)ばず。鴻臚卿(ホ)こうろに謂ひて曰く、「蛮夷の書無礼なる者有り、復(また)以って聞する勿れ」と。③明年、上文林郎（　　　）④を遣はして倭国に使せし

[付録①] 史料演習 (古代～近世前期)　365

　　　　む。

設問 1. ①の「使」とは誰か、その名をあげよ。
　　　 2. ②に示されるように、遣隋使には多くの留学生・留学僧が随行したが、そのうち、有名な人の名を2名あげよ。
　　　 3. ③の「明年」とは何年か。西暦で答えよ。
　　　 4. ④の空所に適当な語を入れよ。
　　　 5. この史料はある中国の史書からとったものだが、その史書の名をあげよ。

解説 『隋書倭国伝』による。厩戸王（聖徳太子）の遣隋使は対等の立場からなされたといわれるが、文林郎（文庫の官吏）という低い身分の者を答礼使として派遣したことからも、完全に対等であると中国に認められていたとはいえない。というより、倭五王の時代と違って、当時の日本は中国と直接の関係はなく、従って隋を思慕して朝貢する蛮夷の国と理解され、日本の国王の称号は、それ自体隋のこだわるところではなかったのであろう。としても、日本が国家意識をもち、国際的地位も高まったことを示すものである。この史料は『日本書紀』にはないが、翌608年の遣使の際には「東の天皇、敬みて西の皇帝に曰す」とあったとしている。

(イ) 607年。大業は隋の煬帝のときの年号。
(ロ) 諸説があるが一般に天皇の意と考えられ、とすると、ここでは推古天皇になる。
(ハ) 僧侶。
(ニ) 東の天子。「日没する処」は西。
(ホ) 外交を司る官の長官。
④ 裴世清だが史料では唐の第2代皇帝李世民をはばかり、世を削って「裴清」となっている。

解答 1. 小野妹子　2. 高向玄理・僧旻・南淵請安から2名。　3. 608年　4. 裴世清　5. 隋書倭国伝

[史料7]
改新の詔
第2章❷(2)

　其の一に曰く、「昔在の天皇等の立つる所の子代の民、処々の（　a　）及び別には臣・連・伴造・国造・村首の所有る（　b　）の民、処々の田荘を罷めよ。」と、仍って（　c　）を大夫以上に賜ふこと各差あり。

降りては布帛を以って官人百姓に賜ふこと差あり。(後略)
　其の二に曰く、「初めて京師を修め、畿内・国司・郡司・関塞・斥候・防人・駅馬・伝馬を置き、及び鈴契を造り、山河を定めよ。(後略)」
　其の三に曰く、「初めて戸籍・計帳・班田収授の法を造る。凡そ五十戸を里となし里に長一人を置け。(中略)凡そ田は長さ卅歩、広さ十二歩を段となし、十段を町とせよ。段ごとに（ d ）稲二束二把、町ごとに（ d ）稲廿二束。」
　其の四に曰く、「旧の賦役を罷めて田の調を行ふ。凡そ絹・絁・糸・綿は並びに郷土の所出に随へ。田一町に絹一丈。(中略)別に戸別の調を収れ。(中略)五十戸を以って仕丁一人の粮に充てよ。一戸に庸布一丈二尺、庸米五斗。(中略)凡そ采女は郡の少領以上の姉妹及び子女の形容端正なる者を貢せよ。(後略)」

設問 1. a～dの空所に適当な語を入れよ。ただし、a～cはそれぞれ2字、dは2つとも同じもので、1字である。
2. ①～③の下線部にふりがなをつけ、それぞれ10字内外で簡単に説明せよ。
3. 下線部④の「戸籍」について、670年に全国的につくられ、後世の基準とされたものがあるが、それは何というか。
4. 下線部⑤の「段」は、この計算では360歩となるが、後に300歩を1段とした人がある。それは誰か、その氏名をあげよ。
5. この史料に、律令農民の負担について述べられているが、この史料に述べられたもの以外に律令農民にはどのような負担があったか。2つあげよ。
6. この史料は、何年に出されたものか。また、そのとき政治の実権をにぎっていたのは誰か。

解説 『日本書紀』大化2（646）年正月朔日条に載せられている。のちの大宝令などの条文とよく似た文が述べられており、また郡は当時「評」であったとして後世に造作されたものではないかともいわれるが、通説では大綱を認めている。第1条の公地公民制、第3条の班田収授法など、大化改新の基本目標がよく示されている。
(イ) 名代とともに皇室の私有民。
(ロ) 別を「わけ」と読み、臣・連などとともに姓（皇別）と考える説もあ

(ハ)　布と絹。
　　(ニ)　関塞は関所。斥候は不明だが北辺
　　　　　防備にあたった者ともいわれる。
　　(ホ)　鈴は諸国に，契（木契）は関に置
　　　　　き，鈴は交通，契は軍事に関係する。
　　(ヘ)　国界を定めること。
　　(ト)　絁はあらい絹，絲（糸）は生糸，
　　　　　綿は真綿。
　　空所は，文がa「田荘」，bが「子代」
　　と対句になっていることから見当がつ
　　けられよう。

解答　1. a　屯倉　　b　部曲　　c　食封　　d　租
　　　2. ①　とものみやつこ／品部を管掌した中下豪族
　　　　②　たどころ／豪族の私有地　　③　さきもり／九州防衛のための兵士
　　　3. 庚午年籍　4. 豊臣秀吉　5. 雑徭・兵役・運脚・出挙などから2つ。
　　　6. 646（大化2）年，中大兄皇子

[史料8]
養老令　　　　　　　　　　　　　　　　　　　　　　　　　　第2章❷(3)

　　凡そ戸は（　a　）戸を以って里と為よ。里毎に長一人を置け。（後略）
　　　　　　　　　　　　　　　　　　　　　　　　　　　　　　　　（戸令）
　　凡そ戸籍は（　b　）年に一たび造れ。十一月上旬より起して，式に
　依りて勘へ造れ。里別に巻を為せ。（後略）　　　　　　　　　　（戸令）
　　凡そ戸籍は恒に（　c　）比を留めよ。其の遠き年の者は次に依て除
　け。　　　　　　　　　　　　　　　　　　　　　　　　　　　　（戸令）
　　凡そ田は長さ卅歩，広さ十二歩を段と為よ。十段を町と為よ。[段の
　（　A　）稲は二束二把，町の（　A　）稲は廿二束]　　　　　　（田令）
　　凡そ口分田は給はむことは，男に（　d　）段，女は（　e　）分之
　一を減ぜよ。（　f　）年以下には給はざれ。（後略）　　　　　　（田令）
　　凡そ（　B　）の絹・絁・糸・綿・布は並に郷土の所出に随へ。正丁
　一人に絹・絁八尺五寸，（中略）糸八両・綿一斤・布二丈六尺，（中略）
　次丁（　g　）人・中男（　h　）人は並に正丁一人に准ぜよ。（後
　略）　　　　　　　　　　　　　　　　　　　　　　　　　　　　（賦役令）
　　凡そ正丁の歳役は十日，若し（　C　）を収る須くば布二丈六尺。[一
　日に二尺六寸]留役すべくば卅日に満ちなば（　A　）・（　B　）倶に
　免せ。（中略）正役に通はして並に卅日を過すことを得ざれ。次丁二人

は一の正丁に同じ。中男及び京畿内は（　C　）を収るの例に在らず。
（後略）　　　　　　　　　　　　　　　　　　　　　　　　　（賦役令）

凡そ令条外の（　D　）は，人毎に均しく使へ。摠べて60日を過すことを得ざれ。　　　　　　　　　　　　　　　　　　　　　　　（賦役令）

凡そ兵士の上番せむは，京に向はむは（　i　）年。防に向はむは（　j　）年。行程を計へず。　　　　　　　　　　　　　　　　　（軍防令）

設問　1. 空所a〜jに適当な数字を入れよ。
2. 空所A〜Dには，いずれも令制の租税に関する用語が入る。それぞれに適当な語を入れよ。ただし，同じ記号のものには同じ語が入る。
3. 下線部①の「式」とは何か。10字以内で説明せよ。
4. 下線部②のように，古い戸籍は廃棄されたが，基準戸籍として廃棄されないものがあった。それを何というか。また，それは何年につくられたものか。西暦で答えよ。
5. 下線部③の「京に向はむ」者，「防に向はむ」者はそれぞれ何といわれたか。それぞれ2字で答えよ。
6. 律令は4回にわたって制定されたが，その名を制定された順序に従って記せ。そのうち，大部分が現存しているものに○印をつけよ。

解説　『令義解』による。『令義解』は833年清原夏野らが編集した養老令の官撰注釈書で，翌年施行された。これにより，養老令はほぼ知ることができる。
(イ)　里は，715年に郷と改められた。
(ロ)　一比は6年だから，6×5＝30年とどめられた。
(ハ)　30×12＝360で，1段＝360歩，10段＝1坪。
　A　租稲は，穂を刈り取った穎稲としてでなく，籾として収納された。段別2束2把となっているが，706（慶雲3）年段別1束5把となり，養老令施行後も変わらなかった。1歩が6尺四方（当時の1尺は約36cm）から5尺四方に変えられたのだから，収穫の3％という比率には変わりがない。
(ニ)　次丁は61〜65歳の男子，中男は17〜20歳の男子。
(ホ)　京と畿内は租税のうえで優遇されており，逃亡者・浮浪人が畿内に流れこんでくることになった。

解答 1.a 五十　b 六　c 五　d 二　e 三　f 五　g 二　h 四　i 一　j 三　2.A 租　B 調　C 庸　D 雑徭　3. 律令の施行細則　4. 庚午年籍／670年　5. 衛士，防人　6. 近江令，飛鳥浄御原令，大宝律令，○養老律令

[史料9]
墾田永年私財法

第2章❸(2)

　詔して曰く，かく聞けり，墾田は養老七年の格によるに，限みつるの後，例に依りて収授すと。これによりて農夫怠り倦みて，地を開きて，また荒れぬと。今より以後，任に私財と為して三世一身を論ずることなく，みな悉く永年取ることなかれ。(後略)

設問 1. この史料は六国史のひとつに収められている。それは何か。その書名を記せ。
　　2. この史料は何年に出された法令か。その年代を記せ。また，その年出された詔勅で有名なものをひとつあげよ。
　　3. 下線部①「格」に読み仮名をつけよ。また15字以内で説明せよ。
　　4. 下線部②「三世一身を論ずる」法令について，この史料のほかの部分では何と書かれているか。その部分を抜き出せ。

解説 1. 『続日本紀』による。『続日本紀』が文武天皇～桓武天皇（697～792年）間を記していることを知っていれば解答できる。
　　2. 三世一身法（新たに開墾したものには曽孫まで，旧溝池を利用して開墾したものにはその人1代の私有を認める）から20年後に，この墾田永年私財法が出された。直接には盧舎那仏造営の事業と関係するが，貴族・寺社の土地私有の熱意に妥協したもので，ここに公地公民制は完全に放棄された。
　　(イ) 三世一身法のこと。
　　(ロ) 班田収授法に従って収授する。
　　(ハ) すべて永久に国が取り上げることはしない。

解答 1. 続日本紀　2. 743（天平15）年，盧舎那仏造立の詔　3. きゃく／律令を修正・補足したもの　4. 養老七年の格

[史料10]
盧舎那仏造立の詔

第2章❸(2)

粤に天平十五年歳は癸未に次る十月十五日を以って，菩薩の大願を発して，盧舎那仏の金銅像一軀を造り奉る。国銅を尽して象を鎔し，大山を削りて以って堂を構へ，広く法界に及ぼして朕が知識となし，遂に同じく利益を蒙りて，共に菩提を致さしめん。夫れ天下の富を有つ者は朕なり。天下の勢を有つ者も朕なり。此の富勢を以って此の尊像を造る。事や成り易くして，心や至り難し。但恐らくは徒に人を労すること有って，能く聖を感ずることなく，或は誹謗を生じて，反って罪辜に堕ちんことを。（中略）如し更に人の一枝の草，一把の土を持って像を助け造らんことを情願する者あらば，恣に之を聴せ。国郡等の司，此の事に因りて百姓を侵擾して，強ひて収斂せしむること莫れ。（後略）

設問 1. 下線部①の「天平十五年」は，西暦でいえば何年か。また，このとき都はどこにあったか。
2. 下線部②の「盧舎那仏」は，どこにつくられたか。地名および寺院名を記せ。
3. 下線部③の「朕」とは誰か。
4. 下線部④のような民間からの寄進を集めるためにある人物が登用されたが，その人物の名を答えよ。

解説 (ニ)の文に記されるように，公地公民制による律令国家での天皇の絶大な権力が知られ，それを行使し，国力を傾けて鎮護国家のための盧舎那仏を造立しようとする意気込みが感じられる。
1. 740年の藤原広嗣の乱で，聖武天皇は平城京を離れ，恭仁・紫香楽・難波と移り，745年に平城京に戻った。この詔は近江紫香楽宮で出された。749年に陸奥から金が献上され，752年に開眼供養。
(イ) 盧舎那仏は華厳宗の教主。
(ロ) 全世界をさす。
(ハ) 朋友・同志のこと。

解答 1. 743年／紫香楽宮 2. 奈良／東大寺 3. 聖武天皇 4. 行基

[史料11]
尾張国郡司百姓等解

第3章❷(2)

> 尾張国郡司百姓等解し，官裁を申し請ふの事。
> 　裁断せられんことを請ふ。当国の守藤原朝臣（　　），三箇年内に，責め取る非法の官物幷びに濫行横暴卅一箇条の愁状。
> 一　<u>例挙</u>の外，三箇年内に，加徴の正税卅三万二百卅八束，息利十二万九千三百七十四束四把一分を収納するを裁断せられんことを請ふの事。
> 一　雑使等を入部せしめ雑物を責取るを裁断せられんことを請ふの事。
> 一　守（　　）朝臣，庁務なきに依りて，郡司百姓の愁通じ難きを裁断せられん事を請ふの事。
> 一　守（　　）朝臣，京より下向するに，毎度有官散位の従類，同じく不善の輩を引率するを裁断せられることを請ふ。　　（宝生院文書）

設問
1. この史料は，何世紀のものか。
2. この史料に表わされているように，徴税吏化した国司を何というか。
3. 史料中の空所（　　）には，3つとも同じ人名が入る。その名を答えよ。
4. 史料中の下線部「例挙」とは何か。簡単に説明せよ。

解説　地方政治の乱れがよくあらわれている史料として貴重なものである。郡司・百姓が国司の罷免を要求した事件はほかにもあったが，その訴状が残っているのは，この藤原元命（もとなが）の場合だけである。国司が政務は見ようとせず，租税徴収に躍起となっていたことがよくわかる。また，「有官散位の従類」（うかんさんいのじゅうるい）「不善の輩」（ふぜんのともがら）を引き連れて任地に下向し，地方に勢力を扶植しようとしていたことも知ることができる。

解答　1. 10世紀　2. 受領　3. 元命
4. 正規に納入されるべき出挙稲

[史料12]
寄進地系荘園の成立

第3章❷(1)

> 寄進し奉る所領のこと。合せて壱所、山城国上桂に在り（四至略）
> 　上の当所は、桂の津守建立の地なり、津守津公・兼枝・則光と次第の知行相違なし。ここに御威勢を募り奉らんがために、当庄を以て永代を限り、院の女房大納言御局に寄進し奉るところなり。下司職に至りては、則光の子々孫々相伝すべきなり。後日のため寄進の状、件のごとし。
> 　　長徳三年九月十日　　玉手則光判　　　　　　　（東寺百合文書）

設問 1. 下線部①は、具体的にどのようなことを目的としているか。50字以内で説明せよ。
　　　　2. 下線部②は、土地を寄進されて何と呼ばれるものになったか。2字で答えよ。
　　　　3. 下線部③の「下司」には、ほかにも呼び方がある。それを2つ答えよ。
　　　　4. 下線部④が保持する権利にはどのようなものがあったか。3つあげよ。

解説　寄進状のひとつ。
(イ) 藤原兼家の娘、円融天皇女御の東三条院藤原詮子。
(ロ) 997年。道長全盛の直前である。10, 11世紀に、このようにして摂関家に荘園が寄進され、集中していった。なお、東寺百合文書とは、東寺（京都の教王護国寺）伝来の古文書で、1685年に加賀藩主前田綱紀が収納用の函100箇を贈ったことに由来し、とくに荘園制研究の貴重な史料群である。
1. 国司との関係が主だが、他の豪族との関係にも触れたほうがよい。

解答　1. 領家の権勢によって、不輸不入の特権を得て国司の収奪から逃れ、他の豪族による侵害からも守ろうとした。(49字)　2. 領家
　　　　3. 荘司・公文・案主などから2つ。
　　　　4. 年貢徴収権・下地管理権・治安維持権

[史料13]
藤原氏の繁栄

第3章 ❸(1)

> ①みだうのことをおぼしいそがせ給。②摂政殿くにぐにまでさるべきおほやけことをばさるものにて，まづこのみだうのことをさきにつかふまつるべきおほせごとのたまひ，③とののおまへも，「(イ)このたびいきたるはことごとならず，わが願のかなふべきなり」とのたまはせて，ことごとなく，ただみだうにおはします。(中略)
> ④国々のかみども，⑤地子，⑥官物はおそ(ロ)なはれども，ただいまはこのみだうの夫役，材木，ひはだ，かはら，おほくまいらするわざをわれもわれもときをひつかまつる。
> （栄華物語）

設問
1. 下線部①の「みだう」とは何か。寺院名を答えよ。
2. 下線部②の「摂政殿」とは誰か。氏名を答えよ。
3. 下線部③の「とののおまへ」とは誰か。氏名を答えよ。
4. 下線部④の「国々のかみ」は，徴税吏化して別名で呼ばれるようになったが，その別名を何というか。
5. 下線部⑤の「地子」は，官有地を農民に耕作させた賃租料だが，そのような官有地を本来何といったか。漢字2字で答えよ。
6. 下線部⑥の「官物」は，国家に租税として納められたもののことだが，そのような租税には，本来どのようなものがあったか，3つあげよ。

解説 藤原道長の全盛をよく示している。中略の部分に，皇族・公卿たちが法成寺にやってきて，人夫などを提供したとあり，国司たちが国務を二の次にして摂関家に奉仕しておもねっていることは，摂関政治の内実を示すものである。
1. 道長を御堂関白というのは，この法成寺のためである。なお，頼通は宇治に平等院をつくったので，宇治関白という。

(イ) 「今度死なずにすんだのは，きっと法成寺建設のせいだ。わたしの願いはかなうだろう」。道長は胸の病を患っていた。
⑤ 輸地子田という。たんに公田ともいうが，口分田に班給した公田の残りという意味で，乗田とする。もちろん，この時期には班田自体が行われていない。
(ロ) あとまわしにしても。

> **解答** 1. 法成寺 2. 藤原頼通 3. 藤原道長 4. 受領 5. 乗田
> 6. 租・庸・調

[史料14]
守護・地頭の設置

第4章❷(1)

> 十二日(中略)凡そ今度の次第,関東の重事たるの間,沙汰の篇,始終の趣,太だ思し食し煩ふの処。因幡前司広元申して云ふ。世已に澆季に属し,梟悪の者尤も秋を得たるなり。天下に反逆の輩有るの条,更に断絶すべからず。(中略)此次を以て,諸国に御沙汰を交へ,国衙庄園毎に守護地頭を補せらるれば強ち怖るる所有るべからず。早く申し請はしめ給ふべしと云々。二品殊に甘心し,此儀を以て治定す。

設問 1. この史料は,鎌倉幕府の正史といわれる編年体のある書物から採録したものである。その書物の名をあげよ。また,この史料は,その書物の何年の条からとったものだろうか。年次をあげよ。
2. 下線部①の解釈にはいろいろ考えられるが,ある人物の謀反であるとすれば,その人物とは誰か。氏名を答えよ。
3. 下線部②の人物は,当時,鎌倉幕府のどのような官職についていたか。
4. 下線部③の「守護」の権限は,大犯三カ条といわれるが,具体的にはどのようなものであったか。その3つをあげよ。
5. 下線部④の「二品」とは誰か。その氏名を答えよ。

解説 守護・地頭設置が大江広元の献策によったことになっているが,すでにその例があるから,必ずしも独創ではない。この時期の地頭はのちの地頭の庄郷地頭ではなく,国地頭だったという説が強い。しかし,守護・地頭の設置は荘園に対する鎌倉幕府の干渉を招くので,貴族・寺社によって猛烈な反対運動が展開された。

① 後白河法皇が頼朝追討の宣旨を出したこと,とも考えられる。
(イ) 世の中はもう末世だから,梟悪な者が活動するのにもっとも適した時期である。
(ロ) 満足して。

[付録①] 史料演習(古代〜近世前期) 375

解答 1. 吾妻鏡／文治元（1185）年　2. 源義経　3. 公文所別当
4. 大番催促・謀反人の検断・殺害人の検断　5. 源頼朝

[史料15]
承久の乱

第4章❷(3)

　二品、家人等を簾下に招き、秋田城介景盛を以て示し含ませて曰く、皆心を一にして奉るべし、是最後の詞なり。故右大将軍朝敵を征罰し関東を草創してより以降、官位と云ひ、俸禄と云ひ、其の恩既に山岳よりも高く、溟渤よりも深し。報謝の志浅からんか。而るに今逆臣の讒に依りて、非義の綸旨を下さる。名を惜しむの族は、早く秀康・胤義等を討取り、三代将軍の遺跡を全うすべし。但し、院中に参らんと欲する者は、只今申しきるべしてへり。　　　　　　　　　　　　（吾妻鏡）

設問 1. 下線部①の「二品」とは誰か。その氏名を答えよ。
2. 下線部②の「家人」とは何か。20字以内で説明せよ。
3. 下線部③の「非義の綸旨」の内容はどのようなものであったか。10字以内で説明せよ。
4. 下線部④の「三代将軍」とは誰か。将軍就任の順に、その3人の名をあげよ。
5. 下線部⑤の「院」とは誰か。その名を答えよ。

解説 (イ) 源頼朝。
③ 綸旨には、義時を追討すべきことと諸国の守護地頭が院庁の裁断を受けよとあり、それを受けて幕府は動揺した。結局、北条泰時・時房が兵を率いて入京し、上皇方を破った。この承久の乱で鎌倉幕府は公家政権に対して決定的に優位に立つことになった。
(ロ) 北面の武士の名前。あえて院を討て、と記さなかったことに、天皇の権威を知ることができる。

解答 1. 北条政子　2. 鎌倉時代の将軍と主従関係を結んだ武士。(19字)
3. 北条義時を追討せよ　4. 源頼朝・源頼家・源実朝
5. 後鳥羽上皇

[史料16]
貞永式目

第4章❷(3)

> 一　諸国の守護人奉行の事。（第三条）（本文略，以下同）
> 一　諸国の地頭，年貢所当を抑留せしむるの事。（第五条）
> 一　国司領家の成敗は関東の御口入に及ばざる事。（第六条）
> 一　所領を女子に譲り与ふるの後，不和の儀有るに依り其親悔い返すや否やの事。（第十八条）
> 一　女人養子の事。（第二十三条）
> 一　所領を子息に譲り，安堵の下文を給はりし後，其の領を悔い還し，他の子息に譲り与ふる事。（第二十六条）
> 一　官爵を所望するの輩は，関東の御一行を申請するの事。（第三十九条）
> 一　奴婢雑人の事。（第四十一条）
> 一　売買の所領の事。（第四十八条）

設問 1. この史料は，貞永式目の一部である。その別名を漢字5字で記せ。
2. 貞永式目を制定したのは誰か。その氏名を答えよ。また，その制定されたのは何年か。西暦で答えよ。
3. 貞永式目には，律令と抵触する内容のものがあったが，それで支障は生じなかったのだろうか。支障が生じたとすればどのような支障が生じたか。支障が生じなかったとすれば，どうしてか。そのいずれかについて，40字以内で説明せよ。

解説　貞永式目制定にあたって，北条泰時は弟の六波羅探題北条重時に，「ただ道理のおすところを記され候者也」と記し，律令は「武家のならひ，民間の法」がほとんど含まれていないとした。貞永式目には，所領に関する規定が非常に多く，所領問題が武家社会にとってきわめて重要な問題であったことを示している。18, 23, 41などの各条は律令の規定と異なり，女子にも所領を相続したり，養子をとることが許され，奴婢雑人の子は，男は父に，女は母に属することになっていた。
3. 第6条がヒントになる。

> **解答** 1. 御成敗式目　2. 北条泰時／1232年
> 3. 律令は公家社会に，式目は武家社会に通用するものだったから，支障は生じなかった。（39字）

[史料17]
永仁の徳政令

第4章❸(3)

> 質券売買地の事。永仁五年三月六日
> 　右地頭・御家人の買得地に於ては，本条(イ)を守り，廿ケ年を過ぐる者は，本主(ロ)取返すに及ばず。非御家人幷びに凡下の輩の買得地に至りては，年紀(ハ)の遠近を謂はず，本主之を取返すべし。

> **設問** 1. この法令は，どのような背景の下で，どのような目的のために出されたものか。70字以内で説明せよ。
> 2. 永仁五年とは，西暦では何年か。
> 3. この法令が出されたころ，高利貸業者は一般に何といわれていたか。漢字2字で答えよ。

> **解説** 永仁の徳政令には，越訴（訴訟に敗れた者がふたたび訴えること）の禁止や金銭貸借に関する訴訟を受理しないことも決められている。地頭・御家人と非御家人・凡下の輩とが区別されており，御家人の所領保護を目的としていたことが明瞭である。
> (イ) 貞永式目。
> (ロ) 土地を売ったもとの所有者。
> (ハ) 期間。

> **解答** 1. 貨幣経済の進展や元寇の影響によって，御家人が窮乏して所領を失う者が多くなり，鎌倉幕府の根幹がゆるんだので，御家人を救済する目的で出された。（69字）　2. 1297年　3. 借上

[史料18]
親鸞の思想

第4章❹(1)

> 親鸞①にをきては唯念仏して弥陀に助けられ参らすべしと，よきひと(イ)のおほせをかぶりて信ずるほかに別の子細なきなり。念仏は誠に浄土に生

378　[付録①] 史料演習（古代～近世前期）

るる種にやはべるらん，又地獄におつべき業にてやはべるらん，総じて
　　もて存知せざるなり。たとひ（　a　）上人にすかされまひらせて，念
　　仏して，地獄に落ちたりともさらに後悔すべからず候。(中略)
　　善人なほもて往生をとぐ，いはんや悪人をや。しかるを世のひとつね
　　にいはく，悪人なほ往生す，いかにいはんや善人をやと。この条一旦そ
　　のいわれあるに似たれども，本願他力の意趣にそむけり。　　(歎異抄)

設問 1. 下線部①の「親鸞」の開いた宗派を，一般に何というか。宗派名を答えよ。
　　　2. 空所 a には，親鸞の師だった人物の名が入る。空所を埋めよ。
　　　3. 下線部②の思想は，一般に何といわれているか。漢字5字で答えよ。

解説　『歎異抄』は，親鸞の弟子唯円による親鸞の言行録。前半には，師法然に絶対的に信従していたことがうかがわれるが，そのよきひと・法然という語の部分を省いて考えると，阿弥陀如来に対する絶対的帰依が浮かびあがり，もはや，それは従来の呪術的な宗教や現世利益を求める境地から遠くへだたって，阿弥陀如来が，いわば摂理の神に近いものになっていることがわかる。これを押し広げていくとき，同朋・同行という，キリスト教での「神の前の平等」に似た思想もあらわれたのだった。後半は，有名な悪人正機説。親鸞において，無量寿経の他力本願の思想はとことんまで追究された。この思想は，浄土真宗の思想の大衆性も物語る。
(イ) よい人（法然）のおっしゃったことをうけたまわり。
(ロ) だまされて。

解答 1. 浄土真宗　2. 法然　3. 悪人正機説

[史料19]
建武新政

第5章 ❶(1)

　　保元平治治承より以来，武家沙汰として政務を恣にせしかども，元
　弘三年の今は天下一統に成しこそめづらしけれ。君の御聖断は延喜天暦
　の昔に立帰て，武家安寧に比屋謳歌し，いつしか諸国に国司守護を定む。
　(中略) 古の興廃を改て，今の例は昔の新儀なり。朕が新儀は未来の先
　例たるべしとて，新なる勅裁漸く聞えけり。(中略)

ここに京都の聖断を聞奉るに,記録所,決断所をおかるるといへども,近臣臨時に内奏を経て非義を申断間,綸言朝に変じ暮に改まりしほどに,諸人の浮沈掌を返すが如し。(中略) 又天下一統の掟を以て安堵の綸旨を下さるといへ共,所帯をめさるる輩恨を含,時分公家に口ずさみあり。尊氏なしといふ詞を好みつかひける。
　　　　　　　　　　　　　　　　　　　　　　　　　　　(梅松論)

設問 1. 下線部①の「延喜」「天暦」について,それぞれ何天皇のときの年号か。この順序で天皇名を答えよ。
2. 下線部②の「朕」とは誰か。天皇名を答えよ。
3. 下線部③の「記録所」は,所管事項は異なるが,従来にも設置されたことがある。そのときの天皇名を答えよ。
4. 下線部④の「尊氏なし」とは,新政府の役職に足利尊氏がつかなかったことを意味するが,武者所の長官になったのは誰か。その氏名を答えよ。

解説 『梅松論』は足利氏の立場から書かれた南北朝時代の史書。北畠親房の『神皇正統記』が南朝の立場にたったのと対照的である。「朕が新儀は未来の先例たるべし」という部分に後醍醐天皇の意気込みが感じられる。
(イ) 保元の乱・平治の乱と源平争乱(治承・寿永・文治)。
(ロ) 建武新政では国司・守護を併置し,公武の別なく任命した。
3. 後三条天皇の記録所(記録荘園券契所)は荘園整理の中央機関,後醍醐天皇の記録所は政務機関。この史料に続いて,政治的不安定と,公武の「水火の争い」で元弘3年が暮れたと述べている。
(ハ) この施策は,武士の慣習とも異なり,武士の新政府に対する不満をかきたてた。
(ニ) その当時。

解答 1. 醍醐天皇,村上天皇　2. 後醍醐天皇　3. 後三条天皇
4. 新田義貞

[史料20]
守護の領国形成　　　　　　　　　　　　　　　　第5章❷(2)

諸国守護人非法の条々
一　大犯三箇条の外,所務以下に相綺ひ,地頭御家人の煩を成すの事。

- 一 縁者の契約を成し，無理に方人を致すの事。
- 一 請所と号し，名寄を他人に仮り，本所寺社領を知行せしむるの事。
- 一 国司領家の年貢譴納と称し，仏神用途の催促と号し，使者を所々に放ち入れ，民屋を追捕するの事。
- 一 兵粮幷びに借用と号し，土民の財産を責め取る事。
- 一 自身の所課を以て，一国の地頭御家人に分配せしむるの事。
- 一 新関を構え津料と号し，山手・河手を取り，旅人の煩を成すの事。

（建武以来追加）

設問
1. 下線部①の「大犯三箇条」は，このとき新たにつけ加えられた「付けたり」によって守護の権限が強化されたが，その「付けたり」の内容を2つ記せ。
2. 下線部②の「請所」とは何か。70字以内で説明せよ。
3. 下線部③について，室町幕府が荘園年貢の一部を守護に預け，「地頭御家人に分配せし」めたことがある。それを何というか。

解説 貞和2（1346）年，室町幕府が守護の非法を制禁するために出した法令。ここにあげられた非法は，実際にはそれが行われていたことを意味している。国人の被官化・荘園侵害などによって，守護は任国を一円知行化する方向を示した。幕府は，武士を組織するために守護の権限を拡大する一方で，守護が地方封建領主として強大になるのをおそれ，これを抑制したのである。
① 大犯三カ条は，すでに貞永式目で，「夜討・強盗・山賊・海賊」が付けたりとして加えられ，元寇ごろから悪党追捕などのために御家人統率権が強化されていたが，ここで刈田狼藉・使節遵行が加えられた。
(イ) 所領の得分権・貢租などの諸問題に干渉し。
(ロ) 年貢納入について厳しいとがめがあったという口実で。
3. 半済の法は，観応3（1352）年美濃・近江・尾張3国についてはじめて認められた。その宛行は，守護に委ねられた。

解答 1. 刈田狼藉，使節遵行　2. 年貢納入を条件に，荘園領主から下地支配の全権をまかされた荘園のことで，鎌倉時代には地頭請，室町時代には守護請があり，地下請もあらわれた。（68字）　3. 半済の法

[史料21]
勘合貿易の開始　　　　　　　　　　　　　　　　　　　　第5章❷(1)

> 日本准三后某，書を大明皇帝陛下に上る。日本国開闢以来，聘問を上邦に通ぜざることなし。某幸に国鈞をとり，海内虞なし。特に往古の規法に遵ひて，使肥富を（　　）を相副へて好を通じ方物を献ぜしむ。
> 　　　　　　　　　　　　　　　　　　　　　　　　（善隣国宝記）

設問 1. この史料は何年のものか。西暦または日本年号で答えよ。
2. 下線部①の「准三后某」とは誰か。その氏名を答えよ。
3. 下線部②の「肥富」に平仮名で読みを示せ。また，肥富はある都市の商人だといわれるが，その都市とはどこか。
4. 史料中の空所に適当な人名（漢字2字）を入れよ。
5. この史料は『善隣国宝記』に収められているが，その著者の名を答えよ。

解説 1399（応永6）年に長門の大守護大内義弘を討った足利義満は，1401（応永8）年，明に使節を派遣した。明の成祖永楽帝は翌1402年，道彝・一如を使節とし，義満を「爾日本国王源道義」（道義は義満の法号）と呼び，大統暦を授与して，朝貢の形をとり，1404年，明使が勘合符・勘合底簿をもたらした。勘合貿易は義持のとき中絶したが，財政基盤の弱い室町幕府にとっては貿易の利益が捨てがたく，義教のとき再開された。
2. 准三后とは，太皇太后宮・皇太后宮・皇后宮の三宮に准ずる地位。
5. 瑞渓周鳳は堺の人，義教・義政に仕え，内政・外交に活躍した。

解答 1. 1401（応永8）年　2. 足利義満　3. こいずみ／博多
4. 祖阿　5. 瑞渓周鳳

[史料22]
土一揆・国一揆　　　　　　　　　　　　　　　　　　第5章❸(1)・第6章❶(1)

> A. 天下の土民蜂起す。徳政と号し，（　a　）・（　b　）・寺院等を破却せしめ，雑物等恣に之を取り借銭等悉く之を破る。管領之を成敗す。

凡そ亡国の基，之に過ぐべからず。日本開白以来，土民蜂起是れ初なり。　　　　　　　　　　　　　　　　　　（大乗院日記目録）

B. 両陣の武家衆各引退し了んぬ。（　c　）一国中の国人等申し合す故也。自今以後に於ては両（　d　）方は国中に入るべからず。本所領共は各々本の如くたるべし。新関等一切之を立つべからずと云々。珍重事也。　　　　　　　　　　　　　　　　　　（大乗院寺社雑事記）
②

設問 1. 史料A・Bは，どのような事件について述べられたものか。それぞれの事件名を述べよ。
　　2. 史料Aの事件が発生してから，史料Bの事件が発生するまで約何十年か。
　　3. 史料中の空所a～dに適当な語を入れよ。ただし，a・bは当時の金融業者，dは守護家の氏が入る。
　　4. 下線部①について，このときの管領は畠山満家だが，はじめて管領になったのは誰か。その氏名を答えよ。
　　5. 下線部①について，鎌倉幕府の役職で管領に相当するものは何か。職名を答えよ。
　　6. 下線部②について，なぜ「珍重事也」なのだろうか。この史料の筆者の立場から考えて説明せよ。

解説 A. 正長の土一揆，1428（正長1）年。近江坂本の馬借が京都に乱入したことがきっかけとなって，京都に徳政一揆が起こり，大和・伊賀・伊勢・紀伊・和泉・河内に波及した。近江坂本・馬借が設問として問われることもある。「亡国の基」という表現に，貴族・寺社の焦燥する気持ちが表わされている。

B. 山城の国一揆，1485（文明17）～93（明応2）年。応仁の乱のきっかけとなった畠山義就・政長の両軍は，応仁の乱終了後も南山城で戦闘を繰り返したため，国人が集会をもち，両畠山軍の国外退去を要求した。その要求におされて両畠山軍が退去すると，国人は再び平等院で会合をもち，掟法を定め，月行事を決定した。「本所領……」の項は，本所を擁して守護に対抗しようとしたことを，「新関……」の項は，山城で貨幣経済が発達していたことを意味している。なお，加賀の一向一揆は1488（長享2）年に起きた。

解答 1. A 正長の土一揆　B 山城の国一揆　2. 約60年　3. a 酒屋　b 土倉　c 山城　d 畠山　4. 細川頼之　5. 執権
6. 山城の国一揆は本所領は旧来通りの支配を認めると定めたから，守護の荘園侵害に苦しんでいた貴族・寺社にとっては好ましいことだった。

[史料23]
戦国家法

第6章❶(2)

一　(イ)当家累館の外，国中に城郭を構させらる間敷候。総て大身の輩をば悉く（　a　）に引越しめて，其郷其村には只代官下司のみ居置るべき事。
　　　　　　　　　　　　　　　　　　　　　　　（朝倉敏景十七箇条）

一　（　b　）・遠両国の輩，或は私として他国よりよめをとり，或はむこにとり，むすめをつかはす事，自今以後停止の事。（今川仮名目録）

一　(ロ)喧嘩口論，堅く停止の事。（中略）此旨に背き，互に勝負に及ばば，理非に寄らず双方成敗すべし。
一　(ハ)寄親其の外物頭の申す儀，毎時大切に存じ，毛頭異儀に及ぶべからざる事。
　　　　　　　　　　　　　　　　　　　　　　　　　（元親百箇条）

一　親類被官私に誓約せしむるの条，逆心同前なり。
一　(ニ)悪銭の事，市中に立つの外撰ぶべからざる事。　（信玄家法）

設問 1. 史料中の空所 a・b に適当な語を考えて入れよ。
2. 元親の氏は何か。また，元親の本拠地はどこか。国名で答えよ。
3. 信玄家法の別名を何というか。

解説 (イ) 家臣の城下町集住。
　　a 朝倉氏の城下町から推定できる。
　　b 今川氏の本拠は駿河。他国との通婚禁止。
(ロ) 喧嘩両成敗。
(ハ) 寄親・寄子制。
(ニ) 撰銭令。

解答 1. a 一乗の谷　b 駿（駿河）　2. 長宗我部／土佐国
3. 甲州法度

[史料24]
太閤検地

第6章❸(2)

　一　(イ)六尺三寸の棹を以，五間六拾間三百歩一段と相定事。
　一　(ロ)田畠幷在所之上中下，態々見届幷斗代相定事。
　一　(ハ)口米一石に付弐升宛，其外役米一切出すべからざる事。
　一　(ニ)（　　　）を以，年貢を納所いたすべし。売買幷に同枡となすべき事。
　　　　　　　　　　　　　　　　　　　　　　　　　　　　　　　（大野郡志）

設問 1. この史料は，五奉行の筆頭として検地を担当していたある人物に対して出されたものである。その人物とは誰か，氏名を答えよ。
2. 下線部「斗代(とだい)」とは何か，簡単に説明せよ。また，「斗代」にかわって用いられるようになった語を何というか。
3. 空所（　　　）に適当な語を考えて入れよ。
4. 太閤検地にはどのような歴史的意義があるか。①大名，②貴族・寺社，③農民について，それぞれ10字以内で説明せよ。

解説 文禄3（1594）年の法令。ここに，太閤検地の基準が定まった。
(イ) 荘園では，1歩にも6尺，6尺3寸，6尺5寸などとあった。従来は360歩＝1段だったのが，300歩＝1段となった。慶安2（1649）年の徳川家光のとき，6尺1寸となった。
(ロ) 田畑の等級を分け，全国の石高を決定，二公一民とした。
(ハ) 付加税が口米だけに統一された。
(ニ) 枡も統一された。京枡は現行の枡である。

解答 1. 浅野長政　2. 段当たり収穫高のこと／石盛　3. 京枡
4.① 大名知行制が確立した　② 荘園制度が廃絶された
③ 耕作権が確保された

[付録①] 史料演習（古代～近世前期）　385

[史料25]
刀狩令

第6章❸(2)

> 一 諸国百姓等，刀，わきざし，弓，やり，てっぱう，其他武具のたくひ所持候事，堅停止候。（中略）
> 一 右取おかるべき刀脇指，ついえにさせらるべき儀にあらず候の間，今度<u>大仏</u>御建立の釘かすがひに仰せ付けらるべし。（中略）
> 一 百姓は農具さへもち，耕作専らに仕り候へば，子々孫々まで長久に候。（後略）
> 　　　　　　　　　　　　　　　　　　　　　（小早川家文書）

設問
1. この史料はある法令だが，何年に出されたものか。
2. この法令を発布したのは誰か。氏名を答えよ。
3. この法令の歴史的意義を10字以内で説明せよ。
4. 下線部「大仏」は何という寺につくられたか，寺院名を答えよ。

解説 刀狩は，天正4（1576）年に柴田勝家が越前で行っているが，豊臣秀吉による刀狩は全国的に行われ，農民一揆の根絶がはかられた。織田信長をもっとも苦しめたのは一向一揆だったが，天正15（1587）年に肥後で大規模な国一揆が発生し，一向一揆に対する恐怖とともに，刀狩を促進させた。検地とあいまち，刀狩によって兵農分離が推進され，農民身分が固定されて，新しい支配秩序が形成されることになった。「百姓は農具さへもち……」という条項に，それをうかがうことができる。

解答 1. 1588（天正16）年　2. 豊臣秀吉　3. 兵農分離が推進された　4. 方広寺

[史料26]
バテレン（宣教師）追放令

第6章❸(2)

> 一 日本は神国たる処，きりしたん国より邪法を授候儀，はなはだ以て然るべからず候事。
> 一 <u>其国郡之者を近付，門徒になし，神社仏閣を打破之由前代未だ聞か</u>
> ①

ず候。(中略)
一 <u>伴天連</u>其知恵之法を以，心ざし次第ニ檀那を持候と思召され候へハ，右の如く日域之仏法を相破事曲事に候条，伴天連儀日本之地ニハおかせられ間敷候間，今日より廿日之間ニ用意仕，帰国すべく候。(中略)
一 <u>黒船</u>之儀ハ商売之事に候間，各別に候之条，年月を経諸事売買いたすべき事。
一 自今以後仏法のさまたげを成さざる輩ハ商人之儀は申すに及ばず，いづれにてもきりしたん国より往還くるしからず候条，其の意を成すべき事。
(松浦家文書)

設問 1. この史料は何年に出されたものか，西暦または日本年号で答えよ。
2. 下線部①について，キリスト教徒になった大名として有名な者を3人あげよ。
3. 下線部②について，伴天連(ばてれん)(宣教師)の名を2人あげよ。
4. 下線部③について，当時「黒船」がもっとも多く来航したのはどこか。

解説 この史料は，天正15年6月19日の日付があるが，前日の日付がある別の史料には，「伴天連門徒之儀ハ，其者ノ心次第たるへき事」「八宗九宗之儀候間，其主一人宛は心次第成るべき事」と，いわば信教の自由を公認し，ただ給人である武士が主君の許可を得ずに門徒になることを禁じた。神社仏閣をこわしたり，日本人を奴隷として売買したり，肉食を行ったりすることが宣教師追放を命じる直接の理由とされ，キリスト教が一向一揆と同じようなものになるのをおそれる気持ちも強かった。
2. 高山右近も有名で，このとき所領を奪われた(徳川家康により，1614年に国外追放)。小西行長もキリスト教徒。

解答 1. 1587(天正15)年　2. 大村純忠・有馬晴信・大友宗麟
3. フロイス，オルガンチノ　4. 長崎

[付録①] 史料演習(古代〜近世前期)　387

[史料27]
禁中並公家諸法度

第7章❶(3)

> 一 天子御芸能之事。第一御学問也。
> 一 三公之下親王，親王之次は前官の大臣（中略）。其次者諸親王なり。但し儲君は格別なり。
> 一 摂家たりと雖も，其の器用なき者は，三公・摂関に任ぜらるべからず，況や其の外をや。
> 一 武家の官位は，公家当官の外たるべき事。
> 一 紫衣之寺は，住持職は先規稀有の事也。近年猥りに勅許の事，且は臈次を乱し，且は宮寺を汚す。甚然るべからず。向後は其の器用を撰び，戒臈相積み智者之聞あらば，入院の儀は申す沙汰有るべき事。
>
> （徳川禁令考）

設問 1. この史料はある法令である。この法令が出る2カ月前にある出来事が起こっているが，それは何か。
2. ①について，下記の人物はいずれも官名で有名だが，その名を答えよ。
 (a)松平伊豆守　(b)田沼主殿頭　(c)大岡越前守　(d)水野越前守
 (e)松平越中守
3. ②について，のちにこの条項を根拠として紫衣事件が発生したが，紫衣事件によって流罪になった人物1名を答えよ。また，その寺院名も記せ。

解説　1615（慶長20＝元和1）年，大坂夏の陣で豊臣秀頼を滅亡させた徳川家康は，武家諸法度を出して，大名統制の根幹とするとともに，その10日後に禁中並公家諸法度を発布した。武家政権は，はじめて朝廷・公家に対する統制法を発布できるようになったのである。
(イ)で天皇を政治から切り離し，(ロ)で公家の人事に対する干渉権を確保し，①で幕府は古代的権威も身につけた。武家の官位は，たんなる肩書にすぎなかったが，公卿の定員外となり，幕府を通してのみ与えられるようになったのである。
2.　武士の官位を覚える必要はないのだが，史料問題のとき，まま，知っているほうが有利な場合がある。

3. 紫衣事件は，1627年に崇伝の摘発によって発生し，1629年に幕府が大徳寺玉室・沢庵，妙心寺士印・慧等らを流罪としたため，後水尾天皇も譲位した。

解答 1. 豊臣氏の滅亡（大坂夏の陣） 2.(a) 信綱 (b) 意次 (c) 忠相 (d) 忠邦 (e) 定信 3. 沢庵／大徳寺

[史料28]
武家諸法度

第7章❶(2)

一 文武弓馬の道，専ら相嗜むべき事。
一 大名小名，在と江戸との交替を相定む所なり。毎歳夏四月中参勤致すべし。
一 新規の城郭構営は堅く之を禁止す。……
一 新儀を企て徒党を結び誓約を成す儀は制禁の事。
一 国主城主壱万石以上幷に近習の物頭は私に婚姻を結ぶべからざる事。
一 私の関所，新法の津留制禁の事。
一 五百石以上の船停止の事。
一 万事江戸の法度の如く，国々所々において，之を遵行すべき事。
　右の条々当家先制の旨に准じ，今度潤色して之を定め訖，堅く相守るべきなり。
寛永十二年六月廿一日

(徳川禁令考)

設問 1. この法令を発布したのは誰か。その氏名を答えよ。また，武家諸法度が最初に発布されたのは何年か。
2. ①の規定は，天和3年に「文武忠孝を励し，礼儀を正すべき事」と改訂されたが，その改訂したものを発布したのは誰か。氏名を答えよ。
3. ②の規定は何といわれるものか。漢字5字で答えよ。
4. ③の規定は幕末に廃止されたが，そのときの老中は誰か。氏名を答えよ。

解説 武家諸法度は，禁中並公家諸法度に10日先立って，1615（元和1）年にはじめて秀忠の名で発布され，以後，将軍代替わりごとに発布されたが，この家光のもので，参勤交代制が確立するなど，基本的な内容は定まった。参勤交代制は元和1年のものにも規定はあった。1722年に上米制により在府が短縮され，1730年にもとに復したが，1862年に文久の改革にあたって緩和された。武家諸法度は大名統制の根本法である。大名も幕府の法令に準じて藩政を行うことが規定されている。旗本・御家人には別に諸士法度が出されたが，のちには武家諸法度が代行された。

解答 1. 徳川家光／1615（元和1）年　2. 徳川綱吉　3. 参勤交代制　4. 阿部正弘

[史料29]
寛永の鎖国令　　　　　　　　　　　　　　　　　　　　　　　第7章❷(2)

A.　一　異国え奉書船の外舟遣候儀堅く停止の事。　　　　（武家厳制録）

B.　一　異国え日本之船遣之儀，堅停止事。
　　一　日本人異国え遣し申間敷候。<u>若忍ひ候而乗渡る者</u>於有之ハ，其者ハ死罪，其船船主共ニ留置言上可仕事。
①
　　一　異国え渡り住宅仕有之日本人，来り候ハ，死罪可申付事。
　　一　武士之面々，長崎におゐて異国船荷物，唐人より直ニ買取候儀，停止事。
　　一　異国船つみ来候白糸，直段を立候而，不残<u>五ケ所</u>其外書付之所，割符可仕事。
②
　　一　糸之外所色之儀，糸之値段極り候而之上，相対次第商売可仕。
　　　　　　　　　　　　　　　　　　　　　　　　　　　　　　（徳川禁令考）

C.　自今以後<u>かれうた</u>渡海之儀，停止せられ畢ぬ。此上若差渡におゐて
③
　　は，其船を破却し，幷に<u>乗来者</u>，速に斬罪に処せらるべき旨，所被仰
④
　　出也。仍執達如件。　　　　　　　　　　　　　　　　　　　（寛永日記）

設問 1. 史料AとCのそれぞれが発布されたのは何年か。
　　　 2. 下線部①について，1854年のペリー来航に際して，その船に

乗り，海外渡航をくわだてた人物がいる。それは誰か。氏名を答えよ。
3. 下線部②の「五ケ所」とはどこか。その地名をすべてあげよ。
4. 下線部③の「かれうた」とは何か。簡単に答えよ。
5. 下線部④について，1708年に来航し，新井白石の尋問を受けた人物がいる。それは誰か。また，その尋問を記録した白石の著書といえば何か。

解説 鎖国令は，1633（寛永10）年から1639（寛永16）年にかけて，毎年のように発布された。1639年のCを除くと，いずれもほぼ同文で1633年と翌1634年のものはまったく同文だが，1635年に日本船の全面渡航禁止，1636年にポルトガル人や混血児，生母・養父母の追放が加わり，1639年にポルトガル船は全面来航禁止となった。
B 大名を貿易から切り離そうとする意図が明白である。1635（寛永12）年のものだが，1636（寛永13）年にも同文がある。
C 「かれうた」はgaliota。ポルトガル船のこと。

解答 1. A 1633（寛永10）年　C 1639（寛永16）年　2. 吉田松陰
3. 堺・長崎・京都・江戸・大坂　4. ポルトガル船
5. シドッチ／西洋紀聞

[史料30]
江戸幕府の財政窮乏

第7章❷(3)

　①前代の御時歳ごとの其出るところ入る所に倍増して国財すでにつまづきしを以て，②元禄八年の九月より金銀貨の制を改め造らる。これよりこのかた歳々に収められし所の公利総計凡そ五百万両，これを以て常にその足らざる所を補ひしに，おなじ十六年の冬大地震によりて，傾き壊れし所々を修善せらるるにいたりてかの歳々に改められし所の公利を忽ちにつきぬ。
（折たく柴の記）

設問 1. 下線部①の「前代」とは誰のときのことか。その氏名を記せ。
2. 下線部②に述べられていることを中心になって行った人物は誰か。

[付録①] 史料演習（古代〜近世前期）　391

3. この史料の出典『折たく柴の記』の著者は誰か。また，かれが中心になって行った政治は何と呼ばれているか。

解説 5代将軍綱吉のころから幕府財政窮乏は深刻になった。『折たく柴の記』には，宝永5（1708）年の収入は天領400万石から76万〜77万両。支出は旗本・御家人の給金約30万両，国用140万両，内裏造営料70万〜80万両で，差し引き170万〜180万両不足すると述べられている。荻原重秀は，それを貨幣改鋳による出目で補おうとしたのだった。それを受けて幕政の刷新にあたった新井白石の自叙伝が『折たく柴の記』である。松平定信の自叙伝『宇下人言』と混同しないように。

解答 1. 徳川綱吉　2. 荻原重秀　3. 新井白石／正徳の治

[付録②]
日本史の基礎知識

構成と利用法

　日本史を理解するために必要な基礎的な知識をまとめてある。日本史を学ぶうえで基本となる内容も多いのでよく理解しておいてほしい。

■干支と時刻・方位

●干支

① 甲・乙・丙・丁・戊・己・庚・辛・壬・癸を「十干」，子・丑・寅・卯・辰・巳・午・未・申・酉・戌・亥を「十二支」という。十干と十二支を順次組み合わせると，10と12の最小公倍数である60を単位として再びもとに戻る。その60年を1元という。21元（1260年）を1蔀という。

② 甲子は「きのえね」，乙丑は「きのとうし」と呼ぶ。きのえは甲，ひのとは丁というように，十干の呼び方は固定している。

③ 西暦に換算すれば，十干と西暦の末尾は一定する。表の最下段の数字が西暦末尾を示す。例えば，甲（きのえ）の年は必ず西暦末尾は4である。壬申の乱は西暦672年だが壬（みずのえ）の年は必ず西暦末尾は2である。

④ 西暦1年は辛酉である。したがって，西暦4年が甲子，また1984年が甲子になる。甲子は西暦で，4，64，124，……1864，1924年だった。

⑤ 以上のことがわかれば，干支がわかっていて，それがおよそいつごろのものか知っていれば，西暦に換算できる。庚午年籍・甲申の変などで換算してみよう。

き		ひ		つち		か		みず	
え	と	え	と	え	と	え	と	え	と
甲子	乙丑	丙寅	丁卯	戊辰	己巳	庚午	辛未	壬申	癸酉
甲戌	乙亥	丙子	丁丑	戊寅	己卯	庚辰	辛巳	壬午	癸未
甲申	乙酉	丙戌	丁亥	戊子	己丑	庚寅	辛卯	壬辰	癸巳
甲午	乙未	丙申	丁酉	戊戌	己亥	庚子	辛丑	壬寅	癸卯
甲辰	乙巳	丙午	丁未	戊申	己酉	庚戌	辛亥	壬子	癸丑
甲寅	乙卯	丙辰	丁巳	戊午	己未	庚申	辛酉	壬戌	癸亥
4	5	6	7	8	9	0	1	2	3

●時刻・方位

① 内部のアラビア数字は現在の時刻を示す。

② 子，丑，寅……の12に区分された1個をそれぞれ辰刻と呼ぶ。

③ 近世では12の分け方が四季によって昼夜で異なり，太陽の出没時をそれぞれ明暮六つとした。

④ 方位は，坎＝子，艮＝丑寅，震＝卯，巽＝辰巳，離＝午，坤＝未申，兌＝酉，乾＝戌亥と呼ぶ。

⑤ 時刻・方位は，必ずしも覚えておく必要はない。念のためにあげたものである。

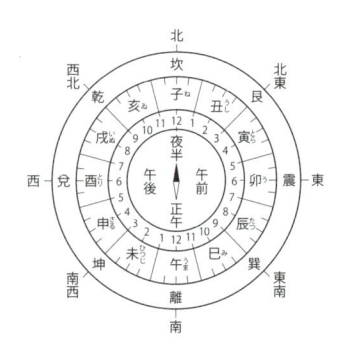

■旧国名と現県名

●古代の行政区分

五畿……大和・山城・摂津・河内・和泉
七道……東海道・東山道・北陸道・山陽道・山陰道・南海道・西海道
 東海道：伊賀・伊勢・志摩・尾張・三河・遠江・駿河・伊豆・甲斐・相模・安房・上総・下総・常陸。771年より武蔵を編入。
 東山道：近江・美濃・飛騨・信濃・上野・下野・武蔵・出羽・陸奥。1868年に陸奥は磐城・岩代・陸前・陸中・陸奥とし、出羽を羽前・羽後とする。
 北陸道：若狭・越前・加賀・能登・越中・越後・佐渡
 山陽道：播磨・美作・備前・備中・備後・安芸・周防・長門
 山陰道：丹波・丹後・但馬・因幡・伯耆・出雲・石見・隠岐
 南海道：紀伊・淡路・阿波・讃岐・伊予・土佐
 西海道：豊前・豊後・筑前・筑後・肥前・肥後・日向・薩摩・大隅・壱岐・対馬

●現県名との対比

東北地方……福島（磐城，岩代）・宮城（陸前）・岩手（陸中）・青森（陸奥），山形（羽前）・秋田（羽後）。もとの陸奥と出羽。

関東地方……東京（武蔵）・神奈川（相模，武蔵）・埼玉（武蔵）・群馬（上野）・栃木（下野）・茨城（常陸，下総）・千葉（安房，上総，下総）。もとの東海道と東山道にわたり，関東八州といわれた地域。

中部地方……新潟（越後，佐渡）・富山（越中）・石川（加賀，能登）・福井（越前，若狭）・長野（信濃）・山梨（甲斐）・静岡（遠江，駿河，伊豆）・岐阜（美濃，飛騨）・愛知（尾張，三河）。もとの北陸道全域と東海道・東山道にわたる。

近畿地方……京都（山城，丹波，丹後）・大阪（河内，和泉，摂津）・滋賀（近江）・兵庫（但馬，播磨，淡路，摂津，丹波）・奈良（大和）・和歌山（紀伊）・三重（伊賀，伊勢，志摩，紀伊）。もとの五畿を中心に，東海・東山・山陽・山陰・南海各道にわたる。

中国地方……岡山（美作，備前，備中）・広島（備後，安芸）・山口（周防，長門）・島根（出雲，石見，隠岐）・鳥取（因幡，伯耆）。もとの山陽道と山陰道。

四国地方……徳島（阿波）・香川（讃岐）・愛媛（伊予）・高知（土佐）。もとの南海道。

九州地方……福岡（筑前，筑後，豊前）・佐賀（肥前）・長崎（肥前，壱岐，対馬）・熊本（肥後）・大分（豊後，豊前）・宮崎（日向）・鹿児島（薩摩，大隅，日向）。もとの西海道。

 同一国が2つ以上の県になるもの，同一県が2つ以上の国にまたがるものに，とく

に注意すること。

なお、北海道は蝦夷地(えぞち)といわれていた。

●国県名対照図

■年号一覧

●主要年号

年号	継続年	備考	関連事件
大化	645〜650	最初の年号，律令国家の成立	大化改新（645）
(白鳳)	672〜？	天武天皇の政治，律令政治の基礎	白鳳文化（645〜710）
大宝	701〜704	文武天皇，大宝律令完成	大宝律令（701）
和銅	708〜715	武蔵より銅を献じ，和同開珎鋳造	和同開珎（708）
養老	717〜724	養老律令，日本書紀，三世一身法	養老律令（718）
天平	729〜749	聖武天皇の治政，奈良朝最盛期	天平文化（710〜94）
延暦	782〜806	桓武天皇の治政，政治振粛	延暦寺（788）
弘仁	810〜824	嵯峨天皇，薬子の変と令外官設置	弘仁格式（820）
承和	834〜848	仁明天皇，承和の変，良房台頭	承和の変（842）
貞観	859〜877	清和天皇，良房摂政，弘仁貞観文化	貞観格式（871）
延喜	901〜923	醍醐天皇，天暦とともに聖代視	延喜（天暦）の治
承平	931〜938	藤原純友・平将門叛し，武士台頭	承平・天慶の乱（935〜41）
天慶	938〜947		
安和	968〜970	摂関は常置，摂関政治確立	安和の変（969）
延久	1069〜1074	後三条天皇の親政，記録所設置	延久の荘園整理令（1069）
保元	1156〜1159	後白河天皇と崇徳上皇の争い	保元の乱（1156）
平治	1159〜1160	平氏全盛を招く	平治の乱（1159）
文治	1185〜1190	平氏滅亡，守護・地頭設置	文治合戦（1185）
承久	1219〜1222	公家勢力衰退，執権政治確立	承久の乱（1221）
貞永	1232〜1233	執権北条泰時	貞永式目（1232）
文永	1264〜1275	蒙古来襲	文永の役（1274）
弘安	1278〜1288		弘安の役（1281）
永仁	1293〜1299	鎮西探題，御家人窮乏，惣領制くずれる	永仁の徳政令（1297）
元亨	1321〜1324	執権北条高時	元亨釈書（1322）
元弘	1331〜1334	鎌倉幕府滅亡	元弘の変（1331）
建武	1334〜1338	後醍醐天皇の新政	建武中興（1334〜36）
観応	1350〜1352	足利氏に内訌	観応の擾乱（1350〜52）
明徳	1390〜1394	将軍足利義満，南北朝合一	明徳の乱（1391）
応永	1394〜1428	室町幕府最盛，勘合貿易開始	応永の乱（1399）
正長	1428〜1429	正長の土一揆	正長の土一揆（1428）
永享	1429〜1441	将軍義教，関東管領滅亡	永享の乱（1438）
嘉吉	1441〜1444	義教，赤松氏に殺される	嘉吉の乱（1441）

年　号	継続年	備　　考	関 連 事 件
応　仁	1467〜1469	応仁の乱，戦国の世となる	応仁の乱（1467〜77）
文　明	1469〜1487		
天　文	1532〜1555	ヨーロッパ人とはじめて接触	天文法華の乱（1536）
天　正	1573〜1592	豊臣秀吉が天下統一	天正の石直し（1580〜）
文　禄	1592〜1596	秀吉が朝鮮に出兵	文禄の役（1592〜93）
慶　長	1596〜1615	慶長の役，徳川家康征夷大将軍	慶長小判（1601）
元　和	1615〜1624	豊臣氏滅亡，幕藩体制確立	元和偃武
寛　永	1624〜1644	将軍家光，鎖国完成	寛永の鎖国令
慶　安	1648〜1652	将軍家綱，文治主義へ傾斜	慶安事件（1651）
貞　享	1684〜1688	将軍綱吉，生類憐みの令	貞享暦採用（1684）
元　禄	1688〜1704	貨幣改鋳，町人文化	元禄文化
正　徳	1711〜1716	新井白石の文治主義	正徳の治（1709〜16）
享　保	1716〜1736	将軍吉宗，幕政改革	享保改革（1716〜45）
宝　暦	1751〜1764	竹内式部を追放	宝暦事件（1759）
明　和	1764〜1772	山県大弐ら処罰	明和事件（1767）
天　明	1781〜1789	老中田沼意次，商人の財力利用	天明の大飢饉（1783〜86）
寛　政	1789〜1801	老中松平定信，幕政改革	寛政の改革（1787〜93）
文　化	1804〜1818	将軍家斉，大御所時代	文化文政文化
文　政	1818〜1830		文政打払令（1825）
天　保	1830〜1844	老中水野忠邦，幕政改革	天保の改革（1841〜43）
安　政	1854〜1860	大老井伊直弼，安政仮条約締結	安政の大獄（1859〜60）
文　久	1861〜1864	老中安藤信正，公武合体	文久の改革
慶　応	1865〜1868	大政奉還，武家政治終焉	慶応義塾（1858，改称68）
明　治	1868〜1912	王政復古，中央集権国家成立	明治維新（1868）
大　正	1912〜1926	大正デモクラシー	大正政変（1913）

近代については，年号と西暦の換算が自由にできねばならない。1868年＝明治1年，1900年は明治33年。大正は，年数に11を加えると西暦の下2桁になる（大正5年は1916年）。昭和は同様にして25を加えればよい。

●年号・西暦対照表

年号	西暦	年号	西暦	年号	西暦
大化	645〜650	天慶	938〜947	応徳	1084〜1087
白雉	650〜654	天暦	947〜957	寛治	1087〜1094
朱鳥	686	天徳	957〜961	嘉保	1094〜1096
大宝	701〜704	応和	961〜964	永長	1096〜1097
慶雲	704〜708	康保	964〜968	承徳	1097〜1099
和銅	708〜715	安和	968〜970	康和	1099〜1104
霊亀	715〜717	天禄	970〜973	長治	1104〜1106
養老	717〜724	天延	973〜976	嘉承	1106〜1108
神亀	724〜729	貞元	976〜978	天仁	1108〜1110
天平	729〜749	天元	978〜983	天永	1110〜1113
天平感宝	749	永観	983〜985	永久	1113〜1118
天平勝宝	749〜757	寛和	985〜987	元永	1118〜1120
天平宝字	757〜765	永延	987〜989	保安	1120〜1124
天平神護	765〜767	永祚	989〜990	天治	1124〜1126
神護景雲	767〜770	正暦	990〜995	大治	1126〜1131
宝亀	770〜780	長徳	995〜999	天承	1131〜1132
天応	781〜782	長保	999〜1004	長承	1132〜1135
延暦	782〜806	寛弘	1004〜1012	保延	1135〜1141
大同	806〜810	長和	1012〜1017	永治	1141〜1142
弘仁	810〜824	寛仁	1017〜1021	康治	1142〜1144
天長	824〜834	治安	1021〜1024	天養	1144〜1145
承和	834〜848	万寿	1024〜1028	久安	1145〜1151
嘉祥	848〜851	長元	1028〜1037	仁平	1151〜1154
仁寿	851〜854	長暦	1037〜1040	久寿	1154〜1156
斉衡	854〜857	長久	1040〜1044	保元	1156〜1159
天安	857〜859	寛徳	1044〜1046	平治	1159〜1160
貞観	859〜877	永承	1046〜1053	永暦	1160〜1161
元慶	877〜885	天喜	1053〜1058	応保	1161〜1163
仁和	885〜889	康平	1058〜1065	長寛	1163〜1165
寛平	889〜898	治暦	1065〜1069	永万	1165〜1166
昌泰	898〜901	延久	1069〜1074	仁安	1166〜1169
延喜	901〜923	承保	1074〜1077	嘉応	1169〜1171
延長	923〜931	承暦	1077〜1081	承安	1171〜1175
承平	931〜938	永保	1081〜1084	安元	1175〜1177

年号	西暦	年号	西暦	年号	西暦
治承	1177〜1181 (1183)	文永	1264〜1275	貞和	1345〜1350
養和	1181〜1182	建治	1275〜1278	観応	1350〜1352
寿永	1182〜1184 (1185)	弘安	1278〜1288	文和	1352〜1356
元暦	1184〜1185	正応	1288〜1293	延文	1356〜1361
文治	1185〜1190	永仁	1293〜1299	康安	1361〜1362
建久	1190〜1199	正安	1299〜1302	貞治	1362〜1368
正治	1199〜1201	乾元	1302〜1303	応安	1368〜1375
建仁	1201〜1204	嘉元	1303〜1306	永和	1375〜1379
元久	1204〜1206	徳治	1306〜1308	康暦	1379〜1381
建永	1206〜1207	延慶	1308〜1311	永徳	1381〜1384
承元	1207〜1211	応長	1311〜1312	至徳	1384〜1387
建暦	1211〜1213	正和	1312〜1317	嘉慶	1387〜1389
建保	1213〜1219	文保	1317〜1319	康応	1389〜1390
承久	1219〜1222	元応	1319〜1321	明徳	1390〜1394
貞応	1222〜1224	元亨	1321〜1324	(1392, 南北朝合一)	
元仁	1224〜1225	正中	1324〜1326	応永	1394〜1428
嘉禄	1225〜1227	嘉暦	1326〜1329	正長	1428〜1429
安貞	1227〜1229	(南朝)		永享	1429〜1441
寛喜	1229〜1232	元徳	1329〜1331	嘉吉	1441〜1444
貞永	1232〜1233	元弘	1331〜1334	文安	1444〜1449
天福	1233〜1234	建武	1334〜1336	宝徳	1449〜1452
文暦	1234〜1235	延元	1336〜1340	享徳	1452〜1455
嘉禎	1235〜1238	興国	1340〜1346	康正	1455〜1457
暦仁	1238〜1239	正平	1346〜1370	長禄	1457〜1460
延応	1239〜1240	建徳	1370〜1372	寛正	1460〜1466
仁治	1240〜1243	文中	1372〜1375	文正	1466〜1467
寛元	1243〜1247	天授	1375〜1381	応仁	1467〜1469
宝治	1247〜1249	弘和	1381〜1384	文明	1469〜1487
建長	1249〜1256	元中	1384〜1392	長享	1487〜1489
康元	1256〜1257	(北朝)		延徳	1489〜1492
正嘉	1257〜1259	元徳	1329〜1332	明応	1492〜1501
正元	1259〜1260	正慶	1332〜1333	文亀	1501〜1504
文応	1260〜1261	建武	1334〜1338	永正	1504〜1521
弘長	1261〜1264	暦応	1338〜1342	大永	1521〜1528
		康永	1342〜1345	享禄	1528〜1532

年号	西暦	年号	西暦	年号	西暦
天文(てんぶん)	1532〜1555	貞享(じょうきょう)	1684〜1688	天保(てんぽう)	1830〜1844
弘治(こうじ)	1555〜1558	元禄(げんろく)	1688〜1704	弘化(こうか)	1844〜1848
永禄(えいろく)	1558〜1570	宝永(ほうえい)	1704〜1711	嘉永(かえい)	1848〜1854
元亀(げんき)	1570〜1573	正徳(しょうとく)	1711〜1716	安政(あんせい)	1854〜1860
天正(てんしょう)	1573〜1592	享保(きょうほう)	1716〜1736	万延(まんえん)	1860〜1861
文禄(ぶんろく)	1592〜1596	元文(げんぶん)	1736〜1741	文久(ぶんきゅう)	1861〜1864
慶長(けいちょう)	1596〜1615	寛保(かんぽう)	1741〜1744	元治(げんじ)	1864〜1865
元和(げんな)	1615〜1624	延享(えんきょう)	1744〜1748	慶応(けいおう)	1865〜1868
寛永(かんえい)	1624〜1644	寛延(かんえん)	1748〜1751	明治(めいじ)	1868〜1912
正保(しょうほう)	1644〜1648	宝暦(ほうれき)	1751〜1764	大正(たいしょう)	1912〜1926
慶安(けいあん)	1648〜1652	明和(めいわ)	1764〜1772	昭和(しょうわ)	1926〜1989
承応(じょうおう)	1652〜1655	安永(あんえい)	1772〜1781	平成(へいせい)	1989〜
明暦(めいれき)	1655〜1658	天明(てんめい)	1781〜1789		
万治(まんじ)	1658〜1661	寛政(かんせい)	1789〜1801		
寛文(かんぶん)	1661〜1673	享和(きょうわ)	1801〜1804		
延宝(えんぽう)	1673〜1681	文化(ぶんか)	1804〜1818		
天和(てんな)	1681〜1684	文政(ぶんせい)	1818〜1830		

注
①年号の読み方は慣例によった。
②数字は西暦年を示す。その末年は改元の年を含めた。

■主要名数一覧

一家　執柄家(しっぺい)

一人(いちじん)　天皇

一の人　〔平安〜〕摂政・関白

二官　〔奈良〜〕神祇官・太政官

二宗　〔平安〕天台・真言

二都　〔平安〜〕南都(奈良)・北都(京都)

二宮　伊勢内宮・外宮

両統　〔室町〕持明院統・大覚寺統

三貨　〔江戸〕金貨・銀貨・銭貨

三戒壇　〔奈良〕東大寺(大和)・薬師寺(下野)・観世音寺(筑前)

三槐・三台　〔奈良〜〕太政大臣・左大臣・右大臣

三管領(足利家)　〔室町〕斯波・細川・畠山

三韓　〔飛鳥〕馬韓・弁韓・辰韓

付録② 日本史の基礎知識　401

三関　〔奈良〕鈴鹿（伊勢）・不破（美濃）・愛発(あらち)（越前）。のち鈴鹿・不破・逢坂（近江）

三奇人(寛政)　〔江戸〕林子平・高山彦九郎・蒲生君平

三卿(徳川家)　〔江戸〕田安・一橋・清水

三家(徳川家)　〔江戸〕尾張・紀伊・水戸

三跡(蹟)　〔平安〕小野道風・藤原佐理・藤原行成

三蔵　〔飛鳥〕斎蔵(みつのくら)・内蔵(いみくら)・大蔵(うちつくら)

三代格(式)　〔平安〕弘仁格・貞観格・延喜格

三代集　〔平安〕古今和歌集・後撰和歌集・拾遺和歌集

三津　〔室町〕坊津（薩摩）・博多津（筑前）・阿濃津（伊勢）

三都　〔江戸〕江戸・京都・大坂

三博士(寛政)　〔江戸〕柴野栗山・尾藤二洲(びとうじしゅう)・古賀精里

三筆　〔平安〕嵯峨天皇・橘逸勢(はやなり)・空海

三奉行(江戸幕府)　〔江戸〕寺社奉行・町奉行・勘定奉行

三浦(日朝互市港)　〔室町〕乃而浦（薺浦）・富山浦（釜山）・塩浦（蔚山(うるさん)）

三役(村方)　〔江戸〕名主（庄屋）・組頭・百姓代

三流　〔奈良〜〕遠流・中流・近流

四大人(国学)　〔江戸〕荷田春満・賀茂真淵・本居宣長・平田篤胤

四鏡　〔平安〜室町〕大鏡・今鏡・水鏡・増鏡

四衛府　〔奈良〕左近衛・右近衛・左衛門・右衛門

四家(藤原)　〔奈良〕南家・北家・式家・京家

四座(能楽)　〔室町〕観世・金春・宝生・金剛

四書　〔江戸〕大学・中庸・論語・孟子

四職(足利幕府)　〔室町〕山名・京極・一色・赤松

四大師　〔平安〕伝教大師（最澄）・弘法大師（空海）・慈覚大師（円仁）・智証大師（円珍）

四等官　〔奈良〕長官(かみ)・次官(すけ)・判官(じょう)・主典(さかん)

四道(大学寮)　〔平安〕紀伝道・明経道・明法道・算道

四民　〔江戸〕士・農・工・商

五衛府　〔奈良〕衛門府・左右衛士府・左右兵衛府

五王(倭)　〔飛鳥〕讃・珍・済・興・武

五街道　〔江戸〕東海道・中山道（木曽街道）・日光道中・奥州道中・甲州道中

五畿　〔奈良〕大和・山城・河内・摂津・和泉

五経　〔江戸〕易経・書経・詩経・春秋・礼記

五刑　〔奈良〕笞・杖・徒・流・死

五山(京都・南禅寺)　〔室町〕天龍寺・相国寺・建仁寺・東福寺・万寿寺
　　(鎌倉)　〔鎌倉〕建長寺・円覚寺・寿福寺・浄智寺・浄妙寺
五摂家　〔鎌倉～〕近衛・九条・一条・二条・鷹司
五大老(豊臣氏)　〔安土桃山〕徳川家康・前田利家・宇喜多秀家・毛利輝元・小早川
　　隆景　(のち上杉景勝)
五人(梨壺)　〔平安〕大中臣能宣・清原元輔・源順・紀時文・坂上望城
五奉行(豊臣氏)　〔安土桃山〕前田玄以・長束正家・浅野長政・石田三成・増田長盛
六歌仙　〔平安〕僧正遍照・在原業平・文屋康秀・喜撰法師・小野小町・大友黒主
六国史　〔奈良～平安〕日本書紀・続日本紀・日本後紀・続日本後紀・文徳実録・三代
　　実録
六宗(南都)　〔奈良〕三論・成実・法相・倶舎・華厳・律
六等(年齢)　〔奈良〕黄・少・中・正・老・耆
七官(明治)　〔明治〕議政官・神祇官・行政官・会計官・軍務官・外国官・刑法官
七卿落　〔江戸〕三条西季知・三条実美・東久世通禧・四条隆謌・壬生基修・沢宣嘉・
　　錦小路頼徳
七大寺(南都)　〔奈良〕元興寺・大安寺・興福寺・西大寺・薬師寺・東大寺・法隆寺
七道　〔奈良〕東海道・東山道・北陸道・山陰道・山陽道・南海道・西海道
八虐　〔奈良〕謀反・謀大逆・謀叛・悪逆・不道・大不敬・不孝・不義
八色の姓　〔飛鳥〕真人・朝臣・宿禰・忌寸・道師・臣・連・稲置
八州(関東)　〔江戸〕相模・武蔵・安房・上総・下総・常陸・上野・下野
八省　〔奈良〕中務省・式部省・治部省・民部省・兵部省・刑部省・大蔵省・宮内省
八代集　〔平安～鎌倉〕古今集・後撰集・拾遺集・後拾遺集・金葉集・詞花集・千載
　　集・新古今集
十二階(冠位)　〔飛鳥〕大徳・小徳・大仁・小仁・大礼・小礼・大信・小信・大義・
　　小義・大智・小智
十二銭(皇朝)　〔奈良～平安〕和同開珎・万年通宝・神功開宝・隆平永宝・富寿神宝・
　　承和昌宝・長年大宝・饒益神宝・貞観永宝・寛平大宝・延喜通宝・乾元大宝

■主要政治家99人

●古代

〔皇　室〕

　卑弥呼　3世紀頃。邪馬台国女王。魏志倭人伝に記事。
　厩戸王(聖徳太子)　574～622年。推古摂政。憲法十七条・冠位十二階。
　天智天皇　626～71年。中大兄皇子。大化改新。大津京。

天武天皇　　631?～86年。大海人皇子。壬申の乱。八色の姓。
　聖武天皇　　701～56年。国分寺。東大寺大仏。光明皇后。
　桓武天皇　　737～806年。平安京遷都。健児など律令制再建。
　後三条天皇　1034～73年。親政。記録荘園券契所。
　白河上皇（法皇）　1053～1129年。後三条の子。院政開始。
　後白河上皇（法皇）　1127～92年。保元の乱。平氏・鎌倉初期に院政。
〔藤原氏〕
　鎌足　　614～69年。中臣氏，藤原祖。大化改新。内臣。
　不比等　659～720年。鎌足の子，光明子・四子の父。律令編纂。
　仲麻呂　706～64年。恵美押勝。橘諸兄の後に実権。反乱。
　冬嗣　　775～826年。北家。薬子の変で，初代蔵人頭。
　良房　　804～72年。冬嗣の子。承和の変。人臣摂政の初め。
　基経　　836～91年。良房の子。応天門の変。最初の関白。
　道長　　966～1027年。子頼通とともに藤原氏全盛。
〔諸　氏〕
　大伴金村　生没年不詳。大連。百済による加耶の一部の領有を承認。
　蘇我馬子　?～626年。稲目の子。物部氏打倒，権勢。
　蘇我蝦夷　?～645年。馬子の子，入鹿の父。山背大兄王を殺す。
　小野妹子　生没年不詳。第1回遣隋使。
　橘諸兄　　684～757年。藤原四子死後権勢。奈良麻呂の父。
　坂上田村麻呂　758～811年。蝦夷征討，胆沢城・志波城。
　菅原道真　845～903年。遣唐使中止。大宰府に左遷。

●中世

〔皇族・公家〕
　後鳥羽上皇　1180～1239年。承久の乱で隠岐に流罪。
　後醍醐天皇　1288～1339年。建武新政。吉野に南朝。
　北畠親房　　1293～1354年。顕家の父。南朝指導者。神皇正統記。
〔武家・鎌倉幕府〕
　平清盛　　1118～81年。保元・平治の乱。平氏政権樹立。
　源頼朝　　1147～99年。義朝の子。平氏打倒，幕府開設。
　大江広元　1148～1225年。初代公文所別当。幕府創設に尽力。
　北条時政　1138～1215年。政子・義時の父，頼朝の義父。初代執権。
　北条泰時　1183～1242年。義時の子。評定衆，貞永式目。
　北条時宗　1251～84年。時頼の子。元寇のときの執権。

〔室町幕府〕
- 足利尊氏　1305〜58年。幕府開設。建武式目。半済。
- 足利義満　1358〜1408年。3代将軍。南北朝合一。勘合貿易。金閣。
- 足利義教　1394〜1441年。6代将軍。赤松満祐に暗殺された。
- 足利義政　1436〜90年。8代将軍。夫人は日野富子。銀閣。
- 新田義貞　1301〜38年。建武中興に功。尊氏により敗死。
- 山名氏清　1344〜91年。11ヵ国の守護。明徳の乱で敗死。
- 大内義弘　1356〜99年。中国の守護。応永の乱で敗死。
- 細川勝元　1430〜73年。応仁の乱で東軍の将。
- 山名宗全　1404〜73年。持豊。応仁の乱で西軍の将。

〔戦国・織豊〕
- 北条早雲　1456?〜1519年。伊勢長氏。関東。典型的な戦国大名。
- 今川義元　1519〜60年。駿河。桶狭間で信長により敗死。
- 上杉謙信　1530〜78年。長尾景虎。越後。信玄と川中島の戦い。
- 武田信玄　1521〜73年。甲斐。信玄家法。三方ヶ原の戦い。
- 斎藤道三　?〜1556年。美濃。油売商出身。信長の義父。
- 織田信長　1534〜82年。尾張。足利義昭を奉じ上京。安土城。
- 豊臣秀吉　1537?〜98年。全国統一。検地、刀狩。朝鮮出兵。
- 石田三成　1560〜1600年。豊臣五奉行。関ヶ原の戦いで敗北。

●近世

〔徳川氏〕
- 家康　1542〜1616年。幕府開設。関ヶ原の戦い，大坂の陣。
- 家光　1604〜51年。3代将軍。秀忠の子。参勤交代。鎖国。
- 光圀　1628〜1700年。水戸藩主。彰考館で大日本史を編纂。
- 綱吉　1646〜1709年。5代将軍。元禄時代。生類憐みの令。
- 吉宗　1684〜1751年。8代将軍。享保の改革。租税増徴など。
- 家斉　1773〜1841年。11代将軍。寛政の改革。文化文政時代。
- 斉昭　1800〜60年。水戸藩主。藩政改革。安政の大獄で処罰。
- 慶喜　1837〜1913年。斉昭の子，一橋家主。15代将軍。大政奉還。

〔幕政担当者〕
- 荻原重秀　1658〜1713年。綱吉の勘定奉行。貨幣悪鋳。
- 柳沢吉保　1658〜1714年。綱吉の側用人。
- 新井白石　1657〜1725年。6代家宣の侍講。正徳の治。
- 田沼意次　1719〜88年。10代家治の側用人。商人の財力を利用。

松平定信　1758～1829年。吉宗の孫。家斉の老中。寛政の改革。
　　水野忠邦　1794～1851年。12代家慶の老中。天保の改革。上地。
　　井伊直弼　1815～60年。大老。通商条約。安政の大獄。
〔藩主〕
　　保科正之　1611～72年。会津藩主。稽古堂（日新館の祖）。4代家綱を補佐。
　　池田光政　1609～82年。岡山藩主。閑谷学校。熊沢蕃山を登用。
　　細川重賢　1720～85年。熊本藩主。銀台。時習館。
　　上杉治憲　1751～1822年。米沢藩主。鷹山。興譲館。
　　島津斉彬　1809～58年。鹿児島藩主。集成館。
　　山内豊信　1827～72年。土佐藩主。大政奉還を慶喜に建白。

●近　代

〔公家〕
　　三条実美　1837～91年。七卿落ち。太政大臣（1871～85年）。
　　岩倉具視　1825～83年。討幕の密勅。遣欧使節。内治派。
　　西園寺公望　1849～1940年。政友会。桂園時代。最後の元老。
　　近衛文麿　1891～1945年。日中戦争。国家総動員法。三国同盟。
〔薩摩〕
　　西郷隆盛　1827～77年。維新三傑。廃藩置県。征韓論。
　　大久保利通　1830～78年。維新三傑。内務卿。殖産興業。
　　黒田清隆　1840～1900年。北海道開拓使長官。首相。
　　松方正義　1835～1924年。大蔵卿。地租改正。紙幣整理。首相。
　　三島通庸　1835～88年。福島事件・加波山事件。警視総監。
　　森有礼　1847～89年。明六社。文相。学校令。
〔長州〕
　　木戸孝允　1833～77年。維新三傑。廃藩置県。大阪会議。
　　伊藤博文　1841～1909年。初代首相。憲法制定。政友会。
　　山県有朋　1838～1922年。徴兵令。軍制。軍閥・長閥の長老。
　　井上馨　1835～1915年。大蔵大輔，外務卿。鹿鳴館。元老。
　　桂太郎　1847～1913年。陸軍。桂園時代。日露戦争。大正政変。
　　田中義一　1864～1929年。陸軍。政友会。山東出兵。支払猶予。
〔土佐〕
　　後藤象二郎　1838～97年。大政奉還建白。大同団結運動。
　　板垣退助　1837～1919年。民撰議院設立建白。自由党。

〔肥前〕
　大隈重信　1838～1922年。明治十四年の政変。改進党。憲政党。
　江藤新平　1834～74年。司法卿。改定律例。佐賀の乱。
〔政党政治家〕
　原敬　1856～1921年。政友会。最初の本格的政党内閣。
　加藤高明　1860～1926年。憲政会。護憲三派。普通選挙法。
　浜口雄幸　1870～1931年。民政党。金解禁。ロンドン条約。
　犬養毅　1855～1932年。護憲運動。国民党、革新ク。五・一五事件。
〔その他〕
　陸奥宗光　1844～97年。外相。条約改正。日清戦争の外交。
　小村寿太郎　1855～1911年。外相。税権回復。
　幣原喜重郎　1872～1951年。外相。協調外交。戦後の首相。
　田中正造　1841～1913年。代議士。足尾銅山鉱毒事件。
　東条英機　1884～1948年。陸軍。首相。太平洋戦争。

■間違いやすい事項

誤	正	誤	正
×遺随使	→○遣隋使	×工藤兵助	→○工藤平助
×康午年籍	→○庚午年籍	×谷文晁	→○谷文晁
×日本書記	→○日本書紀	×蘭学楷梯	→○蘭学階梯
×和銅開珎	→○和同開珎	×藩籍奉還	→○版籍奉還
×種芸種智院	→○綜芸種智院	×癈藩置県	→○廃藩置県
×管原道実	→○菅原道真	×地祖改正	→○地租改正
×藤原頼道	→○藤原頼通	×福沢輸吉	→○福沢諭吉
×藤原道網母	→○藤原道綱母	×三条実臣	→○三条実美
×元享釈書	→○元亨釈書	×大隅重信	→○大隈重信
×宗祇	→○宗祇	×福島種臣	→○副島種臣
×豊富秀吉	→○豊臣秀吉	×立憲改新党	→○立憲改進党
×棄損令	→○棄捐令	×青踏	→○青鞜
×酒落本	→○洒落本	×西田幾太郎	→○西田幾多郎
×萩生徂来	→○荻生徂徠	×弊原喜十郎	→○幣原喜重郎
×本居宜長	→○本居宣長	×松岡洋助	→○松岡洋右

試験の際に受験生がよく書き間違う事項のうち、重要なものを30選んだ。「正」の方を隠して、このうち25以上の誤りを指摘することのできた人は極めて正確な知識をもっていると思っていい。この中のかなりのものが「日本史」の間違いというより「国語」の間違いというべきものだが、いずれにしても、正確な知識が必要である。

> スペシャル対談

『いっきに学び直す日本史 古代・中世・近世 教養編』の読みどころ

佐藤優×山岸良二

ビジネスパーソンが本気で日本史を学ぶのに最適の1冊

山岸 本書の元となった『大学への日本史』をリニューアル復刊するという企画は，もともとは佐藤さんの発案だったそうですね。まずは，その意図からお聞かせいただけますか。

佐藤 教養ブームといわれて久しいですが，ビジネスパーソンの中にも，本物の教養を身につけたい，きちんとした日本史の基礎知識を体系的に身につけたいと思っている人は大勢います。「日本史を勉強し直すのにおすすめの本はありますか？」という質問もよく受けます。そうしたビジネスパーソンに推薦する最適の1冊は何なのか，それを考えたときに浮かんだのが，『大学への日本史』のリニューアル復刊でした。

山岸 『大学への日本史』は，佐藤さんご自身にとって，日本史の知識の基盤となったような1冊だそうですね。

佐藤 そうなんです。私は大学受験のときに世界史を選択したので，学生時代はあまり日本史に触れずに来てしまいました。ですが外交官になると，諸外国の方々とのコミュニケーションで，日本についての知識を身につけることが急務となったんです。あわてて日本史を学び直したときに，非常に役に立ったのが，この『大学への日本史』でした。

山岸 『大学への日本史』は，日本の大学入試が最も難しかったころに使われていた学習参考書の名著です。長らく絶版状態で，本の存在を知らない人も多いかもしれませんが，発行当時，最高峰の参考書だったことは間違いありません。

佐藤 ただ復刊するにあたって，一点，記述に関しては不安があったんです。というのも，時代とともに学説そのものが変わっていますし，揺れもある。たとえば，古代史のとくに旧石器に関しては，2000年に旧石器捏造という大事件が起きて，それまでの学説がくつがえっています。

　そういった点を含めて，現場で教えておられる山岸先生に全編チェックしていただき，最新の情報に改めたうえでリニューアル復刊できました。いま最先端の日本史の学説が織り込まれているという点においても，非常に価値の高い1冊に仕上がっていると思います。

上をめざすビジネスパーソンには，日本史全体の知識が必須

山岸 佐藤さんは，ベストセラーになったご著書『読書の技法』（東洋経済新報社）の中で，ビジネスパーソンが日本史を学ぶには高校教科書「日本史A」がいいと書かれていますね。あえて『大学への日本史』の復刊をすすめた理由は何だったのでしょう。

佐藤 「日本史A」の教科書は主に商業高校，工業高校など実業系の学校で使われている教科書です。近代史に特化していて，解説もわかりやすい。非常にいい教材なのですが，グローバルに仕事をしたい，会社で出世したいというような，上をめざすビジネスパーソンにとっては，必要となる知識は近現代史だけではありません。

　国際的なビジネスの場で，外国人から聞かれる話のほとんどは日本の歴史や文化です。にもかかわらず，日本の歴史や文化についての知識が乏しいビジネスパーソンが少なくないんです。

山岸 高校生でも，海外留学していちばん困るのはそこなんです。相撲について質問されても，「起源は応神天皇にあります」などと説明できる生徒はそういません。海外の人からすれば，日本人なら当然そういう質問には答えられると思うのでしょうが。

佐藤 逆の立場で考えてみるとわかりやすいと思うんです。中国の人に「文化大革命の評価は，いまどうなっていますか？」と尋ねたとき，「文化大革命って何ですか？」という対応をする人は，高校生ならまだしも，第一線で働くビジネスパーソンとしては，おそらく信用されませんよね。

山岸 生徒からは「ホームステイ先で，裏千家と表千家の違いについて聞かれ

ても答えられなかった」「剣と刀の違いについて質問されたけどわからなかった」という声もよく聞きます。さすがに国際的なビジネスパーソンでは、それはないとは思いますが……。

佐藤 いや、むしろエリートと呼ばれる層に私は危機感を持っているんです。知識がないどころか、どこかで聞いてきた間違った情報を堂々とひけらかしているような人も少なくありませんから。

海外のエリートは、他国の文化にも非常に詳しいものです。とくにロシアの場合は、日本文化に詳しい人が多いので、表千家・裏千家の違いなんて質問もされないでしょう。尋ねられるとしたら、武者小路千家との違いですね。はたして、武者小路千家について即座に答えられる日本人がどれだけいるでしょうか。

山岸 日本人よりも日本の文化に詳しい外国人の例は、私もよく見聞きします。先日も、高校野球の予選を観戦するためだけに来日した外国人の話を聞きました。日常的な部分で日本に興味を持ち、その分野については日本人よりも「通」である人も多い印象があります。書籍やインターネット、漫画などから、多くの情報を得ているのでしょうね。

佐藤 とくにロシアでは、読書が唯一といっていいほどの娯楽なんです。日本の文化に関する書籍もたくさん出ていますから、標準的なインテリ層は、ビックリするくらいの知識を持っていますね。

そういう人たちと話をして、「自分たちより知識がない」と思われたら、話していても面白くないので相手にされなくなります。だから日本人は、あわてて勉強するんです。

通史で学ぶからこそ使える知識になる

佐藤 歴史上のある出来事や文化についての意味を調べるだけなら、用語集や事典を引けばいいと思われるかもしれません。実際に、特定の事件や文化を調べたいなら、あまたある詳細な解説本を読むほうがいいでしょう。本書では、表千家・裏千家・武者小路千家についての記述があるわけではありません。しかし、本書を読み込んでいけば、茶道が誕生するまでの歴史が、一本の大きな流れでわかります。

山岸 特定の事件や文化だけを個別に知っていても、全体として使える知識に

はなりませんよね。

佐藤 有機的な連関がわかっていなければ，用語の意味だけ知っても意味がないんです。逆に，大きな流れを俯瞰できていれば，知らない用語が出てきても理解が早い。

山岸 通史で学ぶことに意味がある，ということですね。

佐藤 はい。だからといって，現在刊行中の『岩波講座 日本歴史』（岩波書店，全22巻）をすすめるつもりはありません。ビジネスパーソンの目的は歴史の専門家になることではなく，ビジネスや社交において必要十分な教養が身につけばいいわけですから。

山岸 通史という意味では，ほかの教科書も通史ではあります。しかし，本書のもうひとつの特徴として，ひとりの著者が通して書いていることがありますね。そのため，非常にリズムよく読み進めることができる。その点も評価できるところだと思います。

佐藤 おっしゃるとおりです。ひとりの著者が通して編んだ効果として，物事が起きる過程を，「点」ではなく「線」で理解できるように書かれている。出版社によっても違いますが，とくに「日本史B」の教科書は読みにくいものが多いように思います。

山岸 現代の教科書が読みにくい理由としては，まず学習指導要領や教科書検定のさまざまな縛りがあって，書けることに制約があることです。

そのうえ複数の著者が，自分の専門分野だけを任されて分担執筆している。僕は古代史が専門ですが，「古代史の部分だけ，16ページ分を書いてください」となるわけです。ページ内に入る図版も文字数も決まっているので，すべてを網羅できず，どうしても偏りができてしまいます。さらに，それを取りまとめる編集者が最後に全体を通してチェックするかというと，それも確実ではありません。

佐藤 もうひとつ本書の構成で優れているところは，大学入試センター試験を意識しない構成ということも大きいですよね。かつての共通一次試験からセンター試験に移行する流れで，参考書の書き方も，問題集のつくり方も，予備校の講義の仕方も，構造がかなり変わってしまった。つまり，記述式から，択一式に変わっていったんです。

『大学への日本史』は伝統的な記述式の時代に編まれたものですから，記述がとても骨太になっていると思います。

現代の諸問題を考えるのに役立つ視点が「ポイント」「盲点」「参考」でまとめられている

山岸 佐藤さんが本書『いっきに学び直す日本史 古代・中世・近世 教養編』の中でとくに印象に残っている記述は，どのあたりですか。

佐藤 たとえば第5章の冒頭の南北朝時代のところは，とても興味深く読みました。のちの南北朝正閏論についても詳細な記述があるところが非常に面白い。

南朝と北朝のどちらが正統かという論争は，戦前にはタブー視されていたものです。明治時代にはこの問題がもとになって，当時の国定教科書『尋常小学日本歴史』の編纂者が休職に追いやられるといった事件もありました。そのため，一般的にはなかなか踏み込まないところですが，本書では水戸光圀が編纂を始めた『大日本史』との関係も含めて，かなり踏み込んだ記述をしています。

山岸 明治44（1911）年に明治天皇が南朝を正統とする勅裁を下し，大正15（1926）年には第98代天皇の長慶天皇が皇統加列されました。そのときにすごい激論があったんですよね。少し前なら歴史をかじった人は誰でも知っていた事実ですが，いまは日本史の教員でも知らない人がいます。

佐藤 南北朝時代の文学芸能について，次のような記述があります。

> **解説** 『太平記』や三鏡のあとを継ぐ『増鏡』が南朝方の立場で書かれているのに対し，『梅松論』や今川了俊の著した『難太平記』は，北朝方の武士の立場から書かれたものであった。　　　(p.207)

その補足である「ポイント」がまたいい。

> **ポイント** 南北朝時代の史書には注意すること。それぞれの立場も忘れてはならない。　　　(p.208)

この視点は，現代でもアナロジカルに使えます。たとえば「慰安婦問題に関する本には注意すること。それぞれの立場も忘れてはならない」というように。

山岸 なるほど。現代に起きている諸問題を考えるうえでも，とても重要な視点ですね。

佐藤 本書は，そういった視点を「ポイント」「盲点」「参考」などとして随所に丁寧に織り込んでいる。その点も非常に優れていると思います。

室町時代は，新自由主義の先駆けだった？

佐藤 もうひとつ，室町時代を読み直して考えたのは，室町幕府は小さな政府だったということです。これは幕府の財政を見てもわかることですが，政府の関与を減らして極力，民間に任せている。いまでいう新自由主義に近い形が，室町時代にあったわけです。

そう考えると，大河ドラマをやってもあまり視聴率がとれない，地味に思われがちな室町時代が，一気に身近に感じられますよね。そして，そのあとどうなっていくのかが，心配になってきます。

山岸 足利義満は，1401年に勘合貿易（日明貿易）を始めます。本書では，勘合貿易について次のように説明されています。

> **参考　勘合貿易**　明は日本を属国とみなし，義満は臣下の礼をとった。勘合船は朝貢船だが実質的には貿易船で，朝貢の形式をとるだけに，関税もいらず滞在費も支給されたので利益は大きかった。勘合貿易とは，「日本」の2字を分けて日字勘合と本字勘合をつくり，それぞれ左右に分けて，一方を勘合符，他方を勘合底簿と呼び，日本からの勘合船は本字勘合符をもって明に渡り，明で底簿と照合して，合致すれば正式の貿易船と認定するものだった。こうして，私貿易船＝倭寇と区別したのである。（p.214）

いま佐藤さんがおっしゃったように，幕府には財政的基盤がまるっきりありません。遣唐使，遣隋使の時代から貿易が儲かることはわかっている。だから，義満はへりくだるんですね。

佐藤 現代の日本とアメリカの関係を彷彿とさせますね。では，いま日本が何にへりくだっているか。それはTPPでしょう。

山岸 見事に現代につながりますね。

佐藤 政府が自由貿易の味を覚えると，当然，小さい政府と規制緩和の流れが強くなっていく。すると富の蓄積と格差が生まれ，そこから東山文化が生まれる。文化というのは，資本の蓄積と格差から生まれるものだということが，室

町を見ているとよくわかります。

山岸 日本は格差の少ない国といわれてきましたが，現代は知識層が必ずしも経済的上位とは限らず，むしろ成金と呼ばれる層が増えている，いわゆる「歪んだ格差」が広がっています。そのような現状も踏まえて室町を捉え直してみると非常に興味深いですね。

佐藤 まさに歴史の示す事実だと思います。

山岸 勘合貿易については，3代将軍義満が開始した貿易を，息子の4代義持が「明に対して冊封体制下に組み込まれる屈辱的な内容」と反発して，貿易のみならず国交も断絶するところも面白く読みました。

> 1403年から10年まで計6回，約60隻が明に渡航したが，義満が死ぬと，将軍足利義持（よしもち）は父義満の屈辱的な態度に不満をもち，1411（応永18）年に勘合貿易を中絶し，さらに，1419（応永26）年には明との国交を絶った。しかし，幕府にとって貿易は重要な財源であったので，1432（永享4）年，足利義教（よしのり）のときに貿易が再開された。 (p.214)

隣国の北朝鮮がわかりやすい例ですが，一家一族が独裁体制で権力を保持した場合，歴史的に後継者（息子）は，一般的には親の施策を継承します。実子であれば，その傾向はより大きくなるものですが。

佐藤 室町幕府とのアナロジー（類比）で北朝鮮の金王朝を解釈するというのは，とても興味深いアプローチです。歴史を学ぶ意味はこういうところにあります。

北朝鮮関係の鍵となる渤海

佐藤 古いところでは第2章，遣唐使の項目に登場する渤海の記述も面白いですね。

> **解説** 7世紀に満州で建国した高句麗人とツングース族による渤海（ぼっかい）は，唐や新羅に対抗するため，727（神亀4）年に朝貢してきた。渤海使は日本海を横断して越前・能登に上陸したので，敦賀（つるが）の松原客館などが設けられた。渤海は926年に契丹（きったん）に滅ぼされるまで日本と親交をたもち，200年間で34回の使節を派遣してきた。はじめは唐・新羅との対抗上だ

> ったが，やがて貿易を主な目的とするようになった。渤海からは毛皮やニンジン・蜂蜜などがもたらされ，日本から絹・綿・糸などを持ち帰った。
> (p.86)

　2013年の初頭，北朝鮮政府の事実上のホームページに「遅れた日本に文明を伝えた渤海」という内容の論評が掲載されました。その論文に登場する人物の名前をチェックしてみたら，まさに日本に朝貢してきて，天皇から官位をもらっている人物でした。
　中国と新羅に対抗する形で渤海という国があって，日本との提携をしていた。そのことを北朝鮮が強調しているのは興味深いところで，日本と北朝鮮の今後を考えるひとつの鍵になると思います。

山岸　にもかかわらず，渤海史を専門で研究している人は日本では少ないんです。このところ注目されてきているので，少しずつ研究論文も出てきていますが，それは最近の話です。『大学への日本史』が出版された当時，ここまで渤海について説明を割いたというのは，すごいことだと思いました。

佐藤　実際に，私が北朝鮮のホームページを見たときに「渤海」の名前に引っかかったのは，『大学への日本史』を読んでいたからです。読んでいなければ，意識することもなく素通りしたでしょう。

山岸　遣唐使は約20回任命されました。その前の遣隋使と合わせても，約250年間で25回前後です。それを考えると，200年間で34回も使節を派遣するというのは，非常に頻度が高かったことがわかります。また，敦賀にわざわざ松原客館という，渤海使だけのための迎賓館をつくっていますよね。つまり当時，日本は渤海との国交をとても重要視していたことがわかります。

佐藤　回数が多いということは，相当の実利があったということでしょうね。実利が見込めなければそこまで動くとは思えません。琉球が明や清とのあいだに結んでいた冊封体制でも，毎年のように朝貢貿易に行っていた。それは実利があったからですよね。

山岸　実利でいえば，遣唐使よりも渤海使のほうがあったかもしれませんね。これは，当時の日本海ルートが穏やかだったということも，無関係ではないと思います。

佐藤　平和な海だったんですね。

山岸　遣唐使がなぜいろいろなルートをつくったかというと，朝鮮半島の緊迫

関係もありますが，航海そのものの成功率が非常に低かったからです。たとえば鑑真和上も11年のうちに6回渡航を試みて，5回の失敗を経てようやく成功しています。本書にはそういった地政学的な見地もきちんと説明されているので，より理解が深まるのではないでしょうか。

佐藤 なるほど。たしかに渤海と日本の関係は，ジオポリティクス（地政学）の面でも非常に面白い。北朝鮮問題について外国人と話が出たときに，こんなふうに会話を広げることができます。

「朝鮮半島には複数の国があって，かつて日本は，いまの北朝鮮のところにあった渤海という国と良好な関係を築いていた。数年前，北朝鮮のホームページにも，渤海と日本の国交に関する論文が発表されていたんだ」

非常に現代的な話につながりますね。

奈良仏教の話は海外でもよく話題にあがる
――ユング心理学の親和性

佐藤 鑑真の名前が出ましたが，南都仏教についての解説も面白く読みました。

> 注意 奈良時代の寺院は，宗派によってつくられたのではない。現在の大学に多くの学部があるように，奈良時代の寺院では多くの宗派が研究を進め，学問にはげんだ。例えば，東大寺は今は華厳宗総本山だが，もとは八宗兼学だった（八宗とは，南都六宗に天台・真言が加わる）。 (p.94)

このあたりもきちんと理解できていないビジネスパーソンは少なくないかもしれません。

山岸 本書はそのあたりの記述も丁寧ですね。

> それらは後世の宗派とは異なり，教義研究の学派というべきもので，僧侶たちも兼学するのが普通だった。 (p.94)

と当時の特徴を明記しています。最近の学習参考書で，ここまで説明を割いているものはありません。

佐藤 実際に，奈良仏教の話は海外でもよく話題にあがります。仏教の唯識思

想は，ユング心理学の集合性無意識と親和性があるので。

　インド，中国，日本の仏教理論を解説したもので学術的でかつ一般の人向けの本は，角川書店から出ている「仏教の思想」シリーズくらいしかありません。特に奈良仏教で重要な倶舎論（アビダルマ）については，このシリーズの第2巻『存在の分析〈アビダルマ〉』以外の一般書はないと思います。もっとも唯識思想であれば，興福寺貫首の多川俊映さんの『はじめての唯識』（春秋社）など，たくさんのよい本があります。そういうものを読んでいれば，外国人と「ユング心理学の考え方は，奈良仏教の思想にも通じるものがある」という話ができる。宗教史を追っていく読み方も面白いかもしれませんね。

　本書は，そうして時代を鳥瞰できるところもすばらしい。何かが起きるときには必ず理由がある，その理屈がわかるから深く理解することができるんです。

山岸　奈良仏教に関しては，余談ですが，考古学的な方面の新知見を補足として述べておきたいですね。

　聖武天皇が「国分寺建立の詔」を出したあと，どうも順調に建設が進まなかったようで，のちに「国司の怠慢を責める」「郡司層にも協力を仰ぐ」といった詔を出しています。じつはいま，各地でこの「国分寺，国分尼寺の発掘調査事例」が進んでいるんです。武蔵国分寺では，寺域だけではなく，寺へ向かう街道筋や脇道跡までが発掘調査されています。

佐藤　それはなぜですか？

山岸　現在行われている考古学発掘調査のうち，学術調査は年間件数のわずか3〜5％で，ほかは道路や建物の建設にともなう行政調査です。ですから景気にとても左右されて，不景気のときには調査件数が激減してしまうんです。

　そうすると，各地の発掘調査担当にあたる教育委員会は，「史跡整備事業」と称する小発掘調査を実施します。そのときに選択されやすいのが，著名な遺跡や古墳，あるいは目立ちやすい国分寺なんです。不景気が続くと，国分寺の発掘調査が増えるという仕組みです。

佐藤　なるほど。今後も続々と新事実が発見されていくのでしょうが，土台となる歴史を知っておけば，そうしたニュースへの理解も早いでしょうね。

山岸　国分寺では，当時北辺の蝦夷族との抗争最前線であった陸奥国には国分寺と国分尼寺の両寺が建立されているのに，越後，加賀，安房国では国分寺しかまだ確認されていないという興味深い謎も残っています。そのあたりも念頭に読み返してもらうと，また違った印象になると思います。

佐藤　お寺の関連でいうと，京都に外国人をアテンドしたときに，よく聞かれる質問があるんです。「東本願寺と西本願寺，なぜ同じ寺が2つあるのか？」「本堂の形がそっくりじゃないか」と。これも成り立ちを理解していなければ，説明できないことですよね。

山岸　本願寺は江戸幕府の統制政策のなかでも主要な部分です。本願寺浄土真宗勢力は，長らく織田信長，豊臣秀吉を悩ませてきました。その強大な力をどう分断するかが，徳川家康の課題のひとつだったわけです。

そのあたりは本書341〜342ページにも明記されている「寺院に対する統制強化」という視点を盛り込んで説明すれば，外国人にもわかりやすいと思います。キリスト教も東西の教会が分裂し，さらに新旧両宗派に分裂していますからね。

歴史を学ぶと，国語力や数学力も身についていく

佐藤　理想をいえば，本書を通して読み込んだうえで，いつも携帯できればいいと思っています。通して読んでおくことで，先ほどの渤海のようにひっかかるキーワードは増えますが，すべてを完全に記憶しておくのは不可能ですから。

山岸　本書は電子書籍としても発売が検討されているそうなので，佐藤さんがよくおっしゃっている「紙で読んだうえで，電子で持ち歩く」のに最もふさわしいタイプの本になるかもしれませんね。

佐藤　電子書籍で持ち歩いていれば，誰かと話をしていて「御成敗式目とは？」「世阿弥とは？」という話題になっても，パッと検索できる。本書に書かれたレベルをすぐ参照できる態勢になれば，社交上，困ることはありません。

山岸　ビジネスパーソンの教養といった場合，本書の内容を知っていれば大丈夫だということですね。

佐藤　ええ，ここから先は専門家の世界です。もう少し詳しい説明が必要なときには，山川出版社から出ている『日本史用語集』をサブテキストにすればいいでしょう。クセがなく，コンパクトで，値段も安い。総合的におすすめです。

山岸　『日本史用語集』は，それぞれの用語の後ろに，現行の高校教科書でその用語が掲載されている数が載っています。大化改新だったら⑧というような数字が出ている。その数字が大きいほど重要度が高いとされるので，それがわかるのは便利ですね。

佐藤　ただし，ここで読者の方に強調しておきたいのは，本物の教養というの

はそう簡単に身につくものではない，ということです。本書もそうですが，読み通すには，『岩波講座 日本歴史』とまではいかないまでも，ある程度の忍耐力は必要です。本物の教養とはそういうもので，身につけるには時間も労力もかかりますが，その分，一度身につけば血となり肉となります。

山岸 その時間と労力をかけるにふさわしい基本書が本書ということですね。

佐藤 そうだと思います。私自身も，そのように勉強しました。日本史を通して学ぶことは，物事の因果関係や論理連関を知ることでもあるので，国語力も数学力も身についていくはずです。何もしない人とはおのずと差が開いていくでしょう。

山岸 私が日々接しているのは10代の若者ですが，彼ら彼女らを見ていて感じるのは，いまの若い世代は歴史を知らないために気づかないところで損をしているということです。

たとえば「エレベーターに同乗したとき」「会議室での席順」等々，すべて上司を左側に，自分は右側に位置することがマナーとされています。この「右よりも左が上」という常識は，奈良・平安時代のころにすでにあるものです。

右大臣であった菅原道真が左遷されたのは，彼よりも高位であった左大臣藤原時平が，道真の才能や人望に嫉妬して陥れたのだとされています。のちに，源頼朝が征夷大将軍の地位を欲したにもかかわらず，後白河法皇は「右近衛大将」にしか任じなかった話もつながってきます。よりによって「右大将」というところに後白河法皇の意地の悪さが見えるのですが，実際，頼朝はこの職をすぐに辞任しています。

このような知識は，いま常識とされている事柄の理解を深めることにもつながります。

佐藤 これからのグローバリゼーションの時代，日本史を知らないビジネスパーソンが出世することはないといってもいい。己の姿が見えていない人が，世界はもちろんのこと，日本国内でも通用するわけがないんです。どこが日本の特殊性で，どこが普遍的なものなのか。どの出来事が現代の固有のもので，どこが過去にあった出来事の形を変えた反復なのか。そういった視点はこれから先，より重要になってくるでしょう。

ファッションとしての教養を求める人には，本書は向きません。しかし，真の教養を求める人が本書を読み終えたとき，「無駄だった」という気持ちになることは決してないと，私が保証します。

索　引

① 本索引は，本書の〈教養編〉〈実用編〉に記載された重要事項約6500が収録されている。索引をたくみに使いこなすことができるかどうかによって，学習効果は大いに異なってくるものである。以下の摘要に従い，本索引を最大限に活用してほしい。

② 〈教養編〉に記載された事項については**太字**，〈実用編〉に記載された事項については*斜体*でページ数を示した。

③ 同一事項についての記述が2ページ以上にわたるときは，最初のページをあげるにとどめた。また，図表中にあげられている事項は，原則としてそのページを収録しなかった。いずれも，あまりにも煩雑になるためである。

④ 歴史的用語には，同一概念を2つ以上の語で表現することがある。例えば，「国衙領」と「公領」のような場合である。また，ほぼ類似の概念で，2つ以上の語で表現されることもある。それらは，原則として1箇所にまとめ，他のところには〈→〉の印を入れて，その事項が収録されている位置を指定した。したがって，収録されているページ数のところには，必ずしもその事項がその語そのままの形では記載されていないこともある。

⑤ 事項は，略称でなく正式の名称で収録するのを原則とした。ただし，あまりにも略称が有名なものは，その略称をあげ，〈→〉の印を用いて，正式の名称を参照すべきことを指示した。例えば，〈総評→日本労働組合総評議会〉のようにである。

⑥ 第1次，第2次……と続く事項は，第1次などを省いた箇所にまとめて収録し，カッコを付けて区別することにした。例えば，第1次大隈重信内閣は，〈大隈重信内閣（第1次）〉として収録した。

⑦ 中国・朝鮮の人名・地名などは，原音をかな書きしたものでなく，日本風の音訓に従って並列した。ただし，あまりにも著名で，日本でも原音に近い読みが一般化しているものはそれに従った。例えば，山東半島の山東は〈シャントン〉でなく〈さんとう〉で，毛沢東は〈マオツオトン〉でなく〈もうたくとう〉であげた。一方，香港は〈ホンコン〉の位置に所収した。

⑧ 欧米の人名は，姓をもって所収し，名はコンマを付けて記載した。例えば，〈ウィリアム＝アダムス〉は，〈アダムス，ウィリアム〉の位置に収録した。

⑨ 混同するおそれのあるものは，カッコを付けてその説明を加えた。例えば，太政官は，律令官制では〈だいじょうかん〉と読むのが正しいので，その位置に配して〈太政官（古代）〉とし，近代では〈だじょうかん〉と読むので，その位置に配して〈太政官（近代）〉とした。

あ

藍　171, 227, 331, *126*
IMF→国際通貨基金
ILO87号条約　*259, 266*
愛国公党　*104*
愛国社　*105*
──再興　*106*
会沢正志斎(安)　*59, 78*
アイゼンハワー　*249, 252, 258*
相対済し令　*21, 24*
会津塗　334
会津藩　330, 343, 406, *81, 82, 89*
アイヌ人　25
アイヌ説　25
アウグスチノ会　*263, 284, 314*
アウストラロピテクス　20
亜欧堂田善　*52*
青木昆陽　*20, 22, 36, 39*
青木周蔵　*128, 140*
青苧　171, 331
赤い鳥　*183*
赤蝦夷風説考　*30, 39, 67*
赤坂城　198
明石原人　22
赤字公債　*204*
赤染衛門　*132, 148*
県　*52*
県主　*43, 52*
上野焼　289, 334
赤旗　*191*
赤本　*50*
赤間関→下関
赤松則村　*197*
赤松満祐　218, 225, 230
秋田城介の乱→霜月騒動
秋月の乱　*103, 104*
芥川龍之介　*182*
悪党　*178, 197, 203, 219, 381*
悪人正機説　*182*
明智光秀　271, 273, 276, *279*
上知令　*55*
揚浜法　227
上げ米令　*17, 22*
朱楽菅江　*50*
阿衡の紛議　*105*
麻　171, 227, 331, 334
浅井氏　*247, 253, 274, 276, 279, 289*
浅井忠　*156*
浅井長政　247, 271, 274

朝倉氏　246, 254, 272, 274
朝倉敏景　248
朝倉敏景十七カ条　384
朝倉文夫　*157, 184*
朝倉義景　256, 272
浅沼稲次郎　*262*
浅野総一郎　*108*
浅野長政　281
朝日新聞　*121, 165, 181*
浅見絅斎　343
アジア＝アフリカ会議　250
アジア的生産様式　*320, 325*
足尾銅山　297, 332, *126, 137, 149, 170, 269*
──鉱毒事件　*126, 137*
足利　339, *47*
足利学校　187, 237, 256
足利成氏　217
足利尊氏　199, 202, 206, 209, 213, 220, *302*
足利直義　198, 202
足利政知　217
足利持氏　217
足利基氏　211, 217
足利義昭　272
足利義詮　204, 209, 211
足利義教　245
足利義澄　243
足利義稙→足利義材
足利義輝　247, 265
足利義教　214, 217, 222, 225, 230
足利義尚　232, 243
足利義政　231, 234, *303*
足利義視　232
足利義満　74, 200, 205, 213, 216, 221, *335*
足利義持　214, 216
足軽　233, 249, 263, 308, *93*
芦田均　*235, 237*
──内閣　*235, 237, 238*
飛鳥時代　*59*
飛鳥寺　62
飛鳥浄御原宮　70
飛鳥浄御原令　72
飛鳥文化　*62, 93*
預所　169, 219, 220
東歌→防人歌
安土　269, 275
安土城　287, 288, 405
安土桃山時代　287
安土桃山文化　287
吾妻鏡　156, 160, 187,

320, 376, *304*
校倉造　96
朝臣　69
アダムス, ウイリアム　312, 316
阿直岐　56
アチソン　*245*
阿知使主　56
アナーキズム→無政府主義
坑掘り　227
アナ・ボル論争　*170*
阿仁銅山　332, *108*
アニミズム　29, 35, 54, *315, 336*
姉川の戦　272, 274
阿仏尼　189
油粕　330
油座　172, 228, 275
安部磯雄　*186, 191, 206*
阿部一族　*182*
安倍氏　126
阿倍次郎　*181*
阿倍内麻呂　65, 66, 67
安倍貞任　126
阿倍仲麻呂　65, 95
阿倍比羅夫　83
阿部信行内閣　*212*
安倍頼時　126
阿部正弘　*72, 74, 79*
アヘン戦争　*54, 66, 69*
──(第2次)　*88*
甘粕事件　*176*
天草四郎　317
尼氏　248
尼将軍→北条政子
天津罪　47
天照大神　45, 131
天野遠景　174
阿麻美　84
阿弥陀如来　129, 131, 133, 149, 181, 182
阿弥陀如来像　191
阿弥陀来迎図→来迎図
網元(網主)　332
網漁　227, 331
アメリカ(合衆国)　65, 71, 73, 83, 88, 94, 96, 98, 100, 118, 119, 128, 131, 139, 142, 144, 161, 163, 165, 172, 174, 178, 190, 192, 195, 200, 204, 212, 216, 219, 221, 222, 226, 230, 233, 238, 240, 242, 243,

247, 249, 250, 255, 257, 259, 266, 270, 272
アメリカ教育使節団　240
アメリカ大陸　260
アメリカ独立宣言　65
漢氏→東漢氏
鮎川(財閥)　*204*
アユタヤ　313, 316
新居関　327
新井白石　241, 319, 321, 322, 323, 343, 347, 351, 398, 405, *17, 21, 30, 33, 36, 299, 326, 342*
荒木貞夫　*199, 206*
荒木宗太郎　313
荒木田守武　258
荒事　355
曠野　353
荒畑寒村　*215*
アラビア人　260
アララギ　*155*
有島生馬　*184*
有島武郎　*182*
有栖川宮熾仁親王　*80, 89*
有田焼　288, 289, 334, 356
有馬　269
有間皇子　67, 71, 96
有馬晴信　268, 296, 313, 315, 317
在原業平　*132, 403*
アルタイ語族　25
アルタミラ洞窟　21
アルメイダ　265
アロー号事件　*73, 88*
阿波国　249, 272, 273, 331
粟田口吉光　192
粟田焼　334
安康天皇　44, 364
安国寺　203, 206, 207
安国寺恵瓊　294
鞍山製鉄所　*147*
案主　115
安政の仮条約　*75*
安政の大獄　405, 406, *60, 78*
安全保障理事会　222, 242, 261
安藤自笑　354
安藤昌益　*33, 38, 39*
安藤信正　398, *80*
安藤広重→歌川広重
安徳天皇　141, 145, 146,

索引　421

151, 153
安和の変 104, 122, 125
アンナン 259, 312
アンボイナ 261, 316
安保改定阻止国民会議 258
安保闘争 258, 259, 262, 267
安禄山の乱 127

い

イエズス会 263, 264, 268, 269, 275, 284, 314, 351
イギリス 266, 311, 312, 314, 315, *46*, *64*, *65*, *66*, *68*, *73*, *75*, *77*, *83*, *84*, *88*, *90*, *100*, *114*, *122*, *127*, *128*, *131*, *138*, *142*, *144*, *147*, *160*, *163*, *173*, *174*, *178*, *190*, *193*, *195*, *200*, *202*, *212*, *216*, *219*, *221*, *223*, *227*, *234*, *242*, *250*, *259*, *261*, *280*, *316*, *317*
イギリス公使館焼き打ち事件 77
イギリス東インド会社 311
軍奉行 250
生田万 54
生野銀山 134
生野の変 82
池田勇人 252, 258, 262
──内閣 236, 262
池田光政 344, 347, 406
池田屋事件 82
池大雅 52
池坊専慶 257
生花 208, 235, 257
異国警固番役 178
イザナギノミコト・イザナミノミコト 45
イサベラ 261
十六夜日記 189
伊沢修二 125
胆沢城 101, 404
EC→欧州共同体 261
石井菊次郎→石井・ランシング協定
石井柏亭 184
石井・ランシング協定 163, 175
石臼 23, 28
石川島造船所 149
石川啄木 155
石皿 18

石田梅岩 33
石田三成 279, 281, 293, 294, 403, 405
石築地(石塁) 176
伊治呰麻呂 101
石橋湛山内閣 255
石橋山の戦 152
石包丁 33, 34
石山合戦 241, 274
石山寺縁起絵巻 192
石山寺多宝塔 190
石山本願寺 248, 254, 272, 340, 341
伊豆金山 297
イスパニア 16, 260, 263, 266, 284, 310, 314, 316, *14*, *98*, *201*
泉鏡花 155
和泉式部 132
和泉式部日記 132
出雲神話 45
出雲大社 55
出雲阿国 355
伊勢神宮 54, 55, 185, 254, 339, *86*
伊勢神道 185, 206
伊勢惣十郎 275
伊勢長氏→北条早雲 134, 241, 246, 248, 405
伊勢平氏 139, 141, 142
伊勢参り *86*
伊勢物語 110, 132
イソップ物語 269
石上神宮七支刀銘文 43
石上宅嗣 95
イタイイタイ病 269
板垣退助 60, 91, 97, 104, 105, 110, 114, 134
板倉勝重 300, 304
板倉重昌 294, 317
板倉重宗 300
板付遺跡 31
伊丹 334
イタリア 173, 255, 260, 351, *36*, *88*, *131*, *144*, *161*, *173*, *175*, *190*, *201*, *202*, *207*, *212*, *213*, *217*, *219*, *227*
市 171, 172, 228, 327
市川左団次(初代) 125, 157, 184
──(2代目) 156
市川団十郎(初代) 355, 51
──(7代目) 51
──(9代目) 125

市川房枝 171
市座→座
一条兼良 234, 237, 238
一乗谷 254, 274
一条能保 154
一台 74
一人 401
一家 401
一の谷の戦 153
市司 82
一の人 401
一木造 133
一里塚 283, 327
一揆 178, 201, 217, 218, 220, 223, 225, 230, 233, 244, 245, 246, 272, 274, 292, 317, 382, 386, *21*, *25*, *26*, *30*, *40*, *43*, *45*, *53*, *59*, *77*, *87*, *89*, *95*, *103*, *334*
一休宗純 239
厳島神社 149
一家衆 245
一向一揆 134, 135, 241, 245, 246, 272, 273, 274, 292
──(越前) 272, 274
──(加賀)→加賀の一向一揆 134, 225, 245
──(雑賀) 273
──(長島) 272, 273
一向宗→浄土真宗
一国一城令 295, 301
一山一寧 206, 207
一色氏 211, 230, 232, 402
一所懸命 202
一寸法師 236
一世一元の制 *91*
一地一作人 276, 283
一中節 *51*
一夫一婦制 266, 269
一遍 134, 182, 238
一遍上人絵伝 192
位田 72, 75, 78, 87, 111, 112, 113
伊東玄朴 70
伊東左千夫 155
伊藤俊輔→伊藤博文
伊藤仁斎 241, 347, 348, 350
伊東東涯 348
伊藤博文 406, 60, 78, 96, 102, 107, 110, 115, 116, 127, 128,

129, 130, 131, 134, 135, 136, 140, 143, 144, 150
伊東マンショ 268
伊東巳代治 115, 289
伊都国 39, 40
糸割符 312, 317, 318, 337, 357
稲置 69, 403
稲作 18, 19, 30, 33, 34, 38, 82, 226, 331, 126, 134, 315, 323, 333
稲葉山 273
稲村三伯 37
委任統治 172
犬追物 169
犬養毅 407, 110, 114, 159, 177, 194, 197, 198
犬養三千代 89
犬懸上杉氏 217
犬上御田鍬 61, 62, 84
犬公方 321
犬筑波集 258
犬山城 288
井上円了 152
井上馨 406, 60, 77, 78, 83, 94, 95, 113, 127, 128, 140, 150, 160
井上金峨 33
井上毅 115, 128, 289
井上準之助 193, 199
井上哲次郎 151, 152
井上聞多→井上馨
稲生若水 349, 350
伊能忠敬 69
医博士 58
茨城県 95, 96, 274
井原西鶴 241, 353, 354
イプセン 156, 184
今井宗久 275, 277, 278, 290
今鏡 148, 187, 402
今川氏親 252
今川仮名目録 252, 384
今川貞世(了俊) 204, 207, 211, 412
今川氏 205, 247, 248, 253, 254, 292, 384
今川義元 247, 248, 270, 273, 276, 292, 405
今様 148
伊万里焼→有田焼
忌寸 69, 403
斎蔵 59
妹背山婦女庭訓 51
鋳物 171, 226, 227, 333
壱与 46

422 索引

入会 201, 223, 332, 26
入鉄砲出女 327
入浜法 227
入母屋造 54
イルマン 265, 315
位禄 75
伊呂波歌 237
磐井の乱 46, 59, 60
祝部式土器 50
岩倉遣外使節 96, 98
岩倉具視 406, 89, 92, 93, 96, 98, 115, 128, 283, 285
岩崎弥太郎 103, 109, 160
石清水八幡宮 172
岩宿遺跡 18, 22, 28
鰯漁 331
岩瀬忠震 74
岩戸景気 239, 263, 265
磐舟柵 83, 100
石見銀山 253, 280, 297, 332
院→上皇
允恭天皇 53, 364
隠元 341
印刷 15, 97, 265, 268, 269, 287, 355, 48, 114, 120, 185
院司 139
印綬 360
印象派 156, 184
院政 136, 137, 138, 140, 142, 143, 146, 150, 161, 163, 195
院政期の文化 147
院宣 139
院展 156, 157, 184
インド 260, 66, 88, 126, 145, 200, 223, 234, 244, 245, 250, 257, 310
インドシナ休戦協定 249
インド哲学 152
院内銀山 108
院近臣 146
院庁 136, 137, 138, 139, 376
院庁下文 139
院庁政庁→院政
印旛沼干拓計画 29, 30, 32, 56
インフレーション 108, 193, 198, 228, 229
忌部氏 52

う

ヴァリニャーニ 264, 265, 268, 269
ウィッテ 142
ウィットフォーゲル 321
ウィルソン 172
ウィルヘルム2世 72
ヴィレラ 264, 265
右院 92, 105
ウィーン会談 259
ヴィンデルバント 299
植木枝盛 105, 107, 110
上杉氏憲(禅秀) 217
上杉景勝 281, 293, 403
上杉謙信 247, 248, 256, 274, 405
上杉氏 211, 217, 247, 248, 253, 254, 256
上杉重房像 191
上杉慎吉 159
上杉禅秀の乱 217
上杉憲実 217, 256
上杉治憲(鷹山) 33
上田秋成 49
上田敏 155
上野忍ヶ岡 321
上野の戦い 89
ウェーバー, マックス 263
上原勇作陸相 159
上村松園 184
植村正久 119
ヴェルサイユ講和条約 172, 172
ヴェルサイユ体制 172
魚市場 227, 228
ヴォルテール 104
宇垣一成 199
宇喜多秀家 281, 285, 294, 403
浮雲 123
憂世・浮世 341, 344
浮世絵 289, 341, 352, 355, 356
浮世草子 341, 352, 353, 354
浮世床 49
浮世風呂 49
浮世物語 341, 344
ウクラード 337
請作 114, 167
請所→地頭請, 守護請
雨月物語 49, 50
宇下人言 392
宇佐八幡宮 92
宇佐八幡宮神託事件

91, 92
氏 51, 54
宇治 132, 133, 136, 142, 151, 152, 153, 162, 227, 244, 254, 331, 341, 374
氏神 51, 54
宇治川の戦い 152
宇治拾遺物語 189
氏寺 129
氏上 51, 54, 68
宇治関白 374
氏の長者 122
氏人 51, 54
羽州探題 211
宇治山田 254
碓氷峠 327
太秦 98
鶉衣 50
歌合せ 128
右大臣 65, 73, 74, 106, 137, 161, 276, 294, 401, 419, 92, 99
宇田川玄随 70
歌川豊国 51
歌川広重 48, 51, 52
宇多天皇 105, 120, 346
打掛 290
内管領 180, 197
袿 128
内蔵 59
打ちこわし 16, 21, 25, 27, 28, 31, 32, 41, 46, 53, 55, 77, 87, 167
内臣 65, 404
内灘 249
内村鑑三 119, 141, 151
宇都宮 327, 339, 80
宇津保物語 131
采女 66
宇野浩二 183
宇野弘蔵 322
右派社会党 246, 253
産土神 54
右弁官 74
駅家 83
厩戸王 18, 41, 46, 60, 61, 62, 63, 64, 65, 105, 366, 403, 304, 346
——の国書 62
海に生くる人々 183
梅田雲浜 79
梅原龍三郎 157, 184
右翼 192, 195, 196, 199, 205, 258, 262
浦 300, 69, 71, 72, 73, 346
浦賀奉行 300

浦上玉堂 52
浦上村信徒弾圧事件 119
卜部懐賢 186
盂蘭盆会 257
ウラル=アルタイ語 25
ウラル語 25
得撫島 73
宇和島藩 58
運脚 78, 86
運慶 181, 190
雲谷等顔 289
運上金 336, 338, 29, 30, 46
芸亭院 95
運輸→交通
雲揚 99

え

映画 179, 205, 274
栄華物語 148
永享の乱 217, 230, 248
栄西 174, 183
叡山→延暦寺
叡尊 185
永高 229
永仁の徳政令 172, 178
永平寺 183
永楽通宝 229, 324
ええじゃないか 86
AFL 137
エカチェリーナ2世 43, 67
江川太郎左衛門(坦庵・英龍) 76
駅馬 (はゆま)
易博士 58
駅鈴→鈴契
会合衆 255
荏胡麻 171, 277
慧慈 62
衛士 80, 86
江島其磧 354
懐奘 183
恵心僧都→源信(げんしん)
蝦夷 42, 67, 101, 126
蝦夷征討(古代)→東北経営
蝦夷地 30, 32, 45, 67, 102
——探険 32, 67
——貿易 30
——奉行 68
エソホの物語 269
穢多 308, 93, 171
江田船山古墳出土大刀銘 56

索引 423

越後縮　334
越後屋　338
越前国　59, 86, 183, 227, 229, 238, 245, 248, 272, 274, 334, 395
越前藩　58, 59, 72
干支→(かんし)
江戸　292, 322, 324, 326, 340, 45, 47
江藤新平　407, 97, 103, 117
江戸時代　292, 320, 327, 334, 335, 336, 337, 338
江戸城　254, 299, 301, 322, 22, 31, 89
江戸十組問屋　328, 337, 45
江戸幕府　292, 77
江戸町会所　42
江戸町奉行　299, 18, 22
択捉島　67
NHK　274
エネルギー革命　259, 270
榎本武揚　100
ABCD対日包囲網　216
海老名弾正　151
衛府　102, 144
絵踏　317
絵巻物　97, 147, 149, 191
恵美押勝→藤原仲麻呂
恵美押勝の乱　91, 97
MSA協定　247
撰銭令　275
エレキテル　37
エロア資金　239
沿海州漁業権　142
円覚寺　185, 207, 403
——舎利殿　190
延喜格・延喜式　102, 106, 402
延喜の治　106, 116, 121
延久の宣旨桝　137
円切り上げ　265
遠近法　51
エンゲルス　300
縁坐　252, 19
猿人　20
袁世凱　145, 161
エンタシス　63
園地　77, 86
円珍　85, 107, 109, 402
塩田法　227, 332
円筒埴輪　49
円仁　85, 107, 109, 129, 402

円墳　47, 50
塩浦(蔚山)→三浦
円満井座→金春座
遠洋航海の禁止　327
遠洋航海　133
円理法　350
延暦寺　108, 129, 140, 146, 162, 183, 197, 230, 246, 272

お

御家流　192
OECD→経済協力開発機構
お市の方　305
応安新式　208
奥羽越列藩同盟　89
応永の外寇　213
応永の乱　214, 216, 219, 255, 405
欧化政策　112
扇　174, 215, 260
扇谷上杉氏　254
奥州街道　326
欧州共同体　261
欧州経済共同体　261, 263
奥州征伐　279
奥州総奉行　154
奥州探題　211
奥州藤原氏　127, 149, 154
往生伝　148
往生要集　129
応神天皇　44, 56, 58
王政復古の大号令　88, 283
汪兆銘(精衛)　211
王直　259
応天門の変　105, 150, 404
応仁記　237
応仁の乱　232, 243, 249, 270, 383, 405
黄檗宗　341
桜楓図　288
王法を本　245
近江商人　271, 336
近江聖人→中江藤樹
淡海三船　95
近江八景　52
近江令　68, 72, 370
王陽明　344
往来物　237, 347
押領使　150
大海人皇子　68, 404
大井川　327
大井憲太郎　104, 110,

112, 122
大内家壁書　251
大内氏　214, 233, 243, 248, 251, 254, 256, 258
大内版　256
大内兵衛　181, 210, 215
大内政弘　256
大内義興　248, 256
大内義隆　247, 249, 264
大内義弘　216, 219, 255, 382, 405
大江氏　107
大江広元　153, 160, 162, 164, 375, 404
大江匡房　137
大岡忠相　299, 22
大岡忠光　28
大臣　52, 69
大鏡　148, 187
大型合併　265
大川周明　199, 203
大木喬任　99
大王　49, 52
大久保利通　406, 58, 60, 84, 91, 96, 102, 104, 136, 172, 285
大久保長安　294, 321, 332
大隈重信　357, 407, 89, 95, 101, 107, 110, 120, 127, 134, 160, 286, 292
——内閣(第1次)→隈板内閣
——内閣(第2次)　160, 161, 162, 165
大隈財政　101
大蔵　402, 91
大蔵省　403, 95, 129, 193
大蔵永常　39
大御所　294, 29, 44
大御所時代→文化・文政時代
大坂　254, 276, 280, 295, 297, 299, 308, 317, 324, 325, 328, 331, 334, 336, 337, 339, 340, 351, 391, 402, 30, 31, 45, 46, 56, 74, 75, 278, 281
大阪朝日新聞　165, 181
大阪会議　406, 105
大阪事件　112
大坂城　276, 280, 286, 294, 89, 278
大坂城中壁書　281

大阪商船会社　109
大阪天満紡績会社　137
大坂夏の陣　295, 304, 388
大坂二十四組問屋　328, 337, 45
大坂冬の陣　295
大阪紡績会社　110
大阪砲兵工廠　149
大阪毎日新聞　121
大塩平八郎(中斎)　344, 53
——の乱　53
凡河内躬恒　110
大杉栄　171, 176
大隅国　84, 92
太田牛一　281
太田錦城　33
太田道灌(持資)　254
大田南畝　48, 49
大工　164, 175
大津　229, 254, 275, 280
大塚山古墳　48
大槻玄沢　37, 52, 69, 342
大津事件　128
大津京　68
大友氏　249, 254, 278
大伴氏　59, 98
大友宗麟　247, 264, 267, 278, 284
大友皇子　68
大伴金村　59
大友黒主　403
大伴坂上郎女　96
大伴旅人　84, 96
大伴家持　96, 98
大友義鎮→大友宗麟
大西祝　152
太安万侶　95
大橋訥庵　80
大原幽学　39
大判　281, 324
大判座　324
大番催促　158
大番役→京都大番役
大船禁止令　315, 73
大湊　254, 255
大連　52, 64, 404
大村純忠　267, 284
大村益次郎　70, 84, 95
大目付　298, 299
大森貝塚　26
大森房吉　153
大山崎の油座　275
大輪田泊　145
岡倉天心　125, 156, 157, 320

お蔭参り→伊勢参り	乙名(長)　201, 224, 309	陰陽道　107, 185	懐風藻　95
岡崎正宗　192	踊念仏→念仏踊		海北友松　289
小笠原氏　231	尾上菊五郎(5代目)　125	**か**	海防論　67
小笠原諸島　72, 98, 100, 227, 266	小野組　90, 100	海運　255, 327, 338, 109, 133, 163	海保青陵　39
岡田寒泉　43	小野妹子　61, 62, 404	改易　294, 319	外務省　97, 143, 144, 162, 266
岡田啓介内閣　206	小野小町　403	海援隊　85, 129	海洋汚染　269
尾形乾山　355, 356	小野篁　108	絵画　63, 97, 107, 111, 129, 133, 149, 191, 235, 269, 289, 345, 356, 42, 51	偕楽園　356
緒方洪庵　70	小野道風　133, 402		カイロ宣言　219
尾形光琳　346, 355, 356	小野好古　121		替銭→為替
岡田三郎助　157, 184	尾　254		可翁　209
岡本大八　315	小浜　229, 254, 328, 339, 79	階級　29, 40, 59, 27, 39, 328, 330	家格　18, 24, 91
岡山　335, 339, 395, 167, 168	首　52	階級闘争　30, 325	家学　107, 186
沖縄(琉球)　259, 220, 266	御文　238	海軍工廠　147, 149	加賀の一向一揆　244, 245, 273, 383
沖縄県　99, 267	御触書　309, 19, 22	海軍省　92	各務支考　353
沖縄返還　254, 267	御触書寛保集成　19, 22	海軍伝習所　77	香川景樹　49, 50
荻生徂徠　347, 32	臣　52, 69	快慶　190	嘉吉の乱　218, 221, 225, 230, 231
荻原重秀　323, 392, 405	臣連伴造国造百八十部并公民等本記　61	会計官　403	燕子花図屛風　356
荻原守衛　156	御目見得　308	懐月堂安度　355	柿本人麻呂　71, 96
晩稲　226	於母影　123	開眼供養　295, 371	部曲　19, 51, 52, 53, 66, 68, 334
阿国歌舞伎　241, 345	親方　310	戒厳令　229	
奥の細道　353	女形　345, 355	外光派　156, 184	下級武士　58, 78, 81, 84, 87, 92, 317
小栗忠順　86	オランダ　255, 263, 266, 310, 312, 314, 315, 316, 318, 326, 36, 73, 75, 83, 84, 175, 216, 280	開国　71, 75, 84	華僑　173
桶狭間の戦い　273, 292		——勧告　71, 72	下局　91
刑部親王　72, 81		——の影響　75	学園闘争　266, 267
尾崎紅葉　123		——論　343	学館院　108
尾崎行雄　110, 114, 159, 177		——和親　90, 97	革新俱楽部　177
御定書百箇条→公事方御定書	——商館　37, 69	外国官　403	学制　71, 93, 94, 119, 120
小山内薫　157, 234	——商館長　318, 326, 351, 36	海国兵談　39, 67, 342	学徒出陣　218
長船長光　192	——東インド会社　311	海産物→俵物	学徒動員　218
納宿　42	——風説書　318	外国人殺傷事件　77	覚如　238
大仏次郎　183	オリエント　29	改進党→立憲改進党	格物窮理　186, 342
押型文土器　27	折たく柴の記　324	改新の詔→大化改新の詔	学問　32, 42, 48, 180, 215, 241, 277
オーストリア　65, 98, 144, 161, 172, 201, 212, 289	織部焼　289	開成学校→東京開成学校	学問のすゝめ　94, 121
オスマン＝トルコ　260	織物　227, 333, 47, 339	改成　77, 81, 94, 121	覚猷　150
織田氏　248, 270, 292	オルガンチノ　265, 275	改税約書　84	学侶　140, 146
小谷城　274	オールコック　83	外戚　104, 122, 124, 131, 136, 139, 145, 160, 305, 334	隠れキリシタン　318
織田信雄　276, 280, 292	卸売市場　336	廻船→水上交通	花月草紙　44
織田信長　243, 247, 248, 255, 263, 265, 269, 270, 273, 279, 282, 287, 290, 292, 305, 386, 405, 335	尾張国　119	回漕会社　109	掛屋　335, 338, 23
	尾張国郡司百姓等解文　372	解体新書　16, 36, 37, 342	景山英子　171
	尾張藩　33	開拓使→樺太開拓使, 北海道開拓使	勘解由使　100, 101, 102
	薩位　73, 76	戒増　94, 97, 109	蜻蛉日記　132
織田信秀　248	遠賀川式土器　32	海潮音　155	囲い込み運動　311, 65
小田原　248, 278, 290, 326, 339	遠国奉行　300	貝塚　18, 23, 26, 29, 33	囲米　41, 42
落窪物語　132	恩賞方　198	改定律例　407, 103, 117	課口　79
御付武家　305	園城寺　111, 151, 198, 246	垣内　167	過去現在因果経絵巻　97
越訴　323, 378, 27	——黄不動像　111	海道記　189	鹿児島　254, 264, 267, 339, 347, 83, 99, 103, 104
オッタワ経済協定　200	音道　94	懐徳堂　33, 37, 39	
御手伝普請　23	音戸の瀬戸　145	海南学派→南学	鹿児島紡績所→洋式紡績機械
御伽草子　236, 257, 344	女歌舞伎　345	甲斐の金山　253	
	女殺油地獄　355	海舶互市新例　323, 30	葛西善蔵　183
	女大学　350	開発領主　115, 119	笠懸　169
		貝原益軒　344, 349	

索　引　425

鍛冶　53, 55, 56, 171, 227, 230, 339
借上（中世）　172, 356, 23
加持祈祷　108
家賃奥印差配所　31
橿原宮　45
梶原景時　156, 157, 160
臥薪嘗胆　131
家臣団　249, 271, 292, 297, 340
佳人之奇遇　123
ガス　93, 134, 147, 162, 164, 172, 179
――灯　93, 134
春日権現験記絵巻　192
春日神社の神木　140
春日山→直江津
和子入内→徳川和子
上総介広常　151, 193
和宮降嫁　80
化政時代→文化・文政時代
化政文化→文化・文政文化
仮説　304
仮説演繹法　306
河川汚染　269
下層階級　265
過疎化現象　269
華人　93, 102, 110, 115, 116
家族、私有財産および国家の起源　21
家族制度　307, 117, 151, 154, 158, 232, 334
華族令　116
片岡健吉　105, 106, 114
片かな　109, 110
肩衣・袴　54, 290
片桐且元　279
方違　128
刀狩令　278, 282
荷田春満　402, 35
片山潜　137, 138, 141, 149
片山哲　223, 235
――内閣　232, 235, 237
ガダルカナル攻防戦　217
徒士　308
価値観　206, 300, 301, 306, 307, 312, 323
加徴米　115
花鳥余情　238
勝海舟　85, 89, 129

学校教育法　62, 240, 241
学校令　406, 61, 95, 119, 120, 121
勝坂式土器　24
活字印刷→印刷
葛飾北斎　51, 52
勝手掛老中　18
ガット（GATT）　247, 248
合浦（馬山浦）　175
勝安芳→勝海舟
括要算法　350
桂川甫周　36
桂小五郎→木戸孝允
桂・タフト協定　146
桂太郎　136, 140, 150, 159
――内閣（第1次）　140
――内閣（第2次）　129, 143
――内閣（第3次）　159
桂離宮　289, 345, 346
花伝書　134
華道→生花
加藤景正　192
加藤清正　285, 286, 293, 313
加藤高明　140, 160, 162, 177, 288
――内閣（第1次）→護憲三派内閣　170, 177, 178, 179, 199
――内閣（第2次）　177
加藤千蔭　50
加藤友三郎　170, 174, 175, 176
――内閣　176
加藤弘之　121, 152
河東節　51
加藤嘉明　296
過度経済力集中排除法　224
かな　107, 109, 110, 129, 131
仮名垣魯文　123
神奈川　300, 395, 73, 74, 230, 270
神奈川条約→日米和親条約
金沢　187, 256, 339, 356
金沢文庫　187
仮名草子　341, 344, 353
仮名手本忠臣蔵　51
鍛冶部　53, 56
金子堅太郎　115
鐘匱　66
懐良親王　203

加納　275
狩野永徳　288, 289
狩野山楽　288, 289
狩野探幽　345
狩野派　236, 288, 289, 345, 346, 356, 52
狩野芳崖　156
狩野正信　236
狩野元信　236
加波山事件　406, 111
姓　51
カピタン→オランダ商館長
歌舞伎　193, 345, 352, 354, 355, 51, 125, 156, 184
かぶき踊→阿国歌舞伎
歌舞伎十八番　51
家父長制　138, 302, 334, 338
株仲間　337, 21, 29, 31, 41, 42, 46, 53, 55, 57, 59, 76, 93, 279, 330, 334
――解散　55, 56, 59, 279
――再興　57
鏑木清方　157
カブラル　265
貨幣　82, 172, 228, 253, 281, 296, 297, 322, 324, 337, 392, 21, 31, 75, 101
貨幣改鋳　322, 325, 398, 405, 21, 30, 31, 44, 53
貨幣鋳造　337
貨幣鋳造権　297
ガマ, ヴァスコ＝ダ　261
釜石鉄山　333
鎌倉　151, 197, 198, 202, 217, 218, 227, 403
鎌倉公方　211, 216, 248
鎌倉五山　207, 403
鎌倉時代　150, 335, 336, 337, 345
鎌倉新仏教　181, 184, 206, 336
鎌倉殿　151, 156
鎌倉幕府　136, 150, 154, 157, 165, 197
鎌倉番役　196
鎌倉府　211, 217
鎌倉文化　181
紙　62, 171, 227, 334, 338
長官　73
神尾春央　22

神風特別攻撃隊　220
上方　325, 352, 354, 47, 48
上方漁業　331
裃→肩衣・袴
神谷宗湛　257, 277, 290
カムヤマトイワレヒコノミコト　45
亀戸事件　176
亀ヶ岡式土器　28
甕形土器　32
甕棺　37
亀山天皇　195
蒲生君平　402
鴨長明　189
賀茂真淵　402, 35, 50
加耶　43, 59, 61
火薬　262, 266, 271, 102
加羅　45, 363
柄井川柳　48
唐臼　51
我楽多文庫　123
唐古遺跡　33
唐獅子図屛風　288
ガラス　33, 267, 57, 77, 101, 179
唐津炭田　333
唐津焼　289
樺太　43, 67, 73, 100, 142, 166, 219, 226, 244
樺太開拓使　406, 100, 102, 107
樺太・千島交換条約　98, 99
ガラ紡　126, 132
唐様（禅宗様）　174, 221, 189
伽藍配置　63, 111
借上（借知）　356, 23
ガリオア資金　239
狩衣　128
刈敷　226
カリスマ的支配　330
刈田狼藉　215
狩谷棭斎　33
軽市　83
カルヴァン　263
カルテル　148, 164, 194, 198
枯山水　235
家老　270, 300, 343, 71, 79
家禄　91, 102
家禄奉還→秩禄処分
河合栄治郎　210, 215
川合玉堂　157, 184
川上音二郎　156

426　索引

河上丈太郎　*191, 262*
河上肇　*180*
川路聖謨　*78*
為替　229, 325, *62, 100, 193, 198, 224, 238*
為替ダンピング　*198, 204*
河竹黙阿弥　*51*
河内国　75, 120, 125, 197, 203, 227, 294, 331, 383, 402, *30, 47, 53*
西文氏　*56*
川手　216, 230, *118*
川手文治郎　*118*
川中島の戦い　*248, 405*
川端玉章　*156, 184*
川端康成　*183, 274*
河村瑞賢　*328*
漢　*30, 39, 48, 56, 127, 176, 360*
観阿弥清次　*221*
冠位　*61, 66*
冠位十二階　*60*
官位相当制　73, *75*
閑院宮家　*324*
官営軍事工場　*147*
官営事業　*100, 101, 102, 107, 109*
官営事業払下げ　*109*
寛永通宝　*296, 324*
寛永の鎖国令　*296, 316, 318, 390*
寛永文化　*342*
官営模範工場　*93, 100, 126*
勧学院　*108*
勧業寮　*97*
換金作物→商品作物
閑吟集　*236, 341*
官戸　*75*
漢口　*211*
元興寺　*94*
──縁起　*58*
勘合底簿　*214, 382*
勘合符　*213, 382*
勘合貿易　*210, 212, 214, 216, 221, 227, 254, 258, 268, 318, 382*
韓国→大韓帝国, 朝鮮
韓国併合条約　*143, 150, 291*
韓国保護条約→日韓協約（第2次）
観察使　*101*
干支　*47, 68, 394, 89*
ガンジー　*200*
乾漆像　*97, 111*

漢字の伝来　*56*
漢詩文　107, 206, *347*
間主観性　*308*
甘藷　331, *20, 22*
漢城　213, 285, *144*
漢城事件（第1次）　*112, 127*
──（第2次）　*112, 127*
勘定所　*18, 42*
漢城条約　*112*
勘定奉行　298, 322, *17, 20, 22, 87*
官省符荘　*113*
漢書地理志　*39*
勧進　*235*
鑑真　92, 94, 96
観心寺　*111, 190*
──如意輪観音像　*111*
──本堂　*190*
官人政治　99, *344*
寛政異学の禁　343, *33, 42, 277*
官制改革　*91*
関税自主権　*282*
──の喪失　*74, 75, 114*
──の回復　*129*
寛政の改革　*37, 40, 42, 43*
寛政の三博士　402, *43, 277*
観世座　*236*
間接税　*150*
間接統治方式　*222*
勧善懲悪　*49, 122, 302*
貫高制　*250, 283*
神田の青物市　*336*
貫高衣　*41*
関東管領　211, 217, 246, 248, 397
関東軍　*190, 197, 198, 199, 203, 204, 209, 211, 216*
関東軍特別大演習　*216*
関東御口入地　*159*
関東御成敗地　*159*
関東御分国　*159*
関東御領　113, *159*
関東州　*142*
関東進止所領　*159*
関東征伐　*278*
関東大震災　*62, 171, 176, 179, 185*
関東地方　22, 47, 121, 125, 141, 248, 395
関東都督府　*144*
関東取締出役　*45*
関東御公事　*157, 158*
関東申次　*195*

関東ローム層　*22*
関特演→関東軍特別大演習
観念小説　*154, 155*
観応の擾乱　203, *397*
漢委奴国王印　39, 40, *41*
関白　104, 122, 276, 281, 401, 404
蒲原有明　*155*
カンボジア　58, 312, *250, 270*
桓武天皇　98, 99, 107, *404*
桓武平氏　120, 141
漢冶萍公司　*165*
官吏公選制　*90*
管理通貨制　*273*
官僚　*95, 97, 116, 135, 253, 320, 330, 335*
官僚の支配　*330*
咸臨丸　*282*
管領　204, 211, 231, 248, 383, 401
観勒　*56*

き

気　*186, 342*
魏　*40*
生糸　*171, 215, 259, 267, 312, 317, 331, 333, 368, 75, 125, 134, 164, 194*
生糸製糸　*76, 125*
紀伊藩　*17, 18*
木臼　*33*
棄捐令　*24, 41*
祇園社の綿座　*228*
祇園祭　*257*
機械紡績→洋式紡績機械
帰化人→渡来人
企業別組合　*229, 254*
菊池寛　*183*
菊池氏　*197, 211, 256*
菊池大麓　*153*
菊池武敏　*203*
義兵　*285*
義経記　*193*
紀元2600年祝典　*215*
既墾地系荘園　*112*
岸田劉生　*184*
岸信介内閣　*254, 255, 256, 257, 258, 259, 262, 268*
技術革新　*253, 257, 263*
議定　*89, 91, 143, 284*
魏志倭人伝　*40, 41, 43, 361, 403, 336*

寄進状　373, *350*
寄進地系荘園　113, 115, 123, 137, 139, 150, 373
木鋤　*33*
議政官　403, *90*
寄生地主　*25, 26, 96, 108, 126, 226, 339*
寄生地主制　*126, 167, 224, 225, 226, 339, 340*
偽籍　*87*
生世話狂言　*51*
喜撰法師　*403*
ギゾー　*121*
義倉　79, 357, *42*
貴族　*72, 75, 80, 82, 86, 111, 117, 120, 124, 128, 136, 139, 157, 163, 181, 184, 186, 195, 199, 221, 233, 237, 255, 299, 304, 306, 354, 388, 404, 406, 90, 326, 331, 335*
貴族院　*116, 117*
貴族政治→摂関政治
貴族仏教　107, 108, *336*
貴族文化　*221, 234, 237, 256, 342*
木曽の山林　*294*
木曽義仲→源義仲
北一輝　*203, 206, 207*
喜多川歌麿　*42, 48*
北里研究所　*153, 181*
北里柴三郎　*153, 181*
北大西洋条約機構　*234, 250*
北野神社　*228*
北野神社麹座　*228*
北野天神縁起絵巻　*192*
北野の大茶会　*278, 290*
北畠顕家　*202, 203*
北畠親房　*196, 200, 203, 204, 206, 404, 321*
北畠信雄→織田信雄
北原白秋　*155, 183*
北村季吟　*354*
北村透谷　*155*
北山山荘　*221*
北山文化　*134, 221, 222*
義太夫節　*278, 355*
基地反対闘争　*248*
木賃宿　*327*
喫茶養生記　*183*
契丹　86, *414*
紀伝体　*95, 346, 326*
紀伝道　107, *402*

索　引　427

鬼道　40
義堂周信　206, 207
木戸孝允　58, 81, 84, 89, 90, 91, 93, 96, 98, 99, 105, 136, 286
畿内　40, 42, 48, 66, 75, 99, 114, 119, 157, 170, 197, 203, 224, 225, 228, 233, 245, 247, 253, 269, 271, 281, 295, 329, 369, 395, 402, 27, 46
絹織物　215, 227, 255, 259, 267, 288, 313, 319, 333, 340, 47
杵　23, 33, 34
帰農令→人返し令
紀伊国屋文左衛門　338
木下順庵　321, 322, 323, 343, 350, 33
木下藤吉郎→豊臣秀吉
木下尚江　138, 155
紀貫之　110, 132
紀友則　110
柵戸　84
紀淑人　121
木場（江戸深川）　332
騎馬民族説　50
吉備真備　91, 92, 95, 343
黄表紙　42, 49, 50
岐阜　273, 275, 280, 395
奇兵隊　83, 95, 97
基本的人権　171, 222, 231, 232
公・君　52, 139
義務教育　120, 240
木村栄　153
肝煎　250
崎門→山崎闇斎
格　77, 102, 106, 370, 402
逆コース　245, 246, 247, 254
ぎゃ＝ど＝ぺかどる　269
キャンプ＝デービッド会談　252
九カ国条約　174, 175
旧辞→帝紀・旧辞
九州征伐　284
旧三四問題　204, 211, 214
九州地方　249, 395
己酉条約　312
旧人　20
給人　250, 276, 281
旧石器時代　19, 20, 21, 22, 23

給田　115, 116, 158, 194
牛馬耕　82, 170, 222
給米　158
九龍半島　138
教　130
行　130
教育　94, 108, 237, 269, 347, 53, 94, 119, 152, 223, 240, 246, 254, 273
教育委員会　240, 255
教育基本法　240, 241
教育使節団→アメリカ教育使節団
教育勅語　119, 151, 158
教育勅語不敬事件　119, 151
教育の機会均等　240
教育令　61, 95, 119
教王護国寺→東寺
狂歌　48, 49, 50
京学　343
教科書調査官　247, 254
行基　90, 93, 94, 343
教行信証　182
教外別伝　183
狂言　209, 221, 222, 258, 51
恐慌　126, 133, 137, 147, 150, 164, 170, 186, 192, 194, 198, 200, 328
強硬外交　311, 129, 189, 190, 191, 192
京極家　188
京極氏　247
共産主義→社会主義
京職　75, 82, 102
行商人　246, 336
共進会　102
矯正会→日本鉄道矯正会
行政官　403, 18
行政機関員定員法　240
行政区分（古代）　395
京大事件→滝川事件
協調外交　407, 172, 178, 179, 186, 189, 195, 196, 204, 222
協定関税制→関税自主権の喪失
京都　98, 156, 162, 163, 171, 202, 209, 221, 225, 227, 228, 232, 246, 253, 264, 280, 297, 299, 300, 309, 324, 339, 340, 351, 401, 402, 47, 81, 82,

89, 91
共同運輸会社　109
京都大番役　156, 158, 175
京都五山　207
京都守護　154, 157, 162, 163
京都守護職　80, 81, 82
京都所司代　299, 304
教如　274, 342
教派神道　118
教部省　118
刑部省　80, 102, 403
享保金銀　21, 22
享保の改革　405, 17, 21, 29, 30, 40, 56, 320, 335
享保の大飢饉　21, 25
京枡　283
清浦奎吾　177
――内閣　177
漁業　171, 227, 331, 332, 100, 142, 254
曲芸　48, 51
玉室　306
曲亭馬琴→滝沢馬琴
極東委員会　223, 231
極東国際軍事裁判所　224
挙国一致内閣　198, 199, 206
玉葉　160, 188, 304
清洲　270, 271, 273, 275, 280
清野謙次　26
清原武則　126
清水焼　334
清元　51
漁労　20, 21, 26, 28, 29, 32, 315, 327
ギリシア　35, 38, 57, 63, 201, 310, 313, 324, 325
キリシタン　256, 265, 266, 269, 284, 314, 315, 317, 318
キリシタン大名　266, 268, 269, 315, 317
キリシタン版　269
切捨御免　307
キリスト教　151, 310
（旧教）　314
（新教）→プロテスタント　16, 263, 264, 266, 310, 312, 314
キリスト教禁止令　316,

318, 90
キリスト教宣教師（旧教）　264, 265, 275, 278, 315, 350
――（新教）　118, 119
キリスト教宣新師追放令　268, 278, 284
切妻造　54
桐野利秋　104
切米取　308
桐生　334, 336, 339, 47
季禄　76
記録所　19, 116, 134, 137, 196, 198, 199, 397
記録荘園券契所　116, 137, 199, 404
義和団の乱　139
金（中国国名）　173
金　171, 227, 253, 280, 313, 323, 332, 38, 75, 102, 127
銀　82, 171, 227, 253, 259, 267, 280, 297, 313, 319, 323, 324, 332, 21, 30, 38, 75, 102, 108, 132
金印→漢委奴国王印
金槐和歌集　187, 188, 189
金閣　221, 405
銀閣　235, 405
錦旗革命事件　199
近畿地方　42, 244, 247, 395
緊急勅令　117, 177, 187, 191, 198, 210, 222
金玉均　112, 127
金銀比価の違い　75
金銀複本位制　132
金工　236, 289
銀行資本　138, 148, 150, 177, 188
金座　281, 324, 337
銀座　281, 324, 325, 337
緊縮予算　108, 238, 239, 248
近世　241, 16, 324, 326, 336, 346
金石併用時代　30, 33
金属器　18, 19, 29, 30, 31, 32, 33, 38
金属器時代　29, 30, 38
近代　61, 324, 326, 338, 339, 345
近代資本主義社会　310,

428　索引

337
近代市民社会 64
近代的土地所有権 95
禁中並公家諸法度 304
欽定憲法 116, 289
均田制度 64, 78, 59
忻部 175
金日成 198, 233
金納 303, 96, 225, 226
金肥 330
禁秘抄 186
金本位制 102, 132, 193, 194, 198, 200, 273
──停止 194, 198, 200, 273
銀本位制 102, 132, 133
勤務評定(教職員) 255
欽明天皇 58, 61
禁門の変 60, 82
金融 172, 212, 225, 228, 232, 324, 378, 328
金融恐慌 186, 188, 191, 198
金融緊急措置令 229, 234
金融資本 138, 185, 188, 193, 328
金輸出 193, 198
──解禁 333
──禁止 193
──再禁止 194, 198
金襴 227, 288
禁裡御料 305
勤労動員 218
金禄公債証書 102
金禄公債証書発行条例 102

く

空海 85, 107, 109, 402
空襲 162, 218
空也 129, 182, 191
公営田 113
久遠寺 183
公廨田 76, 118
公廨稲 76, 118
陸羯南 128
盟神探湯 53
愚管抄 137, 187, 299, 326
公暁 161
公家→貴族
公家諸法度→禁中並公家諸法度
供御人 171
久坂玄瑞 58, 77, 81

草双紙 49
公事 116, 124, 155, 157, 159, 175, 179
公事方御定書 19, 22, 276
公事根源 238
倶舎宗 94
九十九里浜 331
九条兼実 160, 182, 187, 195
九条家 145, 195
九条道家 195
櫛目文土器 31
公出挙→出挙
薬子の変→藤原薬子の変
楠木正成 198, 201, 203, 207
楠木正行 203
楠木正儀 204
久隅守景 346
久世広周 80
九谷焼 334
百済 43, 52, 55, 62, 64, 67, 70
百済河成 111
屈葬 29, 37
工藤平助 30, 32, 37, 67
宮内省 74, 91, 92
グナイスト 115
国後島 68
クニ→原始小国家
国 52, 75
国一揆(播磨) 219, 225, 230
──(山城)→山城の国一揆
国替→転封
国木田独歩 155
恭仁京 90, 343
国衆→国人(こくじん)
国訴 27, 53
国津斑 47
国友村(近江) 262, 271
国博士 65
国造 52, 59, 69, 75
国司 303
公奴婢 75
久能山 295
口分田 66, 68, 75, 78, 86, 112, 117
窪 199
熊沢蕃山 406
熊襲 24
熊野三山 140
熊野詣 229
熊本 41, 56, 296, 339, 347, 395, 24, 103, 119, 269

熊本鎮台 104
熊本洋学校 119
組 250
組頭(地方三役) 250, 309
久米邦武 302
久米桂一郎 156
久米正雄 182
公文 115
公文所 153, 157
蔵入地 277, 280
クラーク 102, 119
グラスボロ会談 261
倉田百三 181
鞍作首止利 63
蔵米取 308
蔵前風 48
蔵元 335, 338
蔵物 335
蔵役人 335
蔵屋敷 334, 340
クラン→氏族
グラント 99
俱利伽羅峠の戦い→砺波山の戦い
久里浜 72
栗本鋤 86
厨川白村 181
繰綿延売買会所 30
来栖三郎 216
久留米絣 333
呉海軍工廠 149
グレゴリウス13世 268
黒岩涙香 141
蔵人所 102, 104
蔵人頭 101, 104, 404
黒沢明 274
黒住教 118
黒住宗忠 118
黒田清隆 99, 102, 107, 116, 118
──内閣 127
黒田清輝 156, 184
黒田長政 285
黒田孝高(如水) 279, 290
クローチェ 295
黒船 387, 72
黒本 50
クロマニョン人 20
桑 82, 86, 171, 331, 76
鍬下年季 329
桑名 254, 327
郡 75
軍記物 121, 147, 188
郡区町村編成法 106
軍国主義 204, 219, 222, 224

郡司 66, 75, 86, 100, 119, 150
群社会 21
群集墳 50, 52
群青 288
群書類従 36
軍人勅諭 116
郡制 116
郡代 297, 299, 17
軍団 80
軍閥(軍部) 116, 146, 188
軍部大臣現役武官制 136, 151, 160, 207
軍部独裁 199, 206, 216
群馬事件 111
軍務官 90
軍役 156, 296, 302
軍令 116
軍令部 151, 195

け

桂庵玄樹 215
慶安事件 319
KS磁石鋼 181
桂川一枝 50
桂園時代 150
桂園派 49
慶応義塾 120
経国集 108
経国美談 123
稽古談 39
稽古堂→日新館
経済安定九原則 238
経済安定本部 234
経済学批判序言 325
経済協力開発機構 264
経済史 155, 302, 310, 324, 333, 340, 345, 348
経済の二重構造 257
経済ブロック 200, 204
経済要録 39
経済録 349, 23, 39
警察 232, 235
警察官職務執行法 255
警察法 235, 247
警察予備隊 242, 246
家司 123
刑事訴訟法 71, 117, 232
警視庁 97
傾斜生産方式 234, 239
芸術座 184
形象埴輪 49, 54
経世済 349, 32, 43
経世秘策 39
継体天皇 58

索　引　429

契沖 34
計帳 66, 79, 87
慶長金銀 322, 22
慶長の役 286
刑法 71, 80, 19, 90, 117, 205, 215, 232, 235
刑法官 90
警保寮 97
毛織物 310, 313, 319, 65, 75
劇場 352, 42, 48, 51, 54
下戸 41
下剋上 233, 247, 256, 270
華厳宗 94, 185
下作人 115
戯作文学 123
下司 169
解脱 57
解脱→貞慶
血縁関係 51, 120, 330, 334
闕所預置 215
血税騒動→徴兵反対騒動
血盟団 199
血盟団事件 199
家人 75, 120
下人 115, 167
ケネディ, ジョン 259
ケネディ=ラウンド 265
検非違使 102, 120, 139, 161
検非違使庁 212
ケプロン 102
ケーベル 180
検見法 303, 19, 22
解由状 100
元 173, 212
護憲三派→古文辞学
護園塾 348
遣外使節→岩倉遣外使節
顕戒論 109
喧嘩両成敗 251
建艦競争 146, 174, 175
源空→法然
乾元大宝 82, 106, 172
蹇蹇録 129
言語 20, 25, 296, 298, 311, 315
玄昌 29
元冦 31, 174, 177, 194, 212, 316
元号→年号
元亨釈書 188
元弘の変 197
言語学 25

建国記念の日 266
源氏→清和源氏
原始共産制社会 310, 325, 337
原始時代 313, 345
原始小国家 31, 38, 39
玄室 50
原子爆弾 220, 234, 260
源氏物語 132, 186, 238
源氏物語絵巻 149
源氏物語湖月抄 354
源氏物語図屏風 346
源氏物語玉の小櫛 35
兼寿→蓮如
元正天皇 72, 74, 95
源信 129
原人→原生人類
遣隋使 61
原水爆禁止運動 249
原水爆禁止世界大会 249
原水爆禁止日本協議会 249
現世 109, 129, 180, 183, 184, 206, 337, 341, 353
憲政会 135, 162, 169, 177, 186, 188, 191
憲政会内閣 186, 193
原生人類 20
現生人類 20, 21, 22
憲政党 135
憲政の常道 199
憲政本党 135, 141, 150
憲政擁護 159, 177
憲政擁護運動→護憲運動
現代 324
検断ைி 215, 224
検地 250, 272, 275, 282, 297, 302
建築 345
県知事 92
検地帳 283, 302, 350
建長寺 185, 190, 207
建長寺船 212
検田使 114
遣唐使 65, 70, 84, 92, 106, 118
――中止の建白 85, 105, 128
元和偃武 295
原日本人説 25
顕如 272, 341
建仁寺 183, 207
現物交換 328
現物負担 303, 328, 329, 333
言文一致 122

源平盛衰記 139, 188
源平争乱 141
玄昉 85, 89, 92, 343
減封 294, 300, 321
憲法十七条 60, 364, 403
憲法調査会 254
憲法論争 159
建武以来追加 209
建武式目 202, 209
建武新政 134, 135, 138, 198, 202, 207, 404
建武年間記→二条河原落書
建武年中行事 206
元明天皇 81, 84, 89, 95
権門勢家 119, 167
原野 78, 87, 99, 106, 112, 171, 223, 224, 303, 226
倹約 17, 209, 21, 23, 41, 42, 54, 56, 59
硯友社 123, 154
玄洋社 203
権利典章 65
県令 92, 104, 111
建礼門院→平徳子
元老 105, 106, 114, 137, 150, 160, 162, 208
元老院 105, 106, 114
兼六園 356
元禄金銀 323, 22
元禄文化 242, 347, 351, 352, 48, 346

こ

呉 40
ゴア 260, 261, 268, 284
――総督 284
恋川春町 50
小石川養生所 19, 22
肥富 214
小泉八雲→ハーン, ラフカディオ
小磯国昭 199
――内閣 218, 220
五・一五事件 407, 62, 177, 198, 199, 203, 204
後一条天皇 137
古医方 19
興(倭王) 402
講 238, 245
郷→里(り)
公安委員会 232
公安条例 237
弘安の役 134, 176, 177,

180, 397
広益国産考 39
黄海海戦 130, 131
航海術 260, 270
航海奨励法 147
広開土王→好太王
光化学スモッグ 270
光格天皇 44
江華島事件 98, 99, 127
江華条約→日朝修好条規
合巻 49, 50, 54
広義国防国家 207
公議所 90, 284
合議政治 160, 320
公議世論 79, 85, 86, 89, 105
鉱業 171, 227, 331, 332, 235
公共設備 269
公共投資 200
硬玉 33
皇極天皇 65, 66, 67
航空研究所 181
高句麗 40, 43, 44, 55, 57, 62, 64
紅軍 196, 204, 209
康慶 191
孝謙天皇 72, 91, 97
郷戸 75, 77, 79, 86, 223
光孝天皇 105
皇国史観 300, 302, 321
江湖新聞 120
庚午年籍 18, 68, 394, 407
甲午農民戦争→東学党の乱
光厳天皇 196, 197, 198
公債 101, 102, 103, 165, 187, 194, 204, 228
耕作権 115, 276, 282, 283, 170
講座派 339
鉱山業→鉱業
高山国→台湾
高山寺 185
孔子 57, 347
貢士 91
郷士 308, 58
江次第 137
江次第抄 238
皇室令(荘園) 137, 140, 162, 195
――(近世)→禁裡御料
講釈 51
甲州街道 326
甲州法度→信玄家法
広州湾 138

膠州湾　161
交詢社　107
康勝　191
考証学　33, 302, 306
興譲館　347, 406
工場制機械工業　329
工場制手工業→マニュファクチュア
工場払下概則　109
工場法　150, 175, 218
好色一代男　353
好色一代女　354
好色五人女　354
公職追放　224, 229, 245, 256
好色物　353
甲申事変　112, 127
皇親政治　69, 82, 343
厚生新編　69
洪積世　20, 25, 297
興禅護国論　183
楮　171, 331, 334
嗷訴(強訴)　139, 220, 225, 230, 28, 90
黄巣の乱　127
皇族　75
豪族　42, 51, 59, 72, 317, 335
皇族将軍→親王将軍
公孫氏　40
郷村制　224, 241, 252, 283, 297
小歌　236, 257, 258, 290, 341
好太王　18, 43, 44, 49, 51, 362
好太王碑文　43, 44, 49, 51, 362
高台寺の蒔絵　289
後宇多天皇　195
幸田露伴　123
高知　191, 339, 395, 105, 129
公地公民制　66, 68, 78, 88, 111
皇朝十二銭　82, 106, 117, 281
交通　83, 172, 101
功田　76, 78, 87, 111
坑道　227
行動科学　305, 312
弘道館　347
高等女学校令　119
皇道派　199, 206
幸徳事件→大逆事件
幸徳秋水(伝次郎)　138, 141, 149
孝徳天皇　65, 105

高度経済成長政策　254, 262, 269, 272
江南軍　176
抗日宣言→八・一宣言
抗日民族統一戦線　208, 233
弘仁格式　68
弘仁貞観文化　19, 97, 102, 107, 347
光仁天皇　92, 100
鴻池　325, 338, 188
鴻池善右衛門　335, 338, 278
豪農民権　106
河野敏鎌　111
河野広中　111
高師直　201, 203, 211
郷義弘　192
紅梅図白梅図屛風　356
後氷期　23
甲府(府中)　254, 274, 322, 327, 339, 137
公武合体運動　80
興福寺　70, 94, 129, 140, 147, 190, 246
──金剛力士像　191
──世親像　191
──天灯鬼像　191
──八部衆像　97
──不空羂索観音像　191
──仏頭　70
──北円堂　190
──無著像　191
──龍灯鬼像　191
降伏文書　222
講武所　73
工部省　100, 285
洪武通宝　229
光武帝　39
公武二重支配　186
工部美術学校　123
弘文院　108
神戸海軍操練所　85
高弁→明恵
康有　191
合弁会社　165
弘法大師→空海
光明皇后　89
光明天皇　202, 209
公民　19, 76, 87, 93, 99, 112, 114, 117, 333, 338
孝明天皇　74, 80, 86
公明党　265
紅毛　266, 351
高野山→金剛峯寺
高麗　128, 173, 213

後楽園　356
高利貸→金融
功利主義　94, 119, 121, 284
小売商人　336
広隆寺　62, 331
──半跏思惟像　64
公領→国衙領
香料　174, 213, 260, 261, 267, 311, 313, 316
高良斎　70
紅露時代　123
幸若舞　258
五衛府　74, 402
郡奉行　300
御恩　155, 156, 158
五街道　327, 402
古学　347, 34, 36
古河公方　217, 248
五箇条の御誓文　90, 284
五カ所商人　317
古賀精里　402, 277
小金井良精　25
五カ年計画(ソ連)　200
後亀山天皇　205
後漢　39, 56, 127, 360
後漢書東夷伝　39
虎関師錬　207
五畿→畿内
古義堂　347
五経　58, 402
五経博士　58
古今伝授　237
古今和歌集　106, 110, 186, 188, 402
国意考　35
国衙　75, 120, 215
国学(学校)　73, 94, 35
国学　34, 302, 306
国衙領　174, 120, 139, 140, 205, 249
国際通貨基金(IMF)　247, 248, 264
国際通貨基金8条国　264
国際連合　219, 242, 254, 259, 261
──加盟　254
国際連合憲章　220
国際連盟　172, 203, 212, 222
──脱退　203
国産会所　30
国司　66, 73, 75, 100, 114, 117, 118, 119, 120

国人　201, 210, 215, 218, 223, 243, 244, 246, 249, 334
黒人問題(アメリカ)　260
国粋主義　177, 113, 125, 151
国性爺合戦　355
国体新論　121
国体明徵事件→天皇機関説事件
石高制　276, 282
固定教科書　200, 151
国府　75, 83, 90, 121
国風文化　107, 118, 129, 131
国文学　109, 131, 36
国分寺　90, 93, 404
国分寺創建の詔　90
国民哲学　94
国民皆兵　175
国民協同党　235, 243
国民審査(最高裁判事)　232
国民精神総動員運動　210
国民政府→中華民国
国民徴用令　210
国民之友　152
国免荘　114
石盛　285, 20
国有地　96
黒曜石　29
国立銀行　100, 102, 108
──券　100, 102, 108
──条例　100, 102
国立劇場　274
黒竜会　203
国連軍　242
木鍬　33
五刑　80, 402
御家人(中世)　150, 151, 153, 156, 157, 177, 179, 215, 357, 378, 380, 335, 348
──の窮乏　178, 180, 199
御家人(近世)　297, 307, 335, 357, 390, 392
護憲運動(第一次)　407, 159, 177
──(第二次)　172, 175, 177
護憲三派　407, 135, 170, 177, 199
──内閣　177, 199
五公民民　303, 19, 22
五国借款団　145

索　引　431

五胡十六国　40, 44
小御所会議　88
後小松天皇　205, 216
古今著聞集　189
後嵯峨天皇　195
小作争議　149, 170, 175, 186, 203, 213, 225
小作争議調停法　175
小作人　25, 96, 170
小作料　27, 96, 225
御家人　295, 300, 40
後三条天皇　116, 124, 136, 199
後三条天皇勅旨田　137
五山制度　206
後三年合戦　126, 149
五山版　207
五山文学　206
五・三〇運動(事件)　173, 178, 188
五・四運動　168, 173, 188
甑　34
古事記　24, 42, 45, 70, 92, 95, 109, 180
古事記伝　34
五色の賤　75
古史徴　35
古史通　347
越荷方　59
児島惟謙　129
児島高徳　302
小島法師　207
5爵　116
戸主　50, 75, 77, 86, 223, 117, 232
後拾遺和歌集　132
五重塔(小説)　123
五相会議　204, 207
古浄瑠璃　258
後白河法皇　138, 139, 140, 141, 142, 146, 148, 151, 153, 195, 375, 397, 404, 304
子代　54, 66, 368
御親兵　91, 95
コスイギン　261
後朱雀天皇　116
古生人類　20
御成敗式目　134, 164, 165, 209, 252, 377, 378, 381, 397, 404
戸籍　66, 68, 77, 87, 309, 158, 171
小関三英　71
五摂家　195, 403
巨勢金岡　111

巨勢野足　102
巨勢広貴　133
後撰和歌集　132, 402, 403
小袖　290, 352
古代　297, 316, 324, 326, 329, 345
古代国家　31, 38
後醍醐天皇　187, 196, 198, 200, 202, 206, 207, 209, 213, 342, 380, 397, 404
五代友厚　103, 107
古代奴隷制社会　38, 310, 337
五大老　281, 282, 287, 293, 403
コーチ(交阯)　312, 314
国会(戦後)　232, 245, 255, 258, 262, 266
——の解散　238, 246, 258, 262, 266, 267, 268
——の強行採決　254, 258, 266
国会開設請願運動　106, 288
国会開設請願書　106
国会開設の詔　107, 110, 286
国会開設の要求→自由民権運動
国会期成同盟　106, 110, 288
骨角器　28
国家公務員法　232, 238, 259
国家社会主義　202
国家主義　119, 152
国家神道　118
国家総動員法　210
国家地方警察　232, 247
国家仏教　336
国記　61
国共合作(第1次)　173
——(第2次)　209, 227
国共内戦　227
国共分裂　189, 211
コックス, リチャード　316
滑稽本　48, 49, 50
国権論　112, 113
コップ　205
古典研究　237, 354, 34, 35
古典古代　38, 325

古道　34, 321
後藤民山　350
後藤象二郎　406, 60, 85, 86, 97, 104, 110, 114, 127
後藤徳乗　281, 324
後藤又兵衛　320
後藤祐乗　236
後鳥羽上皇　138, 141, 161, 162, 188, 193, 404
小西行長　269, 277, 285, 286, 293, 294, 317, 387
五人(梨壺)　403
五人組制度　309
五人組帳　309
五人組帳前書　309
近衛家　145, 195
近衛三原則　211
近衛声明　211
近衛秀麿　184
近衛文麿　208, 213, 214, 217, 224
——内閣(第1次)　208, 210
——内閣(第2次)　212, 214, 216, 292
——内閣(第3次)　216
小早川隆景　281, 285
小早川秀秋　294, 295
小林一茶　49, 50
小林古径　184
小林多喜二　183, 205
小判　324
五品江戸廻送令　76, 80, 83
後深草天皇　195
五奉行　281, 293, 385, 403, 405
五風土記→風土記　92, 95
古墳　24, 32, 47, 54, 55, 56, 70, 362
古文辞学　348, 349, 32, 38, 43
古墳時代　24, 47, 50, 54, 56, 363
御分唐船　174
古墳文化　47
五賦　75
後北条氏→北条氏(後北条)
五榜の掲示　90, 119
枯木猿猴図　289
後堀河天皇　162, 163
小牧・長久手の戦い　277, 278, 280, 292

小松帯刀　84
後水尾天皇　305, 306, 389
コミンテルン　170, 191, 207, 339
コミンフォルム　227, 245, 250
コムアカデミー事件　215
後土上天皇　203, 206
小村寿太郎　129, 140, 142
米市場　228, 336
米将軍→徳川吉宗
米騒動　167, 168, 172, 178
小物成　303
古文書　297
御用絵師　236, 345, 356
御用金　23, 30, 44, 53, 56, 77, 90, 95
後陽成天皇　138, 278, 280, 289, 305, 346
五稜郭　89
五稜郭の戦い　89
御料　203, 209, 212
御霊信仰　257
後冷泉天皇　116, 124, 136, 137
コレジオ　265, 269
ゴローウニン　46, 67, 68
語録　207
コロボックル説　25
衣川　83
コロンブス　261
権現造　346
金光教　118
金剛座　209, 236, 402
金剛峯寺　109, 111, 133, 205, 282
——赤不動　111
——聖衆来迎図　133
金光明最勝王経　90, 93
金光明四天王護国寺→国分寺
金色夜叉　123
今昔物語集　118, 134, 148, 149
コンツェルン　148, 164, 204
健児　404
墾田　82, 87, 88, 111, 112, 117, 370
墾田永年私財法　82, 87, 88, 90, 111, 112, 370, 343
墾田地系荘園→自墾地系

432　索引

荘園
近藤重蔵　*45, 67*
金銅像　96, 371
金春座　*236,* 402
金春禅竹　*222, 236, 239*
根本領主→開発領主
困民党　*111*

さ

座　*171, 172, 228, 334*
西域物語→(せいいきものがたり)　*39*
歳役　*79, 368*
西園寺公望　*121, 136, 141, 150, 172, 208, 341*
── 内閣(第1次)　*149, 150*
── 内閣(第2次)　*150, 151, 159, 160*
西園寺家　195
西海道　*75, 151, 395, 403*
西鶴諸国ばなし　354
在華日本紡績同業会　189
在華紡　*165, 189*
西宮記　*122, 186*
西行　*180, 188, 189*
最近世　*324, 326*
再軍備　*212, 220, 242, 244, 247, 250, 252*
最恵国待遇　*73, 128, 129*
西光　146
最高裁判所　*106, 232*
在郷商人(在方商人)　*30, 45, 46, 53, 56, 57*
西郷隆盛　*57, 84, 89, 91, 93, 97, 103, 104, 136*
西郷従道　*99, 135*
在郷町(在方町)　*131, 46, 47, 53, 56*
西国巡礼　229
西国立志編　*121*
摧邪輪　185
採集　*21, 23, 26, 28, 29, 34, 315, 327*
祭政一致　*91, 118, 208*
財政窮乏(江戸幕府)　*301, 321, 322, 323, 23, 41, 42, 46, 58, 77, 62*
財政史　349
細石器　23
西大寺　*92, 93, 94, 185*
在地封建領主　*194, 201, 210, 215, 243, 244*

最澄　*85, 107, 108, 109*
在庁官人　*117, 119, 120, 141, 150*
斎藤氏　*248, 271*
斎藤龍興　*248, 273*
斎藤道三(秀龍)　*246, 247, 248*
斎藤実　*199, 203, 204, 206, 207*
── 内閣　*199, 203, 204, 206*
斎藤茂吉　155
西都原古墳群　50
済南事件　*190, 192*
財閥　*90, 109, 148, 164, 186, 194, 203, 204, 210, 223, 224, 334*
財閥解体　*62, 223, 224, 225, 226, 228*
催馬楽　148
サイパン島陥落　*218*
割符　229
在米日本人資産凍結　*216*
西芳寺庭園　235
斉明天皇→皇極天皇
西面の武士　161
済物浦条約　*112*
采覧異言　*351, 36*
左院　*92, 104, 105*
堺　*30, 102*
酒井田柿右衛門　346
酒井忠清　*299, 320*
酒井忠世　*294, 299*
堺伝授　238
堺利彦　*141, 149, 170, 181*
堺版　255
境部臣　61
堺紡績所　108
坂下門外の変　*80*
酒田　339
坂田藤十郎　355
嵯峨天皇　*101, 102, 104, 107, 108, 195*
坂座→金剛座
坂上田村麻呂　101
佐賀の乱　*103, 105*
佐賀藩　*71, 77*
坂本(近江)　*229, 253, 254*
── の馬借　225
坂本龍馬　*85, 129*
酒屋　*212, 225, 227, 229*
酒屋役　*212, 229*
主典　73
防人　*80, 86*
防人歌　*80, 96*

防人司　75
作人　*115, 116, 167, 168, 276, 283*
佐久間象山　*344, 306*
佐久間信盛　271
桜会　*199, 203*
佐倉惣五郎　*27*
桜田門外の変　*79, 80*
佐倉藩　*27*
鎖国　310
鎖国令→寛永の鎖国令
雑喉場の魚市　336
狭衣物語　131
指出　*275, 282*
猿島　121
佐世保　*266*
座銭　171
坐禅　*182, 183, 184*
左大臣　*65, 73, 104, 106, 122, 161, 78*
佐竹氏　*125, 247*
佐竹義和　*24*
沙汰人　201
定高仕法　319
殺害人→大犯三カ条
薩英戦争　*83*
雑戸　171
佐々成政　*271, 278, 280*
雑掌　115
雑訴決断所　198
薩長同盟　*85*
薩南学派　*256, 342*
札幌農学校　*119*
薩摩国　*84, 249*
薩摩藩　*312, 23, 57, 58, 72, 76, 78, 79, 82, 84, 89, 91*
薩摩焼　*288, 289*
茶道→侘茶
佐藤栄作　*258, 264, 274*
── 内閣　*254, 264, 266, 267, 268, 270*
佐藤・ニクソン会談　*267*
佐藤直方　*172*
佐藤信淵　*39, 54*
佐藤春夫　*183*
里長→(りちょう)
佐渡の金山　*253, 294, 101, 108*
里見弴　*182*
讃岐典侍日記　133
佐野常民　*70*
佐野学　*205*
左派社会党　*246, 253*
さび　*234, 290*
ザビエル, フランシスコ　*264, 265*

左弁官　74
侍　*120, 307*
侍所　*153, 160, 167, 199, 211*
座役　176
更科紀行　353
更級日記　132
猿楽　*208, 221, 235, 322*
猿簑　353
沢宣嘉　*82*
讃(倭王)　*44, 402*
三・一運動　*168*
三・一五事件　*191, 192*
山陰道　*151, 395, 403*
三貨　401
三槐　401
三戒壇　*94, 401*
散楽　208
山岳仏教　*108, 111*
山家集　*188, 189*
三月事件　*196, 199, 203*
三関　402
三韓　*40, 43, 401*
三管領　*211, 231, 401*
参議　*102, 91, 104, 105, 116*
参議院　*232, 258*
── 選挙(第1回)　*235, 255, 258*
三奇人(寛政)　402
三鏡　*148, 207, 412*
三卿　*402, 22*
産業革命(第1次)　*64, 132, 317, 328, 334, 339*
── (第2次)　146
三経義疏　*61, 63, 365*
産業史　303
産業資本　*64, 138, 328*
産業資本家　*47, 64, 134, 330, 339*
産業動員体制　210
産業都市　339
産業の合理化　*193, 263*
産業の発達(近代以前)　*82, 170, 226, 329*
散切物　*125*
参勤交代　*296, 301, 324, 326, 339, 23, 81*
山家学生式　109
三教指帰　109
三国干渉　*131*
三国協商　144
三国志　40
三国時代　*40, 361*
三国通覧図説　*39*
三国同盟(独墺伊)　*144, 161, 174, 212, 292*

索引　433

三国同盟→日独伊三国軍事同盟
三斎市 228
三従 350
三十三間堂→蓮華王院本堂
32年テーゼ 339
三条実美 74
三条天皇 136
三条西実隆 237
三食 352
三職 89, 283
三新法 106
山水画 221
山水長巻 236
三世一身法 82, 88, 370
三跡(蹟) 133, 402
山川藪沢→原野
三草 331
三蔵→(みつのくら)
散村 167, 223
三代格式 102
三大事件建白 114
三代実録→日本三代実録
三代集 402
三津 352
三都 332, 339, 351, 402, 29, 40, 44, 58
算道 94, 107, 402
山東京伝 42, 48, 50
三島砂糖惣買入れ 58
山東出兵 188, 192
山東省 85, 131, 139, 161, 174, 189
山東鉄道 161
山東半島→山東省
三度飛脚 329
山王神道 185
三博士→寛政の三博士
三筆 108, 402
サン＝フェリペ号事件 311
三奉行(江戸幕府) 298, 402, 19
サンフランシスコ会議(連合国) 220
サンフランシスコ講和会議 244
サンフランシスコ講和条約 244
サンフランシスコ体制 241
産別→全日本産業別労働組合会議
三浦 213, 258, 402
参謀本部 116
讒謗律 105
三浦の乱 258

サンミゲル 314
三民主義 145
山門派 109
三役→村方三役
参与 72, 89, 283
山陽道 83
参予会議 83
蚕卵紙 76
三流 402
三論宗 94

し

司→(つかさ)
死(刑) 80, 81, 402
寺院法度→諸宗諸本山法度
紫雲寺潟 20, 22
自衛隊 246, 253, 263, 269
GHQ 222, 225, 237
シェークスピア 123, 184
紫衣事件 306, 388
ジェスイット会→イエズス会
四衛府 402
慈円 180, 187, 299, 326
信覚 84
志賀潔 153
史学雑誌 302
慈覚大師→円仁
四カ国条約 174, 179
志賀重昂 152
地方三役→村方三役
私学校(鹿児島) 104, 120
志賀直哉 182
志賀島 39, 360
直播き 34
紫香楽宮 90, 371, 343
しがらみ草紙 154
地借 308, 310
士官学校事件 206
只管打坐 183
式 102
職(律令官司) 74
式(荘園得分) 282
史記 95, 326
敷石式住居→平地式住居
式家→藤原式家
私擬憲法 107
直 357
信貴山縁起絵巻 149
直臣 155, 218, 231, 281, 307
式亭三馬 49
職田 72, 76, 78, 87, 111

食封 68, 75, 368
式部省 74
式目追加 165, 209
四家→藤原四家
地下請 224, 381
地下人 172
重野安繹 302
四公六民 303, 19, 22
時刻 394
四国巡礼→西国巡礼
四国征伐 276
四国地方 249
四国連合艦隊下関砲撃 83
自墾地系荘園 112
四座→大和四座
自作農創設特別措置法 225
地侍→国人
鹿ヶ谷事件 146
四職 402
時事新報 121
地子銭 78, 168, 229, 310, 374
資治通鑑 346
史思明の乱 127
寺社 78, 79, 87, 112, 139, 197, 208, 298, 304, 305
寺社奉行 298, 402
時宗 182, 234, 238
時習館 347, 406
私塾 321, 343, 347
四種三昧 109
四書 402
四条河原 352
慈照寺→東山山荘, 銀閣
四条派 52, 157
地震研究所 181
紫宸殿 118
私出挙→出挙
静岡事件 111
賤ヶ岳の戦い 276, 280
閑谷学校→花畠教場
氏姓制度 51, 59, 66, 71, 334
市制・町村制 116
支石墓 37
使節遵行 215, 381
自然経済 315, 324, 327, 329
自然主義 153, 181
自然神 35
自然崇拝→ナチュリズム
士族 93, 95, 97, 100, 102, 285
氏族 36, 51, 103, 108,

122
士族授産 103
士族の商法 103
士族の反乱 103
士族民権 105
四大師 402
四大人 402
事大党 112
時代物 355
下地管理権 158, 169
下地中分 170, 220
師団 116, 151, 159, 162, 263
七去 350
七卿落ち 406, 82
自治体警察 232, 235, 247
七大寺→南都七大寺
七道 75, 395, 403
7博士意見書→東大7博士
七分金積立 42
質屋 172, 212, 325, 337
四注造→寄棟造
慈鎮→慈円
実学 349, 20, 22, 36, 70
——奨励 20, 22, 36
漆器 230, 267, 288, 319, 334
志筑忠雄 37
実業学校令 119
十訓抄 189
執権 160, 164, 165, 166, 175, 179
執権政治 163, 164, 166, 179
実語教 237, 347
十刹 207
執事 153, 203, 207, 211, 217, 248
質地地主 26
実如 245
十返舎一九 49
仕丁 80, 367
次丁 79, 368
幣原外交→協調外交
幣原喜重郎 175, 178, 189, 193, 195
——内閣 222
賜田 76, 78
寺田 78, 87, 111
自転車 179
四天王寺 61, 149
四堂(大学寮) 107, 402
地頭 146, 153, 158, 159, 163, 169, 170, 194, 304

434 索引

地頭請　170, 381
四等官　73, 402
地頭職　158, 163, 169
自動車　180, 263, 269
四道将軍　46
持統天皇　67, 69, 74, 95
私度僧　87
シドッチ　351, 36
寺内町　253, 340
品川　326, 339, 77
品川硝子製造所　101
品川弥二郎　130
支那事変→日中戦争
品部(雑色)　52, 66, 171, 368
シナントロプスペキネンシス→北京原人
地主→寄生地主
私奴婢　75
自然真営道　39
士農工商　306
志野焼　288
司馬光　326
司馬江漢　37, 52
斯波氏　231, 248, 270
司馬遷　95, 326
柴田勝家　271, 273, 276, 279, 282, 386
柴田鳩翁　34
司馬達等　63
柴野栗山　402
斯波義廉　232
斯波義敏　232
斯波義将　204
支払猶予令　188
師範学校令　119
地曳網　171, 331
紫微中台　91
渋川春海　350
渋沢栄一　102
治部省　403
紙幣整理→不換紙幣の整理
シベリア出兵　166
司法　80, 102, 198, 298, 310, 90, 117, 232
司法省　106
四木　331
シーボルト　69
――事件　70
資本主義　30, 263
資本の自由化　263
資本の輸出　164
島井宗室　257, 277, 290
島国　38, 316, 323
島崎藤村　154
島地黙雷　152
島津家久　312

島津氏　203, 249, 254, 256, 259, 262, 267
島津重豪　58
島津貴久　247, 249
島津忠義　80
島津斉彬　406, 57, 74, 78
島津斉興　57, 58
島津久光　79
島津義久　249, 278, 280
島津義弘　249, 285
島田　90, 100
島原の乱　317, 27
島村抱月　156, 184
持明院統　195, 202, 205
四民→士農工商
市民階級　64
市民革命　64, 338
市民社会　64, 153, 180
四民平等　93, 152
シーメンス事件　160
下河辺長流　354
下田(伊豆)　73, 281
霜月騒動　179
下関　254, 258, 328, 339, 58, 59, 83, 85
下関事件→四国連合艦隊下関砲撃
下関条約　131, 291
下村観山　156, 184
下山事件　240
寺門　109
シャウプ税制改革勧告　238
釈迦　57
社会構成体　337
社会主義　136, 149, 170, 180, 201, 203
――運動　137, 138, 149, 166, 170, 175, 191, 221
――の会　310
――的生産様式　329
社会主義協会　138
社会主義研究会　138
社会小説　154
社会大衆党　206, 208, 210, 214
車会党　137
社会党→日本社会党
社会民衆党　240
社会民主主義　138
社会民主党　138
借知(借上,かりあげ)　23
釈日本紀　186
奢侈禁止令　56
写実主義　52

奢侈品　32, 54, 319, 328
車借　229
捨身飼虎図→法隆寺玉虫厨子捨身飼虎図
写生画　48, 52
沙石集　189
社倉　42
蛇皮線　290
シャーマニズム　36, 148
シャーマン　40, 362
三味線　290, 345
シャム→アユタヤ
洒落本　42
ジャワ原人　20
上海事変　199
朱印状　284, 313, 316
朱印船　270, 285, 313
朱印船制度　285, 311
周　154
十一月事件→士官学校事件
拾遺和歌集　402
周恩来　209, 250, 268
集会及政社法　129, 136
集会条例　106
重化学工業　204, 243, 263
十月革命　165, 325
十月事件　199, 203, 206
衆議院　117, 129, 150, 177, 191, 232, 235, 238, 252, 256, 258, 262, 266
集議院　91
衆議院議員選挙法　136
宗教一揆　245
宗教改革　184, 263
自由競争　64, 328
重慶　131, 211
自由劇場　156, 184
私有財産制　335
十七条憲法→憲法十七条
宗旨人別帳　317
十住心論　109
自由主義思想　104, 120
重商主義　38, 64
自由新聞　120
集成館　406, 57, 77
自由制限撤廃指令　222
愁訴　223, 225
集村　223
住宅不足　269
集団疎開　219
集中生産方式　239
自由党(民権)　357, 406, 110, 120, 129, 134
――(立憲)→立憲自由党

――(戦後)　357, 223, 229, 235, 237, 244, 252
――の激発　111
自由都市　254
十二単　128
十人両替　325, 278
自由之理　121
周文　221
十便十宜図帳　52
自由民権運動　104, 106, 110, 112, 114
自由民主党　253, 272
宗門改　317
宗門改帳→宗旨人別帳
宗門改役　317
集約農業　315
修猷館　347
重要産業統制法　194
儒学→儒教
修学院離宮　345
樹下美人図→東大寺正倉院樹下美人図
朱熹　186, 342
儒教　57, 80, 107, 186, 342, 347, 32, 33, 337
粛軍　207
宿場(宿駅)　253, 303, 327
宿場町　253, 339
綜芸種智院　109
主権在民　107, 231
朱元璋　213
修験道　185
守護　153, 158, 179, 180, 198, 209, 210, 304
手工業　53, 76, 171, 227, 333, 339
手工業者　171, 228, 250, 263, 333, 339, 328
守護請　170, 220, 249
守護代　175, 218, 231, 246, 248, 270
守護大名　210, 215, 223, 233, 244, 249, 335
守護段銭　216, 249
守護被官　223, 233, 243, 249
守護役　162, 216
守護領国　215
准三后　204, 210, 382
朱子学　186, 206, 342, 346, 32, 43, 70, 306, 319, 337
主従関係　120, 121, 126, 127, 141, 153, 155, 215, 307

索　引　435

呪術　26, 28, 29, 31, 35, 40, 49, 58, 181, *321*
朱舜水　346
修善寺　160
酒造業　212, 227, 334, 338, *47*
シュタイン　115, *289*
出定後語　*39*
出世景清　355
出版条例　*105*, *121*
種痘　*81*
朱徳　*209*
ジュネーブ会議　*179*, *250*
──（軍縮）　*192*, *195*
──（インドシナ）　*249*
──（巨頭）　*250*
ジュネーブ協定→インドシナ休戦協定
寿福寺　207
聚楽第　278, 280, 288
首里　259
狩猟　20, 23, 26, 28, 34, *315*, *327*
春屋妙葩　206
俊寛　146
春慶塗　334
殉死　320
春秋・戦国時代　30
俊芿　185
俊乗坊→重源
春色梅児誉美　*49*
順徳天皇　186
淳仁天皇　91
春陽会　*184*
叙位除目抄　137
書院造　190, 235, 257, *345*
書院番　298
荘（庄）　111
証　130
杖　*80*
判官　73, 193
攘夷決行　*82*
攘夷論　*74*, *78*
貞永式目→御成敗式目
荘園　111, 117, 123, 137, 139, 144, 159, 163, 201, 219, 233, 244
──侵害　168, 178, 210, 215, 220, 223, 233, 249
──制度　72, 112, 167, 169, 220, *96*, *334*
──整理令　106, 116, 137
──領主　215, 139, 146,

159, 218, 220, 223, 233, 249, 275
上円下方墳　47
蒋介石　188, *189*, *190*, *196*, *197*, *209*, *219*
城郭　287, 288, 289
奨学院　108
小学唱歌　*125*
松下村塾　78
小学校　*94*, *120*
小学校令　*119*
城下町　250, 253, 256, 297, 339
──集住　284
荘官　115, 141, 158, 167, 169, 172
貞観格式　102
彰義隊　*89*
承久の乱　138, 159, 161, 163, 164, 165, 169, 187, 195, *341*
商業史　171, 228, 334
商業資本家　*64*
商業的農業　330, 351, *17*, *22*, *27*, *46*, *47*, *56*
貞享暦　350
上局　*90*
松琴亭→桂離宮
上宮聖徳法王帝説　58
将軍→征夷大将軍
将軍継嗣問題　*74*
将軍後見職　*80*
定慶　191
貞慶　185
上皇　101, 136, 137, 138, 139, 140, 142, 143, 161, 162, 210, 216, *44*
成功　118, 119, 137, 140
彰考館　346, 347
相国寺　207, 221, 342
小国家→原始小国家
正作　167
上座部仏教　58
尚氏（第二）　259
荘司　373
尚歯会　71
──事件→蛮社の獄
商事会社　*148*
障子紙　334
成実宗　94, 403
漳州　259, 262
尚尋　128
尚真王　259
上水　340
称制　68, 70
招婿婚　131
小説神髄　*122*

常設店舗　172, 228
小選挙区制　*170*
正倉院→東大寺正倉院
醸造業　227, 334, 338, *47*
城代　299
樵談治要　234
浄智寺　207, 403
正中の変　197, 207
定朝　133
正長の土一揆→土一揆（正長）
上知令→（あげちれい）
少丁→中男
乗　78, 82, 87, 374
賞典禄　*102*
浄土教→浄土思想
正徳金銀　323
正徳新令→海舶互市新令
聖徳太子→厩戸王
称徳天皇→孝謙天皇
正徳の治　319, 322, 347, 351, 392
浄土寺浄土堂　190
浄土思想　109, 129, 133, 147, 180, 191
浄土宗　148, 182, 184, 185, 206, 234, 238, 245, 254, 305
浄土真宗　182, 184, 206, 238, 245, 254, 305, *336*
少納言　73
証如　246
商人　172, 184, 214, 228, 251, 253, 258, 275, 282, 334, 336, 338, 382, *21*, *23*, *29*, *40*, *44*, *45*, *53*, *54*, *58*, *76*, *278*, *279*, *328*
──の分化　335
常任理事国　*173*, *222*, *261*
少年遣欧使節→天正遣欧少年使節
小農経営　302
小農分離　284, 338, *22*
肖柏　238, 257
尚巴志　259
常備軍　281, 282, *64*, *81*
商品作物　227, 310, 331, 333, *20*, *46*
商品流通　172, 228, 253, 324, 331, *29*, *38*, *46*, *96*, *328*, *346*
蕉風（正風）　237, 257, 353
正風連歌　237, 257

障壁画（障屏画）　287, 288, 289
昌平学校　*94*
昌平黌　321, 343, 347, *33*, *42*, *43*, *277*
昌平坂学問所　343, 347, *42*, *43*, *94*
承平・天慶の乱　106, 120
正法眼蔵　183
正法眼蔵随聞記　183
商法司　*101*
条坊制　82
正法・像法・末法→末法思想
勝鬘経義疏→三経義疏
称名寺→金沢文庫
浄妙寺　207, 403
荘民　115, 116
聖武天皇　397, 404
定免法　303, *20*, *21*, *22*, *25*
蕉門→蕉風
将門記　121, 148
縄文式土器　26, 27, 31
縄文時代　26, 27
──の集落　26, 27
縄文時代人　25, 26
縄文文化　22, 26, 28, 30
庄屋　250, 298, 309, *42*
条約改正　407, *96*, *113*, *127*
──会議　*113*
──交渉　*98*, *113*, *127*, *130*, *353*
条約勅許　*74*, *78*, *84*
──問題　*74*, *78*
庄屋仕立て　298
醤油　334
小右記　123
条理学　*38*
条里制　77
秤量貨幣→（ひょうりょうかへい）
性霊集　108
生類憐み令　405
浄瑠璃　193, 258, 290, 345, 352, 354, *51*
青蓮院流　192
昭和維新　*206*
松隈内閣　*134*
昭和電工疑獄事件　*237*, *238*
承和の変　104, 404
女学雑誌　*121*
初期議会　*129*, *134*
初期荘園　100, 112
初期対日方針　*222*

蜀　40
職業紹介法　*175*
職業的結合　*330, 334*
職業別組合　*137*
職原抄　*206*
殖産興業　*268, 406, 20, 29, 94, 97, 100, 284, 334*
蜀山人→大田南畝
続日本紀　*370, 403*
続日本後紀　*403*
職人　*251, 253, 310, 339*
職人尽図　*289*
織豊政権　*241, 242, 243, 253, 257, 270, 287*
織豊取立て大名　*300*
食糧危機　*218, 228*
女工哀史　*180*
所司　*160, 211*
庶子　*157, 178, 194, 217, 232*
所司代→京都所司代
女子挺身隊　*218*
所従　*116, 155, 167, 168, 169, 194, 201, 225, 333*
諸宗諸本山法度　*305*
女真人　*127*
書生芝居　*156*
如拙　*221*
諸隊　*83*
職工義友会　*137*
職工事情　*137*
書道(大学)　*94, 108, 109, 133, 192*
初唐文化　*18, 70, 346*
所得税　*118*
庶物類纂　*349, 350*
所務沙汰　*157, 166, 167*
所務の相論　*215*
舒明天皇　*65*
女流文学　*110, 131*
ジョンソン, リンドン　*260, 261, 266*
白井喬二　*183*
白糸→生糸
白糸割符→糸割符
白樺　*61*
白樺派　*181, 182, 183*
白河法皇　*139, 140, 141, 145*
白河楽翁→松平定信
新羅　*43, 44, 52, 55, 59, 61, 64, 67, 71, 84, 86, 91, 127*
白鷺城→姫路城
白鳥庫吉　*180*
白旗一揆　*219*

芝蘭堂　*37*
私立学校　*108, 120*
史料　*296, 302, 303*
史料批判　*95, 297, 303, 304*
史料編纂所　*326*
城割　*282, 284*
志波城　*404*
晋　*40, 44, 127*
清　*318, 319, 66, 97, 98, 112, 127, 130, 131, 138, 139, 143*
讖緯思想　*47*
新円切り換え　*229*
新恩給付　*155, 156*
辛亥革命　*16, 14*
塵芥集　*241, 251*
新海竹太郎　*157*
心学(石門)　*33, 34, 322*
新貨条例　*100, 102, 132*
進化論→生存競争
辰韓　*40, 43, 401*
新感覚派　*181, 183*
新カント学派　*180*
神祇官　*71, 73, 401, 403, 91, 92, 118*
神祇省　*92, 118*
新儀商人(新座)　*228, 253*
成吉思汗　*173*
新教→キリスト教(新教)
新教育委員会法　*247, 254*
慎機論　*71*
親魏倭王　*40*
神功皇后　*111*
神宮寺　*131*
新劇　*156, 157, 184*
信玄家法　*251, 384, 405*
人権新説　*121*
人権スト　*248*
人工衛星　*63, 250, 274*
塵劫記　*350*
新興財閥　*164, 186, 187, 204*
新古今和歌集　*188*
新国劇　*184*
神国思想　*177, 206*
深刻小説　*154*
神護寺　*111*
――薬師如来像　*111*
――両界曼荼羅　*111*
壬午事変　*112, 127*
真言宗　*107, 108, 109, 185*
新座→新儀商人
震災手形　*177, 187*
――損失補償公債法案

187
――割引損失補償令　*177*
人材登用　*61, 18, 22, 57, 59, 73, 320, 335*
新四軍　*227*
シンジケート　*148, 150, 193*
新思潮　*182*
新思潮派　*181, 182, 183*
神社神道→国家神道
浸種　*226*
真宗→浄土真宗
心中天網島　*355*
真珠湾攻撃　*217*
晋書倭人伝　*41, 46*
新人　*21, 23*
新人会　*168, 170*
壬申戸籍　*158, 171*
壬申の乱　*68, 69, 84, 96, 394, 404*
薪水給与令　*54, 56*
信西→藤原通憲
新生代　*20*
真政大意　*121*
新石器時代　*23, 24, 26, 30*
新撰組　*81, 82*
新撰姓氏録　*52*
新撰菟玖波集　*237, 257*
心即理　*344*
新体詩抄　*123*
新体制運動　*213*
真鍮四文銭　*31*
神田　*78, 87, 111*
新田開発　*226, 252, 302, 329, 338, 19, 26, 32, 55, 276*
新田地主　*26*
伸展葬　*37*
寝殿造　*128, 133, 221, 235*
神道五部書　*186*
神内　*51*
沈南蘋　*52*
新日本製鉄　*265*
神人　*36*
新皇　*121*
親王将軍　*161, 167*
神皇正統記　*200, 206, 380, 321*
陣定　*118*
新派劇　*156*
親藩　*246, 294, 298, 307*
神風連の乱　*103*
新婦人協会　*171*
新物価体系　*235*
神仏習合　*93, 111, 131,*

185
人物埴輪→形象埴輪
神仏分離　*118*
新聞　*120*
新聞紙条例　*105, 121*
新編追加　*165*
新補地頭　*163, 169*
進歩党　*134, 229, 232*
新補率法　*163*
神本仏迹→逆本地垂迹説
新町紡績所　*109*
新見正興　*282*
人民戦線　*210*
人民戦線事件　*210*
神武景気　*253, 255, 257, 263*
神武創業　*88*
神武天皇　*24, 45, 346*
神明造　*55*
陣屋　*300*
新薬師寺十二神将像　*97*
新葉和歌集　*208*
親鸞　*182, 238, 378*
人力車　*93, 137, 179*
新理想主義哲学→新カント学派
新理知主義派→新思潮派
新律綱領　*117*
人類　*20*
人類学　*25*
神話→日本神話
神話学　*25*
新和様→折衷様

す

徒　*80*
隋　*61, 64*
綏遠事件　*209*
垂加神道　*343, 40*
水干　*128*
水銀汚染　*269*
瑞渓周鳳　*382*
出挙　*79, 86, 99, 102, 118, 368, 372*
推古天皇　*47, 56, 60, 62, 95*
水産業→漁業
水車　*170, 226*
水上交通　*229, 324, 327, 328, 337, 45, 56*
隋書倭国伝　*62, 366*
水素爆弾　*234, 249*
水道　*179, 269*
水稲耕作→稲作
杉原紙　*227*
水平社→全国水平社
水墨画　*174, 209, 221, 236, 288*

スウェーデン　*37, 98*
枢軸国(独墺伊)　*161*
──(日独伊)　*217*
崇伝(金地院)　294, 306, 315
枢密院　114, 116, 128, *136, 141, 187, 189, 192, 195*, 288
須恵器　50
末次平蔵　313
陶晴賢　247, 249
末広鉄腸　*123*
陶部　50, 53, 56
末吉孫左衛門　313
スカルノ　*200*
菅原氏　*107*
菅原伝授手習鑑　*51*
菅原孝標女　*132*
菅原道真　85, 105, 106, 108, 128, 404, *419*
犂(鋤)　*226*
杉浦重剛　*152*
杉田玄白　*33, 36, 37*
数寄屋造　345
須玖遺跡　*31*
須玖式土器　*32*
宿禰　*69*
村主　*52*
スクレーパー　*20*
次官　73, *92, 136, 189*, 245
助郷　303, 327, *42*
朱雀大路　*82*
崇峻天皇　*60*
調所広郷　*58*
崇神天皇　*42, 46*
鈴木梅太郎　*153*
鈴木貫太郎内閣　220, *222*
鈴木商店　*187, 189*
薄田泣菫　*155*
鈴木春信　*48, 51*
鈴木文治　*168, 191*
鈴木三重吉　*183*
鈴木茂三郎　*215, 253*
鈴契　*166*
隅田八幡宮人物画像鏡銘　*28*
スターリン　*219, 249*
スターリン批判　*250, 260, 356*
スト規制法　*247*
崇徳上皇　*142*
ストックホルム=アピール　*244, 249*
ストライキ　*137, 168, 185, 200, 228, 230, 237, 248*

砂川闘争　253
墨股城　279
スバル　*155, 182*
周布政之助　*58*
スペイン→イスパニア
スマイルズ　*121*
墨摺絵　355
スミソニアン体制　*261*
住友(財閥)　*148, 164, 186, 188, 224*
住友合資会社　*148, 164*
角倉了以　294, 313, 328
住吉具慶　356
住吉社造営船　*174*
住吉如慶　356
住吉派　356
天皇　*42*
受領　118, 140, 145, 150
受領層　*136, 139*
駿府(静岡)　254, 292, 294, 297, 300

せ

畝　*283*
世阿弥元清　209, 222, 234, 236, 258
済　*44*
西安事件　*209*
西域物語　*39*
征夷大将軍　101, 152, 154, 155, 156, 198, 202, 209, 276, 294, 307, *88*
正院　*92*
製塩業　227, 332
生活文化　*234, 334*
征韓論　406, *61, 95, 96, 97, 98, 99, 102, 104, 127*
政教社　*127, 152*
清教徒革命　*65*
聖教要録　348
西軍(応仁の乱)　232, 233
──(関ヶ原の戦い)　293, 294
制限選挙　*118*
生口　*39*
生産経済　*23, 30, 38, 315, 325, 328, 329, 330, 333*
生産性向上運動　*253, 254*
生産物地代→現物負担
生産力　*38, 310, 325*
製糸業(生糸)　*125, 147*
製紙業　227, 334
政治形態　112, 122, 138,

139, 150, *64, 65*
政治結社(政社)　*104, 171*
政治集会　106, *171*, 288
政治小説　*122, 123*
政事総裁職　*80, 81, 82*
政治体制　19, *157, 271, 87, 92, 94, 201*
政商　100, *107, 109, 148*
清少納言　*132, 133*
征西将軍　203, 213
生存競争　*121*
西太后　*130, 139*
政体書　*90*
征台の役　*99*
政談　349, *171*
政談演説会→政治集会
正丁　*79, 99*
製鉄業　*146, 163, 234*
青鞜　*171*
聖堂→昌平黌
青銅器　29, 30, 32
青銅器時代　30
製陶業　50, 228, 287, 334
青鞜社　*171*
政党内閣　407, *135, 168, 170, 177, 198, 232*
制度取調局　*115, 286*
西南諸islands　84
西南戦争　*103, 106, 108, 129*
西南雄藩　*76, 87*
成文法　61, 164, 365
薺浦(乃而浦)→三浦
聖明王　*58*
政友会→立憲政友会
政友倶楽部　*160*
政友本党　*177, 191*
西洋音楽→洋楽
西洋画→洋画
西洋紀聞　324, 351, *36, 342*
西洋事情　350, *71, 121, 342*
西洋道中膝栗毛　*123*
政略結婚　251
清良記　349
精霊信仰→アニミズム
清和源氏　120, 122, 125, *127, 141, 144, 147, 151, 153, 160, 180, 202, 205*
清和天皇　102, 104, 107
世界銀行　*247*
世界大恐慌　*194*

世界大戦(第一次)　*142, 145, 159, 163, 165, 172, 180, 195, 201*, 299
──(第二次)　*207, 212, 216, 219, 221, 233, 262, 312, 317*
関ヶ原の戦い　256, 293, 298, 300, 304, 324, 405, *58, 299*
石榔→石室
石室　49, 55
関所　212, 230, 232, 327, 368, *93*
──の撤廃　253, 272, 275, 283
石刃→ブレイド
石錘　*28*
関銭　171, 212, 216, 230
石槍　*28*
石鏃　*28*
関孝和　350
石炭　333, *66, 73, 126, 133, 146, 161, 164, 234, 255, 259, 270, 281*
石匙　*28*
石斧　*28*
石門心学→心学
石油　82, *150, 187, 216, 259, 263, 269*
赤瀾会　*171*
石塁→石築地
世間子息気質　354
西南戦争　*103, 106, 108, 129*
世間胸算用　354
世尊寺流　*133, 192*
世帯共同体　*27*
絶海中津　*207*
石棺　49
摂関家　115, 122, 128, 130, 137, 145, 154, *195*, 305, 373
摂関政治　117, 122, 128, 136, 146, 150, 374
石器　*20*
積極外交→強硬外交
摂家将軍　161, 166
浙江財閥　*189*
雪舟(等楊)　215, 235, 256, 288
摂政　60, 104, 122, 124, 138, 145, 160, 195, 198, 374, 401, 403, *88, 177*
絶対主義　*64, 87, 159, 314*
折衷学　*32, 33, 43*
雪中梅　*123*

折衷様　190
摂津職　75
Z項　153
設備投資　*248, 253, 263*
摂理思想　265
説話文学　*110, 148, 189*
旋頭歌　*71, 96*
瀬戸内海　*42, 142, 145, 171, 227, 254, 277, 328, 331, 26, 114*
瀬戸焼　*192, 228, 334*
銭座　324
銭両替　325
セポイの乱　*67*
セミナリオ　*265, 269, 276*
施薬院　*91, 94*
世話物　355
繊維工業　*132, 147, 164*
仙覚　186
全学連→全日本学生自治会総連合
前漢→漢
戦記文学→軍記物
宣教師→キリスト教宣教師
宣教師(明治政府)　118
宣教師追放令→キリスト教宣教師追放令
選挙干渉　*129, 191*
選挙法→衆議院議員選挙法
前九年合戦　*126, 149*
善光寺　*254, 339*
戦後恐慌　*164, 169, 174, 186*
戦国家法　*165, 250, 252*
戦国時代　243
──の文化　255
戦国時代(中国)　30
全国水平社　171
戦国大名　*165, 223, 243, 246, 267, 270, 282, 292, 300, 320, 58, 335*
全国の商品流通　*324, 331*
全国統一　*251, 270, 277, 279, 282, 285, 287, 293, 90*
千石簁　330
全国普選期成連合会　168
全国労働組合連絡協議会　235
先史時代　*297*
戦時補償　*228, 234*
宣旨桝→延久の宣旨桝
千字文　56

泉州　*259, 262*
禅宗　*174, 182, 189, 192, 206, 221, 234, 238, 341, 317*
専修寺派(高田派)　238
千住製絨所　*101*
専修念仏　*147, 182*
前縄文文化→先土器文化
漸次立憲政体樹立の詔　105
洗心洞　*53*
撰銭令→(えりぜにれい)
戦争犯罪人　*220, 223, 224*
戦争放棄　*179, 231*
仙台　*336, 339, 39*
全体主義→ファシズム
選択本願念仏集　148
船中八策　*85*
尖底深鉢　27
漸道　50
尖頭器→ポイント
宣統帝→溥儀
先土器文化　*22, 25*
宣徳通宝　229
全日本学生自治会総連合　*244, 246, 249, 253, 255, 258, 267*
全日本産業別労働組合会議(産別)　230
全日本労働組合会議(全労)　*242, 248*
銭納　*172, 229*
善の研究　*180*
千利休　*255, 257, 277, 281, 290*
専売制　*24, 27, 30, 57*
千歯扱き　330
戦犯→戦争犯罪人
前方後円墳　47
宣明暦　350
賤民　*75, 80, 208, 234, 306, 32, 334*
全面講和運動　244
扇面古写経　149
専門学校令　*119*
戦略兵器制限条約　*262*
川柳　*48*
染料　*171, 213, 227, 331*

そ

租　*66, 72, 75, 82, 86, 100, 102, 113, 123, 140, 145*
祖阿　214
宋(南朝)　*44, 56*
宋　*127, 145, 173, 183, 185, 189, 206, 213,*

342, 317, 319
惣　*208, 223, 224, 244, 283, 308*
相阿弥　234
早雲寺殿廿一箇条　251
創価学会　265
宋学→朱子学
創学校啓　*35*
草がな→平がな
宗祇　*237, 255, 257*
操業短縮　*126*
僧形八幡像　*131, 191*
雑戸→(ざっこ)
相互防衛援助協定→MSA協定
総裁　*89, 136, 141, 150, 160, 162, 168, 186, 191, 193, 223, 229, 237, 252, 272*
宗氏　*213, 258, 285, 301, 311*
蔵志　350
造士館　347
雑色　*76, 171*
壮士芝居　*156*
宋書夷蛮伝倭国　*44, 364*
装飾画　*341, 345, 355*
装飾古墳　*51*
装飾彫刻　288
宗砲　237
増税(近代)　*150, 218, 273*
宋銭　*145, 172, 174, 228, 317, 333*
造船　*85, 270, 71, 73, 100, 102, 109, 133, 146, 149, 163*
造船疑獄　*252*
造船奨励法　*147*
惣村→惣
宗長　257
曹洞宗　*182, 239*
総評→日本労働組合総評議会
僧兵　*139, 147, 161, 197*
僧旻　*65, 67*
草木灰　*170, 226, 330*
雑徭免系荘園　*114*
雑徭　*76, 78, 86, 91, 99, 118*
宗義調　285
宗義智　285
惣領　*156, 166, 169, 178, 194, 201, 217, 231, 334*
惣領制　*157, 178*
惣領(嫡子)単独相続

178, 231
副島種臣　*89, 97, 98, 99, 104*
蘇我氏　*52, 55, 58, 64, 67*
蘇我赤兄　*67*
蘇我稲目　59
蘇我入鹿　*65, 67*
蘇我馬子　*59, 60, 62*
蘇我蝦夷　*61, 64*
蘇我倉山田石川麻呂　65
曽我物語　237
即興詩人　*155*
側近政治　*82, 99, 322, 344*
則闕の官　74
束帯　128
続本朝往生伝　148
祖国光復会　*198*
ソーシャル＝ダンピング　195
租借地(租界)　*132, 138, 142, 161*
租税増徴(江戸時代)→年貢増徴
祖先神　*36, 54*
塑像　97
師升　39
卒族　*93*
曽根崎心中　355
側用人　*298, 321, 405, 28*
側用人政治　*320, 17, 28*
ソビエト　*165, 200, 212, 216, 217, 219, 220, 221, 226, 233, 243, 249, 254, 259, 260*
──対日参戦　*219*
徂徠学→古文辞学
SALT→戦略兵器制限条約
ソ連→ソビエト
そろばん　*347, 350*
尊雲法親王→護良親王
尊円法親王　*192*
尊快法親王　*161*
尊号一件　*44*
尊王思想　*347, 34, 40*
尊王攘夷運動　*200, 77, 81*
孫文　*145, 173, 188*

た

大安寺　*94, 403*
第一銀行　*188*
第一勧業銀行　*265*
第1問水期　*20*
第一国立銀行　*100, 102*

索引　439

第一次護憲運動→護憲運動(第一次)
第一次世界大戦→世界大戦(第一次)
大院君 97, 112
対華二十一カ条要求 161, 165, 173, 179
大学(古代) 94
大学運営臨時措置法 267
大覚寺統 195, 200, 202, 205, 219, 401
大学東校 94
大学南校 94
大学頭 321, 343, 43
大学別曹 108
大学本校 94, 120
大学寮 402
大学校 94
大化改新 60, 70, 103, 317, 335
大化改新の詔 66, 366, 350
代官 297, 299, 300, 320, 17
大韓国 139, 141, 143
代官所 300, 326, 18, 27
代官見立新田 329, 22
大韓民国 233, 242, 266
大気汚染 269
大義名分論 186, 196, 201, 342
大逆事件 149, 160
大教宣布の詔 118
大君 69, 323
太閤 281
太閤検地 112, 155, 282, 302, 96, 333, 338
大極殿 118
醍醐天皇 102, 106, 110, 116, 122, 136, 207
醍醐の花見 286
第五福龍丸 249
太師 91
対支政策綱領 189
大社造 54
大衆社会 273
大衆文学 182, 183
大乗戒壇 109
太政官(古代) 73
大正政変 406, 159
太政大臣 68, 73, 91, 104, 145, 146, 210, 277, 280, 401, 406
太政大臣禅師 74, 92
大正デモクラシー 165, 178, 180, 196
大正天皇 159, 177

太上天皇→上皇
大乗仏教 58
大人 41, 49
大審院 105, 113, 128, 232
大勢三転考 326
大西遷→大長征
大政奉還 405, 84, 86, 88
大政奉還の建白書 86
大西洋憲章 221
大政翼賛会 214, 233
大戦景気 163
太宗(唐) 64
大内裏 104
大長征 208
帯刀 307
大同団結運動 406, 114
大徳寺 239, 288, 306
——唐門 288
大納言 73, 104, 91
第二次護憲運動→護憲運動(第二次)
第二次世界大戦→世界大戦(第二次)
対日理事会 223, 225
大日本産業報国会 215
大日本史 68, 95, 200, 346, 405, 77, 302, 326
大日本史料 326
大日本帝国憲法 114, 116, 117, 231
大日本労働総同盟友愛会 168
太平記 201, 207
太平読み 297
太平天国の乱 67, 88
太平洋戦争 46, 177, 407, 183, 185, 212, 216, 300, 316, 337
帯方郡 40, 43
大宝律令 69, 72, 84
大犯三カ条 158, 179, 215
台密 109
大名 214, 249, 296, 300, 307, 313, 334, 23
大名貸 296, 335, 338
大名知行制 276, 283
大名飛脚 328
大名領国 215, 243, 249, 271, 280
題目 184
大冶 133, 161
太陽 35, 394, 152, 171
太陽暦 93, 95
第四紀 20
平清盛 74, 142, 149,

174, 404
平国香 121
平維衡 142
平維盛 151, 152, 153
平貞盛 125, 142
平重盛 142, 192
平重盛像 192
平高望 125
平忠常 125
平忠常の乱 124, 125
平忠正 143
平忠盛 142, 145
平徳子 144
平将門 120, 121
平将門の乱 121
平正盛 141
平宗盛 151
大連 138, 140
大老 298, 320, 403, 406, 74, 78
対露同志会 141
台湾 284, 313, 316, 98, 131, 139, 172, 219, 226, 233, 244, 261
台湾銀行 134, 187, 192
台湾出兵 99
田植え 82, 148, 309
高掛物 303
鷹ケ峰 345
高倉天皇 145, 146
高島秋帆 54, 56, 76
高島炭坑 109, 127
高島炭坑事件 126
多賀城 83, 101
高杉晋作 58, 60, 77, 81, 83
高瀬川 328
高田事件 111
高田屋嘉兵衛 46, 67
高千穂峰 45
高塚式古墳 47
高杯 28, 50
高取焼 289
高野長英 70, 280
高野房太郎 137
高橋景保 69
高橋是清 176, 204, 207
——内閣 176
高畠素之 181
高浜虚子 155
高平小五郎 142
高平・ルート協定 146
高天原神話 45
高蒔絵 236
高松 339
高松塚古墳壁画 51, 70
鷹見泉石像 52
高峰譲吉 153, 181

高向玄理 62, 65
高村光雲 156
高村光太郎 155, 183
高持百姓→本百姓
高山右近 269, 315, 387
高山樗牛 152, 155, 321
高床式倉庫 31, 34
宝井其角 353
兌換銀行券 108
滝川一益 271, 276, 280
滝川事件 205, 215
滝川幸辰 205, 215
滝口の武士 105, 120
滝沢馬琴 49
滝廉太郎 157
沢庵 306, 389
宅地 77
田口卯吉 302, 313, 321
竹内栖鳳 156, 184
竹崎季長絵詞→蒙古襲来絵詞
田下駄 33
竹田出雲 48
武田勝頼 263, 273
武田耕雲斎 82
武田氏 248, 251, 254, 274, 292
武田信玄(晴信) 247, 253, 272, 274, 405
武田信虎 247
武市瑞山 81, 85
高市皇子 74, 88
竹取物語 110, 132
竹内式部 40
武野紹鷗 255, 257
竹本義太夫 354
竹本座 354, 17
太宰春台 349, 23, 32, 38, 278
大宰府 75, 80, 89, 102, 121, 122, 128, 145, 154, 174, 175, 357
足高制 18, 276, 320
太政官(近代) 90, 91, 116
太政官札 95, 100, 101
太政官日誌 120
太政大臣(近代) 92
多情多恨 123
打製石器 21
田添鉄二 149
畳 168, 338, 352
多々良浜の戦い 203
橘奈良麻呂の変 91, 343
橘成季 189
橘逸勢 104, 108, 402
橘広相 105

440 索引

橘諸兄　89, 91, 404
竪穴住居　26, 34, 54
伊達氏　249, 300, 339
伊達千広　326
伊達政宗　249, 278, 280, 311
伊達宗城　59, 74, 83, 98
立屋敷遺跡　31
田塔　114, 141
田荘　53, 66
田中角栄内閣　254, 268, 272
田中義一　406
──内閣　178, 186, 188, 195, 198
田中丘隅　18, 39
田中勝助　311
田中正造　407, 127
田中館愛橘　153
店借　308
田辺元　180
谷崎潤一郎　182
谷時中　343
谷干城　104, 113, 115
谷文晁　52
田沼意次　299, 337, 405, 28, 39, 67
田沼意知　28
田沼時代　28, 40, 47, 56, 67
多禰　84
種子島　84
種子島時堯　262
種蒔く人　183
田能村竹田　52
頼母子　229, 325
タバコ　270, 331
田舟　33
田文→大田文
田部　52
ターヘル＝アナトミア　37
玉勝間　35
玉造部　53
玉虫厨子→法隆寺玉虫厨子
溜間詰　301, 74
濃絵　288
為永春水　49, 54, 56
為平親王　122
田安家　22
田山花袋　155
樽廻船　328
ダレス　243, 250, 257
俵物　79, 228, 267, 319, 328, 331, 30, 76
俵屋宗達　345, 355

段当たり収穫量　86, 283, 302
単一為替レート　239, 243
短歌　71, 96, 110, 208, 155
檀家制度→寺請制度
團菊左時代　125
段祺瑞　162, 190
塘沽停戦協定　204
湛祐　190
炭鉱国家管理案　235
単婚小家族→独立小農
弾正台　74, 102
男女共学　240
男女の法　66, 76
段銭　212, 216, 219, 229, 249
団体等規正令　239
団琢磨　199
単独講和　166, 243
歎異抄　379
壇の浦の戦い　152, 156, 193
耽美派　181
段楊爾　58
談林派　353

ち

答　80, 402
治安維持法　177, 191, 215, 222, 256, 288
治安警察法　136, 170, 288
治安立法　245, 287
地縁の結合　178, 194, 201, 223, 244, 256, 330, 334
地価　96, 103, 272
治外法権→領事裁判権
地方書　330, 349
近衛篤麿　48, 51
近松門左衛門　354, 51
直訴　19, 22, 27, 127
知行国　140, 145, 150, 159, 165, 250
知行国主　140, 145, 151, 159
知行取　308
蓄銭叙位令　82
地券　95
知行合一　344, 53
治罪法　117
地子（銭）→（じしせん）
千島樺太交換条約→樺太・千島交換条約
千島艦事件　114
千島列島　73, 100, 244

智真→一遍
治水・灌漑事業　82, 329
地租　95, 118, 130, 134, 141, 339
地租改正　406, 93, 95, 103, 109, 226
地租改正条例　95
秩父事件　111
地中海貿易　255, 260
千々石ミゲル　268
秩禄　93, 97, 101, 108
秩禄処分　93, 97, 101, 108
千葉介常胤　151, 156
千早城　197, 198
知藩事→藩知事
地方画家　287
地方官会議　105
地方自治法　232
地方税規則　106
地方制度　115
地方文化　255, 287, 346
地方民会　106
茶　174, 183, 331, 75
チャーチル　219, 227
嫡　138, 151, 231, 251
茶の湯　255, 257, 289, 334
茶屋四郎次郎　312
中央官制（律令）　65, 73
中央公論　165, 181
中央集権　66, 92, 317, 346
仲介貿易　259, 267, 311
中華人民共和国　222, 233, 241, 245, 255, 260, 270
中学校令　119
中華民国　189, 196, 204, 208, 210, 227, 233, 245
仲恭天皇　162
中宮寺　63, 331
──天寿国繡帳　63
──半跏思惟像　63
中間　250, 308, 93
注口土器　28
中国革命同盟　145
中国共産党　173, 196, 208, 211, 271
中国国民党　173, 188
中国経営　279
中国人民義勇軍　242
中国地方　42, 171, 227, 239, 248, 249, 295, 395
中世　134, 324, 326

沖積世　23, 24, 26
沖積平野　33
中石器時代　23
鋳銭司　82
中尊寺　127, 149
──金色堂　127, 149
中ソ対立　260, 261
中朝事実　348
中道政権　234, 235, 237
中納言　102, 132
中男　79, 368
中部地方　32, 42, 248, 273, 277, 278, 395
抽分銭　214
中老　300
調　67, 75, 76, 77, 78, 79, 86, 87, 99, 102
長安　81, 109, 240
長歌　71, 96
張学良　190, 196, 209
丁銀　281, 324
重源　189, 235
長講堂領　140, 163, 205
彫刻　70, 96, 111, 133, 190
張鼓峰事件　211
張作霖　190, 192, 196
張作霖爆殺事件　190, 192
逃散　201, 220, 223, 225, 27, 90
銚子　328, 334, 339, 47
長子単独相続制　310
鳥獣戯画　149
長州征伐　82, 85
長州藩　58, 78, 80, 81, 82, 83, 84, 85, 89, 91
朝鮮　212, 213, 311, 130, 139, 140, 172, 352
朝鮮活字　287
朝鮮休戦協定　249
朝鮮銀行　134, 187
朝鮮使節待遇問題　323
超然主義　118
朝鮮出兵　49, 51, 284, 293, 311, 334, 363
朝鮮人虐殺事件　176
朝鮮進出　43, 127, 139
朝鮮人民革命軍　198
朝鮮戦争　240, 249, 255
朝鮮総督府　143
朝鮮通信使　311, 326
超然内閣　162, 176
朝鮮人参　20, 22
朝鮮貿易　213, 311
朝鮮民主主義人民共和国　233, 242

索　引　441

重祚　67, 91
長宗我部元親　247, 249, 251, 277, 280
長宗我部元親百箇条　251
町村制　116
兆殿司→明兆
町人　306, 351, 24, 47, 83
重任(の功)　118, 137
町人請負新田　329, 20, 22, 26, 30, 32
町人文化　341, 47
町人物　353
奝然　128
徴兵告諭　95
徴兵制　65, 95, 103
徴兵の詔　95
徴兵反対騒動　95
徴兵令　406, 93, 95, 97, 103, 116
直営地　167
直言　149
勅旨田　106, 113, 137
勅撰漢詩集　107
勅撰和歌集　106, 110, 188, 208, 237
直立猿人→ジャワ原人
地理上の発見　260, 262
地理的環境論　313
縮緬　227
珍　44, 56, 402
沈惟敬　286
賃金労働者　66, 148
鎮護国家　31, 70, 90, 92, 371
陳寿　41
鎮守府　83, 101
鎮守府将軍　125, 126
鎮西探題　177, 197
鎮西奉行　154, 157, 174
椿説弓張月　49
賃租　78, 82, 87
頂相　192, 221
鎮台　95, 103, 116
青島　161
陳和卿　161

つ

追捕使　121, 150
つう(通)　48
通詞　36
通商司　101
通信使→朝鮮通信使
通信制度　328
通信符　213
通俗小説　182
司　74

月行事　224, 244, 310, 383
築地小劇場　184, 205
ツキジデス　298, 313
継飛脚　328
筑紫神話　45
筑紫国造磐井の乱→磐井の乱
佃　116, 167
菟玖波集　237, 257
九十九商会　109
対馬　68, 82, 124, 171, 175, 213, 258, 285, 311, 88, 99
津田梅子　96, 120
津田英学塾　120
津田左右吉　180, 215, 304, 321, 323
津田宗及　257, 277, 278, 290
津田真道　121
土(小説)　155, 180
土一揆(嘉吉)　225, 230
――(正長)　218, 225, 230, 383
――(播磨)→国一揆(播磨)
土井晩翠　155
土御門上皇　162
土御門通親　161
筒井順慶　248
堤中納言物語　132
津留　389, 93
海柘榴市　83
坪内逍遙　122, 123, 156, 184
津屋→問丸
ツーラン　314
津料　230, 381
敦賀　229, 254, 328, 339, 414
鶴屋南北　51
徒然草　189
武者の習　169
兵の道　169
ツンベルク　37

て

出会貿易　312
手余り地　26, 41
庭園　128, 235, 345, 356
定期市　172, 228, 254, 335
帝紀・旧辞　95
庭訓往来　237
帝国議会　200, 117, 129, 286, 289
帝国国策遂行要領　216

帝国主義　88, 131, 138, 141, 144, 147, 160, 173, 200, 354
帝国大学　119, 120, 302
帝国美術院　156, 184
帝人事件　206
帝展(帝国美術院展覧会)　156, 184
貞門派　344
ディラオ　314
ディルタイ　311, 344
手賀沼　29, 32
適々斎塾(適塾)　70
出島→長崎出島
手島堵庵　33
手代　300
鉄器　19, 29, 32, 40, 42, 49, 56
鉄器時代　21, 29, 56
鉄鋼　133, 146, 164, 181, 213, 234, 255
鉄工組合　137
鉄製農具　82, 87
丁稚　310
鉄道　66, 93, 100, 110, 126, 133, 137, 142, 144, 147, 150, 161, 165, 197, 211, 273, 353
鉄道国有法　147
鉄成金　164
鉄のカーテン　227
鉄砲　31, 255, 262, 267, 271, 274, 287, 327, 57
鉄砲記　262
鉄砲隊　262, 271
デフレーション　108, 193
デフレ政策　107, 109, 111, 193, 198, 248
テヘラン会談　219
テムジン→成吉思汗
出目　392
寺請証文　306
寺請制度　306, 317, 341
寺内正毅　143, 162, 166
――内閣　162, 166, 168
寺子屋　347, 19
寺沢広高　317
寺島宗則　98, 113
寺田屋事件　80
テレビ　263, 269, 274
出羽国　83
伝応神天皇陵　49
天海　294
田楽　197, 208, 221, 235
天下の台所　340
殿館　288

電気　147, 164, 179
天狗党の乱　82
天竺様(大仏様)　174
天智天皇　62, 65, 68, 70, 74, 82, 92, 96, 403
天守閣　262, 287, 289
天寿国繡帳→中宮寺天寿国繡帳
天正大判　281
天正遣欧使節　265, 268
天正宝　281
天正の石直し　282
電信　93, 101, 273
天世鏡　48
伝染病研究所　153, 181
天台座主　129, 150, 161, 187, 198
天台宗　107, 129, 182, 185
田地　77, 78, 87, 114, 167
天地根元造　54
天誅組の乱　82
天道思想　337
伝統的支配　330, 335
伝仁徳天皇陵　49
天皇機関説　159, 165, 181, 183, 205
――事件　205, 215
天皇記　61
天王寺　61, 149, 228, 325, 332, 365
天王寺屋　325
天皇親政　104, 137, 196, 78, 89
天皇大権　123, 165, 192
天皇人間宣言　225, 256
田畑永代売買禁止令　296, 303, 310, 93, 95
田畑勝手作の禁　309, 93
天平文化　92
天賦人権論　104, 121, 122
転封　277, 282, 292, 295, 300, 319, 340, 54, 68
天保の改革　49, 53, 57, 79
天保の大飢饉　25, 53
伝馬　66, 83, 253, 367
天満の青物市　336
天満紡績争議　137
天武天皇　68, 82, 84, 92, 95, 335
天明の大飢饉　25, 28, 31, 41

天目山の戦い 273
天文学 270, 350, 37, 39, 70, 153
天文方 350, 69
天文法華の乱→法華一揆
天理教 118
天暦の治 105, 121, 197
天竜川 327
天龍寺 206, 212, 213, 235, 403
――庭園 235
天龍寺船 207, 212
天領 297, 299, 303, 392, 17, 25, 28, 45, 55, 89, 91

と

問→問丸
ドイツ 88, 98, 115, 117, 122, 131, 138, 144, 151, 160, 166, 172, 201, 207, 212, 219, 233
――思想 122, 151
――哲学 152
土一揆→(つちいっき)
ドイツ領南洋諸島→南洋群島
土井利勝 299
刀伊の入寇 124, 128
問丸 229, 336, 357
問屋 229, 333, 336
問屋商人 335, 336, 45, 46, 53, 56, 57
問屋制家内工業 333, 335, 338
問屋場 327
トインビー 311, 317
党 178, 201, 218
唐 64, 71, 77, 84, 92, 108, 127, 317
銅 213, 215, 227, 313, 319, 332, 30
東亜新秩序声明 211, 215
銅戈 32
東海散士 123
東海道 228, 276, 326, 327, 329, 339, 395, 402, 403, 48
東海道五十三次図 48, 52
東海道新幹線 264
東海道線 126
東海道中膝栗毛 48, 49, 50
東海道四谷怪談 51
東学党の乱 130, 131

東金 22
東関紀行 189
統監府 143, 144
東京 91, 113, 207, 266, 270
道鏡 74, 92, 98, 107, 343
――皇位事件 91, 343
銅鏡 40, 49
東京医学校 95
東京オリンピック 264
東京音楽学校 125
東京開成学校 94, 95
同業者組合 333, 336, 337, 328
東京専門学校 120
東京大学 26, 31, 95, 119, 120, 152, 267, 302, 326
東京日日新聞 120
東京美術学校 125, 156
東京砲兵工廠 149
道具 20, 27, 31, 50, 181, 333, 28, 122
東求堂同仁斎 235
東軍（応仁の乱） 232, 245
――（関ヶ原の戦い） 293
刀剣 49, 174, 192, 215, 227
闘犬 197
銅剣 32, 36
道元 174, 183, 192
銅剣・銅矛文化圏 32
東国政権 157
東西市→東市・西市
東山道 151, 395, 403
東寺 109, 220
道慈 92, 93
陶磁器 213, 260, 334, 346, 356
童子教 237, 347
同志社 119, 120
東支鉄道→北満鉄道
堂島の米市 336
童子問 348
堂衆 146
東洲斎写楽 51
藤樹書院 347
道昭 94, 209
東照宮 295, 339, 345
東照大権現 295
唐招提寺 96
――鑑真和上像 97
――講堂 96
――金堂 96
東条英機 407, 206,

216, 217, 223
――内閣 214, 216, 218
同心 299
東清鉄道 138, 142
唐人屋敷 319
統帥権 116, 202, 206
統帥権干犯問題 179, 195, 289
当世書生気質 122
統制派 207
銅銭 82, 174, 212, 215, 259, 324
東禅寺襲撃事件 77
唐船貿易→日清貿易
同族支配（財閥） 148, 224
東大寺 87, 90, 93, 96, 343
――戒壇院四天王像 97
――法華堂（三月堂） 96
――法華堂月光菩薩像 97
――法華堂執金剛神像 97
――法華堂日光菩薩像 97
――法華堂不空羂索観音像 97
――法華堂弥勒菩薩像 97
――正倉院 96
――正倉院御物 97
――正倉院樹下美人図 97
――僧形八幡像 131, 191
――転害門 96
――南大門 97, 190
――南大門金剛力士像（仁王像） 134, 191
――盧舎那仏（大仏) 97
――良弁像 97
東大7博士 141
銅鐸 32, 34, 36
銅鐸文化圏 42
闘茶 235, 257
統道真伝 39
藤堂高虎 279, 285, 296
道頓堀 352, 354
東常縁 237
倒幕運動（鎌倉幕府） 162, 194, 196, 197, 198
――（江戸幕府） 81
討幕派 86, 88, 90, 120, 283
討幕の密勅 86, 283
討幕の密約 84

銅版画 269, 48, 52, 124
同笵鏡 48
東部内蒙古 146, 161
東福寺 207, 213, 221
東福門院→徳川和子
唐文化 70, 84, 92, 95, 107
逃亡 80, 82, 87, 99, 369, 26, 233
東方会議 189, 192
同朋衆 234
東宝争議 237
東北経営 67, 83, 240, 404
東北抗日連合軍 198
東北人民革命軍 198
東北地方 249, 328
銅矛 32, 36
唐箕 330
東密 109
東洋社会党 137
東洋自由新聞 120, 122
東洋大日本国国憲按 107
東洋の理想 320
道理 165, 187, 252, 377
東路軍 176
道路の整備 275
富樫氏 231
富樫政親 232, 244
富樫泰高 244
土器 23, 26, 30, 50
土岐氏 248
土岐氏の乱→美濃の乱
土岐康行 205
土岐頼遠 201
土岐頼芸 247
常磐津節 51
土偶 29
徳川家定 72, 74
徳川家達 175
徳川家斉 28
徳川家継 322, 17
徳川家綱 319, 320
徳川家斉 31, 44, 45, 50, 53, 54
徳川家宣 322
徳川家治 28, 31
徳川家光 295, 296, 298, 303, 309, 316, 318, 319
徳川家茂 74, 80, 82, 84, 85, 86
徳川家康 74, 272, 276, 278, 281, 292, 293, 294, 295, 335
徳川家慶 54, 72
徳川和子 305

索引　443

徳川禁令考 388, 277
徳川氏 292, 298, 300, 304, 339, 88
徳川綱吉 320, 321, 322, 343
徳川斉昭 74, 78
徳川秀忠 294, 295, 305, 315
徳川光圀 346
徳川慶篤 78
徳川慶福→徳川家茂
徳川慶喜 74, 78, 80, 82, 83, 86, 88, 89
徳川吉宗 17, 18, 19, 21, 22, 28, 342
特産物 79, 227, 253, 331, 24
特需 243, 247, 265
特殊銀行 102, 133
読史余論 324, 299, 326
徳政一揆 226, 230
徳政令 172, 178, 225, 230
独占禁止法 224, 248
独占資本 146, 147, 148, 186, 239, 257, 328, 329
得宗 166, 175, 179, 194
得宗専制 180
得宗被官 179
独ソ不可侵条約 212
徳田球一 170, 223, 230
徳田秋声 155
徳富蘇峰 152
徳富蘆花 154
徳大寺実則 183, 185, 205
得分 115, 163, 169, 282, 20
特別高等警察 149, 191, 223
十組問屋→江戸十組問屋
独立自営漁民 332
独立自営農民 168, 244, 282, 302
独立小農 27, 226, 296, 339
独立党 112
度感 84
土豪→国人
土倉 172, 212, 225, 227, 229, 234
ド＝ゴール 260
土佐開成社 109
土佐商会 109
土佐日記 110, 132
土佐派 356, 52
土佐藩 343, 58, 81, 84, 90, 109

外様大名 295, 298, 300, 302, 319, 73, 80
土佐光起 356
土佐光信 236
都 253, 338
祈年祭 35
歳の市・酉の市 336
都城制 69, 81, 98
年寄 224, 245, 294
土倉役 212, 229, 231
土俗信仰 31, 57, 93, 130, 185, 336
斗代 385
戸田氏教 40, 44
戸田茂睡 354
土地制度 77, 87, 112, 96, 326
どちりな＝きりしたん 269
十津川の変→天誅組の乱
特高→特別高等警察
特攻隊→神風特別攻撃隊
ドッジ 238
ドッジ＝ライン 238
徒弟 310, 334
礪波山の戦い 152
隣組 215
舎人親王 74
鳥羽上皇 138, 142
鳥羽僧正覚猷 150
鳥羽・伏見の戦い 89
版版 29
外山座→宝生座
烽火 68
富岡製糸場 101, 109
富岡鉄斎 184
富永仲基 33, 39
ドミニコ会 284, 314
富の蓄積 29, 31, 34, 328
土面 29
伴→品部（ともべ）
朝永振一郎 274
伴健岑 104
伴造 52, 53, 61, 76
伴善男 104
品部（ともべ） 52, 66, 171
富山県 167, 168, 269
富山の売薬商人 336
外山正一 123
台与・壱与（いよ）
豊田佐吉 153
豊臣氏 277, 281, 283, 286, 289, 294
豊臣政権 276, 280, 283, 287, 293, 300, 302
豊臣秀次 281

豊臣秀長 281
豊臣秀吉 74, 255, 268, 272, 276, 279, 287, 305, 334, 340, 386, 405
豊臣秀頼 281, 286, 294
渡来人 55, 56
トラスト 148, 164
虎の門事件 177
鳥居清信 355
鳥毛立女屏風→東大寺正倉院樹下美人図
鳥子紙 227, 334
止利仏師→鞍作首止利
ドル買い 194
ドル危機 261, 265
トルーマン 219, 227, 234, 242, 249
トルーマン＝ドクトリン 227
ドルメン 24
トルレス 264, 265
奴隷 30, 38, 52, 76, 80, 115, 155, 167, 269, 284, 127, 310, 319
登呂遺跡 33
頓阿 234
緞子 227
曇徴 56, 63
屯田兵 84, 177, 102

な
内閣制度 115
内閣総理大臣 115
内国勧業博覧会 102
乃而浦→三浦
内大臣 102, 183, 276, 78, 89, 116, 207
内地雑居 128
内藤丈草 353
内務省 97, 100, 118
ナウマン 124
ナウマンゾウ 22
苗代 34, 226
直江津 254
直毘霊 35
長井雅楽 80
永井荷風 182
中井甃庵 33
中井竹山 39
中井履軒 33
中浦ジュリアン 268
中江兆民 104, 110, 115, 121
中江藤樹 344, 347
長岡京 98
長尾景虎→上杉謙信
中岡慎太郎 84
長岡半太郎 153

仲買 336
中川淳庵 36
中河与一 183
長崎 267, 280, 284, 297, 315, 45, 68
長崎造船所 73, 109, 149
長崎高資 180, 197
長崎出島 317, 318, 351
長崎奉行 300, 313, 68
長崎貿易 335, 337, 30
長崎夜話草 351
中里介山 183
中沢道二 34
長篠の戦い 271, 273, 292
中島(財閥) 204, 224
長島(伊勢) 272, 274
中島信行 110
中先代の乱 202
中山 327
永田鉄山 206
中務省 74
長塚節 155, 180
中稲 226
長門警固番 176
長門探題 165
中臣氏 52
中臣鎌足 65, 67
中野 22, 29, 151, 185, 254, 339
中大兄皇子 65, 70, 105
中野重治 205
長浜 279
中村歌右衛門 51
中村大尉事件 197
中村正直 121
長屋王 88
——の変 88, 343
中山みき 118
長槍隊 271
長与専斎 182
名子 308
名古屋 331, 339, 347, 188
名護屋 285, 290
名古屋玄医 350
名古屋事件 111
難升米 40
名代 54
灘（なだ） 334, 47
菜種 331, 20, 22, 46, 58, 76, 134
菜種油 352
ナチス 202, 212
ナチュリズム 54
名東正家 281
ナップ 205

夏目漱石　*154, 182*
NATO→北大西洋条約機構
難波　65, 75
難波京　90, *343*
名主　309
奴国→倭奴国
鍋島閑叟（直正）　*59*
鍋山貞親　*205*
ナポレオン　*46, 65, 88, 117*
生麦事件　*77, 82*
納屋衆　255
納屋助左衛門　313
納屋衆　335
奈良　227, 253, 401
奈良晒　227, 334
奈良時代　67, 70, 72, 74, 81, 87, 92, 99, 101, 107, 118, 131, 185, *334, 343, 345*
奈良屋茂左衛門　338
成良親王　198
鳴滝塾　*69*
ナルプ　*205*
名和長年　198, 203
南画（南宗画）　*52, 157*
南海道　395, 403
南学　256, 342, 343
南紀派　*74, 81*
南極探検　*274*
南京　189, 209
南京虐殺　*189, 209*
南家→藤原氏南家
南宗画→南画
南条文雄　*152*
南進策　*213, 216*
南禅寺　207, 403
南宋　127, 173, 176
南総里見八犬伝　*49*
難太平記　207
南朝　200, 219, 404, *151*
南伝仏教　*58*
南島路　84
南都七大寺　93, 403
南都六宗　94, 107
南蛮　269, 275
南蛮人　266, 289
南蛮船　266, 285
南蛮屏風　269, 288
南蛮文化　266, 269, 318
南蛮貿易　254, 264, 266, *281, 284*
南部氏　249
南部仏印進駐　216
南部塗　334
南北朝　*77, 88*
南北朝（中国）　44, 62, 64
南北朝時代　138, 190, 200, 208, 213, 215, 219, 221, 231, 233, 238, 254, 257, *333, 336, 345*
南北朝正閏論　200, *151*
南北朝の合一　204, 209, 405
南北朝の内乱　238, *338*
南洋諸島　*161, 172*
南洋日本町→日本町
南鐐二朱銀　*31*
南路　84

に

新島襄　*119*
二・一ゼネスト　*230, 235*
新嘗祭　35
二階堂氏　211, 164
二科会　184
二宮　401
二宮八省　73
二宮八省一台五衛府　74
二宮六省　91
握槌→ハンド＝アックス
二宮　401
ニクソン　*261, 267, 270*
尼港（ニコライエフスク港）事件　*166*
2個師団増設問題→陸軍2個師団増設問題 *151, 159, 162*
にごりえ　*155*
西周　*121*
西川光二郎　*138, 149*
西川如見　*351, 36*
錦絵　*48, 51*
西陣　288, 334
西田幾多郎　*180*
西郷　334
西原借款　*162, 187*
西本願寺　288, 342
――唐門　288
――書院　288
――飛雲閣　288
西廻り航路　324, 328
西村茂樹　*121*
西山宗因　352
二宗（平安）　401
二十一カ条要求→対華二十一カ条要求
二十四組問屋→大坂二十四組問屋
二条河原落書　134, 208
二条家　403
二条城　299, *89*
二条城代　300
二条良基　208, 237
似絵　181, 191
修紫田舎源氏　*49*
二大政党　253, *256*
日印平和条約　*245*
日英通商航海条約　*129*
日英同盟　*139, 174, 352*
――(第2次)　*145, 146*
――(第3次)　*146, 161*
――廃棄　*174*
日元貿易（日元関係）　212
日像　239
日独伊三国軍事同盟　213
日独伊三国防共協定　207
日独防共協定　207
日米安全保障条約　*244, 257*
日米行政協定　*245*
日米交渉　*216*
日米修好通商条約　*74*
日米新時代　*257*
日米繊維協定　*265*
日米通商航海条約　*129*
――廃棄　*212*
日米貿易経済合同委員会　*263*
日米和親条約　*71, 72, 73*
日渤交通　*86, 414*
日満議定書　*203*
日満経済ブロック　*204*
日明貿易→勘合貿易
日墨修好通商条約　*128*
日蘭貿易　312, 314, 318
日蓮　182, 239
日蓮宗　182, 238, 246, 305, *342, 199, 336*
日露協商論　140, 146
日露協約　*144, 161*
――(第2次)　*146*
――(第3次)　*146, 161*
――(第4次)　*146, 162*
日露戦争　*134, 138, 141, 154, 156, 160, 163, 175, 181*
日露和親条約　*73, 99*
日貨排斥運動　*190, 192*
日華平和条約　*245*
日韓議定書　*143*
日韓基本条約　*254, 266*
日韓協約(第1次)　*143*
――(第2次)　*143, 144*
――(第3次)　*143*
日韓併合→韓国併合条約
日韓保護条約→日韓協約(第2次)
日記文学　*110, 132, 189*
日教組→日本教職員組合
日光　*295, 300, 339, 40*
日光街道　*326, 402*
日光東照宮　*295, 339, 345*
日親　239, 246
日新館　347, 406
日清修好条規　*97*
日新真事誌　*120*
日清戦争　*99, 125, 129, 137, 141, 152*
日清通商航海条約　*132*
日清貿易　*318, 319, 323*
日西関係　*266, 267, 284*
日宋貿易　*145, 172, 174, 317*
日ソ基本条約　*179*
日ソ共同宣言　*254*
日ソ国交　*179, 254*
日ソ中立条約　*216, 220*
新田氏　*180*
新田義貞　197, 202
日中共同声明　*268*
日中軍事停戦協定→塘沽停戦協定
日中国交回復　*254, 268*
日中戦争　*406, 207, 208, 210, 218*
日中貿易　*267, 255*
日朝修好条規　*98, 99, 112*
日朝貿易　*213, 259, 312*
入唐求法巡礼記　*109*
日葡辞書　*269*
日本（新聞）　*128, 152*
日本永代蔵　*354*
二都　401
新渡戸稲造　*119*
二・二六事件　*199, 206, 229*
二宮尊徳　*38, 40, 54*
日本往生極楽記　*148*
日本海海戦　*142*
日本開化小史　*121, 302*
日本改造法案大綱　*203*
日本学術会議　*241*
日本勧業銀行　*134*
日本共産党　*170, 191, 229*
日本教職員組合　*236, 240*
日本協同党　*229*
日本銀行　*108, 110, 186, 188*
日本近代文学館　*274*

日本後紀　403
日本興業銀行　134, 187
日本国王　210, 214, 286, 323, 382
日本国憲法　231
日本三代実録　106, 403
日本史（フロイス）　265
日本資本主義発達史　339
日本社会主義同盟　170
日本社会党（明治）　149, 223, 229
──（戦後）　223, 229, 235, 237, 244, 252, 262, 264
日本自由党　223, 229, 252
日本主義　152
日本書紀　24, 42, 45, 53, 56, 58, 62, 65, 70, 72, 92, 95, 186, 403
日本書紀纂疏　238
日本植物誌　37
日本人（雑誌）　127, 152
日本人移民排斥運動　144, 175
日本人説　26
日本進歩党　223, 229
日本神話　45
日本製鋼所　146
日本生産性本部　253
日本大衆党　187
日本鉄道会社　110, 137
日本鉄道矯正会　137
日本道徳論　121
日本農民組合　170, 185, 226
日本之下層社会　137
日本敗戦　218, 220, 233
日本橋の魚市　336
日本美術院　156, 184
日本美術院展→院展
日本文化論　321
日本放送協会→NHK
日本町　313
日本民主党　235, 252
日本無産党　210
日本幽囚記　68
日本郵船会社　109, 133
日本霊異記　148
日本列島　22, 25
日本労働組合全国評議会　210
日本労働組合総同盟　229
日本労働組合総評議会　242, 244, 246, 248, 253, 257

日本労働組合同盟　185
日本労働組合評議会　185, 191
日本労働総同盟　168, 185
日本労農党　186, 191
二毛作　171, 222, 226, 329
ニュー＝ディール政策　200
ニュートン　37, 305
ニュー＝フロンティア政策　259
韮山　76
丹羽長秀　271, 279
人形浄瑠璃　345
人間的結合　330
忍性　185
人情本　49, 50, 54
人足寄場　42
忍冬唐草文様　63
人頭税　78, 114, 212
仁徳天皇　44
仁王経　93
寧波　174, 176, 214, 215, 262

ぬ

額田王　71, 96
渟足柵　67, 83
奴婢　41, 75, 79, 86, 112, 165

ね

ネアンデルタール人　20
根刈り　34, 82
根来（紀伊）　262
ネーデルランド連邦共和国→オランダ
根室　43, 67
年季奉公人　93
年貢　116, 168, 170, 303
年貢増徴　19, 22, 77
年貢徴収権　115, 169
年貢未進　201, 223
年号　65, 82, 92, 106, 164, 198, 305, 342, 17, 44, 91, 272
撚糸条痕文　27
粘土槨　49
年中行事　117, 206
念仏　129, 148, 182
念仏踊　129, 182, 236, 257, 345

の

能　208, 222, 258
農学　330, 341, 349

農業　226, 252, 329, 126, 167
農業全書　330, 349
農耕　23, 33, 315, 323
──の開始　33, 38, 315
農耕儀礼　25, 35
農工銀行　134
農耕牧畜経済　23
直衣　128
農商務省　137
農政本論　39
農村　167, 223, 308, 25
農地委員会　225
農地調整法　225
農奴制　155
濃尾平野　271
農民　86, 112, 168, 222, 234, 256, 307, 315, 346
農民一揆　127, 282, 96, 103
農民層の分解　331, 96, 346
農民労働党　185
能面　236
農薬　269
野口英世　153
野田　334, 47
能登　245, 334
野中兼山　343
野々村仁清　346
ノビスパン　311
ノーベル賞　241, 274
野村吉三郎　216
野村・ハル会談　216
ノモンハン事件　214, 216
義良親王　203
ノルウェー　98, 213
ノルマントン号事件　114
野呂栄太郎　339
野呂元丈　20, 22

は

売位・売官　117
俳諧　258, 344, 352, 48
俳諧連歌　258
配給　214, 228, 238
賠償金　131, 139, 141, 172
梅松論　207
陪臣　307, 73
裴世清　62
ハイデルベルク人　20
廃刀令　93, 103
排日運動→反日運動
廃藩置県　259, 91, 99,

102
誹風柳多留　50
廃仏毀釈　118
羽織　352
破戒　182, 154
破壊活動防止法　246
博多　39, 128, 145, 172, 214, 254, 257, 277, 280, 284, 290, 334, 339, 360
博多織　227
馬韓　40, 43, 364, 401
萩　256, 347
萩の乱　103
萩焼　289, 334
萩原朔太郎　183
舶載鏡　48
白氏文集　108
パークス　84, 89
薄葬令　50, 66
白村江の戦い　69
白馬会　156, 157
幕藩体制　276, 302, 304, 310, 341, 349, 352, 355, 21, 25, 37, 40, 43, 48, 54, 87
──の成立　296
──の構造　297
──の支配　306
──の動揺　331, 40
剝片石器　22
白鳳時代　70
白鳳文化　70, 93
ハーグ密使事件　143
舶来物　335
筥崎　278
箱式石棺　37
箱館　300, 73, 89
箱館奉行　68
箱根　326, 263
箱根竹の戦い　202
土師器　50, 230
羽柴秀吉→豊臣秀吉
橋本雅邦　125, 156
橋本関雪　184
橋本欣五郎　199
橋本左内　70, 79
橋本宗吉　37
馬借　225, 229, 383
櫨　331
長谷川等伯　289
支倉常長　311
長谷部言人　26
畠山氏　211, 231
畠山重忠　160
畠山政長　232, 243
畠山義就　232, 244
旅籠　339

446　索　引

秦佐八郎 *153*
秦氏 *56, 98*
秦河勝 *62*
バタビヤ新聞 *120*
旗本 *297, 307, 320, 323, 335, 338, 392*
旗本領 *326, 55*
八・一(抗日)宣言 *208*
八王子 *339*
八月十八日の政変 *82, 84*
八虐 *80, 403*
八条院領 *140, 162*
蜂須賀正勝 *279, 293*
八代集 *403*
八文字屋本 *354*
八路軍 *209, 212, 227*
ハツクニシラススメラミコト *46*
バックル *121, 313*
抜歯 *29*
八色の姓→(やくさのかばね)
八州(関東) *403*
八州廻り→関東取締出役
八省 *73, 101, 403*
閥族打倒 *159*
発展段階説 *310, 320, 324*
服部南郭 *32*
服部嵐雪 *353*
発微算法 *350*
ハーディング *173*
バテレン *265, 270*
鳩山一郎 *205, 223, 229, 245, 252*
――内閣 *252, 253, 254, 255*
服部(はとりべ) *56*
ハートレー事件 *114*
花の御所 *204, 209, 221*
花畠教場 *406*
英一蝶 *346*
塙保己一 *36, 302*
埴輪 *49, 54*
馬場辰猪 *110, 122*
ハビアン *315*
破防法→破壊活動防止法
歯舞・色丹 *254*
浜口雄幸 *407, 179, 191, 192, 196*
――内閣 *192, 194, 195, 199*
蛤御門の戦→禁門の変
浜田弥兵衛 *316*
浜松中納言物語 *132*
林鵞峰(春斎) *343*
林子平 *33, 37, 43, 67*

林述斎 *43*
林銑十郎 *208*
林房雄 *205*
林有造 *105*
林羅山(道春) *294, 315, 320, 343, 346, 348*
隼人 *84*
葉山嘉樹 *183*
駅馬 *66, 83*
祓 *47*
原城跡 *317*
原敬 *407, 160, 168, 176*
――内閣 *170*
原山山 *152*
原マルチノ *268*
パリ講和会議 *172*
ハリス *73, 77*
播磨の国一揆→国一揆(播磨)
ハル *216*
バルチック艦隊 *142*
ハル=ノート *217*
ハルマ和解 *37*
ハワイ *98, 139, 175, 217*
藩 *297, 300, 334, 23, 57, 77, 91*
ハーン, ラフカディオ *124*
版印 *355, 48, 52, 124*
半跏思惟像→広隆寺半跏思惟像, 中宮寺半跏思惟像
番頭(番方) *250, 310, 39*
番方 *298, 28*
藩翰譜 *324*
藩校 *347, 24, 32*
万国博覧会 *102, 266*
藩財政 *325, 335, 23, 57*
万歳事件→三・一運動
藩債250年賦償還 *57*
藩札 *326, 23*
蛮社の獄 *52, 71, 280*
反射炉 *57, 59, 76*
蕃諸考 *20*
蕃書調所 *77*
蛮書和解御用 *69*
半済 *170, 215, 220, 249*
半済令行 *215*
藩政改革 *343, 405, 32, 40, 57, 78, 91*
反正天皇 *56*
版籍奉還 *91, 95, 103*
藩専売 *24, 30, 38, 45, 47, 58*

伴大納言絵詞 *150*
塙団右衛門 *320*
藩知事 *91*
班田収授法 *19, 66, 71, 77*
班田農民→公民
ハンド=アックス(握槌) *20, 22*
番頭 *310*
坂東の大学 *256*
バンドン会議→アジア・アフリカ会議
反日運動 *131, 143, 161, 173, 190, 196, 208*
パンの会 *182*
伴信友 *35*
藩閥官僚 *94, 97, 130, 134*
藩閥専制 *92*
反本地垂迹説 *186, 239*
板門店 *249*
番役 *155, 175*

ひ

火 *20, 21, 27*
飛雲閣→西本願寺飛雲閣
比叡山 *108, 146, 182, 274*
比叡山焼き打ち *272, 274*
日吉神社の神輿 *140*
稗田阿礼 *95*
菱垣廻船 *328*
菱垣廻船積問屋仲間 *45, 56*
東インド会社 *311*
東インド航路 *260*
東久邇宮稔彦 *222*
――内閣 *222*
東市・西市 *82*
東本願寺 *274, 342*
東廻り航路 *324, 328*
東山山荘 *235*
東山時代 *238, 257*
東山文化 *222, 234*
被官(守護) *210, 218, 223, 232, 249, 335*
被官(江戸農民) *292, 307*
引付衆 *163, 166, 198, 221*
飛脚 *328*
比企能員 *160*
樋口一葉 *155*
飛行機 *162, 180, 237, 295*
非御家人 *157, 162, 176,*

197, 378
彦根 *339*
彦根城 *288*
土方与志 *184*
菱川師宣 *356*
秘事口伝 *354*
菱田春草 *156*
PCB *269*
聖 *147, 371*
美人画 *355, 48, 51*
非戦論 *141, 149, 151*
備中鍬 *329*
ビッドル *71*
PTA *240*
悲田院 *91, 94*
尾藤二洲 *277*
人返し令 *41, 42, 54, 56*
一橋家 *405, 22, 40*
一橋派 *74, 80*
一橋慶喜→徳川慶喜
人掃令 *285*
ヒトラー *202, 212, 219*
ビニール一 *314*
非人 *185, 308, 93, 171*
日野資朝 *197*
日野俊基 *197*
日比谷 *232, 405*
日比谷焼き打ち事件 *142*
秘本玉くしげ *35*
卑弥呼 *40, 41, 403, 336*
姫路 *279, 288, 339*
姫路城 *288*
百姓一揆 *26, 31, 40, 53, 59, 77, 89*
百姓請→地下請
百姓代 *309, 402*
百万町歩開墾計画 *87*
百万塔陀羅尼 *97*
ヒュースケン *77*
兵庫 *95, 145, 147, 228, 253, 339, 74, 84*
兵庫造船所 *102*
評定衆 *163, 179, 198, 211, 404*
評定所 *298, 323, 19*
平等院 *130, 133*
――鳳凰堂 *133*
瓢鮎図 *221*
兵部省 *403, 92*
秤量貨幣 *325*
兵糧米 *176, 215*
平泉 *127, 149, 300*
平賀源内 *33, 37, 48, 52*
平がな *109*
平城 *251, 254, 287*
平底深鉢 *28*
平田篤胤 *402, 35, 39,*

　　　　　　　　　　　　　　　　　ひ

平地式住居　26, 34
平塚らいてう(明)　171
平戸　174, 176, 259, 264, 267, 312, 314, 318
平戸焼　289
平沼騏一郎　212
平野　33, 49, 53, 251, 254, 271, 287
平野国臣　82
平野屋　325
平野力三　185
平山城　287, 289
肥料　170, 226, 330
ビルマ　217, 223, 234, 244
広島　339
広田弘毅　207, 224
広津和郎　183
広津柳浪　155
琵琶法師　188, 256
貧窮問答歌　87
閔妃　112, 131
貧乏物語　181

　　　　　　　　　　　　　　　　　ふ

武　44, 45, 402
ファシスト　201, 212
ファシズム　200, 206, 210, 213, 215, 217, 219, 221, 292
分一徳政　230
フィリピン諸島　261
フィルモア　72, 281
風雅和歌集　208
風景画　51
風姿花伝→花伝書
風信帖　108
風神雷神図屛風　346
風俗画　287, 355
風俗の粛正　41, 54, 56, 335
フェートン号　46, 68, 280
フェノロサ　125
フェフォ　314
フォンタネージ　123
深川セメント製造所　101
富嶽三十六景　52
不課口　79
深鉢形土器　27, 28
不換紙幣　100, 108
──の整理　406, 109
溥儀　146, 199
葺石　49
富貴寺大堂　149
福井藩→越前藩

復員　228
不空羂索観音像→東大寺三月堂不空羂索観音像
福岡　339
福岡孝弟　90
福沢諭吉　70, 94, 113, 120, 302, 313, 321
福島事件　406, 111
福島正則　293, 296
副葬品　32, 35, 48, 54, 363
福田英子→景山英子
福地桜痴(源一郎)　110
福原京　99, 147
福本イズム　191
武家義理物語　354
武家事紀　348
武家諸法度　295, 301, 388, 390
武家政権　72, 136, 150, 157, 187, 203, 304, 388, 64
武家造　168, 190
武家伝奏　304
武家文化　221, 234
武家道　354
府県会規則　106
府県制・郡制　116
封戸→食封
富国強兵　250, 252, 268, 94, 98, 100
富山浦(釜山)→三浦
武士　105, 139, 199, 307, 320, 330
藤井浩祐　184
富士川の戦い　152
藤島武二　156, 184
藤田東湖　59
藤田幽谷　78
武士団　117, 119, 125, 136, 141, 146, 156, 161
武士道　348
伏見　280, 283, 297, 300, 324, 80
伏見城　286
藤山愛一郎　257
不二山遺跡　23
不受不施派　305, 342
撫順炭坑　147
武将派　286, 293
藤原京　69, 82
藤原氏　82, 101, 103, 104, 117, 124, 136
──京家　89
──式家　89, 92, 98, 101, 104
──南家　89, 402

──北家　122
藤原四家　89, 402
藤原時代　97, 128, 148
藤原惺窩　342
藤原家隆　188
藤原宇合　89, 343
藤原兼家　124, 132
藤原兼通　124
藤原鎌足→中臣鎌足
藤原清衡　126
藤原公任　124
藤原薬子　101
──の変　81, 101, 104, 143
藤原行成　133, 402
藤原光明子→光明皇后
藤原伊周　124
藤原実頼　122
藤原俊成　188
藤原彰子　124, 125
藤原信西→藤原通憲
藤原佐理　402
藤原純友　120, 121, 125
藤原隆家　125
藤原隆信　192
藤原隆能　192
藤原忠実　140, 142
藤原忠平　122
藤原忠通　187
藤原種継　98, 343
──暗殺事件　98
藤原千晴　122
藤原常嗣　128
藤原定家　188
藤原定子　125, 133
藤原時平　102, 116
藤原仲成　101
藤原仲麻呂(恵美押勝)　74, 91, 404
藤原成親　146
藤原信実　192
藤原信頼　143
藤原教通　136
藤原秀郷　121, 125
藤原秀衡　127, 149, 154
藤原広嗣　90, 343
──の乱　90
藤原房前　89
藤原不比等　69, 72, 81, 88, 103, 404
藤原冬嗣　102
藤原麻呂　89, 343
藤原道兼　124
藤原道隆　124
藤原道綱母　132
藤原道長　116, 124
藤原通憲　143
藤原武智麻呂　89, 343

藤原基経　105, 404
藤原元命　119
藤原基衡　127, 149
藤原百川　92, 98, 101
藤原師輔　122
藤原泰衡　154
藤原良房　74, 109
藤原頼嗣　166, 167
藤原頼経　161, 166, 195
藤原頼長　142
藤原頼通　124, 130, 133, 136, 137, 404
藤原文化　127
婦人運動　171
婦人参政権　168, 223, 229
婦人参政権獲得期成同盟会　171
婦人代議士　229
布施屋　94
普選運動　165, 168, 175, 177
婦選獲得同盟→婦人参政権獲得期成同盟会
不戦条約　179, 192, 195
扶桑略記　58
譜代　277, 292, 295
譜代大名　293, 294, 298, 304, 74
札差　24, 41, 48
二葉亭四迷　123
武断政治　146, 319
府知事　92
扶持米取　308
プチャーチン　72
府中(甲府)　254
普通銀行　102, 108, 188
普通選挙期成同盟会　138, 168
普通選挙法　150, 177, 191
物価騰貴　45, 55, 75, 77, 148
仏教　31, 57
──学　152
──公伝　58
──文化　62, 70, 93
復興金融金庫　229, 234
復古神道　35
物産方→国産会所
物資不足　76, 218, 228
武帝(前漢)　30, 39
武道伝来記　354
風土記　92, 95
太占　58
蒲団　154
府内(大分)　254
不入　114

船成金　*164*
プノンペン　*314*
府藩県三治制　*91*
史部　*53, 56, 94*
不平等条約　*69, 97, 114, 129, 131, 190*
フビライ　*173, 185, 262*
普仏戦争　*88*
部分的核実験停止条約　*259*
不平士族　*102*
踏絵→絵踏
踏車　*330*
武門の棟梁　*144, 147, 156*
夫役　*114, 116, 167, 216, 302, 365, 374, 323*
不輸権　*113*
不輸租田　*78, 113*
冬の時代　*149, 160*
冬の日　*353*
不輸不入　*114, 373*
部落国家(原始小国家)　*31, 35, 38, 39, 40, 42, 43, 334*
プラッシーの戦い　*67*
フランシスコ会　*263, 284, 311, 314*
フランス　*65, 75, 104, 122, 131, 138, 202*
フランス革命　*65, 104, 300*
風流　*234*
不立文字　*183*
古河市兵衛　*127*
フルシチョフ　*250, 252, 259*
ブルジョアジー→産業資本家
古橋広之進　*241*
古人大兄皇子　*67*
フルベッキ　*119*
ブレイド(石刃)　*23*
ブレジネフ　*261*
プレ縄文文化→先土器文化
プレス＝コード　*241*
フロイス、ルイス　*264, 275, 291, 387*
浮浪　*87, 99, 112, 26, 41*
プロキノ　*205*
プロシア　*115, 289*
プロシア憲法　*115, 289*
プロット　*205*
プロテスタント(新教)　*263, 118*

プロトコル言明　*304, 306, 340*
プロレタリア文化運動　*205*
プロレタリア文学　*181, 183*
文永の役　*175*
文学界　*154*
文学史　*132, 327*
文華秀麗集　*108*
文化人類学　*297, 311, 315*
文化大革命　*260, 271*
分割相続　*157, 178, 231, 250, 303, 232*
文化・文政時代　*44, 45*
文化・文政文化　*242, 16, 47, 48*
文官任用令改正　*135, 160, 176*
文久の改革　*81*
分業　*21, 97, 133, 228, 334, 47, 328*
文芸秘府論　*108*
文芸協会　*156, 184*
文芸時代　*183*
文芸戦線　*183*
分国→知行国、大名領国
分国法→戦国家法
文正草子　*236, 258*
文政の打払令　*46, 54, 56, 68, 69, 71, 279*
分地制限令　*303, 310*
文治政治　*319, 323, 17*
文展(文部省美術展覧会)　*156, 184*
文武の奨励　*54*
文保の和談　*196*
文明一統記　*237*
文明開化　*93, 100, 123, 284*
文明史　*121, 302*
文明論之概略　*121, 302*
文屋康秀　*110, 403*
文室綿麻呂　*101*
文吏派　*286*
文禄検地　*282*
文禄通宝　*281*
文禄の役　*285*

へ

部　*51, 53*
平安京　*98, 99*
平安時代　*99, 336*
兵役　*76, 78, 86, 368*
米価　*20, 21, 167*
平曲　*189*
平家納経(厳島納経)

149
平家没官領　*158*
平家物語　*145, 156, 180, 188, 192, 269, 298*
平衡交付金　*239*
平氏→桓武平氏
平氏政権　*135, 136, 141, 145, 150, 154, 404*
平治の乱　*141, 189, 380*
平治物語　*188, 192*
平治物語絵巻　*192*
平城京　*70, 81, 90, 93, 96, 98, 101*
平城天皇　*101, 138*
平禅門の乱　*180*
米中ソ三極時代　*262*
兵農分離　*262, 275, 276, 282, 284, 292*
平民　*93*
平民宰相　*168, 170*
平民社　*141, 149, 152*
平民主義　*152*
平民新聞　*141, 149*
平和共存政策　*250, 259*
平和原則十四カ条　*166*
平和五原則　*250*
碧蹄館の戦　*286*
北京原人　*20*
平群氏　*59*
ヘーゲル　*310, 320*
別木庄左衛門　*320*
別子銅山　*332*
別当　*140, 153, 157, 160, 210, 404*
ベトナム特需　*265*
ベトナム反戦運動　*260, 266*
ベトナム民主共和国　*233, 257, 260, 270*
紅花　*331*
ベネディクト　*321*
部民　*53, 76*
部民制　*53*
ヘボン　*119*
ペリー　*240, 390, 71, 78, 281*
ベル　*261, 98*
ベルツ　*124*
ベルンハイム　*296*
ヘロドトス　*298, 313*
弁韓　*40, 43, 401*
遍照　*403*
弁道　*348*
編年体　*95, 148, 187, 346, 375, 326*
弁名　*348*
ヘンリー(航海王子)　*260*

ほ

ボアソナード　*117, 158*
保安条例　*114, 288*
保安隊　*246*
保安庁　*242, 246*
ポイント(尖頭器)　*23*
方位　*394*
防衛庁　*246, 263*
防衛二法　*246*
貿易の自由化　*248, 257, 263*
法王　*92*
法権回復　*113*
封建制　*154, 314, 324, 329, 333, 337, 345*
封建制社会　*155, 310*
保元の乱　*81, 141, 189*
保元物語　*188*
封建領主　*112, 159, 169, 178, 194, 201, 210, 215, 243, 255, 91*
房戸　*75, 86*
奉公　*155, 209, 308, 310*
法興寺→飛鳥寺
方広寺　*282*
――大仏殿　*294*
――鐘銘事件　*295*
奉公人　*308, 310*
防穀令　*127*
澎湖列島　*131*
宝治合戦　*166*
放射性炭素　*24*
奉書(紙)　*316, 334*
北条氏綱　*248*
北条氏政　*248, 280*
北条氏康　*248, 256*
方丈記　*189*
宝生座　*209*
北条貞時　*178, 180, 185*
北条実時　*187*
北条氏　*160, 166, 179, 197*
北条氏(後北条)　*248, 251, 253, 278, 280*
法成寺　*130, 133*
北条早雲　*246, 248*
北条高時　*180, 197, 202*
北条時房　*162*
北条時政　*153, 160*
北条時宗　*175, 179, 185*
北条時頼　*178, 185, 191*
北条政子　*151, 160, 162*
北条泰時　*162, 195*
北条義時　*160*
奉書船　*316*
倣製　*48*
紡績業　*126, 132, 147*

索　引　　449

法則　*70, 306*
法然(源空)　147, 182, 192, 238
坊津　267, 402
方墳　47
方法　*307*
法隆寺　61, 62, 94, 403
　──救世観音像　63
　──百済観音像　63
　──五重塔　63
　──金堂　63, 70
　──金堂壁画　70
　──釈迦三尊像　63
　──玉虫厨子　63
　──玉虫厨子捨身飼虎図　63
　──夢殿　96
宝暦事件　*40*
朴泳孝　*112*
北支事変→日中戦争
北清事変　136, 139
牧畜　23, 26, 29, 38, *315, 321, 323, 325, 328*
牧畜業　332
北朝　138, 200, 204, 209
北伝仏教　58
北伐　*188, 192*
穂首刈　33
北満鉄道　*198*
北面の武士　139, 142, 161
北洋漁業　*100*
北陸道　395, 403
北路　84
捕鯨業　331
法華経　63, 93, 108, 182, *336*
干鰯　330, *41*
星亨　*114*
保科正之　343, 406
保守合同　253, 256
戊戌の変法　*139*
戊戌夢物語　*71*
戊辰戦争　89, 120
細井平洲　*33*
細井和喜蔵　*180*
細川勝元　231, 245, 405
細川氏　215, 243, 249, 255, 258, 289, 339
細川重賢　406, *24*
細川忠利　*296*
細川晴元　246
細川政元　243
細川頼元　205
細川頼之　204, 207, 211
牡丹図　289
ホー=チ=ミン　200, *233*
渤海　86, 127
北海道　26, 29, 331, 396, *30, 39, 98, 220, 225, 227*
北海道開拓使　406, *102, 107*
北海道開拓使官有物払下げ事件　*107*
北海道銀行　*134*
法華一揆(天文法華の乱)　246
法華滅罪寺　90
法相宗　94, 185
堀田正俊　320, 323
堀田正睦　*74*
ポツダム政令201号　*257*
ポツダム宣言　219, 222
ポツダム勅令　*245*
ポーツマス条約　*142*
穂積親王　*81*
穂積八束　*158*
ホトトギス　*155*
ポーランド侵入　*212*
堀川(京都)　332, 348
堀川学派　348
堀河天皇　137, 148
堀越公方　217, 248
ボルシェヴィキ　*165*
ポルトガル　260, 267, 284, 311, 318, *175*
ポルトガル船　262, 268, 312, 316
本阿弥光悦　345, 356
本位貨幣　325
盆踊り　236, 257, 290, 345
本願寺　182, 238, 245, 254, 272, 305, *336*
本家　115, 159
凡下　*172*
香港　*138, 173*
本所　169, 171, 176, 220, 223, 244, 253
本陣　285, 327
本草学　341, 349
本多光太郎　*181*
本多忠勝　*40, 44*
木多利明　*33, 38*
本多正純　294, 296, 315
本多正信　294, 304, 321
本地垂迹説　131, 185, *336*
本朝通鑑　346, *326*
本朝廿四孝　*51*
本朝世紀　346
本途物成(本年貢)　*303*
本能寺の変　274, 276, 280, 292
翻波式　111
本百姓　297, 302, 307, 331, *25, 334*
本百姓維持策　310
本百姓体制　302, 331
本補地頭　163, 169
本末制度　306, 341
翻訳文学　*123*
本領安堵　155, 163, 167
本両替　325

ま

前島密　*102*
前田玄以　*281*
前田綱紀　350
前田利家　271, 280, 293
前野良沢　*36*
前原一誠　*78, 104*
マカオ　261, 267, 313, 315
勾玉　54
巻上法　27
蒔絵　174, 215, 236, 269, 288, 313, 345, 355
巻き返し政策　*250*
巻狩　169
牧野成貞　321
牧野伸顕　*172*
真木保臣(和泉)　*81*
枕草子　132
枕草子春曙抄　354
正岡子規　*123, 155*
真崎甚三郎　*206*
マーシャル=プラン　*227, 234, 242*
増田長盛　279, 281, 403
増鏡　148, 207, 402
益田時貞→天草四郎
磨製石器　23, 30, 33
マゼラン　261
町　171
町衆　235, 236, 246, 254, 341
町飛脚　328
町火消　*19*
町奉行　298, 310, 402, *54*
町役人　310
松井須磨子　*184*
松岡洋右　213, 216
松尾芭蕉　353
マッカーサー　222, 231, 242, 257
松方財政　*107, 110, 118, 125*
松方正義　406, *96, 107, 109*
　──内閣(第1次)　*128, 130*
　──内閣(第2次)　*134*
松川事件　*183, 240*
松倉重政　317
末期養子制　320
松坂　*35*
末寺→本末制度
松下嘉兵衛　276, 279
松平容保　*83*
松平定信　406, *23, 40, 42, 44, 67*
松平氏　248, 292
松平信明　*44*
松平信綱　317, 320
松平元康→徳川家康
松平康英　*68*
松平慶永　74, 80, 82
松永尺五　343, 350
松永貞徳　352
松永久秀　247, 273
松原客館　86
末法思想　130, 181, 187, *319*
松前藩　*30, 68*
松前奉行　*46, 67*
松村呉春　*52*
松本幸四郎　*51*
松本城　288
松浦鎮信　313
松浦隆信　268
祭り　*257*
万里小路宣房　*198*
マードレ=デ=デウス号　313
間部詮房　299, 322, *17*
マニュファクチュア　333, *47, 53, 64, 76, 126, 133, 328, 339*
マニラ　262, 267, 284, 312, 314
間引き　*26, 41*
真人　69, 403
間宮海峡　*68*
間宮林蔵　*45, 67*
豆板銀　324
マラッカ　261, 264, 267, 316
マルクス　*181, 300, 305, 310, 325*
マルコ=ポーロ　*173, 262*
円山応挙　*52*
円山派　*52, 157*
マレンコフ　*249*
満洲国　*198, 203*

満州事変　*162, 196,*
　　203, 208, 213, 217,
　　220
満州某重大事件→張作霖爆殺事件
万寿寺　*207, 403*
曼荼羅　111
政所　*123, 139, 153,*
　　157, 160, 211
政所下文　156
政所政治→摂関政治
万福寺　341
万宝山事件　*197*
万葉がな　*96, 109*
万葉考　*35*
万葉集　*69, 71, 80, 87,*
　　93
万葉集註釈(仙覚抄)
　　186
万葉代匠記　*354, 35*

み

弥→珍
三池炭鉱　*101, 102,*
　　109, 259
三池闘争　*259*
三井寺→園城寺
御内(御内人)　*179*
三浦按針→アダムス，ウィリアム
三浦環　*157*
三浦梅園　*38*
三浦泰村　*166*
三浦義村　*164*
三重県　*96*
見返資金特別会計　*239*
見返り美人図　*356*
三方ヶ原の戦い　*274,*
　　405
三河国　*202*
御教書　*123*
三国港　*254*
巫女　*40, 336*
三島通庸　*406, 111, 115*
水鏡　*148, 187, 402*
水城　*68*
水帳→検地帳
水野忠邦　*337, 406, 39,*
　　54, 56, 72
水野忠成　*44, 54*
水呑百姓　*309*
美豆良　*54*
ミズーリ号　*222*
禊　*47*
屯田　*53*
三鷹事件　*240*
三田派　*183*
みだれ髪　*155*

道師　*403*
三井(財閥)　*90, 100,*
　　109, 148, 164, 186,
　　188, 204, 224
三井銀行　*102, 109,*
　　148, 188
三井物産　*109, 148*
密教　*107, 111, 131,*
　　206, 347
密教美術　*107, 111*
密陀絵　*63*
密陀僧　*63*
ミッドウェー海戦　*217*
三蔵　*59, 128, 354*
三菱(財閥)　*100, 109,*
　　148, 164, 186, 188,
　　224
三菱銀行　*148, 188*
三菱商事　*148*
御堂関白　*374*
水戸学　*200, 347, 40,*
　　59, 77
水戸藩　*95, 200, 346,*
　　58, 77, 302, 326
水上滝太郎　*183*
皆川淇園　*33*
湊川の戦い　*203*
港町　*253, 339*
南淵請安　*65*
水俣病　*269*
南ベトナム解放民族戦線
　　260, 270
南満州　*40, 144, 161*
南満州鉄道株式会社
　　144, 147
南満州鉄道敷設権　*138*
南村梅軒　*256, 343*
源実朝　*161, 186, 402*
源順　*108, 403*
源高明　*122, 186*
源為義　*143, 189*
源為義　*143*
源経基　*121, 122, 125*
源範頼　*152, 153*
源信　*105*
源満仲　*122, 125*
源師房　*157*
源行家　*152, 157*
源義家　*126, 127, 141,*
　　202
源義親　*141, 142*
源義経　*152, 153, 154,*
　　156, 157, 193
源義朝　*141, 142, 143,*
　　144, 151, 152, 404
源義仲　*151, 152, 153*
源頼家　*160, 161, 164*
源頼朝　*123, 144, 151,*

　　152, 153, 154, 156,
　　157, 158, 159, 160,
　　161, 162, 164, 192,
　　193, 195, 404
源頼朝像　*192*
源頼信　*125, 126*
源頼政　*143, 147, 151,*
　　152, 153
源頼義　*126*
美濃紙　*227*
美濃の乱　*205, 216*
美濃部達吉　*159, 165,*
　　180, 205, 215
美濃部亮吉　*266*
壬生忠岑　*110*
身分制度　*75, 306, 351,*
　　24, 37, 83, 93
身分統制令　*282, 284*
任那　*43, 45, 67, 363*
屯倉　*53, 59, 66*
三宅石庵　*33*
三宅雪嶺(雄二郎)　*127,*
　　321
都良香　*108*
宮座　*224*
宮崎安貞　*330, 349*
宮崎友禅　*356*
造　*52*
宮本顕治　*245*
宮本百合子　*205*
名→名田
明恵　*185*
冥加金　*31, 46, 56*
明経道　*107, 402*
苗字　*307, 93*
名主　*114, 115, 119,*
　　141, 168, 172, 194,
　　201
明星　*154*
妙心寺　*239, 306*
明珍家　*192*
名田　*114, 168, 201,*
　　356, 333
明法道　*107, 402*
三善清行　*106*
三好三人衆　*272*
三好氏　*249*
三好氏　*107, 164*
三好長慶　*246*
三善康信　*160*
ミル　*121*
弥勒菩薩像→広隆寺半跏思惟像，中宮寺半跏思惟像
明　*213, 214, 216, 227,*
　　258, 259, 267, 285,
　　311, 318
旻→僧旻

民間芸能　*258, 287*
民間資本　*109*
民権自由論(植木)　*122*
明州→寧波(ニンポー)
民衆文化　*147, 221, 235,*
　　256
民主社会党　*259*
民主自由党　*237*
民主主義　*104, 165, 240*
　　──思想　*104, 180, 205*
民政党→立憲民政党
明銭　*228*
民撰議院設立建白書
　　406, 102, 121, 285,
　　350
明兆　*221*
民党　*129, 135*
民党の大合同　*135*
民部省　*113, 403, 102*
民部省札　*95*
民法　*71, 117, 151, 232,*
　　235
民法典論争　*117, 151*
民本主義　*165, 168,*
　　181, 183
民約訳解　*122*
民友社　*152*

む

向井去来　*353*
無学祖元　*174*
麦　*82, 86, 116, 171,*
　　226, 330, 335, 167,
　　218, 225
武蔵七党　*141*
武蔵野　*170, 329*
武蔵野(小説)　*123, 155*
無産政党　*185, 191,*
　　206, 210
霧社事件　*172*
武者所　*198*
武者小路実篤　*182*
無住　*189*
無常感　*180, 188*
無尽　*325*
無政府主義　*149, 177*
夢窓疎石　*206, 213*
ムッソリーニ　*201, 212*
陸奥宗光　*407, 85, 129,*
　　130, 131, 326
陸奥留守職　*154, 157*
陸奥話記　*126, 148*
無土器文化→先土器文化
棟別銭　*212, 216, 229,*
　　249
無二念打払令　*46, 54,*
　　68, 71, 280
宗尊親王　*167*

索引　451

宗良親王 198, 208
謀反人→大犯三カ条
村 223, 283, 297
邑 52, *284*
村請新田 329
村掟 201
村方三役 309
村方騒動 *27*
村上天皇 106, 122, 137
紫式部 132
紫式部日記 132
連 52, 69
村高 303
村田銃 153
村田珠光 235, 239, 257
村田清風 *58, 78*
村田蔵六→大村益次郎
村田春海 *50*
村八分 309
村役人→村方三役
村寄合 309
無量光院 149
室生寺 111
——五重塔 111
——金堂 111
——釈迦如来像 111
室鳩巣 *33*
室町幕府 165, 209, 222, 230, 233, 257, 259, 272, 281, 405

め

明治維新 99, 122, *87, 97, 300, 317, 338*
明治十四年の政変 407, *107*
明治天皇 *86, 159, 284*
明治美術会 156
名数 401
明徳の乱 205, 216, 405
冥途の飛脚 355
名誉革命 *65*
明倫館 347
明倫堂 347
明暦の大火 322, 338
明六雑誌 121, *152*
明六社 406, *121*
明和事件 *40*
目黒火薬製造所 102
目付 251, 298, *87*
メーデー 170, 207, 229, 246
メーデー事件 246
目安箱 *19, 22*
綿織物 313, 319, *47, 66, 75*
綿花 *76*
綿花輸入関税 *134*

綿作 330, 333, *19, 30, 126, 134*
綿糸紡績 *125, 133*
綿布 213, 215, 259, *163*

も

蒙古 173, 175
蒙古襲来絵詞 192
孟子古義 348
毛沢東 *196, 233, 268, 271*
毛越寺 149
毛利重能 350
毛利敬親 *58, 81*
毛利輝元 273, 276, 280, 285, 293, 403
毛利元就 246, 247
最上氏 249
最上徳内 *67*
裳唐衣 128
黙庵 209
木材 171, 332, 338
目代 119, 140, 151
門司 258
文字 30, 55, 82, 109, 131, 181
もしほ草 *120*
モース *26*
持株会社 148, *164, 224, 334*
持株会社整理委員会 224
以仁王 *147, 152*
木器 *33*
モッセ 115
本居大平 *35*
本居宣長 402, *32, 33, 35*
本木昌造 *120*
元田永孚 *119*
元木網 *50*
物忌 128
物語文学 110, 132, 148, 188
物臭太郎 236, 258
兵の道→(つわものみち)
物部氏 52, 58, 404
物部麁鹿火 59
物部尾輿 59
物部守屋 59
木綿 228, 310, 328, 333, *35*
桃山文化 269, 287
モラトリアム→支払猶予令
森有礼 406, *119, 121*
森悟 189
森鷗外 123, *154, 155,*

182
森川許六 353
モリソン号事件 *71*
森戸辰男 181
護良親王 197, 198, 202
モルッカ諸島 261, 267
門戸開放 *139, 163*
文章道 107
門前町 230, 253, 339
問注所 157, 167, 211
モンテスキュー 104, *313*
文徳天皇 104
文徳実録 403
門閥譜代層 *17*
文武天皇 69, 72, 81, 84, 89, 370

や

家部 68
掖玖(屋久島) 84
役方 298, *28*
八色の姓 69, 70, 403, 404
薬師寺 18, 70, 71, 92, 97, 110, 111, 401, 403
——吉祥天女像 97
——金堂薬師三尊像 70
——僧形八幡像 111
——東院堂聖観音像 70
——東塔 70
役者絵 355, *51*
薬種 213, 313, 338
役屋 302
屋島の戦い 153
安井算哲→渋川春海
安井曽太郎 157, *184*
安田 148, *164, 186, 188, 224*
安田銀行 102
安田靫彦 *184*
矢銭 255
ヤソ会→イエズス会
奴 39, 51, 52, 53, 77, 90, 304
宿屋飯盛 *50*
矢内原忠雄 210, 215
柳沢吉保 299, 321, 348, 405
柳田国男 181
柳多留→誹風柳多留
柳亭種彦(文雄) 110, *123*
流鏑馬 169
山鹿素行 348
山県有朋 406, 60, 78, *115, 135, 136, 137, 140, 150, 162, 168*

——内閣(第1次) 129
——内閣(第2次) 135
山県大弐 *40*
山片蟠桃 *37, 39*
山県・ロバノフ協定 140
山川菊栄 171
山川均 *170, 215*
山口 227, 236, 248, 254, 256, 264, 265, 395
山崎闇斎 343, *40*
山崎宗鑑 239, 258, 344
山崎の合戦 276, 279, 280, 282
山科本願寺 239, 246
山城 254, 287
山背大兄王 64, 65, 404
山城国 211, 220, 233, 244
山城の国一揆 223, 244
山田 297, 300, 339
邪馬台国 40, 41, 42
邪馬台国論争 41
山田耕筰 184
山田長政 313
山田美妙 123
山手 216, 230
山手馬鹿人 *50*
大和絵 107, 111, 133, 236, 345
大和国家 42, 43, 44, 47, 48, 49, 51
大和四座 209, 236
日本武尊 24, 42
大和朝廷 25, 30, 41, 46, 47, 51, 52, 55, 59, *334, 335*
東漢氏 56
大和国 75, 395, 402
大和本草 349
大和物語 131
山名氏清 205, 216, 255
山名宗全(持豊) 230, 231, 232, 405
山上憶良 *87, 96*
山内上杉氏 248
山内豊信 *78, 83, 85*
山部赤人 96
山本権兵衛 *160, 176*
——内閣(第1次) *160*
——内閣(第2次) *176*
山本宣治 191, 192
山本有三 *182*
山脇東洋 350
弥生式土器 30, 31, 33, 34, 50
弥生時代 26, 35, *333,*

334
弥生町遺跡　31
弥生文化　19, 29, 30, 31, 33, 37, 42
ヤルタ協定　219
野郎歌舞伎　345
八幡製鉄所　133, 146, 147, 165, 170

ゆ

結　224, 309
唯一神道　239, 336
唯円　182
由井正雪　319
唯物史観　30, 155, 300, 302, 305, 310, 325
維摩経義疏→三経義疏
友愛会　168
結城合戦　217, 218, 230
結城氏新法度　251
幽玄　222
結崎座→観世座
友禅染　334, 356
融通念仏　148
有職故実　122, 137, 186, 206, 237, 238
猶存社　203
雄藩連合派　74
郵便　102
郵便汽船三菱会社　109
郵便報知新聞　120
遊里　352
雄略天皇　44, 45, 56
湯川秀樹　241, 274
雪国　183
遊行宗→時宗（じしゅう）
輸出超過　265, 270, 272, 273
湯島の聖堂　321, 343
輸租田　78, 113
弓月君　56
夢の代　37, 39
夢物語→戊戌夢物語
由利公正　59, 101

よ

庸　66, 75, 78, 79, 86
洋画　288, 51, 123, 156, 184
洋学　351, 69, 342
洋楽　125
洋学所　71, 73, 77, 94
窯業→製陶業
謡曲　132, 222
栄西→（えいさい）
養蚕　41, 227, 331, 334, 46, 167
洋式紡績機械　77, 125,

132
洋書調所　77, 81
洋書輸入の禁緩和　20, 22, 36, 342
用水　34, 170, 201, 223, 226, 302
陽成天皇　105
煬帝　61, 62, 64
用人　300
遙任国司　118
鎔笵　32
陽明学　344, 43, 53
養老律令　72, 103
養老令　102
横穴式石室　49, 55
横須賀海軍工廠　147, 149
横須賀製鉄所　76, 86
横須賀造船所　102
横浜　187, 74, 83, 98, 101
横浜正金銀行　102, 134
横浜毎日新聞　120
横光利一　183
横山源之助　137
横山大観　156, 184
与謝野晶子　141, 154
与謝野鉄幹（寛）　155
与謝蕪村　48, 49, 50, 52
吉崎　238, 245, 254
芳沢あやめ　355
慶滋保胤　148
吉田兼倶　239
吉田兼好　189, 208
吉田定房　196
吉田茂　190, 229, 237, 244
──内閣　225, 228, 230, 234, 238, 239, 243, 246, 252
吉田松陰　391, 60, 78, 79
吉田東洋　59
吉田光由　350
吉野　67, 197, 200, 202, 209, 404
吉野作造　165, 168, 180, 186
吉野朝→南朝
吉益東洞　350, 33
吉見百穴　50
吉村寅太郎　82
余剰生産物　330, 20, 25, 328
ヨーステン, ヤン　294, 312, 14
寄席　51

寄木造　111, 133
寄棟造　54
四日市　254, 270
淀　229, 253, 339
淀川　254, 328
淀君　295
淀の魚市場　227
淀屋辰五郎　338
米内光政　218
──内閣　212
世直し一揆　87
米沢藩　406, 24, 33
読み・書き・そろばん　347
読本　49
四方赤良→大田南畝
余裕派　154
寄合　179, 201, 208, 224, 238, 245, 309, 323
寄人（院）　198
寄親・寄子　384
与力　299, 53
万朝報　141
四・一六事件　192
4大財閥　148, 164, 186, 224

ら

来迎図　133, 191
ライシャワー　263
頼三樹三郎　79
楽市楽座令　253, 272, 275, 283, 336
落語　51
ラグーザ　124
ラクスマン　43, 67, 280
洛中外洛図屏風　288, 289, 355
楽焼　289
楽浪郡　30, 39, 40, 43, 50, 360
ラジオ　179
羅針盤　260
羅葡日辞典　269
蘭学　347, 351, 36, 52, 69, 278, 342
蘭学階梯　37
蘭学事始　37
ランケ　302
蘭溪道隆　185

り

里　75
理　186, 342, 70
理解　344, 345
理化学研究所　181
李花集　208

理気二元論　186, 342, 346, 306
陸援隊　85
六議　80, 81
六義園　356
陸軍省　238
陸軍２個師団増設問題　151, 159
六合雑誌　121
六朝→南北朝（中国）
六諭衍義大意　19
李鴻章　98, 131, 291
李氏朝鮮→朝鮮
利潤　328
李舜臣　286
利生塔　203, 206
李承晩　233
リース　302
リスボン　261, 268
李成桂　213
理想型　311, 329, 331
里長　66, 75
律　71, 80
立花　257
リッケルト　299
立憲改進党　357, 407, 110, 114, 120, 129, 134, 245, 252
立憲自由党　357, 129
立券荘号　113
立憲政体の確立　105, 117
立憲政友会　136, 159, 162, 168, 195
立憲帝政党　110
立憲同志会　160, 162
立憲民政党　407, 191, 195, 198, 204, 206
六国史　106, 117, 403, 326
リッジウェイ　242
立志社　105, 107
律宗　94, 185
立正安国論　184
リットン　203
リットン報告書　203
律令　71, 80
律令国家　59
──の成立　64
──の動揺　86
──の繁栄　81
──の変質　82
律令制度　19, 72, 317
吏党　130
リビー　24
リーフデ号　312
留学生　62, 65, 85, 92, 96

索引　453

琉球　259, 262, 267, 290, 312, 326, *72, 99, 226, 244*
琉球王国　259
琉球帰属問題　*99, 131*
琉球貿易　213, 259, 312, *57*
隆光　321
龍骨車　330
柳子新論　*40*
柳条湖事件　*197*
隆線文土器　27
龍造寺隆信　278
隆達節　290
柳亭種彦　*50, 54, 56*
龍灯鬼像→興福寺龍灯鬼像
令　71
寮　74
遼　127
龍安寺の石庭　235
凌雲集　108
両替商　325
両界曼荼羅（神護寺）　111
良家→忍性
領家　115, 159, 169, 170, 176, 220
令外官　102
良源　129
陵戸　*75, 76, 77*
領国→大名領国
領事裁判権　316, *98, 99, 113, 114, 129, 132, 283*
梁書　45
梁塵秘抄　148, 149
両統迭立　195
遼東半島　*131, 138*
良忍　147, 148
令義解　*72, 102*
令集解　*72, 102*
両部神道　185
良民　*75, 76, 77*
旅順　*131, 138, 140, 141, 142*
林下の禅　239
林業　227, 331, 332
臨済宗　182, 206, 239

る

流　*80, 81, 402*
類聚国史　106
類聚三代格　102
類人猿　20
盧舎那仏→東大寺盧舎那仏
盧舎那仏造立の詔　*87*

90
留守所　119
ルーズベルト, セオドア　*142*
ルーズベルト, フランクリン　*219, 221*
ルソー　*104, 122*
ルソン　267, 284, 311, 312, 314, 316
ルネサンス　*324, 327*

れ

冷泉家　188
冷泉天皇　122
冷戦　*222, 225, 233, 252, 262*
黎明会　168
歴史意識　*130, 147, 187*
歴史時代　*297, 322*
歴史の投企　*309*
歴史の被制約性　*307*
歴史物語　*147, 187*
暦象新書　*37*
暦博士　58
暦法　62
レザノフ　*45, 67*
レッド＝パージ　*240, 244*
レーニン　*165, 308*
連歌　208, 237, 239, 255, 353
連歌師　237, 256
蓮華王院　190, 191
――千手観音像　191
――本堂　190
連合国　*161, 217*
連合国軍　222
連合国軍総司令官　*222, 242*
連合国軍総司令部→GHQ
連坐　*252, 19, 52, 71*
連雀　336
連署　*164, 179*
蓮如　*238, 245*

ろ

炉　26
労役　*79, 116, 168, 303, 328*
郎従→郎党
老中　*298, 320, 17, 29, 31*
老丁→次丁
郎党　*120, 157*
労働運動　*137, 149, 168, 185, 226, 235*
労働関係調整法　*228, 240*

労働基準法　*228*
労働組合　*137, 168, 170, 215, 228, 240, 248, 253, 330, 334*
労働組合期成会　*137*
労働組合法　*228, 240*
労働者→賃金労働者
労働省　*237*
労働争議調停法　*175, 186*
労働農民党　*185, 191*
牢人（浪人）　307, 317, 319, 322, 347, *26*
良弁　94
浪漫主義→ロマン主義
ロエスレル　*115, 117*
鹿苑寺→北山山荘, 金閣
六斎市　228
六・三・三・四制　*240*
緑青　288
六等（年齢）　*403*
六波羅政権→平氏政権
六波羅探題　163, 187, 197, 202, *341*
六波羅蜜寺空也上人像　191
六分一衆　205
鹿鳴館　406, *128*
鹿鳴館時代　*113*
ロクロ　31
盧溝橋事件　*208*
ロシア　*43, 67, 73, 75, 88, 98, 128, 131, 138, 141, 144, 165*
ロシア革命→十月革命
ローゼン　*140, 142*
ロダン　*157*
六角氏　246, 251, 271
六角氏式目　251
六角義賢　248, 273
六歌仙　110, 403
ロッシュ, レオン　*84*
露頭掘り　227
ロドリゴ　311
ローマ（古典古代）　*38, 97, 265*
ローマ教皇　263, 264, 268, 311
ロマン主義　*153, 171*
ローム層→関東ローム層
ロヨラ, イグナチウス　264
論語古義　348
ロンドン海軍軍縮会議　*195*
ロンドン海軍軍縮条約　*195, 206*
ロンドン＝タイムス　*128*

わ

隈板内閣　*135*
倭王武→武
倭王武の上表文　*42*
和歌　71, 96, 110, 132, 188, 208, 237
和学講談所　*36*
若衆歌舞伎　345
若槻礼次郎　*186, 193, 195, 196, 198*
――内閣（第1次）　*186, 189*
――内閣（第2次）　*196, 197, 199*
若年寄　298, *28, 31, 44*
若菜集　155
和歌山　*56, 109, 339, 85*
若山牧水　155
脇往還→脇街道
脇街道　326
脇坂安治　279
脇本陣　327
和気清麻呂　*92, 98*
倭寇　213, 259, 267
和事　355
和算　350
和市　172
輪島塗　334
ワシントン会議　*170, 173, 178, 195*
ワシントン海軍縮条約　*175, 195, 206*
早稲　226
早稲田派　*183*
和田英作　*156, 184*
和田三造　*157*
渡辺崋山　*52, 71*
和田義盛　153, 160
度会家行　185
度会神道→伊勢神道
和辻哲郎　*181, 314, 323*
輪積法　27
和銅　*81, 95*
和同開珎　*82*
王仁　58
倭の五王　*42, 44, 56, 402*
倭奴国　*39*
わび　*234, 290, 353*
侘茶　*235, 257, 277, 288, 290, 353*
和与　*170*
和様（建築）　*133, 190*
割書　350
割符→（さいふ）
ワルシャワ条約　*250*

●索引協力
東邦考古学研究会（難波七海，柳澤佑乃輔，山崎敬二朗，堀内裕太，疋田悠麻，西村友之輔，市川太貴，森健祐，保戸田友希，志村悠介，小川貴弘，鈴木涼平，嵯峨山翔也，渡辺大智，曽根原佑飛，加藤太朗，広田聖幸）
山岸真美子，山岸茉梨果，山岸良考
加藤直誠

【著者紹介】
安藤達朗（あんどうたつろう）
元駿台予備学校日本史科講師。1935年、台湾生まれ。戦後、鹿児島に引き揚げる。東京大学文学部国史学科卒業、同大学院比較文学比較文化専攻課程修了。著書に、『大学への日本史』（研文書院）、『日本史講義』シリーズ、『日本史B問題精選』、『大学入試必ずワカる日本史の学習法』（以上、駿台文庫）などがある。2002年没。

【企画・編集・解説者紹介】
佐藤優（さとうまさる）
作家、元外務省主任分析官。1960年、東京都生まれ。同志社大学大学院神学研究科修了。
2005年に発表した『国家の罠 外務省のラスプーチンと呼ばれて』（新潮社）で第59回毎日出版文化賞特別賞受賞。2006年に『自壊する帝国』（新潮社）で第5回新潮ドキュメント賞、第38回大宅壮一ノンフィクション賞受賞。
『読書の技法』（東洋経済新報社）、『獄中記』（岩波書店）、『人に強くなる極意』（青春出版社）、『いま生きる「資本論」』（新潮社）、『宗教改革の物語』（角川書店）など多数の著書がある。

【監修者紹介】
山岸良二（やまぎしりょうじ）
東邦大学付属東邦中高等学校教諭、習志野市文化財審議会会長。1951年、東京都生まれ。慶應義塾大学大学院修士課程修了。
専門は日本考古学。日本考古学協会全国理事を長年、務める。NHKラジオ「教養日本史・原始編」、NHKテレビ「週刊ブックレビュー」、日本テレビ「世界一受けたい授業」出演や全国での講演等で考古学の啓蒙に努め、近年は地元習志野市に縁の「日本騎兵の父・秋山好古大将」関係の講演も多い。
『新版 入門者のための考古学教室』、『日本考古学の現在』（以上、同成社）、『日曜日の考古学』（東京堂出版）、『古代史の謎はどこまで解けたのか』（PHP新書）など多数の著書がある。

いっきに学び直す日本史　古代・中世・近世 教養編
2016年3月31日　第1刷発行
2025年5月1日　第9刷発行

著　者──安藤達朗
企画・編集・解説者──佐藤優
監修者──山岸良二
発行者──山田徹也
発行所──東洋経済新報社
　　　　〒103-8345　東京都中央区日本橋本石町1-2-1
　　　　電話＝東洋経済コールセンター　03(6386)1040
　　　　https://toyokeizai.net/

装　丁…………上田宏志〔ゼブラ〕
ＤＴＰ…………アイランドコレクション
帯写真…………今井康一
対談構成………藤崎美穂
編集協力………鈴木充
プロモーション協力…加藤直誠
印　刷…………ベクトル印刷
製　本…………ナショナル製本
編集担当………中里有吾
Printed in Japan　　ISBN 978-4-492-06199-2

本書のコピー、スキャン、デジタル化等の無断複製は、著作権法上での例外である私的利用を除き禁じられています。本書を代行業者等の第三者に依頼してコピー、スキャンやデジタル化することは、たとえ個人や家庭内での利用であっても一切認められておりません。

落丁・乱丁本はお取替えいたします。